רוח אביב

הרב אהרן ליכטנשטיין

רוח אביב

על עבודת ה', משפחה וקהילה

עורכים:
ראובן ציגלר ואליקים קרומביין

ישיבת הר עציון
מגיד
משנת הרא"ל

טוּב טַעַם וָדַעַת לַמְּדֵנִי כִּי בְמִצְוֹתֶיךָ הֶאֱמָנְתִּי.
(תהילים קי״ט, סו)

גַּל עֵינַי וְאַבִּיטָה נִפְלָאוֹת מִתּוֹרָתֶךָ.
(תהילים קי״ט, יח)

Rabbi Aharon Lichtenstein
Ruaḥ Aviv: Essays on Divine Service, Family, and Community

הרב אהרן ליכטנשטיין
רוח אביב: על עבודה ה׳, משפחה וקהילה

עריכת לשון: הניה קולומבוס ושקד חיים
עריכת תרגום: הרב ש״י ליכטנשטיין
עיצוב ועימוד: רינה בן גל
עיצוב העטיפה: אליהו משגב

ספרי מגיד, הוצאת קורן
ת״ד 4044 ירושלים 9104001
טל׳: 02-6330530 פקס: 02-6330534
maggid@korenpub.com
www.korenpub.co.il

מסת״ב ISBN 978-965-526-320-6

נדפס בישראל תשפ״ב Printed in Israel 2022

"יפה תלמוד תורה עם דרך ארץ ...
וכל העמלים עם הצבור, יהיו עמלים עמהם לשם שמים,
שזכות אבותם מסייעתן וצדקתם עומדת לעד".
(אבות פ"ב מ"ב)

לכבוד

סבנו־מורנו הנערץ

הרב חיים שימל יצ"ו

איש תם וישר
אוהב תורה ותומך תורה
אוהב את הבריות ואהוב על הבריות
באהבה רבה ובהערכה עמוקה

מאת נכדיו
בוגרי ישיבת הר עציון

יוני 07', ישי 08', בנימין 08',
איתי 10', אליצור 10', נתנאל 13', מוניש 19'

תוכן העניינים

עבודת ה' בימינו

משפחה וקהילה

אקדמות מילין

בשבח ובהודיה לבורא עולם אנו שמחים להגיש ספר זה, המאגד מאמרים פרי עטו של מורנו הרב אהרן ליכטנשטיין זצ"ל, לציבור שוחרי התורה והדעת. בכתבים אלה מתייצב הרב בצומת המסורת והמודרנה ומעמיק חקר בסוגיות שלידתן באותו מפגש.

כאשר הזהות היהודית ומורשתה נפגשות עם התרבות הסובבת, עולות בדרך הטבע שאלות העשויות לדרוש מענה. חלקן מעוררות מבוכה קיומית, והמתמודד עמן זקוק להארה הנוגעת לשורשי אמונת האדם. אחרות תובעות גיבוש עמדה רעיונית או מדיניות חברתית מושכלת. בשני המקרים, המענה נדרש. בעבור יהודי המודע להתמודדויות ולמבוכות המשפיעות עליו ומעצבות אותו, ירצה או לא, ההתעלמות והחזרה לסדר יום מיושן אינן בגדר אפשרות.

הרב ליכטנשטיין ניגש תחילה לתיאור המבוכות האלו מתוך ידענות מופלגת ומתוך יכולת ניתוח עדינה ומדויקת. בשלב שני ומעבר לתיאור המצע הרעיוני הנתון, אנו מוצאים כאן התמודדות וסלילת הדרך. גישת הרב היא ישרה, ועל כן היא מורכבת. אין כאן עיגול פינות. הוא אינו מתפתה לנוחות שבחדגוניות אידיאולוגית המביאה אחרים להתכחש לזכויות היריב, וגם אין סיכוי שהכמיהה לנורמליות, בתפיסתה הרווחת, תקהה את מבטו החודר. הרב נטוע בדל"ת אמות של הלכה ולן בעומקה, ודווקא משם עיניו משוטטות באופקים רחבים ורחוקים.

חוויית הקורא עשויה להשתנות ממסה למסה ומאדם לאדם. לעיל דיברנו על מציאת המענה וסלילת הדרך, ואלו יעניקו מן הסתם תחושת רגיעה ובהירות. אך ייתכן שמורכבות המבט תשרה אי־נוחות, ודווקא תזרע מבוכה. לעיתים התועלת וגם ההנאה מכתבי הרב מותנות בנכונות לצאת מהשגרה המחשבתית. הרווח הוא הסיכוי לחיים אמיתיים יותר, מבחינה יהודית ואנושית כאחת.

* * *

ברצוננו להביע את תודתנו לכל האנשים שטרחו ועמלו במלאכת הבאת הספר לידי סיום: ד״ר טובה ליכטנשטיין, הרב משה ליכטנשטיין והרב ש״י ליכטנשטיין עודדו, תמכו ויעצו לכל אורך הדרך. אנשי ישיבת הר עציון ומשנת הרא״ל, ובמיוחד נועם שליט ויואל וייס, סייעו והושיטו עזרה בכל שלבי התהליך. אנשי הוצאת מגיד טרחו למען יצאו הדברים מתוקנים.

שלושה מאמרים נכתבו עברית במקור, ושלושה עשר מאמרים תורגמו מאנגלית – כולם למעט שניים בידי ד״ר קלמן נוימן. מלאכת תרגום לשונו העשירה והמדוקדקת של הרב איננה משימה פשוטה. אנו מודים לד״ר קלמן נוימן על עבודת התרגום, שהיא בבחינת מלאכה שהיא אומנות, ולרב ש״י ליכטנשטיין שבדק בדיקה מוקפדת את כל מאמרי הספר והעיר הערות חשובות. תודתנו נתונה להניה קולומבוס ולשקד חיים על עריכת הלשון הקפדנית וליחיאל רוזנברג על הכנת המפתחות.

תודתנו נתונה גם למוסדות אשר באדיבותם ניאותו לבקשתנו להדפיס מחדש כמה מאמרים בספר זה: לאגף לתרבות תורנית של ההסתדרות הציונית העולמית, לישיבת הר עציון, למכון צֶמֶת, למכון הישראלי לדמוקרטיה ולישיבה יוניברסיטי. כל המאמרים שתורגמו מאנגלית, מלבד ״כבול לעסקים כפולים״ ו״ערכים יהודיים בעולם משתנה״, נכתבו במקורם עבור ״הפורום האורתודוקסי״ – כנס שנתי של רבנים, מחנכים ואנשי אקדמיה שהתקיים בארה״ב תחת חסותה של ישיבה יוניברסיטי.

ועל כולם, תודתנו נתונה למורנו ורבנו הרב אהרן ליכטנשטיין זצ״ל, על שהאיר עינינו בתורתו, הרחיב את דעתנו בחכמתו ורומם את נפשנו בדבקותו. הרב היה, ותמיד יהיה, לנו ולאלפי תלמידיו דוגמה נשגבה של עבודת ה׳ וחזון מרהיב של שלמות אנושית. אשרי עין ראתה כל אלה.

יהי רצון שתורתו של רבנו תמשיך להאיר את דרכם של רבים, של אלו שזכו להיות תלמידיו, ושל אלו שהכירו ויכירו אותו מתוך כתביו.

ראובן ציגלר ואליקים קרומביין

אלון שבות
טבת תשפ״ב

עבודת ה' בימינו

הצדקת המודרניות: מקורות קלסיים וסמכות של בני דורנו

א

היחס השונה לְסמכות הוא מן הבולטים שביסודות המבחינים בין יהודי אורתודוקסי מודרני לעמיתו החרדי.

עבור החרדי, הסמכות כמושג מופשט וכמציאות אנושית היא ברכה עד בלי די. במישור אחד, הגדול בתורה או הצדיק נחשב כשלעצמו אחד מעמודיו של הסדר הקוסמי, אם לנקוט נימה מיסטית, או של החברה העוטפת אותו, אם לדבר במושגים רציונליים טהורים. הוא משפר ומרומם את העולם הסובב אותו בכך שהוא מביא אותו למגע עם דרגות של חוכמה או קדושה שאלמלא נוכחותו היו מעבר להשגתו. במישור אחר, של יחסו של הפרט למורה הרוחני, אין רק הכנעה לסמכות אלא התלהבות ממנה. גדולי התורה נחשבים – ובעצם נחווים – כמעיינות חוכמה וכמגדלי עוז. הם מעניקים הדרכה כפולה: הארת דרך עם הענקת השראה. מניין יכול אדם לקבל עצה טובה וברורה אם לא מאלו אשר עליהם נאמר "סוד ה' ליראיו ובריתו להודיעם" (תהילים כ"ה, יד)? ומי מקרין כוח ומייצר רוממות יותר מאלו שעליהם אמרו חז"ל "גדולים צדיקים יותר ממלאכי השרת" (סנהדרין צג ע"א)?[1]

יתר על כן, הפעלת סמכות וכפיפות לסמכות באשר היא משרות רגיעה. חוץ מהידיעה המנחמת שהאמירות המוסמכות משיאות עצה מיטבית, השחרור מעול

תרגם מאנגלית: קלמן נוימן

1. הדברים בעלי עניין לגבי המחלוקת בין הרמב"ם למקובלים בשאלה מי עדיף – בני אדם או מלאכים.

קבלת החלטות מוסיף נחת רוח. למצער, האימוץ הכנוע של מקור הסמכות חוסך את הסבל הכרוך בהכרעה. ההישענות על סמכות משרה על האדם את התחושה שאיננו חייב לשאת באחריות לבחירותיו, על כל השלכותיהן. מלבד זאת, יש מי שימצאו מרגוע במחשבה (הבעייתית כשלעצמה) שחיסול הבחירה האישית מקיים, בשינויים המתחייבים, את הצו ״בטל רצונך מפני רצונו״ (אבות פ״ב מ״ד).

לעומת עמיתו החרדי, יחסו של היהודי האורתודוקסי המודרני לסמכות מסויג הרבה יותר, ואפילו אמביוולנטי. הוא מתייחס לסמכות – כמושג מופשט וכמציאות ממשית – במין צירוף של הערכה ותרעומת. מצד אחד, הוא מכיר בצורך החיוני בסמכות ובכפיפות לה, גם כצורך מהותי אפריורי וגם לאור המקורות התורניים הרלוונטיים. הסמכות הכרחית תמיד כצורך נורמטיבי ופסיכולוגי, ואמת זו נכונה אף יותר בעבורו, איש האורתודוקסיה המודרנית. הוא זקוק לעוגן איתן דווקא משום שהוא רואה עצמו כמי שעסוק במהלכים חדשים. מבחינה סוציולוגית, אם הוא חש עצמו – כפי שרבים חשים – נתון למתקפה מצד מתנגדים הזוכים לבולטות, ולאחרונה אף להצלחה גוברת, הצורך בקיבוע הסמכות נעשה דחוף עוד יותר.

מצד שני, האורתודוקס המודרני המצוי מורד במחשבה של הגבלת האוטונומיה שלו. בהיעדר נטייה לפולחן קדושים, יש להניח שאף אל גדולי התורה ״שלו״ הוא מביט ביראת רוממות פחותה מזו שמקבילו החרדי חש כלפי מורי הדרך של קהילתו שלו. ברם, גם אם לא כן הוא היה מהסס, מסיבות אישיות ופילוסופיות, לבקש את עצותיהם ואולי אף לקבלן. סוף כל סוף, היסוס זה הוא חלק מהיותו ׳מודרני׳. מאז דקרט, אם לא מאז הרנסנס, החשיבות של ההכרעה האישית – במוסר הקנטיאני, בפוליטיקה הליברטריאנית המעמידה במרכז את החופש, באסתטיקה הרומנטית או בחרדה האקזיסטנציאלית – היא מרכזית בתרבות המודרנית. יתר על כן, היהודי האורתודוקסי המודרני איננו רואה ברתיעה הזאת כישלון. סביר להניח שהוא היה מתעקש לטעון שאין זו אלא מעלה – היא איננה נובעת מיוהרה יומרנית אלא היא תוצאת נכונותו להתמודד עם המציאות כיצור רוחני אחראי. הוא היה מדגיש את האיזון הראוי בין הצורך להימנע מטעות ובין הערך של מעורבות אישית.

הדילמה הזאת מוכרת, וההתלבטות רלוונטית לשאלה הראשונה שנשאלתי: ״באיזו מידה, אם בכלל, צריך יהודי אורתודוקסי בן זמננו לפנות לסמכויות מודרניות (לעומת אלו מימי הביניים או מתקופת חז״ל) כדי להצדיק את תגובתו למודרניות?״ במבט ראשון, זו התייחסות מוזרה לשאלה. אני מניח שכוונת השואל איננה עובדתית אלא נורמטיבית. הווה אומר, השאלה איננה אם אנו נאלצים לפנות אל סמכות בת זמננו עקב מחסור במקורות קדומים יותר, אלא אם אנו מחויבים בכך, ואין לנו

להסתפק בהסתמכות על מקורות קדומים יותר בלבד. אם זאת כוונת השאלה, הניסוח מפתיע בשני מובנים.

ראשית, היא מנוגדת למגמה מרכזית במחשבה ובמעש של עולם התורה. משחר ילדותנו אנו פוגשים את המסר הנובע מאמירה מפורסמת בגמרא: "אם ראשונים בני מלאכים אנו בני אנשים ואם ראשונים בני אנשים אנו כחמורים" (שבת קיב ע"ב).[2] גם אלו שאינם סבורים שירידת הדורות היא חוקיות היסטורית נצחית מורגלים עמוקות בהכרת עליונותן של חוליות קודמות בשרשרת המסורה: אם לא לגבי גבהים שונים באותו הרכס, אזי לפחות בין סדרה של מפלסים – חז"ל לעומת ראשונים ואלו לעומת אחרונים. אם כן, כיצד עלינו להתייחס למה שנרמז בשאלה, אם יש להעדיף דמויות בנות זמננו? בענייני הלכה, אם ניתקל בסתירה בלתי ניתנת ליישוב בין דבריהם של הרמב"ן ושל הנצי"ב בדין הנוגע למילה ולשחיטה, בוודאי נעדיף את עמדת הרמב"ן. היש סיבה שבן תורה יעלה על דעתו לגשת לשאלה הכוללת של התגובה למודרנה באופן אחר?

שנית, יש תחושה שהשואל (יש לְהניח שהוא עצמו אורתודוקס מודרני) היה מעדיף לפנות למקורות הקדומים אך נדמה לו שבני הפלוגתא שלו (כפי הנראה מן הציבור החרדי) יבטלו את האפשרות הזאת. האין בכך היפוך תפקידים? היה אפשר להניח (למשל בהשוואה למאבק הדומה שהתקיים במאה השבע עשרה בין "עתיקים" ל"חדשים", המוכר לנו מן הספר The Battle of the Books מאת ג'ונתן סוויפט) שדווקא השמרנים הדבקים במסורת יצדדו בסמכות הקלסית, ואילו הצד הפתוח יותר לחידושים יעדיף את בני הזמן. אולם נראה שהשואל הניח שהמציאות היא אחרת. האם טעיתי בהבנתו או שמא הוא טועה בהבנת המציאות?

שתי האפשרויות אינן נכונות. כאשר יהודי אורתודוקסי מודרני טוען שהוא פונה אל סמכותו של הרמב"ם ולא אל זו של הרב מבריסק, הוא מתעתע בנו. זאת משום שאל מול הראשון הוא מפעיל את כושר שיפוטו העצמי, ואילו במקרה השני הוא מתעמת עם שיפוטו של בעל הסמכות.

נסביר נקודה זו. אפשר להתייחס אל הראשונים כאל משאב: אפשר לצטט אמירות החופפות באופן כללי את העמדות שלנו ולהפיק מכך תמיכה והצדקה לדרכנו; אם יש אמירות אחרות, אפשר לתרץ אותן על ידי ציון השינויים במציאות החברתית־תרבותית, ולטעון שהראשונים היו מתבטאים אחרת אילו חיו בעולם שלנו.

2. לדיון בנושא ירידת הדורות והשלכותיה ראו הרב נחום לאם, **תורה ומדע** (ירושלים, תשנ"ז), עמ' 68-78.

למשל – האם 'כוללים' (מכל סוג שהוא) פסקו מלפרוח עקב ביקורתו הקטלנית של הרמב"ם כלפי עיקרי הטיעון להצדקת קיומם?[3] עולם התורה טוען בפשטות – ולדעתי הטיעון משכנע – שהן ההרכב האידיאולוגי של העולם היהודי והן הלחץ הכרוך בעיסוק במקצועות חול השתנו כל כך עד שגם אם נקבל את טיעוניו של הרמב"ם (שכמה מן הראשונים כבר ערערו עליהם בתקיפות[4]), הרי מטרת קיומם של מוסדות שמגינים על הבית הרוחני ומכשירים מנהיגות לעתיד נראית כמעט מובנת מאליה. אין פירוש הדבר שהשקפותיהם של הראשונים, כפי שהן משתקפות בכתביהם, חסרות משקל משום שאפשר לעקוף אותן ולעתים אף לעשות בהן מניפולציה. בסופו של דבר דבריהם נותנים את הטון, מצביעים על כיוון, יוצרים אקלים, ובמידה רבה משרטטים את הפרמטרים של השיח שלנו. הם "עיני העדה", המאורות הגדולים של ההגות, אשר בדרך כלל נקבל את העמדה שלהם כמחייבת כשהיא מוסכמת ואחידה. אף על פי כן, מי שתומך בתפיסה המודרנית יכול להרגיש שהוא פונה אל הספרות הרבנית הקלסית בתחושה יחסית של ביטחון, כיוון שאמירות ספציפיות של הראשונים ניתנות לתמרון וביכולתו ליישב אותן עם תפיסתו.

מידה זו של גמישות אינה קיימת ביחס לגדולי התורה של הדורות האחרונים ובמיוחד של דורנו אנו. אישים אלו פגשו בתרבות המודרנית, ולאור העובדה שהם דוחים אותה במידה מרובה, הם משגרים מסר ברור, ישיר או עקיף, לעולם האורתודוקסי העכשווי. אמירותיהם של הרב אלחנן וסרמן הי"ד או הרב ברוך בר ליבוביץ ז"ל אינן משאירות מקום לברירה אישית או להבחנות דקות.[5] הגינויים החמורים (שלעתים צופים חזות קשה לגבי העתיד) מתייחסים במפורש למציאות של המאה העשרים. על כן נותרות לנאמני האורתודוקסיה המודרנית רק שתי חלופות: לחזור בהם מעמדותיהם או לחיות בידיעה שמחברי 'ברכת שמואל' או 'קובץ שיעורים', ספרים אשר סביר שהם לומדים ומעריכים, ועִמם רבים מעמיתיהם, ככלל הוציאו את דעותיהם אל מחוץ לתחום.

גם בנוגע לשאלות רגישות וחשובות ניתן למעשה לנטרל קטעים מ'מורה הנבוכים' או 'דרשות הר"ן' כמו שדונס סקוטוס או תומאס אקווינס טיפלו בטקסטים

3. במיוחד **בפירוש המשניות**, אבות פ"ד מ"ה **ובמשנה תורה**, הלכות תלמוד תורה פ"ג ה"י.
4. ראו למשל את תגובתו הנרחבת של רבנו שמשון בן צמח, בעל **התשב"ץ**, חלק א, סימנים קמב-קמז.
5. הערת העורכים: הרא"ל רומז כאן לדבריהם הידועים של הרבנים הללו נגד לימודי חול ובמיוחד נגד לימודים באוניברסיטה. הרב וסרמן ("תשובה לשואל ממדינה ידועה", **קובץ שיעורים**, סימן מז) מתיר ללמוד חוכמות חיצוניות רק לצורכי פרנסה ורק בהגבלות ניכרות. ר' ברוך בר (**ברכת שמואל**, קידושין, סימן כז) אסר לחלוטין לבד מ"דרך אקראי". דבריהם של גדולי ישראל נדונו אצל פרופ' יהודה לוי, **שערי תלמוד תורה** (ירושלים, תש"ן), עמ' שלד-שנ.

של אריסטו או אוגוסטינוס. ואולם אי אפשר לעקוף כך את הרב שך. אדם פשוט צריך להכריע אם הוא מוכן לעמוד מול כס שיפוטו.

אלו שאינם נרתעים מכך צריכים להתעמת עם השאלה המובנת מאליה: חוץ מכוח העמידה הפסיכולוגי, האם אפשר להצדיק את עמדתם מבחינה הלכתית והשקפתית? ניסוח השאלה בצורה זו משקף את העובדה הברורה שהמטלה של יצירת לגיטימציה עומדת לפתחו של מחנה האורתודוקסיה המודרנית. אין מי שמציב אתגר דומה למתנגדיה החרדים. תומכי המודרניות מכירים בדרך כלל – ולדעתי צריכים בהחלט להכיר – בלגיטימיות העמדה החרדית כפרשנות אפשרית של "מה ה' א-להיך שֹאֵל מעמך" (דברים י', יב) אף על פי שהם מתנגדים בחריפות לחלק ממרכיביה של העמדה. אך למרבה הצער אנו נוכחים שהכרה זו איננה הדדית, והיא אינה עשויה, ככל הנראה, להשתנות שינוי משמעותי בעתיד הקרוב. על כן, היחסים השונים לסמכות אינם סימטריים. חוץ מהיחס השונה לאישים בעלי סמכות וחוץ מהעובדה שרוב גדולי התורה לא הטיפו למודרניות, מה שמוטל על המאזניים עבור החרדי ועבור המודרני הם דברים שונים במהותם. עבור הראשון, אין בכלל שאלה של לגיטימציה; עבור השני, לגיטימציה היא עצם השאלה.

ובכן, האומנם ניתן לשלול את סמכותם של גדולי תורה בני דורנו? מי מוסמך, אם בכלל, לערער עליה? לגבי התחום ההלכתי הטהור ראוי לצטט לפחות שני מקורות ידועים כדי לתמוך בעמדה שהתשובה לשאלה שנשאלתי היא שלילית ושאין לדחות בני סמכא מאוחרים בהיסמכות על קודמיהם.

הראשון הוא כלל הפסיקה הידוע "הלכה כבתראי". עיקרון זה קובע, כפי שמסכם הש"ך, כי "כל מקום שדברי הראשונים כתובים על ספר והם מפורסמים והפוסקים האחרונים חולקים עליהם... הולכים אחר האחרונים".[6] אם כן, כששניים עומדים באותו מפלס של סמכות, יש להעדיף את האחרונים, מפני שאפשר להניח שהיה סיפק בידם לבדוק ולבחון את דברי קודמיהם, שאולי לא העלו על דעתם את הטיעונים שיעלו האחרונים.

אך הרלוונטיות של העיקרון הזה לבעיה שלנו היא מוגבלת. הוא איננו מתייחס בהכרח לשאלת הניגוד בין העתיק לישן אלא לשכבות משנה בכל תקופה. הוא סיבה להעדיף פסק הלכה של ראשונים מאוחרים כמו הרא"ש או הר"ן על פני קודמיהם

6. קיצור בהנהגת הוראת איסור והיתר, יורה דעה סימן רמב, ח. הדעה שהכלל מתייחס גם לפוסקים שלאחר חז"ל נתמכת על ידי המהרי"ק בתשובותיו סימן פד, אך **מהר"ם אלשקר** ערער עליה בסימן נד מתשובותיו.

רבנו תם או הר"י מיגש, או לבכר את דברי ה'משנה ברורה' בן המאה העשרים על פני ה'מגן אברהם' הקודם לו בלמעלה ממאתיים שנה. בפועל, עושים שימוש בעיקרון בדרך כלל רק במחלוקות הניצבות באותו מישור – בין האמוראים, בין הראשונים או בין האחרונים.[7] יתר על כן, הוא עצמו רק כלל אחד מתוך כללים רבים לפסיקת הלכה, והוא עלול להתנגש עם עקרונות פסיקה חשובים יותר. נוסף על כך, הוא מוגבל בהיותו חל, על פי הדעה הרווחת, רק כאשר אנו כמעט בטוחים שהפוסקים האחרונים היו חשופים לעמדת הראשונים. מעל לכל, יש להתייחס ל"הלכתא כבתראי" כאל כלי טכני בידיו האמונות של פוסק הלכות מנוסה ומוכר אשר מיישם אותו כחלק מתהליך פסיקת ההלכה. הוא איננו לפיד שלאורו יש לכוון את קיומו הרוחני של הפרט או של הכלל.

מקור שני, המשמש לכאורה בסיס איתן מן הראשון להעדפת דמויות בנות ימינו, מצוטט מן התוספתא (בהוספות משמעותיות) בגמרא במסכת ראש השנה:

> ת"ר: למה לא נתפרשו שמותם של זקנים הללו? שלא יאמר אדם: פלוני כמשה ואהרן? פלוני כנדב ואביהוא? פלוני כאלדד ומידד? ואומר "ויאמר שמואל אל העם ה' אשר עשה את משה ואת אהרן" (שמואל א י"ב, ו), ואומר "וישלח ה' את ירבעל ואת בדן ואת יפתח ואת שמואל" (שם יא)... שקל הכתוב שלשה קלי עולם כשלשה חמורי עולם, לומר לך: ירובעל בדורו כמשה בדורו, בדן בדורו כאהרן בדורו, יפתח בדורו כשמואל בדורו. ללמדך שאפילו קל שבקלין ונתמנה פרנס על הצבור, הרי הוא כאביר שבאבירים, ואומר "ובאת אל הכהנים הלוים ואל השֹפט אשר יהיה בימים ההם" (דברים י"ז, ט). וכי תעלה על דעתך שאדם הולך אצל הדיין שלא היה בימיו? הא אין לך לילך אלא אצל שופט שבימיו, ואומר "אל תאמר מה היה שהימים הראשונים היו טובים מאלה" (קהלת ז', י). (כה ע"א-ע"ב)[8]

ברייתא זו מעניקה לכאורה מנדט ברור לסמכות העכשווית. היא איננה מסתפקת במתן אישור בלבד ל"יפתחים" מודרניים, אלא מחייבת אותנו להישמע להם ולא ל"שמואלים" קלסיים, במקרה של עימות ביניהם. כפי שהעירו התוספות שם, ד"ה שהימים: "ולכך יש לשמוע לראשונים יותר מן האחרונים אל תאמר כן, דאין לך אלא

7. ראו **ש"ך**, חושן משפט סימן כה ס"ק כא.
8. על פי תוספתא ראש השנה פ"א הי"ח. עיקרו של הקטע הובא בשינויים בהקשרים שונים. עיינו **תוספתא כפשוטה** לר"ש ליברמן, עמ' 1035.

שופט שהיה בימיו". אני מניח שהסיבה לכך היא היתרון האיכותי של סמכות ישירה ונוכחת על פני שימוש בטקסטים קדומים, שעשוי להיות סלקטיבי. אך תהא הסיבה לכך אשר תהא, המסר ברור למדי.

ברם, גם למקור זה השלכה מוגבלת על שאלתנו. הוא עוסק במפורש ביחיד או בקבוצה שנתמנו לתפקיד ועל כן מוסמכים לדבר ולפעול מכוח תפקידם. הברייתא מתמקדת דווקא בנקודה זו. אותו "קל שבקלים" בן זמננו, שאנו מצווים להישמע לו, הרי "נתמנה פרנס על הציבור" ואנו מחויבים לפנות אליו בגלל הסמכות שהוענקה לו במינוי זה. ייתכן שאפשר להסיק מן הברייתא על מצבנו אנו, אך הרחבת העיקרון מחייבת קפיצה. על כן, בעיקרון, בתוך הקשר שאין בו מינוי פורמלי, השאלה מי צריך להישפט בפני מי ובנוגע לאילו שאלות (וכפי שהצעתי, הרי זו השאלה הניצבת במוקד ההכרעה בין ה"עתיקים" ל"חדשים" – גם אם היא מנוסחת בצורה מוסווית ומותאמת) איננה ניתנת להכרעה מתוך ברייתא זו.

אך כמו שאמרו חז"ל, "דברי תורה עניים במקום אחד ועשירים במקום אחר". קווי המְתאר ההלכתיים נגישים ופשוטים למדי. כשעומדים בפני ספק, האדם הרגיל, גם אם הוא 'בעל בית' מלומד ואפילו רב מְדרגת ביניים, צריך לקבל את פסק ההלכה שהתקבל בקונצנזוס בדורו. אמנם יש ויכוח אם מבחינה פורמלית ישנו תוקף לאיסור "לא תסור" לאחר ביטול בית דין הגדול,[9] אך ברור שבדרך כלל העמדה שהתקבלה מחייבת. סטייה מן הקונצנזוס מוגדרת טעות אפילו ביחס לבני הזמן אשר דבריהם טרם קיבלו את ההילה של השתייכות למסורת.[10]

עובדה זו באה לידי ביטוי בשתי רמות. כשהגמרא עוסקת במשמעות ההלכתית של טעות שיפוטית היא מבחינה בין 'טעות בדבר משנה' הנובעת מאי־ידיעת החומר, הגורמת תמיד לפסילת ההכרעה, לבין 'טעות בשיקול הדעת' אשר לעתים איננה פוסלת את הדין אלא מטילה על השופט לפצות את הצד הנפגע. הגמרא מגדירה את הקטגוריות 'דבר משנה' ו'שיקול הדעת' על פי המקובל בכל תחום:

> אמר ליה רבינא לרב אשי: אפילו טעה בר' חייא ור' אושעיא? אמר ליה: אין. אפילו בדרב ושמואל? אמר ליה: אין. אפילו בדידי ודידך? אמר ליה: אטו אנן קטלי קני באגמא אנן?

9. ראו **ספר החינוך**, מצוות תצה-תצו **ומנחת חינוך**, מצווה תצה, אות ג, וכן המקורות שצוינו בראש מצווה תצה במהדורת מכון ירושלים.
10. ראו **ש"ך**, פלפול בהנהגת הוראת איסור והיתר, יורה דעה סימן רמב (בסופו).

היכי דמי שיקול הדעת? אמר רב פפא: כגון תרי תנאי או תרי אמוראי דפליגי אהדדי, ולא איתמר הלכתא לא כמר ולא כמר, ואיקרי ועבד כחד מינייהו, וסוגיא דשמעתא אזלי כאידך – היינו שיקול הדעת. (סנהדרין לג ע״א)

[תרגום: אמר לו רבינא לרב אשי: אפילו טעה בדברי ר׳ חייא ור׳ אושעיא (היינו ׳טעה בדבר משנה׳)? אמר לו: כן. אפילו בדברי רב ושמואל? אמר לו: כן. אפילו בדברים שלי ושלך? אמר לו: וכי אנו קוטלי קנים באגם (ולא נחשבים)?
מה נחשב (טעות ב)׳שיקול הדעת׳? רב פפא אמר: כמו במקרה של שני תנאים או שני אמוראים החולקים זה על זה ולא הוכרעה ההלכה כאף אחד מהם, וקרה שהשופט פסק כמו אחד מהם, ואילו הדעה הנפוצה נוטה לדעה השנייה – זו היא טעות בשיקול הדעת.]

יש להניח שדורות מאוחרים יותר מחויבים לרבינא ורב אשי שבדורם או לפסק המקובל בזמנם, ועל כן חריגה מן הקונצנזוס ההלכתי אינה באה בחשבון.

כל זאת עבור אדם רגיל או אפילו דיין רגיל. אך בנוגע למי שעומד ברמה אחרת, שהוא עצמו נמצא בחזית הפסיקה וההוראה, המצב שונה לחלוטין. אמנם גם הוא כפוף בדרך כלל למה שקיבל מעמד כ׳דבר משנה׳ עקב הסכמה כללית, על פי קנה מידה מוכר ונסיבות היסטוריות. אך לגבי ׳שיקול הדעת׳ יש לו מרחב פעולה. עמידתו מול קונצנזוס של חכמי דורו מקבילה בסופו של דבר למחלוקת של כל שני תנאים או שני אמוראים. כפי שראינו, הגמרא קובעת ש׳טעות בשיקול הדעת׳ היא הכרעה על פי דעתו של חכם יחיד נגד הקונצנזוס. אולם לאותו תנא או אמורא נשמרת הזכות לעמוד על דעתו, גם אם זה בניגוד ל״סוגיא דעלמא״. על כן, גדול בתורה, גם אם איננו שווה בדרגתו לבני הפלוגתא שלו, די שיהיה שייך לקבוצת הייחוס שלהם כדי שיוכל להחזיק בעמדת מיעוט.

הרא״ש עומד על נקודה זו במפורש; הוא דוחה את עמדת הראב״ד המעניקה לפסקי הגאונים מעמד של ׳דבר משנה׳. לדברי הרא״ש, עמדת הראב״ד תיתכן במקרה שדיין פוסק נגד הגאונים מתוך חוסר ידיעה, אבל לא באשר למי שחולק עליהם במכוון:

אבל אם לא ישרו בעיניו דבריהם ומביא ראיות לדבריו המקובלים לאנשי דורו, יפתח בדורו כשמואל בדורו. אין לך אלא שופט אשר יהיה בימים ההם ויכול לסתור דבריהם. (סנהדרין פ״ד סימן ו)

יתר על כן, הרא"ש טוען שדברי הגמרא, שיש לראות בהכרעות של אמוראים 'דבר משנה', נוגעים רק לטעות הנובעת מאי־ידיעת הפסק ולא להתנגדות חזיתית:

> והיינו דא"ל רב הונא לרב ששת אפילו בדידך ודידי וא"ל אטו קטלי קני באגמא אנן. כלומר אם חדשנו דבר מדעתנו שלא נמצא לא במשנה ולא בגמרא ודיין שלא ידע דברינו ופסק בענין אחר וכששמע הדברים ישרו בעיניו כטועה בדבר משנה הוי וחוזר. אבל הדיין ההוא פשיטא שיש לחלוק על דבריהם. (שם)

הרא"ש מרחיב את זכות הדעה העצמאית אפילו לגבי מקור שמוגדר 'דבר משנה', ובכך יש מן החידוש. אולם לגבי התחום של 'שיקול הדעת', הזכות להביע דעה שונה היא בלתי מעורערת.

יתר על כן, לא רק לפוסק יש זכות להחזיק בדעתו, אלא אף לקהילה שלו. הרמ"א מסביר זאת בבירור: "ואם היה מנהג העיר להקל מפני שחכם אחד הורה להם כך הולכין אחר דעתו" (חושן משפט סימן כה סעיף ב). מקור דבריו בתשובה של הרשב"א שהוא עצמו מתבסס על כמה מקורות, אשר הידוע בהם מופיע כמה פעמים בש"ס:

> תניא נמי הכי: במקומו של רבי אליעזר היו כורתין עצים לעשות פחמין לעשות ברזל. במקומו של רבי יוסי הגלילי היו אוכלין בשר עוף בחלב. (חולין קטז ע"א ובמקבילות)

ההשלכות של הברייתא ברורות ומרחיקות לכת. קהילה של פוסק יכולה (ולגבי חומרות ייתכן שאף חייבת) לקבל את עמדותיו אפילו אם הן דעת מיעוט או דעת יחיד, ואף אם יש בהן נטייה לקולא ביחס לאיסור דאורייתא.

אך מה ההגדרה של 'קהילה' לעניין זה? זו נשארת עמומה. הגמרא מדברת על 'מקום' אך מוזר יהיה לומר שגאוגרפיה היא קריטריון יחיד לכך. האם נתיר למושבת מהגרים מיהודה הנמצאת בגליל לאכול עוף מבושל בחמאה? האם רק לתושבי מצרים במאה השתים עשרה נוכל לומר שאפשר לסמוך על קולותיו של הרמב"ם אף שהן דעת מיעוט? מסתבר ששיקולים אחרים – זהות עדתית או קהילתית, ומעל לכל נאמנות רוחנית ואידיאולוגית – יישאו משקל דומה. נדמה לי שעמדה זו הציע הרשב"א:

> ומן הדרך הזה כל שנהגו לעשות כל מעשיהם על פי אחד מגדולי הפוסקים במקום שנהגו לעשות כל מעשיהם על פי הלכות הרב אלפסי זכרונו לברכה

> ובמקומות שנהגו לעשות כל מעשיהם על פי חבור הרמב״ם והרי עשו אלו הגדולים כרבם. (**שו״ת הרשב״א**, חלק א, סימן רנג)

ברור שאין הכוונה לקרבה פיזית. נראה אפוא שמדובר בקשר עקרוני ועקבי. הרשב״א משאיר את שאלת הרקע פתוחה: ייתכן שהמקומות הללו נהגו ״לעשות כל מעשיהם״ על פי פסקי הרי״ף או הרמב״ם מבחירה וייתכן שהכל מקרה. מכל מקום, המחויבות הרוחנית היא הקובעת, ולא הרצף הגאוגרפי. קהילה ספרדית בוורשה עדיין מחויבת לפסקי הראשון לציון. כלום חסיד גור שעבר לפריז פסק מלהשתייך לקהילתו של האדמו״ר שלו?

יש לכך השלכות ברורות על יכולתו של היהודי האורתודוקסי להצדיק את תגובתו למודרנה. אם לא היה בנמצא כלל גדול בתורה אמיתי שאימץ את העמדות ההלכתיות הבסיסיות של מה שמוכר באופן כללי כאורתודוקסיה המודרנית, היה קשה לרבנים ו׳בעלי בתים׳ מן השורה לדבוק בעמדות אלה. ללא חותמת כשרות מגדול כלשהו, היה קשה אם לא בלתי אפשרי להצדיק אימוץ נורמות וערכים העומדים בניגוד לחזית האחידה שהציגו כל גדולי ישראל מקיר לקיר. דרך כזאת הייתה נתפסת בפשטות כטעות, אם ב׳דבר משנה׳ ואם ב׳שיקול הדעת׳. בר סמכא בן זמננו אמנם מתבסס במידה מרובה (ואולי מתוך בחירה סלקטיבית) על מקורות קדומים, אך אדם פשוט צריך לבסס עצמו על ״שופט שבימיו״. אף אם נניח שבמישור האישי רשאי (ושמא אף מוכרח) למדן בינוני לפעול על פי קריאתו המלומדת והאחראית (קביעה שיש להטיל בה ספק כשלעצמה), בוודאי אי אפשר לתמוך בהנהגה כזאת בזירה הציבורית.

ברם, האם יש מי שסבור שהמצב הוא כזה שאין גדול בישראל המזדהה עם עמדות היסוד של האורתודוקסיה המודרנית? רק בור או יהיר יטען כך. גם אם נצטמצם למגבלות המחוז הרוחני שלנו [הערת העורכים: באי כנס הפורום האורתודוקסי], מובן מאליו שנוכחותו של הרב סולוביצ׳יק, הרב המובהק של קהלנו, מספיקה כדי לדחות את הרושם המוטעה. שום משקיף אובייקטיבי על עולם התורה באמריקה – או בעצם העולם כולו – אינו יכול להתעלם ממעמדו של הרב כאחד מגדולי המאה, ומהתמיכה שלו בערכים העקרוניים של האורתודוקסיה המודרנית. ישראלים שאינם מודעים לעוצמת דמותו הרוחנית, שמגביהה עוף מעבר לזו של ראשי הישיבה שלהם; כמו גם אמריקאים שאינם תופסים שלעומת מועצת גדולי התורה הנוכחית שלהם הוא עומד כענק; אלו ואלו יודעים שהוא שייך לדרג הגבוה ביותר, ועל כן זכותו לפתח עמדות עצמאיות בכל הנושאים של שיקול הדעת. בין

עמדותיו יש כמה שנחשבות לבריח התיכון של האורתודוקסיה המודרנית. אמנם נכון יהיה לומר שאי אפשר להציג את הרב כנציג מובהק של האורתודוקסיה המודרנית על כל תופעותיה: לעתים הוא ממבקריה החריפים ביותר, מוקיע ביטויים של פרגמטיזם תועלתני, רגש מדולדל, מחויבות פושרת וטקסיות מהולה בוולגריות. אך בשאלות המרכזיות, הקשורות זו בזו, של היחס לתרבות הכללית, העמידה מול העולם הרחב והציונות הדתית, עמדתו נחרצת ועקבית. אין להתכחש לעובדה שביחס לעמיתיו, הרב בהחלט מביע דעת מיעוט בכל הנושאים האלה, גם אם אין דעתו דעת יחיד. אך כאמור לא יכולה להיות שאלה באשר לזכותו לצדד בעמדות אלו.

זכות זו עומדת לא רק לרב באופן אישי אלא לכל השייך לקהילתו האידיאולוגית. אלו שמזדהים עם השקפת עולמו וגישתו ההלכתית יכולים בצדק למצוא לגיטימציה לעמדותיהם מכוח סמכותו. זאת, כמובן, בתנאי שהם כפופים לסמכותו בדרך כלל. הם אינם נדרשים לאמץ כל נקודה ופסיק בכל הכרעותיו. כאשר הרשב״א דיבר על קהילה ״שנהגו לעשות כל מעשיהם על פי חבור הרמב״ם״, קשה להניח שלא נשאר מקום למקרים יוצאים מן הכלל. הוא עצמו ממשיך ומבחין בין המעמד של ספר פסקים כסמכות קהילתית ובין הרב הממשי של הקהל:

> ומיהו אם יש שם אחד חכם וראוי להוראה ורואה ראיה לאסור מה שהם מתירין נהוג בו איסור. שאין אלו כרבם ממש דבמקום רבם אילו יעשו שלא כדבריו יקלו בכבוד רבם במקומו. (שם)

מכל מקום נדרש מהם להזדהות באופן משמעותי כתלמידי אותו רב. כפי שברור מתשובת הרשב״א, סמכותו של הגדול ממשיכה להיות תקפה גם לאחר מותו עבור אלה שממלאים דרישה זו. על כן השפעת הרמב״ם דרך משנה תורה יכלה להיות סמכותית גם במשך דורות אחר פטירתו. כמו כן, גם במותו נשאר הרב ז״ל חומת מגן עבור הקהילה שהיה לה למנהיג רוחני.

כמה זמן נמשכת התקופה שבה ניתן להסתופף בצלו של גדול? השאלה מצריכה מחשבה. יש להניח שיש להגביל אותה למשך הזמן שהמציאות החברתית־היסטורית שאליה השתייך ושזו השתייכה אליו תתקיים ברציפות. מכל מקום ביחס לרב ז״ל אין אנחנו קרובים לתפוגה בנקודת הזמן הנוכחית.

אנו פוגשים תפיסה גמישה של היקף קהילה אידיאולוגית באחת מן התשובות המפורסמות ביותר של הרמב״ם, זו שנכתבה לר׳ עובדיה הגר. הוא כותב שביתו של אברהם כולל ״כל מי שיתגייר עד סוף כל הדורות, וכל המיחד שמו של הקב״ה כמו

שהוא כתוב בתורה – תלמידו של אברהם אבינו ע"ה ובני ביתו הם כולם" (**תשובות הרמב"ם**, מהדורת בלאו, סימן תלו; **אגרות הרמב"ם**, מהדורת הרב שילת, עמ' רלד).

ברור שבהקשר שלנו הפרמטרים יהיו צרים יותר, אך יש כאן דמיון לעצם הרעיון של השתייכות לקהילה אידיאולוגית. יתר על כן, הרמ"א, כמובן, לא התנה את הסטייה מפסיקה מקובלת במחויבות מוחלטת אחרת, אלא התייחס להוראות מסוימות של חכם בן הזמן ("ואם היה מנהג העיר להקל מפני שחכם אחד הורה להם כך, הולכין אחר דעתו") בלי לקבוע שמדובר במקרה שבו החכם הוא 'מרא דאתרא'. אם השמטה זו מכוונת, עמדת הרמ"א היא מרחיקת לכת. אך לגבי המושג היסודי של קהילה אידיאולוגית המונהגת בידי גדול בתורה והרלוונטיות למציאות הנוכחית, אין מקום לספק כלל.

הנה הדגמה הולמת לנקודה זו ממעשה שהיה. כאשר קבוצה של ראשי ישיבה בולטים נפגשו כדי לדון בפרסום איסור ההשתתפות של נציגות אורתודוקסית ב'מועצת בתי הכנסת באמריקה' התנגד הרב ראובן גרוזובסקי ז"ל.[11] הוא הסביר שמכיוון שרוב אלו שהאיסור מכוון אליהם [הערת העורכים: חברי הסתדרות הרבנים] הם "תלמידים של ר' יושע בער", הרי זו אחריותו של הרב ז"ל להחליט איך להדריך אותם, ואחרים צריכים להימנע ממעורבות.

במובן אחד העמדה ששרטטתי מרוממת את הסמכות ומגבילה את האוטונומיה, משום שהיא מתנה לגיטימיות הלכתית של תנועה בתמיכת גדול בתורה בן ימינו. אולם במובן שני היא משאירה בסופו של דבר את ההכרעה בידי היחיד, הנדרש להחליט באיזה מחנה לנטות את אוהלו. יש להניח שהמודרניסטים בקרבנו יחושו אי־נוחות באשר לקביעה הראשונה, אולם מי ששוחח בנושאים אלה עם בני תורה צעירים ורציניים יודע שהם מוטרדים יותר דווקא מההנחה השנייה. לעתים קרובות הם נבוכים פעמיים. ראשית, הם עשויים להתקשות בעצם קבלת ההחלטה, אם באופן מעשי ואם ברמת העיקרון: כיצד על אדם לדעת לאן לשייך את עצמו? שנית, הזכות והמעמסה עלולות להציק להם מבחינה אידיאולוגית. הם מודעים לכך שבחירת מורה דרך שאליו יהיו קשורים היא הכרעה אוטונומית שתקבע במידה רבה את סדר היום

11. הערת העורכים: המועצה (שהתקיימה עד שנת 1994) הייתה גוף שכלל נציגים משלוש הקבוצות המגובשות ביהדות ארצות הברית (אורתודוקסים בדרך כלל נמנעים משימוש במילה 'זרמים'). השתתפות של גופים אורתודוקסיים, איחוד הקהילות (OU) והסתדרות הרבנים באמריקה, הביאה לביקורת חריפה מצד מנהיגים וארגונים חרדיים, שראו בכך מתן לגיטימציה לסילוף היהדות. אף שעמד בראש ועד ההלכה של הסתדרות הרבנים, נמנע הגרי"ד סולוביצ'יק מלאסור על השתתפותה בגוף שפועל לטובת יהודים מול העולם החיצוני.

ואת סדר העדיפויות האישי שלהם בעתיד. מידה של חופש אישי היא המכריעה אפוא בסופו של דבר. יש המתלהבים מכך, אך אחרים נרתעים מזה ולעתים בבהלה.

בתגובה לכך אני מוצא עצמי משיב להם שהשאלה השנייה היא בעצם תשובה לראשונה. ברור שאדם לא בוחר לו מורה דרך מקרב גדולי תורה על פי מידת הלמדנות או דרגת הקדושה. אדם תר אחר מנהיג רוחני שידבר אל המקדש הפנימי שלו כמי שנעשה חסיד ומחפש רבי. אכן, המסע לחיפוש דמות מדריכה שזור באופן אינטגרלי ומתייחס בצורה דיאלקטית להגדרה העצמית של אדם; תהליך אשר המצפון והרגישות הם חלק חיוני ממנו. על כן, בכל הנוגע לנקודה השנייה [הערת העורכים: העובדה שבחירת הסמכות תלויה בהכרעה אוטונומית] אין תשובה ואין צורך בתשובה. עד לנקודה מסוימת ומעבר לנקודה אחרת אדם אחראי לעיצוב דרכו. האם עליו להיבהל או לחשוש מכך? היש אלטרנטיבה כלל? העובדה שיש מי שנבהלים מכך היא עצמה משקפת את הבריחה מאחריות רוחנית שפשתה בחוגים מסוימים. מנקודת ראות תורנית שורשית, אין לנו אלא להצטער על כך.

שיפוט אישי יכול להיות משמעותי בנוגע למרכיב נוסף. הרב ציטט פעם את אמירתו של אביו, הרב משה סולוביצ׳יק ז״ל, שביטול הסמיכה שינה בצורה דרסטית את אופייה של פסיקת הלכה.[12] במקור, קביעתו של רב ׳סמוך׳ – לפחות לדעת הרמב״ם שסמיכה נוגעת להוראת איסור והיתר ולא לדין בלבד[13] – היא בעלת סמכות מכוח קביעתו. אולם בימינו המעמד האישי של הפוסק נחלש ואתו מעמדן של הכרעותיו. במצב זה הוא משמש בעיקר דף מקורות: הוא מספק מידע אמין בעניין האמירה של המסורת ומקורותיה (כאשר הם מתפרשים ומובנים בצורה נכונה), אך המסורות והמקורות כשלעצמם הם בעלי הסמכות, ולא הרב.

מבחינה מושגית ומעשית כאחד, זו היא עמדה רדיקלית שיש בה פוטנציאל להשלכות הרות גורל על תהליך יישום ההלכה בחיים. ברור שכל הכרעה משפטית כוללת שני נדבכים: הבהרה של החוק או של הכלל והערכה של הסיטואציה המסוימת שבה אמורים ליישם אותו. מוסד שיפוטי בדרך כלל מוסמך להתמודד עם שני המרכיבים, והחובה לקבל את הכרעותיו נוגעת לשניהם כאחד. האיסור ״לא תסור מן הדבר אשר יגידו לך ימין ושמאל״ (דברים י״ז, יא) חל באותה מידה על דחיית

12. הערת העורכים: הכוונה לסמיכה שעל פי מסורת ההלכה מקורה במשה רבנו והיא הועברה איש מפי איש. רק בית דין של סמוכים יכול לדון למשל דיני נפשות. ראו רמב״ם, הלכות סנהדרין פ״ד ה״א.

13. הלכות סנהדרין פ״ד ה״ח.

קביעה עובדתית של הסנהדרין כמו על הפרה של מסקנותיה בהבנת החוק. אולם על פי דבריו של הרב משה, ייתכן שלאחר ביטול הסמיכה אין הדבר כן. אם הפוסק הוא רק מדריך וכלי עזר לפרשנות של מקורות ההלכה, אפשר לקבל את ההבנה שלו באשר לתוכן של הקורפוס ההלכתי, אך להסתמך על שיפוט עצמי בנוגע להערכת העובדות.

יישום הבחנה זו במציאות של ימינו היה מנטרל הרבה מן הביקורת על האורתודוקסיה המודרנית, אך גם דברים רבים אחרים. לדעתי, יש להירתע מעיגון הלגיטימציה בתפיסה רדיקלית כל כך. עם זאת, בוודאי אין לבטלה לחלוטין כלאחר יד; אפשר לעשות בה שימוש מבוקר כ׳סניף׳, מושג שמוכר היטב לכל מי שרגיל בדרכי הפסיקה. בו בזמן, ובנימה יומרנית פחות, אפשר לרתום את אלמנט יכולת השיפוט המציאותית לדיון הקודם שלנו בנושא בחירת האדם שאליו נכוון את דרכינו. הרא״ש מסביר שבחירת הפוסק יכולה, באופן מובן, להיקבע על פי תחום התמחותו:

> וכן דעתי נוטה דמאיזה טעם עשו חכמי הגמרא כלל זה לפסוק הלכה כשמואל בדיני וכרב באיסורי בכל מקום. לפי שידעו ששמואל היה רגיל תמיד לפסוק דינין ולכך היה מדקדק בהן ויורד לעומקן ומשכיל על כל דבר אמת. וכן רב היה רגיל לדקדק בהוראת איסור והיתר לכך סמכו על הוראותיו לעניני איסור והיתר. (בבא קמא פ״ד סימן ד)

באופן דומה, יש להניח שמי שמחפש הדרכה תורנית לגבי התרבות המודרנית יעדיף לפנות לגדולי תורה אשר מכירים אותה בצורה קרובה ומעמיקה יותר מאשר לאלה שהבנתם בה היא צרה ושטחית. ההשלכות שיש להנחה זו על ההכרעה אל שיפוטה של איזו דמות לפנות, מובנות מאליהן.

עד כה נגע כל הדיון לשאלות הלכתיות טהורות, בהנחה ששאלות הקשורות ללגיטימיות של האורתודוקסיה המודרנית אכן שייכות לעולם ההלכה. אך בקרב המגינים על עמדתם כלפי המודרנה יש שטוענים שהשאלות העיקריות הנתונות במחלוקת הן בתחום ההשקפה, שלגביה נושא הסמכות כשלעצמו רלוונטי הרבה פחות, ואפשר בעניין זה – אף שהדבר אינו הכרחי – לראות את המקורות הקלסיים כמספיקים.

הבחנה זו מעמידה אותנו מול המושג ׳דעת תורה׳ שלעתים אינו אלא סיסמה המבחינה בין המחנות. בדרך כלל, עיקרון זה זוכה לזלזול מצד נאמני האורתודוקסיה המודרנית, שניסו לערער הן על ייחוסו ההיסטורי והן על תקפותו הפילוסופית.

אודה ולא אבוש שלי באופן עקרוני יש נטייה חיובית יותר כלפי הרעיון. מקובל

עליי שהמושג, בניסוחיו מרחיקי הלכת ביותר, הוא יחסית חדש, ואני מבסס את ההנחה הזאת (לבד ממאמרו מעורר המחשבה ורחב ההיקף של פרופ' לורנס קפלן)[14] על לא פחות מאשר דבריו של בעל סמכות כבעל התניא. ב'אגרת הקודש' מופיעה תשובה לשאלה שהופנתה אליו מאחד מחסידיו, באשר לדבר חולין ללא ספק:

> אהוביי אחיי ורעיי מאהבה מסותרת תוכחת מגולה לכו נא ונוכחה זכרו ימות עולם בינו שנות דור ודור ההיתה כזאת מימות עולם ואיה איפוא מצאתם מנהג זה באחד מכל ספרי חכמי ישראל הראשונים והאחרונים להיות מנהג ותיקון לשאול בעצה גשמיות כדת מה לעשות בעניני העולם הגשמי אף לגדולי חכמי ישראל הראשונים כתנאים ואמוראים אשר כל רז לא אנס להו ונהירין להון שבילין דרקיע כ"א לנביאים ממש אשר היו לפנים בישראל כשמואל הרואה אשר הלך אליו שאול לדרוש ה' על דבר האתונות שנאבדו לאביו. כי באמת כל עניני אדם לבד מדברי תורה וי"ש אינם מושגים רק בנבואה ולא לחכמים לחם כמארז"ל הכל בידי שמים חוץ מיראת שמים. (**לקוטי אמרים**, חלק ה, אגרת כב)

גם אם המושג 'יראת שמים' ניתן לפרשנות מרחיבה, בכל זאת הקטע מאלף.

יתר על כן, אודה בכנות שהאמונה ב'דעת תורה' נאלצת לעמוד לעתים קרובות בניסיונות קשים. כדוגמה אחת מני כמה, הבכיר בראשי הישיבה בזמננו, הרב שך, מוכיח את ערכה של תורה כמכילה את כל המדעים בשואלו שאלה רטורית:

> וכי מהיכן ידעו חז"ל שכדור הארץ גדול מהירח כארבעים פעם ושהשמש גדולה מכדור הארץ כמאה ושבעים פעם (כמבואר ברמב"ם הלכות יסודי התורה פ"ג ה"ח) אם לא מכח התורה?[15]

14. ראו: Lawrence Kaplan, "Daas Torah: A Modern Conception of Rabbinic Authority" in *Rabbinic Authority and Personal Autonomy*, ed. M. Sokol (Northvale, NJ, 1992), pp. 1-60. בתרגום לעברית: לורנס קפלן, "דעת תורה – תפיסה מודרנית של הסמכות ההלכתית", בתוך: זאב ספראי ואבי שגיא (עורכים), **בין סמכות לאוטונומיה במסורת ישראל** (תל אביב, תשנ"ז), עמ' 105–145.
15. **תודעה**, גיליון 48 (תשנ"ב), עמ' 2.

כשהרב שך מציג את השאלה הזאת, הוא מתעלם לא רק מאסטרונומיה בסיסית אלא גם מן העובדה שהרמב"ם עצמו קבע, בדיוק ביחס לנושאים אלה, שהם אינם נכללים בתחום סמכותם של חז"ל:

> אל תדרוש ממני להתאים את כל ענייני האסטרונומיה שהם ציינו אל המצב כפי שהוא, כי המתמטיקה היתה לקויה באותם זמנים. והם לא דנו בזאת מבחינת שהם מוסרים אמרות אלה מפי הנביאים אלא בבחינת שהם היו חכמי אותן תקופות במקצועות אלה או שמעו אותן מפי חכמי אותן תקופות. (**מורה הנבוכים**, חלק ג, פרק יד)[16]

לעניות דעתי הקושי בולט ומורגש. אך למרות הקשיים שאני מוצא בצדדים מסוימים של רעיון 'דעת תורה' אינני יכול להעלות על הדעת את הגישה החלופית, שגדולי תורה אינם אלא מומחים מקצועיים ועל כן סמכותם וחוכמתם מוגבלת לתחומי בקיאותם הטכנית.

אמונתנו הרציפה לאורך ההיסטוריה בפעולתה של תורה ככוח מעמיק, מרומם, מחכים ומעשיר מחייבת את אימוץ המושג 'דעת תורה' בצורה זו או אחרת. אך לעומת הגרף ההיסטורי העולה של התקבלות הרעיון, הוא נראה לי כעת פחות ישים מבעבר. בעידן שבו הרבה מגדולי התורה אינם צומחים באופן אורגני מתוך הקהילה היהודית המרכזית כדי לעמוד בפסגתה, אלא אדרבה מתרחקים ממנה; כאשר היכולת להבין ולתקשר בשפה התרבותית (או אף המילולית) המשותפת היא מוגבלת, כמעט בלתי נמנע שגם היכולת של גדול בתורה לתפוס את הדינמיקה החברתית־היסטורית של הסביבה הנוכחית תיפגע. ואף שהיסוד המיסטי למחצה של "סוד ה' ליראיו ובריתו להודיעם" תמיד קיים, גם הוא, יש להניח, אינו בלתי תלוי בנסיבות.

שיקולים אלה נושאים משמעות שנוגעת במישרין לשאלות שלנו. למגבלות שתיארנו יש מידת רלוונטיות מועטה בנוגע ליכולת לדון בשאלות המתעוררות בהקשר של הקהילה היהודית המסורתית. משום כך, בכל הנוגע למעגל הפנים־קהילתי, מי שמקבל את המושג 'דעת תורה', לכל הפחות כמציב עמדה שיש להתחשב בה, גם אם אין היא מחייבת (ולאחר שנביא בחשבון את ההבחנה הבסיסית בין דבר מצווה לדבר רשות), מאמץ אותו במלוא תוקפו גם היום.

16. השאלה העולה מהקטע מובנת מאליה. על כל פנים, עמדת הרמב"ם לגביה ברורה.

אולם השאלות המרכזיות הנוגעות לאורתודוקסיה המודרנית והלגיטימיות שלה מתמקדות בשאלות הנוגעות לממשק עם העולם החיצוני, ובדיוק בצומת הזה ניתן לסמוך פחות על עצותיהם של אלה שהיכרותם עם העולם הזה פחותה. על כן, במידה (מידה שאני מודה, נתונה אף היא במחלוקת) ששאלות הלגיטימיות של האורתודוקסיה המודרנית הן שאלות בתחום ההשקפה ולא בתחום ההלכה, ומכיוון – כאמור, רק במידה מסוימת – שהמחלוקת נסבה על הערכה ומימוש ולא על עקרונות מכוננים, יש התרופפות ניכרת בצורך בסמכות בת זמננו כדי להעניק לגיטימציה.

למרות זאת, אני סבור שבסופו של דבר הצורך עדיין קיים, הן מסיבות מהותיות והן מסיבות צדדיות. ראשית, לכמה מן השאלות השנויות ביותר במחלוקת – ושילובם של תורה ומדע הוא דוגמה מובהקת – יש השלכות הלכתיות ברורות. נוסף על כך, חלק מנקודות המחלוקת הן נושאים חוזרים ונשנים, וקשורים רק חלקית לקריאת המפה העכשווית. היחס כלפי "יישובו של עולם" או האופי וההיקף של יחסי יששכר וזבולון עמדו על הפרק בתקופת הראשונים כמו בזמננו אנו.

אך יתרה מזו, גם אם היה לגיטימי לחלוטין לנתק כל קשר עם גדולים בני זמננו, ובמקום זאת להסתמך על אישים מן העבר מתוך קבלת סמכותם, גם אם באופן סלקטיבי, הייתה זאת דרך מוטעית, גם מבחינה אישית וגם מבחינה ציבורית. בהקשר הראשון ראוי להזכיר אמירה המיוחסת לר' ישראל מסלנט, שגם מתנגדים וגם חסידים טועים: המתנגדים טועים כיוון שהם חושבים שהם יכולים להסתדר בלי רבי, והחסידים טועים כיוון שהם סבורים שהם מצאו אותו. בנוגע אלינו, ודאי שהחלק הראשון הוא נכון. אדם, ולא 'בעל בית' פשוט בלבד, זקוק לגברא רבא שישמש דגם לחיקוי במידת האפשר, וגם להמחשה של מה שווייטהד כינה "חזון של גדלות".[17] המגע עם איש כזה יכול להרחיב את האופק ואת השאיפות, לפרוץ את הגבולות של מה שאדם מעז להשיג, ולמלא אותו בהערכה ובהערצה כלפי מה שהוא חש שהוא איננו יכול להשיג. הדמות הזאת מדריכה מצד אחד, ומראה את הגבולות מצד שני. אין פה עניין של פולחן קדושים או הערצת גיבורים בסגנון של תומאס קרלייל, אלא הכרח רוחני. דבר זה חשוב במיוחד במסורת שלנו שבה האדם הגדול הוא התגלמותה של המסורה ושל התורה שבעל פה. דברי רבא – "כמה טפשאי שאר אינשי דקיימי מקמי ספר תורה ולא קיימי מקמי גברא רבה" [תרגום: כמה טיפשים שאר האנשים שעומדים מפני ספר תורה ואינם עומדים מפני אדם גדול] (מכות כב ע"ב) – מדגישים את הנקודה בבהירות ובקיצור.

17. ראו: Alfred North Whitehead, *The Aims of Education and Other Essays* (London, 1962), p. 106.

כמובן, גם בעומדנו בפני גדולי הדורות הקודמים אנו זוכים להשראה בעת המפגש עם רוממות דמותם. אך עמידתם של גדולים בפנינו בזמן הווה בבחינת ״והיו עיניך ראות את מוריך״ (ישעיהו ל׳, כ), מוסיפה ממד שאין להזניח.

השיקול הקהילתי הוא לא פחות חשוב. אם האורתודוקסיה המודרנית תתנתק לחלוטין מגדולי התורה שבינינו, התוצאה תהיה מנוונת והרסנית גם יחד. התנועה תאבד אז לא רק את רוחם החיונית של הגדולים אלא גם את התסיסה והמרץ של עולם התורה שבתוכו הם חיים ופועלים. יש לנו ביקורת על הרבה צדדים של העולם ההוא – אם תרצו, על החברה החרדית בכלל – אך אין לפקפק בחיוניות ובמחויבות שלו. לאורתודוקסיה המודרנית יש הרבה מה ללמוד ולהפיק ממנו. המצב הנוכחי, המאופיין בפלגנות, בחוסר אמון ובמתח בין שתי הקהילות, מצער דיו ופוגע בשני הצדדים, שהרי גם לחרדים יש הרבה ללמוד ולהפיק מאחיהם המודרניים. אך קרע זה היה מחמיר עקב שלילה מודעת של הכרה בכל סמכות תורנית בת ימינו. יש הסבורים שאין ברירה אלא להתנתק מגדולי התורה החרדים, שהאלטרנטיבה היא איבוד הזהות הרוחנית. אינני מסכים, אך הלוואי שההכרה במחיר הגבוה הצפוי הכרוך בניתוק מסמכויות תורניות תשמש מנוף להצמחת סמכות תורנית שתבוא מתוך הקהילה האורתודוקסית המודרנית עצמה.

ב

נראה שהשאלה השנייה שהופנתה אליי מניחה את הצורך בסמכות בת ימינו: ״באיזו מידה, אם בכלל, לגיטימי לבסס השקפת עולם אורתודוקסית מתוך בחירת יסודות מסמכויות שונות, כגון מהרב דוד צבי הופמן לגבי לימודים אקדמיים, הרש״ר הירש לגבי הומניזם, והרב קוק לגבי הציונות?״ השאלה מניחה שיש צורך בהיסמכות על סמכות מודרנית, אך מסתפקת אם ניתן ליצור סמכות אקלקטית. אמנם המרכיבים המוצעים להשקפת העולם הם בעלי אופי פילוסופי, אך בתגובה לשאלה אני רוצה תחילה לדון במקרים דומים מעולם ההלכה ולאחר מכן להעלות את העניין ההשקפתי.

אילו נשאלה השאלה באשר לגישה אקלקטית בענייני הלכה, הייתי רואה בכך בעייתיות כפולה. ראשית, יש צורך להתמודד עם מקורות שתומכים לכאורה בדרישה שאדם יהיה עקבי באימוץ עמדותיו של פוסק מסוים. בפי העם המקור הקלסי לכך נמצא בדרישה הכפולה במשנה ״עשה לך רב״ (אבות פ״א מ״ו; שם מט״ז), אך למרות קול ההמון, שימוש כזה במקור הוא מפוקפק למדי. אכן, כמה מפרשים קלסיים פירשו את המשנה בצורה הזאת; כך רבנו דוד הנגיד, נכדו של הרמב״ם:

ולפי שבזמנם נתרבו תלמידי הלל ותלמידי שמאי ורבתה המחלוקת בין החכמים, לכן צוה ר"ג ואמר, תשים לך רב ללמוד התורה מבית שמאי או מבית הלל ולא תהיה מסופק אלא סמוך על דעת ב"ה או על דעת ב"ש. (**מדרש דוד**, אבות פ"א מט"ז)

רבי יוסף בן שושן, פרשן ספרדי בן המאה הארבע עשרה, מנסח את הדברים בצורה מפורשת עוד יותר:

הטעם שיברור לו האדם איש חכם ידוע שישאל אותו ויורהו את אשר יעשה ויסמוך עליו, ולא יהיה פוסח על הסעיפים הרבה, פעם עושה כפלוני ופעם עושה כפלוני, כי זה יגרום לו לנהוג כפי דעתו, דירוה היתר לעצמו, וכל אשר יחפוץ יעשה, ומתהפך מצד אל צד הואיל ואינו משעבד עצמו להוראת חכם ידוע. (**פירושי רבנו יוסף בן שושן**, אבות פ"א מט"ז)

מכל מקום, הנגיעה של המשנה לדיוננו מוגבלת. קודם כל, ישנן חלופות רבות לפרשנותה. יש מי שפירש שהיא קוראת ל'בעל בית' לפנות לדעת מומחה הלכה ולא להסתמך על דעתו בלבד, אך איננה קובעת שעליו לפנות למומחה אחד בלבד.[18] אחרים, לעומת זאת, פירשו שהיא מופנית לפוסק ודורשת ממנו להתייעץ עם עמיתיו או רבותיו לפני שהוא מכריע סופית, וזאת לא רק במקרה של ספק אלא אף אם הוא סבור שהוא מסוגל לפסוק לבד.[19] פרשנות אחרת – בעקבות ההרחבה באבות דרבי נתן (מהדורת שכטר, נו"א, פרק ח) – קובעת שהרב המדובר איננו פוסק הלכות אלא מלמד, שמבקשים ממנו תורה ולא הכרעה הלכתית. נדייק ונאמר שיש מי שסבור שפירוש זה נכון רק למשנה הראשונה, היכן שהדרישה לעשות רב סמוכה ל"קנה לך חבר", אך הוא איננו מתאים למופע השני, שבו הצטרף אליו "והסתלק מן הספק".[20] בכל זאת, הן מחזור ויטרי והן הראב"ן ביארו ששתי המשניות כאחת עוסקות בתלמוד תורה.[21]

18. ראו לדוגמה פירושי רבנו יוסף חיים **במילי דאבות** ורבנו יצחק בן שלמה מטולדו על אבות פ"א מט"ז.
19. ראו למשל **ילקוט מעם לועז** ורבנו יונה על אתר.
20. ראו למשל פירושי המאירי ורבנו בחיי למשנה טז.
21. ראו **מחזור ויטרי** וראב"ן על אבות פ"א מ"ו; מט"ז.

שנית, ייתכן שגם אלה שסברו שהמשנה עוסקת בפסיקת הלכה ראו בה עצה ולא דרישה מחייבת. כך למשל כותב הרמב"ם, המודע לקשר ל"והסתלק מן הספק" במשנה השנייה:

> זה שצוה כאן לעשות לו רב, אינו לענין הלמוד אלא להוראה; אמר עשה לך אדם לרב כדי שתסמוך עליו במותר ובאסור ותסתלק אתה מן הספקות. (**פירוש המשניות**, אבות פ"א מט"ז)

כמובן, כאשר מתקבלת עצה רוחנית מחז"ל, יש לה משקל רב,[22] אולם שלא כנורמה מחייבת אפשר לדון בה ביתר גמישות, לנוכח שיקולים שונים של הקשר ולאור היתכנות של התנגשות ערכים.

שלישית, נראה שגם המשנה השנייה עוסקת בבחירת מדריך אישי שאפשר לקיים אתו קשר ישיר, ואילו דיוננו נוגע לאימוץ סמכות אינטלקטואלית שאולי רחוקה בזמן ובמקום. בחירת אב רוחני חשובה מאוד כשלעצמה, ומבחינה קיומית היא לעתים קרובות מכרעת אף יותר מבחירת פוסק. מכל מקום, השאלה שונה מאוד מהכרעה בין פוסקים שונים, ויש לגשת אליה באופן עצמאי.

בסופו של דבר, אם נתעלם מן המפרשים על אתר, יש חיזוק קלוש בלבד לכך שהמשנה באבות שימשה מקור נורמטיבי לדבקות עקבית בפוסק שאדם קיבל על עצמו. אף אחד מספרי הפוסקים הראשיים איננו מזכיר זאת, ושיטוט בספרות השו"ת מימי הראשונים עד עתה מגלה שהביטוי מופיע בקומץ מהם, ובלי נימה מחייבת. משמעותית הרבה יותר היא ההנחיה בתוספתא:

> לעולם הלכה כדברי בית הילל והרוצה להחמיר על עצמו לנהוג כחומרי בית שמאי וכחומרי בית הילל – על זה נאמ' "הכסיל בחושך הולך" (קהלת ב', יד). התופס קולי בית שמאי וקולי בית הילל – רשע. אלא או כדברי בית שמאי כקוליהון וכחומריהון או כדברי בית הלל כקוליהון וכחומריהון. (סוכה פ"ב ה"ד; עדויות פ"ב ה"ג)

22. יש לברר נקודה זו בהקשר רחב יותר של המנעד האיכותי, מעצה פרגמטית לציווי מוחלט, בתוך פרקי אבות. השאלה חשובה אך איננה בתחום המאמר הזה.

הגמרא הופכת את האמירה לכלל:

כל היכא דמשכחת תרי תנאי ותרי אמוראי דפליגי אהדדי כעין מחלוקת בית שמאי ובית הלל לא ליעבד כי קוליה דמר וכי קוליה דמר, ולא כחומריה דמר וכי חומריה דמר. אלא או כי קוליה דמר וכחומריה עביד, או כקוליה דמר וכחומריה עביד. (עירובין ז ע"א)

[תרגום: בכל מקום שבו אתה מוצא שני תנאים ושני אמוראים שחולקים זה על זה כמחלוקת בית שמאי ובית הלל – אין לעשות כמו הקולות של זה וכמו הקולות של זה, ולא כמו החומרות של זה וכמו החומרות של זה, אלא: או לעשות כמו הקולות של אחד וכחומרותיו, או כמו הקולות של האחר וכחומרותיו.]

לכאורה כלל זה סותם את הגולל על האפשרות של פסיקה אקלקטית. עם זאת, ניתן להציג שתי הסתייגויות מן המסקנה הזאת.

קודם כל, בהמשך דבריה הגמרא קובעת שהכסילות באיסוף חומרות היא רק במקרה שהחומרות עומדות בסתירה זו לזו. אפשר להעלות על הדעת שמגבלה דומה תחול גם על הרשעות שבאיסוף קולות.

נוסף על כך, ייתכן שיש להעניק משקל לשאלת המוטיבציה. אם אדם בר סמכא[23] מוצא עצמו מסכים עם הרמב"ם בעניין אחד ועם הראב"ד בעניין אחר, ייתכן שיש מקום לאפשר לו לנהוג לפי נטיות לבו. האיסור מכוון למי שאימץ מקבץ של קולות למען הנוחות בלבד. מה שמגונה איננו הנהגה על פי עמדות מקילות אלא העצלות שהיא משקפת.

הצד הבעייתי השני, אף הוא במישור ההלכתי, מחזיר אותנו לדיוננו הקודם. כזכור, ההיתר לאדם לאמץ עמדת מיעוט נובע מהסתמכות על מקור סמכות שבו הוא דבק עד כדי הצטרפותו לקהילתו החברתית או האידיאולוגית. אך איזו דבקות יש

23. כמובן, השאלה כיצד יש להגדיר אדם כזה היא בעלת חשיבות מעשית רבה, אך לא מצאתי לכך הנחיות בראשונים. המאירי (**בית הבחירה**, עירובין ז ע"א) אומר כי לגבי מחלוקות שלא הוכרעו "יש בחירה ביד התלמיד לפי שיקול דעתו לפסוק כאחד מהם באחת". אין הוא מבאר מה פירוש "תלמיד". **הרא"ש** (סנהדרין פ"ד סימן ו) קובע רף גבוה יותר: "והיכא שנחלקו שני גדולים בפסק הלכה לא יאמר הדיין אפסוק כמי שארצה ואם עשה כן זהו דין שקר, אלא אם חכם גדול הוא גמיר וסביר ויודע להכריע כדברי האחד בראיות ברורות ונכוחות הרשות בידו". כמובן, גם נוסחה זו לא ניתנת ליישום מדויק.

אם אדם מאמץ פסקי הלכה שנוחים לו ונוטש את מקור הסמכות שעה שהוא מבחין בשדותיהם המוריקים של זרים? על כן, האקלקטיות בעייתית דווקא בעבור אלה הרוצים לאמץ גישה שהולכת נגד הזרם. לא זו בלבד שהיא חושפת את התנהלותם לביקורת בתחומים מסוימים, אלא היא גם יכולה לחתור תחת הלגיטימיות הבסיסית של עמדתם הכוללת.

כאמור, הדיון עד כה נגע לשאלות הלכתיות. מה באשר לשאלות ערכיות חוץ־הלכתיות? לגביהן אני סבור שהמסקנות ההלכתיות עשויות לשמש ציוני דרך, גם אם הן אינן יכולות לבסס נורמות מחייבות.

ברור למשל שניתן להחיל את הקריטריון השני (שמירת הלגיטימציה להסתמך על דעת מיעוט) על שאלות מחשבתיות, לא פחות מעל אלה הנוגעות להלכה. מי שדוחה את פסקי הרב קוק לגבי עגונות או לגבי ריבית, יתקשה להסביר את הסתמכותו על עמדתו המקילה של הרב קוק לגבי היתר מכירה בשנת השמיטה. אך הדבר נכון לא פחות לגבי מי שתומך בעמדת הרב קוק כלפי הציונות אך מעדיף את יחסו של הרבי מסאטמר כלפי חילונים.

גם בזאת נראה לי שיש לכלול הסתייגות משמעותית. אינני מאמין שכדי להיחשב תלמיד צריך אדם להפיק את מכלול חיותו הפילוסופית ממקור אחד. ניתן לשאוב חוכמה והשראה ממקומות מגוונים ולשלב אותן במסלול הרוחני האישי. השאלה המכרעת היא כיצד עומד מי שאמור להיות רבו של אדם אל מול הדברים ששולבו ממקומות אחרים. אם הוא מעודד אותם או אפילו רק אדיש כלפיהם, אם הוא מתייחס לתחום המדובר בחביבות מרוחקת או רק בהתעלמות נינוחה, ודאי הוא שאפשר ואולי צריך לפנות לאחרים שירדו לעומק הנושא וגיבשו דעות נחרצות לגביו. אולם אם העמדות שאדם יונק בשדות אחרים זוכות להתנגדות נמרצת מצד רבו – ובמיוחד אם הוא רואה בהן פסול עקב התנגדות אידיאולוגית – אזי אימוצן מערער את היחס לרב ואת הזכות "לנצל" אותו (כדי שיהיה אפשר להתעלם מעמדות הגדולים האחרים).

האם מעריץ של אסטרולוגיה יכול להסתמך על גישת הרמב"ם בנוגע לפרשנות אלגורית של המקרא? ברור שמה שיקבע את תפיסתו לגבי נושאים מסוימים הוא היחס של רבו לסטייה, גם לגבי שאלות שבהן יש לרבו עמדה נחרצת. אף אחד לא היה פוגע ביחסיו עם מרן הרב ז"ל אם היה חולק על דעתו בשאלת הפשרה הטריטוריאלית, אולם מי שהיה עושה רדוקציה פסיכולוגית־היסטוריציסטית של ההלכה היה זוכה מצדו ליחס אחר לגמרי.

אף הקריטריון הראשון, זה של המוטיבציה, מתאים לדיון בנושאים השקפתיים כמו בענייני הלכה. בלי קשר לדעתנו על התבונה שבקיבוץ מורים שונים – בעניין תלמוד תורה ראו חז"ל בדרך זו יתרונות לצד חסרונות[24] – אי אפשר לערער על הלגיטימיות של גישה כזו.

הכוח המניע הוא המכריע; כיצד אפשר למצוא פסול אצל אדם שמרכיב פסיפס ממקורות שונים, אשר כל אחד מהם נבחר בקפידה משום שהוא נוגע בתחושות היהודיות העמוקות ביותר שלו? לעומתו, ישנה בחירה הנובעת מן המקבילה ההשקפתית של חיפוש קולות, הבוחנת את הדברים על פי ההתאמה לפילוסופיה העכשווית והנוחות התרבותית. במקרה כזה, החיפוש האקלקטי בהחלט ראוי לגינוי.

מכאן לשיקול הפילוסופי העצמאי. ברור שיש להעריך את האקלקטיות לא רק על פי המניע הסובייקטיבי הדוחף את האורתודוקס המודרני המחפש, אלא גם על פי האופי של החומרים המורכבים יחד. במקרה זה, אודה שהופתעתי במקצת מצירוף שלושת השמות שהוזכרו בשאלה (הרד"צ הופמן, הרש"ר הירש והראי"ה קוק). אני מניח שחלק מן ההפתעה נבע ממעמדם השונה כל כך בתוך עולם התורה. הרב שלמה זלמן אוירבך הטיל פעם וטו על צירוף ראש ישיבה ידוע לוועד מנהל שהוא עמד בראשו משום שהוא שמע שהלז רגיל לכנות את הרב קוק בשם "קוק", ורק כשהוכחשה שמועה זו מפיו הכחשה נמרצת בחר לוותר. אינני יכול לתאר אותו נוהג באופן דומה ברש"ר הירש, שבני תורה רבים רגילים לכנותו "הירש"; היחס השונה אין סיבתו רק שהראשון היה מוכר לו מירושלים, והשני מושבו בפרנקפורט הרחוקה.

הפתעתי העיקרית מן השאלה אחוזה במרכיבים האידיאולוגיים שנמנו. אם נבחן אותם ביחס לליבה של המסורה נגיע לדעתי לתוצאות שונות בהחלט. ניתן לראות בלאומיות האירופית של המאה התשע עשרה את הקשרה הבסיסי של מחשבת הרב קוק, ואף למצוא בכתביו מקבילות להגל, ברגסון ואחרים. אנו יכולים לנסות להרים גבה לנוכח היסודות האנטינומיים ומידת חוסר האיזון בין ערכים קלסיים במשנתו, אך אין שום מקום לערער על כך שהמקורות המסורתיים של גישתו הציונית מייצגים אותנטיות יהודית שורשית, הרבה יותר מנטייה להתאמה ולוויתור לרוח הזמן. יתר על כן, אמונתו הציונית איננה בשום פנים ואופן נספח חברתי־תרבותי להשקפת עולמו הבסיסית. אדרבה, מרכז הווייתו ואמונתו הוא בתפיסת המושגים 'כנסת ישראל' ו'ארץ

24. ראו עבודה זרה יט ע"א ואבות דרבי נתן, מהדורת שכטר, נו"א, פרק ח.

ישראל׳ והיחס ביניהם. הבנה זו איננה עומדת ביחס כלשהו לתפיסת עולמו הכללית אלא היא המוקד של מהותה.

אני מסופק אם היה אפשר להציג את ההומניזם של הרש״ר הירש באותו האור. בלי להטיל בו דופי, יש לומר בכנות שברבים מכתביו יש תחושה חוזרת של התאמה וויתור, ולעתים אף של אפולוגטיקה. ההומניזם של הרש״ר הירש הוא אמיתי ויהודי באמת, אך בנקודות רבות אי אפשר להימלט מן התחושה שאנו עוסקים באלמנט שהוצנח מבחוץ. על כן (בדומה לגישתו האריסטוטלית של הרמב״ם) אי אפשר להימלט משאלת היחס בין ההומניזם המערבי, שמשמש תוספת חיצונית, ובין מסורת שצומחת מבפנים. אני מניח (וגם בכך יש דמיון לעמדת הרמב״ם) שבמידה מסוימת אין מדובר בהרכבה מבחוץ אלא בפרשנות של המסורת. אם תרצו, אפשר לראות בכך פריזמה שמבעד לה אנו מתבוננים בכיוונה ובתוכנה של היהדות. ברור שהרש״ר הירש לא ראה את מידת האוניברסליזם שהוא היה מחויב לה כספיח. ללא ספק הוא ראה בכך חלק מהמארג של היהדות, התגובה המיטבית לשאלה הנובעת מתוכה. ובכל זאת, הרגשתי היא שלרוב אין מנוס מן התחושה שמדובר בתוספת ולא בעיקר.

אפשר לומר, ככל הנראה, דברים דומים בעניין יחסו של הרד״צ הופמן ללימודים אקדמיים. האימוץ מצדו של חלק ניכר מן הגישה האקדמית ושל רבים מממצאיה היה כן ואפשר שאף נלהב. אני מוכן להניח שהוא ראה בזאת אמצעי להגיע להבנה מלאה ומדויקת יותר של המסורת ומקורותיה הטקסטואליים. אולם לבטח הוא הכיר בכך שהרבה מן החומר ומן המתודולוגיה יובא מן החוץ. גם כאן יש להבחין בין לימוד אקדמי ככלי ובין לימוד כזה כתוספת. אך ייתכן שהפריזמה עצמה, שנועדה להיות כלי להתבונן דרכו על המסורה, היא-היא תוספת. מכל מקום, כדי להעמיד עניין זה בניסוי מחשבתי, ננסה לדמיין את ההשלכות של גריעת אלמנט מסוים, וכך לבחון את המשמעות והאותנטיות שלו. האם היה הרד״צ הופמן מתייחס להוצאת ׳חוכמת ישראל׳ מן היהדות כפי שהיה הרב קוק מתייחס ליהדות בלי ציונות? אולי ניתן לטעון שההשוואה מעידה רק על מידה שונה של מרכזיות ולא על מידת השורשיות. אני נוטה להאמין שהיא משקפת את שתיהן.

בהחלט ייתכן שאני טועה באשר לכל שלושת ההוגים. דבריי מתבססים על התרשמות ואינני טוען למומחיות לגבי אף אחד מהם. אולם לצרכים שלנו העיקרון הוא החשוב ואפשר לנסח אותו בבהירות. אקלקטיות אידיאולוגית היא לגיטימית כשלעצמה. אין שום סיבה אפריורית להתנגד לכינוס סלקטיבי של עמדות והשקפות של הוגים תורניים שונים הנובע ממניע נכון ולניסיון להתיך אותם להשקפת עולם קוהרנטית. אלא שיש להעמיד תנאי חשוב בפני האקלקטיות: אם היסודות

שנאספו מעוגנים כולם במסורת פנימית – וממילא כל אחד מהם משקף הבנה של המסורת – ניתן לפנות למפעל זה בלי היסוס. אולם אם מדובר בתוספות למסורת, הרי על המלקט להיזהר.

אני מבקש להדגיש שאינני מעמיד הבחנה זו מתוך פסילה גורפת של תוספות כשלעצמן; ההסתייגות נוגעת לצד האקלקטי. בהחלט לגיטימי שיחידים המחויבים בצורה עמוקה לתורה ינצלו קטגוריות של התרבות הסובבת כדי לעסוק בשאלות דתיות מרכזיות ויכללו צדדים של תרבות זו במחשבותיהם ובחוויותיהם. אך מי שעושה זאת צריך להיות מודע לכך שמדובר ביסודות שהורתם מעבר לגבולות התורה.

אם יורשה לי לשלב הערה אישית: הקדשתי זמן ומאמץ ללימוד ספרות ואני שותף במידה כלשהי לאמונת ההומניזם הקלסי, מאפלטון ועד למת'יו ארנולד, שהתרבות הספרותית יכולה להעשיר ולרומם קיום רוחני. עם זאת, אני מודע לחלוטין לעובדה שהעניין שאני מוצא בספרות והאמונה בתועלת שלה אינם כלולים במורשתם של הש"ך והפר"ח. לא כולם הלכו בדרך התוספת, אך יש לה תקדימים המאשרים את הלגיטימיות שלה.

קיבוץ תוספות שאינן שייכות לליבה של המסורת התורנית הוא כבר סיפור אחר, והוא מעורר בעייתיות כפולה. ראשית, אם מדובר בתוספות השייכות לתחום אחד, הן יוצרות עֲרֵמה אנכית של תוספות. בחשיבה החברתית של התקופה הוויקטוריאנית המאוחרת היא מכונה 'צבר מנהגים' (cake of custom) – ההשפעה המצטברת של שינויים שכל אחד מהם מוגבל בהיקפו, אך כאשר הם מצטרפים יחד נוצר מרחק של ממש בין תחילתו של התהליך לסופו.

נוסף על כך, אם התוספות המקובצות נוגעות בצורה אופקית בתחומים שונים, אנו נתקלים שוב בשאלת היחס בין הליבה לתוספות. הנושא איננו כמותי בלבד אלא גם איכותי. ההקשר, כפי שהדגיש וייטהד פעמים רבות, קובע את התוכן. אותו יסוד מודרני מקבל משמעות שונה מאוד כאשר הוא מועתק מעולמו של הוגה מסורתי (כאשר אצלו זו חריגה מכלל הגותו) אל תוך עולמו של הוגה אחר, שכולו מתקן מודרניסט; כאשר בובר הוציא את סיפורי החסידים מהקשרם הם עברו מטמורפוזה. והדבר החשוב מכל – מי שעוסק באקלקטיות פילוסופית חייב להיות מלא ברוח של מחויבות לתורה, מחויבות היוצרת אחדות וסינרגיה, ורק באמצעותה ניתן לשלב את היסודות השונים בצורה אורגנית לתוך תמונת עולם בעלת משמעות. אי אפשר להמליץ על אקלקטיות כזאת אם התוצאה היא בלילה וזרימה מתמדת. גרוע מכך הוא מצב שבו הצירוף מתנהל באופן הבונה תמונת עולם מתוך חומרים חילוניים בלבד ומתייחס להלכה כאל מערכת של מכשולים שיש לעקוף. אם נתעלם מן ההקשר

והפרופורציות אנו עלולים למצוא עצמנו מתמודדים עם החידה שהציגו משפטנים רומים: אם אני בונה ספינה מעץ ואז ממשיך להחליף את הקרשים בזה אחר זה, באיזו נקודה היא מאבדת את זהותה המקורית?

ברור לי שסיפקתי רק מעט עצות מדויקות למי שרוצה לגבש יסודות שונים לכדי תפיסה קוהרנטית. למשל, מי שייגש לבחינת הגותן של שתי דמויות חשובות בעולם התורה הספרדי כמו הרב אליהו בן־אמוזג והרב עוזיאל – יהיה עליו לבדוק בכוחות עצמו כיצד להתייחס לכתביהם על אוניברסליזם ועל צדק חברתי, בהתאמה. אולם האם מנסח השאלה שהופנתה אליי בסגנון ״באיזו מידה, אם בכלל״ חשב באמת לקבל נוסחה מדויקת כתשובה? אני מאמין שבכל זאת התוויתי כיוון, ואני מקווה שהוא מספק חומר למחשבה.

על גבולות הסובלנות

הסובלנות במסורת היהודית היא תחום פשוט ומסובך כאחד. המקורות הרלוונטיים נגישים וברורים במידה רבה, והדבר מקל, לכאורה, על פירושם וניתוחם. אולם הרגשות השונים והטעונים שתחום זה מעורר מציבים קשיים משמעותיים. מצד אחד אנו נאלצים להכיר, לכל הפחות, שחיינו בחברה פלורליסטית אינם מאפשרים אלטרנטיבה לגישה סובלנית. מצד שני קיימת לעתים תחושה מטרידה שייתכן שבכך אנו חורגים מרוחה של היהדות ומהלכותיה. לעתים קרובות התוצאה אמביוולנטית, מתנדנדת בין קשיחות לאפולוגטיקה.

אמנם אמביוולנטיות זו קיימת גם מחוץ למעגל היהודי. העולם המערבי מכיר בחיוניותה של הסובלנות כדי לאפשר קיום משותף, אך מסתייג במשהו מהתוכן הרוחני הטמון בה. עבור הדוגלים בגישה הליברלית, הסובלנות נתפסת כפטרונות מתנשאת. מן הצד השני, עבור מי שחש מחויבות עמוקה לעקרונות היא נתפסת כהסדר שנוצר לא בזכות השכנוע הפנימי, אלא על אפו ועל חמתו, או מתוך היעדרו. זכורה כוונתו של הפרלמנט האנגלי ב־1689 לחוקק חוקים סובלניים לאחר שהסיעות העוינות זו את זו התעייפו ממאבקיהן הפנימיים,[1] אך זו באה על רקע גישתו הפושרת של לוק, שנבעה מרצון לטשטש את ההבדלים בין האמונות הדתיות השונות.

מצד אחד אנו נרתעים מעימותים, אך מצד שני אנו מתפעלים מתקיפות דבריו של ד״ר ג׳ונסון לבוסוול ש״לכל אדם יש זכות לומר את מה שהוא סבור שהוא אמת,

תרגם מאנגלית: קלמן נוימן

1. הערת העורכים: הכוונה לחוק הסובלנות שהעניק חופש פולחן דתי לכל הקבוצות הפרוטסטנטיות לאחר ״המהפכה המהוללה״.

וזכותו של כל אדם אחר לתקוף אותו על כך. הנכונות למסור את הנפש היא המבחן האמיתי״.[2] מחד גיסא אנו דוגלים בשיח מתורבת ובמתינות נעימה, ומאידך גיסא יש משהו בתוכנו שמעריך מעורבות רגשית אמיתית וחיונית. כך למשל, מבקר הספרות האנגלי יום (Hulme) ציין לשבח את המהומה שפרצה לאחר שמרצה פריזאי העז לפגוע בדמותו של המשורר רסין. ״אנשים אלו הפריעו״, כך טען, ״משום שהאידיאל הקלסי הוא דבר חי עבורם ויצירתו של רסין היא הקלסיקה האמיתית. בעיניי מעיד הדבר על מעורבות רגשית אמיתית וחיונית בספרות״.[3] בדומה לכך אנו שואלים את עצמנו באיזו מידה נובעת להיטותנו לאמץ את העיקרון ״חיה ותן לחיות״ מרפיסות בעמידתנו על עקרונות.

מלבד זאת, ברור שהמרכיב היהודי מעצים את הקושי. מבקריה של היהדות ציינו פעמים רבות שמידה של חוסר סובלנות אופיינית לה, ועלינו להיות כנים ולהכיר בנכונות הדברים. המושג והמציאות של מונותאיזם עומדים במרכזה של היהדות וכמעט מעצם הגדרתה יש לאמונת הייחוד אופי מדיר. כפי שמשתקף במדרשים המוכרים המייחסים לאברהם אבינו את שבירת הפסלים,[4] תכונה זו מאפיינת אותנו מראשית הדרך, והיא אף מרכיבה חלק מהחזון שלנו לאחרית הימים. שלוש פעמים ביום יהודי מתפלל שיזכה לראות בביטולה של עבודה זרה ואת העולם מתמלא באמונה בריבונו של עולם:

> על כן נקוה לך ה׳ א־להינו לראות מהרה בתפארת עֻזך, להעביר גלולים מן הארץ והאלילים כרות יכרתו, לתקן עולם במלכות ש־די, וכל בני בשר יקראו בשמך, להפנות אליך כל רשעי ארץ, יכירו וידעו כל יושבי תבל כי לך תכרע כל ברך תשבע כל לשון. לפניך ה׳ א־להינו יכרעו ויפֹּלו ולכבוד שמך יקר יתֵּנו ויקבלו כולם את עֹל מלכותך, ותמלֹך עליהם מהרה לעולם ועד.

מוטיב זה מתחדד עוד יותר בתפילות ראש השנה ויום הכיפורים – השאיפה כוללת כל יצור חי וההתייחסות המפורשת היא לא־לוהי ישראל:

2. *Life of Samuel Johnson* (1791) August 30, 1780.
3. מתוך המסה: "Romanticism and Classicism" from *Speculations: Essays on Humanism and the Philosophy of Art*, in *Criticism: The Major Texts*, ed. W.J. Bate (New York, 1952), p. 565.
4. עיינו בראשית רבה ל״ח, יג.

> והופע בהדר גאון עֻזך על כל יושבי תבל ארצך וידע כל פעול כי אתה פעלתו ויבין כל יצור כי אתה יצרתו ויאמר כל אשר נשמה באפו ה׳ א־להי ישראל מלך ומלכותו בכל משלה.

אין בדברים אלה כשלעצמם כדי לשלול אפשרות של סובלנות. יש לזכור שסובלנות אינה זהה עם פלורליזם; מבחינה מסוימת היא היפוכו הגמור.[5] פלורליזם דתי מלא מכיר בלגיטימיות המוחלטת של עמדות אמוניות סותרות. על כן הפלורליזם איננו זקוק לסובלנות ובעצם הוא איננו מסוגל להיות סובלני. סובלנות כרוכה בקושי הטמון במפגש לא רק עם השונה, אלא גם עם מה שבעיניי הוא מוטעה לחלוטין, ולמרות זאת עליי להימנע משימוש בכוח כדי לכפות את דעתי. סוזן מנדוס קבעה בצדק ש"אי אפשר לומר שאנו סובלניים כלפי דברים שאנו מעודדים, שאנו מסכימים איתם, או שנראים לנו אטרקטיביים",[6] ויש להוסיף לרשימה זו – דברים הנראים לנו תקפים מבחינה מוסרית ומטפיזית. דווקא המוניזם המחמיר, המכיר רק בעמדה אחת כנכונה, עומד מול אתגר הסובלנות. מבחינה תיאורטית, תומכיו יכולים להיענות לאתגר באימוץ העמדה שאין סתירה בין אי־מניעת חטא הנעשה מתוך בחירה חופשית לבין האמונה והתקווה שהתועים יגלו את האור מעצמם ובקצב שלהם. בפועל, ההלכה היהודית וההיסטוריה היהודית לא אימצו גישה סובלנית כלפי עבודה זרה. עובדה זו מטילה צל כבד על כל דיון במגבלות הסובלנות במסורת היהודית.

יהא הנושא קשה או קל, אפשר להידרש אליו בכמה הקשרים. נטייתי האינסטינקטיבית היא לדון בו קודם כל כנושא הלכתי, אולם גם לכך יש פנים מספר. ההלכה היא בראש ובראשונה סדר דתי־משפטי, ובהיותה כזו היא מכילה לא

5. לעומת זאת ראו את הדיון על היחס בין סובלנות לפלורליזם במאמרו של משה סוקול: "Theoretical Grounds for Tolerance in the Jewish Tradition," in *Tolerance, Dissent, and Democracy: Philosophical, Historical, and Halakhic Perspectives*, ed. M. Sokol (Northvale, NJ, 2002), pp. 89-136; ובמיוחד בעמ׳ 102–106 ובספרות המצוינת שם. נראה לי שדעותינו השונות על הזיקה האפשרית בין סובלנות לפלורליזם הטביעו את חותמן על ההבדלים בין המאמרים שלנו. על פי ההנחה שלי, הזיקה הלוגית של המושג "אלו ואלו דברי א־לוהים חיים" לנושא הסובלנות שולית, גם אם עשוי להיות למושג זה משקל פסיכולוגי; וזאת משום שבני הפלוגתא מכירים בזכותו של היריב להחזיק בעמדה מנוגדת, במסגרת מחלוקת לגיטימית. אני מודה שכאן מדובר באיזון עדין בין הדעה שעמדה מסוימת היא מוטעית ובין המודעות לכך שהיא קריאה אפשרית של התורה (או בסגנון בריסקאי, חפצא של תורה).

6. ראו: Susan Mendus, ed., *Justifying Toleration: Conceptual and Historical Perspectives* (Cambridge, 1988), p. 3.

רק נורמות אלא גם סנקציות כלפי מי שחורג מהן ומנגנונים למימושן. ברור אפוא שההלכה אינה משלימה עם פריקת עול או סובלת אי־ציות, ובהקשר זה היא אינה שונה מכל מערכת משפטית אחרת. נכון שהיא פרוסה על פני תחומים רבים, בהם כאלה אשר מדינה ניטרלית מבחינה דתית הייתה מייעדת לתחום המצפון הפרטי, אך כשמדובר בקהילה המקדשת אופי רוחני מוגדר, אין שום דבר יוצא דופן בקביעת סנקציות כדי לשמור עליו. התומכים בזכויות האזרח מתנגדים לצמצום חירות הפרט, אך רובם מצדיקים את החקיקה העומדת בבסיס מדינת הרווחה המודרנית, שכרוך בה צמצום החירות לטובת השוויון, לעומת גישת ה־laissez faire שהייתה נפוצה במאה התשע עשרה. מכל מקום, מדינות ליברליות נוהגות בסובלנות כלפי התחום הדתי (הנתפס אצלן כבעל משמעות שולית לקיומן ולביטחונן), אך הן אינן מהססות להפעיל כפייה מגבילה בתחומים חברתיים־פוליטיים שהן תופסות כחיוניים.[7]

יש מקום לשאול עד כמה אפשר או ראוי להפעיל כפייה דתית בעידן המודרני בהינתן אוכלוסייה שרובה חילונית המתנגדת לכפייה מטעמי דת. אפשר בהחלט לטעון שבנסיבות אלה לא זו בלבד שכפייה אינה יעילה, אלא שהיא אף בלתי צודקת מבחינה מוסרית. מורי ורבי הרב אהרן סולוביצ'יק זצ"ל ציין שהרמב"ם קובע שמלך המשיח "יכוף כל ישראל לילך בה [בדרך התורה] ולחזק בדקה" (הלכות מלכים פ"א הי"ד), וניתן אולי להסיק מכך שפעולה כזו אינה אפשרית או אינה רצויה טרם בואו. עם זאת, אין מקום לטשטש את העובדה שבמשטר הלכתי היפותטי, אשר חבריו יהיו שותפים במחויבות בסיסית לקיומו, הסובלנות תהיה מוגבלת. גבולותיה אמנם לא יהיו צרים כל כך כפי שאחדים חוששים ואחרים היו רוצים, משום שגם אם כפיית המוסר היא בתחום סמכותו של בית הדין (והרמב"ם אף ראה בכך מטרה ראשית לקיומו[8]), יש להניח שבתנאים מסוימים הוא עשוי לרסן את הפעלת סמכותו המלאה משיקולים מעשיים או רוחניים. כמו כן, לא היה אפשר למנוע מבעל דעת מיעוט

7. נתקלתי בדוגמה מובהקת ודי אירונית לתופעה כזו בהקשר הישראלי לפני זמן מה. לאחר הסערה הציבורית בעקבות ביטול הופעת קבוצת מחול באירועי היובל למדינה עקב הטענה שגופים דתיים ניסו להתערב בתוכנית שנקבעה, הוזמנתי להשתתף בישיבת ועדת חוקה, חוק ומשפט של הכנסת לדון במקרה ובגבולות החופש האמנותי. בדרך לשם שמעתי ברדיו שאדם הועמד לדין ואולי יֵשב בכלא בגין עבירה של העלבת שופט, שיש בה השמצת מערכת המשפט. בדיון בכנסת כל המשתתפים, ללא יוצא מן הכלל, מכל מיני סיבות וללא קשר לנטייתם הדתית, התנגדו לצנזורה. אני ציינתי ביובש שכנראה אפשר להשלים עם גידוף כלפי מלכותא דשמיא אך השמצת מלכותא דארעא היא עבירה פלילית.

8. ראו **ספר המצוות** לרמב"ם, עשה קעו. אין ספק שבמקרים מסוימים תפקידו של בית הדין כאחראי למדיניות הלכתית ואפוטרופוס על חלק ממרכיביה לא היה מאפשר את הגמישות שתיארתי; ראו

בסנהדרין לערוך סבב הרצאות כדי להעמיד את הציבור על טעותו או על חטאיו.[9] בכל זאת ברור שלמעשה זכויות אזרח במדינת הלכה לא היו עומדות בסטנדרט המקובל ברוב הדמוקרטיות הליברליות. יתר על כן, יש להניח שמדינה כזאת הייתה מפעילה סנקציות שמדינות בנות זמננו שוללות.

הסנקציות האפשריות מגוונות באופיין ובמטרתן. הן עשויות להופיע כהרתעה לפני מעשה, או כעונש לאחריו. הן יכולות להיות בגוף או בממון ולכלול סוגים שונים של נידוי וחרם. הסוג האחרון איננו פופולרי בקרב מומחי ענישה נאורים. אם להודות על האמת, הביקורת הזאת תמוהה בעיניי ביותר; לטעמי, חרם הוא עונש הומני יותר מכליאה ממושכת, ובקהילה מצומצמת והומוגנית יש להניח שהוא אף יעיל יותר. בהקשר המודרני, המאופיין ברבגוניות ובמוביליות, נעלם כוחו של הנידוי ככלי יעיל בידי בתי הדין. אולם מבעד לפרטי העונשים, העיקרון שעומד בבסיסם הוא ברור והמכנה המשותף שלהם רלוונטי לדיוננו על הסובלנות.

הקשיחות הטבועה במסגרת החברתית ההלכתית היא מדד אחד לגבולות הסובלנות, אך היא איננה קנה המידה היחיד ואולי אף לא העיקרי. חשוב לא פחות הוא אופיו של היחס (מצד הקהילה או מצד היחידים) המתאפשר, המומלץ, ואולי אף המתחייב מהמסורת היהודית, כלפי מי שסוטה מן הדרך, מעבר לסנקציות פורמליות. מעשית ורגשית, האם המסורת מקדמת קירוב לבבות או דחייה? הבנה או פסילה? האם היא מביאה להשלמה או לעימות? כמובן, אין למסורת עמדה אחידה בנושא זה, ותשובה של "כן" או "לא" על שאלות כאלה תהיה בנאלית. כדאי בכל זאת לחדד את השאלות העיקריות כדי לעמוד על הזרמים המרכזיים שבמקורותינו.

בירור כזה חשוב עבורנו משום שמדובר במישור רלוונטי למדי. מסיבות מובנות, מערכת בתי הדין שהייתה נפוצה בעידן הקדם־מודרני, שיישמה ואכפה את החוק היהודי בישראל ובגולה, איננה מתפקדת. אך במישור של מדיניות ציבורית והתנהגות

למשל יבמות עח ע"ב ו**משנה תורה**, הלכות יום טוב פ"ו הכ"א. אולם בתחומים אחרים היא הייתה מתקיימת.

9. יש הגורסים שהרמב"ם סבר אחרת, כפי שמשתקף ב**משנה תורה**, הלכות ממרים פ"ג ה"ז, שם הוא קובע שבמקרים מסוימים בית דין יכול "למנען מללמד". אך יש לציין שהניסוח מוגבל למקרים מסוימים "כפי מה שיראה להן שהדבר צריך לכך". מכל מקום, ייתכן שתהיה מגבלה אחרת על זכות המחלוקת, וזאת משום שזקן ממרא אמנם נענש רק אם הוא פועל על פי דעתו שהיא דעת מיעוט או מפרסם פסק הלכה החותר תחת הכרעת הרוב. אך ההקשר של זקן ממרא הוא של מחלוקת בתוך גדרי "אלו ואלו". ייתכן שהמצב יהיה אחר אם הדעה החולקת נמצאת מחוץ לקונצנזוס של המסורת, כזו העומדת מחוץ לוויכוח לגיטימי.

אישית יש דיון ער, אם לא בוטה, בנושא ובחלק מביטוייו המעשיים. במציאות של מחלוקת, ואולי אף של דה־לגיטימציה, יש מגוון תגובות אפשריות, מגינוי ורדיפה ועד הערכה כנה. ניתן לבחון את גבולות הסובלנות על רקע הטווח הזה.

הביטוי המובהק ביותר של שאלת הגבולות נוגע למי שחסר לחלוטין מחויבות לתורה, בין שהוא פורק עול, לתיאבון או להכעיס, ובין שהוא מביע התנגדות חריפה, אדישות או אף יחס חיובי לשמירת מצוות נעדרת מחויבות אישית. שאלה זו נדונה בהרחבה בספר שיצא לאור זה מכבר.[10] כאן אתרכז בסובלנות פנימית, כלפי אלה הממקמים את עצמם בתוך גדרי המסורת אך אחרים רואים בהם חריגים ואף גבוליים. ייתכן שמדובר בתנועות או ביחידים המונעים מאידיאולוגיה, מרצון להביע עמדה אנטי־ממסדית או מסתם עניין בנוחות. הצד השווה שבהם הוא חריגה מן השורה לצד דרישה להיות מוכר כבעל לגיטימיות ואותנטיות מלאה. כנגד תביעה זו עומדת המסורת, כמושג מופשט או כמציאות סוציולוגית.

'חריגה' – מונח הממוקם במרחב שבין 'סטייה' ל'גיוון' – עשויה לבוא לידי ביטוי במעשים או בעקרונות. כמוה גם הסובלנות או היפוכה. בשני המקרים שאלת הגבולות היא כפולה. לעמדה סובלנית יש השלכות על עצם הגדרת הנורמה ותיחומה, ובין היתר היא חלק מקביעת העמדה כלפי הסוטים מן הנורמה. נכון הוא שמבחינה לוגית הקביעה הראשונה אינה ממין העניין. גמישות בפרשנות ויישום רחב של העיקרון "אלו ואלו דברי א־לוהים חיים" אינם צריכים לכלול הבנה רגישה וסובלנית כלפי מה שעומד בהכרח מעבר לתחום של "אלו ואלו". אפשר להיות קנאי המגנה כל סטייה, אך בתוך הבית פנימה להיות ליברלי מבחינה הלכתית ותאולוגית מתוך הרחבת הגבולות של המחקר הלגיטימי. מצד שני, אפשר להגדיר בצמצום קפדני את דרישות המסורת, אך להתייחס בהבנה ובקבלה, עקרונית ובין־אישית, כלפי אלו שאינם רוצים או אינם יכולים לקבל על עצמם את כל המתחייב ממנה. אין קשר בין רוחב המגרש שעליו משחקים ובין ההשלכות של יציאה אל מחוץ לו. יש להניח שהתוכן הממשי של התורה, על כל שבעים פניה, ייבחן על פי עקרונות פרשנות הרמנויטיים ואנליטיים, ואין לכך כל קשר לתיאוריה של הסובלנות ולייִשומה בפועל.

ובכל זאת, לעתים קרובות יש קשר פסיכולוגי הדוק בין הגדרת הנורמה ובין הסובלנות כלפי החורגים ממנה. מבחינה מסוימת, עשויה להיות התאמה ברמת האישיות: נוקשות המתבטאת בפרשנות או דוחפת לעמדה עקרונית מסוימת יכולה לבוא לידי ביטוי גם בצורת ההתייחסות לאחרים. נוסף על כך, כשם שפרשנות

10. Jacob J. Schachter, ed., *Jewish Tradition and the Non-Traditional Jew* (Northvale, NJ, 1992).

מחמירה מעוגנת במחויבות עמוקה לערך של קיום מצוות, כך יהיה היחס כלפי כרסום בערכים אלה קפדני אף הוא, בהיעדר שיקולים מאזנים. אם היינו סוקרים את הנושא מבחינה היסטורית ואמפירית, אין לי ספק שהיינו מוצאים מִתאם ניכר, ועל כן גם בדיון האנליטי אי אפשר להתעלם מן הגורם הזה.

המוקד של הדיון הוא מצוות התוכחה, הניתנת לפירוש כנזיפה או כשכנוע. מקורה בויקרא י"ט, יז: "לא תשנא את אחיך בלבבך הוכח תוכיח את עמיתך ולא תשא עליו חטא".

במישור אחד ניתן לראות את התוכחה רק כמצווה שבין אדם לחברו – קריאה לדון בעימותים בפתיחות ולא להניח למתחים ממאירים להישאר מתחת לפני השטח. באופן זה פירש זאת הרשב"ם על אתר: "אל תשנאהו בלבך אלא הוכיח תוכיחהו על מה שעשה ומתוך כך יהיה שלום". הרמב"ן מפתח עמדה זו:

> והנכון בעיני, כי "הוכח תוכיח", כמו "והוכיח אברהם את אבימלך" (בראשית כ"א, כה). ויאמר הכתוב אל תשנא את אחיך בלבבך בעשותו לך שלא כרצונך, אבל תוכיחנו מדוע ככה עשית עמדי, ולא תשא עליו חטא לכסות שנאתו בלבך ולא תגיד לו, כי בהוכיחך אותו יתנצל לך, או ישוב ויתודה על חטאו ותכפר לו. (שם)

לפי דברים אלו, אין מדובר בתגובה להתנהגות שהיא בהכרח איננה ראויה, ומשום כך אין הפסוק שייך לנושא שלנו. אמנם ברור שגם הרמב"ן היה מודע לכך שיש קשר כזה על פי הפרשנות ההלכתית העיקרית של חז"ל לפסוק, והוא פותח את פירושו לפסוק בציון הדבר:

> ואמר "הוכח תוכיח את עמיתך" – מצוה אחרת, ללמדו תוכחת מוסר, "ולא תשא עליו חטא" שיהיה עליך אשם כאשר יחטא ולא הוכחת אותו. ולזה יטה לשון אונקלוס שאמר "ולא תקבל על דיליה חובא", שלא תקבל אתה עונש בחטא שלו. (שם)

זאת פרשנות הפסוק המוכרת מהספרא ומהגמרא, מן הראשונים ומן הפוסקים. היא שמוטבעת בתודעה העממית. על פיה, תגובה ביקורתית למעשה פסול איננה רק מותרת אלא אף מחויבת. אדרבה, השתיקה במצב כזה הופכת את המשקיף בדיעבד למסייע ונושא באחריות.

איזו התנהגות מחייבת תוכחה? הרמב״ן מדבר על חטא בנימה כללית, ״שיהיה עליך אשם כאשר יחטא ולא הוכחת אותו״, ואינו מבחין בין עבירות חמורות למעידות קלות. הרמב״ם לעומתו מרחיק לכת:

> הרואה חבירו שחטא או שהלך בדרך לא טובה מצוה להחזירו למוטב ולהודיעו שהוא חוטא על עצמו במעשיו הרעים שנאמר ״הוכח תוכיח את עמיתך״. (הלכות דעות פ״ו ה״ז)

הגורם המיידי לתוכחה איננו בהכרח חטא מסוים. די בפנייה הלא־מוגדרת ל״דרך לא טובה״. ייתכן שיהיו כאלה שיגיבו להרחבה זו בהפתעה ואולי אף בחרדה, אך דברי הרמב״ם מבוססים על דברי התלמוד בשני מקומות. בדיון הקלסי בנושא תוכחה במסכת ערכין אנו קוראים:

> מנין לרואה בחבירו דבר מגונה שחייב להוכיחו? שנאמר ״הוכח״. (טז ע״ב)

יהיה אשר יהיה מיקומו של ״דבר מגונה״ במדרג שבין מצווה לעבירה, הוא בוודאי איננו מוגבל לחריגה ברורה מדרישות ההלכה. נקודה זו מקבלת חיזוק בפסקה דומה במסכת ברכות, הכוללת גם דוגמה ציורית. על דברי עלי לחנה ״עד מתי תשתכרין? הסירי את יינך מעליך״ (שמואל א א׳, יד) מעיר רבי אלעזר, ״מכאן לרואה בחבירו דבר שאינו הגון צריך להוכיחו״ (לא ע״ב).

חלף ״דבר מגונה״ מופיע ביטוי חריף פחות – ״דבר שאינו הגון״. השכרות ה״מתונה״ (שהרי יש להניח שלוּ נראתה חנה כמי שאיבדה שליטה לחלוטין, הייתה מוּצאת מהיכל ה׳) אינה הפרה של איסור הלכתי מסוים, אף שהיא בוודאי מקוממת מבחינה חברתית. אם כן, דברי הגמרא מציגים עמדה ברורה וחדה באשר לחובת התוכחה אף במקרה כזה.

בעלי התוספות מעמעמים במקצת קביעה זו באמצעות הבחנה בין שני הטקסטים. בעניין הביטוי ״דבר שאינו הגון״ הם מסבירים: ״פירוש אף על גב דליכא איסורא דאורייתא, דאי איכא איסורא פשיטא הוכח תוכיח כתיב״ (ד״ה דבר). נראה שלדעתם רבי אלעזר לא הציב דרישה הלכתית פורמלית להוכיח, אלא תיאר התנהגות ראויה (׳צריך׳ ולא ׳חייב׳). נראה שלדבריהם ״דבר מגונה״ (אשר בקשר אליו מצטטת הגמרא את הפסוק ״הוכח תוכיח״) מוסב על מי שעבר על איסור הלכתי מפורש, ואולי אף על איסור דאורייתא. ייתכן שההבחנה בין ״דבר מגונה״ ל״דבר שאינו הגון״ תבוא

לידי ביטוי לא רק במידת חיוב התוכחה, אלא גם באופייה: "דבר מגונה" מחייב גינוי מובהק, אך הערה מתונה עשויה להספיק במקרה של "דבר שאינו הגון".

ניתן למצוא תימוכין לעמדת התוספות, המבחינה בין המקרים בהשוואה בין 'צריך' ל'חייב', אולם קשה להולמה עם הביטוי "דבר מגונה", שלדעתם מכוון לאיסור גמור. כפי שראינו, הרמב"ם דחה את ההבחנה הזאת, ועל כן לדעתו יש חובה להוכיח גם את מי "שהולך בדרך לא טובה". משמעותה של עמדת הרמב"ם בעניין שאלת הסובלנות היא ברורה. התומכים בפרשנות רחבה של חופש הפרט בוודאי יתנגדו אף לתגובה המינורית המשתמעת מעמדת התוספות, ועל אחת כמה וכמה שיתקוממו נגד פעולה תקיפה יותר המתאימה לעמדת הרמב"ם.

ואכן, יש מקום לדאגה. אפשר לפרש ביטוי גורף כ"דרך לא טובה" בצורה מניפולטיבית עד כדי ביטול כל אפשרות של חריגה ממוסכמות חברתיות. לכאורה היה אפשר להבחין בין סטייה חברתית ובין סטייה מוסרית, אולם למעשה הגבול ביניהן מטושטש פעמים רבות. נורמות אינן מתקיימות בחלל ריק, ופרטים של התנהגות או סגנון הופעה אישית תמימים כשלעצמם עשויים לבטא השתייכות לתרבות או לתרבות־נגד בעייתיות. הבגד איננו רק "מכריז על האדם"[11] אלא אף מגדיר את מהותו. מוסדות חינוך המחויבים למסורת מתמודדים ללא הרף, ובצדק, עם נושא זה, שהרי פעולות מסוימות מוגדרות בתוך הקשרן על פי קשרים אסוציאטיביים. הרב יעקב קמינצקי זצ"ל סיפר לי פעם שכשלמד בסלבודקה, התייחסו בשלילה לכך שבחור ישיבה השיט סירה בנהר, אף שבמבט לאחור הוא אינו יכול להסביר למה. אני מניח שתלמיד שנתפס משיט סירה היה מוזמן לשיחת קריאה לסדר. אולם האם ניתן להעתיק גישה כזאת לחברה כולה? האם ניתן להתעלם מן הסכנה של דיכוי כל יוזמה אישית בשם מה שמתיימר להיות הקפדה דתית? עלינו לפחות לשקול חשש זה.

השאלה מתעצמת אם נשקול את מלוא היקפה הפוטנציאלי של התוכחה מצד אחד ואת עוצמתה מצד שני. כפי שציין פעם הגרי"ד זצ"ל בהקשר דומה,[12] המונח 'דרך' איננו קשור בהכרח לפעולות שליליות כשלעצמן אלא לתבניתן – הכיוון, ההקשר, סגנון החיים והיחס הכללי לחיים שמצמיחים בתוכם ומתוכם את החטא. על כן, בספרו 'עבודת המלך' הציע הרב מנחם קרקובסקי לקשר בין הביטוי "דרך לא טובה" המופיע ברמב"ם בקשר לחיוב תוכחה, ובין "דעות רעות" המוזכרות אצלו בהלכות תשובה:

11. הערת המתרגם: על פי המלט 1.3.72.
12. הערת המתרגם: ראו **על התשובה** (ירושלים, תשל"ה), עמ' 22-21.

אל תאמר שאין תשובה אלא מעבירות שיש בהן מעשה כגון זנות וגזל וגניבה, אלא כשם שצריך אדם לשוב מאלו כך הוא צריך לחפש בדעות רעות שיש לו ולשוב מן הכעס ומן האיבה ומן הקנאה ומן ההתול ומרדיפת הממון והכבוד ומרדיפת המאכלות וכיוצא בהן מן הכל צריך לחזור בתשובה, ואלו העונות קשים מאותן שיש בהן מעשה שבזמן שאדם נשקע באלו קשה הוא לפרוש מהם, וכן הוא אומר יעזוב רשע [דרכו] וגו׳. (פ״ז ה״ג)[13]

ברור שיש לכך השלכות על היקף מצוות התוכחה. בעל ׳עבודת המלך׳ מדבר על תוכחה כנגד ״דעות נפסדות״ במשמען במשנתו של הרמב״ם – תכונות אופי שליליות. אולם ״דרך לא טובה״ יכולה גם להקיף את תחום האמונות והדעות במובן המקובל של המונח. הרחבה כזאת תפתח תחומים חדשים שיעמדו לפיקוח ולגינוי. בלי קשר לעמדתנו בדיון הישן על מקומה של הדוגמה ביהדות, ברור שעקרונית יש לה מקום. סטייה בנושא האמוני תיתכן לא רק מצד הקהל או הציבור, אלא אף מצד יחידים בו. חריגה זו עשויה לשוב ולהעמיד לדיון את גבולות הסובלנות. שוב, השאלה איננה היכן עובר הקו של האמונה הנכונה בנושאים כמו האפשרי או המחויב בפרשנות המקרא, דיון מטפיזי או מחקר היסטורי; אנו נדרשים לשאלה כיצד יש להתייחס למי שעבר קו זה. גם כאן, יש להתמודד עם חובת התוכחה ויחסה לסובלנות.

הנושא מתחדד אם נביא בחשבון את דרך התוכחה. ״עד כמה חובת תוכחה?״ שואלת הגמרא במסכת ערכין, ומציגה שלוש עמדות:

רב אמר: עד הכאה, ושמואל אמר: עד קללה, ורבי יוחנן אמר: עד נזיפה. כתנאי: רבי אליעזר אומר: עד הכאה, רבי יהושע אומר: עד קללה, בן עזאי אומר: עד נזיפה. (טז ע״ב)

אם נניח שמדובר בתגובה קשה של מקבל התוכחה (כפי שסבורים רובם של רבותינו הראשונים, ולא באמצעים שנוקט המוכיח כפי שמצדדים אחרים[14]), הרי מדובר בביקורת חריפה בהחלט, ודווקא היא המחויבת על פי ההלכה. במקורות אחרים יש גישה מרוסנת יותר:

13. ראו **עבודת המלך**, הלכות דעות פ״ו ה״ז (עמ׳ 58).

14. ראו דברי הרמ״ך המצוטטים ב**שיטה מקובצת**, בבא מציעא לא ע״א.

אמר רבי אילעא משום ר' אלעזר בר' שמעון: כשם שמצוה על אדם לומר דבר הנשמע, כך מצוה על אדם שלא לומר דבר שאינו נשמע. רבי אבא אומר: חובה, שנאמר "אל תוכח לץ פן ישנאך הוכח לחכם ויאהבך" (משלי ט', ח). (יבמות סה ע"ב)

לכאורה דברים אלה סותרים את העמדות המופיעות במסכת ערכין, ואף הוצעו הסברים מספר כדי ליישב את הקושי. אולם ייתכן שהטקסטים עוסקים בשאלות שונות ואינם סותרים זה את זה. בערכין הגמרא מגדירה את הפרמטרים של חיוב התוכחה – מהי מידת הסיכון שמחויב אדם לקבל עליו לשם קידום רווחתו הרוחנית של חברו. ביבמות, לעומת זאת, מדובר בהנחיה פרגמטית – מהי הדרך המיטבית להעניק עצה כזו. מטרת ההדרכה הזאת היא להבטיח את יעילותה של התוכחה ולא את שמירת פרטיותו של מושאה. באופן תיאורטי, אם היינו בטוחים שהתוכחה אמנם תעורר התנגדות ראשונית הגובלת באלימות אך בסופו של דבר תוביל את השומע להפנים את הביקורת ולתקן את דרכיו, היה צורך להתעלם מהתגובה המיידית ולבטא את הביקורת.[15] בכך אנו מרחיבים את עמדתנו לגבי היקף התוכחה ומחדדים את המודעות שלנו באשר לגבולות הסובלנות.

גבולות אלו ראויים לציון בקשר לתופעה דומה – החובה למחות. בהקשרים רבים מדגישים חז"ל את הצורך להביע התנגדות להתנהגות שאינה ראויה על כל צורותיה. הם מייחסים את העונש הקולקטיבי הנובע מעקרון הערבות "'וכשלו איש באחיו' (ויקרא כ"ו, לז) – איש בעוון אחיו, מלמד שכל ישראל ערבים זה בזה" – למקרה ש"יש בידם למחות ולא מיחו" (שבועות לט ע"א). האדם נושא באחריות, כמעין שותף סמוי, ביחס ישיר ליכולת של המחאה להשפיע.

כל מי שאפשר למחות לאנשי ביתו ולא מיחה נתפס על אנשי ביתו. באנשי עירו נתפס על אנשי עירו. בכל העולם כולו נתפס על כל העולם כולו. (שבת נד ע"ב)

יתר על כן, כפי שציינו חלק מן הראשונים, נעדרת כאן האזהרה מלומר "דבר שאינו נשמע". כך יוצא מהנאמר במסכת שבת:

15. ראו **נימוקי יוסף** יבמות סה ע"ב, כא ע"ב באלפס, שמציע ליישב את הסתירה באמצעות הקביעה שיש לנסות להוכיח "לפחות פעם אחת" (כפי שמשתמע מן הגמרא במסכת שבת להלן) "משום דאולי ישמעו או משום שלא יהיה להם פתחון פה". ואולם שלא כתוכחה אחרת, אין לחזור עליה. ההבחנה שהצעתי דומה, אך לא זהה, לטעם השני בנימוקי יוסף.

> אמר ליה רבי זירא לרבי סימון: לוכחינהו מר להני דבי ריש גלותא. אמר ליה: לא מקבלי מינאי. אמר ליה: אף על גב דלא מקבלי לוכחינהו מר. (נה ע"א)
> [תרגום: אמר לו רבי זירא לרבי סימון: הוכח את אנשי בית ראש הגולה. אמר לו: הם לא יקבלו ממני. אמר לו: אף על פי שאינם מקבלים, עליך להוכיח.]

עובדה זו נובעת מן ההבדל הבסיסי בין חובת מחאה למצוות תוכחה. התוכחה מכוונת כלפי מושאה. כפי שעולה בבירור מן הפסוקים, היא מעוגנת בדאגה וברצון להבטיח את רווחתו הרוחנית; במידה שאנו מצווים להיטיב את 'חיי השעה' של הזולת, אנו מצווים גם לקבל אחריות על שיפור 'חיי העולם' שלו. כיוון שכך, אם התוכחה לא תשיג את מטרתה ואולי אף תזיק, מוטב לוותר עליה. לעומת התוכחה, המחאה פונה אל הציבור, היא חלק ממאבק מתמיד לקיום שלמותה הרוחנית של הקהילה. באמצעותה לא רק מתנכרים לרע אלא שואפים למנוע, או לפחות להקטין ולאזן, את השפעתו. המחאה מתחייבת כלפי האירוע השלילי עצמו ולא כלפי מי שמבצע אותו. על כן הביטוי "עמיתך", המגביל את התוכחה ל"אחיך בתורה ובמצוות", איננו משמעותי כשמדובר במחאה. כמו כן, אין נפקות למידת הסיכוי שהמחאה תגרום לחוטא לשנות את דרכו.

ההבחנה הזאת עשויה להביא לכך שהמחאה, שאיננה מתמקדת באדם הפרטי, תיראה לנו קשורה פחות לשאלת הסובלנות. בכל זאת, מחאה כזאת, בהתאם למגמתה ולאופייה, יכולה להשפיע. "הטון עושה את המוסיקה", ומחאה ציבורית נמרצת יכולה להיות בעלת אופי מגביל, ואפילו בעלת אופי מעניש עד כדי מצב של רדיפה. אין צורך להביא דוגמאות מן ההיסטוריה או מזמננו. לעתים קרובות ביקורת קולנית מכוונת להשתיק ולא להתווכח. על כן, מחאה (שהיא לפעמים הכרחית) שמטרתה היא שלילת הלגיטימיות מסטייה חמורה, עלולה במקרים גבוליים לפגוע בעצם הזכות לחופש הדיבור או הפעולה, וממילא גם לה יש זיקה לשאלת הסובלנות.

עבור יהודים שומרי מצוות רבים, אין בכך בעיה. מעבר למקורות ולפסקים הנוגעים ליחס למורדים במסורת, החומר שנסקר לעיל בקשר ליחסים עם "עמיתך" מכוון אותם למסקנה ברורה. לטענתם, צירוף של יוזמת בית הדין ברמה המוסדית ושל שטף מחאתם וביקורתם של פרטים, מנטרל למעשה את הצגת הסובלנות כערך רצוי. לכל היותר אפשר להשלים עמה ואולי אף לטפח אותה בשעת הצורך, מסיבות תועלתניות של מניעת עימותים פנימיים עקובים מדם. היא עשויה להיות נצרכת במיוחד כאשר ידם של "אנשי שלומנו" על התחתונה. אולם בעלי עמדה זו יטענו שאין בסובלנות ערך אמיתי והיא אינה אלא יבוא זר מהתרבות המערבית.

ואכן, ברור לחלוטין שהכיוון העיקרי של המסורת היהודית בנושא זה עומד

בניגוד לערכיה של התרבות המודרנית. הקדושה המוחלטת המוענקת לחופש המצפון היא מעיקריה של האמונה הליברלית, בגרסתה החילונית או הדתית. בפועל משמעותה רגישות גדולה כלפי ביקורת על הזולת, מצד המבקר והמבוקר כאחד. אצל רבים יש נכונות לקבל תוכחה קולקטיבית, במיוחד אם מקורה בדמות שסמכותה הציבורית או המקצועית מעניקה לה את הכוח לבקר. אך הנכונות לקבל ביקורת מעמיתים, גם אם ביקורת קונסטרוקטיבית, היא נדירה. בהלכה יש מצוות תוכחה אפילו כלפי אנשים זרים, אך רובנו נרתעים ממנה אף כשהיא באה מצד חברים קרובים, ואולי דווקא מצדם. כשאנו מתבוננים סביבנו עלינו להסיק שאם נכונים דברי משלי "הוכח לחכם ויאהבך" (ט׳, ח), הרי החוכמה היא מצרך נדיר בעת הזאת.

רתיעה זו נובעת מצד אחד מתיאוריה ומציאות חברתיות ומצד שני מאינדיבידואליזם המושפע מן האתוס הפרוטסטנטי. במתח האידיאולוגי שבין תפיסות אטומיסטיות לאורגניות בנוגע לחברה, רוב הדמוקרטיות המערביות נוטות למעשה לאפשרות הראשונה. תופעות של התפוררות הקהילה ועקירת שורשים, הגם שרבים מבכים אותן, מביאות לידי ביטוי את התחושה שבמישור ההכרעה הדתית והמוסרית כל אדם הוא אי לעצמו. מן ההיבט התאולוגי נותר הרושם של זרמים מסוימים מראשית הרפורמציה, שהעלו על נס את העיקרון של האחריות והחסד האישי. גם אם בני זמננו אינם מתגעגעים בהכרח לאנונימיות שהאדיר קוקס (Cox) בספרו 'העיר החילונית', הרי מעטים מהם מעדיפים את הפיקוח ההדוק המתואר בספר 'אות השָׁני' של נתנאל הות'ורן (Hawthorne).

כאמור, ברור שחלק גדול מן הדברים עומד בניגוד לתפיסה ההלכתית, המבוססת על השקפה אורגנית על אודות כנסת ישראל, המכוונת לטיפוח יחסים הדוקים בקהילה, והחדורה תחושה של זהות קהילתית ואחריות משותפת. אולם עבור יהודים דתיים רבים – ובכללם קוראי שורות אלה – שאלת הסובלנות וגבולותיה היא שאלה אמיתית. יתר על כן, הם משוכנעים, אף שמתנגדיה של הסובלנות יסברו שזו אשליה, שהשאלה אינה נובעת מן הניסיון להרכיב חוטר חילוני על גזע דתי, אלא עולה ממתח בתוך היהדות עצמה. ואכן, שיקולים ניצבים להם משני צדי המתרס. מדובר בשאלה שנובעת לא רק ממחויבויות סותרות של הפוסחים על שתי הסעיפים אלא מניגוד פנימי בין ערכים מקוטבים.

מצד אחד, ברור שבקהילה בעלת מחויבות עמוקה, המלאה רוח של זהות וייעוד, יש דחף עז לקדם ואף לכפות ערכים נורמטיביים. לדחף זה שני פנים.

בפן אחד הדחף נובע מדאגה לאַחֵר שאנו רואים בו את אחינו. רעיון זה צורם לאוזן הליברלית; הוא נשמע פטרנליסטי ואף שתלטני, ביטוי ל"אימפריאליזם של

הנפש", אך בטהרתו הוא נובע לא משאיפה לשליטה אלא מצירוף של אמונה עמוקה באמת המוחלטת של עמדותיך עם רצון להיטיב לאחרים הטבה נצחית. כלום המאמין שדואג בכנות לזולתו יכול להיות אדיש לאינטרסים החיוניים ביותר שלו? וגם אם הוא יכול להיות אדיש להם, הראוי הדבר? הערבות כרוכה במחויבות לא כלפי מושג קולקטיבי מופשט אלא כלפי כל יהודי ויהודי. נזכיר שוב את דברי חז"ל: "'וכשלו איש באחיו' – איש בעוון אחיו, מלמד שכל ישראל ערבים זה בזה".

יתר על כן, מחויבות זו לערבות איננה תוספת אגבית לחיים הדתיים של האדם עצמו. גם אם אדם קיים את הצד הטכני של המצווה בשלמות, קיומה פגום אם הוא מתעלם מאותה החובה המוטלת על אחרים. על דברי הגמרא (בנוגע לברכות ולקללות על הר גריזים והר עיבל) "ברוך בכלל ברוך בפרט, ארור בכלל ארור בפרט" (סוטה לז ע"א) אומר רש"י: "כל המצות כולן טעונות ארבעה אלה: 'ולמדתם אותם ושמרתם לעשותם', וכתיב 'ולמדתם אותם את בניכם' וגו' הרי כאן ארבע מצות לכל מצוה".

נוסף על המחויבות האישית כלפי הזולת, יש גם פן של דאגה קולקטיבית. היהודי המאמין רואה עצמו חלק מקהילה אורגנית של המחויבים לתורה ולמצוות, המשתרעת מרגע כריתת הברית ועד חזון אחרית הימים. מתוקף מחויבות זו הוא שואף ופועל למימוש היעד האישי והלאומי. הוא מבין שלשם מטרה זו יש הכרח בתחושת ייעוד משותף המושתת על זהות אחת הפרוסה מעל כולם, ולכן ודאי יתקשה לקבל כל דבר שלדעתו מכרסם בשיתוף הזה.

אלו שיקולים חשובים, אך לעומתם יש שיקולי נגד. ראשית, חוסר סובלנות ורגשות שליליים הכרוכים בו טומנים בחובם איום של סכנה רוחנית אישית. נוסף על כך, הגבלה חיצונית המעכבת את הפיתוח החופשי הרצוני של האישיות היא פגיעה בכבוד הבריות, פגיעה שאיננה ראויה מבחינה דתית. החופש האישי, כשהוא מופעל ועומד בניסיון על כל צעד ושעל, הוא הציר שעליו סובבת ההלכה, והוא עומד בבסיס תפיסתנו את המציאות ואת האידיאל של הטבע האנושי. תפיסת צלם א־לוהים, שמעניקה לאדם כבוד וגם קדושה, מבוססת על הייחודיות של האדם ובביטויה המלא היא כוללת את היכולת לשרטט לעצמו את קווי המתאר הפרטיים שלו ולקבוע את כיוון התנועה של חייו. במובן הזה, הממד המוסרי של החופש צבוע גם בצבע דתי. משמעותו הדתית של החופש מתמקדת בכך שעבודת ה' האידיאלית נעשית מתוך בחירה חופשית. נכון הוא שהיהדות דוחה אוטונומיה אישית רדיקלית ודורשת כניעה וציות, אך זו עצמה צריכה לבוא מתוך הכרעה חופשית לוותר על החופש, אשר בסופו של דבר מעניקה את החירות העליונה של 'בן חורין שעוסק בתורה'. חז"ל אף מצאו

פגם במתן תורה משום שמכוח עוצמת ההתגלות אי אפשר היה להתנגד לה.[16] על אחת וכמה שנמצא חיסרון במשמעת דתית שמושגת באמצעות לחצים חברתיים.[17]

זאת ועוד – חוסר סובלנות גובה מחיר מן הקהילה כולה. מבחינה חברתית, חשדנות והטלת אשמה הן גידול ממאיר. הן מזהמות את היחסים הבין־אישיים ומרעילות את כלל החברה. כשם שקהילה תוססת ניזונה מאמון הדדי, חשדנות הדדית מנוונת אותה. לאחר שהאמון נפגע, שיקומו קשה ביותר. כשחז"ל קבעו הלכות "מפני החשד" הם עשו זאת לא רק בשביל להגן על שמו הטוב של אדם מפני חשדות אלא גם כדי לעודד אווירה חברתית בריאה.

שאלת הסובלנות מעוררת אפוא מתח רוחני ומעמתת ערכים סותרים זה עם זה. מתח זה איננו מיוחד ליהדות. הוא נוכח באופן מובהק בכל תרבות שמוקירה מחויבות ערכית מוצקה וגם את הרוח האנושית היצירתית, ומכאן שואפת לנווט בין שוטטות חסרת כיוון לבין דיכוי מנוון. ככל שמדגישים יותר את הקטבים כך מתחדד המתח ביניהם. מצב כזה מאפיין מאוד את המסורת היהודית, ויש לראות את עמדתה לגבי גבולות הסובלנות מנקודת מבט זו.

למעשה, העמדה ההלכתית אפשרה מידה של סובלנות עבור המדינה והחברה, אך לבטח פחות ממה שהיו רוצים חסידי זכויות האזרח. מנקודת ראותם ניתן אולי להשלים עם מושג המחאה, במיוחד כשמדובר בשאלות של שיקול הדעת ולא בערכי יסוד, אך רעיון התוכחה לעומת זאת בעייתי מבחינתם. הם יכולים להבין עימות עם האחר כביטוי עצמי לעמדתו של האדם, אך אינם יכולים להסכים לביקורת כדרך להפעיל לחץ על המבוקר. באשר ללחץ כזה, נטייתם תהיה לאמץ עמדה דומה לזו של מיל (Mill) ב'על החירות' לגבי מעורבות המדינה בחיי הפרט: אפשר לקבל אותה כאשר מטרתה לקדם את האינטרס הציבורי או את שלומם של אחרים, אך לא כאשר מדובר בשאלה של המוסר האישי כשלעצמו.

16. ראו שבת פח ע"א.

17. סוקול מציע במאמרו (עמ' 113–118) כי העמדה הדטרמיניסטית של רבי צדוק הכהן מלובלין המייחסת את כל העולם הסיבתי לקב"ה ועל כן מעניקה ערך לכל דבר "לבל ידח ממנו ידח" עשויה לשמש בסיס לסובלנות. אם נקבל את ההנחות, הנראות לי בלשון המעטה בעייתיות מאוד באופיין, המסקנה סבירה. ברם, אין ספק שבשקלול כל הגורמים ההדגשה של הבחירה החופשית היא המקיימת את הסובלנות. ראו גם: Joseph Raz, "Autonomy, Toleration, and the Harm Principle," in *Justifying Toleration*, pp. 155-165 המדגיש את מקומה של האוטונומיה העומדת בבסיס הסובלנות. מנקודת מבט יהודית יש לדבר על חופש במקום על אוטונומיה.

זאת כאמור מעולם לא הייתה עמדת המסורת היהודית. היא מעודדת תוכחה, בטווח שבין שכנוע ללחץ, ולעתים אף כוללת סנקציות משפטיות. היא שותפה לרעיון שמיוחס פעמים רבות לאדמונד ברק (Burke): כדי שהרוע ינצח די בכך שאנשים טובים יעמדו מן הצד ולא יעשו דבר. קהילות רבות מינו ׳מגיד מישרים׳ או ׳מורה צדק׳ במיוחד כדי להשפיע לטובה על ההתנהגות הציבורית. מינוי כזה עשוי היה להצליח בעיקר במסגרות קטנות והומוגניות. אי אפשר לטשטש עובדה זו, גם אם לאוזן ליברלית היא מעלה אסוציאציות טוטליטריות. יתר על כן, היהדות עודדה תוכחה פרטית, בהיקפים שונים על פי הקשרים מגוונים. ואכן, במידה שמעשים ודיבורים הפכו למושאים לעיון ביקורתי ולתגובה, צומצמה הסובלנות.

הגבלה כזאת הומחשה בהבלטה יתרה בתחום הרגיש של אמונות ודעות. כפי שציינו רבים, הנושא לא היה בולט בספרות חז״ל למעט הקרע עם הצדוקים. אולם לאחר מכן זכה התחום לתשומת לב מרובה, ומחלוקות מרות לגבי סוגיות ספציפיות או השקפות עולם כוללות, גם בתוך קהל שומרי המצוות, עוררו סערה, ודי להזכיר את הפולמוסים סביב ׳מורה הנבוכים׳, תנועת החסידות או דמותו של רבי מנשה מאיליא. לא תמיד ההתנגדות מבוססת על שיקולים הלכתיים. בשם מו״ר הרב יצחק הוטנר זצ״ל נאמר שיש לראות באפיקורסות מחלה יותר מאשר עבירה. ואם כך באפיקורסות גמורה, על אחת כמה וכמה אם נכנסים לדקויות של אמירות שאופיין הדוגמטי מוטל בספק. כמובן, אין בכך כדי לעודד סובלנות, וזה לא יפתיע את מי שמכיר את תולדות הוויכוחים הדוגמטיים.

יתר על כן, העת החדשה רק הגבירה את העיסוק המפלג בשאלות אידיאולוגיות. בשעה שהתשתית הדתית של הקהילה הייתה איתנה היה אפשר להתעלם מקיומן של עמדות מפוקפקות, אך משהתנפצה המחויבות הבסיסית לרסיסים והסטייה בדעה ובמעשה הפכה לתופעה נפוצה, נעשו שאלות אלו חומר לתבערה. נוצרת דרישה לטהרה אידיאולוגית שעשויה להוביל לאווירה מגבילה יותר.

לעומת זאת, היו בעבר וישנם בהווה גורמים המסייעים לאיזון התמונה, הממתנים את הדרישה לשלמות מתוך יחס של כבוד לבחירה האישית. במובן מסוים, דבר זה משתקף בפרטי הלכות תוכחה עצמן. חז״ל אומרים לגבי מצוות תוכחה כך: ״יכול אפילו משתנים פניו? ת״ל ׳לא תשא עליו חטא׳ (ויקרא י״ט, יז)״ (ערכין טז ע״ב). יש להדגיש שדין זה הוא חלק מהגדרת המצווה: אם תוך כדי התוכחה אדם גורם לבושה שאינה במקומה, אין מדובר בעבירה שנשתרבבה לקיום המצווה; אם התוכחה לא נתקיימה כראוי, אין כאן קיום מצווה כלל.

חז״ל היו מודעים היטב לקושי שבביצוע התוכחה בצורה נכונה. בהמשך לדברים

הקודמים הגמרא מצטטת את דברי רבי טרפון: "תמה אני אם יש בדור הזה שמקבל תוכחה, אם אמר לו טול קיסם מבין שיניך, אמר לו טול קורה מבין עיניך", ולעומתו אומר רבי אלעזר בן עזריה: "תמיהני אם יש בדור הזה שיודע להוכיח". ההרהורים הרטוריים הללו מוצמדים לקביעה המשפטית שצוטטה לעיל, ומשמעות הסמיכות היא שהתוכחה פגומה לא רק מבחינת תועלתה, אלא גם במוסריותה.

שיקול מאזן נוסף קשור למצווה כללית יותר – "בצדק תשפֹּט עמיתך" (ויקרא י"ט, טו). מצווה זו נוגעת לעולמו של בית המשפט,[18] אך גם ליחסים בין אדם לחברו. חז"ל אומרים: "הוי דן את כל האדם לכף זכות" (ספרא, פרשת קדושים, פרשתא ב). חובה זו מוגדרת בשאילתות דרב אחאי גאון כמצווה בפני עצמה.[19] בגמרא במסכת שבת (קכז ע"א-ע"ב) משתקפת החובה לדון אירועים ונסיבותיהם לכף זכות. אך חובה כזאת קיימת גם כלפי המניעים של האדם, וזה המרכיב הקריטי בהקשר שלנו. הרצון להיות סובלני מעודד הערכה חיובית, ודבר זה עצמו חוזר ומעודד את הגישה הסובלנית. כאמור, אין דרך זו מתאימה למידותיו של הליברלי הטהרן. עבורו, השאלה איננה טיב השיפוט אלא אם נכון כלל להיות שיפוטי. אמנם יתרונות רבים גלומים בעמדה לא־שיפוטית, אם היא נעדרת רלטיביזם או דטרמיניזם; אך לעתים השיפוט הוא הכרחי לשמירה על סטנדרטים. על דבריה הידועים של מאדאם דה סטאל כי אנו סולחים על מה שאנו מבינים באמת, העיר אחד מצאצאיה, "יש להיזהר מהסברת יתר, שמא בסופו של דבר נסלח יותר מדי".[20]

לשיקול שלישי, בהיותו בעל היקף נרחב, יש רלוונטיות מיוחדת לעידן המודרני. כמובן, הטבע האנושי הביא לידי כך שמעולם לא התקבלה התוכחה בהתלהבות. התגברות התפיסה הליברלית הוסיפה על התגובה הטבעית גם צידוק פילוסופי. ייתכן מאוד שהגישה שחדרה גם לתוך ציבור שומרי המסורת הכניסה ממד חדש למערכת השיקולים. כוונתי למה שהגדיר הלל כערך המוסרי – ובעצם התורני – הבסיסי: "דעלך סני לחברך לא תעביד זו היא כל התורה כולה ואידך פירושא הוא זיל גמור" (שבת לא ע"א).

כיוון שחלה הפנמה של הגישה המכבדת את המצפון הפרטי, עלה בהתאם משקלו של כל דבר הפוגע בו. כל הצרת צעדים בימינו מכה בחומרה יתרה, ומתרחקת

18. ראו סנהדרין ג ע"א ורמב"ם, הלכות סנהדרין פ"ב ה"י.

19. ראו **שאילתות דרב אחאי גאון**, שאילתא מ.

20. הדוכס דה ברויי (de Broglie), כפי שצוטט על ידי לורד אקטון. ראו: "Inaugural Lecture on the Study of History," in *Essays on Freedom and Power*, ed. Gertrude Himmelfarb (New York, 1955), p. 51.

יותר מהעצמאות וכוח השליטה שחושקים בהם כל המתיימרים לשפוט את מוסריותם של אחרים. עקב כך, מצוות התוכחה עלולה במציאות ימינו לעמוד בעימות עם מצוות "ואהבת לרעך כמוך", והדבר משפיע על מאזן ה'בעד' וה'נגד' ביחס לסובלנות; לא מתוך חשבון תועלתני, אלא מתוך שיקול מוסרי והלכתי הנובע מן המציאות המודרנית.

נקודה זו בולטת במיוחד כשמדובר בציבור השולל בעיקרון את הערכים שבשמם רוצים להוכיח אותו. כפי שכתבתי בהקשר דומה,[21] ניתן להצדיק שימוש בכפייה דתית (אם מטרתה חינוך היחיד ולא הגנת החברה) רק כאשר מושאה מקבל באופן בסיסי את המערכת למרות סטייתו ממנה. מי שמעלים מסים יודע בעצם שהוא חוטא. כשהוא נתפס הוא מגדף את רשויות המס אך בסופו של דבר הוא מכיר בסמכותן. עמדתו של האדם החילוני בימינו כלפי המסורת היא שונה מאוד, ויש להביא זאת בחשבון כשעומדת על הפרק הכרעה בין סובלנות לדחייה.

אמנם שיקול זה משמעותי ביותר לגבי היחס כלפי מי שאיננו רואה עצמו מחויב לתורה ולמצוות, אולם יש לו השלכות גם על יחסי הגומלין בתוך הקהילה הדתית, העומדים במרכז דיון זה. חז"ל לימדונו שאיסור "לפני עִוֵּר לא תתן מכשול" (ויקרא י"ט, יד), שנוגע למכשול רוחני ולא רק פיזי, אוסר על אב להכות את בנו הגדול (מועד קטן יז ע"א), משום שבכך הוא עלול להביא את הבן להכותו בחזרה, ומובן שאותו עיקרון יחול גם על זרים ועל פרובוקציות אחרות. בחברה שרובה חילונית, הגדרת 'דבר שאינו נשמע' משתנה שינוי דרמטי. הרב צבי יהודה קוק זצ"ל היה רגיל לציין שאין טעם להוכיח בשפה שאיננה מובנת למושא התוכחה. ההשלכות של עמדה זו על סובלנות מובנות מאליהן: ככל שטעם הכפייה מאבד מכוחו, כך גוברת חשיבותם של השיקולים הנגדיים – כבוד לאישיות, קשר האחווה, ישרות הרוח, וכמובן השאיפה הפרגמטית ליחסי גומלין.

המהר"ל מפראג, העומד בפתח התקופה המודרנית בעם ישראל, מוסיף עוד יסוד לדיון זה – התועלת שיש בדיון אידיאולוגי כן. בעניין זה הוא מצטט בחיוב מתוך 'ספר שמים ועולם', ובעקבותיו מרחיב:

> וראוי מי שירצה לדון בדין האמת, שלא יהיה מכעיס לבעל מחלוקתו... ולכך אין ראוי להרחיק שום דבר המתנגד אל דעתו לאהבת החקירה והידיעה. ובפרט

21. ראו מאמרי "דת ומדינה: בזכות האינטראקציה", **מוסר אביב: על מוסר, אמונה וחברה** (ירושלים, תשע"ו), עמ' 217–245.

> אותו שלא כוון לקנטר, רק להגיד האמונה אשר אתו, אף אם הדברים הם נגד אמונתו ודתו, אין לומר אליו 'אל תדבר ותסתום דברי פיך', שאם כן לא יהיה בירור הדת... ולכך הראשונים, ואף אם נמצא דבר מה בספרים שהוא כנגד דתם, לא היו המתנגדים דוחים דבר זה, כי השכל מחייב שלא יהיה מניעה מזה כלל ולסגור פיו של אדם בדבר שהוא מגיע אל הדת, רק פתשגן הדת נתונה אל הכל. ובפרט הכתוב, כי הכותב בספר אין כוונתו רק ללמוד, ואין כאן דבר שיהיו מכוונים להכעיס כדי לקנטר, ולכך הדבר הזה אין לסתום ולבטל. ולא מצינו מעולם שיהיו מונעים ומוחים בדבר זה כלל, ולא היה כאן פוצה פה ומצפצף (ע"פ ישעיהו י', יד) בדבר זה. (**באר הגולה**, באר השביעי, פרק ז)[22]

אפשר לפקפק אם זהו תיאור מדויק של ויכוחים בעבר או אף בתקופתו של המהר"ל עצמו. על כל פנים, הדברים עומדים בזכות עצמם, בתור כיוון שהוא ביקש לעודד.

אינני יודע עד כמה היה המהר"ל מוכן להרחיק לכת. האם הוא היה מעודד דיון פתוח בתיאוריה של ולהאוזן במסגרת לימוד תנ"ך? האם דרוויניזם – טהור וללא התאמות – צריך לתפוס מקום מכובד בדיונים על אנתרופולוגיה דתית? הדוגמה הספציפית שמעלה המהר"ל היא הכבוד שבו נדון נושא נצחיות העולם בדיון הפילוסופי בימי הביניים. מסופקני אם הנושא הזה היה שווה ערך בתקופת הראשונים לסוגיות המעסיקות אותנו כיום, כמו ביקורת מקרא רדיקלית או העמדה שמוצא האדם מבעלי חיים. במובן זה ניתן ללמוד מנכונותו המותנית של הרמב"ם לקבל את עמדת אריסטו בנושא הקַדְמוּת אילו היה משתכנע בנכונותה מבחינה פילוסופית.[23]

תהיה הבנתנו את עמדת המהר"ל אשר תהיה, אודה שאם אתבקש לספק הגדרה ברורה וישימה לגבולות הסובלנות אתקשה לנסח תגובה ראויה. עם זאת, יש מקום להציע כמה הערות לקווים מנחים כלליים.

במישור הכפייה המשפטית, את ההכרעה בין מה שיש לאפשר ומה שיש למנוע – כעונש, כהרתעה או מתוך דאגה לשלומו הרוחני של הציבור – יש לקבוע על פי עקרונות הלכתיים פורמליים. הווה אומר, המידה שבה נהיה סובלניים כלפי מעשה מסוים תהיה תלויה בחומרת המעשה. ככל שהחטא כבד יותר, ככל שהפשע אפל יותר,

22. ניתן להבין את דברי המהר"ל כך שאין להשתיק דעות מתנגדות, משום שייתכן שיש בהן גרעין אמת, או משום שהאתגר שבהן יכול לשמש אמצעי לעידוד "בירור הדת" תוך כדי חיפוש האמת (כפי שמיל וניומן יטענו מאוחר יותר).

23. ראו **מורה הנבוכים**, חלק ב, פרק כה.

ככל שהסכנה מוחשית יותר, כך עולה הסבירות שהחוק יחייב מניעה לפני המעשה ותגובה לאחריו. חומרת המעשה תיקבע על פי הקטגוריות ההלכתיות – דאורייתא לעומת דרבנן – ואלו מתחלקות כל אחת על פי מדרג פנימי. כמו כן, בכל הקשור למצוות תוכחה, המעמד ההלכתי של מושא התוכחה עשוי להשפיע על המצווה ועל היקפה. למשל, לדעת הרבה מרבותינו הראשונים הכלל התלמודי "הנח להם לישראל מוטב שיהיו שוגגין ואל יהיו מזידין" (ביצה ל ע"א) חל רק על איסורי דרבנן או לכל היותר על איסורי דאורייתא שאינם מפורשים בתורה.[24] כיוון שמניעה באמצעות מחאה או סנקציה משפטית היא יוזמה הלכתית, ברור שניתן לנסח כללים בעניין מידת הסובלנות הנוגעת להפעלתן. כמובן, כדי לממש את הכללים יש צורך בהבהרת פרטי המקרה. אולם מכל מקום קל יותר להגדיר לעניין זה את העקרונות המנחים.

אולם בכל הקשור בשאלת הסובלנות החברתית או האישית, המצב שונה מן היסוד. כאן שאלת המעמד ההלכתי של המצב או של האדם הנדון היא עמומה, אם היא קיימת בכלל. בהיעדר הנחיה קשה להציע קטגוריות אחרות היכולות להעניק כיוון לגבי הסובלנות. כאן הגישה היחידה האפשרית היא לפעול על פי ההקשר. יש לבחון את היקפה של הסובלנות ואת אופייה על פי תוצאותיה הצפויות מתוך איזון עדין של ערכים, תיאורטיים ומעשיים, שלעתים סותרים. קנה המידה שעל פיו יש לקבוע על מה ובאיזו מידה יש לעבור לסדר היום אינו ברור, והאופן שבו יש להעריך אישים או מעשים מעורפל אף הוא. על כן יש צורך להפעיל שיפוט הקשרי, לא מתוך אידיאולוגיה כללית של הכרעה על פי המצב, אלא מתוך חוסר ברירה.

אפשר להדגים זאת באמצעות המימרה הידועה במסכת סנהדרין:

> כך היו נקיי הדעת שבירושלים עושין: לא היו חותמין על השטר אלא אם כן יודעין מי חותם עמהן, ולא היו יושבין בדין אלא אם כן יודעין מי יושב עמהן, ולא היו נכנסין בסעודה אלא אם כן יודעין מי מסב עמהן. (כג ע"א)

אחד מאדמו"רי גור – נדמה לי שהיה זה ה'בית ישראל' – העיר שאניני מוסר אלו לא סירבו להסב עם שותפים בלתי מוכרים (ואולי מפוקפקים), אלא רק דרשו לדעת

24. ראו **רא"ש**, ביצה פ"ד סימן ב; **ר"ן**, ביצה ל ע"א, טז ע"ב באלפס; **שולחן ערוך**, אורח חיים סימן תרח סעיף ב ו**ביאור הלכה** שם. אך ראו גם **שו"ת חוות יאיר**, סימן קסד, שכולל את ל"ט מלאכות שבת באלו שאינם מפורשים. כנראה לדעתו הקריטריון המשמעותי איננו חומרת העבירה כשלעצמה אלא השאלה באיזו מידה החוטא אמור להיות מודע לחומרתה.

עם מי יש להם עסק. אני מניח שהדברים נאמרו כחידוד ולא לגמרי ברצינות. על כל פנים, ברור שהדפוס שאימצו נקיי הדעת מעמיד את ערך הזהירות מעל לסובלנות. אולם האם ניתן להעריך עד לאן הגיעה נקיות הדעת? על פי איזה קריטריון נקבע מי שותף ראוי? האם ההקפדה התרחשה גם אם השותף או השותפה ידעו שהם נתונים לבדיקה, באופן שייעלבו מן הסירוב? בהנחה שנקיי הדעת היו דמויות מפורסמות, איזה משקל העניקו למשמעויות הציבוריות של הקפדתם?[25]

לצערנו דילמות אלו מוכרות. זה שנות דור ולמעלה מכך, החיים הציבוריים של יהדות ארצות הברית קרועים בשאלות של מי מוכן לשבת עם מי וכיצד לאזן בין אחווה לחשש ממתן לגיטימציה לסטיות מן התורה. גם במישור האישי, לעתים קרובות אדם נאלץ להכריע עם מי להיות שותף מעל במה או בין דפי ספר. מעטים אולי היו ממסגרים את דברי הגמרא ותולים אותם בחדרם, אך רובנו יכולים לראות בהם אתגר המחייב להגדיר את גבולות הסובלנות שלנו.

הגם שאתגר זה איננו רק סוציולוגי אלא גם רוחני, צריך להדגיש שאין בידינו קטגוריות פורמליות – הלכתיות או אחרות – היכולות לעזור לנו בהתמודדות. אנו מכירים את רשימתו המפורסמת של הרמב"ם הכוללת את העילות לנידוי פורמלי,[26] אך אין לנו, וכפי הנראה לא יכול להיות לנו, שולחן ערוך בענייני הדרה חברתית. במקרים אלו אנו עושים שימוש בתערובת של שיקול דעת ורגישות, ונעזרים בתקדימים, ברוח דברי חז"ל "גדולה שימושה יותר מלימודה". אין ספק שערכינו הם שמעצבים את התגובה שלנו. אך בסופו של דבר, הגישה לעניין היא תלוית הקשר, גמישה וקשורה קשר הדוק באופייה של התוצאה הסופית.

הצורך בטיפול מורכב בשאלות אלה איננו נובע רק ממגוון המקרים המעלים את שאלת הסובלנות, בין שמדובר בהתנהגות בעייתית ובין שמדובר באדם מפוקפק.

25. חשוב לציין שרתיעה זו התרחשה בהקשרים הלכתיים כמו בנסיבות ניטרליות. אם נדייק – מידת "נקיות הדעת" איננה מתייחסת כלל לסובלנות, שהרי הנושא איננו ריסון התנגדות אלא שיתוף פעולה פעיל. סירוב מנומס להסב עם אנשים מסוימים אינו מונע מהם בשום אופן לערוך שולחן לעצמם. ההבחנה הזאת חשובה מבחינה תיאורטית ומעשית כאחת. עם זאת, היא רלוונטית בעיקר למישור הרשמי והפוליטי ופחות לממד החברתי. בכל הנוגע לסוג השני, ברור שיש ניגוד בין סובלנות להחרמה.

26. ראו הלכות תלמוד תורה פ"ו הי"ד **ועבודת המלך** על אתר. עד כמה שידוע לי, לרשימה זו אין מקור בחז"ל. בגמרא בברכות יט ע"א נאמר: "אמר רבי יהושע בן לוי: בעשרים וארבעה מקומות בית דין מנדין על כבוד הרב, וכולן שנינו במשנתנו", אולם רק מעטים מהם מצוינים שם. בדומה לכך בתלמוד הירושלמי (מועד קטן פ"ג ה"א) באים דברי רבי יהושע בן לוי ש"בעשרים וארבעה דברים מנדין" אך בלא פירוט.

נוסף על כך, נכנסים לתמונה גורמים אחרים, חיצוניים לכאורה. הכרעה של בית ספר לגבי סילוק תלמיד מושפעת מן ההשלכות החינוכיות על המוסד כולו ולא רק מן הראוי והטוב לתלמיד עצמו. בדומה לכך, אפשר לציין סוגיה שלצערנו קהילות התמודדו איתה בשנים האחרונות: כיצד עלינו להגיב על מקרה שבו חבר או חברה בבית כנסת נהגו בצורה פוגענית בבת או בבן הזוג? ההכרעה אם לנסות להבין או להתעלם, להרחיק או לגנות, צריכה להיקבע לא רק משיקולים של יחסים אישיים, אלא גם על פי דאגות אידיאולוגיות וערכיות באשר למסרים הציבוריים (המפורשים והמשתמעים) הנובעים מן התגובה. אם אנו מעניקים מעמד קהילתי מכובד לאדם נואף או מופקר או למי שמרמה במסחר, אך שוללים מעמד כזה ממי שאוכל טרף, אנו מבטאים היגד אידיאולוגי מצמרר. הצורך לבטא מסרים אלה – הנוגעים לכוח ואחריות, מעמד ורגישות, הבחנה בין רשות היחיד לרשות הרבים, או אם תרצו, בין התחום שבין אדם לחברו ובין זה שבין אדם למקום – עשוי להשתנות לפי המקום והזמן.

הגישה ההקשרית המתבוננת בתוצאות פעולותינו מחייבת דחייה של הנוסחה הפשטנית, שעוצמת התגובה צריכה להימדד על פי חומרת העבירה, קריטריון המתאים למישור המשפטי. ההיסטוריה מלמדת שהסכנה מיריבים, אמיתיים או מדומים, הקרובים אלינו, גדולה יותר מזו המגיעה ממתנגדינו הרחוקים, ברוח דברי הגמרא "דמינה מחריב בה, דלאו מינה לא מחריב בה" (זבחים ג ע"א). למשל, עולם התורה חש מאוים מהחבורה המתנועעת בין האגף הימני של התנועה הקונסרבטיבית ובין האגף השמאלי של האורתודוקסיה, יותר משהוא מרגיש ביחס ליהדות הרפורמית. הסובלנות, או היעדרה, יכולים להיות מושפעים מכך.

אכן, בשאלות רגישות של אמונות ודעות הנושאים לעתים אינם הלכתיים כלל. דוגמה לכך היא היחס לאישים שנתפסים כחלק משלשלת המסורה. יש מרכיב מעין הלכתי שמשתקף בדברי רבי יונתן בעניין כמה דמויות מן המקרא, שמי שטוען מתוך הסתמכות על פשט הפסוקים שהן חטאו, "אינו אלא טועה".[27] אך גם במקרה זה מדובר בטעות ולא בעבירה. אם נדון בתקופות מאוחרות יותר, הצד הנורמטיבי כמעט נעלם. אמנם ברקע הדברים אנו מודעים לדברי הרמב"ם שציטט הגרי"ד זצ"ל לעתים קרובות כי בקטגוריה של אפיקורוס לא נכלל רק מי שכופר בתורה שבעל

27. שבת נו ע"א. לדיון מעניין על התוכן והמשמעות החינוכית של דברי רבי יונתן ראו חילופי הדברים בין הרבנים יהודה ברנדס ויעקב מדן ב**מגדים**, גיליון כו (תשנ"ו), עמ' 107-134, והתגובות בגיליון כח (תשנ"ח), עמ' 87-122.

פה אלא גם "המכחיש מגידיה" (הלכות תשובה פ"ג ה"ח). בכל זאת, אם מישהו היה מפקפק ביושרתו של אחד מגדולי החכמים כגון הרמב"ן, היה קשה להגדיר זאת עבירה הלכתית, אך הדבר היה מעורר בצדק "ריתחא דקדושה". ממילא הייתה עולה שאלת הסובלנות.

גם אם אין חוקים ברורים בעניין, הייתי רוצה, בסיומו של מאמר זה, להציע כמה קווים מנחים. הראשון, כפי שמשתמע מן הדברים הקודמים ובהמשך לנושא הגמישות, הוא התבונה שבשמירה על מנעד תגובות מגוון והולם בתחום החברתי והבין־אישי. בקצה אחד, הסובלנות עשויה לכלול גישה מכבדת פעילה עד כדי עידוד (ובמקרה כזה ייתכן שהמילה סובלנות אינה מתאימה). בקצה השני ייתכן שהיא לא תכלול, מסיבות אידיאולוגיות או פרגמטיות, שום דבר יותר מאשר התעלמות או רתיעה פסיבית. היפוכה של סובלנות יכול אף הוא לנוע מהערה מתונה ועד להתנגדות נמרצת, שאמנם נעדרת אישום משפטי, אך עלולה להימשך לוויכוח עז. יש להדגיש שרק מנעד רחב של ברירות יוכל לאפשר את מימוש היחס ההכרחי בין פעולה בעייתית לבין תגובה עליה. השחיקה בסובלנות מטרידה לא רק בגלל הפגיעה במידת ה'דרך ארץ' המקובלת במקומותינו, אלא גם מחמת העוצמה הבלתי פרופורציונלית המאפיינת את תופעותיה. דוגמאות לכך הן הירידה בסובלנות בחוגי התקינות הפוליטית בארצות הברית,[28] וכן במדינת ישראל שלאחר רצח רבין, על רקע המודעות המופרזת לביטחון פנים.

שנית, כשיש ספק היכן לשרטט את הגבולות, עלינו להעדיף מתינות. אפשר להניח שאם קיים ספק כזה, הרי אין סכנה מיידית וברורה לאמונה ולשמירת מצוות. במקרה כזה, אם לא ברור מהו האיזון הנכון, עדיף להסתכן ביותר מדי סובלנות מאשר במעט מדי. באשר למצוות התוכחה סבורים בעלי התוספות ש"בדבר שאין ידוע אם יקבלו כשנמחה בהן אם לאו צריך למחות... אבל בדבר שאנו יודעים בבירור שלא יקבלו אמרינן מוטב שיהיו שוגגין" (בבא בתרא ס ע"ב ד"ה מוטב). אולם באשר לאמצעים תקיפים יותר, הספק צריך לשמש גורם מרסן. חובת ההוכחה לקיומו של צורך באמצעים אלה תהיה מוטלת על אלו שרוצים להטיל גינוי או מגבלה ולא על אלו העומדים להיפגע. מעל לכל, כאשר אנו שוקלים צעדים כאלה – כבכל מקרה של שאלת הסובלנות – נהיה קודם כל בטוחים ששקלנו את העניין מנקודת מבט של זה שצפוי להיות מורחק, ולא רק מהפרספקטיבה של אלו שדורשים הרחקה.

28. זו מדגימה את קינתו של מילטון שהרפורמציה לא הגבירה את הסובלנות אלא ש"הכומר האנגליקני החדש איננו אלא הכומר הקתולי הישן".

האמפתיה לא תמיד חייבת להכריע את הכף, אולם היא צריכה תמיד להיות לפחות חלק מן התהליך.

דבר זה מתחייב במיוחד בתחום האידיאולוגי. כאשר מדובר בנושאים מעשיים, אדם או קבוצה בעלי ערכים עשויים להרגיש שמוצדק להפעיל לחץ על יריב עקב חוסר הסימטריה במחירים – עקרונות מקודשים מצד אחד לעומת נוחות גרידא מצד שני.[29] קשה ליישם הבחנה זו בתחום האמונות והדעות, כששני הצדדים עשויים להיות מופעלים בידי שיקולים עקרוניים. בדרך כלל יש מקום לשאוף להחמרה גם כשאין שיקול הלכתי מובהק. הרמב"ם קבע ש"דרכי האסור והמותר זולת דרכי המגונה והרצוי והאהוב" (**פירוש המשניות**, סנהדרין פ"ה מ"ז), ולכן גם כשאין חובה יש מקום להעמיד רף גבוה יותר כחלק ממה שכינה לינדסיי (Lindsay) "מוסר של שאיפה". אולם דרישה להחמרה ביחס לזולת מצטלצלת אחרת כאשר היא מופנית כלפי מי שקבע את עמדותיו האידיאולוגיות בקצה הקשת מתוך שכנוע עמוק. בתחום זה יש צורך בזהירות וברגישות יתרה.

נוסף על כך, כשאמונותיו של אדם מוטלות על כף המאזניים, דחייה או דיכוי גורמים לפגיעה מיוחדת. הרמב"ם הסביר ש"הרהורי עבירה קשים מעבירה" (יומא כט ע"א) משום שחטא בתחום המחשבה חמור יותר מחטא הנובע מן הצד הבהמי שבטבע האדם, שהרי בסוג הראשון "ימרה בנכבד שבשני חלקיו" (**מורה הנבוכים**, חלק ג, פרק ח). בדומה לכך, הפגיעה בכבודו של האדם מורגשת יותר כאשר מה שמותקף הן מחשבותיו. נכון ששיקולים אלו מתאזנים עם ההכרה שהסכנה בדעות פסולות חמורה יותר מבחינה ציבורית וחינוכית. אולם בסופו של דבר אני עומד על דעתי שבמקום ספק יש להעדיף מידה רבה מדי של סובלנות ממידה פחותה מדי, והנחיה זו מתאימה במיוחד לתחום הרעיונות. אף שלא אוכל להיות בטוח בכך, אני מאמין שעמדה זו נובעת מנאמנות ל"בצדק תשפט עמיתך" ו"ואהבת לרעך כמוך" ולא מן החשיפה שלי למסורת של לוק ומיל.

שלישית, בהקשר המשפטי והחברתי כאחד (אך במיוחד בשני) רצוי להבחין בין שני יסודות, המכונים באנגלית toleration ו־tolerance. במרוצת המאה השבע עשרה לא נהגו להבחין בין שני המושגים וכך גם בכמה מילונים בני זמננו, אך בהקשרים

29. יש להדגיש שההשקפה הליברטריאנית רואה בעיה עקרונית בלחץ כשלעצמו, בלי קשר לנושא המקורי שגורר אותו.

מודרניים רבים יש שוני בסיסי בין השניים: tolerance[30] מורה על גישה ומצב רוח, ו־toleration על תוכנית פעולה. הראשון מתאר תכונת נפש ורוח ואילו השני מתאר מדיניות. בפועל אין צורך בחפיפה בין שניהם. מבחינת אישית ואידיאולוגית אדם יכול להיות פתוח ומבין כלפי עמדה שהוא מתנגד לה בתקיפות משיקולים ציבוריים וחינוכיים. מצד שני אדם יכול להרגיש דחייה חזקה כלפי עמדה, אך לשלול פעולה נגדה מסיבות מוסריות או פרגמטיות. אם הייתי נאלץ לבחון את חייו והגותו של הראי"ה קוק כנגד אלו של הגרי"ד סולוביצ'יק, היה אפשר להסיק שגם אם שניהם לא היו עקביים לחלוטין, הרי הרב קוק היה סובלני יותר מבחינה פילוסופית, אך כדמות ציבורית סובלני פחות, ואילו הרב סולוביצ'יק להפך. בבואנו להציע גבולות יש צורך לגעת בשני מרכיבים אלו, שעשויים להיות שונים.

השיקולים הללו יהיו מן הסתם זניחים בעיני הליברל המערבי הטהרן, המוציא מחוץ לתחום כל הגבלה של עולם הרוח, בין דרך דיכוי ממשלתי בין באמצעות לחץ חברתי. לעומת זאת, אני מקווה שהם מתאימים לדרכה של מסורת ישראל. מסורת זו טיפלה בסכנות רוחניות כפי שחברות מודרניות מטפלות בסכנות פיזיות. כיוון שדחתה את הטענה שאוטונומיה רדיקלית היא זכות מוחלטת, היא הציבה את הסובלנות בתווך בין החופש ובין הביטחון. היא הכירה בכך שסובלנות תלויה במידה מרובה בפתיחות, ומידת הפתיחות קשורה בכמה גורמים: רמת השכנוע הפנימי, הנכונות להסתכן מבחינה רוחנית והערכת הסכנה. בהתאם לגישה של "פן יחטיאו אֹתך לי" (שמות כ"ג, לג) הסובלנות מצטמצמת כאשר האמונה והדאגה חזקות, כאשר נראה שהמחויבות של הקהילה עומדת בפני סכנה, גם אם מבחינה פסיכולוגית ומוסרית נעים ואף אנושי להיות סובלני. אך כאשר מלכות שמים מושפעת מכך, ההכרח שלא יגונה (שמילטון כינה "טענת הרודן"[31]) מכתיב התנהגות אחרת.

עם זאת, אנו חייבים להבטיח, גם לעצמנו אבל במיוחד לאחרים, שכאשר אנו מעלים על נס את הצווים "ובערת הרע מקרבך" או "אל תתחבר לרשע", השיקולים האלה הם באמת אלה שעומדים ביסוד השאיפה להגביל, ולא שנאה או קנאה, הרצון לשלוט או השאיפה לכוח. אין תחום שבו יש צורך גדול יותר להפנים ולהגשים את דברי המשנה "וכל מעשיך יהיו לשם שמים".

30. במילון אוקספורד (OED) משתקפת חפיפה מסוימת בין ההגדרות לשני המונחים, בצד הבדלים מסוימים.

31. 'גן העדן האבוד', ספר 4, 393.

ניסוח תגובות בעידן של שוויוניות: מבט־על

נושא הפורום האורתודוקסי, המוקדש השנה ל'ניסוח תגובות בעידן של שוויוניות', עומד בניגוד מובהק לנושאי הכינוסים הקודמים. בעבר נבחרו נושאים שעסקו בתופעות אשר ערכן ומקומן בעולם המסורת היו ברורים ומוסכמים על הכל, אך היה צורך לנתח ולהגדיר את אופיין היהודי המיוחד וכן את היחס ביניהן ליסודות אחרים. למשל, אין מי שמפקפק בחשיבותה של הרוחניות כקטגוריה אוניברסלית או במעמדה בתוך עולם היהדות. בדומה לכך, הכל מבינים שיש להתמודד ולבחון את אופייה של הסובלנות וכן את מגבלותיה. הדיון על הגישה המושגית ללמדנות יהודית, נושא ששייך למעגל פנימי יותר, התמקד בנושא שאיננו רק רלוונטי לחיים היהודיים אלא אף עומד במרכזם. בירור התפיסות והפרמטרים של הסמכות הכרחי לדרך שבה נתפסת כל קהילה דתית. בכל המקרים נמצינו מתמודדים עם בעיות רוחניות ואינטלקטואליות אשר יש להניח מראש שפתרונן חייב להימצא על סדר היום, כאשר שואפים לנסח השקפת עולם רצינית ומקיפה.

אם אינני טועה, אני חש שהשנה מצבנו איננו דומה. הן הכותרת והן החומרים הנלווים שנשלחו אלינו מעניקים את הרושם שאנו מתמודדים עם תופעה – שהיא אידיאולוגיה ותנועה כאחת – אשר מאפילה על כל עולמנו וערכיו, מנוגדת לסדר המסורתי ומעמידה איום פוטנציאלי ליציבותו וחיוניותו, ומשפיעה השפעה חתרנית המכרסמת בתוכן הרעיוני ובמארג המוסדי של הווי היהדות האורתודוקסית.

תרגם מאנגלית: קלמן נוימן

ניתן להבחין בשוני נוסף. הדיונים בפורום בדרך כלל עסקו, כשמם, בהחלפת מידע ורעיונות הקשורים לנושאים מרכזיים, המאורגנים על פי סדר יום שנקבע בצורה חופשית. הכנסת המילה "תגובות" לנושא מקהה במידה מסוימת את הדינמיקה הפנימית ומניחה עמדה מתואמת כנגד גירוי חיצוני כלשהו. העמדה יכולה להיות חיובית או שלילית, מעריכה או מתנגדת; אך מכל מקום היא נכפתה עלינו במידה ידועה. כמו כן, ובנוגע לענייננו אף יותר, התגובה באה לידי ביטוי הן בשיח והן בפעולה. נוכל לעצב תגובה אידיאולוגית ברמה התיאורטית באמצעות שיח אינטלקטואלי מוכר. אלא שנוסף על כך, נרצה להציע ולפתח תגובה מעשית ואולי אף שיטתית מתוך הערכה של השפעת השוויוניות על החיים היהודיים ומתוך שאיפה להשפיע על האינטראקציה ביניהם בעתיד. אפשרויות התגובה מגוונות: התבצרות מאחורי התנשאות נעימת סבר, התנגדות לוחמנית וחריפה, או פתיחות מתוך מוכנות להערכה מחדש ושינוי כיוון. תהיה עמדתנו אשר תהיה, התנגדות עיקשת או התפייסות כלשהי, נמצא את עצמנו נכנסים לשדה מערכה יותר משהיינו רגילים. מסתבר שלצד "הפעולה החופשית של המחשבה" שארנולד העריץ כל כך,[1] נחזה כאן בניסוח מדיניות ועיצוב אסטרטגיה.

נתבקשתי להתמקד בשתי שאלות. הראשונה – "כיצד עלינו להבחין בין תהליכים הלכתיים רגילים המגיבים לגירויים חדשים, ובין קריאות לשינויים של ממש בתורתנו, החתומה בנצחיות ונאצלת ממקור א־לוהי?"

השאלה הזאת ניתנת להבנה בשני מובנים שונים. ייתכן שמדובר בדרישה יצירתית להבחין בין שתי ישויות שאליהן יש להתייחס בצורה שונה, על ידי חידוש קטגוריות שלמות, או בשימוש באבני בוחן רגישות שבכוחן לנתח מצבים הנראים דומים כלפי חוץ, ולגלות ביניהם שוני גדול. חשיבה יצירתית יכולה "להתלבש" על חוסר דמיון שעד כה לא זכה לתשומת לב, לזהות באמצעותו הבדל, ולפעול על פי הכרה זו.

אולם את השאלה ניתן להבין גם בצורה אחרת. ייתכן שהקטגוריות כבר מוגדרות היטב אך יש קושי לקבוע היכן לשבץ מקרה נתון. כאן הנדרש איננו הגדרה מחודשת של הקבוצה אלא בדיקת התוכן וקווי המתאר של המקרה הבודד. במקרה כזה יש צורך בעיקר בהתבוננות מעמיקה כדי להכיר בטיבה של התופעה ולתפוס את תכונותיה החשובות.

מלאכת ההבחנה, על שני סוגיה, היא כמובן פעילות אינטלקטואלית מקובלת, פעילות שיושבי בית המדרש, ולא רק הדוגלים בשיטת בריסק, רגילים אליה. אולם

1. הערת המתרגם: במאמרו המפורסם משנת 1864: "The Function of Criticism at the Present Time".

עקב השוני בין הסוגים עליי להבהיר איזה מהם, אם לא שניהם, כלול במשימה שהוטלה עליי. אינני מתיימר לרדת לעומק כוונתם של מחברי השאלה, אך אני מוכן להסתכן ולהניח שהשאלה כפי שהוצגה נוגעת לסוג השני של ההבחנה. הרי אפשר להניח שהיהודי המחויב למורשתו מבין היטב שעליו לטפל בצורה שונה, מבחינה מחשבתית ומעשית, ביוזמות שכוונתן ליישם את התורה ובאלה שתכליתן לפגוע בחיוניותה. ייתכן שהיהודי הזה איננו מכיר את הניסוח של העיקר התשיעי משלושה עשר עיקרי האמונה של הרמב"ם:

> ויסוד התשיעי הבטול. והוא שזו תורת משה לא תבטל, ולא תבוא תורה מאת ה' זולתה, ולא יתוסף בה ולא יגרע ממנה לא בכתוב ולא בפירוש, אמר "לא תוסף עליו ולא תגרע ממנו". (**פירוש המשניות**, סנהדרין פ"י מ"א)

ואולי אף אינו מכיר את הקטע המקביל במשנה תורה.[2] ייתכן שחשיבה במונחים של עיקרי אמונה לגמרי רחוקה ממנו. אולם למרות בורותו התאולוגית, הוא יודע בתוך תוכו מהו עמוד השדרה של האמונה היהודית.[3] המחויבות לנצחיות התורה היא ליבת האמונה, הן הפשוטה הן המתוחכמת.

כמובן, יש דיון אצל חז"ל אם "יש בכח חכמים לעקור דבר מן התורה". ואולם אין מקום לטעות בהבנת הדבר; אין זכר באף מקום בתלמוד הבבלי או הירושלמי לאפשרות ביטולם של תחומים שלמים בתורה[4] – לא בהיענות לצרכים חברתיים, לא בהתאמת התורה לרוח הזמן, ואפילו לא כדי לעורר חוויה דתית. מבחינה הלכתית גישה כזו אפילו איננה נחשבת ראויה להיקרא הוראה שגויה המחייבת קרבן חטאת:

> אין בית דין חייבין עד שיורו בדבר שאין הצדוקין מודין בו אבל בדבר שהצדוקין מודין בו פטורין. מאי טעמא? זיל קרי בי רב הוא [תרגום: מדוע? משום שדבר זה ידוע לכל תלמיד צעיר]. (הוריות ד ע"א)[5]

2. ראו הלכות תשובה פ"ג ה"ח.
3. ראו **פירוש המשניות**, מהדורת הרב קאפח, הקדמה לפרק חלק (עמ' קמד). דברים מעין אלו כתב הרמב"ם בהלכות מלכים פי"א ה"ג; דבריו הושמטו מדפוסים רבים מחמת הצנזורה אבל חזרו ונדפסו במהדורות עדכניות.
4. ראו יבמות פט ע"ב – צ ע"ב וירושלמי גיטין פ"ד ה"ב.
5. השוו סנהדרין לג ע"ב.

הדיון בעקירת דבר מן התורה עוסק בסמכות מוגבלת שבכוחה לפסוק בפרטי הלכה באופן שמוביל, במקרים מסוימים, למסקנות מעשיות החורגות מהמתחייב מדיני התורה המקוריים. במישור התיאורטי, המצב שונה בקשר לפירושי חז״ל, כל שכן לגבי חוליות מאוחרות יותר בשרשרת המסורה. בתחום זה הרמב״ם סבר ששינוי הנעשה בידי סמכות ראויה הוא אפשרות לגיטימית ומעשית:

> בית דין גדול שדרשו באחת מן המדות כפי מה שנראה בעיניהם שהדין כך ודנו דין, ועמד אחריהם בית דין אחר ונראה לו טעם אחר לסתור אותו, הרי זה סותר ודן כפי מה שנראה בעיניו, שנאמר ״אל השופט אשר יהיה בימים ההם״ אינך חייב ללכת אלא אחר בית דין שבדורך. (הלכות ממרים פ״ב ה״א)[6]

ובכל זאת, היהודי המחויב יודע מתוך אינסטינקט ומתוך תחושה פנימית כמה תקיפה הייתה כנסת ישראל בנאמנותה העיקשת לדברי חז״ל לאורך ההיסטוריה. אם הוא מכיר כלל את הדברים הללו של הרמב״ם, הוא חש בצדק שהזכות לשנות את ההלכה מוקנית לסנהדרין עתידית, ומכאן שהיא עניין לאחרית הימים ואינה מעשית במובן עכשווי כלשהו.

אם כן, נראה כי ההבחנה מן הסוג הראשון די ברורה. ברור ששאלות יעלו בקשר לפרטים, אך המסגרות הכלליות אמורות להיות מובנות מאליהן ואני בספק אם התכנסנו כאן רק כדי למלא את המטלה הזאת. לעומת זאת, הכרת ההבדלים עצמם היא משימה עדינה וחמקמקה יותר. גם אם הפערים הגדולים אינם בבחינת אתגר, ניואנסים זעירים עלולים להערים קשיים. אינני מכיר מבחן אחד מסוים, פשוט או מורכב, שיכול להיות נייר לקמוס ולהעניק לנו הדרכה ראויה בכל המקרים ללא יוצא מן הכלל, ובמידה רבה אינני יכול להעלות על דעתי מבחן כזה. אולם אפשר להצביע על כיוונים כלליים ראשוניים. לשם כך נשווה את הנדון דידן לדילמה דומה.

בעניין הנבואה מתארת התורה עצמה מציאות היפותטית של קושי: ״וכי תאמר בלבבך איכה נדע את הדבר אשר לא דברו ה׳?״ ומיד עוברת לקבוע מבחן ברור: ״אשר ידבר הנביא בשם ה׳ ולא יהיה הדבר ולא יבֹא הוא הדבר אשר לא דברוֹ ה׳״ (דברים י״ח, כא-כב).

6. הרמב״ם אינו מתנה את השינוי בכך שבית הדין יהיה גדול מן הקודם בחוכמה ובמניין (כפי שנהג בהלכה ב). על כן נראה שגם בית דין קטן יכול לעשות זאת כשמדובר בדרשת הכתוב.

המבחן קשור לתוכן הנבואה. הואיל וכך, הוא מועיל רק בחלק מן המקרים, כפי שהעיר כבר רש״י:

> ואם תאמר זו במתנבא על העתידות, הרי שבא ואמר עשו כך וכך ומפי הקדוש ברוך הוא אני אומר, כבר נצטוו שאם בא להדיחך מאחת מכל המצות לא תשמע לו, אלא אם כן מומחה הוא לך שהוא צדיק גמור, כגון אליהו בהר הכרמל שהקריב בבמה בשעת איסור הבמות כדי לגדור את ישראל. הכל לפי צורך השעה וסייג הפרצה, לכך נאמר ״אליו תשמעון״. (שם, כב)

הפתרון שרש״י מציע, הממוקד באישיותו של הנביא, עולה ממסקנת דיון קצר בגמרא:

> היכא דמוחזק שאני. דאי לא תימא הכי, אברהם בהר המוריה היכי שמע ליה יצחק? אליהו בהר הכרמל היכי סמכי עליה ועבדי שחוטי חוץ? אלא היכא דמוחזק שאני. (סנהדרין פט ע״ב)

הגמרא אינה מציינת אילו תכונות הופכות אדם ל״מוחזק״. כפי שראינו, דברי רש״י על הפסוק מציינים ״שהוא צדיק גמור״. הרמב״ן מבקר את דבריו:

> וזה איננו נכון בעיני, שאין ההמחאה שהוא צדיק גמור, אלא שהוא נביא אמת מוחזק לכל במה שהקדים לאמר עתידות ובאו, והוא האות שלו כמו שהזכיר בפרשה הזו, או במופת שעשה בפנינו, וזאת חזקת הנביאים. (שם, כא)

לדעתו, אמיתותן של נבואותיו הקודמות היא גורם מכריע. ואמנם, בפירושו לגמרא רש״י מציין את שתי הדרישות: ״שהוא צדיק ונביא אמת״.[7] לאמור, אדם אשר סומכים עליו עד כדי קבלת הכרעתו לסטות אפילו זמנית מנורמה הלכתית, צריך שיהיה מאופיין כאישיות נעלה מבחינה דתית ומוכר כבעל ניסיון כנביא. הדגשה כפולה זו מתאימה במיוחד לשיטת הרמב״ם שמחזיק בעמדה שנביא איננו רק כלי להעברת מסרים, מתוך קביעה ברורה שעם התנאים המוקדמים לנבואה נמנים: יושר מוסרי, מצוינות אינטלקטואלית ואינטנסיביות ועומק דתיים. נראה אפוא שיש חפיפה בין

7. סנהדרין פט ע״ב ד״ה היכא.

המרכיבים האישיים לפונקציונליים של מי ש"מוחזק נביא". אותות ומופתים אינם מספיקים לקבוע את מעמדו של אדם כנביא או לחייב אחרים להישמע לדבריו:

> ולא כל העושה אות ומופת מאמינים לו שהוא נביא, אלא אדם שהיינו יודעים בו מתחלתו שהוא ראוי לנבואה בחכמתו ובמעשיו שנתעלה בהן על כל בני גילו והיה מהלך בדרכי הנבואה בקדושתה ובפרישותה ואחר כך בא ועשה אות ומופת ואמר שהא-ל שלחו מצוה לשמוע ממנו שנאמר "אליו תשמעון", ואפשר שיעשה אות ומופת ואינו נביא וזה האות יש לו דברים בגו, ואף על פי כן מצוה לשמוע לו הואיל ואדם גדול וחכם וראוי לנבואה [הוא] מעמידים אותו על חזקתו... ובדברים האלו וכיוצא בהן נאמר "הנסתרות לה' א-להינו והנגלות לנו ולבנינו", ונאמר "כי האדם יראה לעינים וה' יראה ללבב". (הלכות יסודי התורה פ"ז ה"ז)[8]

קבלת דברי הנבואה מותנית בהכרה באדם כנביא. עבור הרמב"ם דרישה זו נכונה לגבי כל נבואה אך היא גורלית כפליים אם מדובר במסר נבואי חדשני ואפילו חריג במידה מסוימת ביחס לעמדות המקובלות (בדומה למקרים המצוטטים במסכת סנהדרין).

אם כן, ניתן לדמות מצב זה לשאלה שלנו: "כיצד יש להבחין בין תהליכים הלכתיים רגילים המגיבים לגירויים חדשים ובין קריאה לשינויים מרחיקי לכת?" התשובה: בשתי דרכים.

במישור אחד אנו בוחנים את התוכן של החידוש המוצע. עולם ההלכה לא נולד אתמול. יש לו היסטוריה ממושכת, ובמשך הזמן עוצבה המתודולוגיה ההלכתית, נקבעו עקרונות הפרשנות, הובהרו כללי הראיות, והוגדר הקורפוס של המקורות הרלוונטיים והמדרג שלהם. חלק מעקרונות אלה נוסחו בצורה פורמלית, כדוגמת רשימת שלוש עשרה מידות שהתורה נדרשת בהן המופיעה בתורת כהנים, או שלושים ושתיים המידות של רבי אליעזר בן רבי יוסי הגלילי. יסודות אחרים, מגובשים פחות מטבעם, התפתחו בצורה גמישה יותר, אך גם הם תחומים בגבולות מסוימים. הידיעה היכן עובר הגבול והרגישות לחצייתו נקנות גם הן דרך ניסוחים תיאורטיים וניתוח אנליטי, אך הפנמתן מושגת בעיקר מכוח התמסרות מעריצה למסורת, אם באמצעות יחס קיומי לתורותיה הכתובות, או ביתר שאת בחשיפה בלתי אמצעית לענקי התורה של התקופה. הקביעה "גדולה שימושה יותר מלימודה" (ברכות ז ע"ב)[9] איננה

8. והשוו פ"ח (לאורכו) ופ"י ה"א-ה"ג.
9. והשוו **תוספות**, כתובות יז ע"א ד"ה מבטלין.

מצטמצמת לתחום פסיקת ההלכה. עם זאת, היא בהחלט חיונית באותו תחום רגיש, והיא נוגעת להערכת פסקי הלכה לא פחות מאשר לעצם קביעתם.

המבחן השני עוסק בדמותו של הפוסק, הן כלמדן והן כאישיות רוחנית. ללא ספק, כמה מפסקיהם של הרב משה פיינשטיין או הרב שלמה זלמן אוירבך זצ״ל (אשר לא כולם נדפסו) היו גורמים להרמת גבה ואולי אף למחאה לו נאמרו מפי רב פלוני או פוסק אלמוני. האם יש בכך יחס מפלה? בניתוח שטחי אולי כן. במובן העמוק – לא ולא. בנוגע לענקים כאלה, ידוע שכל הכרעה שלהם נבעה משליטה בכל מכמני ההלכה, השקועה בעצמותיהם לא פחות מאשר במוחם. שליטה זו מעוגנת בהבנה אינטואיטיבית ומעודנת של התהליך ההלכתי ושל הדרך שבה הוא מאזן בין הוראות הדין לצרכי אנוש. בראש ובראשונה, יש לנו ביטחון שפסק ההלכה נובע מאדם בעל אמונה עמוקה ושכנוע מתמיד באמת המוחלטת של התורה. מדובר באדם בעל תחושת אחריות עליונה כלפי המסורת ההלכתית וכתביה, המפרש ומיישם את ההלכה בהקשר של ״קבלת עול מלכות שמים״ ו״קבלת עול מצוות״ בהכנעה גמורה. כאשר יש ביטחון מלא בצורה וברצון המניע של יוזמה חדשנית, ניתן לומר ללא חשש ״אליו תשמעון״.

בלי להיגרר להשמצות אישיות, אלו הדורשים בקול רם ״שינוי ישיר״ של נורמות הלכתיות בסיסיות אינם עומדים במבחן כפול זה. לעתים קרובות נראה שדרישותיהם אינן נובעות מתוך המסורת ותהליכיה אלא מנוגדות להם. לפעמים הן באות בשם תפיסה של התגלות מתמדת, מתוך לחץ מפורש להבנות את כל המערכת ההלכתית בצורה חדשה לחלוטין, ולא רק לבטל הוראות מסוימות. יתר על כן, ספקות בעניין המניע של הקריאות הללו אינם מאפשרים להרגיע את הרושם המדאיג. נכון הוא שהקריאות לשינוי באות לעתים מאנשים המחויבים באופן בסיסי לאמיתה של תורה ואין לי כל רצון לערער על כנותם. אולם פעמים רבות הם ניזונים משיקולים חיצוניים ומתחושת הצורך להתאים את עצמם לאופנות פילוסופיות עכשוויות, גם אם ייתכן שצורך זה הוא מוסרי ודתי יותר מאשר חברתי. לכל הפחות, המשקיף נותר בתחושת אי־נוחות סביב הבסיס האידיאולוגי והערכי של האיזון בין הנצחי לזמני. אכן ״מוחזק שאני״ – ״שהוא צדיק ונביא אמת״.

בנקודה זו, זכותו של הקורא לשאול – מדוע מתקשר הדיון הזה לשוויוניות דווקא? לכאורה, צורת הערכה זו מתאימה לכל תופעה בעייתית. ואכן, אני עצמי נבוך מעט. המבחנים שהצעתי למיון תגובות שונות בעידן שוויוני – האם אין הם ישימים באותה מידה גם בעידן אגנוסטי או הדוניסטי? אולי מה שבעצם מצופה ממני הוא לא להציע קנה מידה להבחנה בין תגובות של אחרים, אלא להציג תגובה משלי לתפיסה השוויונית. תגובה זו אמורה לאמץ בצורה כלשהי חלק מדרישותיה, דרך התהליך

ההלכתי הרגיל, מתוך הימנעות מפגיעה בעקרונות הדת. אך בכל זאת, השאלה נשארת. האין זה נכון שהיה אפשר לעשות שימוש באותם קריטריונים – יישור קו עם מתודולוגיה מוסכמת, התאמה למקורות הסמכותיים, ודאגה לערכים נוסף על הנורמות – כדי לכוון את תגובת המסורת היהודית להדוניזם? ייתכן. אך נדמה לי שאנו מתמודדים עם השאלה כפי שהוצגה, משום שאנו, ככלל, חשים משיכה מסוימת לגישה השוויונית, הן ברמה הפילוסופית והן מבחינה מעשית, ולעומת זאת נהנתנות מופקרת איננה מעוררת בנו שום אהדה. אנו מוכנים להשאיר את גישת "אָכוֹל וְשָׁתוֹ" (carpe diem) לעולם הלטיני, ואילו במגילת זכויות האדם אנו רואים ערך מוסרי אוניברסלי. מכאן שיש חשיבות ניכרת להפרדת המוץ מהתבואה בתחום הזה, וייתכן אף למצוא בו סולת הראויה לעלות למנחה על גבי המזבח. שומה עלינו להגדיר, ולו בקיצור, את יחסנו לגישה השוויונית בת זמננו, מבחינת עיקרי עמדותינו והשקפתנו.

כפי שאני רואה זאת, ניתן לאפיין את המחשבה השוויונית על פי שלושה מוקדים ראשיים, אף שלא תמיד הם מופיעים יחד. הראשון והבסיסי ביותר הוא האחידות המטפיזית של האדם באשר הוא. עבור בעלי השקפה חילונית, עמדה זו היא כמעט מובנת מאליה והיא נובעת מהשקפת עולמם הכוללת.

החילוניות מעצם טיבה מוחקת הבדלים. מבחינה מטפיזית היא מתייחסת בהכרח לכל המקומות, לכל הזמנים, לכל החפצים ולכל האנשים כשותפי זהות, מאחר שאין שום בסיס בשורש הדברים להבחנה רדיקלית ביניהם. הבדלים יכולים להיות רק מלאכותיים ותפקודיים, ומשמעותם שולית לגמרי. לעומת זאת, עבור אדם דתי בעל תפיסה שוויונית, האחידות איננה מתחייבת באופן עקרוני, אך היא מתקבלת כעיקר אמונה, אמונה באחווה אוניברסלית של המין האנושי החוסה תחת אבהות הקב"ה שאינו מפלה בין בניו.

הנושא השני בגישה השוויונית, הנפוץ פחות, והמוכר מהקשרים אחרים, הוא יחסיות מוסרית. בניסוח קיצוני, מדובר בשלילת כל ערך מוסרי מוחלט. בגרסה מתונה יותר, נשלל מושג המוסר הטבעי המחייב, ומעמדן של נורמות עובר פיחות לכדי מוסכמות חברתיות בעלמא. לכל היותר, ייוותרו כמה מידות נעלות וכלליות כמו אהבה או צדק, כערכים מוחלטים.

העיקרון השלישי, הקשור לקודם, הוא העמידה על ערך האוטונומיה האישית והכתרת הפרט כמכריע העיקרי, אם לא היחיד, בין טוב לרע.

כל העמדות הפילוסופיות הבסיסיות הללו פועלות נגד הענקת מעמד עדיף לאדם מסוים, או לאתוס כלשהו במישור החברתי והפוליטי. על עמודי התווך האלה עומדת אידיאולוגיה ההופכת בפועל ללחץ לשינויים חברתיים ופוליטיים כדי ליישמה.

השינויים הללו אינם מקשה אחת. אפשר להבחין ביניהם ולראות בכמה מהם יוזמות עצמאיות, הנולדות כל אחת מתוך דחף מקומי. אולם ליוזמות האלו יש מסגרת רעיונית שיטתית וכוללת התומכת בהן. הדבקים באידיאולוגיה זו מתייחסים לעצם קיומה של כל אפליה כאל תועבה רוחנית מבישה ללא קשר לתועלת הצומחת ממנה. וזאת, מלבד חששם מפני ההשלכות המעשיות של מה שהם רואים כחוסר שוויון, וחתירתם לחלוקת זכויות אוניברסלית.

הקשר בין ההנחות הללו ובין השוויוניות איננו מוחלט, חד־משמעי ובלתי הפיך. ניתן לדמיין שיטה המייצגת אמת א־לוהית מוחלטת שהיא שוויונית באופייה ותכניה. אולם הסגנון השוויוני הנפוץ כעת מבוסס על היסודות שתיארתי לעיל. אם נשאל את עצמנו היכן עומדת היהדות ביחס אליהן, תשובתנו מובנת מאליה. ההכרה בייחוד האדם היא מרכזית בהומניזם הדתי שבו אנו דוגלים, אך גם ההכרה בשוני מטפיזי תופסת מקום כזה. השוני משתקף במושג הקדושה, קדושה של מקום, של זמן, של חפצים, ומעל לכל – של כנסת ישראל. קדושת ישראל מבוססת על נבחרותו, שהיא צירוף של זכות ואחריות המונחות בתשתית ייחודו. מבחינתנו קדושה זו היא בהחלט ממד מטפיזי. גם אם נדחה כמה מדרשים, ונצדד בעמדה שבחירת ישראל לא הייתה חלק מתוכנית א־לוהית קדומה אלא פרי התפתחות היסטורית, הרי בדיעבד שינתה הבחירה את המציאות ויצרה מדרגה ייחודית של מעמד מטפיזי עצמי. יתר על כן, גם בתוך כנסת ישראל פנימה קיימות רמות קדושה נוספות – שבט לוי בכלל והכהנים בפרט זכו לנבחרות נעלה יותר. קטגוריות אלו הן חלק מן המערכת ההלכתית, גם אם למען מטרות מסוימות זכות אישית יכולה להתגבר עליהן, בהתאם לקביעה "ממזר תלמיד חכם קודם לכהן גדול עם הארץ" (הוריות יג ע"א).

ההנחות הנוגעות לרלטיביזם מוסרי ודתי ולעליונות של האוטונומיה האישית נסבלות עוד פחות, אם בכלל. צווים מוחלטים הם עצם מעצמיה של התורה, ומעמדנו כיצורים רוחניים מצווים הוא סלע הקיום של יחסינו עם ריבונו של עולם. לפיכך, אין מנוס מלהכיר בבירור ולקבוע בכנות שכמערכת, האידיאולוגיה השוויונית היא עבורנו לא־קבילה לחלוטין; ללא קשר להשקפתנו לגבי יוזמות מסוימות, איננו יכולים לשאת את המסגרת הפילוסופית שלה. למעשה, ייתכן שבעתיד יהיה אפשר לקבל שינויים קלים לכיוון הקלה או החמרה, אם הם אפשריים מבחינת ההלכה ורצויים מבחינה ערכית. ייתכן שתיערך בחינה מחודשת של הגבולות שעולם התורה רואה אותם, הן מצד ההשקפה והן הלכה למעשה, כקבילים ואולי אף כרצויים, מאחר שמשמעותן של דרכי פעולה מסוימות והיחס שלנו כלפיהן עשויים להשתנות בעקבות ההקשר. אולם מבחינה אידיאולוגית איננו יכולים להכיל את ההנחות של השוויוניות. עלינו

לעמת אותה עם האמת שלנו ולא להתחשב במה שכרגע תקין פוליטית. נוכל לציין, ואף להדגיש, את הקרבה שאנו חשים כלפי יסודות אוניברסליים וערכים שוויוניים מסוימים, כאשר יש מקום לכך. כמו כן, עלינו להסביר את אופייה של בחירת ישראל ואת מה שהיא דורשת מאתנו. אך אין לנו זכות, רצון, ואף לא יכולת להעלים אמונות בסיסיות. ההלכה איננה רואה כל חוסר שוויון כחוסר יושר.[10] נראה לי שבכך תיארתי באופן די מדויק את עמדתנו וגישתנו.

בה בעת, הייתי מציע שאולי התיאור חד־צדדי מדי. ללא ספק התפיסה השוויונית הכוללת והרדיקלית, שנעשתה, לבד מאידיאולוגיה, גם לסגנון חיים, היא פילוסופיה וגישה מוסרית שאנו דוחים מכל וכל. היא פוגעת בלוז האמונות המרכזיות בדבר המצוי והרצוי בחיי התורה של הפרט ובמדיניות הקהילה היהודית. עם זאת, הרעיון של ״אני בריה וחברי בריה״ מהדהד לחיוב כחלק מן העולם הרוחני שלנו. אנו חשים הזדהות עם הרעיון הזה לא רק משום שיש לנו רגישות אנושית ל״דמעת העֲשֻקים ואין להם מנחם״ (קהלת ד׳, א), לצעקת המקופחים המופלים לרעה ונעדרי הזכויות. אנו מרגישים כך גם משום שבמישור כלשהו, התקווה לאחווה אנושית של בניו של הקב״ה מרעידה את נימי רגישותנו הדתית, ולא רק את מודעותנו המוסרית. על כן, במקום לדחות כלאחר יד את הדחף לשוויוניות, עלינו להעריך את מקומו בהשקפתנו הכוללת, מתוך איזון בין האוניברסלי לפרטי, בין תפיסה היררכית ובין הנטייה להשוואת מעמדות.

ובכל זאת, עמדתנו הבסיסית צריכה להיות בהירה, לעצמנו ולשומעי דברינו. בדיונים בנושא אפשר לשמוע לעתים רמזים לעמדה המציבה את השוויוניות כתוצאה סופית רצויה, וכשהיא עומדת בפני חוסר התאמה או עקביות עם הנתונים ההלכתיים, היא מנסה להמציא חידושים או אלתורים שיוכלו לאפשר את יישומה

10. ניתן להוסיף לשלושת הנושאים שהוזכרו את השאיפה לשוויון במערכות יחסים. דבר זה עלה במיוחד בהקשר של פמיניזם ונישואין. נושא זה חשוב, אך כאן חמקתי ממנו בדרך כלל. הסיבה לכך היא שאני מאמין שפמיניזם שונה שינוי מהותי מהגילויים האחרים של השוויוניות שציינתי. מבחינה מושגית, הטיעונים שלו הם רדיקליים פחות ומוגבלים יותר. מבחינה מעשית, למרות כמה עימותים עם הסדר החברתי בכלל ועם עולם ההלכה בפרט, הרי מבחינת האתגר שהוא מציב למסורת הוא איננו דומה כלל לנישואי תערובת או להפלות, ועל כן הוא ראוי לדיון נפרד. האתגר והתגובה לו אינם נוגעים לשאלות של דרגות קדושה או אוטונומיה אישית, אף שאני מודה שקיימים קשרים מושגיים אחדים, לצד מספר שיתופי פעולה מעשיים. אני נוטה לחשוב שהקישור הזה חזק יותר בהקשר החברתי הכללי מאשר בציבוריות היהודית. אני מודה שהערכה זו – ובאשר למצב בארצות הברית אני בסך הכל משקיף חיצוני – ניתנת לערעור. מכל מקום, העיסוק הרחב שהנושא מחייב הוא מחוץ למסגרת שאני דן בה כאן.

במגבלות שהתורה מציבה. ייתכן שיש תחומים הלכתיים – כמו המציאות הטרגית של ממזרות – שפוסקי הלכה מנסים להגביל או אף לעקוף, אך השוויוניות איננה ביניהם. היחס שלנו לשאלותיה המרכזיות אינו צריך להיות נגוע באפולוגטיקה.

בתחום אחד יש להודות שדחיית האידיאולוגיה השוויונית מתוקף השקפתנו העקרונית חושפת אותנו מבחינה מוסרית ופוליטית לאישום בחוסר עקביות אנוכי. מאז האמנציפציה לחצו יהודי המערב באופן מסורתי לקבל את מלוא הזכויות האזרחיות והפוליטיות. הדחף לשוויון והתיאוריה שעמו הם שהזינו דרישה זו במידה מרובה, ולכן יש מי שסבור שאין זה מן היושר שיהודים יימנעו מלדרוש את הרחבת תחומי השוויון עבור אחרים. טיעון זה נשמע מושך, אך הוא מטעה. למרות הטיעונים של תומכיו, שהם לעתים תוקפניים, אין הכרח ששוויון יהיה טוטלי או מקיף. דחיית קנה מידה אחד איננה מחייבת את נטישת כולם. כידוע, המידה שבה נכון לתרגם סטנדרטים מוסריים לנורמות משפטיות נדונה הרבה. אך אי אפשר להכריע את הדיון על ידי הנחת גזרה שווה בין הזכות להצביע או ללמוד באוניברסיטה ובין הזכות להפיל עובר. כמו כן, קרבתם של יהודים לתנועה לזכויות האזרח איננה מחייבת השלמה עם השבר בזהות היהודית שנקשר לעתים קרובות עם נישואי תערובת.

הקושי מחמיר כשאנו משווים את המציאות בארצות הברית לזו שבישראל. עלולים לשאול אותנו: כיצד היינו מתייחסים לגרסה אמריקאית של חוק השבות, שהייתה מאפשרת כניסה של נוצרים ללא הגבלה אך מציבה הגבלות בפני יהודים, מוסלמים או אתאיסטים? התשובה מובנת מאליה, ובזאת אנו נזכרים בדבריו הסרקסטיים של ההיסטוריון האנגלי מקולי (Macaulay) על אודות אדם מסוים שתבע מאחרים להתנהג כלפיו בסובלנות אך נמנע מלהעניק להם יחס דומה משום שהוא צודק והם טועים.

ייתכן שיהיו כאלה שיציעו לגשר על חוסר העקביות אם יהודי הגולה יוותרו על מימוש חלק מזכויותיהם, אך זו אפשרות רחוקה ביותר, וראוי לעבור לשיקולים מעשיים יותר. הטיעון המקובל על אודות המשקל שיש לייחס להגדרה עצמית הוא כנראה הרלוונטי ביותר. ארצות הברית, על אף היותה נוצרית ברובה מבחינה חברתית, איננה כך באופן פורמלי. לעומת זאת, מדינת ישראל נהגתה ונוסדה כמדינה יהודית. אם ניישם את העיקרון הזה לגבי חוק השבות, הרי כל יהודי, אף שאיננו אזרח של מדינת ישראל, הוא חבר בכנסת ישראל, ובזכות המעמד הזה הוא מתקבל בבית הלאומי של העם היהודי. מקרה זה דומה לזה של אמריקאי המהגר מארצו וחוזר אליה בלי להזדקק ל'גרין קארד'. אכן, על פי גישה זו, איננו אמורים להתנגד לחוק הגירה אינדונזי המוטה לטובת מוסלמים.

טיעון זה תקף ובכוחו לדחות התנגדויות רבות, אבל אני בספק אם הוא נותן מענה לכולן. עלינו להכיר בכך שבהחלט ייתכן שהעמדת האינטרסים היהודיים בגולה כנגד דבקות ברעיון הבחירה וזהות אתנית בישראל עשויה להביא למידה של חוסר התאמה שעלינו להיות רגישים כלפיה.

על השאלה הראשונה ששאלונו מארגני הפורום ענינו מתוך שימת לב למיזוג היבטים תיאורטיים ומעשיים. עירוב זה בולט אף יותר בנוגע לשאלה השנייה: "כיצד עלינו להגיב לשינויים בחברה הנובעים מצירוף שיקולים חיוביים ושליליים – כיבוד שוויוני של כל אדם הנברא בצלם, וגם סובלנות כלפי התנהגות מינית החורגת מנורמות הלכתיות?"

תשובה רצינית לשאלה הזו צריכה להביא בחשבון שני סוגי שיקולים. ראשית, ישנן שאלות עקרוניות: באיזו מידה אנו מחויבים או אף רשאים, מבחינה הלכתית ומבחינה מוסרית, להביע עמדה כלשהי – על הרצף שבין סלידה לתמיכה – לגבי שינויים כאלה? נוסף על כך, יש שיקולים תלויי אינטרסים – לא חומריים ואישיים אלא רוחניים וקהילתיים. כיצד ישפיעו עמדה מסוימת או היעדרה על האקלים המוסרי בסביבה שלנו – על מוסדותינו, על הנוער שלנו, ועלינו עצמנו? וכמובן, צריך להתמודד עם השאלות הללו מתוך התחשבות בדילמה כללית יותר – שאלת האיזון בין עקרונות ואינטרסים. באיזו מידה יש לנו זכות או חובה לחדד או לעמעם את תגובתנו האופטימלית, מחשש לתגובות הצפויות? אינני תמים כל כך עד שאדחה את השיקול הזה לחלוטין, אך יש צורך במחשבה זהירה בקביעת המשקל שראוי לייחס לו.

במידה מסוימת ההתלבטויות היו מנת חלקנו גם אם היינו דנים בשינויים הבנויים על רצונות חיוביים לגמרי או שליליים לגמרי. גם בנוגע אליהם, היינו צריכים לשקול, חוץ מתוכן התגובה, אם להגיב כלל, ואם כן, באיזו צורה.

אפשר למנות לפחות שלושה ערוצי תגובה. ראשית, במישור הנפשי והרגשי, גם כשאיננו מתגייסים בעד או נגד תופעה כלשהי, ייתכן שברמה האישית והאינטימית אנו מגיבים כלפיה ברתיעה או בהתלהבות. שנית, אנו עשויים לקדם את התופעה בהתבטאות מילולית ובטיעונים נכוחים, מתוך הבעת עידוד או התנגדות של היחיד או של הציבור. שלישית, יש אפשרות של התמודדות פעילה המבקשת לכוון את האירועים במישור החברתי והפוליטי, אם על ידי יוזמות מצד המגזר הפרטי ואם בקידום מעורבות ממשלתית בהנעת שינוי מסוים או בבלימתו. כל זה כאמור כשמדובר בשינויים שברור שהם חיוביים או שליליים. ללא ספק, המצב מורכב הרבה יותר כשאנו מתמודדים עם דחף מעורב. אנסה להביא זאת בחשבון במסגרת המענה לשאלה.

האם כאשר אנו עומדים נוכח תפיסה שוויונית המחוברת לעמדה מוסרית לא־שיפוטית עלינו להגיב? התשובה תלויה בשאלה כמה אכפת לנו, ועל פי אילו סדרי עדיפויות אנו מנתבים את האנרגיות והמשאבים שלנו. אני מקווה שמוסכם שראוי שיהיה אכפת לנו, לכל הפחות ברמה של תגובה אישית; וזאת, לא רק עקב האפשרות שהקהל שלנו יושפע, אלא מחשש להשחתה אפשרית של החברה כולה. הניתוק של חלקים גדולים של עולם התורה מדאגה לחברה הסובבת הוא אסון חינוכי. למשל, מתן הכשר למדיניות של הפלה על פי דרישה הוא תועבה מוסרית ללא קשר למוצאו של העובר. ומן הכיוון ההפוך – הרבה יש לנו ללמוד מהרבי מליובביץ׳ המנוח שנחלץ לפעילות ציבורית בעד תפילה כלשהי שתיאמר בבתי הספר הציבוריים.

אין ספק שהדאגה תגבר אם עצמנו ובשרנו יהיו מעורבים. המתרחש בישראל יהיה חשוב לנו יותר ממה שמתרחש במקומות אחרים, וקהילות יהודיות בעולם נוגעות אלינו יותר מאלה שבסביבתן. איננו אוניברסליים עד כדי התעלמות מקשרים לאומיים; ההיסטוריה המודרנית לימדה אותנו שקשר אתני מוליד דאגה רבה יותר מאמירות מופשטות על אודות אחווה גלובלית. עם זאת אדישות איננה באה בחשבון.

אכפתיות מבחינה מוסרית גוררת שיפוטיות. אינני בטוח כלל ועיקר שהתומכים בעמדה לא־שיפוטית נאמנים לעקרונות שלהם עצמם. הם נוטים להיות חסרי סובלנות כלפי חוסר סובלנות משום שיש בכך פגיעה במה שנחשב אצלם ערך. אם הם אינם שיפוטיים באשר להומוסקסואליות או הפלות, הרי זה משום שהם סבורים שהתופעות הן ניטרליות מבחינה מוסרית. לעומתם, היהדות איננה מטיפה לשמירת מרחק מוסרית בשום אופן. כבר הערנו שבהיותה מערכת המושרשת בהלכה ובמוסר הכללי, היא דוחה את היחסיות שעליה מושתת חלק גדול מן ההתנערות משיפוט. ברור מכאן שהיא מעודדת את היהודי והיהודייה לאמץ עמדה כלפי התפתחויות בעולם הסובב.

יש אפוא מקום לתגובה ברמת היחס. אפשר לשאול אם יחס כלפי תופעה מסוימת צריך לגרור שיפוט אישי לגבי יחידים או לגבי ציבור. מצד אחד אנו מצווים ״בצדק תשפֹט עמיתך״ (ויקרא י״ט, טו). הספרא שמצטט רש״י (ד״ה בצדק) מציב שתי פרשנויות של הציווי, אחת המכוונת לשופטים והשנייה לאדם הפשוט:

> שלא יהיה אחד מדבר כל צורכו, ואחד אתה אומר לו קצר בדבריך, שלא יהיה אחד עומד ואחד יושב, דבר אחר ״בצדק תשפט עמיתך״ – הוי דן את כל האדם לכף זכות. (ספרא פרשת קדושים פרשתא ב)

אין הכרח להבין את הציווי השני, המתואר במשנה תוקף בסוגיה במסכת שבת ובאבות דרבי נתן, ומודגש גם בשאילתות דרב אחאי גאון,[11] ביחס להתבטאות מילולית כלפי האחר. ייתכן שהיא כוללת גם הערכה אישית שאינה נאמרת. מצד שני, היא מאפשרת את עצם השיפוטיות, ובו בזמן היא מגדירה את אופייה ונקודת המבט שלה. לעומת זאת, דבריו הידועים של הלל "ואל תדין את חברך עד שתגיע למקומו" (אבות פ"ב מ"ד) לכאורה שוללים את השיפוטיות מכל וכל. אך ברור שגם דבריו אינם תומכים בקבלת נורמות זרות. הם קוראים לאמפתיה וענווה כאשר מעריכים ומפרשים את האופנים והסיבות לסטייה מנורמות ההתנהגות הרצויות.

כולנו מכירים את חילופי הדברים בין ברוריה לרבי מאיר:

> הנהו בריוני דהוו בשבבותיה דר"מ והוו קא מצערו ליה טובא. הוה קא בעי ר' מאיר רחמי עלויהו כי היכי דלימותו. אמרה ליה ברוריא דביתהו: מאי דעתך, משום דכתיב "יתמו חטאים" (תהלים ק"ה, לה); מי כתיב "חוטאים"? "חטאים" כתיב. (ברכות י ע"א)

> [תרגום: אותם בריונים שהיו בשכונתו של רבי מאיר והיו מצערים אותו הרבה. התפלל רבי מאיר עליהם שימותו. אמרה לו ברוריה אשתו: למה, משום שנאמר "יתמו חטאים"; כלום נאמר "חוטאים"? "חטאים" נאמר.][12]

אני מניח שרובנו נוטים לקבל את עמדתה הרכה יותר של ברוריה, הנמנעת מביקורת אישית גם על שינויים שנמצא בהם דופי. אך גם גישה זו רחוקה ממה שיוזמי השינויים מבקשים.

כשמדובר בתוכן התגובה, יש צורך להקדיש תשומת לב למקורות השינויים הנדונים המעורבים ממניעים שונים. בהקשר הזה אנו פוגשים תכונה האופיינית במידה רבה לתרבות המודרנית. כבר היו מי שהעירו שבספרות של ימי הביניים ושל הרנסנס היה קל להבחין בין צדיק לרשע, ואילו התמונה בעולם המודרני ברורה פחות. שייקספיר זכה לשבחים על המורכבות היצירתית, שבאמצעותה קיבלה דמות

11. שבת קכז ע"א-ע"ב; אבות דרבי נתן, מהדורת שכטר, נו"א, פרק ח; **שאילתות דרב אחאי גאון**, שאילתא מ.

12. כמובן, ברמת הפשט המילה "חַטָּאִים" בטי"ת דגושה היא שם המגדיר את האדם, וכוונתו לחוטאים. הדרשה מסתמכת על השימוש בצורה הדקדוקית הלא־רגילה, הנשמעת כהתייחסות למעשים הרעים, בניגוד לעושיהם.

שלילית כמו איאגו פנים אנושיות לא פחות מאלה שקיבלה דמות חיובית כמו דסדמונה (במחזה 'אותלו'). ואולם אפילו אצלו קשה למצוא דמות מורכבת כמו הכומר השיכור או רסקולניקוב. התערובת הרוחנית של אור וחושך מעמידה אותנו בפני אתגר. המחשה לכך היא השאלה המיוחסת לחזון איש: כיצד ייתכן דו־שיח משמעותי בין קהל חילוני לקהל דתי, כאשר אותו מעשה נחשב אצל האחד ביטוי לאהבה ואצל השני איסור כרת?

ובכל זאת, במישור המושגי האתגר אינו אמור להיות מעבר ליכולתנו. אם נימנע מהכשל הגנטי, נוכל להעריך את המניע גם אם נבקר את התוצאות, ברוח דברי המלאך ב'ספר הכוזרי', "כוונתך רצויה בעיני הא־לוה אבל מעשך אינו רצוי".[13] יתר על כן, נוכל להבחין בין סוגים שונים של מניעים. תקדים לכך אפשר למצוא בדברים מפתיעים המופיעים בגמרא:

> ואמר ר' חייא בר אבא אמר ר' יהושע בן קרחה: לעולם יקדים אדם לדבר מצוה, שבשביל לילה אחת שקדמתה בכירה לצעירה קדמתה ארבע דורות לישראל: עובד, ישי, ודוד ושלמה, ואילו צעירה עד רחבעם, דכתיב "ושם אמו נעמה העמונית" (מלכים א י"ד, כא). (בבא קמא לח ע"ב; נזיר כג ע"ב; הוריות י ע"ב)

הדברים קשורים כמובן לסיפור לוט ובנותיו. במקום אחר[14] דנה הגמרא אם קשר זה היה אסור עבור בני נח, שמוזהרים על גילוי עריות, והרמב"ם והמאירי נחלקו לגבי פסק ההלכה.[15] אולם די ברור שסיפור על רמאות מינית הוא מגונה. כמה שורות קודם לכן, אותו רבי חייא בר אבא עורך ניגוד בין צניעותה היחסית של האחות הצעירה, אשר הסתירה את שם אבי בנה, לבין מעשי אחותה הגדולה, הזוכה במקביל לנזיפתו של רש"י "שפתחה בזנות".[16] והנה למרות זאת, חז"ל יכלו להעריך את הצד החיובי

13. **ספר הכוזרי** לר' יהודה הלוי, מהדורת אבן שמואל, מאמר א. כפי שמשתקף בשורות הסיום, חלק ממגמת הספר היא החתירה נגד התזה הזאת, על ידי הדגשת הצורך בצירוף הכוונה למעשה.
14. סנהדרין נח ע"ב.
15. רמב"ם, הלכות איסורי ביאה פי"ד ה"י ו**בית הבחירה**, סנהדרין נח ע"ב.
16. ראו דברי הגמרא שלעיל וכן רש"י לבראשית י"ט, לג. הרמב"ן מאמץ ראייה חיובית יותר על המוטיבציה שלהן, ואפילו על עצם היוזמה, מתוך התמקדות בגעגועיהן לילדים (וכנראה בהשפעת המדרש): "וטעם ונחיה מאבינו זרע... אולי כי אמרו נעשה אנחנו המעשה הראוי לנו, כי ירחם הא־להים ונוליד זכר ונקבה ויתקיים העולם מהם, כי עולם חסד יבנה (תהילים פ"ט, ג), ולא לחנם הצילנו ה'. והנה היו צנועות ולא רצו לאמר לאביהם שישא אותן, כי בן נח מותר בבתו (סנהדרין נח ע"ב). או שהיה הדבר מכוער מאד בעיני הדורות ההם ולא נעשה כן מעולם".

שבמעשה ולתאר אותו כ"דבר מצוה", מתוך ההנחה שהמוטיבציה למעשה, לפחות בחלקה, הייתה ראויה להערכה, עקב ההתמסרות לבניית עולם הרוס מחדש, לצד המרכיב האנוכי שבוודאי גם הוא היה קיים.

ואולם גם אם עוסקים רק במישור ההתייחסות הנפשית, יש ליישם את ההבחנה בין כוונה טובה למעשה אסור בזהירות רבה. השאלה תלויה במידת מה במשקל היחסי של המרכיבים החיוביים והשליליים. אין לי קושי רב להפעיל אותה במקרה שהזכיר החזון איש, של זוג נשוי שאיננו שומר את דיני טהרת המשפחה. אולם אינני מעוניין ואינני יכול להגיב באופן דומה לאהבה רומנטית המובילה לנישואי תערובת. חומרת העבירה, הן כהפרה של נורמה הלכתית בסיסית והן כבגידה כללית, בבחינת "בה' בגדו כי בנים זרים ילדו" (הושע ה', ז), גדולה כל כך עד שהיא מאפילה על כל שיקול אחר. אך יש תמיד לזכור את עצם העיקרון של ההבחנה הערכית.

הבחנה אחרונה זו נוגעת לשאלה המסוימת העומדת לפניי. "שינויים בחברה" הם משני סוגים, שונים הגם שהם קשורים – האחד סוציולוגי והשני אידיאולוגי. הם נבדלים לא רק בתוכן, אלא גם במניע. בפועל, ניתן לבצע הפלה משיקולי נוחות או מתוך מצוקה. לעומת זאת, הדרישה העקרונית להכרה בזכות להפיל עובר ניזונת מן הסתם מהנחות פילוסופיות בדבר האוטונומיה האישית. הומוסקסואל פועל מתוך דחף פסיכו־פיזיולוגי, אך התומכים בזכויותיו פועלים על פי מצע חברתי־תרבותי. כמו כן, המשקל הסגולי של התהליכים הסוציולוגיים עצמם מגוון מאוד. לא ייתכן להעניק יחס שווה לנישואי תערובת ולהומוסקסואליות. כשאנו באים לבור את התבן מן הבר, עלינו לשים לב מהו היבול המזדמן לידינו, ועל פי זה לכוון את דרכנו.

כל זה נוגע לתגובה בהתייחסות הנפשית. כשבאים לדון בתגובה בדיבור או במעשה, יש להוסיף לכך שיקולים פרגמטיים. אלה מתמקדים בתוצאות – ההשפעות שיתלוו להשלמה, להסכמה או לגינוי, או לכל צירוף אפשרי של השלושה. הכרעות באשר לתגובות כאלה יחייבו לשקול מגוון שיקולים פרטניים, אך צריך שהכיוון הכללי של תכנון התגובה יהיה ברור. אנו מודרכים בידי שני שיקולים ראשיים: מחויבות לעבודת ה' ולקידומה ורגישות לאישיות האנושית ולרווחתה. הצורך להעריך כיצד לקדם כל אחד מאלה, ביחד ולחוד, ואיך ליצור איזון ביניהם כשהם לכאורה מתעמתים, הוא הראשית והאחרית של כל אסטרטגיה משמעותית ויעילה בתחום הרוח. כך בייעוץ אישי, במעשה חינוכי, ביוזמה מוסדית או בפעולה קהילתית.

שני השיקולים שונים, אך קיימים ביניהם יחסי גומלין בכמה מובנים. ראשית, רגישות לאלו שאנו מבקרים מגבירה את הסיכוי שהם יקשיבו למסר שלנו. כשחז"ל אמרו:

לעולם תהא שמאל דוחה וימין מקרבת, לא כאלישע שדחפו לגחזי בשתי ידיו, ולא כיהושע בן פרחיה שדחפו לאחד מתלמידיו בשתי ידיו (סוטה מז ע״א).

הם פעלו לא רק מדאגה לכבודו של בן שיחם אלא גם מתוך תקווה להעלאת רמתו הרוחנית. מאידך גיסא, גם ההפך הוא הנכון. הערכת צלם א־לוהים, או במישור אחר, הכבוד לקדושת ישראל האישית, היא עצמה חלק מאותו עולם של עבודת ה׳ שאנו רוצים לעודד.

ובכל זאת, שני השיקולים עשויים לפעול בכיוונים שונים ואף להגיע לעימותים, וממילא יש לתת את הדעת על האיזון האופטימלי. אינני סבור לרגע שיש תשובה אחת לשאלה. תיתכן נטייה לכיוון אחד או למשנהו, אך תמיד יש להחשיב את נתוניה של מציאות היסטורית מסוימת. במקביל לכך, יש לדאוג ששיקול שסובל מהזנחה יחסית יקבל חיזוק מיוחד כדי ליצור משקל נגד. נוסחה זו אולי לא תזכה לקבלת פנים אוהדת, אך האחריות הרוחנית דורשת אותה. כיצד תשתקף גישה כזו בגיבוש תגובה לנטיות החדשות לשוויוניות? זו היא שאלה שמוטב שיענה עליה מי שקרוב ממני לעין הסערה של האידיאולוגיה הזאת וביטוייה.

אני מעריך שבתוך הגרעין הקשה של עולם התורה יש צורך להדגיש את הצד האנושי יותר משנעשה כעת, לעומת הציבור היהודי בכלל, שבאשר אליו נדמה לי שההפך הוא הנכון. אך ייתכן שאני שוגה. בשתי הזירות עלינו להקפיד על אימוץ שני הערכים, גם בהתחשב בדגשים החינוכיים והטקטיים המשתנים. אין להתפשר על אותנטיות כדי למצוא חן; יש לתת את הבכורה לשמירת הסטנדרטים על פני חיזוק הרייטינג.

בקביעת מדיניות בתחום זה, אין ספק שעל השיקולים הערכיים לעמוד בראש. אולם הם אינם בלעדיים. יש להעניק חלק מתשומת הלב לשיקולים שהם טקטיים בלבד מתוך בחינת הנסיבות ההיסטוריות הנוכחיות; אותן כינה ברדלי (F. H. Bradley) ״המקום שלי בעולם וחובותיו הנלוות״ (my station and its duties). נציין במיוחד כמה אלמנטים מהם.

הראשון, הקשור למצוות תוכחה אך בעל משמעות רחבה יותר, נוגע לתגובה הצפויה ליוזמה כלשהי. אנו נזכרים בדברי רבי אלעזר בן רבי שמעון:

כשם שמצוה על אדם לומר דבר הנשמע, כך מצוה על אדם שלא לומר דבר שאינו נשמע. רבי אבא אומר: חובה, שנאמר ״אל תוכח לץ פן ישנאך, הוכח לחכם ויאהבך״ (משלי ט׳, ח). (יבמות סה ע״ב)

מצד שני, אנו מודעים לכך שהרבה מרבותינו הראשונים סברו שבמישור הציבורי העצה הזאת איננה תמיד מעשית, משום שיש לאזן אותה עם הצורך לקבוע בבירור את עמדת התורה ולשמור על עקרונותיה.

באופן דומה נצטרך להעריך כיצד דרך תגובה מסוימת תמנע נטיות ״שוויוניות״ בעייתיות, ובאיזה מחיר. ניקח לדוגמה את התופעה הקשה ביותר: נישואי תערובת. ללא ספק הדרך להתמודד עם מגפת נישואי התערובת היא בראש ובראשונה חינוכית. גם הציבור הלא־אורתודוקסי הכיר בזאת, הגם שבאיחור. הקו החינוכי הנדרש איננו רק פנייה אתנוצנטרית למען המשכיות יהודית, אלא הנחלת אהדה לרעיון הבחירה ולייחודה של קדושת ישראל. לצד העבודה החינוכית, יש מי שתומכים בסנקציות חברתיות חמורות בתקווה שהדרה כזאת תיצור הרתעה יעילה. ברמה העקרונית, אין לי ויכוח עם הגישה. מי שחצה את הקו הזה איננו צריך להיות מופתע למצוא את עצמו מחוץ לתחום. כפי שציינתי, אינני חושב שבנושא זה הכבוד לצלם א־לוהים מספק משקל נגד לחומרת המעשה השלילי.

לפני כמה שנים קבוצת רבנים אורתודוקסים העלו הצעה שעקב ההיקף הרחב של התופעה, יש להגמיש את ההתייחסות המחרימה כלפי אלה ״הנישאים החוצה״, וכך הם ימשיכו להרגיש ולפעול כחברי הקהילה היהודית, דבר שיביא לתוצאות המקוות לעתידם ולעתיד ילדיהם. ההצעה עוררה מיד מחאות נמרצות, בחלקן בטענה שהמציעים מקילים ראש בחומרת התופעה, ובחלקן מתוך דאגה שעמדה מתחשבת יותר תמוסס את ההרתעה המושגת על ידי העמדה הקשוחה המסורתית. הטיעון הראשון צריך להידון בכובד ראש. אולם באשר לשני יש צורך בהערכה הן לגבי כוחה של ההרתעה והן לגבי המחיר האנושי והיהודי שלה.

לגבי הנקודה האחרונה ניתן להיעזר במקרה די דומה. רבנו גרשום מאור הגולה נשאל בנוגע למעמדו של כהן שהתנצר ולאחר מכן חזר ליהדות. התשובה סובבת בחלקה סביב שאלות הלכתיות פורמליות שנדונו בהרחבה אצל הגאונים הקדומים וגם אצל הראשונים המאוחרים יותר לאור סוגיה במסכת מנחות בעניינו של כהן שעבד עבודה זרה.[17] השאלה היא אם אדם כזה – אולי אפילו אם עבד

17. ראו מנחות קט ע״א **ותוספות** שם ד״ה לא; וכן **תוספות**, סוטה לט ע״א ד״ה וכי; **שִׁבּלי הלקט**, סימן לג; רמב״ם, הלכות נשיאת כפיים פט״ו ה״ג.

מתוך כפייה[18] – ייחשב כשר לעבודה לאחר שיחזור בתשובה, וכן אם קדושת כהונה נפגמת על ידי ההשתמדות.[19]

רבנו גרשום נוטה להקל בשאלות אלו. אך בהמשך הוא מצרף שיקולים נוספים להכרעתו:

> הילכך אין לנו ראיה לא מן המקרא ולא מן המשנה לפוסלו אלא שיש לנו סיוע מן המקרא וממשנה שלא לפוסלו דכתיב "ולא תונו איש את עמיתו" באונאת דברים הכתוב מדבר, כיצד, אם היה בעל תשובה לא יאמר לו זכור מעשיך הראשונים. ואם תאמר לא יעלה לדוכן ולא יקרא בתורה תחילה, אין לך אונאה גדולה מזו. ועוד נמצאת אתה מרפה ידיהם של בעלי תשובה. ולא נכון לעשות כן, דאמר ר' יוחנן: כל האומר מנשה חטא אין לו חלק לעולם הבא, לפי שמרפה ידיהם של בעלי תשובה. (**שו"ת רבנו גרשום מאור הגולה**, סימן ד [מצוטט ב**מחזור ויטרי**, סימן קכה])

הצורך להישמר מהעלבת הכהן מצד אחד, והחשש מפני מניעתו מלחזור בתשובה מצד אחר, מוסיפים ממד חדש לדיון, וייתכן שיש ליישם אותם ביתר הרחבה. עם זאת יש לציין שייתכן שהכהן המדובר התנצר כשהיה נתון ללחצים ואולי מתוך כפייה ממש. יתר על כן, וזו נקודה חשובה אף יותר, הוא כבר הביע חרטה על מעשיו. מרכיבים אלו בדרך כלל נעדרים במקרים של נישואי תערובת בזמננו. מכל מקום, האנלוגיה יכולה ללמד ולתת בסיס להשוואה בקשר למשקל שיש להעניק להרתעה.

כשיקול שלישי וברמה אחרת לגמרי, יש לשקול את מה שנהוג לכנות 'מדרון חלקלק'. מדובר בדאגה שהסכמה לחידושים מסוימים, גם אם ניתן להגן עליהם מבחינה הלכתית, עתידה לגרור לחץ לשינויים נוספים. התוצאה עלולה להגיע בהדרגה לכרסום ברגישות כלפי המסורת או אף לעבירות הלכתיות ממש. טיעון זה הועלה נמרצות בנוגע ליוזמות שונות בתחום מעמד האישה. בתוך עולם התורה והממסד הרבני התגובות לכך משתרעות על פני מניפה רחבה. יש מי שטוענים שניתן להביע

18. **הבית יוסף**, אורח חיים סימן קכח, הניח שהדיון צומצם למקרה של כהן שהשתמד מרצון, אך אם הוא התנצר מתוך כפייה, כולם מסכימים שמעמדו ככהן עומד בעינו, וכך נפסק ב**שולחן ערוך**, שם ס"ק לז. אולם, כפי שצוין ב**בדק הבית** על דברי הבית יוסף, נראה ברור שהרמב"ם פסל אותו מכהונה אף במקרה של כפייה.
19. אלו שני שיקולים נפרדים; אחד היה פוסל את הכהן רק מנשיאת כפיים, השני גם מקדימות בקריאת התורה.

דעה חיובית כלפי כל מה שלא נאסר בשולחן ערוך. אחרים דחו את ההנחה הזאת בכללותה, ואף התנגדו לכל חידוש, במיוחד אם הוא מונע מאידיאולוגיה פמיניסטית, מחשש שהדבר יעודד דרישות נוספות ויפעיל ׳אפקט דומינו׳. כמובן, יש גם עמדות ביניים. גם כאן, יש לשמור על עמדה כפולה. מצד אחד הדאגה מפני הידרדרות במדרון היא ביסודה לגיטימית ואמיתית. שיקול כזה מושרש גם בדברי חז״ל, והם ביססו עליו גזרות רבות. ביטוי ציורי לכך נמצא בהסבר הרמב״ם לגבי היסוד של איסור אכילת בשר עוף המבושל בחלב:

> אבל אם אמר בשר העוף מותר מן התורה ואנו נאסור אותו ונודיע לעם שהוא גזרה שלא יבא מן הדבר חובה ויאמרו העוף מותר מפני שלא נתפרש כך החיה מותרת שהרי לא נתפרשה, ויבא אחר לומר אף בשר בהמה מותרת חוץ מן העז, ויבא אחר לומר אף בשר העז מותר בחלב פרה או הכבשה שלא נאמר אלא אמו שהיא מינו, ויבא אחר לומר אף בחלב העז שאינה אמו מותר שלא נאמר אלא אמו, לפיכך נאסור כל בשר בחלב אפילו בשר עוף, אין זה מוסיף אלא עושה סייג לתורה וכן כל כיוצא בזה. (הלכות ממרים פ״ב ה״ט)

במקרה זה, איסור דאורייתא ממש מופיע בתחילת השרשרת. אך העיקרון נשאר בתוקף גם כשאין זה המקרה. ביישום הדברים יש לשקול שני שיקולים: ראשית, יש להעריך את סבירות התהליך העתידי – כמה חלקלק הוא המדרון; איזו פעולה עלולה לעורר איזה סוג לחצים; ומה הסבירות לתוצאה כזו. לאחר מכן, עלינו לשקול את המחיר שאנו משלמים תמורת הביטחון שמקנה לנו (לכאורה) עמדה אולטרה־שמרנית. מחיר כזה יכול להתבטא בניכור מצד ציבורים מסוימים, וכן בפגיעה באיכות החיים הרוחניים או דילול שלהם. שיקול זה מחייב חשיבה כפולה. מצד אחד יש צורך להבין את הסיכויים למימוש תסריטים שונים, ומצד שני להכריע איזה משקל לתת לשאלת המדרון.

כשלעצמי, נראה לי שלגבי השאלות הנוגעות לנשים בפרט ולגבי החשש מהמדרון החלקלק בכלל, אני מוצא את עצמי בעמדת ביניים. אני תומך בהתלהבות בשינויים מסוימים, מתנגד לאחרים, ובעל עמדה אמביוולנטית בנוגע לאחרים. אין כאן המקום להיכנס לפרטים.

בהערת סיום, ישנו לדעתי עניין הנגזר מהנושא שלנו, שלגביו אין להסתפק בשום פנים בעמדה פושרת. אם אמנם השוויוניות כאידיאולוגיה טוטלית אינה באה בחשבון מצדנו, ואיננו יכולים לאמץ את המצע המקיף שלה, יש צורך במאמץ להבטיח שהמרכיב החיובי שבה, הכבוד לצלם א־לוהים, יופנם ויוטמע בקרבנו כראוי. לדידנו,

המושג איננו מחייב מה שבנוסח השאלה נקרא "כבוד שווה לכל אדם". הוא מצריך שכולם יזכו ביחס של כבוד, אך איכותו של כבוד זה יכולה להשתנות מאדם לאדם.

אנו מאמצים את דברי רבי עקיבא על שני חלקיהם: במישור אחד – "חביב אדם שנברא בצלם", אך נוסף על כך – "חביבין ישראל שנקראו בנים למקום" (אבות פ"ג מי"ד). כמו בנוגע לחביבות, כך גם בנוגע לכבוד. אף שהמקורות הבסיסיים והמוכרים ביותר שלנו משקפים את האיזון בין האתני לאוניברסלי – למשל בפסוקי דזמרה במובן אחד, ובפתיחת קריאת שמע במובן אחר – ההערכה וההפנמה של איזון זה בתוך הקהילה התורנית שלנו לוקות בחסר לעתים קרובות. להזנחה זו אין הצדקה מבחינה רוחנית והיא מזמינה סכנות מבחינה מעשית. כפי שאנו דורשים שהיסוד האוניברסלי לא ינטרל למעשה את הצד הפרטיקולרי, שומה עלינו לעמוד על כך שהתהליך ההפוך לא יתרחש. אם תגובתנו למצע השוויוני היא התנגדות, יש לנו אחריות מוסרית, דתית וחינוכית למצוא דרכים מאזנות כדי להבטיח שדברי בן עזאי "זה ספר תולדות אדם – זה כלל גדול מזה" (ספרא ויקרא י"ח, יט) יתפסו אצלנו את המקום המגיע להם – בבית, במוסדות הלימוד ובלבנו פנימה. חובה זו איננה רק כלפי האחר, למה שמילטון כינה "הפנים הא־לוהיות של האנושי"; החובה היא כלפי ריבונו של עולם, וכלפי עצמנו.

חסמים בפני יראת שמים בימינו

אתגר מרגש ומעורר השראה הוטל השנה על מרבית המשתתפים בכנס של הפורום האורתודוקסי – התמודדות עם אחד הצדדים המרכזיים והנעלים של החיים הדתיים בכלל ושל היהדות בפרט – יראת שמים.[1] עליהם לנתח את תוכן המושג (הפירוש המוגדר וגם המשתמע ממנו); לעסוק בגווניו השונים לאחר שהובחנו והוגדרו בזהירות; לתחם את התופעה עצמה ואת תיאור יחסי הגומלין שלה עם מושגים הקרובים לה; להבהיר את קווי המתאר שלה; וגם לקבוע את מקומה בנוף הרוחני.

אולם חלקי, אבוי, עלוב יותר. עליי הוטל לסקור ולנתח את המכשולים העומדים בפני השגת מטרה נעלה זו. יש להניח שהכוונה היא למכשולים נצחיים לצד אלו שהזמן גרמם. אולם אינני מתלונן. הלוואי שדיון מעשי זה היה מיותר; שהדבקות במורשת המשפחתית והקהילתית הייתה צו השעה ואילו סטייה ועריקה מן המסורת של כנסת ישראל היו מקרה חריג בלבד. אולם אין צורך בהעמקה סוציולוגית כדי להבחין כמה טרגיות יש במציאות בעת הזאת. גם בלי להיזקק לסטטיסטיקה, כל משקיף היושב בתוך עמו, בין בארץ ובין בתפוצות, מכיר היטב את הממדים הכואבים של הבעיה ושל השלכותיה. התעלמות מנושא זה הייתה מפגינה חוסר אחריות, והתמודדות עמה היא חובה – גם אם חובה כואבת.

תרגם מאנגלית: קלמן נוימן

1. מאמר זה מתמקד בנושא שהוכתב לי, בהתייחס להקשר היהודי, ועל כן הוא עושה שימוש רב בחומר הלכתי. ואולם שאלות הליבה אינן מנותקות מהקשרים אחרים ואני מניח שבשינויים הנדרשים יש לדברים גם השלכות אוניברסליות.

יתר על כן, העומד על הפרק איננו רק סכנת נטישה, אלא גם רידוד החוויה הדתית של מי שההשתייכות שלו ברורה. כמי שהוטל עליו למנות את המכשולים בפני יראת שמים אני נמצא בחברה טובה. אלה המכירים את ספרו הקלסי של רבי משה חיים לוצאטו, 'מסילת ישרים', יזכרו שדיוניו במידות הזהירות והזריזות מסתיימים בסקירת היסודות שהם מכשולים בפני מעלות אלו והצורך להימנע מהם.[2] הרמח"ל עצמו יכול היה למצוא תקדים לכך אצל רבותינו הראשונים, למשל בספר 'חובות הלבבות', הממזג מוסר, פייטיזם ופילוסופיה;[3] רבנו בחיי נוקט פרוצדורה דומה לגבי נושאי ספרו.

משמעותה של יראת שמים

בשולי ההקדמה אציין שהמטלה כוללת מידה כלשהי של הגדרה, גם אם בסיסית ושטחית. אי אפשר לדון ב"עיכוב" בלי לפרש מה מעוכב, ומכאן שיש להקדים עיון במשמעותה של 'יראת שמים'.

באופן כללי, ניתן לייחס למושג 'יראת שמים' שלוש משמעויות מובחנות. במישור אחד, הוא מסמן מצווה מסוימת המוזכרת בפסוקים מוכרים: "את ה' א-להיך תירא ואֹתו תעבד ובשמו תשבע" (דברים ו', יג) או "את ה' א-להיך תירא אתו תעבד ובו תדבק ובשמו תשבע" (שם י', כ). המצווה נמנית במניין תרי"ג, והתוכן והמאפיינים שלה מוגדרים ומובחנים ממצוות מקבילות כמו הליכה בדרכי ה', אהבת ה' ועבודת ה'. וכך קובע הרמב"ם:

> המצוה הרביעית היא שצונו להאמין יראתו יתעלה ולהפחד ממנו ולא נהיה ככופרים ההולכים בקרי אבל נירא ביאת ענשו בכל עת והוא אמרו יתעלה "את ה' א-להיך תירא". (**ספר המצוות** לרמב"ם, עשה ד)

במישור השני, המושג הזה נוגע לכוח המניע של כלל החוויה הדתית והמעשה הדתי. במובן הזה, יראת ה' מוצגת כחלופה לאהבתו. בדרך כלל היא נחשבת נחותה, שהרי מקובל שאהבה עדיפה מפחד או אף מיראת כבוד כתמריץ לחיים דתיים. אכן, כאשר הרמב"ם דן באהבה ויראה במובן הראשון, כמצוות מסוימות, הוא נמנע מלדרג אותן,

2. ראו פרקים ה', ו' ו-ט', בהתאמה.
3. ראו למשל ב, ח; ד, ז; ז, ז.

אלא קובע: "הא־ל הנכבד והנורא הזה מצוה לאהבו וליראה אותו" (הלכות יסודי התורה פ"ב ה"א). לעומת זאת, בפרק החותם את ספר המדע, שבו הוא משווה את תפקידן כמניעות וכממריצות את עבודת ה', הוא מאמץ בבירור "עבודה מאהבה" כמניע הראשוני והרצוי, ואילו "עבודה מיראה" נועדה ל"כלל עמי הארץ" הנעדרים תחכום דתי או לאלו שנמצאים בראשית דרכם.[4] למעמדה הנחות של היראה יש שורשים כבר אצל חז"ל. הוא מופיע למשל בקשר לדרגות שונות של תשובה,[5] ובמישור האישי הוא נמצא במוקד הדיון על אודות עבודת ה' של איוב ושל אברהם.[6]

במישור השלישי, יראת שמים איננה מצטמצמת להנעת החיים הדתיים אלא נוגעת באופן מרחיב להיקפם הכולל – לעצם החיים של אמונה, עבודה וציות, המתממשים לאור הרצון הא־לוהי. כשרבי יוחנן מצטט את דבריו של רבי אלעזר "אין לו לקב"ה בעולמו אלא יראת שמים בלבד" (שבת לא ע"ב) הוא בוודאי לא בא להוציא מכאן את כלל המצוות. כמו כן, הביטוי "הכל בידי שמים חוץ מיראת שמים" (כתובות ל ע"א) בא להדגיש שהקיום הדתי כולו עומד מחוץ לכל גזרה דטרמיניסטית. הרמב"ם אף הרחיק לכת וקבע שבהקשר הזה תחום 'יראת שמים' כולל את כל מעשי האדם הרצוניים, ובהם גם הכרעות הנראות ניטרליות. יש לשקול אותן, כפי הנראה, לאור אלטרנטיבות רוחניות ומתוך מבט להשלכות אפשריות:

> וכל מעשה בני האדם בכלל יראת שמים הם, וסוף כל דבר ודבר ממעשה בני האדם בא לידי מצוה או עבירה. (**תשובות הרמב"ם**, מהדורת בלאו, סימן תלו; **אגרות הרמב"ם**, מהדורת הרב שילת, עמ' רלו–רלח)

האתגר של העולם המודרני

אם כן, בבואנו לדון במכשולים העומדים בפני יראת שמים, עלינו לגשת לעניין מתוך עמדה רב־ממדית. הסתכלות זו מתבקשת גם לאור התקופה ההיסטורית העומדת לדיון. ברור שכותרת הנושא "חסמים בפני יראת שמים בימינו" שומרת על קשר עין עם העידן המודרני. אני מניח שיש שתי סיבות לכך. הראשונה, "ימינו" הם הזירה שבה אנו חיים ופועלים, ועל כן הם מעניינים ורלוונטיים עבורנו. אך הניסוח התבסס כפי

4. ראו הלכות תשובה פ"י ה"א–ה"ב; ה"ה–ה"ו.
5. ראו יומא צו ע"ב.
6. ראו סוטה כז ע"ב; לא ע"א.

הנראה גם על ההנחה שהתופעה שכיחה יותר בעולם המודרני, שהוא בעל כיוון חילוני יותר מתקופת הרנסנס, ימי הביניים או העידן הקלסי שקדמו לו. הנושא דחוף יותר, והצורך להתמודד עמו מאתגר ובוער.

הנחה זו לגבי העולם המודרני מובנת מאליה. הדגשת האדם על חשבון הא־ל (אם נהפוך על פניו ביטוי שנועד לתאר את מחשבתו של ג׳ונתן אדוארדס) אופיינית במידה ניכרת לתרבות המודרנית. כרוך עמה הדגש על סיפוק אישי בעולם הזה, שהוא המקום אשר ״בו אנו מוצאים את האושר שלנו, או שלא נמצא אותו כלל״ (כדברי וורדסוורת׳). תמורות אלו שינו בצורה מוחשית ורדיקלית את ההקשר של הקיום הדתי והשפיעו על התנאים למימושו. יתר על כן, שילובם של רוב היהודים, בעקבות האמנציפציה, בזרם המרכזי של התרבות הכללית, ובמיוחד המערבית, שינה את מגמת חייהם של רבים מהם והשפיע הן על מי שנשארו נאמנים למסורת והן על אלו אשר התנתקו ממנה. על כן, גם הדרישה ליראת שמים וגם המכשולים העומדים בדרכה קיבלו ממד חמור יותר בימינו.

דברים אלה קרובים להיות מליצות שדופות. ובכל זאת, עלינו להיזהר מהגזמה בתיאור החדשנות שבתופעה. החסמים לאמונה, לרגישות ולסגנון החיים הדתי לא הומצאו על ידי וולטר (Voltaire) או קונט (Comte), על ידי שפינוזה או י״ל גורדון. הם נוכחים בתוך הטבע האנושי, טבועים במרקמי התרבות ובקטגוריות הבסיסיות המוכרות מאז ומקדם. הם שוכנים במארג הנפש, מצד אחד כחלק מ״יצר לב האדם רע מנעֻריו״ (בראשית ח׳, כא) או מקביעתו של קהלת כי ״הא־להים עשה את האדם ישר והמה חשבו חִשבנות רבים״ (קהלת ז׳, כט), ומצד שני משום ש״דרך ברייתו של אדם להיות נמשך בדעותיו ובמעשיו אחר ריעיו וחביריו ונוהג כמנהג אנשי מדינתו״ (רמב״ם, הלכות דעות פ״ו ה״א). אין צורך להיחשף לא לדברי אוגוסטינוס ולא לאריסטו כדי להיווכח בעובדות הללו.

אחרי לבבכם ואחרי עיניכם

ובכן, התורה עצמה כבר צפתה ותיארה את הסכנה. בתיאור חשיבותה של מצוות ציצית, אנו נתקלים בפסוק המוכר לנו היטב מקריאת שמע: ״והיה לכם לציצת וראיתם אתו וזכרתם את כל מצות ה׳ ועשיתם אתם ולא תתרו אחרי לבבכם ואחרי עיניכם אשר אתם זֹנים אחריהם״ (במדבר ט״ו, לט). הרמב״ם, ובעקבותיו ׳ספר החינוך׳ והסמ״ג, ראו את סיומו של הפסוק כמגדיר איסור:

ועל ענין זה הזהירה תורה ונאמר בה ולא תתורו אחרי לבבכם ואחרי עיניכם אשר אתם זונים, כלומר לא ימשך כל אחד מכם אחר דעתו הקצרה וידמה שמחשבתו משגת האמת. (הלכות עבודת כוכבים פ"ב ה"ג)

ואכן, הרמב"ם מנה את האיסור במניין מצוות לא תעשה. לעומת זאת, הוא איננו מופיע ברשימת המצוות של רב סעדיה גאון.[7] סביר לקבל את ההסבר שרס"ג ראה את "ולא תתורו" לא כאיסור בפני עצמו אלא כטעם למצוות ציצית.[8] ברם, לשתי הקריאות הפסוק מבטא את חששה של התורה מפני הזנחת המחויבות לעבודת ה'.

בהמשך לנקודה שהזכרתי לעיל, נדמה לי שחשש זה אינו רק חשש מפני המרת דת או החלטה עקרונית ומוחלטת לנטוש כל מחויבות הלכתית. כמובן, ישנם הקשרים שבהם התורה מזהירה מהתפתחויות קיצוניות כאלה, דוגמת הפסוק המוכר לנו מן הפרשה השנייה של קריאת שמע: "השמרו לכם פן יפתה לבבכם וסרתם ועבדתם אלהים אחרים והשתחויתם להם" (דברים י"א, טז).[9] לדעתי, הפסוק בפרשת ציצית אינו עוסק בכך. הוא מזהיר מפני השפעה על איכותם של החיים הדתיים, מפני התשה השוחקת את החיוניות של האמונה וקיום המצוות, מפיתוי שממסמס תוכן ומחויבות, ואם כן – הפסוק מזהיר מפני טווח רחב של מכשולים בני זמננו שנעסוק בהם כאן.

יש לציין במיוחד נקודה פרשנית נוספת: רש"י בפירוש הפסוק "ולא תתורו אחרי לבבכם ואחרי עיניכם" (במדבר ט"ו, לט) מסביר ש"העין רואה והלב חומד והגוף עושה את העבירות".[10] על פי הבנה זו, שייתכן שמקורה במדרש, הפסוק מתאר רצף אחד, שבו המשיכה החזותית מושכת את המסתכל אל עבר חמדת הלב ומשם הוא עלול להימשך לעבירה במעשה.

אולם הגמרא במסכת ברכות מציינת עמדה אחרת:

7. ראו דברי ר' ירוחם פישל פערלא בביאורו ל**ספר המצוות לרב סעדיה גאון**, לא תעשה א-ד (חלק ב, ו ע"ב במהדורת ורשה).

8. לגבי פירוש דומה בהקשר אחר ראו את דברי הרמב"ם ב**ספר המצוות**, שורש ה, ובדברי הרמב"ן שם.

9. הכפירה המתוארת בפסוק איננה זהה למשמעות המודרנית של המושג (כלומר, הזנחת הדת), שהרי נאמנות כפולה הייתה נפוצה יותר בימי המקרא גם אם היא לא הייתה אופציה לגיטימית מבחינה הלכתית (כפי שמעיד האתגר שהעמיד אליהו בפני עובדי הבעל).

10. לתקדימים אפשריים לפרשנות זו ראו במקורות שצוטטו ב**תורה שלמה** על אתר ובירושלמי ברכות פ"א ה"ה.

> דתניא: "אחרי לבבכם" – זו מינות, וכן הוא אומר "אמר נבל בלבו אין א־להים" (תהילים י"ה, א). "אחרי עיניכם" – זה הרהור עבירה, שנאמר "ויאמר שמשון אל אביו אותה קח לי כי היא ישרה בעיני" (שופטים י"ה, ג). "אתם זונים" – זה הרהור עבודה זרה, וכן הוא אומר "ויזנו אחרי הבעלים" (שופטים ח', לג). (ברכות יב ע"ב)

עמדה זו באה גם בקטע מקביל בספרי, אם כי היא מודגמת בפסוקים אחרים.[11]

להבנתם של חז"ל, הפסוק איננו עוסק בסדרת שלבים של נפילה אחת, אלא מזהיר מפני סכנות מרובות האורבות לפתחם של תחומים שונים של החיים הדתיים, ומתאר מקורות שונים של הידרדרות דתית.[12]

בפירושו לפסוק אימץ הרמב"ן עמדה זו, בשינויים קלים, אך ייחס אותה למקרה הפרטי של הטלת פתיל תכלת:

> ואמר "ולא תתורו אחרי לבבכם" להזהיר ממנה שלא יטעו בה... שלא יהרהרו מן התכלת במינות או בע"ז, אבל יהיה לכם הכל לציצית וראיתם אותו וזכרתם. (שם)

בפירושו לפסוק אימץ הרמב"ן מבין שהסכנה איננה כישלון דתי במובן הכללי, אלא מה שעלול לבוא מן התכלת עצמה. בפירושו לפסוק שלפני כן ייחס הרמב"ן מעמד ייחודי לפתיל התכלת, הכולל את כל הצבעים (כפי שלמשל מתייחס היום המדע לאור הלבן), וקבע ששם התכלת, מלשון 'תכלית', מצביע על משמעות טלאולוגית עמוקה.[13] דווקא עקב ייחודיות זו וזיקת התכלת לים, לשמים ולכיסא הכבוד אסור לאדם לייחס לה תכונות מיסטיות ומטפיזיות בעייתיות, הקשורות לתרבות של עבודה זרה. לדעת

11. ספרי שלח פסקא קטו (על במדבר ט"ו, לט). בדבריו על הספרי כותב הנצי"ב: "אין לפרש שלא יהיה מין ממש שהרי כבר כתיב וזכרתם את כל מצות ה' קלות וחמורות אף כי עון מינות... אבל לפי הפשט ה"פ שלא ילמדו דברים הבאים לידי מינות המושכים את האדם... וכל לימוד הפילוסופיא וחקירה בדברים המסוכנים נקרא בשם זה" (**עמק הנצי"ב** על אתר).
12. שאלת פרשנות הפסוק שזורה בשאלה הלכתית, אם מדובר במצווה אחת המתפרטת בשני אופנים או בשתי מצוות בלתי תלויות. ברשימת המצוות מציין בעל הלכות גדולות רק "אחרי לבבכם" והדבר עורר דיון באחרונים אם אמנם ניתן היה למנות שתי מצוות; ראו הקדמת **ספר הלכות גדולות**, מהדורת הילדסהיימר (ירושלים, תשמ"ז), עמ' 45–46, ובהערות שם. אולם ייתכן שהשאלה תלויה גם בעקרונות המנחים את מניין המצוות; ראו **בספר המצוות** לרמב"ם, שורש ט. בהקשר זה יש לשים לב כי הרמב"ם מציין גם "אחרי עיניכם" וגם "אחרי לבבכם", אך מונה רק מצווה אחת.
13. ראו מנחות מג ע"ב.

הרמב"ן, מפני זה מזהירה התורה. פירוש מקורי זה הוא מבריק, אך מעקר את השימוש בפסוק כרלוונטי לצרכים שלנו.

אם נחזור לפרשנות המקובלת בגמרא ובספרי, הפסוק מציג בפנינו שני סוגים של דפוסים פסיכולוגיים וקיומיים אשר יכולים להיעשות מכשולים בפני יראת שמים – הרפתקנות אידיאולוגית ותשוקה מלאת תאווה. בהקשר שלנו, אני מניח, אין הכרח להבין את המונחים 'הרהור עבירה' ו'זנות' רק במובנם הצר של הפקרות מינית. אפשר לייחס אותם לכל תאווה ואף מעבר לכך, לרדיפת החומריות, המתחרה עם המחויבות הדתית, מסיטה את האדם ממימושה ומרחיקה אותו מבוראו. היהודי, כאדם דתי, עומד מול המשיכה של ההנאה החומרית, קריאת הפיתוי של הסירנות לחיות את חיי השעה, ליהנות מן ה'כאן' וה'עכשיו'. יש מגוון פיתויים כאלה, שכוללים כמובן הנאה גופנית במובנה המצומצם; סיפוק צרכים ורצונות פיזיים בתגובה לדחפים, בהמיים ואנושיים, הקיימים ברמת הצורך, הנוחות או הפינוק. לצד פיתויי התאווה משמשים גם הפיתויים החברתיים והרגשיים – השאיפה לעוצמה, מעמד, פאר ונוחות – ועימם המשיכה הרגשית-גופנית ששמה מיניות.

נוסף על כך, יהודי בעל שאיפות רוחניות נתקל במכשולים בעלי זיקה לחיי עולם, בין שמדובר בכוח המשיכה של דתות אחרות, המפתות את האדם בטקסיהן המפוארים או במשיכתן החברתית, ובין שמדובר בהשפעה של אידיאולוגיה וספקולציה המעמידות בפניו קשיים פילוסופיים.

המכשולים בפני יראת שמים מתמצים בשני אבות טיפוס אלו, החומרי והרוחני. ניתן להזכיר גם תופעות מסוג ההנאה האסתטית, כמו מוסיקה, השייכת לשני התחומים. הסכנה שבשני אלה יחד, או אפילו בנפרד, עלולה להטיל אימה של ממש אפילו בנסיבות הטובות ביותר. ואולם ההקשר המודרני החריף את שני האיומים. בצד החומרי התחזקה הדרישה לנוחות גופנית וכן (לפחות בעולם המערבי) האמונה שניתן להשיג אותה. המהפכה המדעית והטכנולוגית, הנובעת מאמירתו של בייקון (Bacon) ש"ידע הוא כוח", והשליטה היחסית בכוחות הטבע שבאה בעקבותיה, הן ביטוי של הדרישה הזאת.

אך מהפכה זו, הרצויה כשלעצמה, השפיעה לרעה על התחושה הדתית הבסיסית, שהרי הקיום הדתי שזור בתחושת תלות. זו מתבטאת במישור הפילוסופי והתאולוגי בקביעתו של הרמב"ם שקיומו של הא-ל בלבד איננו מותנה, לעומת כל הקיים חוץ ממנו "שכל הנמצאים צריכין לו והוא ברוך הוא אינו צריך להם ולא לאחד מהם" (הלכות יסודי התורה פ"א ה"ג). במישור הקיומי והפסיכולוגי היא משתקפת בתחושה של צורך, ולחלופין בתחושה של הסתמכות. מקובל לזהות את המרכיב הזה עם

שליירמאכר, שכמעט מגדיר את מהותה של הדת כתלות מוחלטת, אך לעמדה זו יש מטרימים רבים ושורשים גם במסורת שלנו. המהר״ל למשל, בבואו להסביר מדוע תפילה נקראת ״עבודה״, מדגיש את הזיקה בינה ובין תלות:

> אבל התפלה מורה שהאדם נתלה בו יתברך שכל ענין התפלה שהוא מתפלל אל השם יתברך לפי שהוא צריך אל השם יתברך נתלה בו יתברך ואין קיום לו בעצמו כי אם בו יתברך ולכך מתפלל אליו על כל צרכו. (**נתיבות עולם**, נתיב העבודה, פרק ג)[14]

ייתכן שהוא הבחין בכך מפסוק בתהילים:

> הנה כעיני עבדים אל יד אדוניהם כעיני שפחה אל יד גברתה כן עינינו אל ה׳ א־להינו עד שיחננו. (תהילים קכ״ג, ב)

במישור האנושי, ה׳אינקוויזיטור הגדול׳ של דוסטויבסקי היה יכול לסרב לוותר על חירות תמורת ביטחון כלכלי, אך אל מול ריבונו של עולם, המצב האנושי הבסיסי, וקל וחומר המצב היהודי הבסיסי, מוגדר כעבדות של האדם לקונו.

אולם, התחושה (ואולי אף המציאות) של התלות האנושית בקב״ה נשחקה בעקבות ההתפתחות המדעית. כפי שציין בונהופר, ״העולם שהגיע למודעות עצמית ולהכרה של החוקים השולטים בקיומו, נהיה בוטח בעצמו עד כדי כך שהוא מפחיד אותנו״.[15] לדעת כמה מרבותינו הראשונים, בעיה דומה (הגם שבמידה פחותה) עלתה לפני אלפי שנים, וההנהגה הרוחנית נקטה אמצעים כדי להתמודד עמה. הגמרא במסכת פסחים מצטטת קטע מן התוספתא שמספר שאחד ממעשיו של חזקיהו המלך שזכו להסכמה מצד חכמי דורו היה איסור על ספרי רפואה. המעשה איננו זוכה להסבר בגמרא אך רש״י מפרש שהסיבה הייתה ״לפי שלא היה לבם נכנע על החולים אלא מתרפאין מיד״ (פסחים נו ע״א ד״ה וגנז).

הרמב״ם יצא מגדרו כדי לבקר עמדה זו,[16] ואנו נוטים להסכים אתו. אני מניח

14. הקשר שבין עבדות לשירות, כשני המובנים של ״עבודה״, חורז את נתיב העבודה והוא משתמע גם בקטע זה.
15. Dietrich Bonhoeffer, *Letters and Papers from Prison* (London, 1959), p. 107.
16. ראו **פירוש המשניות** לרמב״ם, פסחים פ״ד מ״י. אף שהחיבור בדרך כלל מצטמצם לפירוש המשנה, הרמב״ם כותב שהוא עוסק בתוספתא בגלל חשיבותו של הנושא. בהמשך הוא מסביר שהאריך

שמעטים מאתנו, אם בכלל, היו מסכימים לוותר על טיפול רפואי ברמה המתקדמת ביותר. אולם השאלה הדתית היא אמיתית, ולמרות גישתנו החיובית כלפי התועלת שבמדע עבור האדם, איננו יכולים שלא לבַכות את תעתוע השווא של סיפוק עצמי ואת ההיעלמות של תחושת התלות הנגזרת מכך.

השחיקה בתחושת התלות אופיינית לכלל העולם המודרני. היא תוצאה של מציאות המאפשרת לבני החברות המפותחות, ובכללם העניים, ליהנות מרמת רווחה גבוהה בתחומים כמו רפואה ותברואה אשר לפני מאתיים שנה לא עלתה על דעתם של עשירי עולם. אך עבור אחרים – במיוחד בעולם המערבי – תופעות של שפע חומרי האיצו וגם החמירו את תהליך השחיקה. אין בכוונתי להטיף נגד הסכנות של חיי מותרות; אין לי נטייה לכך וגם לא זכות. אולם בלי להסתכן בצביעות שעלולה להיות כרוכה בעמדה כזאת, ניתן לציין שהנוחות שהעושר מקנה, וגם הדימוי העצמי המעוצב בעקבותיו, עלולים להקטין את הסתמכותו של האדם על סיוע א-לוהי. הרעיון חוזר ונשנה בספר דברים: באזהרה מראש "פן תאכל ושבעת... ורם לבבך ושכחת את ה' א-להיך" (דברים ח', יב; יד)[17] או בדברי הנבואה הסוקרת את העתיד לקרות – "וישמן ישורון ויבעט" (שם ל"ב, טו). הוא מופיע לקראת סוף ספר משלי מתוך תפילה להצלה מנפילה רוחנית, "ראש ועֹשר אל תתן לי... פן אשׂבע וכחשתי ואמרתי מי ה'" (משלי ל', ח-ט).[18] גם בתסריט הזה אין מדובר בהכרח ביציאה לשמד או בנטישת הדת. שפע חומרי עלול לגרום או לעודד שחיקה דתית, וזו חמורה דייה. המצב הרצוי הוא שבתפילתו יהיה גם העשיר חדור בתחושת מחסור. הדגם של "תחנונים ידבר רש" (שם י"ח, כג)[19] משמש תיאור מציאות אך גם קביעת נורמה, והוא אמור לאפיין את התחנונים של אמיד ועני כאחד. אלא שכדי לממש את המציאות הזאת, יש צורך בהפעלה של רצון ודמיון, הפעלה שלעתים מציבה אתגר קשה.

זאת ועוד, להרחבה ולשיפור בתנאי החיים נתלוותה תמורה בהשקפה וברגשות. במקום הפנייה אל עולמות אחרים שהתרחשה לצלילי ריקוד המוות באירופה מוכת הדבר, העידן המודרני מעודד ומאשר את העולם הזה. אמנם זיהויו של בנת'ם (Bentham) את האושר והטוב עם רדיפת ההנאה נתון לביקורת קשה, אך המוסר

בנושא משום שהפירוש שהוא דוחה (פירושו של רש"י) "יש בו מן ההזיות" ולפיו חזקיה פעל על פי "סכלות שאין ליחס דוגמתה אלא לגרועים שבהמון".

17. והשוו שם ו', י-יב.

18. והשוו **מסילת ישרים**, פרק א.

19. במישור הפשט מדובר כמובן בדיבור בין-אישי רגיל, אך חז"ל ייחסו אותו גם לתפילה; ראו דברים רבה פרשה ב, ד.

התועלתני חדר לתוך התודעה העממית במידה שבימי הביניים לא היה אפשר להעלות על הדעת. סוף סוף, למרות קלות הדעת (ואף מידה של ניבול פה) בחלק מ'סיפורי קנטרבורי', ולמרות טענתו של ארנולד שהחיבור חסר "רצינות של תכלית אצילית", באחרית דבר מסיים צ'וסר את חיבורו בתפילה שהא־ל יסלח לו על חטאיו ועל עיסוקיו בהבלי העולם הזה.[20]

מאתיים שנה לאחר צ'וסר, סר פיליפ סידני, למרות חייו כחצרן בחצרה של המלכה אליזבת, פתח את הסונטה האחרונה שלו בתפילה שהמשיכה לדברים חומריים תרפה ממנו וכך הוא יתרכז בדברים נעלים ביותר, והוא סיים בברכת פרידה מן העולם הזה ובקשה לחיי נצח.[21] בימינו קולות כאלה אינם נשמעים. אין צורך להסביר את ההשלכות האפשריות של תמורה זו על יראת שמים. אפשר להדגים אותן בדבריו של רבנו בחיי בן אשר. בערך 'יראה' שבליקוטו 'כד הקמח' הוא מעיר על היחס בין דברי קהלת בתחילת ספרו – "הבל הבלים הכל הבל" (א', ב), ובין סיומו של הספר – "סוף דבר הכל נשמע את הא־לוהים ירא ואת מצותיו שמור כי זה כל האדם" (י"ב, יג). הוא מעיר: "למדך בזה כי לא תתכן היראה זולתי אם יהביל ויבזה ענייני העולם הזה" (**כתבי רבנו בחיי**, עמ' 192–193). מעטים מבני זמננו מקבלים קביעה סוחפת זאת בשלמותה. דווקא משום כך היא ראויה לציון.

משמעותי אף יותר מן השינוי החווייתי הוא השינוי באקלים הפילוסופי. כאן אנו נתקלים בנושאים הפוגעים לא רק בעוצמת יראת השמים של אדם מחויב. מדובר באיבוד הזהות הדתית, במרחב שבין 'ספק כן'[22] ובין חילון ושמד. מת'יו ארנולד הציב ניגוד בין עולם שבו "ים האמונה היה פעם מלא" לעומת תקופתו שלו, שעליה הוא אומר: "ואנו כאן, על המישור המאפיל / מוכים בהתראות מבלבלות של מאבק ושל בריחה / במקום שצבאות נבערים מתנגשים בו בעת חשכה".[23] הנגדה זו, המבכה את אובדן הוודאות, היא מוכרת ואופיינית כאחת.

20. הסיום, תחת הכותרת 'דברי פרידה של עושה הספר', מודפס במהדורות המקובלות בסוף 'סיפורי קנטרבורי'. מידת כנותו היא נושא לדיון נרחב; ואולם אפילו אם נקרא אותו כמס שפתיים, דבר שבעיניי הוא מפוקפק, בכל זאת הוא מאפיין את התקופה.

21. "Astrophel and Stella", סונטה 108.

22. הערת העורכים: רמז לשירו של טניסון: "There lives more faith in honest doubt / Believe me, than in half the creeds", "In Memoriam" (stanza 96) ("האמן לי, יש יותר אמונה בספק כן מאשר בחצי מן האמונות").

23. "Dover Beach" (1867), בתים 3–4 (בתרגום רות אלמוג). במקור: "The Sea of Faith / Was once, too, at the full… / And we are here as on a darkling plain / Swept with confused alarms of struggle and flight / Where ignorant armies clash by night".

גם כאן הייתה למדע השפעה מכרעת. הדבר משתקף בכמה אופנים. במישור אחד, המדע קרא תיגר על אמיתותיה של התורה לאורך חזית רחבה של נושאים, ובמיוחד בנוגע לשאלות עובדתיות. אנשי מדע ותומכיהם ניסו לעתים קרובות, מתוך שימוש במתודולוגיות וטיעונים מתחומי מדע שונים – פיזיים, היסטוריים ובלשניים – להטיל ספק באמת ובאמינות של כתבי הקודש ובמסורת אבותינו. הקרב הזה נערך ברובו במאות קודמות, מימי שפינוזה ועד לספנסר, ובמידה מסוימת התפוגג, אך הדיו עדיין נשמעים בימינו.

ההשפעה של התרבות המדעית חרגה מקביעות עובדתיות. היא פגעה אף ברגישויות. היסטוריונים של התרבות לא נלאו מלציין את ההשלכות של המעבר מהיקום של דנטה, המסודר בשלוש קומות ובמעגלים קונצנטריים סביב כדור הארץ, אל תפיסות מודרניות של היקום, ואת העובדה שהתיאור של טניסון על "מאה מיליוני שנים ומאה מיליוני ספירות" כבר איננו מעורר התפעלות אלא טמטום חושים אדיש. שינוי זה, ללא קשר לשאלת גיל היקום, ערער את תודעת ערך האדם ויחסו אל המציאות המוחלטת. לכך יש לעתים קרובות השפעה ישירה על יראת שמים. מי שעומד מול יקום שלפי איינשטיין אורך הקוטר שלו הוא שלושים וחמישה מיליארד שנות אור, מתקשה לחוות את התחושה של "עמידה בפני מלך", החיונית כל כך לחוויית היראה.

במישור שלישי, הגישה המדעית הטביעה בתודעתם של רבים צורה כלשהי של אמפיריציזם מעשי. נוצר זיהוי (גם אם בלתי מודע) של שיפוט אנושי עם הוכחות לוגיות או מוחשיות מובהקות. עקרונית, גישה כזו זרה לאמונה, אם לא מנוגדת לה. כך משתקף בסיפור ממסכת בבא בתרא. מסופר על רבי יוחנן שדרש כי עתיד הקב"ה להביא אבני חן ענקיות ולהעמידן בשערי ירושלים. תלמיד אחד ששמע זאת לגלג על תיאור גודלן הדמיוני של האבנים, אך לימים הוא הפליג בים ונתקל במלאכי שרת המנסרים אבנים שתואמות את התיאור. בתשובה לתמיהתו נאמר לו "שעתיד הקב"ה להעמידן בשערי ירושלים". עם חזרתו פנה לרבו ואמר, "דרוש רבי! לך נאה לדרוש, כאשר אמרת כן ראיתי!", ותגובתו של רבי יוחנן הייתה, "ריקא! אלמלא ראית לא האמנת. מלגלג על דברי חכמים אתה!" (בבא בתרא עה ע"א). אכן, גם אם היהדות איננה מעודדת פידאיזם, ברור שהיא שוללת פוזיטיביזם. אך מבלי משים, רבים המאמצים את העולם המודרני שואבים גישה פוזיטיביסטית מתוך קליטה פסיבית של הנחות והנהגות מדעיות. גם במובן זה ה'מדעניות' (scientism) יכולה להיות מכשול בפני יראת שמים.

עם זאת סכנת הנהייה "אחרי לבבכם" איננה מוגבלת, בעבר או בהווה, למדעי הטבע. גם התרבות ההומניסטית יכולה להיות מקור למינות, ואף בצורה ישירה יותר.

אנשי אמונה רבים כבר עמדו על הסכנות הפוטנציאליות של הפילוסופיה, ואין צורך להרחיב על כך. בהקשר שלנו, יש לציין שתי סכנות מובחנות ליראת שמים. הראשונה היא מינות כשלעצמה, הדוגלת בעמדה סקפטית כנקודת מוצא ולעתים אף מסתיימת באימוץ עמדות כפרניות או אגנוסטיות. ברמה זו, התוצאה יכולה להיות נטישה גמורה. אך גם בלי להגיע לכך, לפתח רובצת הסכנה של רדידות רוחנית או רגשית, המעכבת חוויה דתית עמוקה: אם מתוך שחיקה של היכולת להתפעלות ותחושת רוממות ("פילוסופיה קרה" אשר ביכה עליה קיטס (Keats) שהיא מסוגלת "לקצוץ את כנפי המלאכים... ולפרק את הקשת בענן"), ואם משום שהאיפוק שהיא דוגלת בו חוסם כל חוויה רוחנית עוצמתית. באשר לאפשרות השנייה, יש להניח שהספרות – ובמיוחד 'ספרות העוצמה'[24] – איננה בגדר בעיה ואולי אף מפצה על המחסור. אולם ברור מאליו שלסופרים יש סדר יום (מפורש או מרומז) משלהם, והוא אינו חופף השקפת עולם תורנית. בימינו פעמים רבות הדמיון הספרותי משמש ליצירת דברים מזיקים, הן מבחינה דתית והן מבחינה מוסרית.

במוקד התוספת העכשווית לסכנות "אחרי לבבכם" ו"אחרי עיניכם" מונחים שני גורמים שהם שונים אך קשורים זה לזה. ראשית, אופיו של חלק ניכר מתרבות זמננו (ואף של המרכיב הדתי שבו) מעמיד את האדם במרכז. במישור אחד, לפנינו גישה הטוענת ומדגישה כי תכלית 'החיים הטובים' היא רווחת האדם וסיפוק רצונותיו (יהיה האופן שבו נגדיר אותם אשר יהיה). נוסף על כך, העמדה הליברלית מציבה את האדם – ובמיוחד את האינדיבידואל – כמי שמכריע בשאלות של אמת מוסרית ותאולוגית, אף בניגוד לסמכות מסורתית. קריאת תיגר זאת (בלי קשר לתוכן המסוים של ההתנגשות) עלולה להיות לרועץ לענווה, החיונית ליראת שמים של ממש. נטייה זו חמורה אף יותר לנוכח הדחף הפוסט־מודרני, בתיאוריה ובמעשה. גם אם אופיו יכול להגביר את העוצמה של סוגים שונים של התנהגות דתית, הנטייה שלו לכיוון הסובייקטיבי מעודדת גישה של "אלו ואלו", המובילה את האדם לשטח הפקר בתחום האמונות והדעות, נטול תוכן דוגמטי או מחויבות. בכך קיים ניגוד ליראת שמים, המחייבת את שניהם.

הסכנה השנייה היא זו שמצוות ציצית נועדה לנטרל. התורה מסבירה שתכליתה להחדיר זיכרון של המערכת כולה: "וזכרתם את כל מצות ה' ועשיתם אֹתם" (במדבר ט"ו, לט). מכאן שהאויב שיש להתמודד אתו הוא השכחה. ואכן, התורה כבר התמודדה עם שאלה זו בדברי תוכחה בהקשר נורמטיבי וסיפורי כאחד. מצד אחד "השמר לך פן

24. הערת המתרגם: בניגוד ל'ספרות ידע', על פי הבחנתו של מבקר הספרות דה קווינסי (De Quincey).

תשכח את ה' א־להיך" (דברים ח', יא) ומצד שני "צור ילדך תשי ותשכח א־ל מחללך" (שם ל"ב, יח). אולם לנושא יש גם ממד עכשווי. יותר משהתרבות המודרנית החילונית מורדת בריבונו של עולם, היא מתעלמת ממנו. הדמות שמאפיינת תרבות זאת איננה מי ש"יודע רבונו ומתכוין למרוד בו" כפי שחז"ל ציירו את נמרוד המקראי,[25] ואף לא מי שהולך בעקבות פרומתאוס של אסכילס או דמותו של השטן ב'גן העדן האבוד' של מילטון. מדובר כעת בדמויות הרואיות פחות, לא כאלו הגדולות מן החיים, השקועות בניהול ענייניהן ברוגע ואולי אף בסיפוק עצמי, מתוך התעלמות מן הממד הא־לוהי. "אינני זקוק להיפותזה הזאת", השיב לפלס (Laplace) כאשר נשאל למה השמיט את הא־ל מחיבורו על המכניקה של גרמי השמים. כמובן, האדם הדתי המודרני איננו משמיט לגמרי את הקב"ה, אך החטא העומד לפתחו הוא היסח הדעת;[26] לא שלילה כפרנית חס ושלום, אלא חיים המסתפקים בקיום רופס של דברי הפתיחה של הרמ"א ב'מפה' שלו על שולחן ערוך: "'שויתי ה' לנגדי תמיד' (תהילים ט"ז, ה) הוא כלל גדול בתורה ובמעלות הצדיקים אשר הולכים לפני הא־לוהים" (אורח חיים סימן א סעיף א). רפיסות זו כשלעצמה היא מחסום משמעותי בפני יראת שמים.

ההקשר החברתי של יראת שמים

עד כה התמקדתי בחסמים רוחניים, הן בגלל נטייה והטיה אישית והן משום שאני רואה בהם חשיבות מכרעת. אולם ללא ספק ניתן למנות גם חסמים בעלי אופי סוציולוגי. המידה שבה עולמה של יראת שמים נתפס מושך – מבחינה תרבותית, מוסרית ואף (עד נקודה מסוימת) אסתטית – עשויה להיות בעלת השפעה משמעותית. בייחוד בקרב צעירים, מהלך החוויה וההתפתחות שלהם יכול להיות מושפע במידה מכרעת בידי גורמים כאלה: אופי היחס מצד משפחה, מורים, חברים או החברה בכללה; אופי הגירויים או ההתגרויות שאליהם הם חשופים; קירובם בחיבוק נעדר שתלטנות; ומידת ההבנה

25. רש"י לבראשית י', ח, על פי ספרא ויקרא כ"ו, יד.
26. במינוח ההלכתי יש להיסח הדעת משמעות די ברורה, ומשמעו מצב שבו מסיבה כלשהי דבר הושאר ללא השגחה, שמירה או תשומת לב. כך למשל אדם מוזהר מהיסח הדעת כשתפילין עליו. חמור מזה, אוכל מקודש כמו תרומה או קדשים, אשר היו מושאים של היסח הדעת, נאסרים באכילה. באופן דומה היסח הדעת פוסל פרה מלשמש פרה אדומה. אולם בהקשר הזה אני משתמש במונח בצורה רחבה יותר, כביטוי של יחס אדיש שמקורו בניכור, כאשר חוסר תשומת הלב מבטא היעדר התייחסות או צורך, אם לא רתיעה.

והאמפתיה שהם נתקלים בהן בחיפוש דרכם הדתית.[27] אין להכחיש אף אחד מגורמים אלה. במצבי קיצון, הם עשויים להכריע בין נטישת המחויבות הדתית ובין שימורה. אך גם אם הזהות האישית הבסיסית איננה עומדת בפני סכנה, לא כך הדבר בנוגע לאיכות ולרמה של חיי תורה; כדברי הפתגם היידי ״מי שכועס על החזן איננו עונה אחריו אמן״. חז״ל הכירו בגורם זה ועל כן יעצו ״לעולם תהא שמאל דוחה וימין מקרבת, לא כאלישע שדחפו לגחזי בשתי ידיו״ (סוטה מז ע״א).[28] יתר על כן, התרשמתי מדבריו של אחד המחנכים הבולטים בעולם החרדי, שלאור האקלים הרוחני הרווח וציפיותיהם המתעצמות של התלמידים, יש לעדכן את הנחיית חז״ל ולדרוש קירוב בשתי הידיים.

אני מודע לחלוטין לרלוונטיות של גורמים אלה, ומאמץ ציבורי המתמודד עם שאלת נטישת הדת מוכרח להביא אותם בחשבון. ואולם הם מעוררים שאלות הלכתיות, חינוכיות וקהילתיות החורגות מן המנדט הנוכחי שלי, ואולי במידה מסוימת אף מן המומחיות האישית שלי. על כן אני חוזר לתחום המוגדר יותר של ההתמודדות האישית.

בהקשר הזה, מתוך הפניית מבט ליראת שמים במובן הצר והרחב כאחד, ניתן להבחין בין ארבע רמות שונות של חסמים להשגתה בזמננו.

המקיפה ביותר היא אטימות רגשית. הכוונה לחוסר היכולת לחוש חוויה עמוקה ורגישה סביב כמעט כל נושא שהוא, ובמיוחד נושא בעל אופי רוחני. מדובר באישיות המזכירה את אוכלי הלוטוס במיתולוגיה היוונית: חסרי ריגוש או השראה, מאופיינים בעצלות ובאדישות הנגרמות מלאות נפשית או גורמות לה.

במישור השני, ייתכן שאדם מסוגל לעוצמה רגשית, אך חסר לחלוטין את אותה הערצה שמהותה של יראת שמים קרוצה ממנה. הוא אולי יאהב וישנא, ישאף ויעמול, וייתכן שגם יעריך ויוקיר, אך הכל בלי להגביה עוף. אם יש לו גישה פרגמטית והוא מאמין בעקרונות הדת הטבעית, קיומו של הא־ל ושכר ועונש, ייתכן שיגיע לדרגה של ׳יראת העונש׳. אך אם איננו מסוגל להעריץ משהו או מישהו, הרי יכולתו להגיע לרמה הגבוהה יותר של ׳יראת הרוממות׳ סובלת מנכות.

במישור השלישי, נפגוש אדם שאמנם מסוגל להערצה אך חסר יכולת או רצון לחוות אותה בקשר לא־לוהי ולטרנסצנדנטלי. ייתכן שהוא יתעורר לכך מתוך הדר

27. נושאים אלה נדונו בהרחבה בספר Faranak Margolese, *Off the Derech* (Jerusalem, 2005).
28. חז״ל התייחסו לגחזי בשלילה בדרך כלל (ראו סנהדרין צ ע״א; שם קו ע״ב) והוא משמש דוגמה קיצונית לרעה, אך לעיקרון יש תחולה רחבה. עוצמת החומרה שבה ראו חז״ל את הנושא ניכרת מהביקורת המיוחדת שהם מתחו אף על אלישע.

היצירתיות האנושית, חידת הקוסמוס, או כמו קנט, מן החוק המוסרי. מכל מקום, הוא נטול רגישות לתגובה הייחודית המתבקשת מהחשיפה למציאות הייחודית של קיום הבורא. הוא אינו מעריך את מלוא משמעותו של ייחוד ה׳ במובן האיכותי, ועל כן איננו מבין כיצד לחוש את האחד שאין דומה לו.

לבסוף, בתוך הקהילה הדתית שלנו קיימים בעלי מחויבות דתית אוניברסלית, אך חסרי זיקה לתוכן הייחודי של היהדות, וחסרי שכנוע עמוק ש"משה אמת ותורתו אמת", אם מתוך חוסר ודאות אם מתוך ביטחון עצמי מופרז. אם הקבוצה הקודמת נגועה ברשמיה של עבודה זרה, קבוצה זו מידרדרת או נוטשת, נגועה בספקנות או אגנוסטיות.

כמובן, יש מגוון רחב של דרכי תגובה לאתגרים שונים אלה, ומספר אסטרטגיות להתמודדות עמם. אין להשוות את מי שמפגין נאמנות מתוך שביעות רצון עצמית שטחית לנפש מיוסרת ומתנדנדת, המחפשת את הקב"ה ואת האמונה בו, אך קרועה עקב ספקות ומתוך חוסר יכולת לבצע את הקפיצה אל האמונה. שוני זה מחייב התייחסויות שונות ואמצעים מגוונים שיש להביא בחשבון במתן עצה ליחיד ולציבור.

ואולם אם מותר בכל זאת להציע הערה כללית שכוחה יפה ביחס לחזית כולה, הרי יש צורך במתן תשומת לב מיוחדת לממד הרוחני, או אם תרצו, החווייתי. אין בכך כדי לקבוע שהפכנו את האמונה לשכלית יותר מדי, אלא שהפכנו אותה לרגשית פחות מדי. התעלמנו מהבחנתו של קולרידג׳ בין אמונה (faith) לעיקרי האמונה (belief).

אני מקווה שדבריי יובנו נכונה. יש לי מחויבות עמוקה לתלמוד תורה כערך. אני רואה את חשיבותו הן כמרכיב מרכזי של עבודת ה׳ כשלעצמה והן כאמצעי לפיתוחה. חז"ל ייחסו לקב"ה עצמו את הדברים "בראתי יצר הרע ובראתי לו תורה תבלין" (קידושין ל ע"ב), והם עבורי לא רק קביעה סמכותית אלא גם עיקרון קיומי. "ולעבדו – זה תלמוד" (ספרי דברים פסקא מא).[29] אולם ערכו ויעילותו של התבלין הזה תלויים במידה מרובה בחוויה הקשורה בחלק הרגשי. האמביוולנטיות והרדידות הדתית שולטות כאשר דבקות נמוגה או רגש מתקהה.

חסמים הנובעים מערכים חיוביים

עומדת בפנינו עובדה שמאתגרת אותנו במיוחד; במחשבה שנייה היא אולי מובנת מאליה, אך מבחינה אחרת היא מיוחדת ומפתיעה. אציג אותה בעזרת הערה דרשנית

29. יש גם מאמרים מקבילים שמזהים עבודה עם קרבנות או עם תפילה.

למחצה. בעניין המצווה של אהבת ה׳ ״בכל לבבך״ המשנה מדייקת באזכור המונח ״לבב״ לעומת ״לב״, ומכאן היא דורשת ״בכל לבבך – בשני יצריך, ביצר הטוב וביצר הרע״ (ברכות נד ע״א). כוונת הדברים ברורה. ניתן, על ידי סובלימציה ותיעול נכון, לכוון את כוחות הנפש, המסוגלים כשלעצמם להיות ביטוי להרס ותוקפנות, כך שיהיו חלק משאיפת הנפש לאהבת ה׳. בדומה לכך ייתכן שהאזהרה שלא לסור ״אחרי לבבכם״ כוללת אף היא שני צדדים. עלינו להיזהר לא רק מהפיתוי של כוחות האופל אלא גם מהיותנו בני אור. באופן פרדוקסלי, ייתכן שהשפעה שלילית על יראת שמים יכולה לנבוע גם מתוך משיכה לערך חיובי.

תופעה זו ניבטת בכמה תחומים, ומדובר הן בערכים שמתנגשים חזיתית ביראת שמים והן באלה שמתחרים בה. דוגמה מובהקת לתופעה, במישור הבסיסי ביותר, היא הערך שאנו מעניקים לפיתוח האישיות. איננו מסתפקים בפיתוח כוחות הנפש של ילדינו (ושל עצמנו) רק כדי להתמודד עם תלאות החיים וחילופי מצביהם. אנו שואפים לפתח את ה׳עצמי׳, והשאיפה נובעת מהיותנו בני תורה אף יותר משהיא נובעת מהשתייכותנו לעולם המודרני. אנו שואפים להגיע למיצוי היכולת האנושית, להפיק ולממש את המתנה הא־לוהית של הפוטנציאל הגלום בתוכנו פנימה. אנו שותפים לשאיפה של היוונים ל־paideia (אישיות בעלת שלמות רב־צדדית) כאידיאל חינוכי וחברתי, ואנו רואים בזאת מטרה בפני עצמה ושאיפה דתית, ולא רק אמצעי להתמודדות עם סוגיות החיים.

גדולי תנועת המוסר היהודית דיברו ללא הרף על החובה לפתח את כוחות הנפש. הדגשה זו היא מרכיב בסיסי במסורת האותנטית שלנו. יתר על כן, כחלק מתהליך זה אנו מעודדים דינמיות וחיוניות, התייחסות לאדם כאל ׳גברא׳ פעיל ולא ׳חפצא׳ נפעל. אידיאל זה משתקף בהדגשה המופלגת של הרצון כמרכז הכובד של ה׳עצמי׳; ובמסורת הרמב״ם – הדגשת הרצון החופשי, שאינו עיקרון דוגמטי בלבד אלא מציאות מוחשית ויעד לשאיפה. הבחירה החופשית היא הנקודה הארכימדית של היקום ההלכתי כולו, ועליה מבוססת התביעה מן היהודי והיהודייה לחיות על פי הצו ההלכתי. הבחירה המתממשת במגוון עצום של מעשים פרטיים היא אמצעי ומטרה כאחת. כשאנו מטעינים את התודעה באנרגיה, אנו מעצבים את צורתה. אנו דוחים את הגישה, הקיימת במסורות מיסטיות מסוימות, המעלות על נס את ביטול הרצון. אדרבה, היכולת לבחור היא עבורנו חלק מן האנושיות שלנו, והיא המאפשרת לנו לעבוד את קוננו ולהשתעבד לו.

ואולם אליה וקוץ בה. פיתוח האישיות עלול להביא לתוצאות הפוכות. הגברת השאיפה המיועדת להביא להישגים רוחניים עלולה להגביר שאיפות דווקא להישגים

חילוניים. סכנת המרידה גדולה יותר ככל שהאישיות בעלת עוצמה, והרתיעה מהכנעה מתחזקת לאור הדחף לעצמאות. קבלת עול מלכות שמים של הכנועים אולי מושכת פחות ואף משמעותית פחות מזו של בעלי העוצמה, אבל מן הסתם היא יציבה יותר.

יתר על כן, הרצון הנמרץ שאינו מכוון כיאות, או מופנה לכיוון שגוי, הוא מסוכן כשור מועד. צפי זה מתואר בבהירות בקטע מיוחד בספר ירמיהו. בעקבות רצף של נבואות זעם, הנביא צופה שכנסת ישראל תגיב בשאלה "למה ועל מה חרה אף ה׳ בנו", ועל כן הוא נקרא למנות את הסיבות לכך:

> והיה כי תגיד לעם הזה את כל הדברים האלה ואמרו אליך: על מה דבר ה׳ עלינו את כל הרעה הגדולה הזאת ומה עוננו ומה חטאתנו אשר חטאנו לה׳ א־להינו? ואמרת אליהם: על אשר עזבו אבותיכם אותי נאם ה׳ וילכו אחרי א־להים אחרים ויעבדום וישתחוו להם ואתי עזבו ואת תורתי לא שמרו. (ירמיהו ט״ז, י–יא)

רשימת חטאים אלה, הכוללים עבודה זרה, עזיבת ה׳ ואי שמירת תורתו, נראית הסבר מספיק. אולם הנביא מסיים בטעם נוסף הגובר על האחרים:

> ואתם הרעתם לעשות מאבותיכם והנכם הלכים איש אחרי שררות לבו הרע לבלתי שמע אלי. (שם יב)

הרצון השרירותי, לא זו בלבד שהוא מאפשר חטאים מסוימים, אלא הוא אף משמש מנוע למרד הממשיך לדחוף את האדם לעבר החטא. על כן, הוא מתואר כמסוכן אף מעבודה זרה ומעזיבת התורה כולה.

מסר דומה, במישור האישי, מופיע לפני כן במקרא. בנאום הפרידה שלו מתאר משה רבנו מורד אשר תגובתו לאיומי ענישה היא אדישות:

> שלום יהיה לי כי בשרירות לבי אלך. (דברים כ״ט, יח)[30]

האלות המתוארות בהמשך הפרשה מעידות בבירור עד כמה חמורה היא שרירות הלב בעיני התורה. ככל שה"לב" חזק יותר, מתגברת היכולת לחיות חיי "שרירות לב". חיזוק האישיות והרצון כעיקרון דינמי בחיים מכיל סכנה אפשרית של התמרדות. אין

30. מלשון הכתוב משמע ששרירות הלב כשלעצמה היא שמגונה.

פירוש הדבר שהתוצאה בלתי נמנעת. אדרבה, אישיות עמוקה ואיכותית יכולה להיות בעלת ערך רב בקידום מחויבות ובהעצמת האיכות של החוויה הדתית, גם בצדדיה הדורשים יראה. הדבר מחייב תיעול נכון של כוחות הנפש, ועל כן הסכנה אכן קיימת. לכן, יש לכלול גם את פיתוח האישיות והרצון, שרצויים לנו כל כך, במסגרת החסמים האפשריים לטיפוח יראת שמים.

בהמשך לנימה זו, אפשר לשרטט תסריט מקביל בהקשר האינטלקטואלי. אף כאן אנו עוסקים בכישרונות המוערכים בעולם התורה לא פחות מאשר בעולם האקדמי. גם אלה שאינם שותפים לזיהוי שעושה הרמב"ם של צלם א-לוהים עם דעה תבונית[31] מייחסים לה מקום מרכזי במהות האנושית ומכירים את תרומתה לחיים הדתיים. התלמוד הירושלמי מנמק את בקשת הדעת בראש הבקשות בתפילת העמידה בשאלה: "אם אין דעת, תפלה מנין?" (ברכות פ"ד ה"ד). ההערכה לכוח האינטלקטואלי שבאדם מביאה להדגשה של לימוד כערך, ועל כן פיתוח היכולת והרצון ללמוד הוא מרכיב מרכזי בהתפתחות הרוחנית של האדם.

יתר על כן, הדגשה זו איננה מצטמצמת ללימוד פסיבי ולאגירת מידע. היא כוללת את היכולת "להבין ולהשכיל"[32] שאנו מתחננים לה בברכה שלפני קריאת שמע. בהקשר המודרני יכולת זו מחייבת טיפוח ועידוד של גישה ביקורתית במידה כלשהי, הן בקריאת טקסטים והן בניתוח מושגים. גישה זו מעודדת מידה של עצמאות אישית.

בכך אנו מסתכנים במפגש עם גולם שעלול לקום על יוצרו או רבו. כאשר כוחות כאלה משתחררים, המחנך עלול למצוא את עצמו בתפקיד של שוליית הקוסם. הנחש הקדמוני ניצל בפיתוי שלו לא רק את המשיכה לתאווה חושנית אלא גם את הגאווה הרוחנית. הוא ידע היטב שעץ הדעת פותח פתח לידע ושהידע הוא כוח. האמירה ש"ידע הוא כוח" נכונה לא רק במובן (שאליו כיוון פרנסיס בייקון) שהידע מאפשר שליטה אנושית על הסביבה הטבעית, אלא גם במובן שהוא מאפשר ואולי אף מעודד אוטונומיה רוחנית. אך בדיוק אוטונומיה זו עלולה להרחיק את האדם מבוראו, ובכך לפגוע מן השורש ביראת שמים.

תופעה זו מוכרת היטב למי שמצוי בעולם המודרני ואינה זקוקה להרחבה. אולם אציין אירוע השמור בזיכרוני. בנאום בפני תנועת המזרחי בשנות החמישים תיאר מו"ר בשפה פיוטית את הניתוח הביקורתי כממד מרכזי של למדנות. הוא

31. ראו **מורה הנבוכים**, חלק א, פרק ב.
32. הביטוי מופיע באפיון המושג 'תלמוד' אצל הרמב"ם; ראו הלכות תלמוד תורה פ"א הי"א.

הסביר כיצד הלמדן הנתקל בדעה של רבנו תם, נניח, איננו מסתפק בקליטת הדברים אלא מתעמת עם הרב, דורש ממנו להוכיח את דבריו, וכן הלאה. הרב זצ״ל כנראה הרגיש לאן דבריו עלולים להוביל, הרים את קולו וצעק: ״רבותיי, אל תסיקו מכך מסקנות מוטעות!״[33] הוא לא הרחיב ולא הסביר, אך ההערה הקצרה הזאת הדגישה את האחריות לשמור על האיזון העדין בין ערכים שונים שעלולים להתנגש זה בזה. מי שמתבונן בחסמים בפני יראת שמים כיום בוודאי שותף לאחריות זו.

תבנית זו מופיעה גם בתחום שלישי – זו של המוסר. המוסר, טבעי או התגלותי, הוא מרכזי בהשקפת העולם שלנו ואנו מציבים כעיקרון ראשי את השילוב האורגני בינו ובין עולם האמונה. שילוב זה נגזר מהתיאור המקראי של ריבונו של עולם, ״א־ל אמונה ואין עול צדיק וישר הוא״ (דברים ל״ב, ד). במישור הפרטי, המוסר הוא מטרה ראשית שאליה מכוונים ההתפתחות האישית והמאמץ החינוכי. יתר על כן, בתחום זה איננו מסתפקים בציות לצווים וחוקים. אנו שואפים לעצב רגישות מוסרית – תחושת צדק ורחמים, מודעות לממד הטרגי, חמלה לנוכח סבל ומחסור. אך דווקא רגישות זו ונקיפות הלב המתלוות לה עלולות להקשות את ההבנה או אף את האימוץ של פרטי הלכה מסוימים או של תחומי הלכה שלמים, משום שהם ייראו במבט ראשון בלתי מתאימים לרגישות המוסרית.

ניתן להעלות שיקולים דומים גם בקשר לשאלה אחרת. כבר הזכרתי את שאלת התעסקות היתר בעולם הזה. ציינתי את ההשלכה השלילית שלה על רוחניות בכלל ועל יראת שמים בפרט. אך שאלת היחס לעולם היא נצחית ונושאת אופי בסיסי יותר שלגביו אנו – לפחות אלה מאתנו הנוטים לכיוון המודרניסטי – דוגלים בגישה חיובית. עמדה זו הייתה משותפת הן למו״ר זצ״ל והן לרב קוק, שני הכוכבים המאירים את השקפת עולמנו (אף שדיוק בדבריהם מגלה ביניהם הבדלים של ממש). במיוחד יש לציין שהגרי״ד זצ״ל דחה את תפיסתו המקוטבת של מקס ובר המעמידה את חיוב העולם ושלילתו כקטגוריות ניגודיות, ובמקום זה הוא הטיף לגאולת העולם. אך גם דרישה זו נובעת מאותה גישה חיובית כלפי העולם. אנו דוחים בשתי ידיים את השקפתו של אוגוסטינוס שהסדר הטבעי הוא ״משא של עוון״. תפיסה זו מנוגדת להכרזה ״וירא א־להים את כל אשר עשה והנה טוב מאד״ (בראשית א׳, לא), שעומדת בתוקפה גם לאחר חטא האדם. למרות הערכתנו לחיבור ׳כד הקמח׳, איננו שותפים לעמדת מחברו (רבנו בחיי בן אשר) שניתן להשיג יראת שמים של ממש רק על ידי ניתוק מן העולם הזה ושלילת ערכו.

33. בלשונו: ״רבותי, ציהט נישט קיין פאלשע מסקנות!״

עבורנו, המעורבות בעולם איננה אופציה ניטרלית אלא אתגר קדוש, חלק מחובתנו לקיים את הציווי "לעבדה ולשמרה" (בראשית ב', טו) ולקדם את המטרה הא־לוהית "לא תהו בראה, לשבת יצרה" (ישעיהו מ"ה, יח). אנו נשמעים ונפעלים מקולו הסמכותי של הרמב"ם: "שאין ראוי לאדם שיעסוק כל ימיו אלא בדברי חכמה ובישובו של עולם" (הלכות גזילה ואבידה פ"ו הי"א).

אך גם במקרה זה אנו יודעים שככל שאנו נמשכים יותר לקיים דרישה זו, מבחינה אידיאולוגית ופסיכולוגית כאחד, כך היא עלולה לפתוח פתח לשקיעה מוגזמת בעולם הזה. בכך אנו עלולים להזמין את תלונתו של וורדסוורת' בסונטה הידועה שבה הוא מבכה את העובדה ש"העולם יותר מדי אתנו" ושאנו מכלים את כוחותינו בהישגים וברכישות ומתנתקים מהטבע. אמנם איננו שותפים לכל הרעיונות שבשיר, שכן יהודי איננו מקבל את שאיפת המשורר להיות "פגני, יונק מאמונה מיושנת". אך אנו חולקים את הדאגה לאיבוד הרוחניות: "מסרנו את הלב שלנו – רווח מכוער".[34]

במובן זה או אחר, ארבעת הנושאים (פיתוח האישיות, המוסר, היחס החיובי לעולם הזה ופיתוח האינטלקט) שציינתי שייכים לקטגוריה המקיפה של הומניזם דתי. הדברים שנאמרו לגבי כל אחד מהם בנפרד (הן לגבי מחויבויות והן לגבי הסתייגויות) תקפים לגבי הקטגוריה עצמה.

במובן מסוים, היהדות היא אכן הומניסטית ביותר. תכונה זו משתקפת לפחות בשלושה תחומים. בראש ובראשונה עומדת הערכתה לבן האנוש, הן מבחינת מעמדו העצמאי (כפי שמשתקף בתפיסה של צלם א־לוהים) והן מבחינת מקומו בסדר הקוסמי. שנית, ההלכה מעניקה מעמד מרכזי לצרכים אנושיים ולשאיפות אנושיות. לבסוף, הרגישות לרווחת האדם משמשת עילה לסטייה מן ההלכה הבסיסית. כך מסביר הרמב"ם את דין דחיית שבת מפני פיקוח נפש: "הא למדת שאין משפטי התורה נקמה בעולם אלא רחמים וחסד ושלום בעולם" (הלכות שבת פ"ב ה"ג).

ובכל זאת, אותו הומניזם דתי כרוך בסכנה של פריצת הגבולות, ועל כן יחסנו אליו הוא מסויג. לצד הערכה לאדם היהדות גם מציגה אותו בחולשתו ובאפסיותו אל מול הדרת ה' וכבודו. כמו כן, היהדות קידמה את פני סכנת הייחוס של תכונות אנושיות לקב"ה על ידי איסור עשיית פסל ותמונה. גם הדאגה לשלומו של האדם

34. יש מי שהציעו (במידה מסוימת של צדק) שפנים אלה בולטים יותר בישראל מאשר בגולה, משום שערכים של תרומה ללאום וחזון הייעוד הלאומי מתחרים במחויבויות שהן דתיות בהגדרה הצרה יותר. לפי השקפה זו, הפוטנציאל הטמון בעצם הנוכחות בארץ הקודש ונוכחות השכינה עשוי להיתקל בגורמים אחרים שישמשו לו משקל נגד. אני מאמין שאכן המצב הוא כזה, אולם הנושא והשלכותיו מחייבים טיפול רחב יותר מזה המתאפשר כאן.

מוצגת תמיד בהקשר של מעמדו כעובד ה׳. כך מציבה היהדות איזון ערכי, שמן הראוי שיאומץ בידי הדורות הבאים.

אהבת שמים או יראת שמים?

עלינו לציין מחסום בפני יראת שמים שנתחדש באחרונה. אלה שמציבים אותו אינם רואים בו פגיעה בעבודת ה׳ אלא את הגשמתה המיטבית. הם אינם שוללים את המחויבות הבסיסית לתורה ולמצוות אך עסוקים כמעט לחלוטין באהבת שמים, ובכך משמיטים את הפן של היראה. נכון הוא (וכבר צוין) שעדיפותה של האהבה מן היראה מבוססת על דברי חז״ל. ייתכן שלדעת כמה מרבותינו הראשונים, יחס זה נותר על כנו אף אם רואים בהן שתי מצוות בלתי תלויות. אולם לעתים הזנחתה היחסית של יראה נובעת מן הטבע האנושי יותר מאשר מטקסטים או שיקולים תאולוגיים. אהבת ה׳ מבוססת על תחושה של קרבה וחום, ותחושה זו היא במידה מסוימת לא רק יסוד האהבה אלא גם תוצאתה. השאיפה לחוות תחושה זו מספקת הרבה נחמה וביטחון, לעומת הריחוק והרתיעה הכרוכים בחוויית היראה. הבדל זה משתקף בפער בכוח המשיכה הרגשי של האהבה לעומת היראה. כפי שציין ק״ס לואיס, רבים אינם כמהים ל״אביהם שבשמים״ אלא ל״סבא שבשמים״. הם מתעלמים מדברי חז״ל השוללים ״חברותא כלפי שמיא״ (ברכות לד ע״א) והם ״נינוחים בציון״ (אם נשתמש בביטוי של קרלייל).

לתופעה זו ביטויים רבים, החל בגישה המקילה מאוד בנושאים הלכתיים הנוגעים לביטוי שמותיו של הקב״ה או ברכות, וכלה באמירות הגובלות בגידוף כלפי שמיא, על אודות עצם הזהויות של הא־ל ושל האדם. במיוחד בולטת הנטייה לעבודת ה׳ נאו־חסידית, המתמקדת בשאיפה לרוחניות אשר מתאימה לצליליה של אהבת ה׳. כפי שכתבתי בעבר,[35] אינני רואה בכך תופעה בעייתית כשלעצמה. אדרבה, אם תהיה מתועלת ומאוזנת כהלכה, היא בהחלט עשויה להיות חיובית. אולם היעדר איזון כזה – ואנו עדים פעמים רבות להיעדרותו – עלול להביא להשלכות שליליות חמורות על יראת שמים.

35. ראו במאמרי ׳הלכה ורוחניות׳, להלן עמ׳ 103–123.

האם לוותר על ערכים שיש בהם סיכון?

לאור נתונים אלו, אנו עומדים בפני דילמה רצינית הן כיחידים והן כציבור, כעובדי ה׳ וכמדריכים רוחניים. אם ערכים שאנו דבקים בהם ועמדות שאנו תומכים בהן תורמים לפגיעה ביראת שמים, האין עלינו לשנות כיוון או לפחות להפחית בעוצמת הדבקות והתמיכה? יש לשקול את הצורך להעריך מחדש ולכוון מחדש את השקפת עולמנו. לכל הפחות עלינו להכיר בכך שייתכן שעמדה יהודית ראויה ועמוקה, כפי שאנו תופסים אותה, אינה מסוגלת להתמודד עם האתגרים האינטלקטואלים והחברתיים של ימינו.

ברור שהערכה כזאת עשויה להביא אותנו לפעול באחד משני כיוונים מנוגדים. אפשרות אחת, שאינה מושרשת כל כך בערכים אלא בשמירת הלכה מעשית, מערערת על מאמר זה כולו ועל הכנס שבמסגרתו הוא נכתב. הצגנו את יראת השמים כמטרה מרכזית ומתוך כך נבחנו דרכים לטפח ולעודד אותה. לא עסקנו בהשלכות השליליות שעלולות להיות לכך. אולם לפעמים נטען שהחתירה לעבר מטרה זו, נעלה אך מופשטת, יכולה לפגום במחויבות ההלכתית. ייתכן שההדגשה של שאיפות נשגבות ומרוממות תביא לכך שההקפדה על פרטי פרטים תיראה קטנונית. על כן, טוענים, יש להתמקד בקיום מעשי, למען היציבות והנאמנות הדתית, גם במחיר (מודע ובלתי מודע) של צמצום ההטפה למען יראת שמים.

אני מודה שגישה כזו אפשרית ולעתים היא גם התממשה. אולם מבחינתנו טענה זו מוטעית גם אם כוונותיה טובות. היא מבוססת על תפיסה של האישיות הרוחנית ועל אופיו של הסדר ההלכתי, שבבסיסו עמדה נוצרית ואולי גם אנטינומית. היהדות אינה משלימה עם דימוי עצמי המבכר את החוק במחיר הזנחת הרוחניות. אדרבה, היא סבורה, גם באופן עקרוני וגם בסופו של חשבון, שהמשמעת והציות לחוק מקדמים את המטרה הרוחנית. נודה שהדברים לא תמיד מסתדרים כך – אבל אנו מתמידים באמונתנו ש״פקודי ה׳ ישרים משמחי לב״ (תהילים י״ט, ט) וש״לא נתנו מצוות אלא לצרף בהן את הבריות״ (בראשית רבה מ״ד, א).[36] על אף תקלות מקומיות אפשריות, מוטל על עמדה תורנית להתנגד לתפיסה רוחנית כוללת המבוססת על ניגוד בין צירוף האישיות לבין משמעת.

ההצעה החלופית, המציעה לצמצם את הכיוונים ההומניסטיים היקרים לנו כדי לקדם את מידת יראת השמים, מעלה פחות שאלות עקרוניות, אך כואב להעלות על

36. השוו **מורה הנבוכים**, חלק ג, פרק כו; **רמב״ן** לדברים כ״ב, ו; **תפארת ישראל** למהר״ל מפראג, פרק ז, אשר רואה את הצירוף במושגים מטפיזיים. לעומתו הרמב״ן שם דגש על הצד המוסרי.

הדעת שיהיה בכך צורך. תקוותי ואמונתי הן שניתן להימנע מהדרך הזאת. בנקודה זו אין צורך להבהיר לאף אחד ממכריי את נטיות לבי. משחר ילדותי הפנמתי את הערכים האלה ובמשך יותר מיובל שנים אני עסוק בהטמעתם והפנמתם. האינסטינקטים הבסיסיים שלי והשאיפות העמוקות שלי, הן כעובד ה' והן כמחנך, תומכים לחלוטין בהשארת דגשים אלו על כנם. כשאני סוקר את הנוף החינוכי והסוציולוגי הנוכחי הן בארץ והן בגולה, אני חש שהצורך בהם גדל ולא הצטמצם.

אך יש להוסיף לכך הסתייגות. עלינו להיות מודעים תמיד לצורך בקדימויות שקבעו חז"ל, ולפיהן "יראת חטאו קודמת לחכמתו" (אבות פ"ג מ"ט),[37] קדימויות הן במישור הזמן והן במישור הערכי. עלינו להבטיח את האיזון הראוי בין המרכיבים שציינתי ובין יראת שמים כאידיאל העולה על כולנה מבחינה נורמטיבית וחווייתית. אם נבנה עולמות חדשים אך נרדד את התנאי הקודם לכל, נרוויח מכך רק מעט הן כיחידים והן כחברה המחויבת לתורה.

המצב האידיאלי הוא שנשאף לחזק ולהעשיר את המורשת הרוחנית והתרבותית הרבגונית, ובה בעת לדאוג שצמיחה זו תתרחש בתוך הקשר מתמיד ומעמיק של יראת שמים. אם להפוך את דברי קרלייל על חיפוש האושר, נרצה להגדיל את התוצאה על ידי שמירה על המכנה והגדלת המונה. עלינו להתמיד בדבקותנו בהומניזם דתי, אך מתוך ענווה. עלינו להישמר לבל ניגע בהאלהת האדם, תופעה שטוינבי (Toynbee) ביקר בצדק בהיותה הפגם והחטא הבסיסי של התרבות היוונית. עלינו להיות נאמנים לרוחו של כל פרק ח' בתהילים – לשאלה "מה אנוש כי תזכרנו ובן אדם כי תפקדנו" ולסיום "ה' אדנינו מה אדיר שמך בכל הארץ", לא פחות מאשר לחלק האמצעי של הפרק המדבר על גדלות האדם ושלטונו: "ותחסרהו מעט מא־להים... כל שתה תחת רגליו" (תהילים ח', ה-י).[38] נעלה על נס את כבוד האדם אך לא נסיח את דעתנו מהידיעה – שהיו שותפים לה הוגי הרנסנס הגדולים – כי החופש מכיל בתוכו פוטנציאל לרוע, ועל האדם להגביר את כוחותיו כדי לממש את הקדושה הטבועה בו.

37. המשנה נוקטת את המונח 'יראת חטא' ולא 'יראת שמים'. יש מקום לבחון את היחס ביניהם אף שלעתים נראה שאין הבחנה; ראו למשל שבת לא ע"ב. נושא זה הוא מחוץ לעיסוקי הנוכחי. ראוי לציין שהמשנה איננה מסתפקת בקביעה שבעוד החוכמה תשגשג, הממד הדתי יהיה לקוי. היא קובעת שללא יראה החוכמה אף היא תתנוון במשך הזמן.

38. התיאור האמצעי ניתן להתפרש כחלק מן השאלה, הווה אומר – בעל התהילים תמה למה זכה האדם לחסדו של הקב"ה למרות אפסיותו היחסית. גם על פי קריאה זו, ברור שיש כאן הערכה למעמדו של בן האנוש.

נמשיך לטפח רגישות מוסרית. אולם נכיר בכך שאם היא תיתקל בקשיים, אזי לאחר כל הניסיונות להתגבר עליהם, ניכנע לחלוטין ובענווה לחוקיו ולחוכמתו של הקב"ה. זהו הלוז של מבחן העקדה, המצרף את התגובה "הנני" עם חיל ורעדה.[39] ברור לנו שאברהם זכה בתואר של 'ירא ה'' דווקא בגלל נכונותו הטוטלית להקריב הן את שיקול דעתו והן את בנו:

> כי עתה ידעתי כי ירא א-להים אתה ולא חשכת את בנך את יחידך ממני. (בראשית כ"ב, יב)[40]

לא נתייחס לחיינו שלנו ולעולם שהוא מקום למימושם כאל שדה מוקשים אין־סופי. נקבל אותו לאור דברי קיטס שאין לראות בעולם את עמק הבכא אלא בקעה שבה מעצבים את הנפש וכמקום של הזדמנות. נעודד ונעריך יצירתיות אנושית, מתוך הפנמת המודעות למקור היצירתיות: "וזכרת את ה' א-להיך כי הוא הנותן לך כח לעשות חיל" (דברים ח', יח). נחדד את המסר שהישגים אישיים אינם מבטלים תלות בה', ושראיית האדם כנסמך על עצמו בלבד היא הטעיה מסוכנת. "טוב" – מבחינה מוסרית, נפשית ומעל לכל דתית – "לחסות בה'" (תהילים קי"ח, ח).

יתר על כן, לא נשפיל את היראה לשם נוחות רוחנית וקלילות פסיכולוגית. חלף זאת, נחיה ונפעל מתוך תחושה עמוקה שכלפי הקדוש ברוך הוא, גילה ורעדה, אהבה ויראה שזורות זו בזו ומפרות זו את זו. תחושה זו היא אחד ממוקדי תפיסתו וחווייתו הדתית של מו"ר ז"ל. הסבר מקיף ומדויק שלה היה אחד הנושאים המרכזיים של חיבורו 'ובקשתם משם'.

יתר על כן, תחושה זו מפותחת בקשר לתכונה רוחנית אחרת, השונה מאהבה בצדדים מסוימים אך במובנים אחרים משולבת בה ומאפשרת זיקה ביניהן. כוונתי למידת השמחה.

מו"ר הרב יצחק הוטנר זצ"ל היה שר בפורים "שמחה ויראה שזורות כאחד, וזה

39. מילת "הנני" מופיעה בטקסט לפני שהקב"ה מציין את רצונו, אולם לאור ההמשך ניתן לראות בה ביטוי לנכונות מוחלטת לעשות את רצונו.

40. השאלות הרלוונטיות ברורות מאליהן והולידו ספרות ענפה. אסתפק כאן בציון פרק בהיר ומעורר למחשבה בספרו של אמיל פקנהיים: Emil Fackenheim, *Encounters Between Judaism and Modern Philosophy* (Northvale, N.J., 1994), ch. 2 ("Abraham and the Kantians: Moral Duties and Divine Commandments)", pp. 33-53.

קיים אצל יהודים בלבד".[41] ניתן להעלות הסתייגות לגבי הטענה לאקסקלוסיביות, אך אין ספק שצירוף כזה אכן נמצא בתורה. כך גם ניסח זאת אחד ממורי הדרך של ראש הישיבה ז"ל, הרב אברהם אליהו קפלן:

> היראה לא צער היא, לא כאב, לא דאגת תמרורים, ומשל למה היא דומה? לרטט יראתו של אב על בנו הקטן האהוב לו, בשעה שהוא מורכב על כתפו והוא רוקד עמו ושוחק לפניו, להיות נזהר בו שלא יפול... יש כאן שמחה שאין דומה לה, עונג שאין דומה לו. והיראה הנעימה כרוכה על עקבם.[42]

ייתכן שהתיאור כאן, הגובל בהשתוללות משמחה, מוגזם מעט. אך הרעיון נכון בעיקרו. הוא משקף את החיבור בין שני הפסוקים: "עבדו את ה' ביראה" (תהילים ב', י) ו"עבדו את ה' בשמחה" (שם ק', ב).[43]

נוסף על כך, נתמיד להקדיש את עצמנו לתלמוד תורה מאומץ, ובתוך כך להתענג על המתח המפרה שבין ממד הקבלה הפסיבית שבו ובין ממד היצירתיות הטעונה שבו. אך כשנעשה זאת, נתמלא בתודעה של חז"ל שערכו של תלמוד תורה, ואף עצם הלגיטימיות שלו, מותנים בהיותו מחובר ליראת שמים, המשמשת לא רק מבוא ורקע לו אלא מלווה את הלימוד כל העת.

> מה להלן באימה וביראה וברתת בזיע אף כאן באימה וביראה וברתת ובזיע. (ברכות כב ע"א)[44]

בהיעדר יראה, ייתכן לדעתם שתלמוד תורה אינו רק נטול ערך אלא אף מזיק.[45]

לסיכום, יש פה דרישה ענקית: סדר יום רחב, לצד התניות מרובות לא פחות. אכן, יראת שמים היא ערך מרכזי בפני עצמו וגם תנאי לדברים אחרים. על כן חוכמת

41. במקור: "שמחה מיט יראה גאפלאכטן אין איינעם / אחוץ ביי אידן נישטא ביי קיינעם". הטקסט של השיר הודפס בספר הזכרון למרן בעל **"פחד יצחק" זצ"ל** (ירושלים, תשד"ם), עמ' קב-קג.
42. הרב אברהם אליהו קפלן, **בעקבות היראה: דברי מחשבה** (ירושלים, תש"ך), עמ' יב.
43. כמובן, ביטויים מעשיים של שתי התכונות עשויים, ולעתים צריכים, להשתנות על פי הנסיבות או האופי; ראו מדרש שוחר טוב על תהילים ק. בכל מקרה השילוב ביניהם הוא עקרון יסוד.
44. שאלת מצב התודעה שממנו יש לגשת לתלמוד תורה היא מעניינת וחשובה, אך מחייבת דיון מעבר לזה המתאפשר כאן.
45. ראו במיוחד יומא עב ע"ב והערות רבנו בחיי בפירושו לדברים ל', טו.

ההתמדה (ובמידה מסוימת עצם זכות ההתמדה) בחיים רוחניים ותרבותיים עשירים ומגוונים מותנית במידת היותם חדורים בהכרה ובהכנעה לנוכח המציאות האלוקית. במישור החינוכי ראוי אולי לשקול הבחנה בין תוכניות לימודים שונות, והשיקול המרכזי להכרעה ביניהן יהיה היכולת לקיים מידה מתאימה של יראת שמים. במישור האישי והקהילתי אנו מתפללים יום יום לסייעתא דשמיא לביטול החסמים ליראת שמים. ולוואי שנעשה את חלקנו, כדי שנזכה שהוא יתברך יעשה את חלקו.

הלכה ורוחניות: הבהרת המושגים

רוחניות, כמושג וכמציאות, כרוכה בשלושה יסודות מובחנים.

במובן אחד רוחניות היא סוג של מציאות, ואם לדייק – דרגה של מציאות. בהבנה פרימיטיבית היא אולי מתייחסת למהות פיזית, שהיא אכן מעודנת יותר מן המציאות החושנית הגסה. בגישה מתוחכמת יותר היא מציאות החורגת מן הפיזיות.[1] ברמתה הגבוהה ביותר היא מזוהה עם מציאותו של הקב"ה שהוא רוחני באופן מוחלט – "אין לו דמות הגוף ואינו גוף" – ועל כן איננו נתון לתמורות החלות על החומר.

> וכל הדברים האלו אינן מצויין אלא לגופים האפלים השפלים שוכני בתי חומר אשר בעפר יסודם אבל הוא ברוך הוא יתברך ויתרומם על כל זה. (רמב"ם, הלכות יסודי התורה פ"א הי"ב)

יתר על כן, הוא המקור שממנו נובעת הרוחניות "ורוח א-לוהים מרחפת על פני המים" (בראשית א', ב), וכדברי מילטון – "כיונה ישבה הוגה ליד התהום, והפרתה אותה".[2] במישור נוסף, נחות יותר, רוחניות מתייחסת לישויות שאינן חומריות, המתוארות במסורות תרבותיות שונות במגוון צורות. אצלנו למשל מדובר במלאכים "שאינם גוף וגְויה אלא צורות נפרדות זו מזו" (רמב"ם, שם פ"ב ה"ג) או בשדים, שעליהם אומר

תרגם מאנגלית: קלמן נוימן

1. ראו: Edwyn Bevan, *Symbolism and Belief* (Boston, 1957), pp. 151-160.
2. 'גן העדן האבוד', ספר 1, 21–22, מבוסס על הגמרא בחגיגה טו ע"א: "כיונה מרחפת על בניה נוגעת ואינה נוגעת".

הרמב"ן: "והגוף הזה הוא רוחני יטוס לדקותו וקלותו באש ובאויר" (פירוש לויקרא י"ז, ז). בלי קשר לטיבה המוסרי, מבחינה מטפיזית זוהי רוחניות טהורה.

במישור שלישי קיימת רוחניות בתוך הגשמיות עצמה. במובן מצומצם יש הכוללים בה את עולם החי. אנו מכירים את הביטוי "רוח הבהמה" מן הפסוק בקהלת (ג', כא), והרמב"ן הקפיד להדגיש שזו קטגוריה רוחנית ולא רק כזו המתייחסת לאחד מארבעת היסודות (בפיזיקה האריסטוטלית) או לישות מולקולרית במונחים מודרניים. לעומת זאת הרמב"ם ניתק לחלוטין בין רוח האדם לרוח הבהמה, בהסבירו שיש ל'נפש' ו'רוח' משמעויות שונות לחלוטין בשני ההקשרים:

> נפש כל בשר היא צורתו שנתן לו הא-ל והדעת היתרה המצויה בנפשו של אדם היא צורת האדם השלם בדעתו... ואינה הנפש המצויה לכל נפש חיה שבה אוכל ושותה ומוליד ומרגיש ומהרהר, אלא הדעה שהיא צורת הנפש ובצורת הנפש הכתוב מדבר בצלמנו כדמותנו, ופעמים רבות תקרא זאת הצורה נפש ורוח, ולפיכך צריך להזהר בשמותן שלא יטעה אדם בהן, וכל שם ושם ילמד מענינו. (שם פ"ד ה"ח)

בניגוד לכך הרמב"ן מחפש פעם אחר פעם מכנה משותף לבעלי החיים ולאדם, והוא מציין בין היתר את היכולת "להרגיש ולהרהר" שהרמב"ם לא החשיב. לדעת הרמב"ן, האיסור שהוטל על האדם שלא לאכול בשר מן החי שהיה קיים קודם למבול היה מבוסס על הדאגה לנפש החי:

> כי אין לבעל נפש שיאכל נפש, כי הנפשות כולן לא-ל הנה, כנפש האדם וכנפש הבהמה לו הנה, ו"מקרה אחד להם כמות זה כן מות זה ורוח אחד לכל" (קהלת ג', יט). ועל הדרך היוני [אריסטו] שיראוהו חוקריו, מן השכל הפועל התנוצץ זיו וזוהר צח מאד ובהיר וממנו יצא נצוץ נפש הבהמה, והנה היא נפש גמורה בצד מן הפנים, ולכך יש בה דעת לברוח מן הנזק וללכת אחרי הנאות לה, והיכר ברגילים, ואהבה להם כאהבת הכלבים לבעליהן, והיכר מופלא באנשי בית בעליהם, וכן ליונים דעת והכרה.[3]

3. פירוש לויקרא ט"ז, יא.

אף שהתבטא כך לגבי בעלי החיים, מובן מאליו שגם הרמב"ן הכיר בייחודיות של רוח האדם, הנובעת כביכול מ"נשמה א־לוהית" – "ויפח באפיו נשמת חיים" (בראשית ב', ז).[4] תפיסת הרוחניות הטבועה בחומר מתמקדת באדם שהוא – כלשונו של המשורר בראונינג – "מחציתו מלאך ומחציתו עפר, וכולו תשוקה ורצון פרוע".[5] במסורת היהודית, כמו בהומניזם הדתי בכלל, השיח על מקורו הכפול של האדם ואופיו הכפול שגור ומרכזי כל כך (ולא משנה אם תוצג כפילות זו כדיכוטומית או כמשולבת, כעימות או כהרמוניה) עד שהוא נשמע כמעט בנאלי. אולם, בין שהדבר מבוטא במפורש בין מכללא, הרוחניות מוצגת כתכונה המגדירה את עצם הקיום האנושי.

לעומת הרוחניות כמציאות עובדתית, הרוחניות כיחס וכגישה מתייחסת לאדם בלבד. נכון, כולנו נתונים למגבלות גופניות, מונעים בידי דחפים בסיסיים, ומוגבלים בצרכים סוציו־אקונומיים. הערתו הנוקבת של מונטן (de Montaigne), שהוא שם בפיו של רימון סיבון, שהאדם שואף לכוכבים אך איננו מצליח להרים את עצמו ממושב האסלה, נכונה תמיד. חז"ל כבר תיארו את יהירותו של פרעה בניסיון להתחזות ליצור שמשוחרר מן המציאות הזאת.[6] אולם יש אופנים שונים ליצור איזון בין שאיפה שמימית ובין שעבוד לצרכי הגוף. יחידים וחברות יכולים לקבוע סדרי עדיפויות. הם יכולים להיכנע לחולשת הבשר, לרדיפה אחר העושר או לרצון לעוצמה, אך הם יכולים גם לנסות להתגבר על הדחפים האלה. במובן זה, חיים רוחניים הם חיים אשר מנסים למקסם את ההישגים הרוחניים. הם מקדמים את הפנים הייחודיים של האדם ושל החברה האנושית. מדובר בקיומו של האדם כצלם א־לוהים, "הפנים הא־לוהיות של האנושי"[7] כיצור מוסרי ואינטלקטואלי, ובאדם כבעל "רוח ממללא" יצירתי, המסוגל לתפיסה והבעה אסתטית. עבור האדם החילוני המוסרי, השאלה נוגעת לאיכותם של החיים הארציים (אם כי גם הוא רואה ערך בחיים המתקיימים "מנקודת מבטו של הנצח"). ואולם מנקודת המבט הדתית, העדפת חיי עולם על פני חיי שעה היא ממד מכריע של סדר היום הרוחני.

במובן השלישי, הרוחניות מתייחסת לחוויה ולפעילות, תכונת אישיות המתבטאת לא רק במטרות האדם, אלא גם באופן שבו הוא משיג אותן. חלק מעניין זה הוא תפיסת המציאות, המידה שבה האדם רואה את היש כמכיל יותר מאשר את

4. ראו בפירושו לבראשית א', כח; ב', ז.
5. בהקשר הזה יש רלוונטיות לדיון מפורט במשמעויות השונות של נפש, רוח ונשמה במיוחד לאור הקבלה.
6. ראו מדרש תנחומא וארא על הפסוק "הנה יצא המימה" (שמות ז', טו).
7. הערת המתרגם: על פי 'גן העדן האבוד', ספר 3, 44.

המציאות הנראית לעין. במובן זה התפיסה המיתית של המציאות – הכוללת יצורים על־טבעיים – היא רוחנית יותר מאשר הגישה המדעית. בדומה, גישתו של קרלייל להיסטוריה רוחנית יותר מזו של קארל מרקס. כמו כן, עמדתו של הראב״ד כלפי העולם הבא רוחנית פחות מזו של הרמב״ם.[8] נקודה מכריעה זו רואה בהאנשת הא־ל (במיוחד כשמדובר בייחוס תכונות גופניות ולא רק רגשות) לא רק פעולה מעוררת סלידה מבחינה תאולוגית אלא גם פגומה מבחינה רוחנית.

ואולם בעיקר, מעבר לתפיסת המציאות משתקפת הרוחניות ברגישות ובביטוייה. אדם רוחני לא רק רואה את היש כרוחני, אלא גם חווה אותו כך. הוא מייחס את עצמו ואת קיומו לעולם הרוחניות הצרופה – אשר בהקשר הדתי הוא טרנסצנדנטי ואילו בתפיסה החילונית הוא תרבותי או לאומי.[9] להתייחסות הזאת האדם יוצק תוכן הכולל חיוניות, דינמיות, הדגשת העולם הפנימי, רגש, ביטוי אישי ודמיון. הדגש הוא חווייתי ועל כן במידה מרובה סובייקטיבי. מעבר לחוש הפנימי ולקול הפנימי ניתן לציין את אופן הביטוי הרוחני – נושא שזוכה להדגשה בימינו. הכוונה לאו דווקא לביטוי מילולי אלא לריקוד ושירה, בתור אמצעים להתלהבות, להט ותשוקה, לא ממש שלוחי רסן אבל בעלי גוון כזה. מבחינה זו, בני התקופה הרומנטית שהעדיפו מוסיקה על אמנות חזותית, או בעל התניא שסבר שניגון בלי מילים מעולה יותר משיר שמכיל טקסט (הגם שהוא ראה ב״ניגון בלי ניגון״ דבר מעולה אף מכך), מבטאים רגישות רוחנית.

לאחר שסקרנו את הרוחניות לסוגיה, עלינו לבחון את היחס שלה אל התשתית ההלכתית של העולם הדתי שלנו, וממילא את היחס שלה אלינו. כמובן, אין כל קושי ככל שמדובר בשתי המשמעויות הראשונות שתיארנו, שלגביהן יש זיקה בין הרוחני לחומרי. אין ספק שישנן תפיסות עולם המתארות גם את הקוסמוס וגם את האדם בצורה רוחנית יותר מן היהדות. אלה מייחסים אופי כמעט דמיוני ליש ושוללים את קיומה של המציאות המוחשית. יש תרבויות אשר זלזלו בחומריות, בין שראו אותה

8. ראו הלכות תשובה פ״ח ה״ב, ה״ד וה״ח ו**בהשגות הראב״ד** שם.

9. עורכי סדרת הכרכים *World Spirituality* נרתעים מהגדרה ברורה של המושג. אך בהקדמה המופיעה בכל כרך הם מציגים כהנחת עבודה את הקביעה ש״הסדרה מתמקדת בממד הפנימי של האדם הנקרא במסורות שונות ׳רוח׳. הליבה הרוחנית היא המוקד של האדם. כאן האדם פתוח למציאות הטרנסצנדנטית וכאן הוא חווה את המציאות המוחלטת״. משפט הסיום מעניק למושג אופי דתי בלבדי, ואכן כותרת המשנה של הסדרה כולה היא ״היסטוריה מקיפה של השאיפה הדתית״. אני יכול להעריך את הנטייה אך דומני שבמישור החוויה הסובייקטיבית יש צדדים של רוחניות המופיעים גם בהקשר חילוני.

(בדרכו של אפלטון) כנחותה מבחינה מטפיזית או (כמו אוגוסטינוס) כמהות מושחתת ומשחיתה. הזרם המרכזי של ההשקפה היהודית לא הרחיק לכת כל כך. הדמויות המרכזיות בהגות היהודית המודרנית לא אימצו אף לא אחד מהקטבים המהווים את הדיכוטומיה של מקס ובר – אימוץ העולם לעומת דחייתו – ובמקום זאת דגלו בגאולת העולם. בכל זאת, הדגש על הרוח, כעובדה וכערך, מרכזי למחשבה היהודית המסורתית. גם אם התעוררו מחלוקות של ממש באשר למידת המרכזיות שלה, הן התרחשו בתוך גבולות גזרה שבבסיסה העדפת הרוח.

אולם אם יש לנו קושי אל מול הרוחניות, והוא קשור למה שקבענו כפן השלישי – רוחניות של רגישות וביטוי. לכאורה גם כאן אין מקום לעימות. ההתמקדות בחוויה הפנימית היא ממהותה של כל דת, כפי שחז"ל ניסחו בבהירות ובקיצור, "רחמנא ליבא בעי" (סנהדרין קו ע"ב).[10] גם התהליך שהמדרש רואה בו את מטרת המצוות – "לא ניתנו המצוות אלא לצרף את הבריות" (בראשית רבה מ"ד, א)[11] – הוא רוחני במובהק.

מעבר לכך, נוכל גם לאמץ בלב שלם את ההתלהבות הרוחנית. הרמב"ם הדגיש נקודה זו, אף שהמשכילים מייחסים לו רציונליות מאופקת. לאחר שהוא מתאר את חגיגות שמחת בית השואבה, הוא מסיים את הלכות לולב בקריאה נרגשת לגבי קיום מצוות בכלל:

> השמחה שישמח אדם בעשיית המצוה ובאהבת הא־ל שצוה בהן, עבודה גדולה היא, וכל המונע עצמו משמחה זו ראוי להפרע ממנו שנאמר "תחת אשר לא עבדת את ה' אלהיך בשמחה ובטוב לבב",[12] וכל המגיס דעתו וחולק כבוד לעצמו ומתכבד בעיניו במקומות אלו חוטא ושוטה, ועל זה הזהיר שלמה ואמר "אל תתהדר לפני מלך". וכל המשפיל עצמו ומקל גופו במקומות אלו הוא הגדול המכובד העובד מאהבה, וכן דוד מלך ישראל אמר "ונקלותי עוד מזאת והייתי שפל בעיני", ואין הגדולה והכבוד אלא לשמוח לפני ה' שנאמר "והמלך דוד מפזז ומכרכר לפני ה'". (הלכות לולב פ"ח הט"ו)

10. בנוסח הדפוס מופיע "הקב"ה", אך לרש"י הייתה כנראה הגרסה "רחמנא" וכך מקובל לצטט.
11. המדרש מוכר מדברי הרמב"ם, **מורה הנבוכים**, חלק ג, פרק כו, וכן **רמב"ן** לדברים כ"ב, ו.
12. הפסוק לפי פירושו הפשוט אומר שבשעת "שמחה וטוב לבב" לא הייתה עבודת ה' כלל. אולם הרמב"ם (ובעקבותיו רבנו בחיי בפירושו שם) מבין שמדובר באופייה של עבודת ה' הנעשית מתוך שמחה.

הדברים מנוגדים לא רק לביקורתה המתנשאת של מיכל,[13] בת המלך והרעיה, אלא גם לריסון אפולוני או הדגשה מוגזמת על המכובדות הנעדרת עומק תרבותי ורוחני ("פלישתיות").

אך קיימת בכל זאת בעיה שההתעלמות ממנה עלולה לסכן אותנו. אולי יש להגדיר אותה בהתאם לאותם גורמים שבדרך כלל נראים מנוגדים לרוחניות. כנגד הרוחני מציבים לעתים קרובות את החומרי, את הפורמלי ואת האינטלקטואלי.[14] כל השלושה נתפסים כחיצוניים יותר מאלו שעליהם המלט אומר, "בפנים יש מעבר למה שנראה כהצגה",[15] אך לשלושתם מקום חשוב במערכת ההלכתית. גם מי שעומד על הקדימות של חובות הלבבות מכיר בתפקיד הקריטי של חובות האיברים. בתחומים רבים בהלכה יש שפע הגדרות פורמליות ושיעורים כמותיים־טכניים – "כל מדת חכמים[16] כן היא: בארבעים סאה טובל, בארבעים סאה חסר קרטוב אינו יכול לטבול בהן" – ואילו החשיבות של הפעילות האינטלקטואלית משתקפת במעמד המרכזי ואף החריג של תלמוד תורה, מעמד שאין צורך בתימוכין כדי להוכיח אותו.

ובכן, ברור שקיים פוטנציאל לרוחניות מדוללת. כמובן, יריבינו צעדו צעד נוסף; הם טוענים שפוטנציאל זה מומש בפועל. טענה זו הועלתה, במקורות יהודיים ולא־יהודיים כאחד, לפחות מאז ראשית הנצרות. הביקורת על הפרושיות הייתה כרוכה בהאשמתה בצביעות, אך הלוז שלה (ובמיוחד בגרסתה הפאולינית) טמון במתקפה הכללית על החוק הדתי ועל הנגדת ה"אות" וה"רוח". הדיה של ביקורת זו, שהשתלבה בניגוד שבין האמונה ובין המעשה הטוב בהגות הפרוטסטנטית, נשמעים מאז בפי הטוענים שהפגמים ביהדות ההלכתית אינם מקריים, אלא חלק מהותי ממנה. הביקורת חודדה בעידן המודרני אצל הוגים אקזיסטנציאליסטים. עבור הדובר ב'כתבים מן

13. החומרה של מעשיה משתקפת בדברי חז"ל שהיא נענשה על כך בעקרות; ראו סנהדרין כא ע"א. **הרלב"ג** בשמואל ב ו', כ מציע פירוש רציונלי – תשוקתו של דוד כלפיה נתמעטה עקב האירוע.

14. כמובן, הרוחניות יכולה לקבל פנים אינטלקטואליות, של התבוננות או של חקירה, בצורת "אהבת הא־ל בשכל" או בחיפוש ידיעת ה' על פי עצת דוד לשלמה, "דע את א־להי אביך" (דברי הימים א כ"ח, ט). בעולם היהודי עולות על הדעת שתי דוגמאות שונות אך קשורות לכך – הרמב"ם וחב"ד. מכל מקום, בדרך כלל הרוחניות מתקשרת עם דרכי חוויה המדגישות יותר את הרצון ואת הרגש.

15. המלט 1.2.85.

16. ייתכן שהביטוי 'מידת חכמים', בהקשר של שיעור ארבעים סאה של מקווה, מעיד ששיעור זה (בעבור אדם שיכול לטבול בכמות קטנה יותר של מים) הוא רק מדרבנן. זו כנראה דעת המאירי (ראו **בית הבחירה**, מקוואות פ"ב מ"א ופ"ז מ"א, אך השוו שם פ"א מ"ז) ואולי גם דעת הרא"ש (הלכות מקוואות סוף פ"א). אולם הכלל שמתואר פה ודאי תקף גם לגבי דינים דאורייתא.

המרתף' של דוסטויבסקי כמו בכתבי מרטין בובר, הדת המאורגנת מחניקה בהכרח את הרוחניות. ברדייב (Berdyaev)[17] רואה את הניגוד ביניהם בכך שהעבודה הנורמטיבית כרוכה בעבדות, שהיא וחיים רוחניים הם דבר והיפוכו.

טענות אלו מוכרות ופולמוסים רבים כבר נכרכו בהן. אך אנו עסוקים כאן לא במה שנשיב לירבינו, שהרי לא מפיהם אנו חיים, אלא במה שעלינו לענות לקב"ה ולעצמנו. הניגוד אכן קיים והמתח אכן ברור. כבר העלינו את הצדדים החומריים, הפורמליים והאינטלקטואליים – אך ניתן להוסיף עליהם. כבר ציין הרמב"ם שכל חוק מנוסח "על דרך הרוב", ואילו הרוחניות היא אישית מאוד.[18] בדומה לכך, החוק מעצם הגדרתו הוא נורמטיבי ועל כן אובייקטיבי, ולעומת זאת עולם הרוחניות נותן מקום לסובייקטיבי, ועל כן הוא תלוי הקשר. נוסף לכל, גם אם ניתן להתייחס להלכה ככזו שקובעת רף תחתון לחיים הדתיים, ושפועלת גם כבסיס וגם כקריאת כיוון להתקדמות בתחום הערכים המוסריים והדתיים, הרי כנגד זה היא עלולה להיתפס כקובעת רף עליון, המקצצת את כנפיה של כל שאיפה לעלות לגבהים. תחושה זו מורגשת ביותר בהקשר המודרני. ככלות הכל, חלק ניכר מן הרוחניות בת זמננו בנוי על תפיסה רומנטית. התנועה הרומנטית והקשורים אליה הדגישו את הסובייקטיבי. האמנות הייתה עבורם לא שיקוף המציאות אלא ביטוי עצמי, וכפי שהתלונן מבקר הספרות יום (Hulme), היא מתרחבת ופורצת גבולות.[19]

אל מול ניגוד זה אנו מציגים מסר ברור ועומדים בפני אתגרים ברורים. לא ניטוש את הקוטב הנורמטיבי ולא את הצד החווייתי. כמי שמחויבים ליהדות אין לנו זכות ואף לא רצון לדחות את ההלכה. אנו יודעים שהיא המעיין המתגבר שממנו נוצרת הוויית קהל ישראל, מאז חניית בני ישראל במרה – "שם שם לו חק ומשפט" (שמות ט"ו, כה)[20] – ובהמשך בכריתת הברית בהר סיני ובערבות מואב. היא תמצית הקיום הלאומי במולדתנו – "ראה למדתי אתכם חֻקים ומשפטים כאשר צוני ה' א־להי לעשות כן בקרב הארץ אשר אתם באים שמה לרשתה" (דברים ד', ה) – ולא רק שם. כמו כן, היא הבסיס לעבודת ה' של היחיד. "אי אתה בן חורין ליבטל

17. ראו במיוחד: *Slavery and Freedom* (1943).
18. ראו **מורה הנבוכים**, חלק ג, פרק לד.
19. ראו מאמרו "Romanticism and Classicism" בספרו *Speculations: Essays on Humanism and the Philosophy of Art* (London, 1954), pp. 113-140.
20. רש"י בעקבות דברי הגמרא בסנהדרין נו ע"ב (ככל שמדובר בעיקרון, אף שיש הבדלים בפרטים) מסביר שהמצוות שנצטוו במרה היו "דמי קדימה" למצוות התורה. אולם הרמב"ן (שם) סבור ש"על דרך הפשט" החוק והמשפט שם היו "הנהגות ויישובי המדינות".

ממנו״ – אך גם לו היה חופש כזה, לא היינו רוצים בו. היהודי חווה את יחסו לקב״ה כבורא וכגואל, ״ה׳ צורי וגֹאלי״ (תהילים י״ט, טו), אך בראש ובראשונה הוא פוגש אותו יתברך כמצווה העליון, מולו הוא עומד כעבד כנוע. עבורו, ״בטל רצונך מפני רצונו״ (אבות פ״ב מ״ד) הוא התמצית של כל הקיום הדתי. בלב שלם אנו שרים ״אנא עבדא דקודשא בריך הוא״, והניגוד בין בן לעבד, המצוי לרוב בתאולוגיה הנוצרית, אינו גורם לנו לחוש מבוישים. כמו כן, איננו מתפתים למי שמנסה למשוך אותנו ליהדות הומניסטית מחולנת, כמו זו שמשתקפת בספרו של אריך פרום ׳והייתם כא־להים׳. אנו קוראים ״אבינו מלכנו״ בנשימה אחת, ומבקשים מהקב״ה ״אם כבנים אם כעבדים״. ברי לנו ש״דבר ה׳ – זו הלכה״ (שבת קלח ע״ב), היא המחברת אותנו לאדוננו יתברך בחבלי אהבה ויראה, והיא המעניקה לנו את החירות העליונה, שכן ״אין לך בן חורין אלא מי שעוסק בתורה״ (אבות פ״ו מ״ב).

אולם מצד שני לא נעז ולא נוכל לוותר על הרוחניות כערך או כדרך חיים. שני פנים להשפעתה. ראשית, היא מרוממת ומטהרת את האישיות, ותכונה זו רצויה ללא קשר להשלכות דתיות ממש. נקודה זו הומחשה עבורי היטב לפני כמה שנים כאשר אחד מבני משפחת רוטשילד, שהיה רחוק משמירת הלכה, ביקר אצל הגרי״ד זצ״ל. כששאלתי אותו לאחר מכן איך היה הביקור, הוא השיב, ״הוא בהחלט אדם רוחני״, וראיתי שמידה זו הייתה משמעותית בעיניו.

נוסף על כך, הרוחניות מקרבת את האדם לקונו, ומתוך כך לעבודתו. כאשר אדם דתי משכלל את הרוחניות שלו הוא מעצים את רגישותו לנוכחות השכינה, והרי מודעות מתמדת של ״שויתי ה׳ לנגדי תמיד״ הוצגה על ידי הרמ״א בפתיחת ה׳מפה׳ לחלק ׳אורח חיים׳ בשולחן ערוך כעקרון־על של החיים הדתיים, כ״כלל גדול בתורה ובמעלות הצדיקים אשר הולכים לפני הא־לוהים״.

על כן יש צורך באיזון, ואכן איזון זה היה מושא לחיפוש בתוך גבולות המסורת. כפי שהיה ניתן לצפות, איזון זה נוסח במשך הדורות במגוון דרכים בידי תנועות ותרבויות שונות ומורים דגולים שונים. כמו כן, לעתים יש תנועת מטוטלת בין הדגשה פיאטיסטית יחסית לבין ההיצמדות לחוק. את המגוון הזה שרטט באופן חלקי גיסי המנוח פרופ׳ יצחק טברסקי ז״ל,[21] ובצורה נרחבת יותר (גם אם מנקודת מבט

21. ראו במאמרו: “Talmudists, Philosophers, Kabbalists: The Quest for Spirituality in the Sixteenth Century” in *Jewish Thought in the Sixteenth Century*, ed. Bernard Dov Cooperman (Cambridge, MA, 1983), pp. 431-459; ובאופן נרחב יותר: “Religion and Law” in *Religion in a Religious Age*, ed. S.D. Goitein (Cambridge, MA, 1974), pp. 62-82.

מסורתית פחות), בשני הכרכים על "רוחניות יהודית"[22] שהם חלק מהסדרה 'רוחניות בעולם'.

אין מקום לתמיהה על עצם קיומן של עמדות שונות: האם בשאלה קריטית כל כך עלינו לצפות לקול אחיד ואף להעדיף אותו? אך עלינו לשאוף לעמדה, שגם כאשר היא מדגישה צד אחד של המאזן, אין זה נובע מרפיסות של הצד השני, מחוויה דתית פושרת או ממודעות נורמטיבית רדודה, אלא מתוך העצמה של המרכיב הדומיננטי.

אלא שמה שנדרש איננו רק איזון במשמע של בלימה הדדית ושיווי משקל. אנו זקוקים להפריה הדדית, ליחסי גומלין. מצד אחד על הרוחני לעצב ולהעשיר את החומרי והאינטלקטואלי, ולשם כך יש צורך בשני מרכיבים. ראשית, עלינו לפתח את עצמנו כיצורים רוחניים. במידה שנהיה רגישים באופן כללי, נפתח את היכולת להיות רגישים בתחום הדתי. שטחיות ואדישות בתחום אחד משליכות על חיינו לאורך כל החזית. שנית, אנו יכולים לרתום לשם כך קטגוריות הלכתיות. נכון הוא, כפי שהדגיש הגרי"ד זצ"ל,[23] שכמותיות היא פן הכרחי של הקיום ההלכתי, פן טבעי ומובן. הדבר משתקף למשל בדאגה ל'שיעורים', המידות הנכונות של זמן ומקום, ובמודעות למספר ולמשך של מעשי קיום המצווה. מדובר באלמנט חיובי בבסיסו, גם אם לעתים קורה שהדאגה לקיים את החובה בפרטיה מסיטה את הדעת, לצערנו, מההתרכזות באופיו הדתי של המעשה. ואכן יש צורך, ולו רק משיקולים הלכתיים, שהממד האיכותי ישמש משקל נגד ויעורר מודעות לא רק לשאלה כמה עשינו או אילו שיטות בהלכה אנו מביאים בחשבון, אלא גם לאיכות העשייה, הן מבחינת ההנעה והן מבחינת אופי הביצוע.

ניקח דוגמה אחת, מצומצמת יחסית. במסכת יומא נאמר, "הקורא את שמע לא ירמוז בעיניו ולא יקרוץ בשפתיו ולא יורה באצבעותיו" (יט ע"א). הרי"ף מסביר שדין זה נובע מההנחיה המופיעה בהמשך הסוגיה, "ודברת בם – עשה אותן קבע, ואל תעשם עראי". יתר על כן, על בסיס דברי הירושלמי[24] הרמב"ן[25] מרחיב את החובה "לעשות אותן קבע" לברכות בכלל, ודעה זו אף נפסקה בשולחן ערוך.[26] מעבר לכך, ברור שניתן ליישם את מושג הריכוז המחשבתי בעשיית מצוות בכלל.

22. *Jewish Spirituality*, כרכים 13-14 בסדרה World Spirituality, בעריכת ארתור (אברהם יצחק) גרין (ניו יורק, 1986-1987).
23. ראו **איש ההלכה – גלוי ונסתר** (ירושלים, תשל"ט), עמ' 54-56.
24. ראו ירושלמי ברכות פ"ב ה"ה: "זאת אומרת שאסור לעשות מלאכה בשעה שיברך".
25. ראו **מלחמות ה'**, ט ע"א באלפס.
26. ראו אורח חיים סימן קפג סעיף יב; סימן קצא סעיף ג.

ואם נעסוק בקטגוריות רחבות יותר, ברור שאם אהבת ה׳ ויראת ה׳, שבהן אדם מחויב תמיד, יהפכו לחלק מן המארג של קיום נורמה הלכתית, הרי הן יעשירו אותה באופן מהותי.

לדעת הרמב״ן, הדאגה לתגבור איכותי של המעשה הדתי היא מצווה מיוחדת בתורה. הרמב״ם כידוע סבר שהחובה ״לעבדו בכל לבבכם״ משמעה חובת תפילה יומית. הרמב״ן סבר שחובה זו היא מדרבנן, ועל כן מציע פירוש חלופי, מקיף הרבה יותר, לפסוק ולחובה הנגזרת ממנו:

> ועיקר הכתוב ״ולעבדו בכל לבבכם״ מצות עשה שתהיה כל עבודתינו לאל ית׳ בכל לבבנו כלומר בכוונה רצויה שלימה לשמו ובאין הרהור רע, לא שנעשה המצות בלא כונה או על הספק אולי יש בהם תועלת. כענין ״ואהבת את ה׳ א-להיך בכל לבבך ובכל נפשך ובכל מאדך״ שהמצוה היא לאהוב את השם בכל לב ולב ושנסתכן באהבתו בנפשנו ובממוננו. (השגות הרמב״ן על **ספר המצוות** לרמב״ם, עשה ה)

אינני יודע באיזו מידה הכוונה הנדרשת על ידי הרמב״ן משתלבת בכוונות המוכרות מעיסוקו במסורת הקבלית. לענייננו מה שחשוב הוא המגמה העיקרית.

מבין רבותינו הראשונים הרמב״ן הוא היחיד הממנף את הפסוק בצורה זו, ואולם אין ספק שתוכן דבריו מוסכם על הכל. הדרישה לכוונה משתמעת מן הדרישה לאהבת ה׳, שאמורה למלא עד תום את עמידתנו כעובדי ה׳. בהקשר הזה, חשוב להדגיש שמקומה של הרוחניות בעבודת ה׳ איננו מוגבל לרגעים של קיום מצוות. הוא חודר את קיומנו כולו – כבני אדם בכלל וכאנשים דתיים בפרט. חיזוק הצד הרוחני שבנו מאשש את הגשמת ייעוד האדם כ״נפש חיה״ (שאונקלוס תרגם כ״רוח ממללא״ – רוח מדברת), בעקבות ״ויפח באפיו נשמת חיים״. הייעוד הזה עומד בבסיס עמידת האדם בפני קונו. אני מניח שמעטים מסוגלים, או אף שואפים, לדרגה הרוחנית שהרמב״ן מתאר אותה כפסגה של קיום המצוות:

> והעוזבים כל עניני העולם הזה ואינם משגיחים עליו כאילו אינם בעלי גוף, וכל מחשבתם וכוונתם בבוראם בלבד כענין באליהו, בהדבק נפשם בשם הנכבד, יחיו לעד בגופם ובנפשם כנראה בכתוב באליהו, וכידוע ממנו בקבלה. (פירוש לויקרא י״ח, ד)

בצדק או שלא בצדק, השאיפה הזאת לעולמות אחרים איננה מתקבלת יפה בעיני הקורא

המודרני, יהא אשר יהא. אך הפצת ההכרה ברוחניות כתכונה נפשית העשויה לקרב גם את האדם הממוצע אל ריבונו של עולם היא משימה בת השגה המוטלת עלינו.

אם כן, הרוחניות יכולה להחיות את העשייה ההלכתית. ומנגד, ההלכה מעשירה את הרוחניות של האדם, בשני היבטים לפחות. ראשית, יש בה צד משחרר, שכן אף שהצורות והפרטים הקבועים שהיא מחייבת הם ללא ספק מגבילים (ואכן לכך נועדו), לגבי מצוות רבות ההוראות המעשיות משחררות את היחיד מן הצורך לחפש כיצד לעצב יוזמה פולחנית ומאפשרות לו לנסוך את כל האנרגיה הרוחנית אל תוך החוויה הדתית ממש.

דוגמה לכך ניתן לראות בנושא התפילה. הטוענים בעד הרוחניות מתלוננים פעמים רבות על הנוסח הקבוע של סידור התפילה ומבכים את התהליך ההיסטורי של ירידת קרנה של תפילת הנדבה הספונטנית וצמצום הדחף לחדש דבר בתוך תפילת החובה. אפשר להזדהות עם טענה זו. לעתים, אחידות הנוסח פוגעת בחוויה הפנימית, שהיא עיקר התפילה. אמנם יש צורך להיאבק בפגיעה זו, אך למטבע גם צד שני. רבי אליעזר קובע במשנה כי "העושה תפלתו קבע אין תפלתו תחנונים" (ברכות פ"ד מ"ד), ורבה ורב יוסף מסבירים שמדובר ב"כל שאינו יכול לחדש בה דבר" (שם כט ע"ב). לכאורה יש פה תביעה לרוחניות יתרה בתפילה, אך מיד לאחר מכן הגמרא מציינת את דברי רב זירא: "אנא יכילנא לחדושי בה מילתא ומסתפינא דלמא מטרידנא" [תרגום: אני יכול לחדש משהו, אך חוששני שמא אהיה מוטרד] (שם). יש להניח שהדברים אינם עדות אישית בלבד, אלא הסתייגות והנחיה כללית. כמו כן, הרמב"ם קובע שלתפילות יש נוסח קבוע "כדי שיהיו ערוכות בפי הכל וילמדו אותן ותהיה תפלת אלו העלגים תפלה שלימה כתפלת בעלי הלשון הצחה" (הלכות תפילה פ"א ה"ד). הדברים רלוונטיים לא רק עבור מי שמתקשה לבטא את עצמו בכלל, אלא גם עבור כל מי שמתקשה להתנסח ולחוות בו־זמנית.

בשינויים המתחייבים, ניתן להציע את התובנה הזאת גם לגבי מצוות אחרות. כמה אנרגיה רוחנית הייתה מתבזבזת אילו היה צורך לתכנן מחדש את המבנה והתוכן של ליל הסדר בכל שנה ושנה (אף אם זה היה נעשה לפני החג)? כמה הסחת דעת מן החוויה הממשית של יום תרועה הייתה נגרמת אילו היינו צריכים להמציא בכל שנה בראש השנה את הנוסחאות והתכנים של התפילות והתקיעות? ההלכה מזכה אותנו להתייצב אל מול מציאות קיימת ודורשת מאתנו להתמודד עם האתגר.

שנית, תרומת ההלכה לרוחניות חורגת אל מעבר להסרת מחסומים או הסטת אנרגיות ממטלה אחת לשנייה. היא פועלת ככוח חיובי לדבקות במקורה של ההלכה, להעמקתו ולהגברתו של יחסנו לריבונו של עולם. המפגש עמו ועם רצונו יתברך

כמעט בכל תחום מתחומי החיים, תשומת הלב הממוקדת בהבנת ציווייו ובביצועם, המודעות לנוכחותו המורגשת בכל דרכינו, האתגר המתמיד לקבל הכרעות מתוך חופש וציות גם יחד – כל אלה מטביעים את חותמם על הקיום הדתי שלנו ועל זיקתנו לשכינה. זיקה זו משפיעה בצורה מובהקת על כל הווייתנו הרוחנית.

יש להודות שאף שההפריה ההדדית הזאת קיימת, מימושה ברמה האישית מצריך מאמץ ניכר. המפתח לכך הוא מודעות, מודעות עמוקה, לנקודה מכרעת.

עסקנו באופן כללי בעימות ובחיכוך אפשרי בין חוק לרוחניות – ואכן כשעוסקים בנושא באופן מופשט, יש מקום לחשוש מנטייה ללגליזם. אך אנו כיהודים המחויבים לתורה איננו מתייחסים לעניין בצורה מופשטת ואיננו עוסקים במערכת חוקית סתמית כלשהי. מדובר בדבר ה׳, ברצונו של מקום המתבטא בהוראות המשולבות בסדר המשפטי של ההלכה. כאשר עובדה זו נקלטת ומופנמת, אנו חשים שלא מדובר בקודקס משפטי בלבד, אלא במציאות המעניקה לנו חיים, שהחיוניות והדינמיות שבה נובעות מדבקות במצווה ובמחוקק הא־לוהי: ״ואתם הדבקים בה׳ א־להיכם חיים כולכם היום״ (דברים ד׳, ד). אנו מרגישים שהקב״ה, ומתוך כך רצונו הנגלה, הוא מעיין מפכה מלא תסיסה, ״מקור מים חיים״. על כן, החוק הא־לוהי והרוחניות האנושית יכולים לפעול יחד בתוך ההוויה שלנו. מאידך גיסא, כשתחושה זו נשחקת, והמודעות לאופייה הטרנסצנדנטי של ההלכה היא שטחית, אז ייתכן שתחדור אלינו תחושת העימות בינה ובין הרוחניות.

אולם עצם ההכרה בייחודה של ההלכה כדבר ה׳ אינה מבטיחה את האיזון ההדדי שהמלצתי עליו. לשם הדוגמה אציין סיפור ששמעתי ממקור אמין על אדם גדול אחד, שלא אזכיר את שמו מפאת כבודו. באחת מתפילות הימים הנוראים הוא שם לב שאחד מבניו האריך יותר ממנו בתפילת העמידה. הוא ניגש לבן וביקש ממנו את מחזור התפילה שלו. לאחר דפדוף הוא ציין בלקוניות, ״מעניין, לשנינו אותו טקסט אך לך לוקח כל כך הרבה יותר זמן״. יש לי הערכה רבה לאיש, אולם הסיפור מצמרר. אך גם אם נביא בחשבון מקרים כאלה, בלי הכרה בכך שההלכה היא דבר ה׳, הבעיה קשה עוד יותר.

הגרי״ד זצ״ל היה מודע היטב לבעיה זו, לעתים עד כדי כאב, כפי שמשתקף במסה ׳איש ההלכה׳. הוא הכיר היטב את האשמת עולמה של בריסק (במיוחד בסיפור ׳בין שני הרים׳ של י״ל פרץ) כקריר ונטול רוחניות. במאמרו של הרב, המעלה על נס את המסורת הזאת, הוא מתגייס להגנתו:

האם משולל הוא איש ההלכה כל אותה התפארת של החוויה הדתית הגועשת

> והסוערת הבוערת בלבת אש קודש, שאיש הדת האכסטטי רגיל בה?... הפועם רגש של כמיהה ועריגה לה׳ בנשמתו של איש ההלכה?

והוא משיב תשובה חד־משמעית:

> איש ההלכה מוכשר וראוי להתמכר לחוויה דתית נאדרה בקודש, על כל צביונה ושיכלולה, ברם ההתלהבות הדתית הכבירה באה אליו אחרי ההכרה, אחרי שרכש לו כבר ידיעה בעולם האידיאלי של ההלכה ובבואתו בעולם הריאלי. ומתוך שחוויה זו באה אחרי ביקורת חריפה והסתכלות עמוקה וחודרת, הרי היא גדולה ביותר.[27]

מבחינה חינוכית נראה שגישת הרב זצ״ל, שהחוויה הדתית מופיעה רק בשלב שלאחר ההכרה, איננה אפשרית ואף איננה רצויה.[28] לכל היותר היא מתאימה ליחידי סגולה. ומכל מקום, לאחר מכן וככל שניסיונו הפדגוגי התרחב, ביטחונו של הרב בדרכו נסוג קמעא ובמקומו באה מודעות לקשיים, ואף מידת מה של תסכול. אמנם לא התערערה אמונתו הבסיסית בפעולתן המשותפת של ההלכה והרוחניות, ושאיפתו האישית להשיגה ולהקנות אותה לתלמידיו לא פחתה, אך הוא הכיר יותר ויותר שהדרך רצופת תלאות, והשגת היעד תדרוש השקעת מאמץ אדיר.

עד כאן דיברתי על סכנת השפעתם המפוררת של חיי הלכה על הרוחניות, ועל הצורך בהתמודדות כנה עמה. אך עלינו להיות רגישים לא פחות לאפשרות ההפוכה, לסכנות שהנטייה לרוחניות יוצרת כלפי המחויבות המלאה לתורה. כאן המוקשים האפשריים הם מרובים. ראשית, ייתכן שהצימאון ל״רוחני״ יתבטא בזלזול במה שנתפס ״לא־רוחני״. ביקורת זו יכולה להיות מופנית כלפי תלמוד תורה ״טהור״, הנדחה מתוך גישה אנטי־אינטלקטואלית או מתוך להט מוסרי ודתי. בהקשר הזה ניתן להיזכר בדברי הפולמוס המופיעים במבוא לספר ׳חובות הלבבות׳, אשר חלקים ממנו כונו בפי ר׳ חיים מבריסק, ללא היסוס, אפיקורסות.[29]

השאיפה לרוחניות יכולה גם לגרום לזלזול בשמירת מצוות הנעשית בשטחיות ומתוך שגרה. מאז ומתמיד מחו דורשי ה׳ נגד פעולות הנעשות ״מצוות אנשים

27. **איש ההלכה – גלוי ונסתר**, עמ׳ 74.
28. שאלת היישום לציבור הרחב נוגעת למסה כולה, אך במיוחד בנקודה זו.
29. כך נמסר לי מפי הגרי״ד זצ״ל.

מלומדה״, ובדורות האחרונים התאחדו תנועות המוסר והחסידות סביב המחאה. ואולם הגינוי עשוי ליהפך לחרב פיפיות. ברמה האישית הוא עשוי לעודד שמירה רוחנית יותר; אך מצד שני הטיעון שציות טכני בלבד הוא חסר משמעות דתית עלול להוביל לזניחת שמירת מצוות לחלוטין. במישור הבין־אישי הוא עלול להוביל לזלזול ביהודי הפשוט השומר את ההלכה מתוך שגרה פושרת. נכון הוא שתנועות רוחניות כמו הזרם הרומנטי או החסידות עשויות להתאפיין בנימה דמוקרטית. הן עשויות להעריך ואף לפאר את הילד, את עם הארץ, ואפילו את התם על אמונתם הפשוטה. אך זרמים אלה יכולים גם ליצור אריסטוקרטיה משלהם. ההערצה של רוסו או שאטובריאנד (Chateaubriand) כלפי הפרימיטיבי, ושנאתם את המעמד הבורגני, היו שני צדדים של מטבע אחד.

אנו כיהודים המחויבים לתורה איננו יכולים לראות בשמירת מצוות ״בעלמא״ דבר חסר ערך. בלי לגעת במשמעות המיסטית אשר ספר ׳נפש החיים׳ מייחס לשמירת מצוות, משקלה בחייו של היהודי הפרטי ותחום עבודת ה׳ שלו משמעותי כשלעצמו. בשנות השישים של המאה הקודמת טען פרופ׳ טברסקי בהרצאה בפני סטודנטים ב׳ישיבה יוניברסיטי׳ שאילו נאלץ לבחור בין שמירת מצוות נוסח מנדלסון ללא כל אחיזה בעיקרי אמונה נוסח מנדלסון,[30] ובין רוחניות לא־הלכתית נוסח מרטין בובר, הוא היה מעדיף את הראשונה. בזמנו חלקתי עליו, משום שפעילות ריטואלית המנותקת לחלוטין מתשתית אמונתית איננה יכולה להיחשב קיום מצווה ואף לא תוגדר על פי ההלכה כמעשה מצווה. אני מחזיק בדעתי ככל שמדובר בשמירת מצוות ללא כל זיקה לאמונה, אך אם מדובר בפעולה המבוססת על אמונה גם אם היא שטחית, אין מקום לבטל אותה מכל וכל.

סכנה נוספת, שכבר הוזכרה בדרך אגב, קשורה להשפעת הרוחניות על היחס לחומרי. כפי שהאידיאולוגיה החילונית מוחקת הבחנות בין זמנים, מקומות, אנשים וחפצים, כך הרוחניות עשויה להיות גם היא גורם משטיח במובן אחר. כאשר יש מיקוד מוגזם על המהות הרוחנית, יש סכנת צמצום היחס למעמד ההלכתי של החומריות. הדבר נוגע במיוחד ביחס לארץ ישראל. אפשר להיזכר בתגובות שעוררו דברים שיוחסו לאדמו״ר מליובביץ׳ שגם אם ״עולותיך ושלמיך״ ניתנים רק בבית המקדש, הרי ״עליותיך ושלמותך״ אפשריות בכל מקום.

בדומה לשיקול זה ישנו סיכון שלישי שניתן לדמות לאיסור ההלכתי על ״שחוטי

30. אינני מוסמך לקבוע אם מנדלסון אמנם שלל כל חובה להאמין. בזמנו התבסס הדיון על ההנחה שכך הם הדברים.

חוץ". פעמיים קובעת התורה שאין לשחוט ולהקריב קרבנות מחוץ למקדש, אך הדבר מופיע בהקשרים שונים, ויש להניח שגם המשמעות משתנה. בפרשת ראה, בהתאם למוטיב המרכזי של הפרשה, האיסור מתקשר להקדשה של בית הבחירה כמקום עבודת הקרבנות:

> השמר לך פן תעלה עלתיך בכל מקום אשר תראה. כי אם במקום אשר יבחר ה' באחד שבטיך שם תעלה עלתיך ושם תעשה כל אשר אנכי מצוך. (דברים י"ב, יג-יד)

לכאורה האיסור נובע מכך שמעמדו של המקדש נפגע מביזור ומקיום מרכזים מתחרים. לעומת זאת, בפרשת אחרי מות איסור שחיטת חוץ נועד למנוע זליגה אל פולחן אלילי.[31]

> ולא יזבחו עוד את זבחיהם לשעירם אשר הם זֹנים אחריהם, חקת עולם תהיה זאת להם לדרתם. (ויקרא י"ז, ז)

אותה התנהגות רווחת, הקרובה לעבודה זרה, נאסרת כעת מכוח איסור שחוטי חוץ.[32]

בדומה לכך, הרוחניות מציבה סכנה פוטנציאלית בשתי החזיתות. ראשית, הממד היצירתי והדינמי עלול להפעיל כוח צנטריפוגלי, הדוחף אל דרכים אלטרנטיביות לחוויה דתית ולביטוייה. אלה, אם לא ישולבו בצורה ראויה, עלולים להתחרות בקטגוריות הנורמטיביות. נוסף על כך, הדחף הרוחני עצמו עלול להתערב בתכנים

31. יש לחניח שהמאבק הבלתי פוסק והכושל ("רק הבמות לא סרו") נגד פולחן מקומי בימי בית ראשון נסב על הנושא הזה.

32. הנקודה עולה בויקרא רבה שם, וממנה משתמע שהקרבנות נועדו להרחיק את הציבור מעבודה זרה:

> לפי שהיו ישראל להוטים אחר עבודת כוכבים במצרים והיו מביאים קרבניהם לשעירים... והיו מקריבין קרבניהם באיסור במה ופורעניות באות עליהם אמר הקב"ה יהיו מקריבין לפני בכל עת קרבנותיהן באהל מועד והן נפרשים מעבודת כוכבים והם ניצולים (כ"ב, ח).

הביטוי "באיסור במה" מוקשה, אך אני מניח שגם הוא נוגע לאיסור עבודה זרה. נציין שמהר"ם אלשקר הציע את דברי המדרש כמקור עיקרי לדבריו של הרמב"ם על טעמי הקרבנות ב**מורה הנבוכים**, חלק ג, פרק לב; שם, פרק מו. ראו **שו"ת מהר"ם אלשקר**, סימן קיז (עמ' 302).

זרים של אמונות טפלות או שאריות של מאגיה. הרוחניות מסוגלת להידרדר לאמונה ברוחות וכדומה.

לבסוף, לצד הסכנה הדתית יש גם חשש מוסרי. רוחניות מוגזמת, הצבועה אולי ב״ביטול היש״, עלולה לגרום להסטת המבט מסבל בעולם החומרי, סבל שנראה לאיש ה״רוחני״ כדבר פעוט. כמובן, אנו נקראים ללכת בדרכו של הקב״ה ״המגביהי לשבת המשפילי לראות בשמים ובארץ״ (תהילים קי״ג, ה-ו), אך בקלות ניתן לשכוח את הלקח מדבריו המוכרים של רבי יוחנן: ״כל מקום שאתה מוצא גבורתו של הקב״ה אתה מוצא ענוותנותו״ (מגילה לא ע״א). רוחניות שאיננה מידתית עלולה להאיץ שכחה כזאת.

אין בסכנות אלו סיבה להתנתקות מן הרוחניות. היא מרכיב חיוני של החיים הדתיים, אך יש בהן כדי לחייב אותנו לטפח וללטש אותה בזהירות. לצד ההסתייגות מלגליזם יבש, יש בכך אתגר למימוש עצמי מיטבי בשאיפה לעבודת ה׳ אינטגרטיבית. כאמור, אילו נאלצנו להכריע בין שמירת מצוות יבשושית ובין דינמיות רוחנית חוץ־הלכתית, אנו, המצווים ועושים, היינו בוחרים, בצער אך ללא היסוס, בראשונה. אך האם ניתן להעלות על הדעת שהקב״ה העמיד ברירה אכזרית שכזו בפנינו? מטרתנו, שהיא חובה ושאיפה כאחת, היא לצרף הלכה רוחנית עם רוחניות ממושמעת, צירוף המאפשר לנו להכיר הן את השירה והן את הפרוזה של הקיום היהודי האידיאלי.

נושא מאמר זה הוא בוודאי על־זמני. אולם הוא נושא גם רלוונטיות עכשווית, לאור התגברות העניין לאחרונה ברוחניות בעולם המערבי בכלל ובמגזר היהודי בפרט. ראוי שאגע במצב הנוכחי מתוך התמקדות במתרחש בעולם היהודי. אינני טוען שיש לי היכרות אינטימית ומקיפה עם התופעה, אך נראה לי שאוכל לעסוק בכמה סוגיות בעלות משמעות הנוגעות לה.

בתפיסת הציבור הרחב הביטוי הבולט של התופעה הוא התלהבות – במיוחד במסגרת התפילה. ערבי שירה, ריקודים בחצות הליל, קבלת שבת ב״נוסח קרליבך״ – אלו כמה מסימניה. בהערכת ההתפתחות הזאת אני משוכנע שבסך הכל היא מועילה – במיוחד בקרב ציבור ׳בעלי הבתים׳. התסיסה וההתרגשות המורגשת אצל רבים בתפילה הפונה אל ה״נפש״ הן ניגוד לחיוורון וליובש שאפיינו בתי כנסת רבים לפני זמן לא רב. מבקרי התופעה הנרגנים טוענים שעבור רבים, ההתרגשות בשעת קבלת שבת איננה אלא אופנה המתקיימת כאי בודד, המוקף באורח חייהם הפושר של אנשים ששאיפותיהם חומרניות. ייתכן שכך הוא המצב – אין לי שום דרך לשפוט זאת (ובעצם – מי שם אותי להעריך את עומק הכנות של אחרים?).

על כל פנים, אין לזלזל גם באי בודד. אני גם מתקשה להאמין שרגעים כאלה אינם משאירים חותם על האישיות הרוחנית כולה.

כשביטאתי לאחרונה את ההערכה הזאת היו שהגיבו בהפתעה, "הגם אתה ברוטוס?" אך אין מקום להפתעה. לפני קרוב לעשרים שנה הדגשתי את הצורך בהחדרת רוח לתוך מוסדות החינוך שלנו. כמו כן, בנאום בשנת תשמ"ה (שפורסם לאחר מכן בסיום **באור פניך יהלכון**) דיברתי על אודות הצורך במעורבות רגשית בתורה: "אכן, הלהט הוא המפתח – התלהבות שהיא חשובה כשלעצמה בתור מרכיב בעבודת ה', והתלהבות שהיא גם מפתח לטיפוחם של מרכיבים אחרים.... על מנת לשמר את אותה התלהבות, אנו כמחנכים צריכים להיות מוכנים להקריב – ואפילו להקריב במידה משמעותית – חלק מן ההישג השכלי האובייקטיבי". מאז חזרתי מפעם לפעם לנושא הזה, ומכאן שאני עקבי לגמרי כאשר אני טוען שלגבי רוב המובילים והשותפים ברוחניות החדשה, המאזן הדתי הוא חיובי.

יש לי הסתייגויות מספר, כמה מהן כבדות משקל. הראשונה שבהן נוגעת לתפיסתנו את הרוחניות. כולנו תומכים בהתלהבות דתית (ומתקשים להאמין שבתקופת לוק ושפטסברי, במאה השבע עשרה, למילה enthusiasm הייתה קונוטציה שלילית). אך עלינו להיזהר שלא לראות את הרוחניות רק מבעד לפריזמה של התלהבות וביטוייה החיצוניים. האם ניתן לפקפק ברוחניות של ג'ורג' פוקס וחסידיו, כת הקווייקרים הקוויאטיסטים? האם היה ביירון רוחני יותר מוורדסוורת'? אדרבה, אין דבר מנוגד יותר לרוחניות מאשר הגבלת הרוח לביטויים חיצוניים של סער ופרץ. האם זו לא הייתה אזהרתו של קרלייל (מהדמויות המרכזיות של הרוחניות הוויקטוריאנית), "סגרו את ביירון ופתחו את גתה"?

נוסף על כך, יש לשקול היטב את האיזון בין חדשנות למסורת. אינני בטוח אם דברי הרמ"א בהלכות יום הכיפורים "ואל ישנה אדם ממנהג העיר, אפילו בניגונים או בפיוטים שאומרים שם" (אורח חיים סימן תריט סעיף א) מכוונים גם כלפי תפילת יום חול או שבת. עובדה שהרמ"א המתין עד למקום זה בספרו כדי לפסוק כך. אך בהיבט רחב יותר, הנוגע לא רק לניגונים אלא גם לאווירת התפילה ומקומה, יש צורך בדיון שקול ורגיש.

הדאגה העיקרית שלי חורגת מנוהלי בית הכנסת ונוגעת לסוגיות עיקריות, המכריעות במיוחד בחיי הציבור הדתי־לאומי. למשל, באחת מישיבות ההסדר שנחשבות "רוחניות", הציבור פורץ בריקוד באמצע תפילת יום הכיפורים. ההסבר שניתן לכך הוא שאם אפשר לרקוד בשמחת תורה אזי אין מקום להבחין בין יום

ליום. הסבר זה מטריד עוד יותר מעצם האירוע. למי שמציג הצדקה כזאת אין שום מושג לגבי התוכן האמיתי של יום הכיפורים, וסביר שאיננו מבין את המשמעות של שמחת תורה. הוא בוודאי מחק מתודעתו את ההסבר של הגמרא לאי אמירת הלל בימים הנוראים:

> אמר רבי אבהו: אמרו מלאכי השרת לפני הקדוש ברוך הוא: רבונו של עולם, מפני מה אין ישראל אומרים שירה לפניך בראש השנה וביום הכפורים? אמר להם: אפשר מלך יושב על כסא דין וספרי חיים וספרי מתים פתוחין לפניו, וישראל אומרים שירה? (ראש השנה לב ע"ב)

במקרה הזה, אווירת היום נקבעה על פי נטייה אישית ולא לפי לוח השנה ההלכתי.

תופעה מדאיגה עוד יותר היא רוחניות תועה, המעוותת את פניו של תלמוד תורה. בישיבה אחרת רבנים מאמצים פירושים מעין קבליים לדיונים ההלכתיים שבתלמוד ומעודדים גם את תלמידיהם לנהוג כך, בשם מה שנטען להיות שאיפה "רוחנית" להבין את "פנימיות התורה". על פי זה, עושים שימוש בדימויים המתארים דברים כעליונים, עמוקים או פנימיים כדי לרמוז למידה יתרה של אמת, ערכיות או קדושה שהם מתיימרים להשיג בדרך לימודם. בהקשר הזה הדחף הרוחני הוא כפול, בדומה לשני המרכיבים הקיימים אצל תומכי עמדת הרמב"ם, הדוחה כל הגשמה של האלוהות. ראשית, היא מזככת את מושג האלוהות לעומת גישות מופשטות פחות. אך מעבר לתוצאה המושגת, גם בעצם תהליך הפרשנות יש נימה רוחנית. קריאה מטפורית או אלגורית היא פחות צמודה או כבולה לטקסט, והדמיון יכול לפעול באופן חופשי יותר בעת תהליך הפרשנות.

המציאות כאן דומה. הבנה "פנימית" של סוגיות תלמודיות כמו 'שור שנגח את הפרה' או 'שניים אוחזין בטלית' מאפשרת לצאת מן התחום הארצי המשעמם של בגדים ובקר ולנסוק אל עבר מציאות שמימית. נוסף על כך, ישנו גירוי מלהיב הנובע מעצם טיבה של היוזמה הפרשנית המשחררת.

עבור מי שסבור שיש אמת בתובנות האלו, אין לי אלא לומר, "אשרי המאמין". אך מה שמדכדך את מי שחונך להתמודד עם המציאות הריאלית שמתוארת בהלכה על פי מושגיה היא, הוא ניצולה של רוחניות שגויה כדי לגלות פנים בתורה שלא כהלכה, פשוטו כמשמעו.

בעיה חמורה אף יותר כרוכה בסכנות האורבות בתחום מופשט יחסית. הרוחניות הדתית משתקפת בשני תחומים. הראשון, שעליו כבר הצבענו, קשור לסגנונות

התפילה ולביטויים דתיים בכלל. השני מתמקד ברמה ובאפיון של החיבור לעולם הטרנסצנדנטי בכלל ולריבונו של עולם בפרט והדבקות בהם. בצורתה הקיצונית ביותר, נטייה זו משתקפת במסורות מיסטיות, ובמיוחד במיסטיקה המזרחית. במידה פחותה, היא מרכיב משמעותי גם בתפיסות דתיות מתונות יותר.

כמובן, השאיפה לדבקות היא חיובית כשלעצמה, בהנחה שהיא איננה פוגעת במודעות לתהום הפעורה בין האדם לבוראו. אולם כאשר יש שחיקה בהכרה בא־ל כ"אחר המוחלט", הרצון להתאחד עם הא־ל עלול להיות מסוכן – מסוכן לאמונה היהודית יותר מאשר לנצרות. אנו מכירים את הביקורת של הגר"א כלפי 'ספר התניא' בהקשר הזה, ויש לה מקבילה בדבריו של קארל בארת (Barth), הדוחים את התאולוגיה הרומנטית של שליירמאכר. השאיפה לדת "רוחנית" יותר מתבטאת לעתים קרובות בצמצום התהום הזאת בין האדם לא־ל ועידוד יחסים של היכרות חופשית ביניהם. במציאות הנוכחית ניתן להפנות לתומכיה את השאלה הרטורית של הגמרא, "חברותא כלפי שמיא מי איכא?" (ברכות לד ע"א).

אם באנו להתחקות אחר מקורות האופנה הרוחנית העכשווית אצלנו, ללא ספק עלינו לחפש את חלקם בגורמים אוניברסליים, מכיוון שהתופעה חוצה גבולות. אך אם נתמקד במקורות שמבית, בייחוד בציבור הדתי־לאומי בישראל, ברור שדמותו של הרב קוק[33] עומדת במרכזם. אישיותו וכתביו השאירו חותם בל יימחה על ציבור זה, וחלק ממורשתו, המשתקפת בחייו וביצירתו, היא התעוררות הרוחניות. על כך אנו חייבים לו תודה. יש מי שסבור שהוא אחראי, אמנם שלא במכוון, גם לחלק מהתופעות המוגזמות המתרחשות כעת. אינני מוסמך להכריע בנושא זה, אך עובדה היא שאלה שבעיניי חוצים את הגבולות רואים עצמם כממשיכי דרכו של הראי"ה. יהא מקורה של התופעה הזאת אשר יהא, עלינו להיות ערים למלוא חומרת הנושא.

אין מדובר בשאלה תאולוגית מופשטת הנתונה לוויכוח. על הפרק עומד מעמדו של האדם בפני הקב"ה. הרבה ממה שמתיימר להיות "רוחניות" למעשה תובע להנמיך את מקומה של יראת ה' לעומת אהבת ה'. ק"ס לואיס העיר פעם שרוב האנשים אינם מעוניינים באביהם שבשמים, ומעדיפים סבא בשמים. יש שהיו מעדיפים בן או בת זוג. בראיית היהדות המסורתית, עניין זה הוא בעל חשיבות מכרעת. אין כאן המקום להאריך, אך יש להדגיש נקודה אחת: גם אם חז"ל ראו את העבודה מיראה כעבודת

33. ראו בקובץ: *Rabbi Avraham Isaac Kook and Jewish Spirituality*, ed. Lawrence Kaplan and David Shatz (New York, 1995); ובייחוד במאמריהם של ג'רום (יהודה) גלמן ("Poetry of Spirituality") ושל הרב נורמן (נחום) לאם ("Harmonism, Novelty, and the Sacred in the Teachings of Rav Kook").

ה' נחותה, הם לא סברו כן לגבי היראה עצמה. כמניע לחיים הדתיים ולקיום המצוות, האהבה מעולה יותר; אך כחלק אינטגרלי מהעולם הפנימי הדתי, כחלק מיחסו של האדם לבוראו וחוויית העמידה לפניו, הפחד או היראה תופסים את מקומם לצד האהבה. הרמב"ם, אשר בסיומו של ספר המדע מציב את העבודה מיראה כנחותה, מציב את יראת הרוממות כמצוות עשה בפרק השני של אותו החיבור, והוא מרחיק לכת בקביעה שאהבה ויראה יכולות לצמוח יחד מאותה התבוננות חווייתית. ואכן, ניתן להציע ללא פרדוקס שלדעתו ניתן לקיים את מצוות היראה מתוך דחף של אהבה.

ייתכן שאף כמצוות ספציפיות האהבה עדיפה מיראת העונש ואף מיראת הרוממות. דבר זה משתמע מהסברו של הרמב"ן לדין ש"עשה דוחה לא תעשה",[34] או מדברי הרמב"ם שתכלית המצוות המעשיות להביא ליראת ה' ואילו הדעות הפילוסופיות שהתורה מלמדת אותנו נועדו להביא לאהבתו.[35] אך גם אם כך הם הדברים, אין לפקפק במקומה של היראה כחלק חיוני של החיים הדתיים שלנו. היא הייתה המוטיב המרכזי במעמד הר סיני; חז"ל בכלל מכנים מחויבות דתית בתואר "יראת שמים"; ואנו אומרים יום יום "ויחד לבבנו לאהבה וליראה את שמך".

חוששני שחסידי הרוחניות דהשתא נוטים לערער את מעמדה של היראה, ומתוך כך לשחוק את מהותה של היהדות: קבלת עול מלכות שמים וקבלת עול מצוות. יש חוגים בארץ שבהם ניתן לשמוע דיבורים רבים על "התחברות" אך מעט על "התחייבות". רק לאחרונה שמעתי על דרשת בר מצווה של בנו של רב בעל נטיות רוחניות שהייתה ספוגה בהתחברות ומימוש עצמי אך נטולת שפה של עול או עבדות. אם ניקח דוגמה שהופיעה בדפוס, נשאלת השאלה כיצד יש להבין את הדברים של הרב שג"ר, הקרוב לחוגים ה"רוחניים":

> האמונה בהלכה, כמו גם אמונת חכמים בהקשר זה, אינה נובעת בהכרח מכך שיש לי הוכחה שהם היו החכמים הכי חכמים. מקורה בסוג של אינטימיות – התורה והיהדות זה אני! הבחירה שלי בעצמי היא בחירה בתורה, במסורת. לא לחינם הביעו חכמים במדרשים רבים את אהבתם לתורה במטפורות הלקוחות מחיי

34. ראו בפירושו לשמות כ', ז:

> ולכן מצות עשה גדולה ממצות לא תעשה, כמו שהאהבה גדולה מהיראה, כי המקיים ועושה בגופו ובממונו רצון אדוניו הוא גדול מהנשמר מעשות הרע בעיניו.

יש לציין שהדבר מופיע בהקשר של דרגות עבדות.

35. ראו **מורה הנבוכים**, חלק ג, פרק נב.

איש ואשתו. הכרה זו, שבפי חז"ל נקראת קבלת עול מלכות שמים נותנת את האופציה למגע עם האין־סוף בהיותה מוחלטת וראשונית.[36]

רק להעלות על הדעת שתרגיל זה בנרקיסיזם אמור להיות מושווה לקבלת עול מלכות שמים!

נתקלתי אף בתופעה מדאיגה עוד יותר, שאני מקווה שאיננה אופיינית אך חוששני שהיא מבשרת רעות לעתיד. לאחרונה, לקראת סופה של חתונה של חתן מישיבה המניפה את דגל הרוחניות – בזמן ריקודים נמרצים ונלהבים – שמעתי במקרה את אחד מחברי החתן מעודד את חברו: "בעצם, אתה לא צריך לקנא בא־לוהים, מפני שאתה הוא. רק החלק שבנו שעושה רע איננו א־לוהים; אשר לכל השאר, אתה הוא".

אולי אין אלו המילים המדויקות, אך הדברים היו קרובים לכך, ומבחינת המהות השחזור מדויק. עמדה בפניי השאלה המובנת מאליה: האם היה קשר בין ההתלהבות ובין הגידוף כלפי שמיא, שתמימותו אינה מפחיתה מחומרתו? ברור לי שלא חייב להיות קשר, ואולם במקרים מסוימים אני חושד שהוא קיים. הדבר מעורר לא רק מחשבה אלא גם דאגה.

לסיכום, אנו עומדים בפני קשיים ניכרים. אני חוזר ואומר שבחשבון הכולל, היתרונות הרבים והמגוונים של גל הרוחניות הנוכחי עולים על חסרונותיו, אף בתוך המחנה שלנו. אך חלק מביטוייו – בעיקר הקש והגבבה האידיאולוגיים – מעוררים דאגה רבה, ויש להתמודד עמם.

ובכך חזרנו לשאלה הראשונית. כיצד עלינו להשיג את החיבור האופטימלי של חוק א־לוהי ורוחניות אנושית, להיות מחויבים לשניהם בלי לבטל אף אחד מהם? אנו סמוכים ובטוחים שהדבר אפשרי. אנו מסרבים לקבל שנגזר עלינו להכריע בין פורמליזם יבש ובין רגישות ללא גבולות. אנו דוחים הן את ישעיהו ליבוביץ והן את מרטין בובר. אך את הביטחון שלנו יש לתמרץ, ולשם כך יש צורך במאמץ ובמחויבות. יש אמרה המיוחסת לחסיד אנונימי: "מתנגדים אינם מתפללים – אך בזמן; חסידים מתפללים – אך לא בזמן". זאת אמירה שטחית ומוטה, וגם שקרית. תפקידנו לדאוג לכך שגם הלגליסטים וגם הרוחניים יתפללו – ושניהם בזמן.

36. מתוך ריאיון שפורסם בכתב העת **דעות**, גיליון 3 (שבט תשנ"ט), עמ' 12.

חובות הלבבות והתגובה לסבל

על פי לוח הזמנים שתיארו חז"ל,[1] תולדות הסבל האנושי קצרות רק שעות מספר מתולדות האדם עצמו. מאז האסון המטלטל שפקד את העולם הקדמון בעקבות החטא הראשון, ועד למצוקה הנוכחית של מיליונים בדורנו, הקיום האנושי רווי צער, עצב ותסכול – ואחריתן מי ישורנה, עד אחרית הימים.

לעובדה זו משמעות כפולה: לצד היותה בראש ובראשונה מציאות קיומית, היא גם נושא לדיון פילוסופי, שנבט בצורה שונה בקרקען של מסורות שונות. בעולם המחשבה הכללי הסבל הוא מוקד מרכזי לעיסוק אתי, בהיותו שזור ביסודות מוסריים ופסיכולוגיים; בהקשר הדתי השתקפו כמובן ממדים אחרים. בעיני רבים הממד הבולט הוא הניסיון להבין ולהסביר את הסבל כתופעה מטפיזית; ובמיוחד, הניסיון ליישב את קיומו עם אמונה בא־ל כל־יכול ויודע־כל, שהוא גם טוב ומיטיב. מהתמודדות זו צמחה ספרות 'הצדקת הא־ל', אשר כמה מיצירות המופת של הספרות המערבית נמנות עמה: 'פרומתאוס הכבול' של אייסכילוס, 'נחמת הפילוסופיה' של בואתיוס, 'גן העדן האבוד' של מילטון, 'תיאודיצאה' של לייבניץ, 'מסה על האדם' של אלכסנדר פופ, או 'לזכר אה"ה', מחרוזת השירים של טניסון; אלו הן כמובן רק מקצתן.

לא יפתיע אותנו להיווכח שגם היהדות ביטאה את ההתלבטות בנושא הזה. הדוגמה התנ"כית הקלסית היא ספר איוב. הרמב"ן ראה בַּסבל את הנושא המרכזי גם בספר קהלת, ובדרשתו על מגילה זו הוא מציין אף מקראות נוספים הנוגעים לעניין.[2]

תרגם מאנגלית: קלמן נוימן

1. ראו סנהדרין לח ע"א.
2. ראו **דרשה על דברי קהלת** לרמב"ן, **בכתבי הרמב"ן**, מהדורת הרב ח"ד שעוועל, חלק א, עמ' קצג-קצט.

חז"ל קבעו שלבטיו של משה רבנו בשאלת הסבל היו לטיעון מרכזי בתחינתו לקב"ה לאחר חטא העגל.

> "הודיעני נא את דרכיך". אמר לפניו: רבונו של עולם! מפני מה יש צדיק וטוב לו ויש צדיק ורע לו, יש רשע וטוב לו ויש רשע ורע לו? (ברכות ז ע"א)

כמו כן, בדברי חז"ל פזורים להם סיפורים ואמירות המעידים על התמודדותם עם הנושא.

אף על פי כן, אנו נוטים לקבל את הקביעה הכללית של מו"ר הרב סולובייצ'יק ז"ל שההתייחסות העיקרית של היהדות אל הסבל איננה בתחום הספקולציה המחשבתית. היהדות פגשה את הסבל כמציאות קיומית וחווייתית שיש לטפל בה בדרך מעשית ובקביעות נורמטיביות. ההתמקדות היא בתגובה, לא בהסבר. בסופו של חשבון המסר הוא "הימנע מלבזבז את החוויות המסעירות, עשה בהן שימוש. נצל אותן. אפשר לכל חוויה כזאת להוות נקודת מוצא לחיים נעלים וראויים יותר".[3]

הועלתה בפניי השאלה: "כיצד יכולה וצריכה להיות מושפעת התגובה לסבל, רוע ואסון מחובות הלבבות כגון תשובה, תפילה ותענית?" אני מבקש לדון בנושא על רקע האמור לעיל.

בעצם אין מדובר בשאלה אחת אלא במערכת שלמה. אם להתבטא בצורה כללית, מדובר בהכפלת מספר החובות במספר סוגי האסונות, ובטיפול נפרד בשאלות "יכולה" ו"צריכה". אך אם נסקור את כל השאלות בסקירה אחת, יש נושא העומד במוקד הדיון. אם נקרא אותה באופן מילולי, ניסוח השאלה מניח שחובות הלבבות (מעצם היותן חובות) יכולות וצריכות להשפיע על היחס שלנו לאסון. כל מה שנותר לבדוק הוא "כיצד".

לדעתי, הנחה זו רחוקה מלהיות מובנת מאליה. ברור שתגובה יהודית לסבל יכולה וצריכה לכלול תפילה ותענית. אך האם היא נובעת מהיותן "חובות"? אם כן, באיזו מידה? לדעת רוב רבותינו הראשונים אף בשעת צרה התפילה איננה אלא חובה

3. מתוך דברים בעל פה שנשא הרב ז"ל בסיכום דיון לאחר הרצאה על 'בריאות הנפש וההלכה' בסימפוזיון של המכון הלאומי לבריאות הנפש בשנת תשכ"א [הודפס ב**מן הסערה** (תל אביב תשס"ט)]. בקטע הפתיחה של המסה 'קול דודי דופק' רותם הרב את נושא הסבל להבחנה בין 'ברית הגורל' ל'ברית הייעוד'. לדבריו, גישת איש ברית הייעוד "הלכית־מוסרית היא, ונטולה היא כל נימה מטפיסית־ספקולטיבית" (**דברי הגות והערכה**, ירושלים תשמ"ב, עמ' 12). מכל מקום, נראה לי שיהיה זה מרחיק לכת מדי לראות בכך סיכום של עמדת היהדות בכלל.

מדרבנן.[4] הרמב"ם כותב כך גם לגבי תענית: "ומדברי סופרים להתענות על כל צרה שתבוא על הצבור עד שירוחמו מן השמים" (הלכות תעניות פ"א ה"ד). לעומת זאת, התשובה היא מצווה מדאורייתא. האם בגלל השוני ברמת החובה של המצוות הללו, המענה לשאלה שהוצגה צריך להיות שונה? יתר על כן, מי שאיננו יהודי איננו חייב באותן חובות הלבבות. האם בשל כך תהיה שונה התגובה עבור שואל מוסלמי או נוצרי מהתגובה שהיינו מציבים לעצמנו?

אני מודע היטב לעובדה שחז"ל העניקו משקל מיוחד לממד החובה של פעילות רוחנית. כולנו מכירים את דברי הגמרא שמציגים את העמדה הנפוצה כי פעולה הנעשית מתוך רצון חופשי ומתוך התנדבות ראויה לשבח יותר מזו הנעשית מתוך חובה. אולם אחר כך מובאת עמדת רבי חנינא ש"גדול המצֻווה ועושה ממי שאינו מצֻווה ועושה" (בבא קמא פז ע"א). עמדה זו התקבלה ללא ספק כעמדה מוסמכת והיא מוזכרת בספרי הראשונים והפוסקים בהקשרים שונים ומיושמת במגוון מצוות, החל במצווה מרכזית כתלמוד תורה[5] וכלה במצוות דרבנן המזערית ביותר.

למרות זאת, בהקשר הזה אני מסתייג מייחוס חשיבות לצד החובה. ראשית, למיטב ידיעתי חז"ל אינם מגדירים את המידה המדויקת שבה המצֻווה עדיף מהאחר, ולכן קשה לדעת איזה משקל יש לייחס למרכיב הזה. שנית, כמה מרבותינו הראשונים הבינו כנראה שמעשה המצֻווה כשלעצמו איננו בעל ערך רב יותר; חשיבותו נעוצה בהיותו עשוי להיות מלווה בחשש לאי־מילוי החובה, וזה יגרום לכך שהמצווה תתבצע ברמה גבוהה יותר. כדברי התוספות: "נראה דהיינו טעמא דמי שמצווה ועושה עדיף לפי שדואג ומצטער יותר פן יעבור ממי שאין מצווה... שאם ירצה יניח" (קידושין לא ע"א ד"ה גדול). הריטב"א מצדו רואה את יתרון המצֻווה בצורך שלו להתגבר על התנגדות רבה יותר: "פירשו רבותינו ז"ל טעם הדבר שזה שטן מקטרגו כשהוא מצווה וזה אין שטן מקטרגו ולפום צערא אגרא" (חידושי הריטב"א, שם). לעומת שיקולים סובייקטיביים אלו, מביא הריטב"א בשם הרמב"ן הסבר אחר: "ורבינו הגדול ז"ל פירש שהמצות אינן להנאת הא־ל יתברך המצווה אלא לזכותנו, ומי שהוא מצווה קיים גזירת המלך ולפיכך שכרו מרובה יותר מזה שלא קיים מצות המלך" (שם).

ואולם לדעתי, גם על פי דעה זו אלמנט החובה איננו גורם מכריע בנושא שלפנינו. המשמעות של תפילה או של תשובה כחלק מתגובתנו לסבל נובעת, במידה מכרעת, מעצם היותן אספקטים של יחסנו לריבונו של עולם, מן העובדה

4. ראו **שאגת אריה**, סימן יד; **שו"ת משכנות יעקב**, אורח חיים סימן צ.

5. ראו **רמב"ם**, הלכות תלמוד תורה פ"א הי"ג.

הפשוטה ששערי תפילה ותשובה לא ננעלו, מכך שהן משקפות את האפשרות שיש בידינו לפנות אליו יתברך על כל הכרוך בכך. לוז העניין הוא הזיקה, בשלב ובצורה כלשהם, בין הסבל האנושי ובין נוכחותו של הקב"ה. במובן זה התופעה של פניית ה'אני' הפנימי אל בוראו כשלעצמה היא המכרעת, והעובדה שיש בכך מילוי חובה הלכתית פורמלית איננה כזאת. לכן הייתי מרחיב את הנושא באופן שיעסוק ב'חוויות הלבבות' ולא ב'חובות הלבבות'.

מצווה מסוימת או עבודה ה' בכלל?

גם בנקודה נוספת הייתי רוצה לסטות מן הניסוח שנקבע. סבורני כי יש להידרש לא רק ל"תגובה" לסבל, אלא לכלל היחס אליו. יש להבחין לא רק בין אופנים שונים של תגובה אלא גם בין שלבים נפרדים. תגובה מגיעה לאחר מעשה – כך מבחינה לוגית, ובדרך כלל גם מבחינה פסיכולוגית וכרונולוגית. כמעט מעצם הגדרתה התגובה באה בעקבות משהו אחר. במקרה שלנו, השפעת הרגישות הדתית הפנימית על חוויית הסבל קודמת בזמן לסבל עצמו אך קיימת גם לפניה וגם עמה בו־זמנית. היא עשויה לשנות לא רק את יחסו של אדם לסבלו אלא גם את עצם חוויית הסבל. התחושה הדתית איננה רק כלי של הבנה מודעת ותגובה רגשית לאחר מעשה, אלא פריזמה שדרכה האסון משתקף ושדרכה ההשתקפות עצמה נשברת. הרגישות הדתית לא רק צופה בסבל מבחוץ, אלא היא מרכז עולמו של האדם הסובל.

על כן, הרשימה המפורטת ("תשובה, תפילה ותענית") בנושא שיועד לי מקנה רושם מוטעה. ההשלכות של חובות הלבבות על היחס שלנו לסבל אינן מוגבלות למצוות שקשורות בכך במישרין. הן כוללות ממדים רחבים יותר, החשובים לפיתוח אישיות רוחנית שלמה ויחסה לבורא. האדם הונח ב"עמק של עיצוב הנפש" (the "vale of soul-making), כדברי המשורר קיטס (Keats), והאתגר העומד בפנינו הוא גיבוש עצמנו – בלי להתייחס לעובדה שהעולם עלול ליהפך גם לגיא צלמוות. ברור שהמידה שבה מילאנו את תפקידינו ביסודיות וביצירתיות תשפיע בהכרח על אופן תגובתנו לסבל אם וכאשר יבוא. אדם שחדור באהבת ה', מלא הוד מיראת ה', מקבל כוח מאמונה וספוג בביטחון שהוא מחוזק ומואר – מתמודד עם אסון בצורה שונה מאוד מחברו שהדברים האלה אינם קיימים אצלו. כל זה קודם לחוויית התגובה עצמה.

אהבת ה' והתגובה לסבל

נקודה זו מודגמת היטב בקשר למצוות אהבת ה', שלדעת רבנו בחיי היא פסגתן של חובות הלבבות. בפתח שער אהבת ה' החותם את החיבור, הוא כותב:

> כל מה שהזכרנו לעיל בספר הזה מחובות הלבבות ומעלות המדות ומבחר תכונות הנפשות, אינם אלא מעלות ודרגות אל הענין הנעלה אשר מטרתנו לבארו בשער הזה. (**חובות הלבבות**, בתרגום אבן תיבון, מבוא לשער אהבת ה')

אם אהבת ה' היא השיא של חובות הלבבות, מה השפעתה על תגובתנו לסבל?

במישור אחד יש לה השפעה ישירה. ממד אחד של מצוות אהבת ה' עוסק במפורש במצב של אסון, ואף אסון מוחלט של מוות. המשנה בברכות מלמדת את גדרי מצוות "ואהבת":

> "ובכל נפשך" – אפילו הוא נוטל את נפשך... "בכל מאדך" – בכל מדה ומדה שהוא מודד לך... (ברכות נד ע"א)

בהמשך הגמרא רבי עקיבא מוצג כבעל הדרשה וגם כמי שמיישם אותה בפועל:

> בשעה שהוציאו את רבי עקיבא להריגה זמן קריאת שמע היה, והיו סורקים את בשרו במסרקות של ברזל, והיה מקבל עליו עול מלכות שמים. אמרו לו תלמידיו: רבינו, עד כאן? אמר להם: כל ימי הייתי מצטער על פסוק זה "בכל נפשך" – אפילו נוטל את נשמתך, אמרתי: מתי יבא לידי ואקיימנו, ועכשיו שבא לידי לא אקיימנו? (שם סא ע"ב)

השאלה המובנת מאליה "זו תורה וזו שכרה?" מיוחסת בברייתא למלאכי השרת, הצופים מן הצד, אך לא לגיבור המעשה עצמו. בדומה לכך הספרי מזכיר את עיקרי המשנה ומרחיב:

> וכן דוד אומר "כוס ישועות אשא ובשם ה' אקרא", "צרה ויגון אמצא ובשם ה' אקרא". וכן איוב אומר "ה' נתן וה' לקח יהי שם ה' מבורך". (ספרי דברים פסקא ז)

אם כן, הרי לנו ממד של מצוות אהבת ה' שיש לו השלכה ישירה על התגובה לסבל. אך האם זהו הממד היחיד? בספרות ההלכה נמנות פנים רבות של המצווה. הנצי"ב בתשובה ידועה העוסקת בהגדרת "מימינים" ו"משמאילים" בדת ישראל מדבר על שני מרכיבים של אהבת ה':

> ראשית דבר יש לדעת דבמצוות עשה "ואהבת את ה' א-להיך" וגו' שאנו קוראים בכל יום, נכלל שני משמעות ושניהם מבוארים בפסקי הרמב"ם ז"ל, פי' אחד שימסור גופו ונפשו וכל רצונו לרצון ה', כמו מי שאוהב את בנו יחידו ונוח לפניו להפקיר כל אשר לו בשביל חיי בנו יחידו כי זה כל האדם, כך מצוות עשה למסור עצמו על קידוש ה' במקום סכנה... פי' השני שיהא דבק במחשבתו ותשוקה להשיג רוח הקודש בזמן שהי' אפשר או עכ"פ הערה גבוהה למעלה למשכיל ובלשון לועז מכונה אהבה זו [די ליבע]. (**שו"ת משיב דבר**, חלק א, סימן מד)

על שתי המשמעויות שציין הנצי"ב – חובת מסירות הנפש ואהבת הא-ל האינטלקטואלית – ניתן להוסיף לפחות ארבע נוספות: הרגש שייחס הרמב"ם ל"חולת אהבה" שבשיר השירים, רגש מתמיד ומכלה מפניו את הכל, רגש הכולל גם הקרבה עצמית וגם כיבוש מושא האהבה;[6] הדחף לקידוש השם, "שיהא שם שמים מתאהב על ידך", כפי שעולה מן הגמרא;[7] החובה לקרב את הבריות לעבודתו: "אהבהו על הבריות כאברהם אביך", כדברי הספרי;[8] ולבסוף (ואולי לדעת הרמב"ן זו הדרישה העיקרית) הקריאה לעגן את עבודת ה' כולה באהבת ה':

> וענין האהבה בארו אותו רבותינו. והמפורש שבדבריהם מה שאמרו בספרי (עקב) שמא תאמר הריני לומד תורה בשביל שאקרא חכם, בשביל שאשב בישיבה, בשביל שאאריך ימים, בשביל שאזכה לעולם הבא, ת"ל לאהבה וגו'. (פירוש הרמב"ן לדברים ו', ה)[9]

6. ראו הלכות תשובה פ"י הי"ג.
7. ראו יומא פו ע"א.
8. ראו ספרי שם.
9. השוו נדרים סב ע"א ורמב"ם, הלכות תשובה פ"י ה"א-ה"ה. הרמב"ם מדבר על אידיאליזם מוסרי טהור: "עשה האמת מפני שהוא אמת", וגם על אידיאליזם דתי המעוגן באהבת ה'. השניים אינם זהים בהכרח.

האם מישהו סבור שתרכובת זו תשפיע אך במעט על התגובה לסבל? היעלה על הדעת שהנפש הצמאה לא־לוהים, המתעוררת מחוויה רגשית או מהתבוננות שכלית, תגיב לאסון בצורה שאיננה שונה מזו של אדם רפה ושאנן? האם השמחה שברוח האדם המלא אהבת ה׳ לא תשאיר שום עקבות המשפיעות על ההתמודדות עם משבר צפוי? האין זה נכון שהשאיפה לעבר הנצח תטביע את חותמה על היחס לעולם הזמני? האם מי שמבחינה דתית רואה את הכל מבעד לפריזמה של ה׳אני׳ ומי שמוכן לוויתור על הכל יגיבו באותה צורה לאסון שבא מאת הקב״ה? האין למחויבות קבועה לקבלת רצון ה׳ מתוך אהבה שום השפעה עמוקה וארוכת טווח? האם מי שאימץ את דרכו של אברהם אבינו בקירוב אחרים לאהבתו יתברך לא יעתיק את הדגם של ״אברהם אוהבי״ גם בחוויית הניסיון?

מצוות אחרות — יראה, תפילה ותשובה

התשובה מובנת מאליה. ניתן לחבר רשימה דומה של שאלות רטוריות לגבי מידות אחרות הכלולות בחובות הלבבות. לדוגמה, הרמב״ם סבור שהתבוננות בעולם הנברא מביאה הן לאהבה והן ליראת הרוממות:

> וכשמחשב בדברים האלו עצמן מיד הוא נרתע לאחוריו ויפחד ויודע שהוא בריה קטנה שפלה אפלה עומדת בדעת קלה מעוטה לפני תמים דעות, כמו שאמר דוד ״כי אראה שמיך מעשה אצבעותיך״. (הלכות יסודי התורה פ״ב ה״ב)

ברור שמי שחדור מודעות לאפסיותו היחסית יתמודד עם אסון (ובמיוחד אם הוא מאמין שהוא גזרת שמים) באופן אחר מטיפוס שלֵו הבטוח בערכו העצמי. ההבדל בין פרומתאוס לאיוב (גם ברגעיו המרדניים יותר) אינו מתמצה בשוני בין הכלים שברשותם להתמודדות עם הסבל ולהבנתו. הפער ביניהם נובע מן השוני בין שני עולמות דתיים שנוצרו מתוך החוויה הרוחנית הכוללת של כל אחד מהם. גם קיום מצוות הדבקות (בהנחה שהיא איננה נקשרת רק לדבקות בתלמידי חכמים אלא גם – ואולי בעיקר, ועל פי פשוטו של מקרא – לדבקות בה׳[10]) ישרה על אלה החפצים להידבק בו יתברך מערכת יחסים מקיפה שבוודאי תשפיע על כל מרחב אישיותם הרוחנית.

10. הרמב״ם, בהלכות דעות פ״ו ה״ב, לאור דברי הגמרא בכתובות קיא ע״ב, נוגע רק במשמעות אחת: ״מצות עשה להדבק בחכמים ותלמידיהם כדי ללמוד ממעשיהם״. לעומת זאת, בפירושיהם של

מצוות האהבה והיראה מייצגות סוג של חובות הלבבות המשפיעות על תגובתנו לסבל, אף שלא נוסחו בעיקרן בהקשר הזה. לעומת זאת מצוות אחרות אכן נוסחו מראש באופן כזה, במיוחד אלו שהוזכרו בהגדרת הנושא בשאלה שבמוקד הדיון. גם בתוך הקבוצה השנייה יש מקום להבחנה.

יש שהקשר לסבל הוא במישור הקיומי, אך לא בחובת המצווה. התורה מציבה את התשובה בהקשר של משבר – לא רק שבר פנימי של חטא והתרחקות מה׳ אלא גם צרה חיצונית הנובעת ממנו. התורה מצפה ודורשת תשובה מעשית ורוחנית בעקבות אסונות שונים – גלות, פיזור בין האומות ושעבוד:

> ובקשתם משם את ה׳ א־להיך ומצאת כי תדרשנו בכל לבבך ובכל נפשך. בצר לך ומצאוך כל הדברים האלה באחרית הימים ושבת עד ה׳ א־להיך ושמעת בקלו. (דברים ל׳, כט-ל)

אולם ברור שההלכה איננה רואה את חובת התשובה רק במסגרת תגובה לצרות, ואין היא מוגבלת לאלו שצר להם. החטא דורש תשובה, ומצבו של האדם, אם עשיר אם דל, אם בריא אם חולה, אינו נוגע לעניין.

אולם יש מצוות אשר זיקתן לסבל קרובה יותר. למשל, ייתכן שחובת התפילה היא דווקא תגובה למצב של ״בצר לך״. על כן הרמב״ן, הדוחה את עמדת הרמב״ם המונה את התפילה כאחת מתרי״ג מצוות התורה, מסיים את השגתו ב׳הודאה במקצת׳ לגבי האפשרות שקיימת חובה כזאת בשעת משבר:

> ואם אולי יהיה מדרשם בתפלה עיקר מן התורה נמנה אותו במניינו של הרב ונאמר שהיא מצוה לעת הצרות שנאמין שהוא יתברך ויתעלה שומע תפלה והוא המציל מן הצרות בתפלה וזעקה. (השגות הרמב״ן על **ספר המצוות** לרמב״ם, עשה ה)

מו״ר הגרי״ד זצ״ל הסביר לעתים שאף הרמב״ם מקבל את העמדה הזאת ברמה הבסיסית. הוא הציע שלמרות קביעתו של הרמב״ם שהתפילה היום־יומית היא חובה

אבן עזרא ושל הרמב״ן הפסוק מתייחס לקב״ה, והרמב״ן אף קושר את המצווה לאהבת ה׳, במטרה להגדילה ולהעצימה.

מדאורייתא, הרי זה רק משום שלדעתו המצב האנושי הנעדר תקשורת עם ריבונו של עולם הוא משבר מתמיד אשר פתרונו נמצא רק בקריאה אליו בתפילה.

גם אם נדחה עמדה זו, אין ספק שגם הרמב"ם הודה שיש מצווה מיוחדת של "בצר לך". דבריו בנושא זה בתחילת הלכות תעניות מפורשים לחלוטין. כותרת הפרק הראשון מכרזת:

> מצות עשה אחת והיא לזעוק לפני ה' בכל עת צרה גדולה שלא תבא על הצבור.

וההלכות המפורטות פותחות במילים:

> מצות עשה מן התורה לזעוק ולהריע בחצוצרות על כל צרה שתבא על הצבור, שנאמר "על הצר הצורר אתכם והרעותם בחצוצרות", כלומר כל דבר שייצר לכם כגון בצורת ודבר וארבה וכיוצא בהן זעקו עליהן והריעו. (הלכות תעניות פ"א ה"א)[11]

אכן, הרמב"ם מציב תנאי משמעותי המצמצם את המצווה לאסונות שעניינם ציבורי,[12] אך בכל זאת לפנינו עיקרון ברור שקיימת מצווה אשר מהותה מוגדרת כתגובה למשבר.

אם ניתן דעתנו לכלל מצוות אלה, חובות הלבבות שסקרנו משפיעות על יחסנו לסבל בדרכים מגוונות, ונקל להבחין בהן על פי השלבים שכבר הוזכרו. במישור הראשון הן עשויות לקבוע כיצד הסבל נחווה עם הופעתו; במישור השני – כיצד הוא מובן ומתפרש; ובמישור השלישי – מה שמתרחש בעקבותיו.

באשר לשלב הראשון, כבר ציינתי שאני משוכנע שהמצוות הכלליות יותר הן הקריטיות: אהבת ה', דבקות בה', יראת ה'. מצוות אלה מעצבות את היחס החווייתי הבסיסי של האדם לריבונו של עולם, והזיקה בינן ובין התגובה לסבל מתרחשת בכמה מישורים. מצד אחד, תרומתן הקבועה והמצטברת מביאה לטרנספורמציה של האדם עצמו. העוצמה המחיה של הדבקות בקב"ה, גם מתוך יראת הרוממות, מטעינה את נפש האדם בכוחות וכך חוסנו הרוחני והנפשי יוכל לעמוד לו בעת מצוקה, גם

11. כמו במקרים דומים יש צורך לעיין ביחס בין הגדרת המצווה בכותרת ההלכות (שמתעלמת מן החצוצרות אף שהן מפורשות בפסוק בספר במדבר) ובין הניסוח בגוף ההלכות. יש להניח שהכותרת נוגעת לקיום המצווה, וההלכות למעשה המצווה.

12. בהלכה ט הרמב"ם מדבר על תענית ותפילה במקרה של משבר שפקד את היחיד. ייתכן שחיוב זה הוא רק מדרבנן. ראו גם 'קול דודי דופק', עמ' 14 (בהערה).

כשהיא נראית חריפה. מצד שני, אותן חובות הלבבות משנות את התפיסה עצמה. ייתכן שוני בדרך שבה אדם דתי ואדם חילוני יחוו את אותו האסון. שוני זה אינו נובע מהבדלים בין הסובלים, אלא מכך שבסופו של חשבון המכות שניחתו עליהם אינן זהות. במבט הא־לוהי, היקף הסבל מוגבל ומשמעותו מצטמצמת לא משום שהאמונה סיממה והסיחה את דעתו של הסובל, אלא מכיוון שהחיים (כפי שמילטון תיאר אותם) "תחת עינו הפקוחה של מי שמטיל עליי עבודה" גורמים לשינוי נקודת המבט והגישה הערכית.

ואכן, חז"ל היו רגישים מאוד לסבל האנושי, ולא היססו לתאר הפרעות המקשות על החיים כ"ייסורים":

> עד היכן תכלית יסורין? אמר רבי אלעזר: כל שארגו לו בגד ללבוש ואין מתקבל עליו. מתקיף לה רבא זעירא, ואיתימא רבי שמואל בר נחמני: גדולה מזו אמרו, אפילו נתכוונו למזוג בחמין ומזגו לו בצונן, בצונן ומזגו לו בחמין, ואת אמרת כולי האי! מר בריה דרבינא אמר: אפילו נהפך לו חלוקו. רבא, ואיתימא רב חסדא, ואיתימא רבי יצחק, ואמרי לה במתניתא תנא: אפילו הושיט ידו לכיס ליטול שלש ועלו בידו שתים. (ערכין טז ע"ב)

אולם ברור שהחשיבות שמייחסים לדבר בעל ערך זמני, והצער שחשים בשל אובדנו, קשורים קשר הדוק להקשר הרוחני הכולל של האדם. הרמב"ם עומד על כך בהתייחסו לאיסור נקמה: "ראוי לו לאדם להיות מעביר על מידותיו על כל דברי העולם שהכל אצל המבינים דברי הבל והבאי ואינן כדי לנקום עליהם" (הלכות דעות פ"ז ה"ז). יש לציין שעל פי קנה מידה מוסרי בלבד, הסבר זה מאכזב קמעא. המצווה להימנע מנקמה הייתה מאתגרת יותר וקיומה היה נתפס הָרואי יותר לו היינו חושבים שדברי העולם הזה חשובים ומצדיקים נקמה. אך כקביעה דתית האמירה מחדדת עיקרון בסיסי, והשלכותיה לעניין הערכת הקשר בין חובות הלבבות לתגובה לסבל ברורות מאליהן.

יש לדון בנקודה זו בהקשר הרחב ביותר של יחסנו לעולם הזה, נושא שהוא מחוץ לתחום דיוננו כאן. אולם ראוי לציין בהקשר הנוכחי את מצוות אהבת ה׳. עשויים להיות יחסי גומלין בין האהבה לבורא עולם ובין זלזול בבריאתו. מצד אחד, דחיית העולם הזה עשויה לקרב את האדם אל הקב"ה. לאור רעיון זה מסביר רבנו בחיי את סדר הפרקים ב׳חובות הלבבות׳, בהקדימו את ׳שער הפרישות׳ ל׳שער אהבת ה׳׳:

> כי מן הנמנע ממנו שתתישב אהבת הבורא בלבנו עם התישב אהבת העולם בנו.

וכאשר יהיה לב המאמין ריק מאהבת העולם ופנוי מתאוותיו מצד הכרה ובינה, תתישב אהבת הבורא בלבו ותהיה תקועה בנפשו כפי הכספו לו והכרתו אותו, כמו שנאמר "אף ארח משפטיך ה' קוינוך לשמך ולזכרך תאות נפש". (מבוא לשער אהבת ה')[13]

אולם התהליך יכול להיות הפוך – אהבת ה' עשויה להוביל לביטול החשיבות של כל דבר אחר. תחושה זו של 'אין עוד מלבדו' היא הרגילה יותר (ויש להניח שהיא נעלה ומיסטית יותר) והיא עשויה, גם בגרסה מתונה, להשליך על התגובה לסבל.

אין זאת אומרת, כמובן, שנכון או הכרחי שאהבת ה' תביא לפרישות שדוגלים בה ר' אברהם בן הרמב"ם, חסידי אשכנז או אף בעל 'מסילת ישרים'. עמדה כזאת איננה נפוצה בעולם המודרני, הן במישור העממי והן במישור הפילוסופי. שני ההוגים התורניים הגדולים של המאה העשרים, הראי"ה קוק והגרי"ד סולוביצ'יק, דחו אותה בשתי ידיים. בהכללה ניתן לומר שהקהילה התורנית בת זמננו שותפה לביקורת על הפרישות והאדישות הסטואית כלפי העולם שהרמב"ן מבטא בהקדמתו ל'תורת האדם'.[14] אך די בעצם דברי הרמב"ן כדי להמחיש שהמחויבות הדתית יכולה ואף צריכה להביא לצמצום הממד הטרגי בחיים. במובן זה אהבת ה' משמשת להקלת הסבל.

הקלה זו מתחזקת באמצעות מנגנון נוסף. מעבר לשאלה כיצד הסבל נתפס או מוערך, יחסו של האדם לקונו עשוי למתן את המכה ולפצות עליה. כשירמיהו שר "ה' עזי ומעזי ומנוסי בעת צרה" (ט"ז, יט) הוא שמח לא רק בתקווה לעזרה או אף בניחומים שיסייעו בהתגברות על צרותיו, אלא גם בעוצמת היחס לבורא המאזנת את הסבל.

מתן פרשנות לסבל ושאלת ההשגחה

מעבר לחוויה, אך במובן מסוים גם בקשר הדוק אליה, אנו באים לשלב השני: ההבנה והפרשנות. יש ספרות ענפה (גם בעולמנו היהודי) על בעיית הסבל, אך כאן אצטמצם לזיקתה לנושא המסוים שלנו. יש להבחין בין ייחוס הסבל למי שמהווה סיבה פועלת

13. השוו **משנה תורה**, הלכות תשובה פ"י ה"ו; **מורה הנבוכים**, חלק ג, פרק נא – שם אותה נקודה מקבלת מטען אינטלקטואלי יותר.

14. ראו במיוחד את הסיכום ב**כתבי הרמב"ן**, מהדורת הרב ח"ד שעוועל, חלק ב, עמ' 13-14.

שלו ובין הבנת מטרתו כסיבה תכליתית. הצד הראשון מתחייב כחלק מתהליך התשובה. למרות הקושי לעכל זאת מבחינה תאולוגית ופילוסופית, תשובה מצריכה את האדם לייחס את סבלו לריבונו של עולם. לכל הפחות עליו לקשור את מקור סבלו לכוחות טבעיים או אנושיים הפועלים ללא מעצור בעקבות סילוק השגחתו והגנתו. רעיון זה מוכר מפסוקים רבים, אך מנוסח במישור הנורמטיבי על ידי הרמב"ם:

> ודבר זה מדרכי התשובה הוא, שבזמן שתבוא צרה ויזעקו עליה ויריעו ידעו הכל שבגלל מעשיהם הרעים הורע להן ככתוב "עונותיכם הִטו אלה וחטאותיכם מנעו הטוב מכם", וזה הוא שיגרום להם להסיר הצרה מעליהם. אבל אם לא יזעקו ולא יריעו אלא יאמרו דבר זה ממנהג העולם אירע לנו וצרה זו נקרה נקרית, הרי זו דרך אכזריות וגורמת להם להדבק במעשיהם הרעים, ותוסיף הצרה צרות אחרות, הוא שכתוב בתורה "והלכתם עמי בקרי והלכתי עמכם בחמת קרי" (ויקרא כ"ו, כז-כח), כלומר כשאביא עליכם צרה כדי שתשובו אם תאמרו שהוא קרי אוסיף לכם חמת אותו קרי. (הלכות תעניות פ"א ה"ב-ה"ג)

הגם שדברי הרמב"ם אמורים לגבי אסון ציבורי, העיקרון הבסיסי שלהם תקף גם לגבי צרותיו של היחיד. יש לייחס את המכה להתערבות א־לוהית ולא לסיבתיות של החוק או ליד המקרה. יש להניח שהיקף ייחוס הצרות לקב"ה תלוי בהגדרת היקפה של ההשגחה הפרטית. בנושא זה, העמדה הנפוצה היא זו הכוללנית יותר: הגישה (יהא אשר יהא האופן שבו ניישב אותה עם עקרון הבחירה החופשית) שכל מה שמתרחש לכל אדם ואדם, לטוב ולמוטב, הוא גזרת שמים. נוסף על יסודותיה העממיים, עמדה זו יכולה לכאורה להתבסס על דברי חז"ל "הכל בידי שמים חוץ מיראת שמים" (ברכות לג ע"ב). נכון הוא שהרמב"ם צמצם עד מאוד את משמעות הדברים וקבע כי "כל מעשה בני האדם בכלל יראת שמים הם" (**תשובות הרמב"ם**, מהדורת בלאו, סימן תלו). אולם נראה שהפרשנות הנפוצה מאמצת משמעות רחבה של השגחה – היא מניחה ש"הכֹּל" כולל את כל הקורה לאדם ו"יראת שמים" מצומצמת לתחום הדתי הצר. עמדה זו מפרשת את דברי רבי חנינא "אין אדם נוקף אצבעו מלמטה אלא אם כן מכריזין עליו מלמעלה" (חולין ז ע"ב) באופן מילולי ומייחסת לו תוקף כולל. התוצאה היא ייחוס כל צרה לרצון הא־ל.

לעומת זאת כמה מרבותינו הראשונים אימצו גישה מצומצמת יותר של ההשגחה הפרטית. הן הרמב"ם והן הרמב"ן סברו שרק יחידי סגולה זוכים בהשגחה מתמדת של הקב"ה, ונחלקו בעניין הסיבות לכך ובעניין זהותה של האוכלוסייה המיוחדת.

הרמב"ם מדבר על אליטה אינטלקטואלית שזוכה לשמירה אישית מכוח מאמצי האדם להעלות את רמתו הרוחנית. אדם כזה נכנס לתחום ההשגחה העליונה, ומכוון כביכול ל"תדר" שלה:

השפע הא־לוהי הנמצא דבק במין האדם, כלומר, השׂכל האנושי, אינו אלא השׂכלים הפרטיים הנמצאים... מכיוון שכך, מתחייב, על פי מה שציינתי בפרק הקודם, שכל פרט מבני האדם שבהתאם להכנת החומר שלו וללימודיו זכה לחלק גדול יותר מהשפע הזה, תהיה ההשגחה עליו בהכרח גדולה יותר, אם ההשגחה הולכת בעקבות השׂכל, כפי שציינתי... ואילו הבורים הממרים שפל עניינם בהתאם להיעדר שפע זה מהם. הם משתלבים במערך שאר בעלי החיים. (**מורה הנבוכים**, חלק ג, פרק יח)[15]

לעומתו, ראה הרמב"ן בצדקות ובחסידות את הקריטריון המכריע. נוסף על כך, ההשגחה המיוחדת אינה נובעת לדעתו מהתכוונות אנושית אלא מיוזמה א־לוהית:

ירמוז כי ידיעת השם שהיא השגחתו בעולם השפל, היא לשמור הכללים. וגם בני האדם מונחים בו למקרים עד בא עת פקודתם. אבל בחסידיו ישום אליו לבו לדעת אותו בפרט, להיות שמירתו דבקה בו תמיד, לא תפרד הידיעה והזכירה ממנו כלל. כטעם "לא יגרע מצדיק עיניו" (איוב ל"ו, ז). ובאו מזה פסוקים רבים, כדכתיב "הנה עין ה' אל יראיו" (תהילים ל"ג, יח), וזולת זה. (פירוש לבראשית י"ח, יט)[16]

מכל מקום, המכנה המשותף הוא ההגבלה המשמעותית של המושג ושל המציאות של השגחה אישית, בניגוד להבנה הרווחת.

עמדתו של אדם לגבי סוגיית ההשגחה תשליך על מידת השכנוע שבה יוכל לייחס את צרותיו לריבונו של עולם. אולם אין לקשור לכך בהכרח את מצוות

15. בתחילת דבריו מדבר הרמב"ם על התאמת כמות יחסית של הכנה ושפע, ואולם בהתחשב בנטייתו הכללית, יש להניח שקביעתו בעניין "הבורים הממרים" תשאיר השגחה פרטית כלשהי למעטים בלבד.
16. שאלתי פעם את מו"ר הרב יצחק הוטנר זצ"ל לגבי הבנת פסקה זו והוא סירב לקבל את הדברים כפשוטם. הוא טען שהשארתם של אנשים מסוימים בידי המקרה איננה מעידה על חוסר השגחה אלא היא דרך פעולתה. ההצעה מעוררת מחשבה אך איננה נוגעת לדיוננו כאן.

התשובה. גם אם על פי העמדה השנייה אין ודאות שהצרות הן מיד ה׳, הדבר בהחלט בגדר האפשרי. יש חובה להביא אפשרות זו בחשבון ולהסיק את המסקנות. הייחוס איננו יכול לכלול מידה של האשמה וכעס כלפי שמים. במישור זה פסוקים שונים סותרים קשר סיבתי. ״אולת אדם תסלף דרכו ועל ה׳ יזעף לבו״ (משלי י״ט, ג), או בצורה מפורשת יותר, ״מפי עליון לא תצא הרעות והטוב. מה יתאונן אדם חי גבר על חטאָו״ (איכה ג׳, לח-לט). אולם במישור ההתבוננות הפרשנית של האדם במצבו, ברור שהוא יניח אפשרות של קבלת מסר א־לוהי של ענישה. ברור גם שחובתו על האדם לשוב בתשובה, כפי שעולה מהמשך הפסוקים שם: ״נחפשה דרכינו ונחקֹרה ונשובה עד ה׳. נִשא לבבנו אל כפים אל א־ל בשמים״ (איכה ג׳, מ-מא).

חז״ל ראו כדבר מובן מאליו שעל האדם לתפוס את הצרות שפוקדות אותו על רקע הקשר שלו לקב״ה, אך בד בבד הם אפשרו גמישות ניכרת בהערכת המשמעות שיש לייחס לסבל. במישור אחד, הם עודדו תגובות לסבל שמהן עולה ספק אם אירוע מסוים הוא באמת רע. לעתים הם העלו אפשרות כזאת גם לגבי המישור הארצי הפרגמטי. כך נמסרת אמירה בשם רבי עקיבא שעל אדם להרגיל את עצמו לומר ש״כל דעביד רחמנא – לטב עביד״, והגמרא אף מתארת אירוע שבו רבי עקיבא עצמו איבד רכוש שהיה יקר לו ועקב כך ניצל מסכנה קרובה של נפילה בשבי (ברכות ס ע״ב).[17]

אולם בדרך כלל הטענה שהסבל מביא לתוצאה טובה בנויה על הענקת הטובה בעולם הבא. עבור הצדיקים הענישה בעולם הזה משמשת לטובתם. מכיוון שהם עשויים לעמוד לדין אף על עבירות קלות, התשלום בענישה ארצית מאפשר להגיע לעולם הבא עם גיליון חלק. נוסף על כך, ייתכן שמכה שניחתה על האדם היא ענישה בפשוטו, או שהיא ׳ייסורים של אהבה׳, תהא הבנתו של ביטוי עמום זה אשר תהא.

ייתכן שזה בדיוק העניין: יש טווח של הבנה ופרשנות בכל הנוגע לסבל. אי אפשר לשלול את ההבנה שמדובר בשוט של ענישה כשם שאי אפשר לשלול את הפירוש שמדובר בכף יד מלטפת, וממילא אף אין לשלול את התחושות המתאימות לכל מצב. יש להעלות ולבחון אפשרויות שונות, ואין שום ביטחון שניתן להתיר את הספק.

ואולם העיקר הוא קבלת הייסורים. לפני מעשה, דרך המלך של המסורת היהודית מעניקה רשות מוחלטת להיאבק באסון מתקרב. אולם לאחר מעשה, היא דורשת להצדיק את אותה מכה עצמה שנקראנו להילחם נגדה ולראות בה כעת ביטוי לרצון א־לוהי. נקודה זו מודגמת בסיפור פשוט במסכת בבא קמא:

17. ראו גם מהר״ל, **נתיבות עולם**, נתיב העבודה, פרק א.

רב שמואל בר יהודה שכיבא ליה ברתא, אמרו ליה רבנן לעולא: קום ניזל נינחמיה. אמר להו: מאי אית לי גבי נחמתא דבבלאי, דגידופא הוא. דאמרי מאי אפשר למיעבד, הא אפשר למיעבד עבדי. (בבא קמא לח ע"א)

[תרגום: בתו של רב שמואל בר יהודה מתה, ואמרו לו חכמים לעולא: הבה נלך וננחם אותו. אמר להם: מה יש לי עם הניחום של הבבלים, שהוא (כמו) גידוף. שהרי הם אומרים מה היה אפשר לעשות, ומשמע שאם היה אפשר – היה צריך לעשות (כדי שזה לא יקרה).]

הדרישה מן האדם המשתמעת מן הדברים היא אמנם כבדה, אך היא נכללת בשולחן ערוך[18] ומחייבת גם את היהודי הפשוט.

התשובה והתפילה כאחת יכולות להשפיע על תגובתנו לסבל, כל אחת על פי דרכה. לתשובה יש חשיבות כפולה. כפי שכבר ראינו, מצוות התשובה מחייבת שאדם יראה בצרותיו משום גזרת שמים ובעקבות כך יבחן את חייו ויכוון אותם מחדש:

אמר רבא ואיתימא רב חסדא: אם רואה אדם שיסורין באין עליו יפשפש במעשיו, שנאמר "נחפשה דרכינו ונחקרה ונשובה עד ה'" (איכה ג', מ). (ברכות ה ע"א)

אם חשבון הנפש אינו מעלה חטאים חמורים, יש לבחון שמא הייסורים נובעים מאי-מימוש פוטנציאל רוחני של האדם: "פשפש ולא מצא – יתלה בבטול תורה, שנאמר 'אשרי הגבר אשר תיסרנו י־ה ומתורתך תלמדנו' (תהילים צ"ה, יב)" (שם).[19] גם מצב זה נתפס בחומרה אצל חז"ל. בלי להתייחס לאיסור הלכתי מפורש, המחדל של איבוד הזדמנות להתפתחות רוחנית משקף ריקנות ערכית ומבטא זלזול בערכים מוחלטים. הרמב"ם מרחיב את דברי רבי נהוראי על הפסוק "כי דבר ה' בזה" (במדבר ט"ו, לא): "וכן כל שאפשר לו לעסוק בתורה ואינו עוסק או שקרא ושנה ופירש להבלי עולם והניח תלמודו וזנחו הרי זה בכלל בוזה דבר ה'" (הלכות תלמוד תורה פ"ג הי"ג).

עצם המודעות לכך משמעותית כשלעצמה בתור שלב ראשוני של תהליך התשובה. ואכן, התורה נדרשת במקום אחד לתופעה:

18. ראו דברי הרמ"א, יורה דעה סימן שעו סעיף ב.
19. רבא מדבר במפורש על ביטול תורה, אך הרמב"ן מתייחס לטווח גדול בהרבה. ראו **תורת האדם** בכתבי **הרמב"ן**, מהדורת הרב ח"ד שעוועל, חלק א, עמ' רע.

> וחרה אפי בו ביום ההוא ועזבתים והסתרתי פני מהם והיה לאכל ומצאהו רעות רבות וצרות ואמר ביום ההוא הלא על כי אין א־להי בקרבי מצאוני הרעות האלה. (דברים ל"א, יז)[20]

אולם ברור שמצוות התשובה מכוונת לשינוי הנובע מן התודעה הזאת. היא מקנה צביון מעשי לתגובה לסבל, אם במעשה ממש ואם בשינוי התייחסויות וסדרי עדיפויות. ייתכן (ואולי אף רצוי) שתהיה זיקה בין דרגת הסבל לשינוי הנובע ממנו. כגודל הסבל כך גודל השינוי. אך לפחות במישור התיאורטי – העיקרון ברור.

הניתן להפיק תועלת מן הסבל?

מנקודת מבט אחרת, השלכותיה של התשובה כתופעה – לאו דווקא כמצווה – שונות לחלוטין. התשובה מכילה כפל פנים; הרתיעה 'מן' והשיבה 'אל': "שובו מדרכיכם הרעים" (יחזקאל ל"ג, יא) וכן "שובה ישראל עד ה' א־להיך" (הושע י"ה, ב). ניתן לראות בחלק הראשון יסוד מוסרי (בהגדרתו הרחבה) – הכרת החטא וההתנערות ממנו לאחר מעשה. חלקו השני הוא מרכיב "דתי", שיקום ובנייה מחדש של מערכת היחסים של האדם עם קונו. שלב זה כולל לא רק תשובה אלא גם גאולה. הוא תהליך שמעצים ומעמיק את הקשר בין האדם לריבונו של עולם, והוא משפיע על כל הווייתו וממילא על תגובתו לסבל. כפי שציינתי, כל מגוון חובות הלבבות (אהבת ה', יראת ה', דבקות בה' וכו') מעצב את היחס בינינו ובין הקב"ה ומכאן משפיע על תגובתנו לסבל. מכיוון שהתשובה מעשירה את כל האישיות הדתית, היא מעצימה את היכולת להתמודד עם סבל ואף מכוונת את דרכה של ההתמודדות. בעקבותיה, האדם המתחזק באמונה ובביטחון מסוגל להתמודד עם הסבל ואף ראוי יותר לחוות ולפרש אותו בתוך ההקשר של ההוויה הדתית.

אני מודע היטב לפרובלמטיות של טיעון זה. הטפה על התועלת שמופקת מן ההתמודדות נשמעת במקרה הטוב מנותקת מהמציאות, ובמקרה הרע היא ביטוי לחוסר רגישות מוחלט. הדגשת הלקחים והתועלות שבתגובה לסבל עשויה לשדר תחושת ביטול

20. הביטוי "אין א־להי בקרבי" פירושו על פי ההקשר שהקב"ה נטש את האדם ולא להפך. אפילו אם נבין אותו כך, ההכרה שנטישה זו היא תוצאת החטא מייצגת פן אחד של תשובה. כך מבין אותו הרמב"ן על אתר: "איננו וידוי גמור כענין והתודו את עונם, אבל הוא הרהור וחרטה, שיתחרטו על מעלם ויכירו כי אשמים הם".

וקלות ראש כלפי טרגדיה אנושית עמוקה. כל מה שמתקרב לאדישות מתנשאת מעורר את סלידתו הצודקת של האדם המודרני, שספג לתוכו את תפיסתו של דוסטויבסקי שכל ספרות 'הצדקת הא-ל' איננה שווה לסבלו של תינוק אחד. תגובה כזו היא עמדה יהודית לחלוטין. היהדות, המחשיבה את העולם הפיזי והפסיכולוגי, מתייחסת בכובד ראש לסבל בעולם הזה, ועמדה זו משליכה על יחסנו לכאבם של אחרים.

נקודה זו ברורה, ואף מובנת מאליה. אך בה בעת ברור שעם התנערותנו מאופטימיות מוגזמת ועם מודעותנו הגמורה למעמקי הסבל האנושי, היהדות מצביעה על הערך הטמון בסבל וקוראת לסובל להכיר בערך זה. הוא עשוי להתבטא כאמצעי לכפרה: "ועוד יהא אדם שמח ביסורים יותר מן הטובה שאילו אדם בטובה כל ימיו אינו נמחל לו מעון שבידו ובמה נמחל לו ביסורים" (ספרי דברים פסקא לב); כאמצעי לחיבור עם ריבונו של עולם: "כי את אשר יאהב ה' יוכיח וכאב את בן ירצה, מי גרם לבן שירצה לאב הוי אומר אלו יסורים" (שם); כביטוי לחסדי שמים: "וידעת עם לבבך כי כאשר ייסר איש את בנו ה' א-להיך מיסרך" (דברים ח', ה); וככלי להענקת שפע א-לוהי:

> חביבים יסורים ששלש מתנות טובות נתנו להם לישראל שאומות העולם מתאוים להן, ולא נתנו להם אלא על ידי יסורים, ואלו הם תורה וארץ ישראל והעולם הבא. (ספרי דברים פסקא לב)

מכל אלה עולה שבאמצעות תגובה נכונה לסבל יהיה אפשר להפיק ממנו פוטנציאל חיובי.

אין פירוש הדבר, כמובן, שעל אדם לחתור ל-felix culpa ("נפילה משמחת"), מתוך סגפנות או מזוכיזם:

> אמרה כנסת ישראל לפני הקב"ה: רבונו של עולם, אף על פי שכתוב "כי את אשר יאהב ה' יוכיח" (משלי ג', יב) – "ה' אל באפך תוכיחני". אף על פי שכתוב "אשרי הגבר אשר תיסרנו י-ה" (תהילים צ"ה, יב) – "ואל בחמתך תיסרני". (מדרש שוחר טוב על תהילים ו)

גם במישור האישי הכירו חז"ל בכך שייתכן כי גדולי העולם יעדיפו לוותר על סבל, על אף התועלת שהוא מביא בעקבותיו. בסיומה של הסוגיה בברכות שעוסקת במקומם של ייסורים מוזכרים כמה אמוראים שבתגובה לשאלה "חביבין עליך ייסורים" השיבו

"לא הם ולא שכרם" (ה ע"ב). למרות הסתייגות זו, המסר העיקרי נשאר: אם ייסורים אכן באים, עליהם לשמש זרז לקיום רוחני טהור ואצילי יותר.

המסר רלוונטי במיוחד למה שחז"ל כינו "יסורין של אהבה" (שם ע"א). לפי דעה אחת, המושג הזה נוגע לאופי הטלת הייסורים, דהיינו הם מוטלים כך שהם אינם פוגעים בתפקוד הרוחני של האדם, אם בתורה אם בתפילה. הפרשנות הנפוצה יותר נוגעת למניע של המייסר. רבא (או רב חסדא) קובע שאם לאחר בדיקה וחשבון הנפש האדם איננו מוצא חטאים שאפשר לייחס להם את הייסורים, אזי "בידוע שיסורין של אהבה הם, שנאמר 'כי את אשר יאהב ה' יוכיח'" (שם).

כיצד אפוא יש להבין קטגוריה זו? ההבדל בין שתי הפרשנויות תלוי בשאלה כיצד יש להכריע בסוגיה אם "יש מיתה בלא חטא ויש ייסורים בלא עוון" (שבת נה ע"א).[21] אולם לשתי הדעות הכאב אינו מצטמצם בענישה ואף אינו מוגבל להזדמנות לצבירת נקודות זכות לקראת עולם שכולו טוב. יש בו צד מטהר, גם אם צד זה עצמו נובע מן הצורך לכפר על חטא ולזכות בחסדי ה', כדברי הרמב"ן:

> וכשאין בית המקדש קיים משלח עליהם יסורין למרק מהן אותן שגגות, ולהתכפר ביסורין כדי להיותן נקיים לעוה"ב, כשם שהקרבנות אהבה וחמלה על ישראל ולקרבן תחת כנפי השכינה. (**כתבי הרמב"ן**, מהדורת הרב ח"ד שעוועל, חלק ב, עמ' רע)[22]

אולם כדי שהמטרה תושג במלואה על האדם הסובל להפנים מסר זה אף שכאבו רב. ללא ספק, הסבל עצמו יכול לשנות נקודת מבט וסדרי עדיפויות ולהפוך את מניעי האדם לטהורים יותר. אך השפעתו הכוללת על האדם תלויה בתגובתו המודעת:

> אמר רבא אמר רב סחורה אמר רב הונא: כל שהקדוש ברוך הוא חפץ בו מדכאו ביסורין, שנאמר "וה' חפץ דכאו החלי" (ישעיהו נ"ג, י). יכול אפילו לא קבלם

21. הגמרא קובעת שגם חפים מפשע מתים אך אינה מביאה ראיה בקשר לייסורים. הרמב"ם (**מורה הנבוכים**, חלק ג, פרקים יז ו־כד) והרמב"ן (**דרשה על דברי קהלת בכתבי הרמב"ן**, מהדורת הרב ח"ד שעוועל, חלק א, עמ' רצט; **תורת האדם**, שם, עמ' רעא–רעד) סבורים שהנושא נתון במחלוקת בקרב חכמים, אך שניהם נוטים לקבל את העמדה שאין ייסורים ללא חטא.

22. במקום אחר נראה שהוא מייחס משמעות מעין מיסטית לייסורים. השוו מהר"ל, **נתיבות עולם**, נתיב הייסורים, פרקים א–ב.

מאהבה? תלמוד לומר "אם תשים אשם נפשו" (שם), מה אשם לדעת אף יסורין לדעת. (ברכות ה ע"א)

אמנם רבים מן הדברים שנאמרו לגבי תהליך התשובה נכונים גם לגבי מצוות התפילה, אולם ברי כי תפילה משפיעה על הייסורים בצורה ייחודית. נציין כאן לפחות שלושה יסודות. הברור שבהם, שבשעת משבר או סבל אדם מתפלל ומבקש עזרת שמים. ההלכה רואה את הבקשה כלוז התפילה, גם אם מושג הבקשה מביך פילוסופים אידיאליסטים. האדם מגיב לסבל בבקשה שהוא יבוטל או לפחות יוגבל, כל עוד יש תקווה. יתר על כן, הבקשה מהקב"ה איננה רק אופציה אלא חובה. עמדה הרואית של אדם הסבור שכוחותיו לבד מספיקים היא אשליה רוויה ביוהרה. תחושת התלות והזעקה לישועה היא (כפי שהדגיש המהר"ל[23] הרבה לפני שליירמאכר) עצם מהותה של עבודת ה'.

שיר המעלות לדוד
ה' לא גבה לבי ולא רמו עיני
ולא הלכתי בגדלות ובנפלאות ממני
אם לא שויתי ודוממתי
נפשי כגמֻל עלי אמו
כגמֻל עלי נפשי.
יחל ישראל אל ה' מעתה ועד עולם.
(תהילים קל"א)

שנית, גם לאחר שהאסון מכה, האדם פונה בתפילה לקב"ה לשם נחמה. במובן מסוים, גם זו בקשה.

"ואקוה לנוד ואין ולמנחמים ולא מצאתי" (תהילים ס"ט, כא), אמר הקב"ה "אנכי אנכי הוא מנחמכם" (ישעיהו נ"א, יב). (ילקוט שמעוני, סימן תעד, על ישעיהו ה', יא)

23. ראו **נתיבות עולם**, נתיב העבודה, פרק ב.

האדם פונה לה׳ ומבקש תמיכה שהיא לא רק חומרית אלא גם רוחנית. במובן אחר, האדם אינינו מתחנן כלל אלא פשוט נשען על הקב״ה כשעיניו דומעות. הקב״ה הוא הכתף האולטימטיבית.

עמו אנכי בצרה

לבסוף פונה האדם הסובל לריבונו של עולם לא רק כאביו שבשמים אלא כאח לצרה, כשותף כביכול בסבל. בעצם הידיעה שבצורה כלשהי הסבל נגע גם בו יש עוצמה ונחמה. גורם זה רלוונטי במיוחד לאסונות לאומיים, המביאים לידי ביטוי את ״גלות השכינה״. אז לא מדובר על הגלות מרצון של ״עמו אנכי בצרה״ (תהילים צ״א, טו) אלא על גלות שנכפתה עליו כביכול, כאשר התהליך ההיסטורי השתבש. עם זאת, רעיון זה תקף גם במישור האישי:

> אמר רבי מאיר: בשעה שאדם מצטער שכינה מה לשון אומרת: קלני מראשי, קלני מזרועי! אם כן המקום מצטער על דמן של רשעים שנשפך, קל וחומר על דמן של צדיקים. (סנהדרין מו ע״א)

מודעות לצער השכינה מקילה את צערו של האדם.

אם כן, הסובל הפונה לקב״ה בתפילה משתתף במערכת יחסים מורכבת. מצד אחד, הוא מניח שהקב״ה הוא שהנחית עליו את המכה. מצד שני, הוא פונה אליו לעזרה, לסיוע או לנחמה. מצד שלישי, הוא מתחבר אליו ברגע משבר. השם יתברך משתתף בשברנו ואנו כביכול משתתפים בזה שלו: ״מה לו לאב שהגלה את בניו, ואוי להם לבנים שגלו מעל שולחן אביהם״ (ברכות ג ע״א).

כלל ישראל, ובמידה פחותה כל אחד ואחד מישראל, דבוקים למלכם־אביהם־אוהבם בברית ייסורים. באופן פרדוקסלי אנו מתנחמים בידיעה שגם הוא כביכול זקוק לנחמה ומצליח בכך רק באופן חלקי.

> כל זמן שזרעו של עמלק קיים בעולם כביכול כאילו כנף מכסה את הפנים... כל זמן שזרעו של עמלק קיים בעולם לא השם שלם ולא הכסא שלם. (תנחומא כי תצא יא)

במובן הזה, המדרש רואה בחורבן הבית ובגלות אסון עבור הקב״ה לא פחות מאשר

עבור בני האדם: "וכיון שגלו יהודה ובנימין כביכול אמר הקב"ה אוי לי על שברי" (איכה רבתי, פתיחתא ב). על כן הקב"ה עצמו מתואר כמי שבוכה בעקבות האירועים:

> רבי יצחק פתח "כי קול נהי נשמע מציון איך שודדנו" (ירמיהו ט', יח), וכי יש עצים בוכים ויש אבנים בוכות שאתה אומר 'כי קול נהי נשמע מציון'? אלא ממי שהוא משרה שכינתו בציון. (שם, פתיחתא ח)

ובניסוח נועז אף יותר, הוא מתואר כמבקש נחמה מן האבלים האחרים:

> וכיון שגלו יהודה ובנימין כביכול אמר הקב"ה מעתה אין בי כח לקונן עליהם, הה"ד "קראו למקוננות וגו'... ותמהרנה ותשנה עלינו נהי" (ירמיהו ט', טז-יז), 'עליהם' אין כתיב כאן, אלא 'עלינו', דידי ודידהון. (שם)

הנחמה שמציעים מלאכי השרת בעלי הכוונות הטובות נדחית כיוון שהיא ככל הנראה נובעת מהערכה שטחית של היקף האסון ועומקו:

> ובחורבן בית המקדש כתיב "על כן אמרתי שעו מני אמרר בבכי אל תאיצו לנחמני" (ישעיהו כ"ב, ד), 'אל תאספו' אין כתיב כאן אלא 'אל תאיצו'. אמר הקב"ה למלאכי השרת ניחומין אלו שאתם אומרים לפני ניאוצין הן לי למה "כי יום מהומה ומבוסה ומבוכה לה' א־להים צבאות" (שם, ה), יום מעורבב יום דביזה יום דבכיה. (שם, פתיחתא כד)[24]

כשאנו מנסים להתעלות מעל לסבלנו, השתתפותנו בסבלו מחזקת אותנו. שכני הסופר לייב רוכמן, שהיה ניצול שואה, נשאל פעם על ידי אורחת פסידו־פילוסופית היכן היה הקב"ה באותם ימים. הוא התבונן ישירות לתוך עיניה ואמר ברוגע, "הוא היה אתנו". כשרוכמן סיפר את הסיפור, היה אפשר לחוש עד כמה הנוכחות הזאת קיימה אותו.

אני כותב שורות אלה בהיסוס וברתיעה. יש כאן מרכיב אנתרופומורפי ברור, והאסוציאציות והדמיון למוטיבים נוצריים, ואף פגניים, מטרידים בהחלט. אמנם דמיון זה מוגבל, שהרי אין כאן דבר המתחיל להידמות לרעיון של קרבן כפרה. נוסף

24. על פי פשוטם, הפסוקים המצוטטים מישעיהו כ"ד, ב-ד מכוונים לצרות שה' גורם לאחרים, ולא לצרותיו הוא.

על כך, המציאות והחוויה של הסבל הא־לוהי נתפסות מתוך הקשר אחר וקטגוריות אחרות לגמרי, אך אי־הנוחות נותרת. אני שואל את עצמי בחרדה: כיצד היה הרמב״ם מגיב למחשבות האלה? חוששני שהתשובה לשאלה רטורית זו ברורה, וכאמור היא מטרידה למדי.

עורכו של מדרש איכה רבתי היה מודע לדאגות אלו וניסה לדחות אותן. הביטוי המוכר ״כביכול״ מופיע בכמה מן הטקסטים שציינו והסתייגות עמוקה יותר מופיעה במקום אחר. לאחר שהוא מציג את תגובתו של משה רבנו ושל האבות לשבר החורבן, המדרש מציין את ההשלכות על ריבונו של עולם עצמו:

> כיון שראה אותם הקב״ה מיד ״ויקרא ה׳ א־להים צבאות ביום ההוא לבכי ולמספד ולקרחה ולחגור שק״ (ישעיהו כ״ב, יב), ואלמלא מקרא כתוב אי אפשר לאומרו, והיו בוכין והולכין משער זה לשער זה, כאדם שמתו מוטל לפניו, והיה הקב״ה סופד ואומר אוי לו למלך שבקטנותו הצליח ובזקנותו לא הצליח. (שם)

״אלמלא מקרא כתוב אי אפשר לאומרו״. ניסוח זה ממצה את האמביוולנטיות בנוגע לאמירה לצד הנחישות להציג אותה בכל זאת. נחישות זו במובן מסוים נסמכת על הפסוק, אך בסופו של דבר מבוססת על יוזמתו של הדרשן אשר בחר להטיל עליו פירוש זה.

כל ההסתייגויות שנזכרו אינן מגשרות על הפער הרחב והעמוק הנותר ביניהן ובין תפיסת התארים השליליים. מצד אחד אנו עומדים לנוכח עמדות קוטביות המציגות בפנינו דילמה, ומצד שני אנו נאמנים למקורות המבטאים עמדות מגוונות. מצב זה מחייב הכרעה מצדנו. גם לאחר שנדייק במתח שבין טרנסצנדנטיות לאימננטיות ונהיה רגישים לעובדה שהשכינה איננה יורדת מעבר לסף הסימבולי של עשרה טפחים,[25] יש צורך שנבחר, הן במישור הפילוסופי והן במישור הספרותי, בין התיאורים הבהירים של התאולוגיה המדרשית ובין התפיסה המזוקקת של הרמב״ם.[26]

כפי שהעיר הגרי״ד זצ״ל בהקשר דומה, כנסת ישראל בחרה במדרש ולא ב׳מורה הנבוכים׳.[27] בהקשר העממי, בחירה זו נבעה לעתים קרובות מחולשה, מחוסר היכולת

25. ראו סוכה ד ע״ב.
26. לגבי הרמב״ם ראו שמעון רבידוביץ, **עיונים במחשבת ישראל** (ירושלים, תשכ״ט), עמ׳ 171-233.
27. ראו דבריו על אודות הפולמוס בקשר לאמירת פיוטים: **איש ההלכה – גלוי ונסתר** (ירושלים, תשל״ט), עמ׳ 56.

לטפס לגובהי הדיון התאולוגי ולעמוד מול השלכותיו. אולם ייתכן לבסס אותה על עוצמה: מתוך המתח שברגישות הדתית ומתוך שכנוע שכתבי הקודש וחז"ל מכתיבים את ההבנה הזאת. רוב האנשים נסחפים בקלות בידי נטיות אינסטינקטיביות או מוסכמות חברתיות ואינם מתמודדים עם הדילמה הזאת בצורה ישירה. עבור אחרים, ההכרעה היא קשה. היא מלווה במודעות שכולנו רחוקים מלפגוע במטרה ולעולם נהיה רחוקים מידיעת ה' וממילא מעבודתו – וזאת כאשר ידיעה זו ועבודה זו הן ראשית ותכלית כל קיומנו. אולם דווקא משום כך, משום שהכישלון מובנה ובלתי נמנע, ניתן לקבל אותו בהכנעה גם אם לא בשוויון נפש – בבחינת "לא ניתנה תורה למלאכי השרת". מוטל עלינו לזכך את הרגישות הדתית שלנו ולהתעלות אל מעבר לתפיסות פשטניות. אסור לנו להקל ראש במטלה הזאת. אך יש לה מגבלות, לא משום שהיא עלולה לגרום לנזק במישור האישי אלא משום שמה שנחשב היטהרות עלול להביא לזיוף המציאות.

הסכנה בכך איננה רק רידוד החוויה או צמצום מעוף הדמיון. מבחינתם של בעלי המדרש ושל חכמי הקבלה, גישה טרנסצנדנטית מוגזמת משבשת את האמת האובייקטיבית לגבי המפגש עם הקב"ה והתגלותו. בניסיון להגדיר מהי השראת שכינה, ניתן לטעות בשני הכיוונים.

מובן מאליו שדיון צדדי זה רלוונטי לחקירת ייחוס הסבל לריבונו של עולם. הנקודה מתבהרת לאור הדברים המוכרים, גם אם קשים, של הגמרא במסכת חגיגה. הגמרא מסתמכת על פסוק בירמיהו "ואם לא תשמעוה במסתרים תבכה נפשי" (י"ג, יז) ומרחיבה:

> ומי איכא בכיה קמיה [= האם יש בכייה לפני] הקדוש ברוך הוא? והאמר רב פפא: אין עציבות לפני הקדוש ברוך הוא, שנאמר "הוד והדר לפניו עז וחדוה במקומו" (דברי הימים א' ט"ז)! לא קשיא: הא בבתי גואי, הא בבתי בראי [= זו (יש בכייה) בבתים פנימיים, וזו (אין בכייה) בבתים חיצוניים]. ובבתי בראי לא? והא כתיב "ויקרא א־דני ה' צבאות ביום ההוא לבכי ולמספד ולקרחה ולחגר שק" (ישעיהו כ"ב, יב)! שאני [= שונה] חרבן בית המקדש דאפילו מלאכי שלום בכו, שנאמר "הן אראלים צעקו חצה מלאכי שלום מר יבכיון" (שם ל"ג, ז). (חגיגה ה ע"ב)[28]

28. היה אפשר לייחס את הבכי בפסוק לאחרים ולא לקב"ה. אך ברור שחז"ל, בדרשתם למילים "תבכה נפשי", כן ייחסו זאת לו.

ברור שהתשובות הסתומות מאפשרות פרשנויות שונות. אך כוונת הדברים ברורה בעיקרה.

המהר"ל היה מודע לכך ובעקבות זאת הוא ניסה לפרש ולצמצם את משמעות דברי הגמרא:

> והתמיה בזה כמו בראשונים דלא שייך בכיה אצלו. ותשובה זה כבראשונה שאין הדברים נאמרו אצל השם יתברך מצד עצמו רק שהשם יתברך נמצא אצל המקבלים בבלתי רצון ואינו נמצא להם בשלימות כבודו, שכאשר ישראל אינם בשלימות והם בחסרון כאשר הם בגלות וכך נמצא השם יתברך לעולם כמו שהתבאר למעלה שהשם יתברך נמצא אל העולם כאשר הוא המקבל ואין להכפיל הדברים. (**באר הגולה**, באר הרביעי, פרק ח)

ניתן לאמץ במידה מסוימת את הסטת הבכי מן הבורא אל הנברא. הרי ברור שלא ייתכן שיחול שינוי במהותו העצמית, ולכל היותר אפשר לדבר על השינוי במערכת היחסים שלו עם העולם. אך שינוי זה עצמו איננו אשליה, ועל כן ההשלכות שלו על נוכחותו של ריבונו של עולם הן אמיתיות. הצער שחז"ל ייחסו לו בצורה כה נועזת אמיתי ומשקף מציאות אובייקטיבית.

סבלם של אחרים

לאורך המאמר עסקתי בעיקר בתגובת הסובל לסבלו שלו. לקראת סיום הייתי רוצה לגעת, ולו רק בקציר האומר, בחובות הלבבות שבמוקד תגובתנו לסבלם של אחרים. כאן יש שני ממדים משמעותיים.

מצד אחד, אנו מגיבים כאנשים מבחוץ, מעין תגובת המלאכים במדרשים הרבים, והתגובה עצמה היא כפולה. ראשית, אנו מודעים לנוכחות השאלה הפילוסופית והתאולוגית על עצם קיומם של רוע וסבל, יהיה מוקדם אשר יהיה. שנית, אנו מעורבים באופן רגשי ומשתתפים בצערם של אחרים, גם אם אנו רק צופים "מבחוץ". מבין חובות הלבבות, אמפתיה זו נוגעת לכל הפחות למצוות התפילה. בהקשר הזה, מן הסתם מדובר רק בתפילה לעזרה, אך גם כך יש לה משקל משמעותי.

ואולם השלכתן העיקרית של חובות הלבבות על התייחסותנו לסבלם של אחרים מורגשת כאשר הסבל הופך, במובן וברמה כלשהם, לסבל שלנו. בראש ובראשונה, אמפתיה זו רצויה כשלעצמה מבחינה מוסרית. היא משקפת יכולת להתעלות אל מעבר

לאגוצנטריות ולשלב מידה של אחווה, קהילה ואוניברסליות לתוך מארג האישיות. ג'ון דאן כתב כי "אין אדם שהוא אי, שלם לעצמו; כל אדם הוא חלק מהיבשה, נתח מן האדמה. כשרגב-עפר נסחף בים, אירופה פוחתת ממש כמו אילו נסחף צוק... מותו של כל אדם ממעיט אותי משום שאני כרוך באנושות".[29] האמירה הזו קובעת עובדה וגם מציבה דרישה. ייתכן שעצם היקף הדרישה מכשיל את ביצועה. קשה לפרנס זהות כוללנית כזו.

אולם במישור הלאומי, רגישות כזאת אפשרית ורצויה. הדימוי של יהודי דו־ראשי, ששני הראשים שלו כואבים כאשר נשפכים מים רותחים על אחד מהם, מוכר לקוראי המסה 'קול דודי דופק'.[30] ההרגשה נוגעת לסבלו של כל יהודי ועל אחת כמה וכמה לאסון המתרגש על כלל ישראל. יש שוני בין שני המצבים, כאשר במקרה הראשון מדובר בהתחברות עם ישות מקבילה ובמקרה השני בהשתלבות לתוך הקשר מקיף. כך או כך, בשני המקרים מדובר בהרחבה של הזהות העצמית ויש מקום לדון בשניהם במקומן של חובות הלבבות בתגובה לסבל.

בהקשר הזה יש לדעתי להבחין בין תפילה לתשובה. כל שלושת הממדים של התפילה שציינו לגבי צרת היחיד – קריאה לעזרה, כתף לבכי וברית של סבל – נכונים גם לגבי צרת הכלל. יתר על כן, קיימים יחסי גומלין בין התפילה עבור אחרים ובין ההתקשרות עמם; זאת משום שהתפילה עבור אחר נובעת מתוך הזדהות אמפתית, ולא רק מתוך חובה דתית בבחינת "כל שאפשר לו לבקש רחמים על חבירו ואינו מבקש נקרא חוטא" (ברכות יב ע"ב). נוסף על כך, עצם התהליך של בקשת רחמים מחזק את ההזדהות הזאת.

לגבי תשובה המצב שונה במקצת, בין שנראה אותה כמפרשת את מציאות הסבל ובין שנדגיש את צד התיקון. במובן אחד אין סיבה להבחין בין סבלו של אדם לסבלם של אחרים בזיקתם לתשובה. ההנחה שיש קשר בין חטא לעונש נוגעת לאחרים כמו לאדם עצמו ולאישיות המורחבת לא פחות מזו המצומצמת. אך הביטוי של הנחה זו (וההפנמה שלה במקרים מסוימים) עלול להיות בעייתי מבחינה דתית ומוסרית. האינסטינקטים שלנו מסתייגים מאמירות בעניין קשר סיבתי בין חטא לסבל. כמובן, אמירות כאלה מרכזיות בספרי הנביאים, ודברי חז"ל ספוגים בהן. אך

29. John Donne, *Devotions upon Emergent Occasions*, 17. ובתרגום עברי: ג'ון דאן, **אין אדם שהוא אי: שירים ופרוזה**, תרגם: שמעון זנדבנק (בני ברק, 2019).

30. ראו 'קול דודי דופק', בתוך **דברי הגות והערכה** (ירושלים, תשמ"ב), עמ' 35–36, וגם **באיש האמונה הבודד** (ירושלים, תשכ"ח), עמ' 88–89.

בימינו אין מקום להצהרות שחצניות, גם אם איננו דוחים שום פרשנות אפשרית של המציאות. קביעות הנאמרות מתוך ביטחון מוחלט משקפות חוצפה כלפי שמיא ויש לקרוא עליהן את דברי חז״ל על בלעם ״השתא דעת בהמתו לא הוה ידע, דעת עליון הוה ידע?״ (סנהדרין קה ע״ב). כאשר מכוונים אותן כלפי הזולת, הן מגונות מבחינה מוסרית והלכתית.

בקרב חז״ל היו דעות שונות לגבי דתיותו של איוב, וחלק מהם תפסו אותו כמורד ומגדף כלפי שמים.[31] אולם גם אלו לא ערערו על הקביעה שמנחמיו חטאו באונאת דברים: ״אל יאמר לו [למי שסובל] כדרך שאמרו לו חביריו לאיוב: ׳הלא יראתך כסלתך תקותך ותם דרכיך זכר נא מי הוא נקי אבד׳ (איוב ד׳, ו)״ (בבא מציעא נח ע״ב). על כן, גם אם היהדות מאמצת אמונה בסיסית באשר ליחס בין חטא לסבל, הענווה והרגישות מחייבות שנימנע מלהחיל אותה מבחינה מעשית על מצבים מסוימים. מעתה דבקות בעיקרון האמור תהיה ביטוי של אמונה יותר מתשובה.

נקודה זו רגישה יותר בכל הנוגע לאסונות של הכלל, שהרי לגביהם יש לקישור בין חטא לסבל שורשים עמוקים יותר. כשמדובר בצרות הכלל, דברי הרמב״ם על הצורך בפרשנות המציאות כחלק מתשובה טעונים עוצמה מחייבת יותר. אך גם כאן יש לשקול את הדחף לתשובה אל מול ענווה ורגישות. עבור מי שבאמת ובתמים רואה עצמו חלק מן האשמים, תגובה של ״ומפני חטאינו״ עשויה להיות רצויה. אך יש להיזהר מהפיכתה ל״ומפני חטאיך״. הדברים נכונים אף יותר היום בצִלו של הסתר הפנים המבהיל המחייב אותנו לידום.

לעומת זאת, ממד התיקון שבתשובה כשמדובר בסבלם של אחרים בעייתי פחות, אלא אם כן הוא עצמו מבוסס על הטלת אשמה. המסורת שלנו מעמידה במרכזה את התשובה של הכלל, הנובעת מהכרה קולקטיבית כנה בחטא בתגובה לסבל ציבורי. לתשובה כזו יש דחף כפול. באופן אחד, היא דרך למניעת אסון ובכך היא מחוברת לתפילה, המעבירה יחד אתה את רוע הגזרה. באופן שני, היא תגובה לאחר מעשה לסבל, בסיס לשיקום רוחני לקהילה שספגה מכה משמים. היא מתרחשת במישור האישי והציבורי כאחד: נינוה, העומדת בפני אסון מתקרב, מגיבה בצום, בתפילה ובחשבון נפש: ״וישבו איש מדרכו הרעה ומן החמס אשר בכפיהם״ (יונה ג׳, ח). אם כך לגבי אומה מאומות העולם, על אחת כמה וכמה כשמדובר בקהילה יהודית אשר מוצב בפניה סטנדרט גבוה יותר, ואשר (לפחות לפי תפיסת המהר״ל) ניתן יותר לראות בה ישות אורגנית. לעומת ההכרה בחטא, אשר עלולה לגרור הטלת אשמה

31. ראו בבא בתרא טו ע״ב – טז ע״ב.

על אחרים, ניתן לגשת לתיקון בלי צדקנות ובלי התחשבנות מתוך הפניית מבט אל העתיד המושרש במחויבות הן לעבודת ה׳ והן לאהבת ישראל.

סבל אוניברסלי

סיפור נינוה מזכיר לנו את יחסנו לסבל אוניברסלי, נושא שלפעמים אנו זקוקים לתזכורת לגביו. במישור הפילוסופי, הממד האתני נטול משמעות; הבעיה העקרונית של הצדקת מעשי הא־ל אחת היא, בין שהיה איוב יהודי בין שהיה נכרי ובין ש״לא היה ולא נברא״. אך במישור המעשי אנו מבחינים בין המקרים השונים. במידה מסוימת ניתן להצדיק את העניין כתופעה אנושית ואף להצדיקו מוסרית, מנקודת המבט שלנו. אין להתכחש לעובדה (מקס ובר הרחיב את הדיבור עליה) שהיהדות דוגלת במוסר כפול. ההלכה אמנם תומכת בסטנדרט כפול המושרש בהכרה בקדושת ישראל ובתפיסה (שעשויה להיות רלוונטית גם למוסריות לא־יהודית) שחסד אתנוצנטרי אינטנסיבי עדיף מגישה אוניברסלית רדודה. אך יש לגנות את הנטייה להתעלמות כמעט טוטלית מסבלם של מי שאינם יהודים. עמדה מבישה זו נפוצה בימינו בחלק ניכר מעולם התורה, בישראל ובגולה. אין זו הליכה בעקבות הרגשותיהם ומעשיהם של אברהם אבינו ושל משה רבנו, והעובדה שמתן תורה מפריד בינינו לבינם אינה משנה את המחויבות שלנו. יש מקום לקביעת סדרי עדיפויות, במעשים ובזיקה רגשית. אך יש מרחק מוסרי עצום בין זה ובין אדישות נינוחה לנוכח סבלם של אחרים. יש לעסוק בנפרד בנושא היחס לאויבים, ולמזמורי תהילים רבים יש נגיעה לעניין. אולם יש להוקיע ולמחוק את הרעיון שרק מצוקה יהודית ראויה לתגובה יהודית. כדאי להיזכר בדברי החפץ חיים שאם הגויים היו יודעים כמה אנו מתפללים לטובתם בראש השנה, הם היו מדפיסים בעצמם את המחזורים.

בהקשר הזה אנו צריכים להגביר את המאמצים החינוכיים שלנו להפנים ולשלב את שני המסרים של טקסט מוכר במיוחד. תפילת ׳אשרי׳ מייחסת לקב״ה עצמו קנה מידה מוסרי כפול. חסדו וטובו מתוארים כאוניברסליים: ״טוב ה׳ לכל ורחמיו על כל מעשיו... עיני כל אליך ישברו ואתה נותן להם את אכלם בעתו. פותח את ידיך ומשביע לכל חי רצון״; אך בו בזמן יש קדימות וברְרנות, שהרי הוא קרוב ״לכל אשר יקראוהו באמת״, הוא עושה את ״רצון יראיו״ ושומר את ״אוהביו״. בקרב הקהילה שלנו היסוד המבדיל מובע היטב ואילו האוניברסלי נשמע בקול דממה דקה, אם בכלל. הפיכת העדפה לאפתיה מעידה על כישלון מוסרי וחינוכי. האם נוכל לומר בביטחון שהתרגשותנו מנבילת קיקיון אהוב, לעולם לא תעלה על הצער מחורבנה

של "עיר גדולה אשר יש בה הרבה משתים עשרה רבו אדם אשר לא ידע בין ימינו לשמאלו ובהמה רבה"? (יונה ד', יא).

האדם המודרני והתגובה הדתית לסבל

לבסוף אני חוזר לתחושה הקשה שדבריי עלולים ברובם ליפול על אוזניים ערלות. כל זיקה בין סבל לחטא, אף כאמצעי לתשובה, נראית חלולה ונאיבית בעידן המדעי. במיוחד לאחר השואה, ייתכן שכל ניסיון לבטא את האופי המטהר של הסבל ייראה פשטני, צדקני, והגרוע מכל – חסר רגישות. רבים הם המפנים עורף לכל דיבור על התועלת שבהתמודדות, וההתייחסות לכאב המצרף מתויגת כקשיות לב.

עמדה זו מובנת לי ובמידה מסוימת אני אף שותף לה. אך רק במידה מסוימת. בסופו של דבר גם אם תגובות אלה צורמות לאוזניים מודרניות אי אפשר להתכחש שהן חלק מהותי של תגובה יהודית מסורתית, במישור התיאורטי, המעשי, ואף הטיפולי. העובדה שבעבור רבים הן נשמעות ריקות או דוחות מחזירה אותנו לנקודה מרכזית שעלתה בראשית דברינו. אי אפשר לנתק את התגובה לסבל מהחוויה הדתית כולה. היכולת לשלב בחיינו פתרונות דתיים תלויה במכלול האמונה והמחויבות האישית. וזה הרי בדיוק עקב האכילס של האדם המודרני ולעתים קרובות אף של היהודי בן דורנו, אם הוא קשר את גורלו לעולם המודרני, עולם שבו (כדברי מת'יו ארנולד) "ים האמונה" כבר איננו מלא:

> לא ודאות, לא שלוה, לא מזור לחיל; ואנו כאן, על המישור המאפיל מכים
> בהתראות מבלבלות של מאבק ושל בריחה, במקום שצבאות נבערים מתנגשים
> בו בעת חשכה.[32]

בהקשר הזה הדרך היהודית להתמודד עם הסבל חורגת מפתרונות הקשורים בלעדית בסבל. היא מחייבת את האדם לאמץ מחדש את מחויבותו היהודית הבסיסית.

32. "Dover Beach" (1867), בתים 3–4 (בתרגום רות אלמוג). במקור: "for the world … / Hath really neither joy, nor love, nor light, / Nor certitude, nor peace, nor help for pain; / And we are here as on a darkling plain / Swept with confused alarms of struggle and flight / Where ignorant armies clash by night".

שיברון לב ותימהון לבב:
הרהורים על עבודת ה' במודרנה

'הרהורים על עבודת ה' במודרנה' אמורים לפתוח – מבחינה הגיונית, אם כי לא נפשית או עובדתית – בהבהרת פשר המושג 'עבודת ה''. דומני שלמונח זה – כמו, להבדיל, למקביל לו, 'עבודה זרה' – שלוש משמעויות מרכזיות. ברמה אחת, מדובר בשם נרדף, פחות או יותר, לכל מערך זיקתנו לקב"ה, כמקבלי עול מלכותו השואפים להגשים רצונו ולהתקרב ולהידמות אליו, על כל מרכיבי הווייתנו הדתית והערכית. במובן זה, הביטוי כולל את עיסוקנו בתורה ובמצוות, את זיקתנו האישית לקב"ה, ואת חווייתנו הקיומית בעומדנו, בבחינת "שויתי ה' לנגדי תמיד" (תהילים ט"ז, ח), לפני אדון כל.

לעומת זאת, במובנים אחרים היריעה מצומצמת הרבה יותר. על הפסוק הפותח את הפרשה השנייה שבקריאת שמע, מעיר הספרי:

> "ולעבדו" (דברים י"א, יג) – זה תלמוד. אתה אומר זה תלמוד, או אינו אלא עבודה ממש? כשהוא אומר: "ויקח ה' א-להים את האדם וינחהו בגן עדן לעבדה ולשמרה" (בראשית ב', טו), וכי מה עבודה לשעבר ומה שמירה לשעבר? הא למדת "לעבדה" – זה תלמוד, "ולשמרה" – אלו מצוות. וכשם שעבודת מזבח קרויה עבודה, כך תלמוד קרוי עבודה. דבר אחר: "ולעבדו" – זו תפילה, או אינו אלא עבודה ממש? תלמוד לומר "בכל לבבכם". וכי יש עבודה בלב? הא

תרגם מאנגלית: קלמן נוימן

> מה תלמוד לומר "ולעבדו בכל לבבכם"? זו תפילה. (ספרי דברים פסקא מא; כנוסח הגר"א)[1]

נמצינו למדים, ראשית, כי במובן הממוקד ביותר, המכונה בברייתא "עבודה ממש", מדובר בעבודת מזבח. כפי שציינו ראשונים, משמעות זו אף מתבטאת במשנה הקובעת כי "על שלושה דברים העולם עומד: על התורה ועל העבודה ועל גמילות חסדים" (אבות פ"א מ"ב).[2] באבות דרבי נתן הוסיפו על משנה זו:

> על העבודה כיצד? כל זמן שעבודת בית המקדש קיימת, העולם מתברך על יושביו וגשמים יורדין בזמנן, שנאמר "לאהבה את ה' א-להיכם, ולעבדו בכל לבבכם ובכל נפשכם, ונתתי מטר ארצכם בעתו יורה ומלקוש". (מהדורת שכטר, נו"א, פרק ד)

שנית, הרי לפנינו מצוות – לא במקרה, מרכזיות – אשר הוגדרו, בהרחבה פורתא של המושג, 'עבודה'. כך בתורה ובתפילה, וכך, לפי גרסת הגר"א בברייתא בהמשך הפרק באבות דרבי נתן, בגמילות חסדים.

לגבי העבודה המיוחסת לדניאל, "א-להך דאנת פלח לה בתדירא" (ו', יז), תוהה הברייתא ומסבירה:

> מה עבודה שהיה דניאל מתעסק בה? אם תאמר עולות וזבחים מקריב בבבל, והלא כבר נאמר "השמר לך פן תעלה עלתיך בכל מקום אשר תראה" (דברים י"ב, יג)! אלא מה הן? גמילות חסדים שהיה מתעסק בהן. היה מתקן את הכלה, ומשמחה, ומלווה את המת, ונותן פרוטה לעני, ומתפלל שלוש פעמים בכל יום ותפילתו מתקבלת ברצון.[3]

כר נרחב לנו אפוא לליבון וניתוח. ברם, היות שבמציאות הנוכחית עסקינן, נתעלם

1. יש לציין כי הרמב"ן (בראשית ב', ח), על פי המדרש, מעלה הבנה כי "לעבדה ולשמרה" אכן מתייחס לקרבנות.
2. הרמב"ם **בפירוש המשניות** (מהדורת הרב קאפח) אמנם ציין קרבנות אך גם הרחיב את היריעה: "ובקיום ציוויי התורה והן הקרבנות".
3. לפי הגרסה המקובלת בדפוסים (ובמהדורת שכטר, נו"א), השאלה היא "מה הן גמילות חסדים שהיה דניאל מתעסק בהם וכו'"; הקושי בה מורגש.

מ"עבודה ממש", ונתמקד בעבודה הנרחבת קמעא, כפי שהיא מתגשמת במוקדים נבחרים, כאספקלריה שדרכה ניתן לעמוד, במידה, גם על העבודה הכוללת.

ואולם גם באשר למצוות המצוינות בספרי ברצוני לפצל את הדיון. בברייתא אמנם נמנים תלמוד ותפילה כאחד, אך דומני שקיים שוני ביניהם. לפן העבודה שבתלמוד תורה יש חשיבות אדירה, והוא ההבדל המרכזי שבין לימוד מסורתי של גופי תורה ובין מחקר אקדמי של אותם מקורות. אך מבחינת השוואתו לקרבן אין תלמוד תורה דומה לתפילה. הלימוד מקביל להקרבה; ואילו בתפילה, על נימות ההכנעה והריצוי שבה, גלום קיום של קרבן, אם כי בחומרים ובכלים אחרים.

כמובן, תיתכן, ואף תידרש, נימה של התמסרות בעיסוק בתורה; וברמה האולטימטיבית, קיימת קביעתו של ריש לקיש:

> מנין שאין דברי תורה מתקיימין אלא במי שממית עצמו עליה? שנאמר "זאת התורה אדם כי ימות באהל" (במדבר י"ט, יד). (ברכות סג ע"ב)

ועם זאת, ההתמסרות, גם אם נראה בה תנאי הכרחי, אינה מקיומיו המהותיים של הלימוד.[4]

לא כן היחס שבין תפילה לקרבן, שמתבטא במשוואה "ונשלמה פרים שפתינו". המחבר קובע כי:

> התפילה היא במקום הקרבן, ולכן צריך שתהא דוגמת הקרבן בכוונה. ולא יערב בה מחשבה אחרת, כמו מחשבה שפוסלת בקדשים, ומעומד דומיא דעבודה, וקביעת מקום כמו הקרבנות, שכל אחד קבוע מקומו לשחיטתו ומתן דמיו, ושלא יחוץ דבר בינו לקיר דומיא דקרבן, שהחציצה פוסלת בינו לכלי. וראוי שיהיה לו מלבושים נאים מיוחדים לתפילה כמו בגדי כהונה. (**שולחן ערוך**, אורח חיים סימן צח סעיף ד)[5]

4. אך יעוין באבות דרבי נתן: "ותלמוד תורה חביבה לפני המקום מעולות, לפי שאם אדם למד תורה יודע דעתו של מקום, שנאמר 'אז תבין יראת ה' ודעת א-להים תמצא' (משלי ב', ה), מכאן לחכם שיושב ודורש בקהל שמעלה עליו הכתוב כאילו הקריב חלב ודם לגבי מזבח" (מהדורת שכטר, נו"א, פרק ד). מן הסיום משמע שלא רק שתלמוד תורה עולה על הקרבנות אלא שהוא אף מגלם בתוכו קיום של הקרבה.

5. יש להעיר כי ההקבלה מתייחסת להיבטים פנימיים וחיצוניים כאחד. בנוגע לזיקת תפילה לקרבן ציינו כמה אחרונים כי יש לחלק בין תפילת מוסף, שבה נימת הקרבן בולטת באזכור פסוקי הקרבן

מכאן שאף פן העבודה שבתפילה קרוב יותר ל׳עבודה ממש׳ מזה של תלמוד; ובו – שוב, גם כבבואת העבודה הכוללת – נראה להתמקד.

לאדם המודרני יש בעיה בנוגע לתפילה בכלל ובנוגע למתכונתה ההלכתית בפרט. בניגוד לתפיסה ההלכתית, תפיסות פילוסופיות (כגון זו של קנט)[6] הגביהו עוף, העלו על נס את השבח וההודאה שבתפילה והסתייגו מפן הבקשה שבה – אם מפני שראוה כאגוצנטרית, וממילא קלוקלת, מבחינה מוסרית ודתית כאחת; אם מפני שנרתעו מפנייה לקב״ה בבקשה להתגבר על חוקיות הטבע; ואם מפני שצלילות ההיגיון היא שאפיינה אותן ולא רטט המצוקה. ההלכה, מאידך גיסא, חידדה דווקא את נימת הבקשה. לדידה, התפילה היא, בראש ובראשונה, תחנונים, ׳רחמי׳. התפילה מזוהה עם הדל והמך: ״תפלה לעני כי יעטף, ולפני ה׳ ישפך שיחו״ (תהילים ק״ב, א). ומה הוא שופך בהתרפסו לפני ריבון העולמים, אם לא את מצוקתו וזעקה לעזרה? ״תחנונים ידבר רש״ (משלי י״ח, כג) – והם הם לב לבה של תפילת היהודי. ובניסוחו הנועז של התלמוד הירושלמי, לא רק הצגת צרכים אלא תביעתם.[7]

יתרה מזו, ייתכן שמבחינה סמנטית, המונח ׳תפילה׳ הוא שם נרדף לבקשה. בביאור דברי רבי שמלאי ״לעולם יסדר אדם שבחו של מקום ואחר כך יתפלל״ (עבודה זרה ז ע״ב), פירש רש״י:

> ״יסדר אדם שבחו של הקב״ה״ – שלוש ברכות ראשונות: אבות, גבורות וקדושת השם, שאין בהן תפילה אלא שבח – ואחר כך, בשאר ברכות, יש דברי תחינה ותפילה (ד״ה יסדר).[8]

ופרטיו, לבין תפילות אחרות, שבהן קיימות בקשות אך לא פסוקי התמיד. בהקשר זה ציין מו״ר הגרי״ד סולובייצ׳יק זצ״ל את דברי **התוספות** (ברכות כו ע״א, ד״ה איבעיא), כי אין תשלומין למוסף היות ״וגם לא תיקנו שבע ברכות של מוסף אלא משום ׳ונשלמה פרים שפתינו׳, ובזה ודאי עבר זמנו בטל קרבנו״; ואכמ״ל.

6. עיינו בספרו הקלסי של פרידריך היילר: Friedrich Heiler, *Prayer: A Study in the History and Psychology of Religion*, trans. Samuel Macomb (New York, 1958), ch. 4, "Critique and Ideal of Prayer in Philosophical Thought" [המקור בגרמנית: *Das Gebet: Eine Religionsgeschichtliche und Religionspsychologische Untersuchung* (Muenchen, 1923)]. תפיסתו של ישעיהו ליבוביץ ביחס לתפילה, המשלימה עם הבקשה ברמה הטכנית והנורמטיבית, אך מסרסת את כל תוכנה ומשמעותה, קרובה אף היא לביקורת הזאת. במובן מסוים יש בה ללא ספק מגמה דתית מובהקת, אך היא רחוקה שנות אור מתפיסת היהדות המושרשת.
7. שבת פט״ו ה״ג: ״תני אסור לתבוע צרכיו בשבת״.
8. ברם, **בסידור רש״י**, סימן ו, מובא מאמר ר׳ שמלאי לגבי פסוקי דזמרה: ״לפיכך תיקנו חכמים

חרף ההערכה הרבה שרוחשת היהדות לאדם, ולמרות האמון שהביעה בפועלו ויצירתו, היא מעולם לא עודדה, ואף לא התירה, שעשוע רעיוני בעצמאות אנושית. היא הבליטה את עובדת התלות כמציאות והציבה את המודעות לה כחובה. זהו המסר החינוכי של פרשת המן: "למען הודִעך כי לא על הלחם לבדו יחיה האדם כי על כל מוצא פי ה' יחיה האדם" (דברים ח', ג).[9] הווה אומר: לצד ההליך הטבעי קיים ערוץ נסי, ויש בקיומו כדי לגלות כי הטבעי אף הוא מוצא פי ה'. זה פשר המן, וזה הלקח, שביסודו הוא אמנם דתי־אוניברסלי, אך זכה בתולדותינו לחידוש והעמקה שקלטה והפנימה כנסת ישראל במדבר.

תודעה זו הטביעה את חותמה על התפילה. על האדם להבין כי קיומו העכשווי תלוי על בלימה, על חוט של חסד שמשוך מאת הקב"ה; ושעתידו מותנה בחסדי שמים; להם הוא מצפה ולהם הוא משווע. אין בושה בהכרה בתלות זו ואין בה שמץ של כניעה למציאות אכזרית כפויה. אין לנו אלא קבלה בשמחה של חסות גואלת זו. התחושה שלפיה אדם מסוגל להסתדר לבד, או אפילו רוצה להסתדר לבד, גם אם עטויה היא מעטה דתי הנעוץ ברצון לרומם את הפן הטרנסצנדנטלי שבריבונו של עולם ולשחררו, כביכול, מלדאוג לנו ולזוטות שאיפותינו, אינה אלא איוולת ושחצנות. השקפה זו היא נורמטיבית. המצליח, כמוהו כנכשל, אמור להיות רווי הרגשת "ואין לנו על מי להישען אלא על אבינו שבשמים"; ולדָבֵק בהשתדלות ייאמר: "כי הוא הנֹתן לך כח לעשות חיל" (דברים ח', יח).

תודעה זו מכתיבה את צביון התפילה, מגמתה ותכניה. אמנם מפורסמים דברי המדרש:

> אמר ר' פנחס בשם ר' לוי ור' יוחנן בשם ר' מנחם גלילאה: כל התפילות בטלות לעתיד לבוא, וההודיה אינה בטלה לעולם... והוא שכתוב "ותעמדנה שתי התודֹת בבית הא-להים" (נחמיה י"ב, מ), תודת התפילה ותודת הקרבן. (מדרש שוחר טוב על תהילים, נו)[10]

פסוקי דזמרא הודו לה' וכל המזמורים שלפניו ושלאחריו, לפי שהן שבחו של הקב"ה ואחר כך עומדים להתפלל".

9. עיינו בפירושי **אבן עזרא** ו**רבנו בחיי** על אתר.

10. השוו שם, פרק ק.

ולא עוד, אלא שיש ראשונים[11] שהטעימו – בניגוד מוחלט למנהג הרווח כיום – שיש לומר 'מזמור לתודה' רק בשבת ולא בימות החול, היות שהשבת היא בחינת 'מעין עולם הבא', אשר לה מותאמת שירת ההודאה. ואולם, יהא הצפי העתידי אשר יהא, ברור שבמציאות ההיסטורית רווית המצוקה, התפילה היהודית היא של העני השופך שיח תחנוניו לפני קונו.

אם כן, תפילתנו מאופיינת בשיברון לב. כשאנו זועקים בסליחות בערבי ראש השנה ויום הכיפורים "פנה אדון בעצבון רוח, צפה בשיברון לב", כוונתנו, בין השאר, לשבר המשתקף בתחינה עצמה. לתכונה נפשית זו כשלעצמה שני פנים. בפרק אחד בתהילים נאמר שהקב"ה הוא "הרֹפא לשבורי לב ומחבש לעצבותם" (קמ"ז, ג), ללא שמץ של רמז באשר למקור השבר והעצב. ברם, יש להניח כי הזקוקים למזור סובלים בגין עילות ונסיבות שאינן מעורות בזיקתם לבוראם – לחצי פרנסה, בעיות בריאות, תוחלת נכזבת, צער גידול בנים, סכנת התמוטטות, איומים קיומיים – והם פונים אליו, כמלך עוזר, מושיע ומגן, האמור לחלצם ממצוקתם. על פי השקפת היהדות, אין לזלזל גם בפניות כאלה, ששורשן בצרה אנושית והן מדגימות מה שמבקרים מכנים ומגנים כ־foxhole religion ('דתיות של בונקר'). ההלכה קבעה כי "האומר סלע זו לצדקה בשביל שיחיה בני או שאהיה בן העולם הבא הרי זה צדיק גמור" [ולפי גרסה אחרת: "הרי זה צדק גמור"]. (פסחים ח ע"א-ע"ב)[12]

אך יש גם שיברון לב ברמה דתית נשגבה יותר. בפרק אחר בתהילים, אנו מקבלים את תפילת דוד המלך, בעקבות פרשת בת שבע:

> א־דני שפתי תפתח ופי יגיד תהלתך. כי לא תחפץ זבח ואתנה עולה לא תרצה. זבחי א־להים רוח נשברה לב נשבר ונדכה א־להים לא תבזה. (נ"א, יז-יט)

לא מתואר כאן לב מדוכא מחמת מצוקתם ואיומיהם של גורמים חיצוניים, ובגללם הוא מתחנן לישועה. הפסוקים מכוונים לשיברון שנעוץ כל כולו בחרדה להמשך מערכת היחסים עם הקב"ה, ללב החדור אשמה והכנעה כאחד, והמתייצב, מתוך חרדה זו, בהתרפסות גמורה ובהתמסרות מושלמת לפני צורו וגואלו.

11. עיינו **שבלי הלקט**, סימן עו, בשם אחיו ר' בנימין שפירש כך. המנהג לומר מזמור לתודה רק בחול היה נפוץ אף בתקופת הראשונים, אך היו גם שנהגו לאומרו הן בחול והן בשבת; עיינו **ספר המנהיג**, מהדורת רפאל, עמ' נב, ובמצוין בהערות שם.
12. הגרסה החלופית מובאת **בתוספות רבנו פרץ** שם. **רבנו חננאל** (ראש השנה ד ע"א) גורס כמו שלפנינו, אך מעיר: "ויש שמפרשין הרי זו צדקה גמורה".

בשיברון הלב שבתפילה נשזרות שתי הנימות. חוויית המצוקה מולידה את הצורך להתפלל. תחושת ההתבטלות והכמיהה – שורש האהבה, היראה והדבקות – מעוררת את הרצון להתפלל, להקריב על מזבח ה׳, כקרבן וכעולה, לב נשבר ונדכה.

לאדם המודרני יש בעיה עם שתיהן. מצד אחד, דחף המצוקה ממריץ אותו פחות, משתי סיבות. מבחינה אובייקטיבית, מצבו טוב יחסית (לפחות בעתות שלום); תוחלת חייו השתפרה, רמתו הכלכלית עלתה, ובחיי היום יום, ברמה הפשוטה ביותר, אין הוא אפוף תחושה של מאבק קיומי מתיש. אמנם מי שבידו מנה חפץ במאתיים, ולעתים אף משתכנע שהוא זקוק למאתיים (ויש מן האמת בהערת קרלייל שגם אם יינתן למצחצח הנעליים חצי העולם היום, הוא ייאבק מחר על המחצית השנייה), ועם זאת, האדם המודרני (בעולם המערבי, כמובן) אינו חש באיומה המתמיד של החרב החדה, של מגפה וחוסר כל, המונחת על צווארו.

יתר על כן, אם הוא חש בצורך כלשהו, נטייתו הטבעית אינה לפתוח בזעקה לפני אדון כל אלא לפנות לגורמים אנושיים שיסייעו בידו: חבר משפחתו ומרעיו, או, בעידן מדינת הרווחה, גופים ממשלתיים. פרט למקרים שבהם הוא נתקל בסכנה רפואית או באסונות טבע, כשמתברר שכלו כל הקִצים החברתיים, לא מקננת בתוכו הישענות, ודאי לא בלעדית, על אביו שבשמים. מכאן שתקֵפָה כיום לגבי רבים הביקורת הכפולה שלדעת הרמב״ן הייתה גלומה בפסוק שנאמר על אודות אסא: ״ואמר הכתוב ׳גם בחליו לא דרש את ה׳ כי ברֹפאים׳ (דברי הימים ב׳ ט״ז, יב), כאשר יאמר אדם לא אכל פלוני מצה בחג המצות כי אם חמץ״ (פירוש לויקרא כ״ו, יא).[13]

לצד זה, אין כיום באדם המודרני הממוצע מידה מספקת של אהבת ה׳ ויראתו, תודעה דתית עמוקה ואיתנה, שתניע אותו להקרבה עצמית. בסביבתו הקרובה ובתקשורת שהוא מכור לה, מחויבות דתית (במקרה הטוב) תוחמת את גבולות פועלו אך איננה מתמקמת במרכזו. בקרבתו, את מסר עבודת ה׳ אבן לא תזעק וכפיס לא יעננה. בדרך כלל אין הוא נושם אווירת יראת שמים רצינית. בהיעדר דחף פנימי חזק, אין הוא מציב את ההגשמה הדתית האישית בראש מעייניו. הוא מתפלל, אך שיברון לבו רדוד.

הפגיעה בכושר התפילה שנובעת מחוסר זה של שיברון לב מחריפה עוד יותר בגין העודף שיש לו בתכונה אחרת: תימהון לבב. ביטוי זה מופיע בתנ״ך רק פעם אחת, בתוכחת משנה תורה: ״יככה ה׳ בשגעון ובעורון ובתמהון לבב״ (דברים

13. ועיינו **רש״י**, פסחים נו ע״א ד״ה וגנז; ומנגד, **פירוש המשניות** לרמב״ם, פסחים פ״ד מ״י. על היחס בין אמונה וביטחון לרפואה נכתב הרבה, ואכמ״ל.

כ״ח, כח). לנו, מכל מקום, הוא מוכר היטב מסיומת סדרת ׳על חטא׳ שתיקנו הגאונים. רש״י על אתר מפרש ״אוטם הלב״, פירוש הזהה לביאורו ל״ערלת לבבכם״ (דברים י׳, טז); והוא מוסיף לו תרגום לצרפתית, estordison, מילה שמשמשת לו בהקשרים אחרים כתרגום ל״תהו״ (לדוגמה בבראשית א׳, ב), או לביאור מילת ״שמה״ שבהמשך התוכחה (דברים כ״ח, לז). בתרגום השבעים אנו מוצאים תרגום נוסף – ecstasei dianoias – כאשר ברור שלא מדובר באקסטזה במובנה המודרני, היינו נחשול התרגשות שמוציא אדם מגדרו, אלא בהשתאות או טרנס שיש בהם כדי להסיח את הדעת או להקפיאה. בוולגטה הלטינית מופיע, בהתאם, המינוח furore mentis.

למרבה הפלא, המכנה המשותף של כל הפירושים הוא בכך שהם מאפיינים פן משמעותי בתרבות המודרנית, פן שחותר תחת כושר התפילה האופטימלי. כפי שכבר ציינו רבים, המציאות התעשייתית־טכנולוגית־אורבנית נוטה לדחוף לשני קטבים.[14] מצד אחד, ניכור והיעדר שורשים מובילים לרדידות ולאדישות רגשית עד כדי קיפאון ודה־הומניזציה. ״This is the way the world ends״, חזה ט״ס אליוט, ״not with a bang but a whimper״.[15] מצד שני, מציאות זו היא רווית אלימות, הסתערות והתפרצות – רגשית, מילולית, ולא פעם פיזית – ומשקפת מה שליונל טרילינג כינה ״התכונה החייתית של החיים המודרניים״ (״the feral quality of modern life״). שטח הביניים – עולם הרגש האציל והמושרש, המשלב שלווה ודינמיות, עומק ועוצמה, יסודיות והתפעלות – נשחק. ברם, דווקא אותו עולם משמש כר נרחב לתפילה בפרט ולעבודת ה׳ בכלל, לעיצוב אישיות השואפת להשיג, בלשון וורסדוורת׳, את ״העומק ולא את השאון של הנשמה״ (״the depth, and not the tumult, of the soul״).[16]

בנסיבותיו נסחף האדם (ושמא ׳שוקע׳ הוא ביטוי מתאים יותר) לתפילת השגרה האפרורית. כמובן, תופעת ׳מצוות אנשים מלומדה׳ היא אימננטית – במיוחד למסגרת הלכתית המדגישה טקסטים וביצועים נורמטיביים, וכבר צווחו על כך קמאי דקמאי. ועם זאת, היא צוברת תאוצה דווקא בתקופה שבה אוטם הלב והרדידות הרגשית נפוצים. המתפלל המודרני, המטופח והמפותח, מתקשה במיוחד בכל הקשור בבכי שבתפילה. בדפים הראשונים של ספרו הקלסי על דעיכת ימי הביניים, עמד

14. הבחנה זו היא נימה מרכזית בשירתו ובביקורתו החברתית של מת׳יו ארנולד.
15. הערת המתרגם: *The Hollow Men* (1925).
16. הערת המתרגם: *Laodamia* (1815).

ההיסטוריון ההולנדי הויזינחה[17] על הבלטת התופעה של הבכי, האישי וההמוני, בתיאורי דברי הימים של התקופה, ועל ההתפעלות מנחלי הדמעות שבאים בהם לידי ביטוי. אין שום אפשרות שתיאור היסטורי מקביל של עולם המערב במאה העשרים יכלול חומר דומה.

אך הבכי הוא לב לבה של התפילה היהודית. "יהי רצון מלפניך שומע קול בכיות שתשים דמעותינו בנאדך להיות", מתחנן היהודי בנעילה עם דמדומי חמה של יום הכיפורים. וכמה הפליגו חז"ל בנדון, בדברים כדרבנות במדרש. הקטע פותח בתיאור פנייתה של כנסת ישראל, השואפת לכפרה וקרבת א-להים, לקדוש ברוך הוא, שמִצדו מציע להם להקריב קרבנות. לאחר דחייתה של הצעה זו, מחמת ש"עניים אנו ואין לנו להביא קרבנות" (שמות רבה ל"ח, ד), באה הצעה חלופית, לעסוק בתורה, אלא שאף היא נדחית: "אמרו לו: אין אנו יודעין". וכאן באה גולת הכותרת:

> אמר להם: בכו והתפללו לפני ואני מקבל. אבותיכם כשנשתעבדו במצרים, לא בתפילה פדיתי אותם, שנאמר "ויאנחו בני ישראל מן העבֹדה ויזעקו" (שמות ב׳, כג)? בימי יהושע, לא בתפילה עשיתי להם נסים, שנאמר "ויקרע יהושע שמלֹתיו" (יהושע ז׳, ו), ומה אמרתי לו? "נטה בכידון" וגו׳ (שם ח׳, יח). בימי השופטים – בבכיה שמעתי צעקתם, שנאמר "ויהי כי זעקו בני ישראל אל ה׳" וגו׳ (שופטים ו׳, ז). בימי שמואל, לא בתפילה שמעתי להם, שנאמר "ויזעק שמואל אל ה׳ בעד ישראל ויענהו ה׳" (שמואל א׳ ז׳, ט)? וכן אנשי ירושלים, אף על פי שהכעיסוני, בשביל שבכו לפני – ריחמתי עליהם, שנאמר "כי כה אמר ה׳ רנו ליעקב שמחה" וגו׳ (ירמיהו ל"א, ו). הוי איני מבקש מכם לא זבחים ולא קרבנות אלא דברים, שנאמר "קחו עמכם דברים ושובו אל ה׳" (הושע י"ד, ג). (שם)

למבוכה הרגשית מצטרף גורם נוסף אשר – לפחות, במינוח בן זמננו – מתקשר אף הוא לתימהון לבב: הספקנות. לא בהכרח במובן הפילוסופי, לא דקדוק עיוני ביסודות האמונה, לא פזילה לעבר אגנוסטיות, אלא שחיקה ברמה הקיומית, בעומקם ובעוצמתם של השכנוע הפנימי והזיקה הישירה. הוודאות המוחלטת (לאו דווקא תמימה, אבל טבעית), שאפיינה דורות טרום־מודרניים, עמומה יחסית בקרב פלגים נרחבים של שלומי אמוני ישראל. לא אחת ישנה קבלה דוגמטית; אבל אמונה שלמה שממלאת את האדם, מרווה את נפשו, ומכלכלת את כל ישותו, היא לא אחת פגועה.

17. עיינו יוהאן הויזינחה, **בסתיו ימי הביניים**, תרגם: אהרן אמיר (ירושלים, 1977), עמ׳ 3–20.

ובכן, בכל הנוגע לתפילה, האדם המודרני אמנם מצוי בבעיה. כך ברמה האוניברסלית (ועמד על כך בונהופר בספרו 'מכתבים ומאמרים מהכלא'[18]); וכך, במשנה תוקף, ביחס ליהודי. כל זאת, כאמור, בין השאר בגין אותן סיבות שכבר צוינו: היקף התפילה המעמיסה וחובתה ההלכתית, והדגש על ממד הבקשה שבתפילה.

מכל מקום, עיקר הקושי הייחודי נובע מנקודה שבמהותה היא אמנם כללית, אך מורגשת במיוחד – לפחות, כך נדמה לנו – בעולמנו. נקודה זו מעורה לא פחות ברמתו הראשונה, המקיפה והכוללת, של מושג העבודה. לימוד שער עבודת הא-להים בספר 'חובות הלבבות' לרבנו בחיי מותיר אחריו תחושה של עיסוק כללי בקיום מצוות וניהול אורח חיים בהתאם לרצון הקב"ה מתוך קבלת מרותו. הגם שנימת הכניעה מוזכרת בו – בעיקר מתוך מחויבות והכרת טובה למי שהיטיב עם יצוריו – אין היבט זה מובלט במיוחד. לעומת זאת, בנתיב העבודה שבספר 'נתיבות עולם' למהר"ל – המתמקד בתפילה, אך מתוך נגיעה בהקשרים נרחבים יותר – לב לבה של העבודה מוגדר היטב, לא רק כאורח חיים הלכתי, לא רק כהרגלי ציות, אלא כהשתעבדות:

> ואין לך עבודה יותר מזה [הקרבה – א"ל], כי אם יקרא עבודה כאשר משמש אליו ועושה מה שצריך אליו שמורה זה כי הוא עבד קנוי לו, כל שכן כאשר מוסר עצמו אל השם יתברך, שדבר זה עצמו מורה שהוא עבד קנוי לו, לכך נקרא זה עבודה. (**נתיבות עולם**, נתיב העבודה, פרק א)

יסוד זה נמצא בשורש הווייתנו. והרי מקראות צווחים ואומרים, הן בקשר לאבירי עולם: "אברהם עבדי" (בראשית כ"ו, כד), "משה עבד ה'" (דברים ל"ד, ה), "דוד עבדי" (שמואל ב' ג', יח ועוד); הן בקשר לאומה כולה: "עבדי הם אשר הוצאתי אֹתם מארץ מצרים" (ויקרא כ"ה, מב). מלבד עבדות האדם האוניברסלית ישנה עבדות ייחודית לישראל, שמחייבת קבלת עול נוסף, לגבי מלכות שמים ומצוות כאחד. בקיצור: "שטרי קודם", כניסוחו של רש"י בשם המדרש (ויקרא שם ד"ה כי).

כמבואר בפרק 'קניין תורה',[19] אנו נמנים עם קנייניו הייחודיים של הקב"ה. מכאן נובעת הגברת מחויבותנו, ומכאן, במקביל, נובעת הגברת תלותנו בקב"ה, שהמהר"ל,

18. עיינו: Dietrich Bonhoeffer, *Letters and Papers from Prison* (London, 1953), pp. 106-110.
19. עיינו אבות פ"ו, מ"י-מי"א.

הרבה לפני שליירמאכר, העמיד במרכז התודעה הדתית, הן כמציאות אובייקטיבית הן כתחושה סובייקטיבית.

אך העבדות היא בדיוק אותו מרכיב שהתרבות המודרנית איננה יכולה, ושמא אינה רוצה, לעכל ולקבל. אחד הדגלים המרכזיים המתנוססים מעל תורן ספינת המודרנה הוא הרמת קרן האדם ומעמדו. פרנסיס בייקון, מראשי מאדירי המהפכה המדעית־טכנולוגית במאה השבע עשרה, ראה בה מנוף ל"הרחבת תחומי האימפריה האנושית" ("enlarging the bounds of human empire"); ואם כי במישרין נגעו הדברים להגדלת נתח האנושות על ידי השלטת מרותה על הטבע הסתמי והשומם, אין ספק שהם כללו גם, ברמה אמונית איכותית, נגיסה במלכות שמים.

נאמר פעם שכל משנתו של ג'ונתן אדוארדס, מגדולי הוגי הפוריטניות ומטיפיה, מכוונת כלפי מגמה אחת בסיסית – "הבלטת הקב"ה על חשבון האדם" ("the assertion of God at the expense of man"). לעומת זאת, הלך הרוח הרווח במודרנה הוא בדיוק הפוך: "הבלטת האדם על חשבון הקב"ה" ("the assertion of man at the expense of God"). ושוב, אין מדובר ברמה דוגמטית מופשטת. גם כשעבדותו של אדם ברורה לו מבחינה אידיאולוגית, ייתכן שלא תהיה מופנמת כל צורכה מבחינה קיומית. לא, חלילה, משב מרוחו של פרומתאוס, אך גם לא רוח "אברהם עבדי". בנגיסה הזאת במלכות שמים, נערמת משוכה רצינית נוספת בדרך לעבודת ה' מעמיקה. כך בכל המישורים, וכך במיוחד בתפילה, שכל יסודה ומהותה הרגשית מתמצים בכך שהאדם מכריז ואומר: "אנא עבדא דקודשא בריך הוא".

בביאור המבנה הבסיסי של תפילת שמונה עשרה מביאה הגמרא בברכות את מאמרו של רבי חנינא:

> ראשונות – דומה לעבד שמסדר שבח לפני רבו, אמצעיות – דומה לעבד שמבקש פרס מרבו, אחרונות – דומה לעבד שקבל פרס מרבו ונפטר והולך לו. (ברכות לד ע"א)[20]

אם כן, עלינו לקבל כנתון שהמציאות המודרנית אמנם מקשה את עבודת ה' של האדם בכלל ושל האדם מישראל בפרט. לעומת קודמיו, הוא מרגיש פחות רצון להשתעבד, ואולי הוא אף חסר את העומק הרגשי שנדרש לשם הענקת עוצמה ומעוף לחווייתו

20. מדברי הרמב"ם, הלכות תפילה פ"א ה"ב, משתמע שהמבנה מחויב מדאורייתא. ועיינו בספרי דברים פסקא שמג, שם צוינו כמה דוגמאות למבנה זה מתפילות בתנ"ך.

כעובד ה'. הפסוקים מעידים שמצד אחד "קרוב ה' לנשברי לב ואת דכאי רוח יושיע" (תהילים ל"ה, יט), ומצד שני "קרוב ה' לכל קוראיו, לכל אשר יקראהו באמת" (תהילים קמ"ה, יח).

היהודי המודרני אינו 'שבור לב' כל כך ולא תמיד ספוג הוא באותה אמת אמונית פנימית שמתוכה תבקע ותעלה שוועתו. ומכל מקום, במישור המעשי השאלה העומדת לנגד עינינו איננה למי הקב"ה 'קרוב' אלא מי קרוב ומתקרב אליו. אם התמונה שהוצגה לעיל אכן נכונה בנוגע לתפילה, כיצד על היחיד השתול עמוק בתוך המודרנה להגיב וכיצד יכלכל ציבור מודרני את צעדיו?

פרט להיסח הדעת ולשאננות, שהם עצמם חלק מן החולי, קיימות לפנינו שלוש אפשרויות עיקריות. האחת היא השלמה עם המצב הקיים מתוך תחושה של חוסר אונים וחוסר ברירה. לנוכח הכרת המציאות בת זמננו, ואולי אימוץ ההנחה בדבר ירידת הדורות, ניתן להסיק כי ככלל יקשה עלינו בנסיבות הקיימות להתגבר ולהתרומם. מכאן מתבקשת המסקנה להוריד לא רק את רמת הביצוע אלא גם את רף השאיפה, ולקוות כי "והוא רחום יכפר עון".

לצד זה קיימת האפשרות שבגין הקשיים הנזכרים נבחר באפשרות של בריחה מן המודרנה, או, למצער, מכמה ממרכיביה החברתיים והתרבותיים. עבור פלח מסוים של שלומי אמוני ישראל זאת אמנם אפשרות רצינית. עם זאת ברור שברמת הפרט – וכל שכן בכל הקשור בהיבטיה הציבוריים – גובה גישה זו מחיר, לא רק במישור החברתי או הכלכלי אלא לעתים אף במישור התרבותי והרוחני. קל וחומר כשלא מדובר בהתעלמות טבעית בבחינת "אשר אין בה מום, אשר לא עלה עליה עֹל" (כפי שתיארתי פעם לגבי מרן ר' שלמה זלמן אוירבך זצ"ל), אלא בניתוק מכוון ואולי אף לוחמני.

האפשרות השלישית היא התמודדות כנה ומעמיקה, לאור הכרת הבעיה ומתוך מאמץ כביר ורצוף לפותרה. המאמץ בכיוון זה חייב להיות מקיף ומעמיק כאחת, ללא התפתלות והצטדקות, נטול כל שמץ של התגוננות ורציונליזציה. הכנות המתבוננת היא נר לרגלנו בעניין זה, ואמורה להציבנו בפני אמת כפולה, אובייקטיבית וסובייקטיבית כאחת. מצד אחד נדרשת, ולו ברמה העובדתית הפשוטה, הבנת מצב האדם לאשורו. יוהרת המודרנה היא בבחינת "אשר נואלנו ואשר חטאנו". מגלמת היא בתוכה שטות ופשע כאחד וממילא טעונה תיקון בשני המישורים.

אין לצפות – וכשלעצמי אף איני דוגל בכך – שמכאן ואילך תופנם קביעתו

של ג'ון דאן (Donne), מגדולי המשוררים והמטיפים באנגליה של ראשית המאה השבע עשרה, ולפיה קביעתו של דוד המלך "ואנכי תולעת ולא איש" (תהילים כ"ב, ז) אינה התרפסות אלא התרברבות, שכן התולעת עולה על האדם. לא כך הדבר: ודאי שיש להעריך את התנופה, את ההישגים, ואפילו את שאפתנותה של המודרנה. עם זאת, אין בכך סתירה להכרת היותנו תלויים על בלימה, מתוך תודעת שניותה של המציאות האנושית. עבורנו, הכרה זו אינה רק נחלת הרנסנס אלא חלק מאותם נכסי צאן ברזל של מורשתנו ומסורתנו.

מתוך הכרה זו, אם כי לא רק הימנה, שומה עלינו להסיק את המסקנות, ברמה הקיומית והאמונית עוד יותר מאשר ברמה הפילוסופית והמחשבתית. נאמנים עלינו דברי הרמב"ם כי ההתבוננות בגדולת הקב"ה, כפי שהיא משתקפת בבריאה, מובילה לאהבת ה' וליראתו:

> והיאך היא הדרך לאהבתו ויראתו? כשיתבונן באדם במעשיו וברואיו הנפלאים הגדולים, ויראה מהן חכמתו שאין לה ערך ולא קץ, מיד הוא אוהב ומשבח ומפאר ומתאווה תאווה גדולה לידע השם הגדול, כמו שאמר דוד: "צמאה נפשי לא-להים לא-ל חי" (תהילים מ"ב, ג). וכשמחשב בדברים האלו עצמן, מיד הוא נרתע לאחוריו ויפחד, ויודע שהוא ברייה קטנה, שפלה, אפלה, עומדת בדעת קלה לפני תמים דעות. כמו שאמר דוד: "כי אראה שמיך מעשה אצבעותיך... מה אנוש כי תזכרנו" (תהילים ח', ד-ה). (הלכות יסודי התורה פ"ב ה"ב)

עם זאת, תודעת התלות אמורה להוליד לא רק התפעלות קונטמפלטיבית אלא הכנעה.

הכנעה זו, שהיא היא יסוד היסודות של התפילה, מתבטאת בשני מוקדי הווייתנו הדתית וההלכתית: קבלת עול מלכות שמים וקבלת עול מצוות. חייבת היא לנקוב עד השיתין במרחבי החוויה וההתנהגות כאחד. מכאן, וזוהי נקודת המפתח, הצורך בהשתלבותה, כגורם וכתוצאה, במאמץ מערכתי כולל.

בעיית תפילת האדם המודרני לא תיפתר על ידי התרכזות בלעדית בה. הבעיה היא פועל יוצא של קיומו המקיף של האדם, וכל פתרון יתאפשר אך ורק על ידי התמודדות מקיפה עם מערך של מוקדים – מידת זיקתו לתורה והעיסוק בה, העוצמה וההיקף של החסד שהוא נוהג עם אחרים, רמת זהירותו וזריזותו בקיום מצוות, עומק חווייתו הרגשית ופנימיותה. צבת בצבת עשויה, כמערכת כלים שלובים, ומרכיבים אלה כולם משוועים לתשומת לב ולהתעוררות. במישור הדתי והתורני, אויבו הגדול

של האדם המודרני איננו העבריינות אלא היסח הדעת והשאננות. גורמים אלו חדרו למכלול חייו של אדם, והגאולה מהם, שבה טמון סוד החייאתה של תפילת האדם המודרני, נעוצה אף היא במכלול כולו.

לשם כך, נדרשת שאיפה ופעולה לקראת מטרת היסוד, שהיא ראשיתו ותכליתו של כל קיום דתי משמעותי: הצבת עבודת ה׳ במרכז החיים, לא רק כתוחמת את גבולותיהם. עבור רבים בציבור המודרני, רבים מדי, ההלכה בפרט ועבודת ה׳ בכלל מתוות קווים מחייבים ומגבילים שלהם הם מחויבים. ברם, כפי שלימדונו חז״ל, הקו ״בין עֹבד א־להים לאשר לא עבדו״ אינו עובר בהכרח בין שומר מצווה למתנער הימנה, אלא (כהסברו של אדמו״ר הזקן, בעל התניא) בין המסתפק בשגרה ובין המתאמץ לעלות בסולם התורה והמצווה; בין ה״שונה פרקו מאה פעמים״ ובין ה״שונה פרקו מאה פעמים ואחת״[21] ומציב עלייה זו בראש מעייניו. כך, ורק כך, יתגבר האדם על תימהון לבבו. כך יתחבר מי שמקורב לקב״ה והקב״ה מקורב אליו. וכך, גם בעידן המודרנה, יבנה אדם מישראל את עצמו ואת סביבתו כמוקד רוחני ותורני. זה הכיוון וזאת הכוונה.

21. עיינו חגיגה ט ע״ב.

כבול לעסקים כפולים: על חייהם המפוצלים של עובדי ה'

א

דרשב"י אמר: אלו הוינא קאים על טורא דסיני בשעתא דאיתיהיבת תורה לישר' הוינא מתבעי קומוי רחמנ' דיתברי לבר נשא תרין פומין, חד דהוה לעי באורית' וחד דעביד ליה כל צורכיה. (ירושלמי ברכות פ"א ה"ב)

[תרגום: רשב"י אומר: אילו הייתי עומד בהר סיני בשעה שניתנה תורה לישראל, הייתי תובע מלפני הקב"ה שיברא לאדם שני פיות, אחד כדי לעסוק בתורה ואחד לעשות בו את כל שאר צרכיו.]

And, like a man to double business bound,
I stand in pause where I shall first begin,
And both neglect.

וכמו אדם הכבול לעסקים כפולים
אני תלוי באמצע,
לא יודע איפה להתחיל,
וכך מזניח את שניהם.[1]

תרגם מאנגלית: קלמן נוימן

1. ויליאם שייקספיר, המלט 3.3, עמ' 44–46 (על פי תרגום דורי פרנס, בשינוי קל).

במבט ראשון, שני הקטעים הללו אינם ניתנים להשוואה. את האחד שם גדול המחזאים בפיו של המלך קלאודיוס (שכונה בפי המלט "דני נואף, רוצח ומקולל"), ואחר מבטא את הרוחניות העמוקה של הדמות המופתית המגלמת את עבודת ה' המיסטית. אולם נוסף על ההבדל הבולט בין שני הדוברים, האמירות המיוחסות להם שונות אף יותר, הן בתוכנן והן במניע שלהן. קלאודיוס מהרהר בחלקו ברצח אחיו מתוך חיפוש תפילה וכפרה, אך תערובת של היסוס ורגשות אשמה משתקת אותו: "להתפלל איני יכול, הכוונה החזקה שלי מובסת בידי אשמתי החזקה יותר". וכך, מודעות עצמית רדיקלית גוברת על ניצני ההודאה באשמה.

ברור שאין שום קשר בין זה ובין בקשתו המותנית של רשב"י. מה שמניע אותו הוא הדאגה, ואולי הכאב, שהם תולדות של מגבלות המובנות בחוסר יכולת אישית וכללית: "היום קצר והמלאכה מרובה" (אבות פ"ב מט"ו).

הכישלון שרשב"י רואה בעיני רוחו אין יסודו בהססנות, ובוודאי לא בעצלות או אשמה, אלא בעוצמת האתגר הרוחני ובמגבלות הזמן ופגעיו. שייקספיר עצמו מבכה את המציאות הזאת באחד מביטוייו: "היכן תוטמן פנינת הזמן מפני תיבת הזמן?"[2] יתר על כן, בתגובתו לאתגר הכפול רשב"י מבקש שלא לקפח שום תביעה ולא לזנוח דבר.

ובכל זאת, ההשוואה, גם כשהיא נעשית לאחר ההכרה בריחוק, עודנה משמעותית. בסופו של דבר, כשאנו קוראים את הטקסטים יחד אנו פוגשים לא רק השקה אלא גם מתאם. עומק התובנה הפסיכולוגית של שייקספיר וקסם שליטתו בשפה אפשרו לו לתמצת בחד־שיח בן כמה שורות את עיקרו של פן בסיסי במצב האנושי – מבוכת "העסקים הכפולים". אם להגדיר זאת בקיצור: הבעיה, עבור רבים, ואולי אפילו הרוב המכריע, היא הקצאת מאמץ ואחריות – כלומר החיים עצמם – בצורה נבונה.

היום הוא אכן קצר, וה'מלאכה' – גם אם המשנה מדברת בלשון יחיד הרי מדובר בתופעה רבת פנים – היא אכן מרובה. היא לא רק מרובה מבחינה כמותית אלא גם רחבת היקף מבחינה איכותית. מן המחסור ביכולת – מבחינת זמן, אנרגיה ומשאבים אחרים – להשיג את כל ההכרחי והרצוי, נגזר הצורך לחלק את המשאבים הקיימים, ולעתים קרובות שום תחום איננו מקבל את הראוי לו. תהליך התיעדוף – במיוחד אם נעשה בקנה מידה גדול – עלול לגרום למרירות. הוא עלול לדלל את איכות החיים ולקשור את השמים בעננת אי־ודאות שתרחף מעל לקיום האישי.

2. סונטה 65.

יתר על כן, מעבר לקיום חובותיו של האדם, העניין נוגע למימוש שאיפותיו ולמיצוי פוטנציאל. הרמב״ן מעיר על סיפור מותו של אברהם ״בשיבה טובה זקן ושבע״:

> שראה כל משאלות לבו ושבע כל טובה... ולא יתאוה שיחדשו בו הימים דבר.. והוא ספור חסדי השם בצדיקים, ומדה טובה בהם שלא יתאוו במותרות, כענין שנאמר בהם ״תאות לבו נתת לו״ (תהילים כ״א, ג), ולא כמו שנאמר בשאר האנשים ״אוהב כסף לא ישבע כסף״ (קהלת ה׳, ט), ואמרו בו ״אין אדם יוצא מן העולם וחצי תאוותיו בידו, יש בידו מנה מתאוה מאתים, השיגה ידו למאתים מתאוה לעשות ארבע מאות, שנאמר ׳אוהב כסף לא ישבע כסף׳״ (קהלת רבה א׳, יג). (פירוש לבראשית כ״ה, ח)

התיאור שמתאר הרמב״ן איננו מתאים כלל לדחף הפאוסטי של חלק גדול מתרבות המערב בת זמננו המעלה על נס את מיצוי החיים עד תום. הוא מחריף את הדילמה בהרחיבו את גבול השאיפות האפשריות בלי להגדיל את מאגר היכולות לעשות עסקים כפולים או להשיג סיפוק כפול. הפער בין הרצוי למצוי עשוי להביא לתסכול, לעוות את שיקול הדעת ולשתק את יכולת ההכרעה.

כמובן, האתגר של הקיום הכפול איננו מטריד את כולם באותה מידה. נתונים של אישיות, מחויבות ומצפון הם משתנים משמעותיים. אך עבור אדם הרואה לפניו מטרה אחת בלבד, הלחצים שמופעלים מכוח העסקים הכפולים עלולים להיות בעלי עוצמה תובענית מבחינה מעשית ורוחנית. קרוב לוודאי שרשב״י, שדר במערה במשך שלוש עשרה שנה, שייך לקטגוריה הזאת. נוסף על כך, בעוד הדימוי של קלאודיוס עשוי להתייחס לתופעה מקרית וחד־פעמית, הרי בהקשרים אחרים התופעה עלולה להיות דילמה קיומית, ממושכת בזמן ומטלטלת. בעניין פירוש המילה bound בדבריו, בין שהוא מדבר על יעד שאליו מכוונים ובין שהוא מדבר (נוסף על כך או לחלופין) על ״התחייבות״ חוקית או קיומית, הכפילות כשלעצמה עלולה להיות אתגר בעל עוצמה, המשבית הישגים ונוטע תסכול.

ב

החיים האנושיים לא החלו במצב הזה. בשחר הבריאה זכר ונקבה הוגדרו והובחנו זה מזה, לכל אחד ניתן תפקיד ייחודי בתהליך ההולדה, ולא נוספו עליהם ״עיסוקים״ נוספים.

ויברא א־להים את האדם בצלמו בצלם א־להים ברא אתו זכר ונקבה ברא אתם. ויברך אתם א־להים ויאמר להם א־להים פרו ורבו ומלאו את הארץ וכבשֻׁה ורדו בדגת הים ובעוף השמים ובכל חיה הרמשת על הארץ. (בראשית א', כח)[3]

אך ייתכן שבפן מסוים (ואפשר להודות שהוא חידתי), כפל המשימות החל כבר אז. רש"י על אתר מפנה לניסיונם של חז"ל ליישב את הסתירה בין "זכר ונקבה ברא אתם" ובין "ויקח אחת מצלעֹתיו": "שבראו שני פרצופין בבריאה ראשונה ואחר כך חלקו" (בראשית רבה ח', א).[4]

בהמשך מוסיף הצעה משלו, הקרובה יותר למשמעות המילולית של הפסוק:

ופשוטו של מקרא, כאן הודיעך שנבראו שניהם בששי ולא פירש לך כיצד ברייתן ופירש לך במקום אחר. (פירוש לבראשית א', כח ד"ה זכר)

הקריאה המדרשית מעוררת הרהורים על אודות תוכניתו הראשונית של הקב"ה למין האנושי. האם הכוונה המקורית הייתה שתהיה אישיות אחת בעלת שני ייעודים או שמא שניים המחוברים יחד? המשמעות של חלופות אלה ברורה והיא משמשת נקודת מוצא לדיון שלנו.

תהיה הכרעתנו אשר תהיה, ניתן להבחין בפלישה של עסקים כפולים גם לערוצים אחרים כבר בשלב מוקדם. במישור אחד, אנו מציינים את ההרכב המטפיזי הדיכוטומי של הטבע האנושי – גוף ונפש, חומר ורוח – על כל המשתמע מכך לגבי התנהגות ואחריות, או את החלוקה בתוך החומר עצמו. כשהוא מתבונן בשאלת מקור האנושות מייחס המדרש לריבונו של עולם עצמו את הגישה הכפולה:

אמר הקב"ה: הרי אני בורא אותו בצלם ובדמות מן העליונים, פרה ורבה מן התחתונים. (בראשית רבה י"ה, ג)

3. לצורך ענייננו כאן אני רואה בטקסט זה הטלת תפקיד נורמטיבי. ואולם הדבר נתון במחלוקת תנאים, ורבי יוחנן בן נורי פירש אותו כנראה כברכה; ראו יבמות סה ע"ב והשוו בראשית ט', ז ו**רש"י** ו**רמב"ן** על אתר.

4. כפי שעולה מדברי רש"י, תיאור זה עומד בניגוד לפירוש על דרך פשט המדבר על בריאות נפרדות מראש. ברור שעצם הרעיון של תוכניות א־לוהיות שעברו שינוי מעורר בעיות תאולוגיות מובהקות. אף שהוא מופיע בהקשרים שונים, דיון מורחב בו חורג מהיקף דיוננו כאן; וראו **רש"י** לבראשית ו', ז; עירובין יח ע"א; **תוספות**, ראש השנה כז ע"א ד"ה כמאן.

ככל שמדובר בתפקיד וחובה, ניתן לגלות רמז לדילמה אפשרית בתיאור המקראי השני של בריאת האדם. בניגוד לתיאור הראשון, המתמקד בחוויית הטבע והפוטנציאל האנושי לניצול ושליטה, התיאור השני מגדיר את הקיום האנושי המשמעותי במובן של ייעוד וחובה. לענייננו יש לציין התפתחות עדינה בהקשר הזה. בתחילת הפרק השני נרמז שהחדרת האדם לתוך עולם הטבע נועדה לטיפול בארץ שזה עתה נבראה: ״ואדם אַיִן לעבֹד את האדמה״ (בראשית ב׳, ה). אלא שלאחר שיצירת האדם הופכת לעובדה, מתברר שתפקידו מוגדר בצורה רחבה יותר:

> ויקח ה׳ א־להים את האדם וינחהו בגן עדן לעבדה ולשמרה (בראשית ב׳, טו).

לא רק ״לעבוד״ ולעבד, אלא גם ״לשמור״ ולהגן. לנהל עסקים כפולים.

הפרשנות הזאת לפסוקים מזמינה את התגובה הצפויה, ולפיה אין הפסוק מדבר על עסקים כפולים כלל ועיקר. מדובר במטלה אחידה, גם אם לא זהה, המיושמת על מושאים שונים בשלבי התפתחות שונים. מכאן עולה דיון רחב יותר: מהם הפרמטרים והקווים המנחים שעל פיהם יש לקבוע שתוכנית פעולה מסוימת מובחנת בפני עצמה, ובמה מתבטאת הייחודיות הנדרשת כדי שתוכר בשונותה.

שאלה זו נוגעת לכל תחומי החיים ולהבנה עמוקה של הפרטים המופיעים בכל קורפוס משפטי רציני. יש לה השלכות מושגיות ומעשיות רבות והיא מפרנסת חלק משגרת יומו של כל מי שעוסק בניתוח תיאורטי של ההלכה. איש ההלכה מודע לכך שקנה המידה משתנה לפי המטרה ותחום הדיון. לפעמים, המפתח הוא הפועל הדקדוקי שנעשה בו שימוש. לעתים הפעולה מוגדרת על פי מארג של שיקולים.

לצורך המטרה הנוכחית, יש להבחין בין יסודות פורמליים ובין יסודות קיומיים. למשל, מבחינה פורמלית כל הסטודנטים שכותבים דיסרטציה לקראת תואר דוקטור הם חלק ממאגר סוציולוגי ללא קשר לתחום עיסוקם, בין קודש בין חול, במדעי הרוח או במדעי הטבע, וללא קשר ליחסם כלפי החומר. לעומת זאת, תלמיד שמעיין בחידושי תורה וחברו שהגה אותם עסוקים בפעילויות אוריניות שונות, אך מבחינה קיומית שניהם שותפים בתלמוד תורה.

ה״עסקים״ שמעניינו כאן הם כמובן מן הסוג הרוחני, ולכן הקטגוריות שלהם נקבעות על פי יחסם לעבודת ה׳. תחום זה עצמו יכול להתחלק ולהתפרט במידה ניכרת, ולמטרות מסוימות יש טעם, ואפילו הכרח, בפירוק שכזה. אולם לצרכינו כאן הוא מיותר למדי, ונסתפק במשיחות מכחול רחבות; לעתים נצרף יחד דברים שבקלות ניתן היה להפרידם ולעתים נפצל דברים שיכלו להיות מצורפים יחדיו.

ג

ייתכן שסטייה זו אל עבר "לעבדה ולשמרה" תיראה לנו כהתרחקות מקינתו של רשב"י על הצורך להסב זמן ואנרגיה מתלמוד תורה לענייני חולין. במידה רבה זה נכון. התפקיד הכפול המוטל על האנושות במפעל החקלאי, שבו שני פנים מתואמים חלים על סביבת עבודה אחת, איננו תקדים לפעילות מחולקת באמת. קל וחומר כשמדובר בשוני בין תחום הקודש לתחום החול, המובחנים באופן רדיקלי ואשר משקלם המצורף הכביד כל כך על כתפיו של רשב"י. ובכל זאת יש מן המשותף לשני המצבים, בגין הקושי הפסיכולוגי והרוחני שבקבלת אחריות כפולה ובהיענות לצרכים מגוונים – בין שמדובר בעבודת ה׳ ובין שמדובר בשירות לבריאה שהיא מעשה ידיו, ובכללה האדם עצמו.

בכל אחד מן המצבים קיים מתח, שניהם רצופי מכשולים ועשויים להביא לתסכול עקב חוסר היכולת לאזן בין המטרות; בשניהם לכאורה נדון אדם מראש להצלחה חלקית בלבד – וממילא לכישלון. בנוגע להמשך דרכה של ההיסטוריה העולמית, הרי התפתחות התרבות והציוויליזציה מביאה לריבוי אפשרויות עצום שגם גדל בקצב אקספוננציאלי, ולכל אחת מן האפשרויות משקל וכוח משיכה ייחודיים.

הנטל שבהכרעה אינו קשור בהכרח לחשש מפני טעות, אף שלרוב הפחד הזה מתגנב ללבבות ומכפיל את מצוקת הבחירה. הכאב יכול להיות כרוך בעצם הצורך להחליט בכלל – לוותר על סיפוק עתידי רצוי או להקריב מה שבעבר היה מקור לנחת רוח. יתר על כן, החרדה יכולה להתקיים לצד שכנוע עמוק בנכונות ההחלטה. מת׳יו ארנולד הבוגר הרגיש בבירור שעליו לעזוב את הנאות נעוריו הרומנטיות ולעבור לחיים חדגוניים יותר של נישואין, שירות ציבורי ואחריות שלא אחת עשויה להיות משמימה. אך הכאב שבמעבר, הרצון הנואש שההעתקה לשלב הבא לא תדרוש ממנו ויתור כלשהו, ניכר בהרבה משיריו, שבהם הוא מגלה קנאה כלפי חברים שלא הלכו בדרך שכעת הופכת להיות גורלו – מרצון ומאונס גם יחד.[5] ועם כל הנקיפות, לכל היותר הוא הביט לאחוריו אך לא שקל ברצינות לסוב על עקביו. אבלר (Abelard) וקירקגור הכירו בכך שעליהם לנטוש את אלואיז ורג׳ינה (בהתאמה). אך ההכרה וההשלמה לא נעדרו סבל וחרטה. בעולם הישיבות רגילים להכריז ש"אין שמחה

5. ראו למשל בשירו "Thyrsis" (1865).

כהתרת הספקות״ – לא רק בתלמוד תורה בטהרתו אלא אף בקשר להכרעות קיומיות. אך גם קביעה זו נכונה רק במצבים מסוימים, ואפילו בהם – בדרך כלל חלקית. אמנם יש בכוחה של הכרעה להביא לתחושת הקלה, אך גם לתהליך זה יש מחיר. נדיר הוא שהכרעות מעניקות ארוחות חינם.

ד

האם לכן עלינו להסיק שההתמודדות עם עסקים כפולים כרוכה בכאב בלתי נמנע או אף בעינוי? האם עלינו לראותה כמשקפת בחלקה את אופיים של חיי אנוש, שהם על פי ביטויו החריף של הובס ״אכזריים, אלימים וקצרים״, ובחלקה הופכת את החיים לכאלו? ודאי שלא. נניח לתיאור של קלאודיוס, הנוגע כפי הנראה לדילמה שנוצרה בידי אדם. מנגד, הדרישה ההיפותטית של רשב״י מעלה שאלה ברורה. נניח לרגע שהוא היה מעז לדרוש את מבוקשו, ונניח גם שהדרישה צודקת, שהרי אם במעמד הר סיני נתחדשו מטלות על האדם, מן הראוי שיקבל כלים לעמוד בהן. אולם בכל זאת עובדה היא שהקב״ה הכריע נגד טענתו, ועלינו לנסות בצניעות הראויה להבין את הרציונל שברקע ההכרעה.

אם נאמר שרשב״י לא היה מעז לערער על הכרעתו של השיפוט הא־לוהי, ניתן להציע כמה סברות. ראשית, אפשר להעלות אפשרות שהוא הכיר בכך שמבחינה אובייקטיבית האיזון בין הרוחני לחומרי הוא אופטימלי עבור היהודי. הוא כלול באישור הראשוני שניתן לבריאה כולה: ״וירא א־להים את כל אשר עשה והנה טוב מאוד״ (בראשית א׳, לא), אלא שהוא, באופן אישי ועקב נטיות סובייקטיביות, היה בוחר ומבקש חלופה מאתגרת יותר.

על פי אפשרות אחרת, נודה שגם אם מצבו של האדם הנברא איננו מושלם כפי שהיה אפשר שיהיה, הרי ההשלמה עם נטייתו של האדם לכישלון ולחולשה אינה שלילית לחלוטין. אדרבה, כמו שהכללת יצר הרע ברוחו המורכבת של האדם מפעילה את הממד הדתי באדם על ידי חשיפתו לפיתוי, וכך ממריצה את היכולת לבחירה ולחופש, כך עושה הפה האחד. תפקידו ויעדו (ובמובן מסוים הוא מייצג את המין האנושי בכלל) הוא להיות מחולק בין כוחות שונים ולעתים מנוגדים. הוא מסב לנו את אחת ה״תועלות של המצוקה״. הוא פועל לטובתנו בדיוק משום שלאחר שהושגה והתבססה, הרי מה שעלה בידנו אינו אותה ״המידה הטובה הנמלטת ומסתגרת בדל״ת

אמותיה, חסרת ניסיון ולא־מאומנת, זו שלעולם אינה מגיחה ממבצרה ומישירה מבט אל האויב, כי אם משתמטת מן המרוץ שבו יש לרוץ – גם בחום ובאבק – כדי לזכות באותו זֵר בן־אלמוות"[6] – הישג שבעיני מילטון איננו ראוי לשבח. אדרבה, כעת אנו מתמודדים מתוך רצון: "לבטח איננו מביאים עמנו תום אל העולם – לא, אנו מביאים בעיקר טומאה: ומה שמטהר אותנו ממנה הוא העמידה בניסיון, ומה שמעמיד אותנו בניסיון הוא הניגוד".[7] יש שישמעו בבשורות הללו צליל נוצרי, אך הן מתאימות גם ליסודות המושרשים במסורת שלנו, גם אם נודה שהם אינם הקולות היחידים.[8]

קיימת אפשרות שלישית, שעל פי נטייתי היא העדיפה. היא קובעת שטיב דילמת המחויבות לעסקים כפולים, וכן משקלה בחיינו, אולי ייסובו על האופן שבו אנו תופסים את היחס בין האופציות השונות. האם כל עיסוק הוא, במקרה הטוב, מרוץ מכשולים המעורר את כוחות הרצון והמצפון ועל ידי כך תורם לפיתוח האישיות? או שמא ניתן לרתום כל אחד מהם ישירות להאדרה ולהגשמה של אותם ערכים עצמם, המתחרים אתו לכאורה על המאמץ ותשומת הלב?

למשל, המשנה באבות (פ"ג, מי"ז) מתארת את היחס בין "תורה" ל"קמח", בין תלמוד תורה לעיסוק כלכלי, כיחס של תלות הדדית. האם לא יהיה נכון לראות את השאיפה להישגים חומריים, מתוך מניע של בניית תשתית המקדמת עבודת ה', כתרומה להשגת המטרה שהיא לכאורה עומדת בניגוד לה?

אם נקבל גישה זו, העיסוק הכפול של רשב"י בעצם אינו כפול כלל מבחינה אידיאולוגית וערכית. כמובן, במישור המעשי יוזמות עלולות להתנגש, ולוחות זמנים עלולים להתעמת, ודבר זה עשוי להצריך קביעת סדרי עדיפויות לטווח קצר או ארוך. ואכן, במישור הזה, וכמעט אלף שנה לאחר ימי רשב"י, נחלקו רבנו תם ובן אחינו רבנו אלחנן לגבי הקדימות המעשית של תלמוד תורה לעומת "דרך ארץ" במובן של פרנסה.[9] ושוב באותו מישור מעשי, הגיוני שההולך בדרכו של רשב"י יחוש מצוקה

6. *Areopagitica* (1644). ובתרגום עברי: ג'ון מילטון, **אריאופגיטיקה**, תרגם: אביעד שטיר (ירושלים, תשע"ג), עמ' 14.
7. שם.
8. ראו גם עבודה זרה יז ע"א-ע"ב; הגמרא מספרת על ויכוח בין שני אמוראים במצב של הכרח להיחשף לאחד משני פיתויים המשקפים דרגות שונות של סיכון, בדבר השאלה באיזה מהם עדיף לבחור. אף שבמובן המילולי הגמרא מדברת על כך שהקושי של ההתגברות יביא לדרגות שונות של שכר, נראה סביר שגם העדפה רוחנית מובאת בחשבון במסגרת כלל השיקולים.
9. ראו **תוספות רבי יהודה החסיד**, ברכות לה ע"ב ד"ה ואספת; **תוספות ישנים**, יומא פה ע"ב ד"ה תשובה; **הגהות מיימוניות**, הלכות תלמוד תורה פ"ג ה"ב. יש להניח שההעדפה שרבנו תם מעניק ל"דרך ארץ" נוגעת לחלוקת הזמן הצפויה, ולא לקדימות ערכית.

נוכח טרדתם של העסקים הכפולים, ועקב כך ישקע בגעגועים לדרגת ״אוכלי המן״, שעליהם אמר רשב״י במכילתא שזכו במיוחד במתנת התורה.

מקור הדברים בוויכוחו עם רבי יהושע, שהיה מוכן להתייחס בהערכה לחיי העסקים הכפולים ולא חשש שאלה עלולים לפגוע במחויבות לתורה:

> ר׳ יהושע אומר שנה אדם שתי הלכות בשחרית ושתיים בערבית ועוסק במלאכתו כל היום מעלין עליו כאלו קיים כל התורה כולה. (מכילתא דרבי ישמעאל, בשלח, מסכתא דויסע, פרשה ב)

לעומתו רשב״י כנראה התמקד כדרכו בדרישה לתלמוד תורה רציני ובאחריות הנובעת מכך. על כן הוא הסיק שרק אלה שזכו להיות משוחררים מדאגות חומריות יכולים, ואולי מצווים, לעסוק בתורה כראוי:

> מכאן היה ר׳ שמעון בן יוחאי אומר לא נתנה תורה לדרוש אלא לאוכלי המן. הא כיצד? היה יושב ודורש ולא היה יודע מהיכן אוכל ושותה ומהיכן היה לובש ומתכסה. הא לא נתנה תורה לדרוש אלא לאוכלי המן ושניים להם אוכלי תרומה. (שם)[10]

כמובן, רשב״י איננו תומך בצמצום לימוד התורה כדי לנהל את ענייני העולם. אדרבה, הוא מייעץ במשתמע לצמצם את הפעילות הכללית כדי שאדם ישפר את סיכוייו לגדול בתורה.[11] מכל מקום, למחלוקת במכילתא יש השלכות משמעותיות. ואולם אם שני העיסוקים מכוונים על ידי מערכת ערכים משותפת ומעצבים אישיות מאוחדת ואורגנית, הכפילות לא תוליד הזנחה או התמרמרות, והתלונה על המצב תהיה קשה מעט פחות.

10. עמדתו של רשב״י מקבילה לזו הנמסרת בשמו בברכות לה ע״ב לעומת דעת רבי ישמעאל; השוו גם מנחות צט ע״ב. ללא קשר לעמדתו העקרונית של רשב״י כשלעצמה, מקורו של ההיסק המובא כאן מפתיע.

11. ראוי לציין את אמירתו של רשב״י שהתורה ניתנת ל״דרוש״, מילה שמשמעותה יכולה להיות או לפרש או ללמד בציבור. אלו תפקידים מיוחדים הדורשים כישורים וריכוז ייחודיים.

ה

עסקתי עד עתה בסיטואציה מסוימת המדגימה את ההבחנה שהצגתי. אולם העיקרון כשלעצמו נוגע בליבת החיים התורניים כמכלול. קיצור תמציתי של רעיון האחדות בתוך גיוון מופיע במשנה: "וכל מעשיך יהיו לשם שמים" (אבות פ"ב מי"ב).

גם הרמב"ם רואה בו נושא מרכזי:

> נמצא המהלך בדרך זו כל ימיו עובד את ה' תמיד, אפילו בשעה שנושא ונותן ואפילו בשעה שבועל, מפני שמחשבתו בכל כדי שימצא צרכיו עד שיהיה גופו שלם לעבוד את ה'. (הלכות דעות פ"ג ה"ג)[12]

מסתבר שברוח זו יש להבין את תמיכתו של קהלת בדואליות, גם אם במשמעות אחרת. לאחר עצה מכופלת, "אל תהי צדיק הרבה ואל תתחכם יותר למה תשומם" ולאחר מכן "אל תרשע הרבה ואל תהי סכל למה תמות בלא עתך", הפסוק הבא ממשיך להפציר, "טוב אשר תאחז בזה וגם מזה אל תנח את ידך כי ירא א-להים יצא את כלם" (קהלת ז', טז-יח).

קשה בעליל לראות בכך המלצה למחויבות כפולה לרשע ולצדקות מתונים, או לפשרה בין שניהם. חז"ל כבר שאלו, "הרבה הוא דלא לירשע, הא מעט לירשע?" (שבת לא ע"ב; קהלת רבה ז', יז).[13] תהיה הבנתנו את התשובה אשר תהיה, אני מאמין שהמפתח להבנה זו מונח בעקרון הגיוון מתוך אינטגרציה.

עיקרון זה מוכר מהקשרים אחרים, וניתן לראות ביחס בין תלמוד תורה לגמילות חסדים דוגמה המלמדת על הכלל. שתי המצוות מנויות במשנה בפאה במסגרת הדברים ש"אין להם שיעור", וממילא במישור המימוש אין אפשרות להימנע מהתנגשויות בין התביעות השאפתניות של המערכות הנורמטיביות האלה. מאז ימי המשנה התאמצו חכמים להגדיר דרכים לפתרון. ואולם, בלי קשר להשקפה לגבי האיזון הראוי, אין מי שסובר שמדובר בניתוק טוטלי. עבורנו האיחוד וההפריה ההדדית מובנים מאליהם,

12. והשוו **שמונה פרקים** לרמב"ם, פרקים ד-ה.
13. התשובות בשני המקורות דומות אך לא זהות. הכיוון הכללי הוא אזהרה מפני הרפיית המאמץ להתרחק מעבירה, ודחיית ההשלמה עם מקומה בתודעה מתוך הרגל רק משום שאדם כבר נכשל בכך בעבר.

וכך באופן כללי גם היחס בין תלמוד למעשה. יש להדגיש, בשינויים המתבקשים, שקיים יחס דומה בין לימוד תורה והוראתה ובין קידום יישובו של עולם.

ו

דוגמה מודרנית, המשקפת את הגישה ואת הערכים של עולם הישיבות, נמצאת במכתב מרשים של הרב אברהם אליהו קפלן, אישיות מיוחדת בגדלותו בתורה וברגישות נפשו, אל אשתו. האיש גדל בליטא ולמד בישיבותיה החשובות במפנה המאה העשרים, אך לאחר מכן עבר לגרמניה וניהל את הסמינר לרבנים שייסד הרב עזריאל הילדסהיימר. בהיותו מודע היטב לכמה מן החסרונות שבחינוך הדתי בשתי הארצות, הוא החליט לערוך בו שידוד מערכות, מתוך התמקדות בהכשרת מורים. אגב כך הוא מצא עצמו שקוע בפרטים הקטנים של הקמת מוסד איכותי – גיוס כספים, מציאת אכסניה מתאימה, בניית תוכניות לימודים וגיוס תלמידים. במכתבו הוא מונה ומתאר את בולמוס פעילותו בעסקיו המרובים. ואז, פתאום, מתפרצת דמותו של המחבר כבחור ישיבה, המחזירה אותו אל שורשיו, וקולו הפנימי מוכיח אותו על הזנחת המחויבות לאותם שורשים:

> אולם מתוך כל ריבוי העבודה הזה תשמע נפשי קול מדבר: והתורה מה תהא עליה? תורה זו שעמלת עליה כל ימי נעוריך, שבזבזת לה את כל הגיגיך ונעשתה לך למקור חיים וענג – האם תעזבנה עתה ונטשתה? זו תורה וזו שכרה?!

נכון הוא שגם פעילותו הנוכחית מכוונת למען תלמוד תורה והפצתה אצל חניכים צעירים היוצאים ליעדם בחיים, חניכים שבמרוצת הזמן יעבירו הלאה לתלמידיהם את מה שילמדו.

> אבל סוף סוף אין כאן מקום לכל אותו המקצוע הרחב והנאור הכביר והנשגב אשר נקרא לו ״לומדות״, אותו הטיול הנהדר בסירת מחשבתי על גלי ים התלמוד ומפרשיו – אכן צריך אדם להיות צדיק גמור וחסיד גדול בכדי שיוכל להקריב על מזבח התורה את התורה עצמה – לפרוש מן התורה בכדי לעבוד בעד התורה.[14]

14. **בעקבות היראה** (ירושלים, תש״ך), עמ׳ 200.

הנה דוגמה מובהקת לעסקים כפולים ואחדות המטרה, בביטוי נרגש והדור כאחד.

זה היה עיקר המכתב והנקודה המרכזית בחייו העשירים של הרב קפלן, גם אם באופן טרגי הם היו קצרים. אך הוא איננו לבד. כשאני מסתכל אחורה על חיי, אני חש שאני מבין כעת בצורה ברורה ושלמה יותר את העוצמה והעקביות של המסר הזה מאשר בזמן ששמעתי אותו לראשונה. בעצם, רעיון זה עומד בלוז המורשת שקיבלתי בבית הוריי, ובתשתית הדברים הוא היה משותף למורי הדרך העיקריים שלי: רבי המובהק, הרב זצ"ל, אחיו הרב אהרן זצ"ל וראש הישיבה (בה"א הידיעה, כפי שהוא כונה בפי תלמידים) הרב יצחק הוטנר זצ"ל. היו ביניהם חילוקי דעות במגוון נושאים לגבי סגנון, תוכן וקדימויות בתחומים הלכתיים, השקפת עולם ומדיניות ציבורית. אולם ההבדל ביניהם היה דק יותר מזה שרבים דמיינו. בסוגיה שלנו הייתה ביניהם הסכמה ממשית ורחבה, הן בנוגע להבנת הבעיה והן בנוגע לדרך פתרונה.

אפשר ללמוד הרבה ממכתב פרי עטו של ראש הישיבה – אשר בראשית דרכו, דרך אגב, היה מושפע במידה רבה מאישיותו ודרכו של הרב אברהם אליהו קפלן – לתלמיד שנפל למשבר לאחר עזיבת הישיבה. כפי הנראה, לבו של אותו תלמיד דאב משום שלתפיסתו, קריירה חילונית כרוכה ב"חיים כפולים". דבריו עוררו תגובה חריפה ומקורית:

> למותר להגיד לך כי מעולם לא הייתי מסכים בשום אופן ל־double life. אמנם מי ששוכר לו חדר בבית לחיות בו חיי תושב, ושוכר לו עוד חדר במלון לחיות בו חיי אורח, בוודאי יש לו double life. אבל מי ששוכר לו דירה בת שני חדרים יש לו broad life not double life [חיים רחבים, לא חיים כפולים]... ואתה חביבי יקירי חלילה לך מלראות את עצמך בראי כפול של חיים כפולים.[15]

העצה כאן אינה זהה בדיוק להכרה באפשרות שאנשים הדבקים בתורה יידרשו להקריבה על המזבח שלה עצמה. אך שתי העמדות חדורות באותה רוח ממזגת ומלהיבה.

15. **פחד יצחק: אגרות וכתבים** (ירושלים, תשמ"א), עמ' קפד-קפה. אינני בטוח אם משפט הפתיחה מתייחס לתלמיד או לראש הישיבה.

ז

אגב עניין ההקרבה, וכן הצדקות והחסידות שהיא דורשת, יש מקום להערה נוספת. בתסריט שתיארנו יש זהות מסוימת בין המקריב לקרבן. התורה שעולה על המוקד היא במובן מסוים חלק מן הקיום האישי והנכסים האישיים, בהתאם לתיאור המושג ״תורה דיליה״ בפי חז״ל,[16] אלא שמדובר בחלק של ה׳עצמי׳ שהוקדש למלכות שמים. על כן, בהשוואה לוויתור על שאיפות סובייקטיביות בעולם החול, הוויתור על שאיפות בעולם התורה תובע מן האדם פחות וגם יותר בה בעת. פחות, מפני שאדם מעלה למנחה את מה שכבר שייך ל׳הקדש׳ ואינו לגמרי שלו; יותר, משום שעבור הנפש המחויבת מבחינה רוחנית, התורה היא החלק היקר ביותר בעולמה הפנימי. המצב משתנה בשני הכיוונים כאשר היקף הקרבן רחב יותר; כלומר כשהוא אינו מצומצם למעשים ספורים אלא משתקף לאורך החיים, או כשהוא כרוך בוויתור על שאיפה טבעית גם אם לא בהכרח קדושה, החותרת להצלחה אישית מכוח ה׳אגו׳, אם לא ה׳סופר אגו׳.

בעולם שלנו מדובר בגעגועים המורגשים במיוחד אצל תומכיה ופעיליה של ״תורה ו...״. לא מדובר בצימאון להערכה, שגם הוא עשוי להיות משמעותי. נכון שמילטון כתב שהתהילה היא ״הדרבון המעודד את הנפש לוותר על הנאות ולחיות חיי עמל״;[17] קיטס (Keats) שאף להימנות עם גדולי השירה האנגלית, שאיפה שנתנה בו בהחלט את אותותיה אף שהיא התממשה רק לאחר מותו. אולם קיומן או חסרונן של תשואות ציבוריות, בייחוד מהסוג הזול, חשיבותם פחותה יחסית. כל מי ששואף להישגים איכותיים יכול להעריך בצורה הטובה ביותר את פועלו שלו, ולמדוד את כישוריהם של שופטיו.

אך נוסף על השאיפה להכרה מצד אחרים, קיים ממד גבוה יותר: השאיפה למצוינות ולשליטה, המלווה לעתים קרובות ביצר תחרותי להתבלטות. יש להניח שבן תורה המחייב עצמו לעסקים כפולים מאמין שהצירוף עשוי לתגמל ולהעשיר אותו, או שמבחינת צרכי הציבור יש לו ערך בעיצוב הנהגה, או שלכל הפחות הוא נדרש כצורך השעה. אולם מסתבר שהוא גם נדחף בידי הרצון להגיע לשליטה במקצוע כשלעצמה, לגוף ההישג ללא קשר להכרה מצד אחרים. אך במקרה הזה יש מחיר שעליו לשלם, ולעתים המחיר כבד ומוחשי. רוחב הדעת נקנה במחיר היקף הידע התורני. קשה לו להשיג מעלת תלמיד חכם על פי הגדרת חז״ל כמי ״ששואלין אותו

16. ראו קידושין לב ע״ב.
17. .“Lycidas”, 71–72

הלכה בכל מקום",[18] והיכולת לעמוד על כל הדקויות של הפרשנות הולכת ומתבררת כחמקנית. הוא מודע לכך שלמרות מאמציו והישגיו "הרבה נתפס אך הרבה נותר" (כבשירו של טניסון). ההכרה שהצטברות ידע, רמות יצירתיות, מקבצי יסודות תורניים השזורים ממקורות ראשוניים, מקראיים או מעולמם של חז"ל, וכן מדברי ראשונים, אחרונים ופוסקים – ההכרה שכל אלה מזומנים בקצות אצבעותיהם של כמה מבני גילו או עמיתיו, או אפילו הפכו להיות חלק מן האוצר השמור אצלם, בעוד שממנו הם נעלמו או עברו לידו, עלולה לכרסם בלבו ולהביאו לידי דכדוך. כמובן, למטבע העיסוק הכפול יש גם צד שני; אפשר להיות כימאי או היסטוריון ראוי אך לא בולט, בלי אפשרות לגשר על הפער בין הצטיינות לבין יכולת ראויה.

אני רוצה למנוע אי־הבנה. ברור שתחושה זו איננה צריכה להיות כרוכה בהכרח בחרטה למפרע על ההכרעה שנעשתה בעבר ללכת בכיוון מסוים ושהִכתיבה הרבה מן ההמשך. גם אם אדם משוכנע באמת שבחר בדרך האופטימלית – הן במבט אובייקטיבי תורני-רוחני על מה שברדלי כינה "מקומי בעולם וחובותיו הנלוות" וכן על כישוריו ונסיבות מצבו, והן במבט סובייקטיבי על מה שהביא לו את מרב הסיפוק וההגשמה – הוא יכול להצטער על מגבלות בלי להיות מוכה בנקיפות מצפון.

יתר על כן, מבחינת הלמדן התורני־כללי בתחילת דרכו שני גורמים מקומיים ובני הזמן מחמירים את המצב. הראשון הוא האווירה התחרותית המוגזמת של הישיבות הגדולות שנוסדו על בסיס הדגם המזרח אירופי, שרובן מכוונות לטפח ולקדם עילויים.[19] השני הוא נטייה כללית יותר, בעקבות המהפכה המדעית של המאה השבע עשרה, לשליטה מוחלטת בתחום מצומצם (לעומת פיתוח איש רנסנס הבקי בכל התחומים).

18. ראו קידושין מט ע"ב; שבת קיד ע"א; תענית י ע"ב. רבותינו הראשונים על אתר דנו ביישום הביטוי "בכל מקום" – אם מדובר במקום כלשהו, כשמספיקה תוצאה צנועה יחסית, או שמא מדובר בשליטה בכל המקומות.

19. מרכיב זה, המאפיין בצורה מובהקת את האווירה בכמה מהישיבות מהשורה הראשונה, הוא כמובן בעייתי. הוא גובל ברדיפת כבוד ועל כן יש להחשיבו כעיסוק "שלא לשמה" – לימוד לתועלת אישית ולא למען התורה עצמה. הגמרא במסכת נדרים סב ע"א מציגה במפורש את המניע הזה כפסול: "שלא יאמר אדם: אקרא שיקראוני חכם, אשנה שיקראוני רבי, אשנן שאהיה זקן ואשב בישיבה, אלא למד מאהבה וסוף הכבוד לבא" (וראו ספרי דברים פסקא לב ורמב"ן לדברים ו׳, ה, וכן רמב"ם, הלכות תשובה פ"י ה"ג-ה"ד). ואולם בהתחשב בטבע האנושי, מניע זה נפוץ למדי. בהקשר הזה זכורה לי הערה ששמעתי ממו"ר הרב הוטנר. הוא סקר את מצב בתי המדרש בדורנו בגישה המציאותית האופיינית לו וקבע כי שיקולים אגואיסטיים דחפו את רוב התלמידים; "ואשר לתורה לשמה, את זה השיגו רק שלושה או ארבעה בדור".

שינוי זה קשור בהתפשטות ״התפוצצות המידע״, המקטינה את האפשרות שאדם אחד ישלוט בכמה תחומים או בידע בין־תחומי ומציבה חסמים בפני התפתחות מועמדים ראויים, כאלו שיכולים ורוצים להתמודד עם עסקים כפולים.

ח

למרבה הצער, קשיים אלו מתעוררים בעידן שבו הצורך בכישורים כאלה גבר ולא הצטמצם. מאז האמנציפציה ותנועת ההשכלה שילם עולם התורה במובנו הרחב מחיר כבד בשל הדיכוטומיה המאפיינת רבים ממנהיגיו, תלמידי חכמים מובהקים אך מנותקים מן העולם סביבם. יתר על כן, פעמים רבות הם מנותקים לא במקרה אלא כחלק מתוכנית מסוימת. לעתים קרובות הם הוכשרו מתוך כוונה להימנע מכל מגע משמעותי עם העולם. רק אחר כך נמסרו להם ״מפתחות המלכות״ והם הוסמכו להכריע ולקבוע מדיניות עבור חברה אשר חונכו להתרחק ממנה; הם אינם חשים את הדופק שלה, שפתה הקיומית זרה להם, ובדרך כלל הם אינם מבינים ואף אינם מוקירים את ערכיה. אין לבטל את הישגיהם, וראוי שנכבד את שיעור קומתם; ואף אין זה מדרכי לתמוך ברידוד הידע והמחויבות התורנית בשם הצורך בהנהגה לאומית. אולם הלוואי שאלו בעולם התורה המופקדים על עסקים כפולים היו מוכנים להתמודד יותר עם האתגר שהם מעמידים.

בהחלט אינני מתכוון להציע שמבחינה ציבורית הגישה של האחדת העסקים הכפולים היא לבדה לגיטימית או רצויה. מי היה רוצה לשנות בכהוא זה את הצירוף המזהיר של למדנות, צדקות, רגישות ותבונה, שאפיינו את הרב שלמה זלמן אוירבך זצ״ל, שבאמצעותו הוא העשיר והאיר את הציבור התורני כולו? אולם מצד שני, האם עלינו להתעלם בקלות דעת, כפי שעושה חלק גדול מעולם התורה, מהוראת חז״ל שרק תלמידי חכמים הבקיאים בשבעים שפות[20] (או, בניסוחו של הרמב״ם – ברוב הלשונות) ראויים לשבת בסנהדרין?[21]

נכון שרבים ישיבו שלדרישה זו אופי טכני בעיקרו, הן מבחינת התוכן, המוגבל לידיעת שפות בלבד, והן מבחינת המטרה, ״שלא תהא סנהדרין שומעת

20. המספר שבעים מופיע בספרות חז״ל בהקשרים רבים כמספר אופייני למגוון של עמים, תרבויות ושפות.

21. ראו סנהדרין יז ע״א ורמב״ם, הלכות סנהדרין פ״ב ה״ו. יש מחלוקת אם יכולת זו היא תנאי הכרחי או רק העדפה. ראו **כסף משנה** ו**ספר המפתח** (במהדורות שבתי פרנקל) על אתר.

מפי המתורגמן״ (מכות ו ע״ב). אולם ברור שיש מקום גם לפרשנות רחבה יותר של הדרישה. לפי פשוטו ייתכן שהפסוק ״לא תכירו פנים במשפט״ (דברים א׳, יז) נוגע לדיינים ודורש מהם לשפוט ללא משוא פנים, אך הספרי על אתר קובע שהאיסור נוגע לאלו שבכוחם למנות את הדיינים. במובן הזה הוא אוסר כל שמץ של נפוטיזם או של ׳מכירת משרות׳. הקריטריון היחיד לבחירה צריך להיות מבוסס על כישורים כלליים או על הנחיות הלכתיות פורמליות. ברשימת הבחירות שאינן לגיטימיות מופיע השיקול של ידיעת שפות, ״איש פלוני יודע בכל לשון, אושיבנו דיין״. בפירושו ׳עמק הנציב׳ על אתר מציין הנצי״ב, ״בכל לשון – והרי הוא משכיל בהויות העולם״. בהקשר ההוא, החשש נוגע לסיכון שהידע הזה ישמש למטרות שליליות. אך ברור שההגדרה של הנצי״ב מתאימה גם כאשר מדובר במימוש מטרות חיוביות. גם אם נודה שיש הבחנה בין עיצוב האישיות ובין הנהגה במרחב הציבורי, יש להגדרה המשתמעת של ״לשון״ כתרבות ורגישות השלכות של ממש בנוגע להערכה ולהגדרה של מקומם של העסקים הכפולים בעבודת ה׳, הפרטית והקהילתית.

על פני הדברים נראה שבסיום יצירתו הגדולה, משנה תורה, דן הרמב״ם את ההתמסרות לעסקים כפולים לדחייה מצלצלת. בתיאורו את ימות המשיח ואת הסיבה ש״נתאוו החכמים והנביאים״ לעידן זה, הוא קובע:

> ובאותו הזמן לא יהיה שם לא רעב ולא מלחמה, ולא קנאה ותחרות, שהטובה תהיה מושפעת הרבה, וכל המעדנים מצויין כעפר, ולא יהיה עסק כל העולם אלא לדעת את ה׳ בלבד. (הלכות מלכים פי״ב ה״ה)[22]

ברם, העובדה שתסריט זה מוגבל לתיאור אוטופי של אחרית הימים דווקא מחזקת את מודעותנו לכך שכעת הוא איננו מעשי. הוא בבחינת הכרזה ערכית שגם אם נייחס משקל רוחני ומשמעות לעיסוקים חילוניים רבים, בחירת משלח ידו של אדם איננה חסרת חשיבות. אכן, כשכל הנתונים האחרים שווים (האם לעולם הם יוכלו

22. ראוי לציין שבניסוח התיאור העתידי ובהבאת פסוק לתמוך בו מדבר הרמב״ם במונחים אוניברסליים: ״ולא יהיה עסק כל העולם אלא לדעת את ה׳ בלבד, ולפיכך יהיו חכמים גדולים ויודעים דברים הסתומים וישיגו דעת בוראם כפי כח האדם, שנאמר ׳כי מלאה הארץ דעה את ה׳ כמים לים מכסים׳״.
ברם, ברשימת חילופי הגרסאות בסוף מהדורת פרנקל יש כמה עדי נוסח הנוקטים ״יהיו ישראל חכמים״. השוו להלכות תשובה פ״ח ה״ב, אשר תיחומה המצומצם שונה מהלכות מלכים גם אם איננה סותרת אותה.

להיות כאלה?) המסירות ללימוד תורה, וקל וחומר הוראתה,[23] הן המיטביות לגבי היחיד והרבים. משתמעת מכאן גם אמירה נורמטיבית המורה לאדם למה הוא אמור להקדיש את זמנו ה״פנוי״, ומכאן שהחזון העתידי גדוש משמעות לזמננו אנו ותובע את מחויבותנו. אך אלו נותרים במסגרת מה שחז״ל מכנים ״הלכתא למשיחא״,[24] שיישומה נדחה לסופה של ההיסטוריה. אולם בינתיים, הנוכל למצוא דוגמה קולעת לצורך בעיסוק כפול יותר מתיאורו המוחשי של הרמב״ם בדבר האילוצים שגרמו תפקידיו הרפואיים בחצר המלך, שהשאירו לו זמן מועט ללימוד תורה פרטי רק בצהרי שבת? האין בכך ביטוי מרומם לדרך שבה עוצמת האישיות ועומק המחויבות מאפשרים להתעלות מעל כוחות ההכרח או האדישות, כך שההתמודדות לא תביא להזנחת שניהם אלא לשילוב מקסימלי ביניהם?

בשורה התחתונה, תגובתנו לדילמה של העסקים הכפולים כרוכה בצירוף של יסודות פרגמטיים, מוסריים ודתיים. במישור המעשי יש צורך לפתח את היכולת להחליט, ואת הכישרון לשקול בחדות וביעילות, לבחון את החיים בצורה יציבה ובכוליותם, ולפעול בנחישות על פי ההחלטות. בממד המוסרי אנו נדרשים לאמץ ולהפנים את עצתו של בן זומא, שהיא עצמה צירוף של ערכי מוסר ותורה, ״איזהו עשיר השמח בחלקו״ (אבות פ״ד מ״א), ולצרף יחד את השאיפה לעלייה רוחנית ברמה האישית עם תרומה ליישובו של עולם באמצעות יוזמות שיסודן בחוסר שביעות רצון ממצבו הנתון של הציבור בכללו. לבסוף, בתחום הדתי הטהור יש צורך ביסוד שבדרך כלל מזוהה עם רוחניות המזרח יותר מאשר זו של המערב, אף שהוא בוודאי מושרש עמוק במסורת התורנית – הלוא הוא ההשלמה. קבלת עול מלכות שמים של עבדות לרצונו יתברך, קבלת עול מצוות כפי שנוסחו בתורה, וקבלת כל אשר רצונו יתברך גזר עלינו – כל אלו משמשים כוכב המכוון את דרכנו בחיים, המחולקת והמאוחדת. עבור עובדי ה׳ העורגים לקיום אחדותי המעניק סיפוק, שלישייה זו כוללת את היסוד ההכרחי להשגתו. אינני מסוגל להסכים עם רבי נחמן. בין שנכון שיש לראות את העולם כולו כגשר צר מאוד ובין שלא, המשך ההיגד – ״והעיקר לא לפחד כלל״ – רחוק בוודאי מקליעה אל המטרה. העיקר הוא ההשלמה.

23. ראו בבא קמא יז ע״א; בבא מציעא פה ע״ב; קהלת רבה ט׳, ח.

24. ראו סנהדרין נא ע״ב; זבחים מה ע״א.

משפחה וקהילה

נישואין: על מערכת היחסים ועל יחסי האישות

אני מציג לפניכם מאמר זה במידה של היסוס וחשש. אמנם מצד אחד העיסוק בנושא חשוב כשלעצמו מבחינה מושגית ואידיאולוגית. מלבד הצד התיאורטי, הוא חודר לפני ולפנים לחייהם של כמעט כל יהודי ויהודייה המחויבים להלכה; ועבור יודעי ספר שאלות היסוד והמקורות הרלוונטיים ודאי כבר מוכרים, ולפיכך תהיה תועלת בכל ניסיון להאיר את השאלות ולהתמודד עמן.

ואולם מצד שני עבור אחרים הדיון עלול לעורר בחלקו אי־נחת ואף הסתייגות. ייתכן שהעיסוק עצמו ייראה להם מנוגד לאזהרות המשנה, שנתבארו בגמרא במסכת חגיגה יא ע״ב, השוללות עיסוק פומבי בענייני עריות. אף שהנושאים הנדונים כאן כבר הוצגו באופן מקיף יותר בכמה ספרים ומאמרים תורניים, יהיה מי שיאמר שכל תוספת שוחקת את רמת הצניעות הרצויה. מטרידה יותר היא האפשרות שעבור אחרים, במיוחד אלו שבקיאים פחות בתחום, המאמר יעורר מבוכה. ייתכן שעבור אלו המכירים רק כמה מן התיאורים בני זמננו של עמדת היהדות כלפי מיניות – תיאורים הצבועים ורוד – המפגש עם מקורות הסותרים גישה זו יערער את שיווי המשקל האישי, והדבר עלול לפגוע באיכות חיי הזוגיות ובהתלהבות שלהם מהם, או בהערכתם כלפי עמודי התווך של עולם ההלכה כמו הרמב״ם והרמב״ן. פגיעה כזו עלולה להביא לערעור המחויבות להלכה בכלליותה.

בהקשר רחב ואולי עמוק יותר, השינויים שאעמוד עליהם, בין עמדות חז״ל בין ניסוחים מאוחרים יותר, מעלים שאלות לגבי הבחנה בין תקופות אל מול רציפותה

תרגם מאנגלית: קלמן נוימן

של המערכת ההלכתית כולה. אם יהיו קוראים אשר לא ימצאו את סיפוקם בהצעותיי ליישוב הקשיים הללו, אלה עלולים לערער את השקפת עולמם.

למרות ההיסוס הזה החלטתי להמשיך בדרכי. נהגתי כך לא למען היושר האינטלקטואלי והרוחני בלבד, אלא גם מתוך הנחה אופטימית שבשיקול הכולל יש בכך תועלת. כאמור, רוב הקוראים מודעים זה מכבר לשאלות היסודיות ועל כן העיון השיטתי יעשיר אותם. משא ומתן בדברי תורה ידרבן ויחזק את האמונה והמחויבות שלהם, ולא יחליש וידלל אותן. אך כבכל מקום שהשפעה רוחנית עומדת על הפרק, נותרת מידה של חשש. תקוותי ותפילתי שנותן התורה ישמור ויציל אותנו מכל טעות ופגע במסירתה.

יחסי זוגיות בחיי נישואין

השאלה שהוצגה בפניי היא "אילו דגמים יש בספרות הרבנית הקלסית ליחסים בין גברים לנשים?" לו הייתי עונה עליה באופן מלא הייתי מקדים לומר שבכל הנוגע לחיי נישואין (והם שעומדים, כפי הנראה, במוקד הדיון הזה), המודלים המופיעים בחז"ל הם בודדים וחלקיים. יש כמובן אנקדוטות מסקרנות ומעוררות מחשבה שייתכן שיש בהן כדי להעיד על המציאות החברתית: הסיפור על האישה שנתחייבה שבועה בבית דינו של רבא אך נמנעה מכך כשאשתו התערבה ואמרה לו שהיא חשודה להישבע לשקר[1] מעיד על נוכחות אשתו של הדיין בבית הדין, ומגלה משהו על טיב היחסים ביניהם; במקום אחר מסופר על אשתו של רבי זעירא שהציעה אוכל לרבי חייא בר אשי, וכאשר זה סירב לאכול (כנראה משיקולים הלכתיים) היא ענתה, "לרבך עשיתי והוא אכל, ואתה לא אכלת" (שבת קמ ע"א), וגם כאן מוצגת אסרטיביות, אם כי מסוג אחר.

אפשר לדלות עדויות מגוונות המצביעות על כיוונים שונים, אך נראה לי שאם נחפש דגמים ברורים ומחייבים, נגלה יבול דל. יש, כמובן, מערכת של הלכות הקובעות את החובות והזכויות ההדדיות בין איש לאשתו, ואלה הובהרו והתלבנו במשך הדורות. אולם לגבי רבות מן השאלות העומדות בפני זוגות היום איננו מוצאים הדרכה מחייבת. אלו כוללות ספקות לגבי הדינמיקה הפנימית של מערכת היחסים – תחומים וממדים של סמכות ואחריות, תיעדוף הצרכים של כל אחד מבני הזוג, דרכי קבלת החלטות וכדומה. כך גם לגבי שאלות הנוגעות בהקשר רחב יותר:

1. ראו כתובות פה ע"א; רמב"ם, הלכות סנהדרין פכ"ד ה"א.

מקומם של חיי הנישואין בתוך כלל החיים והפעילות, והיקפו ואופיו של היחס לאחרים – ילדים, משפחה מורחבת, חברים ועמיתים.

אמנם יש כמה הנחיות לגבי חלק מהשאלות, אך בדרך כלל הן מסווגות כ'דבר הרשות', תחום שאינו ניטרלי מבחינה ערכית אך גם אינו מחייב בצורה מוחלטת, ולכן יש בהן מקום להעדפה אישית מתוך התחשבות במשתנים משמעותיים. אפשר לומר בקיצור שהן תלויות בהתדיינות, בהעדפות ובהכרעות של בני הזוג. כמובן, בעלי נטייה רומנטית מזועזעים מעצם המחשבה שאפשר לנהל מעין משא ומתן בנושאים כאלה, אך מי שנוטה לצד הפרגמטי יהיה משוכנע שהימנעות מתכנון עלולה להיות מרשם להתנגשות. רצוני הוא רק לציין שיש בשאלות אלה מקום לגמישות והחלטה משותפת. האם אופייה של זוגיות מוכתב על פי מוסכמות חברתיות, נורמות בנות הזמן או עיצוב מכוון? זאת כבר שאלה אחרת.

אם כן, התיאור המוכר של "אישה כשרה" כמי ש"עושה רצון בעלה"[2] אינו מוציא מכלל אפשרות שהבעל יקבע שרצונו בהבנה ובהסכמה הדדית. גם הצעת הגמרא, שתחומי הבעל והאישה מתחלקים לתחומים כלליים לעומת תחומי הבית או לתחומים הנוגעים לשמים לעומת תחומים הנוגעים לארץ, אינה מוציאה מכלל אפשרות רצון לחצות קווים אלה אם הנתונים מתאימים. מי שנוהג כך איננו נכנס אל תוך ההגדרה של "הולך בעצת אשתו", שהגמרא צופה לו תוצאות הרות אסון.[3] תיאור זה והביקורת הכלולה בו אינם נוגעים לאדם שמנהל דיון רציני לצורך הכרעה משותפת, אלא למי שמצייתת באופן עיוור לעצת בת הזוג, מתוך סערת רגשות רומנטית (כמו מרקוס אנטוניוס במחזהו של שייקספיר 'אנטוניוס וקלאופטרה'), או מתוך כניעה להצקה מתמדת. אם לא זה המצב, אפשר לראות בהסכמה הדדית דרך הוגנת ונבונה יותר, שהרי "טובים השנים מן האחד" (קהלת ד', ט), ויש מצבים שמתאים להם הציווי "שמע בקולה", בהתחשב בדברי המדרש שאברהם היה שני לשרה בנבואה.[4]

קשה אפוא, ואולי אף יומרני, לדבר על מודלים מוחלטים לחיי נישואין בחז"ל. כמובן, על כל בית יהודי להיות מושתת על מרכזיותן של תורה, עבודה וגמילות חסדים, ועיצוב סגנון החיים של הבית חייב להבטיח את מסירותם של בני הבית

2. התיאור – שייתכן שמשתמעת ממנו הנחיה – איננו מופיע בגמרא. מקורו בתנא דבי אליהו ומשם הגיע ל**משנה תורה**, הלכות אישות פט"ו ה"כ ו**הגהות מיימוניות** שם. ראו גם כריתות כח ע"א: "האב קודם לאם בכל מקום, מפני שהוא ואמו חייבין בכבוד אביו", אך שם מדובר בשירות ולא בכפיפות.

3. בבא מציעא נט ע"א.

4. ראו שמות רבה א', א.

לערכי יסוד אלה. דרישה זו אינה נוגעת רק לאלה ששואפים להיות תלמידי חכמים, אך היא נכונה לגביהם על אחת כמה וכמה. למרות עיקרון מחייב זה, הרבה מן הפרטים הנוגעים לאופיים של יחסי בני זוג – דמיון או ייחודיות, או איזון ופרופורציה ביניהם – הם בהחלט בתחום 'דבר הרשות'.

נישואין – אהבה וחברות או פרייה ורבייה

זה היה תורף ההקדמה לו הייתי מתמודד עם השאלה הרחבה בהיקף ובעומק, אפילו מתוך התייחסות לנישואין בלבד. אך מאחר שהועמדה בפניי האפשרות לדון באחד מנושאי המשנה, אתמקד בנושא צר יותר, אם כי אולי גם מורכב יותר: "כיצד עלינו להתייחס למודלים אפשריים של יחסי נישואין (אהבה וחברות מול פרייה ורבייה)?" ניסוח זה מקביל לפתיחת מאמרו של הרב 'הנישואין', בספרו 'אדם וביתו':

> ניתן להצביע על שתי תורות בסיסיות בדבר מוסד הנישואין. האחת מפתחת מערכת ערכים המופנית כלפי חוץ, ומוצאת את משמעותם של הנישואין מחוץ לזיווג, בעוד שהאחרת מפתחת מערכת ערכים אימננטית, ומגלה את משמעותם של הנישואין בהם ובתוכם.[5]

המאמר ממשיך לפתח את ההבחנה הזאת, בהסבירו שהפער בין העמדות השונות מתמקד בהבדל שבין הדגשת טובת הכלל להדגשת טובת היחיד, דהיינו ילודה לעומת חברות.

הרב ז"ל מעצב ומציג עמדה יהודית לגבי מוסד הנישואין ויסודותיו מתוך התבססות על התנ"ך ועל חז"ל. כפי שהיה ניתן לצפות, האידיאל שהוא מציג כוללני ומקיף. הוא מציב מודל אליפטי (בעל שני מוקדים), ולא מעגלי. יתר על כן (ונקודה זו מרכזית ומכריעה להבנת המאמר), שתי המטרות והנגזר מהן קשורים קשר אמיץ.

> מנקודת מבטה של ההלכה, קהילת הנישואין אינה מתממשת במלואה אלא אם כן היא חובקת שלוש דמויות. ברמה זו משחררים הנישואין את הדחף להולדה

5. **אדם וביתו** (תל אביב, 2009), עמ' 55. מן הדברים משתמע שהרב מקביל את הניגוד שבין הנישואין כאמצעי ובין היותם תכלית לעצמם, לניגוד שבין טובת הכלל לטובת הפרט. אך לדעתי ההקבלה הזאת מפוקפקת. הנישואין עשויים לשמש אמצעי להשגת מטרות אישיות הנמצאות מעבר להם.

> ממגמתו החייתית־טבעית והופכים אותו לכמיהה רוחנית טרגית של האדם אל מקורו או מוצאו.[6]

עמדה זו מנוגדת לא רק לצמצום תכלית הנישואין לאחד משני המוקדים, אלא גם לנטייה להתייחס לנישואין כאל שאיפה לממש שתי מטרות עצמאיות, ואולי אף מנוגדות, המחייבות איזון ביניהן בתיאוריה ובמעשה. בשונה מגישה זו, הרב רואה את הנישואין כחתומים בחותם הברית שבה נכנסו שני הצדדים, ומעוצבים מתוך התייחסות הן לברית בין הא־ל ובין האדם בכלל והן לזו שנכרתה בין ריבונו של עולם ובין כנסת ישראל בפרט. שתי המטרות – ההולדה והחברות – ממומשות בתוך הברית ודרכה.

מאמרו של הרב ז״ל מעורר מחשבה, וכדרכו הוא כתוב מתוך עומק פילוסופי, תובנה פסיכולוגית וחזון רוחני. אך המסר המרכזי שלו, המציג את הנישואין הן כערך בפני עצמו והן כמכשיר, משקף עמדה מסורתית ולא חדשנית.

הטור פותח את חלק 'אבן העזר' העוסק בהלכות פרייה ורבייה בשבח המייסד הא־לוהי של חיי הנישואין בשני אופניהם:

> יתברך שמו של הקב״ה שהוא חפץ בטוב בריותיו שידע שאין טוב לאדם להיות לבדו ועל כן עשה לו עזר כנגדו ועוד כי כוונת הבריאה באדם כדי לפרות ולרבות וזה אי אפשר בלא העזר ועל כן צוהו לדבק בעזר שעשה לו לכך חייב כל אדם לישא אשה כדי לפרות ולרבות. (טור אבן העזר סימן א)[7]

מבחינה הלכתית ייתכן שיש חילוקי דעות בשאלה אם נישואין הכרחיים לקיום מצוות פרו ורבו. הרא״ש הדגיש שאין הם הכרחיים. בהסברו לתוכנה המורכב של ברכת האירוסין ("אשר קדשנו במצוותיו ואסר לנו את הארוסות והתיר לנו את הנשואות לנו..."), הוא קובע שהברכה אינה נוגעת למצווה מסוימת, וודאי לא למצוות פרייה ורבייה, שניתנת לקיום בלי חופה וקידושין.[8] עמדה זו נתמכת במובהק על ידי הראשונים, שקבעו, על בסיס דברי הירושלמי, שבדיעבד ניתן לקיים את מצוות פרייה ורבייה תוך כדי עבירה של גילוי עריות, אף על פי שבמקרה כזה אין אפשרות

6. שם, עמ' 50.
7. ההקדמה נעדרה בשולחן ערוך, הפותח מיד בהוראות מעשיות. ואולם הרמ״א מוסיף בהגהה שם: וכל מי שאין לו אשה שרוי בלא ברכה, בלא תורה כו' ולא נקרא אדם. וכיון שנשא אשה עונותיו מתפקפקים, שנאמר 'מצא אשה מצא טוב ויפק רצון מה'' (משלי י״ח, כב).
8. ראו **רא״ש**, כתובות פ״א סימן יב.

הלכתית של נישואין כלל.[9] לעומתם נראה שהרמב"ם סבור אחרת. אפשר להסיק זאת מכך שכלל את מצוות פרייה ורבייה בתוך הלכות אישות, העוסקות בנישואין, והדבר משתמע גם מרשימת המצוות הכלולות בהלכות אלו:

(א) לישא אשה בכתובה וקידושין... (ד) לפרות ולרבות ממנה.

בלי קשר לשאלת האפשרות לקיים את מצוות פרייה ורבייה מחוץ לו, אין ספק שמוסד הנישואין לא נוצר רק כדי לספק אפיק חוקי להמשך קיום הלאום או המין האנושי.

כמובן, אין למעט בחשיבותה של מצוות פרייה ורבייה ביהדות. היא מוגדרת בקטגוריות דתיות, ולא בקטגוריות שהן בעיקרן חברתיות. קיומה איננו רק היענות לציווי כקיום שאר המצוות, אלא חלק מיישום התוכנית הא-לוהית בבריאת העולם: "לא תהו בראה, לשבת יצרה" (ישעיהו מ"ה, יח).[10] על כן, התנזרות מכוונת ממנה איננה רק הימנעות מעשיית טוב, אלא שקולה כעשיית רע: "בן עזאי אומר: כאילו שופך דמים וממעט הדמות" (יבמות סג ע"ב). כה חמור הוא שיפוטם של חכמים ביחס לנמנעים.

אולם ברור שילודה אינה המטרה היחידה שלשמה נוצרו חיי הנישואין. הפסוק בקהלת מייעץ "ראה חיים עם אשה אשר אהבת" (ט', ט) מתוך הכוונה למימוש החיים עצמם, ולאו דווקא ליצירתם של חיים חדשים. חז"ל מציינים "כל אדם שאין לו אשה – שרוי בלא שמחה, בלא ברכה, בלא טובה" (יבמות סב ע"ב), ומדגישים את האושר האישי כשלעצמו. יתר על כן, הביקורת של רב הונא על רווקות מעבר לגיל מסוים, הגם שהיא מונעת מדאגה להרהורי עבירה,[11] משקפת מן הסתם גם את הערך הניתן לנישואין כשלעצמם.

9. ראו יבמות פ"ב מ"ו; **חידושי הרשב"א**, יבמות כב ע"ב; **חידושי הריטב"א**, יבמות כב ע"א. ייתכן שדבריהם מתייחסים רק למקרה של גילוי עריות האסורות דרבנן. ראו גם **מנחת חינוך**, מצווה א, אות ח **ומהרי"ט אלגזי**, הלכות בכורות ט, סה העוסקים בנושא מתוך התייחסות לשאלת מצווה הבאה בעבירה.

10. ראו גיטין מא ע"ב; מגילה כז ע"א; עבודה זרה יג ע"א.

11. ההתמסרות לפנטזיות כאלו נדונה בכובד ראש, בעיקר בקביעת הגמרא ש"הרהורי עבירה קשים מעבירה" (עיינו יומא כט ע"א). אמירה זו מתפרשת לרוב בהתאם לדברי רש"י על אתר, כמוסבת על הקושי שבהימנעות. ואילו הרמב"ם **במורה הנבוכים**, חלק ג, פרק ח מסביר שהרהורים חמורים יותר משום שהם מטמאים את המרכיב הנעלה שבנפש האדם, בניגוד לגופו הפיזי.

חשיבותם של יחסי הזוגיות מובלטת בקביעה מוכרת, המצוטטת פעמיים בתלמוד ונקבעה גם ברמב"ם:

> האוהב את אשתו כגופו, והמכבדה יותר מגופו... עליו הכתוב אומר "וידעת כי שלום אהלך ופקדת נוך ולא תחטא" (איוב ה', כד). (בבלי סנהדרין עו ע"ב)[12]

השימוש במילת היחס "את" לעומת השימוש ב"ל" בציווי "ואהבת לרעך כמוך"[13] מדגיש את הצד הרגשי של מרכיב האהבה בנישואין. תהיה משמעותו של הכיבוד הזה אשר תהיה – הערצה, הערכה, דאגה או שירות – ברור לחלוטין שמוסד הנישואין אינו נתפס רק כאמצעי להבטחת המשך קיומו של המין האנושי. מבחינה לוגית, אפשר לטעון שמטרת הנישואין היא רק הולדה, ודברי הגמרא קובעים את היחס וההנהגה הנכונים עבור מי שנקלע לכך, מכוח סיבות ונסיבות כלשהן. אולם קשה לתמוך בעמדה כזאת לאור ההקדמה שהקדימה התורה ליצירת מוסד הנישואין, "לא טוב היות האדם לבדו אעשה לו עזר כנגדו" (בראשית ב', יח).[14] כפי שציין הרב ז"ל בהקשר הזה, הביטוי "טוב" איננו מצומצם לאושר פסיכולוגי־סובייקטיבי, אלא כולל טוב מוסרי וקיומי. בתארו את הפסוק כ"קביעה אונטולוגית" הוא מסביר: "קיום אנושי במצב של בדידות איננו טוב. הוא לא זכה לאישור הא־לוהי והריהו חושף בפנינו צורה בלתי מושלמת של קיום". על כן "הנישואין אינם רק שותפות, אלא קהילה קיומית".[15]

פנים רבות לתחושה ולחוויה של קהילה זו. עד כאן, בעקבות השאלה שהוצגה לי, צירפתי אהבה וידידות לעומת ילודה כמניע לנישואין. אך אהבה וידידות אינן זהות – הן שונות בשורשן ובתוכנן. אף שכל אחת מהן יכולה להפיג את כאבי הבדידות, כוחה ועוצמתה של אהבה, הן קבלתה והן הענקתה, אינם דומים לאופייה של הידידות, נטולת העוצמה הרגשית והמכוונת לפרגמטיות. במסגרת הנישואין, שתיהן כאחת מעניקות חום רגשי ומשמעות אנושית שאינם נטולי משמעות רוחנית.

היהדות אפוא מעולם לא העמידה כאידיאל את ההתנזרות מחיי משפחה, גם מתוך מוטיבציה דתית. בתיאורם של חז"ל, כאשר אהרן ומרים סברו שעליהם לזנוח

12. וראו רמב"ם, הלכות אישות פט"ו הי"ט.
13. כבר העיר הרמב"ן (ויקרא י"ט, יז) שהציווי הזה מציין דאגה לרווחתו של הזולת, "שיאהב ברבות הטובה לחברו", ולא אהבה לאישיותו הייחודית.
14. ראו רמב"ן על אתר. רש"י, המצטט את המדרש, מכוון ל'טוב' קוסמי ולאו דווקא אישי.
15. **אדם וביתו**, עמ' 35.

את חיי הנישואין, כפי שעשה משה רבנו, נאמר להם שמצבו ייחודי[16] ואל להם להסיק ממנו על עצמם:

> הא למדת שכל הנביאים כשהנבואה מסתלקת מהם חוזרים לאהלם שהוא צרכי הגוף כלם כשאר העם, לפיכך אין פורשין מנשותיהם, ומשה רבינו לא חזר לאהלו הראשון לפיכך פירש מן האשה לעולם ומן הדומה לו ונקשרה דעתו לצור העולמים ולא נסתלק מעליו ההוד לעולם וקרן עור פניו ונתקדש כמלאכים.
> (רמב"ם, הלכות יסודי התורה פ"ז ה"ו)[17]

אם כן, יכולים להיות יוצאים מן הכלל. "מי שחשקה נפשו בתורה תמיד ושגה בה כבן עזאי ונדבק בה כל ימיו ולא נשא אשה אין בידו עון" (רמב"ם, הלכות אישות פט"ו ה"ג). אך אפילו במקרה כזה, המרב שיכול לומר הרמב"ם הוא ש"אין בידו עוון". הנורמה המוערכת היא חיי נישואין, ואין שום ספק באשר למעמדם המרכזי.

היחס למיניות — בעקבות חז"ל והראשונים

אם כן, לב הנדון אינו בהערכת מוסד הנישואין, אלא ביחס למרכיב הגופני שבו. אדגים: אני זוכר בבהירות שיחה על כך עם הרב אלימלך בר־שאול ז"ל בביקורי הראשון בישראל בקיץ תשכ"ב. במהלך הביקור נכנס אברך ושאל את הרב על דברי הגמרא במסכת מגילה המתארים את המפגש בין אביגיל לדוד: "אלא מלמד שגילתה את שוקה והלך לאורה ג' פרסאות. אמר לה: השמיעי לי, אמרה לו: ולא תהיה זאת לך לפוקה" (יד ע"ב).[18]

נוסף על שאלת התוספות (שם ד"ה שגלתה) כיצד התנהגות כזאת מתאימה לאביגיל, שאל האברך כיצד ייתכן שמשיח ה', נעים זמירות ישראל, יכול היה להיות מושפע מהתנהגות מן הסוג הזה. בתגובה פתח הרב בר־שאול בהרצאה של עשרים דקות, ובה הסביר בהתלהבות הולכת וגוברת, באופן פיוטי ממש, כי מדובר בתגובה אנושית ומכובדת; מיניות היא חלק אינטגרלי מאישיות שהקב"ה מצווה ומאשרר; היא

16. ראו במדבר י"ב, א–ח. הרב ז"ל ציטט את אביו, שהדגיש שמוקד הסיפור איננו שאלת לשון הרע אלא הפקפוק בייחודיות של משה רבנו.
17. בעניינם של אהרן ומרים בהקשר זה, ראו אבות דרבי נתן, מהד' שכטר, נו"א, פרק ט.
18. בירושלמי סנהדרין פ"ב ה"ג מופיעה פרשנות אחרת של הסיפור, והיא מפתיעה לא פחות.

איננה צריכה להיות מזוהה עם בושה, אלא נועדה להיות ביטוי של חיוניות בריאה, שאין בה כדי לסתור את הערך המרכזי של צניעות.

לאחר צאת השואל ציינתי בפני הרב בר־שאול שאמנם עמדתו מבטאת במדויק את התחושות המודרניות שלנו, אך שאלתי אם היא תואמת את סגנון הדברים שעולים מגדולי הראשונים. בתגובה קבע הרב שאכן כן. בנקודה זו הסתיים הדיון והרב לא יסף.

ואולם האם ניתן לסכם בכך את הנושא? אנו עומדים בפני תופעה ייחודית, אשר הייתה לאורך ההיסטוריה נושא לפולמוס ער בתוך המחשבה הדתית: יש מי שסבור שהמיניות היא ביטוי לתאווה בלתי מרוסנת, ואילו לדידם של אחרים היא שיקוף של התעלות מעין מיסטית. כמעט אין דומה לה בעוצמת ההתפרצות הרגשית, ואף על פי כן היא עטופה בכמיהה רומנטית. היא כרוכה בהתערטלות המוחקת את הגבול בין האנושי לבהמי, אך מאפשרת התחברות בין־אישית אמיצה. מצד אחד היא פעילות אנושית שאין שני לה בכוח היצירה, ומצד אחר ידוע מראש שבדרך כלל היא לא תישא פרי. קשה אפוא לסכם בקלות נושא כזה, שמעורר עמדות קוטביות וניסוחי ביניים.

בתוך עולם התורה שלנו חוזר ומכה בנו הפער לכאורה בין ההתרשמות שלנו מדברי חז"ל ובין אלו של רבותינו הראשונים. כשאנו סוקרים את דברי הגמרא, אנו מופתעים הן מן הדברים הכלולים בה והן מאלו שאינם מוזכרים בה, הן בהקשרים כלליים והן בהקשרים הלכתיים. אין בה הרבה מן הבושה הנבוכה או מן ההסתייגות המפורשת. אין ביטויים של גועל מהנאה גופנית או רתיעה מסערה רומנטית.

> ההוא דהוה קאמר ואזיל: כי רחימתין הוה עזיזא – אפותיא דספסירא שכיבן, השתא דלא עזיזא רחימתין – פוריא בר שיתין גרמידי לא סגי לן. (סנהדרין ז ע"א)
>
> [תרגום: כאשר אהבתנו הייתה עזה – על רוחב הסיף שכבנו (והיה לנו די מקום). עתה כשאהבתנו אינה עזה – מיטה בת שישים אמות אינה מספיקה לנו.]

במקום אחר הגמרא בברכות (נז ע"ב) מעלה את האפשרות ש'תשמיש' יהיה אחד משלושה דברים הנחשבים 'מעין עולם הבא'.[19] גם כאשר הקביעה הזאת נדחית בהמשך, אין זה מתוך התנגדות עקרונית, אלא מתוך הערה פרוזאית שפעילות זו מחלישה

19. מסקנת הגמרא שמדובר בשחרור מלחץ על המעיים מקהה במקצת את הרושם שמותירה סוגיה זו.

את הגוף. כמה דפים לאחר מכן (סב ע"א) מסופר כיצד רב כהנא נכנס בחשאי לחדר המיטות של רב כדי לעמוד על הנהגותיו, משום ש"תורה היא וללמוד אני צריך", והוא ציין לאחר מכן שהיחסים היו רוויים תשוקה גועשת. במקום אחר הגמרא מסתייגת מאדם שישן בחדר עם זוג נשוי ובכך מונע מהם תענוג גופני:

> כל הישן בקילעא [חדר] שאיש ואשתו שרויין בה – עליו הכתוב אומר "נשי עמי תגרשון מבית תענוגיה" (מיכה ב', ט). (עירובין סג ע"ב)

יתר על כן, בהמשך הגמרא מתברר שהביקורת תקפה גם אם האישה נידה, ויש להניח שזאת משום שפגיעה בכל אינטימיות, גם אם אינה גופנית, איננה ראויה.

בנימה "מדרשית" יותר, יש לציין את תיאור החיבוק לאחר המוות של אברהם ושרה:

> רב בנאה הוה קא מציין מערתא. כי מטא למערתא דאברהם אשכחיה לאליעזר עבד אברהם דקאי קמי בבא. א"ל: מאי קא עביד אברהם? א"ל: גאני בכנפה דשרה וקא מעיינא ליה ברישיה. (בבא בתרא נח ע"א)

> [תרגום: רב בנאה היה מציין מערות קבורה. כשהגיע לקברו של אברהם מצא שם את אליעזר עבד אברהם עומד בשער. שאל אותו (רב בנאה את אליעזר) מה עושה אברהם? אמר לו: ישן בזרועותיה של שרה והיא מביטה בראשו.][20]

נקודה זו מובלטת בהקשר אחר שבו מוזכרים האבות והאימהות:

> ולמה נתעקרו האמהות?... רבי עזריה משום ר' יוחנן בר פפא כדי שיהיו מתרפקות על בעליהן בנוין... רבי הונא ורבי אבון בשם רבי מאיר אמר כדי שיהנו בעליהן

20. יש לראות את התיאור במסגרת המשך הסיפור בגמרא: "א"ל, זיל אימא ליה: בנאה קאי אבבא. א"ל: ליעול, מידע ידיע דיצר בהאי עלמא ליכא". [תרגום: אמר לו: לך אמור לו שבנאה עומד בפתח. אמר לו: שייכנס, ידוע שאין יצר בעולם הבא.] הסכמתו של אברהם לכניסתו של רב בנאה, הגם שזו תהיה כרוכה בכך שהוא ייראה בתנוחה אינטימית, מוסברת על סמך התפיסה שיצר העריות איננו קיים בעולם הבא, והדבר בעצם מוציא את האלמנט המיני מן הסיפור. אף על פי כן, גמרא זו משמעותית היא.

> מהן שכל זמן שהאשה מקבלת עוברין היא מתכערת ומתעזבת. (בראשית רבה מ"ה, ד)

לבסוף, בנימה אידיאולוגית מפורשת, כולנו מכירים את ההסבר של רבי מאיר לאיסור נידה:

> מפני מה אמרה תורה נדה לשבעה? מפני שרגיל בה וקץ בה, אמרה תורה: תהא טמאה שבעה ימים, כדי שתהא חביבה על בעלה כשעת כניסתה לחופה. (נידה לא ע"ב)

הקביעה שהמצווה נועדה להעצים את האישות בחיי נישואין ולא לצמצם את היקפה, מדברת בעד עצמה.

אם נפנה להקשרים הלכתיים נתוודע למסר דומה. יחסים בלילה הקדוש ביותר בשבוע לא רק מותרים אלא ראויים, משום ש"תשמיש המטה מעונג שבת הוא" (רמב"ם, הלכות שבת פ"ל הי"ד). חתן פטור מקריאת שמע כמה ימים לפני החתונה, שהרי העוסק במצווה המפריעה לקיום מצווה אחרת פטור מן המצווה האחרת.[21] הציפייה לקראת ליל הכלולות מוגדרת כסיבה לגיטימית להיפטר מן החיוב לקרוא קריאת שמע ('טרדא דמצוה'), ואילו אדם שאיבד את כל הונו אינו זוכה לפטור כזה, אלא נדרש להתגבר על עצבותו, שנחשבת 'טרדא דרשות', ולהתמקד בעבודת ה'.[22]

ההלכה קובעת שאישה הרה או מיניקה יכולה (או חייבת) לעשות שימוש באמצעי מניעה (דבר שבעייתי במקרים אחרים). קביעה זו הולידה ספרות ענפה, אך מעולם לא הציע שום פוסק אחראי שהזוג פשוט יימנע מקיום יחסים.[23]

21. תנאי זה מופיע בכמה מקומות בדברי בעלי התוספות; ראו **תוספות**, בבלי סוכה כה ע"ב ד"ה שלוחי. ברם, כמה ראשונים סוברים שהפטור חל גם אם ניתן לקיים את שתיהן, בתנאי שהוא עסוק ברצינות בעשיית המצווה הראשונה; ראו **אור זרוע**, חלק ב, הלכות סוכה סימן רצט **ושו"ת מהר"ח אור זרוע**, סימנים קסא, קסג, קפג. הדעה השנייה אומצה על ידי הרמ"א; ראו אורח חיים סימן לח סעיף ח.
22. ראו בבלי ברכות יא ע"א; שם יז ע"ב; סוכה כה ע"א-ע"ב. ראו גם **חידושי הרשב"א**, ברכות יא ע"א ד"ה ובלכתך, להבחנה אפשרית בין פטור בשעת עשיית המצווה לבין פטור המוענק בגין דעת מוטרדת לקראת עשיית המצווה.
23. ראו בבלי כתובות לט ע"א.

במבט ראשון, אמירה שאף היא ידועה עשויה להיראות כהצגת עמדה חיובית פחות:

> אמר רב חנן בר רב: הכל יודעין כלה למה נכנסה לחופה, אלא כל המנבל פיו ומוציא דבר נבלה מפיו, אפילו נחתם לו גזר דינו של שבעים שנה לטובה – נהפך עליו לרעה. (כתובות ח ע"ב)

אולם לאור ההקשר הרחב שראינו עד כה, ניתן להניח שההתנגדות אינה לעצם הציון המילולי של הצד הפיזי בנישואין – סוף כל סוף הגמרא עצמה מלאה בתיאורים של הפרטים ההלכתיים של המעשה – אלא לסוג של גירוי פרוץ, של התענגות תאוותנית אם לא פורנוגרפית. הימנעות מגסות רוח אינה צריכה להביא לרתיעה ממיניות.

היבול שליקטנו מדברי חז"ל ניצב בניגוד בולט לאלו שאומצו בידי כמה מגדולי הראשונים. בהלכות דעות במשנה תורה יש פרק המוקדש לדחיית סגפנות היתר. פרק זה מעמיד במקומו את צו המשנה "וכל מעשיך יהיו לשם שמים" (אבות פ"ב מי"ב) כאידיאל רוחני מקיף. בהקשר זה הציג הרמב"ם כתכליתה של המיניות בחיי הנישואין לא את האהבה ולא את הידידות:

> כשיבעול לא יבעול אלא כדי להברות גופו וכדי לקיים את הזרע, לפיכך אינו בועל כל זמן שיתאוה אלא כל עת שידע שהוא צריך להוציא שכבת זרע כמו דרך הרפואה או לקיים את הזרע. (הלכות דעות פ"ג ה"ב)[24]

24. נדמה שיש אי־בהירות מסוימת בדברי הרמב"ם כאן, ובמידה מסוימת גם בהמשך הפרק. הוא פותח באומרו ש"צריך האדם שיכוון לבו וכל מעשיו כולם לידע את השם ברוך הוא בלבד", ניסוח שאיננו משאיר כלל מקום למוטיבים אחרים, אפילו משניים או אמצעיים, אלא אם כן נפרש את המילה "שיכוון" כנוגעת להטיה כללית בלבד. הוא ממשיך וקובע ש"כשיאכל וישתה ויבעול לא ישים בלבו לעשות דברים האלו כדי ליהנות בלבד". מניסוח זה משתמע שההנאה היא לגיטימית כמטרה, אם איננה בלעדית. ואולם הוא ממשיך, ברוח הדברים שציטטתי כאן בפנים, "ישים על לבו שיאכל וישתה כדי להברות גופו ואיבריו בלבד". דו־משמעות דומה מופיעה בניסוח מוקדם יותר של הנושא בפרק ה **בשמונה פרקים**. בנוגע להתייחסות לתועלת הרפואית שבקיום יחסי אישות, ראו, בניגוד לכך, הלכות דעות פ"ד הי"ט, שם מונה הרמב"ם באריכות את הנזק הרפואי אצל מי ש"שטוף בבעילה".
לסיכום תמציתי ומאוזן של שאלת הסגפנות בשיטת הרמב"ם ראו בדברי גיסי המנוח הרב יצחק טברסקי, **מבוא למשנה תורה לרמב"ם** (ירושלים, תשנ"א) עמ' 342–348. לגבי הנושא המסוים שלנו הוא קובע ש"יחסו של הרמב"ם לחיי המין הוא מחמיר מאוד" (עמ' 347).

ב'מורה הנבוכים' מבליט הרמב"ם את עמדתו, כשהוא מבסס את מעמדה של העברית כלשון הקודש על כך שמעטים המונחים המיניים בה:

> מפני שזה הלשון הקודש לא הונח בו שם כלל לכלי המשגל לא מן האנשים ולא מן הנשים ולא לגוף המעשה המביא להולדה ולא לזרע ולא ליציאה, אלו הדברים כלם לא הונח להם שם ראשון כלל בלשון העברי אלא ידברו בהם בשמות מושאלים וברמיזות. (**מורה הנבוכים**, חלק ג, פרק ח)

הרמב"ן אמנם חלק על הדברים, אך בלי להידרש להנחת היסוד שלהם (לגבי היחס לחיי אישות).[25] יתר על כן, במקום אחר הוא מציג עמדה הקרובה לעמדת הרמב"ם. הוא עושה זאת, ראוי לציין, בניגוד מובהק לטעם שמצא רבי מאיר (שצוין למעלה) לאיסור קיום יחסים עם נידה:

> אסר הכתוב הנדה מפני טעם שהזכרתי שלא התירה התורה המשכב רק לקיום הזרע. והנה הולד נוצר מדם האשה כולו או רובו כאשר הזכרתי כבר (לעיל יב, ב), ומדם הנדות לא יהיה נוצר כלל. (פירוש לויקרא י"ח, יט)

דברי הרמב"ן נאמרו לאחר אמירה פסקנית שלו: "דע כי המשגל דבר מרוחק ונמאס בתורה זולתי לקיום המין" (ויקרא י"ח, ו), ואחריהם הוא מצטט (כנראה מתוך הסכמה) ניסוח מרוכך יותר של אבן עזרא:

> אמר רבי אברהם [אבן עזרא]: כי המשגל לשלשה חלקים נחלק, האחד לפריה ורביה, והשני להקל מלחות [מלאות] הגוף, והשלישי לתאוה הנמשלת לתאות הבהמות. (שם, כ)

ייתכן שציטוט זה מציג סיווג גרידא, בלי קביעה ערכית, ומכל מקום, הדחף החייתי שהוא מעמיד בצד ההולדה והבריאות רחוק ת"ק פרסה מעולם האהבה והידידות.

אמת, עמדה מאוזנת ואף חיובית מוצאת ביטוי בשני מקורות מפורסמים, בדיונים המקיפים ביותר בנושא זה בכתבי הראשונים: ב'שער הקדושה' בסיום ספר 'בעלי הנפש' של הראב"ד ובספר 'אגרת הקודש', שלא נודע מחברו והוא מיוחס לעתים

25. ראו רמב"ן לשמות ל', יג.

קרובות בטעות לרמב"ן. ב'שער הקדושה' מעגן הראב"ד את הדיון בפן המיני בחיי הנישואין במסגרת רחבה יותר – בצורך לרסן הן את התשוקה והן את הדחף הביו־פיזי כדי להגשים את השאיפה לטהרה ולקדושה:

> ועל כן צריך האדם להתחזק ולהתגבר על יצרו ולעמוד על נפשו ולהלחם בתאוותיו כדי שיהא לו מעלה בנפשו על נפש הבהמה שאין לה מעצור מכל אשר תשיג לתאותה. (**בעלי הנפש**, מהדורת הרב בוקוולה, בני ברק תש"ן, עמ' קעא)

חשוב לציין שהערה כוללת זו איננה מבחינה בין היצרים השונים, והמיניות נדונה כפי השאר, בטווח שבין דיכוי סגפני של היצר לנהנתנות המסגלת אותו. יתר על כן, הראב"ד איננו דוחה מכל וכל יחסים שאינם לצורך הולדה. אולם מתוך ארבע המטרות שהוא מייחס להם, שתי הראשונות נוגעות להולדה והאחרונה למניעת מעשים אסורים על ידי הפניית היצר לפעולות מותרות. הסיבה השלישית היא היענות לצרכיה ורצונותיה של האישה:

> והשלישית... שהיא משתוקקת אליו והוא מכיר בה שהיא משתדלת ומרצה אותו ומתקשטת לפניו כדי שיתן דעתו עליה. (שם, עמ' קעד)

גם דברים אלה רחוקים מן ההתפייטות שבדברי הרב בר־שאול.

בשונה מכך, 'אגרת הקודש' חדורה ברוח של התלהבות. לאחר פרק ההקדמה המסביר את מטרת האגרת ומגמתה, מתמודד המחבר ישירות עם שאלת הערך:

> דע כי חבור (זה) [האדם אל אשתו] הוא ענין קדוש ונקי כשיהיה הדבר כפי מה שראוי ובזמן הראוי ובכוונה הנכונה. ואל יחשוב אדם כי בחבור הראוי יש גנאי וכיעור ח"ו.

> [אנו כת] (אנו כל) בעלי התורה מאמינים שהשם ברא את הכל כפי מה שגזרה חכמתו, ולא ברא דבר שיהיה גנאי או כיעור, שאם יאמר שהחבור הוא דבר של גנאי, הנה כלי המשגל הם כלי הגנות, והרי השי"ת בראם במאמרו דכתיב (דברים

לב) הוא עשך ויכוננך... ואם כלי המשגל גנאי, היאך ברא הש"י דבר שיש בו משום חסרון או גנות חלילה.[26]

בכל זאת, אני משוכנע ללא ספק שהמנגינה הזאת, הערבה כל כך לאוזננו המודרנית, היא בהחלט דעת מיעוט ככל שמדובר בסביבת חכמי ימי הביניים; לא קול רפה שאי אפשר להבחין בו, אך בהחלט צליל חרישי למדי. אפילו בעל הטורים, אשר ראינו את פתיחתו ל'אבן העזר', מביא את עמדת הרמב"ן בפירושו לספר ויקרא בלי להסתייג ממנו, וכפי הנראה מתוך הסכמה.[27] יתר על כן, סקירתנו לא עסקה כלל בעמדת חסידי אשכנז, השוללים כמעט כל הנאה חושנית.

ייתכן שאפשר לבחון את שאלת הערכיות של יחסי אישות בעזרת מדד נוסף. היינו רוצים לחשוב שאהבה בחיי הנישואין איננה ניתנת לכימות, אך ניתן להניח שהתדירות המומלצת של קיום יחסים משקפת בין היתר את היחס לערכם. הנושא נדון בספרות ההלכתית במסגרת מצוות עונה; חובת האיש לספק את הצרכים המיניים של אשתו.[28] בסיכומו של דבר נקבעו נורמות המאפשרות מידה של גמישות מתוך התחשבות במשתנים כמו יכולת הבעל (התלויה בעיסוקיו, בכוחותיו, במחויבויותיו וכדומה) וצרכי האישה, על יסוד הציפיות שהיו בזמן הנישואין. ואולם המיקוד שלנו כעת הוא בנקודה אשר בה החובה מולאה; בתחום שהוא מעבר לנורמה ההלכתית, שבו שולטות הנטייה, תפיסת העולם והשאיפות.

המקור שנחשב בדרך כלל בסיסי בנושא זה הוא הסוגיה בברכות, הדנה בחובת בעל קרי לטבול במקווה לפני לימוד תורה.[29] מובן שדרישה זו איננה נובעת מתוך

26. הנוסח על פי אגרת הקודש המיוחסת לרמב"ן נערך על ידי הרב א' בוקוולד (נדפס עם **בעלי הנפש**, בני ברק תש"ן). התיקונים בסוגריים על פי כת"י מתוך רויטל טויטו, "אגרת הקודש נוסחה המדויק וזהות מחברה", עבודת גמר לתואר שני, טורו קולג', תשס"א.

27. ראו **פירוש הטור הארוך על התורה**, ויקרא י"ח, ו, יט. דברי הטור חסרים את הנמרצות שבדברי הרמב"ן, אך הרוח והתוכן של הדברים ברורים. מעניין לציין **שרבנו בחיי בן אשר** (בפירושו לויקרא י"ח, ו) מביא את דעת הרמב"ן אך בניסוח חד יותר: "מכאן אתה למד שעניין המשגל אסור מדין התורה זולתי לקיום המין בלבד". הוא דוחה עמדה זו ומצטט לאחר מכן את הראב"ד באשר לארבע המטרות המותרות של יחסי אישות. אולם לכך הוא מוסיף, "והחמישי הוא אסור דרך תענוג ותאוה כתאות הבהמות". לא לגמרי ברור אם ההשוואה באה להגביל את איסור התענוג לכזה שהוא מן הסוג הבהמי, או שכוונתו שכל הנאה – בהיותה בהמית מטבעה – אסורה. הקריאה השנייה נראית לי סבירה יותר.

28. ראו כתובות סא ע"ב – סב ע"ב.

29. מעמדו של בעל קרי (לענייננו מונח זה נוגע גם למי שנהג מנהג דרך ארץ עם אשתו) לגבי תפילה, קריאת שמע וברכת המזון, נדון בברכות כ ע"ב; שם כב ע"א. במקום אחר התקנה מיוחסת לעזרא

המערכת הידועה של דיני טומאה וטהרה, שהרי אנשים שטומאתם חמורה יותר אינם נדרשים לכך.[30] שני טעמים נאמרו להלכה זו. הטעם הראשון הוא החובה, בכל מפגש עם דברי תורה, לשמר את החוויה של היראה שאפיינה את נתינתה בסיני:

> דתניא: "והודעתם לבניך ולבני בניך", וכתיב בתריה "יום אשר עמדת לפני ה' אלהיך בחורב", מה להלן באימה וביראה וברתת ובזיע אף כאן באימה וביראה וברתת ובזיע; מכאן אמרו: הזבים והמצורעים ובאין על נדות – מותרים לקרות בתורה ובנביאים ובכתובים, לשנות במשנה וגמרא ובהלכות ובאגדות, אבל בעלי קריין אסורים. (ברכות כב ע"א)[31]

ייתכן שגם נימוק זה רלוונטי לנושא הכללי שלנו, אך הטעם השני נוגע אליו ישירות: "שלא יהו תלמידי חכמים מצויים אצל נשותיהם כתרנגולים" (שם). הרמב"ם הבין שחובת הטבילה נועדה להרתיע מקיום יחסים תכופים, ועל כן דברי הגמרא הם בסיס לעיצוב השקפה כללית ועצה מעשית:

> אין דעת חכמים נוחה למי שהוא מרבה בתשמיש המטה ויהיה מצוי אצל אשתו כתרנגול, ופגום הוא עד מאד ומעשה בורים הוא, אלא כל הממעט בתשמיש הרי זה משובח, והוא שלא יבטל עונה [אלא] מדעת אשתו, ולא תקנו בראשונה לבעלי קריין שלא יקראו בתורה עד שיטבלו אלא כדי למעט בתשמיש המטה. (הלכות איסורי ביאה פכ"א הי"א)

אך ניתן לפקפק הן בפרשנותו של הרמב"ם והן במסקנתו. במישור אחד, הגמרא איננה מעמידה את הרצון לצמצם את חיי האישות כבסיסה העיקרי של התקנה. היא רק קובעת שתנאים אחדים סברו שניתן להסתפק בתהליך טהרה מצומצם יותר (שפיכת

הסופר; ראו בבא קמא פב ע"ב. העובדה ההיסטורית איננה מופיעה בסוגיה בברכות, ויש להניח שהיא איננה רלוונטית לדיון ההלכתי.

30. ראו ברכות כו ע"א.

31. הדגשת הממד של חיל ורעדה בסיני שיש לקיים כאשר משחזרים את המעמד מופיעה גם במקומות אחרים. ראו למשל אבות דרבי נתן, מהד' שכטר, נו"א, פרק א ופרק ו; יומא ד ע"ב; רמב"ם, הלכות חגיגה פ"ג ה"ו. כמובן, יש לאזן אותה בתחושה של שמחה ושל זכות. נושא חשוב זה הוא מעבר לגבולות הדיון הנוכחי.

כמות די קטנה של מים על גופו של בעל הקרי). ואולם תלמידיהם חלקו אם יש לפרסם הוראה זו – אלה שסברו שאין לעשות כן, חששו מעיסוק יתר במיניות.

במישור אחר, הגמרא מספרת שחובת טבילה לבעל קרי בוטלה לאחר מכן, וזאת על פי דעתו של תנא מאוחר יותר:

> תניא, רבי יהודה בן בתירא היה אומר: אין דברי תורה מקבלין טומאה. מעשה בתלמיד אחד שהיה מגמגם למעלה מרבי יהודה בן בתירא. אמר ליה: בני, פתח פיך ויאירו דבריך; שאין דברי תורה מקבלין טומאה שנאמר "הלא כה דברי כאש נאם ה'" מה אש אינו מקבל טומאה אף דברי תורה אינן מקבלין טומאה. (ברכות כב ע"א)[32]

ביטול טבילת עזרא מעלה שתי שאלות. ראשית כל, לאור העיקרון שחכמים יכולים לבטל דברי קודמיהם רק אם הם גדולים מהם בחוכמה ובמניין,[33] מנַיין נובעת סמכותם של רבי יהודה בן בתירא ובני דורו לבטל את תקנת עזרא? נוסף על כך, מה היה הטעם לביטול התקנה? אמנם הקביעה שהתורה איננה יכולה לקבל טומאה מנטרלת את הנימוק שהטבילה הכרחית כדי לשחזר את מעמד הר סיני, אולם מה לגבי ההשפעה של תקנת עזרא על ההתנהגות המינית? האם הרצון "שלא יהיו מצויים אצל נשותיהם כתרנגולים" נותר במקומו, או שמא שיקול זה אף הוא נתבטל?

בנוגע לשאלת הסמכות, התוספות מציעים שני הסברים שיכלו לאפשר את ביטול התקנה.[34] הראשון מערער על עצם התקנה – "דלמא סבר דלא תיקן עזרא דבר זה", והשני מניח שעזרא התנה מראש שיהיה אפשר לבטל את התקנה. הרמב"ם מציע אפשרות שלישית: "וכבר בטלה גם תקנה זו של תפלה לפי שלא פשטה בכל ישראל ולא היה כח בציבור לעמוד בה" (הלכות תפילה פ"ד ה"ה).

דברים אלה מיישמים את הכללים שמנסח הרמב"ם במקום אחר (בעקבות סוגיות במסכת עבודה זרה) לביטול תקנות שמראש לא פשטו בציבור, במיוחד אם יש בהן קושי רב.[35] אם נקבל את הסבר הרמב"ם, אין סיבה להניח שהנימוק המקורי נדחה.

32. הראשונים נחלקו אם ביטול התקנה הוגבל ללימוד תורה בלבד או שכלל גם תפילה.
33. ראו עבודה זרה לו ע"א ורמב"ם, הלכות ממרים פ"ב.
34. **תוספות**, בבא קמא פב ע"ב ד"ה אתא.
35. ראו הלכות ממרים פ"ב ה"ז-ה"ח, שמשם משתמע שבמקרים מסוימים אין צורך בתהליך פורמלי אלא שהתקנה מתבטלת מאליה, כיוון שלא הייתה תקפה מלכתחילה.

בעצם, לא היה צורך בביטול התקנה באופן פורמלי בידי בית דין מאוחר, אלא רק בקביעת עובדה סוציולוגית.

המאירי מציג אפשרות נוספת להסבר ביטול התקנה:

> יש מפרשים הטעם שלא נאמר אין בית דין יכול לבטל [דברי חברו אלא אם כן גדול ממנו בחכמה ובמנין], אלא במה שנתקן מחמת גדר אבל מה שנתקן ממקראות והם רואים לפרש בדרך אחרת רשאים. (**בית הבחירה**, ברכות כב ע"א ד"ה טבילה)[36]

לאור הבחנה זו הוא מסביר שהיה ניתן לבטל את הדרשה היוצרת השוואה למעמד הר סיני, ובעקבות זאת את התקנה המבוססת עליה. העובדה שהמאירי אינו מזכיר את הטעם הנוגע ליחסים מעלה את האפשרות שטעם זה נדחה או שהוא סבר (שלא כמו הרמב"ם) שמלכתחילה שיקול זה לא עמד בבסיס תקנת עזרא (ולכל היותר היה שיקול טקטי שהוא עצמו נתון בוויכוח לגבי מתן פרסום לביטול האיסור).

אולי יש לייחס חשיבות יתר לשיקול נוסף. כבר ראינו שהרמב"ם סבור שכל הממעיט בתשמיש הרי זה משובח, אך הגמרא (גם אם היא סבורה שהתקנה נועדה לצמצם קיום יחסי אישות) מכוונת רק לתלמידי חכמים. ניתן להבין את המיקוד הזה בקלות דווקא על פי גישתו של הרמב"ם. ריסון היצר, גם אם הוא רצוי עבור כולם, נדרש במיוחד עבור אליטה רוחנית שנדרשת לעמוד ברף גבוה יותר. הרמב"ם מציג גישה כזאת בכמה הקשרים, במיוחד בהלכות דעות; לאחר ארבעה פרקים שעוסקים בפיתוח האישיות של כל אדם, בפתח הפרק החמישי הוא משרטט קו ברור ומבחין:

> כשם שהחכם ניכר בחכמתו ובדעותיו והוא מובדל בהם משאר העם, כך צריך שיהיה ניכר במעשיו במאכלו ובמשקהו ובבעילתו ובעשיית צרכיו ובדבורו ובהילוכו ובמלבושו ובכלכול דבריו ובמשאו ובמתנו. (הלכות דעות פ"ה ה"א)[37]

לאחר כמה הלכות הוא מיישם את הגישה הזאת לגבי מיניות:

> אף על פי שאשתו של אדם מותרת לו תמיד, ראוי לו לתלמיד חכם שינהיג עצמו

36. מצד שני, ייתכן שהריסון רצוי אך הערך של תלמוד תורה גובר.
37. כידוע, התפיסה האליטיסטית של הרמב"ם מובלטת יותר ב'מורה הנבוכים'.

בקדושה ולא יהא מצוי אצל אשתו כתרנגול אלא מלילי שבת ללילי שבת אם יש בו כח. (שם ה"ד)

אם כן, זאת יכולה להיות הסיבה שהגמרא מציינת דווקא תלמידי חכמים. אולם ייתכן שיש לכך הסבר אחר, הקשור לחיוב תלמידי חכמים במצוות עונה.

הדירוג של חיוב עונה, התלוי בעיקר בעיסוקו של האיש, פותח ב"העונה האמורה בתורה, הטיילין – בכל יום". הגמרא שואלת "מאי טיילין?" (כלומר מי הם אותם "טיילין") ומציגה כמה עמדות:

אמר רבא: בני פירקי [= תלמידים ההולכים לשנות פרקם]. א"ל אביי מאן דכתיב בהו [= מי הם שעליהם נאמר] "שוא לכם משכימי קום מאחרי שבת אוכלי לחם העצבים כן יתן לידידו שנא" (תהלים קכ"ז, ב), ואמר רב יצחק: אלו נשותיהן של ת"ח שמנדדות שינה מעיניהם בעוה"ז ובאות לחיי העוה"ב [ומכאן שתלמידי חכמים אינם מצויים בערב בביתם], ואת אמרת בני פירקי [שעליהם נאמר שעונתם בכל יום]! אלא אמר אביי: כדרב, דאמר רב: כגון רב שמואל בר שילת, דאכיל מדידיה ושתי מדידיה, וגני בטולא דאפדניה, ולא חליף פריסתקא דמלכא אבביה [= שאוכל משלו ושותה משלו וישן בצל ביתו ואין שלוחו של מלך עובר על פתחו]. כי אתא רבין אמר: כגון מפנקי דמערבא [=(טיילין הם) המפונקים של ארץ ישראל]. (כתובות סב ע"א)

דעת רבין כי "טיילין" הם בעצם נהנתנים רגועים ומפונקים ועל כן עונתם בכל יום איננה מפתיעה, אולם עמדותיהם של אביי ורבא דווקא כן. רש"י מסביר ש"בני פירקי" הם "תלמידים שהרב מצוי להם בעירן ושונים פרקם ולנים בביתם". ניתן לומר שהם שווים מבחינה זו לאברכי כולל של ימינו. אף על פי כן רבא אינו נרתע מהרעיון שדווקא הם יהיו מחויבים בקיום יחסי אישות מדי לילה. אביי איננו חולק על כך מסיבות פילוסופיות או עקרוניות. הוא אינו מדבר על השחתה רוחנית או הצפה של תענוג. הוא טוען בפשטות, כפי שרש"י מסביר, כי שהות ממושכת בבית המדרש עד השעות הקטנות אינה מאפשרת אינטימיות גופנית מדי לילה. ניתן גם לפרש, כמו שהציעו תלמידי רבנו יונה,[38] שהמאמצים המושקעים בלימוד אינטנסיבי מחלישים את הגוף לא פחות מהמאמצים שנדרשים מפועל פשוט. יתר על כן, רב שמואל בר שילת,

38. דבריהם מובאים **בשיטה מקובצת** על אתר.

שאביי הזכיר כדוגמה למי שעונתו בכל יום, היה מלמד תינוקות, וגם לגביו אין אנו רואים סתירה בין עיסוקו הרוחני לקיום מצוות עונה מדי לילה.

המשמעות ברורה למדי. כמו כן, המשא ומתן בגמרא מבהיר מדוע בדיון על אודות בעלי קרי יוחדו דווקא תלמידי חכמים בנימוק התקנה; וזאת, בדומה לדעתו של אביי, הסבור שמצוות עונה לתלמיד חכם תלויה גם באילוצי הזמן של לומדי תורה. על פי הבנה זו, התקנה המחייבת טבילה לאחר קיום יחסים איננה מבטאת הסתייגות מהנאות הגוף או רתיעה עקרונית מהחוויה המינית בהיותה שזורה בגופני, בנפשי וברוחני. הדיון עוסק בשאלת הקצאת משאבים ובצורך לאזן זמן, תשומת לב ואנרגיה. זאת הרי שאלה שעולה בהקשר של כל פעילות שעלולה לגרוע מתשומת הלב ומן היכולת לעסוק בתלמוד תורה. על כן, הבעיה מתייחדת אצל תלמיד חכם לעומת יהודי פשוט. שמירת האיזון הנכון בין עיסוקים בעולם החול, הגם שהם מותרים לחלוטין, ובין שאיפות רוחניות, היא אתגר ערכי מרכזי כשלעצמו. העיסוק המיותר בַּזמני הוא בסיס לביקורת "מניחים חיי עולם ועוסקים בחיי שעה".[39] אך ביקורת כזאת שונה בהחלט מדחייה של הפעילות המינית כפסולה כשלעצמה.

ראוי לציין מקבילה בירושלמי שמציגה עמדה שונה:

> א"ר יעקב בר אבון כל עצמן לא התקינו את הטבילה הזאת אלא שלא יהו ישראל כתרנגולין הללו משמש מיטתו ועולה ויורד ואוכל. (ברכות פ"ג ה"ד)

בשונה מן הזלזול במיניות שהסיק הרמב"ם מדברי הבבלי,[40] ההסבר הזה לתקנת הטבילה נובע דווקא מתוך הכרה בערכה הייחודי. בלוז העניין עומדת ההבחנה העקרונית בין מיניות בהמית לאנושית. בעבור התרנגול, ההזדווגות היא לכל היותר אירוע פיזיולוגי חולף, שככל שאפשר לראות אין לו משמעות בחלוף הזמן. הוא אירוע שניתן להגדירו אקראי, כלאחר יד. בעבור איש ואישה, הניחנים ביכולת להסתכל "על מה שהיה ועל מה שיהיה" (כדברי המלט), אשר נקראים להעניק משמעות אף לפעילות ארוטית, אותה החוויה ממוקמת בהקשר של מערכת יחסים קיומית. הוספת הממד הדתי לתוכה מעשירה אותה במשמעות רוחנית הן לאנשים כפרטים והן לחיבור

39. בביצה טו ע"ב הביקורת מופנית כלפי מי שעוזבים שיעור כדי ליהנות מסעודת יום טוב, וכך גם בשבת י ע"א רבא מתבטא בשלילה על חברו המקדיש זמן רב מדי לתפילה, המתמקדת בבקשת צרכים חומריים.

40. ניתן אולי לפרש את הבבלי בהתאם לירושלמי, אלא שלא מצאתי דעה כזאת אצל רבותינו הראשונים.

ביניהם. לפי דברי הירושלמי, הטבילה לבעל קרי נתקנה כדי להדגיש את חשיבותם של יחסי אישות ולמקד את תשומת לבנו באופיים ובהשלכותיהם. האיסורים החלים בהיעדר טבילה נועדו להבטיח שקיום יחסים לא ייעשה כמעשה אקראי. הם מעוררים מודעות, הגואלת את המיניות מן הבהמי לאנושי, ובכך מוסיפה לה ממד אצילי. שאיפה זו איננה מוגבלת לאליטה של למדנים. רבי יעקב בן אבון מצפה מכלל הציבור "שלא יהו ישראל כתרנגולין".

שאלת תדירות היחסים העסיקה את ה'אור זרוע', ובעצם העמידה בפניו קושי. מצד אחד הוא מצטט את דברי הגמרא לגבי בעל קרי, וכמו הרמב"ם הוא מפרש כי התקנה נועדה למעט ביחסים; כן מצטט ה'אור זרוע' את ההמלצה שעונת תלמידי חכמים תהיה "מלילי שבת ללילי שבת". מצד אחר הוא מתקשה בעניין הסיפור במסכת כתובות המוביל לכאורה למסקנה הפוכה:

> מיהו ההיא עובדא דמייתי בסמוך אתיא לי קצת בגמגום, דמסיק התם יהודה ברי' דרבי חייא חתני' דר' ינאי הוה אזיל ויתיב בבי רב וכל בי שמשי הוה אתא לביתי' וכי הוה אתי הוה קא חזי קמי' עמודא דנורא. יומא חדא משכתי' שמעתי' כיון דלא חזי ההוא סימנא. אמר להו כפו מטתו שאלמלי יהודה קיים לא ביטל עונתו. הוי 'כשגגה שיצאה מלפני השליט' ונח נפשי'. משמע דמעליותא היא שהי' תדיר אצל אשתו. (**אור זרוע**, הלכות נידה סימן שס)

[תרגום: למרות זאת, אותו מעשה שמביאה הגמרא בסמוך נראה לי לא ברור, שהרי הגמרא מסיקה שיהודה בנו של רבי חייא וחתנו של רבי ינאי ישב בבית רב והיה הולך לביתו כל "בי שמשי" וראה עמוד אש. יום אחד היה עסוק בלימודו ולא ראו את הסימן. אמרו להפוך את המיטה (לאות אבל), שהרי אם יהודה היה קיים לא היה מבטל את עונתו. הייתה זאת 'כשגגה שיצאה מלפני השליט' ומת. ניתן להסיק מכאן שמעלה היא שהיה תדיר אצל אשתו.]

הקושי של ה'אור זרוע' בנוגע לסיפור נובע מכך שהוא הבין ש"בי שמשי" פירושו כל ערב, לעומת רש"י, אשר במקום אחר[41] פירש "כל בי שימשי" כפעם בשבוע.

41. ראו כתובות קג ע"א ד"ה בי.

קושי לימודי, קושי קיומי ופתרונות אפשריים

אולם בעקבות הדברים שראינו עד עכשיו, גם לנו יש קושי, והוא קושי כפול – לימודי וקיומי.

מבחינה לימודית – תורה היא וללמוד אנו צריכים – עלינו לשאול את עצמנו שאלה פשוטה וישירה. לאור העדויות שליקטנו מחז"ל, ובמיוחד מן הרכיב ההלכתי, עלינו לשאול: כיצד ומדוע סטו כל כך הרמב"ם, הרמב"ן וראשונים אחרים מעמדת חז"ל? לגבי היצר – מושג כללי, אך רש"י מסביר שהוא נוגע ליצר התשמיש – חז"ל רואים בו אחד משלושה דברים שלגביהם צריך שתהיה "שמאל דוחה וימין מקרבת" (סוטה מז ע"א). לעתים אפשר להתרשם שהראשונים הפכו את היחס הזה.

ברור שיש פיתוי בפתרונות היסטוריציסטיים פשטניים – כמו ייחוס עמדות הראשונים להשפעה של גישות הסופיות המוסלמית או הסכולסטיקה הנוצרית לגבי העולם הזה בכלל והמיניות בפרט. אך בבואנו לדון בדברי ענקי רוח אנו מנסים להימנע מפיתויים אלה. אמת, גדולי תורה שבאו לאחר חז"ל, בין ראשונים ובין אחרונים, עשויים להגיב למפגש עם התרבות הכללית אשר קודמיהם לא נחשפו אליה, ומפגש זה עשוי להשפיע עליהם. לאחר בחינה ביקורתית של תכנים אלה הם יכולים להכיל את מה שנראה להם מתאים למסורת ולדחות מה שאיננו מתאים. תוך כדי התהליך הזה, ובאופן לגיטימי, הם הרחיבו את האופקים של השקפת עולמם והעלו רעיונות ופירושים שטרם נחשפו. אין ספק באשר לתהודה של מחשבת אריסטו בדברי הרמב"ם או של קירקגור אצל הרב ז"ל.

אולם במקרה שלנו מדובר לכאורה בסתירה ממשית ולא בתוספת. על כן, גם אם נייחס משקל מסוים לשיקול ההיסטורי – אין בכך די. נצטרך למצוא פתרון בכיוונים אחרים.

נראה שההסבר המבטיח ביותר הוא שהראשונים ברובם סברו שמקורות חז"ל אחרים מכריעים את המקורות שצוטטו עד עכשיו. נציין למשל את דברי אשתו של רבי אליעזר על אודות בעלה, המופיעים בגמרא (נדרים כ ע"א) ומצוטטים בספר 'בעלי הנפש': "כשהוא מספר מגלה טפח ומכסה טפח, ודומה עליו כמי שכפאו שד". לפי כמה מן הפירושים שהעלה הראב"ד, הביטוי "כמי שכפאו שד" מציין רתיעה המתבטאת בחיפזון: "דומה כמי שהבעיתו שד ונבעת והניח את המעשה, כל כך היה

מקצר את התשמיש" (**בעלי הנפש**, עמ' קעו).[42] אך ישנם פירושים אחרים – חלק מהם אף מציעים שהדבר נועד להגביר את ההנאה, ולא לצמצם אותה.[43]

מכל מקום, עדיין אנו נבוכים לנוכח היחס החיובי המתבטא בהלכות. לפעמים דוחים את הטענה שההלכה משקפת גישה חיובית למיניות באמצעות הסברה שהיא איננה קובעת יחס עקרוני חיובי אלא מחייבת היענות לצורך. כך, למשל, עידוד קיום יחסים בשבת מושרש לדעה זו לא בעידוד עקרוני אלא במילוי חובת עונה. הטיעון הזה מוזר. קשה להניח שההלכה הייתה מעודדת פעולה שהיא "דבר מרוחק ונמאס בתורה זולתי לקיום המין" רק כדי לספק את מה שנתפס כחולשתה של האישה – וזאת דווקא בשבת. על כן, אף שההצעה שלי – שהראשונים העדיפו מקורות בחז"ל המשקפים הסתייגות ממיניות על אלו המבטאים גישה אחרת – נראית לי סבירה ואפשרית, הקושי עדיין קיים במידה רבה.

במידה שאנו מצליחים לתאם בין עמדותיהם של חז"ל לאלו של הראשונים, אנו מקילים את הבעיה הראשונה שהעלינו, אך מחדדים בעיה שנייה – הקושי שלנו. לי נדמה שאין ספק שבגישה של עולם התורה בן זמננו, על כל המחנות והפלגים, אנו מאמצים את העמדה העקרונית של הרב בר־שאול.

אנו עומדים על ערכה של אהבה רומנטית, על הביטוי הגופני שלה. איננו נרתעים מההנאה החושנית הקשורה בה – בלי רגשות אשמה או הסתייגויות. כמובן, אנו מדגישים את הצורך בהתקדשות, כחלק מקידוש החיים הגופניים בכלל. בשום פנים ואופן איננו מצטרפים לבלייק, ללורנס ולבעלי בריתם האידיאולוגיים בהערצת התאווה החושנית כשלעצמה. אנו דוחים, מטעמים הלכתיים ומוסריים – שאף להם תוקף הלכתי מסוים – את הרעיון של קיום יחסים מחוץ לנישואין בהיותו בן חלוף, וולגרי, חסר מחויבות בין־אישית, שפעמים אף מנצל את הזולת ונעדר אישור חוקי או חברתי.

יתר על כן, גם במסגרת הנישואין אנו מסתייגים מן ההפיכה של החוויה הארוטית לחצי־מיסטית כביכול, הגובלת בטרנסצנדנטי, כפי שדוגלים חוגים מסוימים.

42. בהמשך דבריו הראב"ד מציע פירוש אחר, שלפיו מתוארת כאן הקפדה על לבישת בגד בשעת קיום יחסים – אף על פי שרב הונא ראה בהקפדה כזאת עילה לגירושין; ראו כתובות מח ע"א; **שולחן ערוך**, אבן העזר סימן עו סעיף יג ובנושאי הכלים שם.

43. ראו דברי הריטב"א שצוטטו ב**שיטה מקובצת**, נדרים כ ע"ב.

מבחינה מושגית והיסטורית, יש בקישורים אלה משום סטייה מן היהדות ונטייה לאלילות. אולם בנוגע לחוויה של חיי האישות, הן האינסטינקטים שלנו והן היחס שלנו חיוביים, בלי היסוס.

אמנם לא רבים מכירים את התוכן או את הרטוריקה של דברי השל"ה (ואולי רבים לא ירגישו עמם בנוח):

> ענין הזיווג כשהוא בקדושה ובטהרה הוא קדוש במאוד, מעורר למעלה, מתקדש למטה מעט – מקדשין אותו מלמעלה הרבה, ומקיים "קדֹשים תהיו כי קדוש אני ה' א־להיכם". כי כל זיווג הוא מעין זיווג אדם וחוה הנעשה בצלמו ובדמותו יתברך. (**שני לוחות הברית**, שער האותיות אות ק)

אך אנו בהחלט קשובים לעמדתו הבסיסית.

יחס זה בולט במובהק בקטע מ'אורות הקודש' לרב קוק, שכותרתו 'הנטיה המינית לעתיד':

> הנטיה המינית הולכת היא וזורמת אל העתיד, אל שכלול החיים, שיביא הזמן, את חיי העולם הבא בעולם הזה. ומתוך שהחיים העתידים הנם מלאים הוד ונועם מלא, על כן גדולה היא שאיפת החפץ ועז הרצון של נטית עולמים זאת, והקדושה המגמתית רק עליה היא משרה את אורה, והנפש הטהורה מנהגת את נטיה זו למגמתה. (**אורות הקודש**, ג, דרך הקודש, סדר שלישי, סימן לח, עמ' רצט)[44]

יש להניח שהקטע משקף אווירה כללית של 'חיוב העולם', אך הדגשת תחום זה ראויה לציון לענייננו.

קוראי דברים אלה אולי מכירים יותר את ניסוחיו של הרב ז"ל, הצבועים פחות בצבע ורוד אך חדים יותר, מקיפים יותר ומפורשים יותר. אלו מופיעים במיוחד בפרק 'גאולת יחסי האישות' בספר 'אדם וביתו', שיצא לאחר פטירתו. המסה מבחינה בבירור בין בושה ובין ביישנות הגלומה בערך הצניעות. הרב שוזר את הבנת המיניות עם מושג הקהילה; הוא מאמץ הבחנות דקות בפרשנות של ביטויים בפרשת בראשית לגבי המין האנושי לעומת בעלי החיים, ומסיים בהכרזה מצלצלת:

44. הערת המתרגם: ראו כעת **שמונה קבצים**, כרך א, עמ' קכו-קכז.

> אחדות הבשר היא מטפורה המורה על אחדות מוחלטת, על קהילה של חברים לנפש אשר נוצרה בלחצם של היצרים.[45]

הנושא כבר הופיע בדברים שהתפרסמו בימי חייו של הרב, למשל לקראת סוף המסה 'ובקשתם משם', במסגרת דיון ב"העלאת הגוף":

> הן הפילוסופיה היונית והן הנצרות לא תפסו את הבחינה המיטפיסית־מוסרית בהזדווגות המינית, רק בהלכה יש לפעולה זו יסוד מוצק בחיים הדתיים – מצות פרו ורבו היא מצוה ראשונה שבתורה. חיי נישואין הם חיים טהורים ומבורכים. חייו של הרווק אף על פי שלא חטא מעולם נוגדים את תפיסת ההלכה. כל מי שאינו נושא אשה שרוי בלי שמחה בלי ברכה ובלי תורה.[46]

יתר על כן, חרף השוני במינוחים ובטיעונים (ובהנחת מוגבלות בנכונות לדון בנושא בכלל), יש לי הרושם שהמצב איננו שונה במידה משמעותית בעולם החרדי. דוגמה לכך ניתן לראות בספר 'מצוות הבית' של הרב יוסף אפשטיין, שמעניק ביטוי אותנטי לגישת ישיבות המוסר. הוא מתחיל את הפרק שכותרתו 'מילי דצניעותא'[47] בפסקה מהשל"ה המספר בשבח "חיבור קטן הכמות ורב האיכות", דהיינו 'אגרת הקודש', ממשיך בקטע שלעיל מן האגרת עצמה ומשם עובר לצטט משאלות ותשובות 'מור וקציעה' של הרב יעקב עמדין. שם כתוב:

> חכמים אמיתיים העומדים בסוד ה' יודעים שהוא פועל חשוב טוב ומועיל גם לנפש אין ערוך אליו בכל מעשה בשר ודם כשיופעל בכונה טהורה ומחשבה זכה נקיה, קדוש יאמר לו ודאי ואין בו דופי פחיתות כל עיקר ולא גנאי. אדרבה הרבה יקר וגדולה נעשה לו לאדם השותף עם קונו ומתדמה לו במעשה בראשית כמו שנאמר "נעשה אדם"... (אורח חיים סימן רמ)

45. **אדם וביתו**, עמ' 102.
46. **איש ההלכה – גלוי ונסתר** (ירושלים, תשל"ט), עמ' 213. הקטע עוסק בהרחבה בפרייה ורבייה, אך העמדה הכללית של הרב ברורה.
47. ראו הרב יוסף דוד עפשטיין, **מצוות הבית: חלק שני** (ניו יורק, תשכ"ו), עמ' 247–248.

הסיום מכוון בבירור לצד ההולדה שבמיניות, אך ברור גם שהקטע כולו מתייחס באהדה ליחסים כשלעצמם: הם טובים ומועילים גם לגוף. רוח דומה מנשבת מספרו של פרופ׳ יהודה לוי ׳איש אשה ומשפחה׳,[48] שקיבל הסכמות חמות מן הרב זלמן נחמיה גולדברג ומן הרב יהושע נויבירט, ושזורים בו ציטוטים מאגרותיו של ה׳סטייפלר׳, הרב יעקב ישראל קנייבסקי. אף שהספר מוצג כאנטיתזה לעולם המודרני (וכותרתו המשנית היא ׳מודרנה מול מסורת׳), בכל הקשור לנושא שלנו הכיוון העיקרי שהוא מציג מתאים להשקפה בת זמננו.

אם נניח שעובדות אלה נכונות – לגבי סביבתי הרוחנית אני יכול להעיד על כך בבירור – אנו שואלים את עצמנו כיצד ולמה אנו חורגים מעמדותיהם של כמה מגדולינו, שמפיהם אנו חיים ואת מימיהם אנו שותים, והאם החריגה הזאת לגיטימית? האם אנו עבדים לרוח הזמן, נסחפים בזרמים חברתיים והיסטוריים? האם אנו תופרים את עמדתנו כדי להתאימה לנוחות ולסיפוק תאווה מינית? האם במקרה זה אימצנו, בלבוש של תקינות תרבותית, עמדה פשטנית ביחס ל׳חיוב העולם׳ כדי להביא לסיפוק רצונותינו?

עד כמה שאני מסוגל למודעות עצמית כנה, אני בטוח שאפשר וצריך להשיב על שאלות אלה בשלילה. הגישה החיובית שלנו למיניות, כאשר היא חוויה מקדשת, נגאלת וגואלת, איננה נובעת מתאוות בשרים אלא נסמכת על תובנות רוחניות עמוקות – על הכרתנו ש"וירא א-להים את כל אשר עשה והנה טוב מאד" (בראשית א׳, לא) מצד אחד, ועל השאיפה שלנו לחיבור בין־אישי משמעותי מצד אחר. עבורנו אין זה אמצעי להנאה אינטנסיבית מקבילה או התענגות בצוותא. המיניות היא מרכיב בסיסי במערכת יחסים מקיפה – בו בזמן גם מרכיב יסודי במערכת היחסים וגם אמצעי לעיצוב של הטוטליות שלה. זאת הבנתנו את "ודבק באשתו והיו לבשר אחד" (שם ב׳, כד); דבקות שהיא בחלקה גופנית, אך מצד אחר וביתר שאת – קיומית.

אשר לביסוס הלגיטימיות של יחסנו לעניין בהקשר של סמכות המסורת, אפשר לציין כמה יסודות גורמים. במישור אחד, אנו נתמכים (גם אם בתת־ההכרה) בשכנוע פנימי שאנו מצדדים בעמדת חז"ל והם מצדדים בעמדתנו. במישור אחר, השאלה פוחתת מתוך הבנה שגם אם (במקרה הגרוע) אנו מתעלמים מהמתחייב מהשקפת עולמם של כמה מרבותינו הראשונים, איננו פועלים נגד פסיקת ההלכה שלהם. בנושאים השקפתיים ההיסמכות על דעות מיעוט היא אופציה לגיטימית יותר מאשר כשמדובר בנושאים הלכתיים מוגדרים.

48. ראו יהודה לוי, **איש אשה ומשפחה** (בית אל, תשס"א), ובמיוחד עמ׳ 51–62.

אך אולי הדבר המשמעותי ביותר הוא ההסתמכות שלנו על רבותינו אנו. אנו חשים שגדולי התורה של דורנו, שהם "השופט שבימיך" – לענייננו, הרב ז"ל, אך לא הוא בלבד – בדקו את העניין ואת העדויות ואימצו עמדה חיובית. אנו, כלומדי תורה מן השורה, מזדהים עם עמדתם והולכים בדרכם. מה הבסיס לעמדתם? אפשר להעלות השערות שהם סברו שמוצדק לאמץ גישת מיעוט, כשזו משתלבת עם השכנוע העמוק שלהם בנכונותה, או שהם סברו שהנושא שייך לעולם ההשקפה ואיננו כפוף בהכרח לתהליכים הרגילים של פסק הלכה, או שמא השפיע גורם אחר שאותו אנו יכולים רק לשער (למשל, האקלים החיובי העולה ממקורות קבליים). אך העובדה שהסמכות של רבותינו יכולה לעצב ולקיים את העמדה שלנו עומדת מעל לכל ספק.

בכל זאת נשאר כאן חֶסר. גם כשאנו מקבלים את עמדת הרב ז"ל, אפשר להודות שהיינו רוצים שהוא יעשה עבורנו מה שנאלצנו לעשות כאן: לבדוק את רובדי המסורת ולמצוא הצדקה להכרעתו ומחויבותו. אמנם הצורך בעימות כזה נסוג במידה ניכרת אם מייחסים את אגרת הקודש לרמב"ן. אימוץ תפיסה כזו עשוי לשנות את מערך גדולי ההוגים מבין רבותינו הראשונים ולהעמיד את עמדת הרמב"ם כמבודדת יחסית. אולם הנחה זו רחוקה. גם אילו לא היו לפנינו כל אותן ראיות השוללות את הייחוס,[49] הציטוטים מפירושו לפסוק בויקרא שהבאתי הם עדות מספקת להכריע כך. ניתן להניח שהרב ז"ל הכיר זאת.

אשר לרמב"ם, הרב התייחס לדבריו ואף ניסה לגייס אותו לשורותיו. הוא מוסיף בהערה:

> לאמיתו של דבר גם הרמב"ם על אף נטיותיו האסקטיות, שבאו לידי ביטוי בייחוד ב"מורה" כשתיאר שמה התנגשות יצרי הגוף עם כמיהת הרוח לא־לוהים, תפס עמדה חיובית לגבי החיבור המיני. הוא גינה את הבולמוס המיני וההתגרות המינית. רבנו תובע מאת האדם העלאת החיים המיניים וקידושם על ידי הטבעת מגמה הלכתית עליהם.[50]

49. ראו הקדמת הרב ח"ד שעוועל לאגרת במהדורתו: **כתבי הרמב"ן**, כרך ב, עמ' שטו–שיט [הערת המתרגם: ולאחרונה טויטו, בעבודה שצוינה לעיל (הערה 26), הוסיפה ראיות נוספות המורות שמחבר הספר הוא רבי אברהם ג'יקטיליה].

50. **איש ההלכה – גלוי ונסתר**, עמ' 213–214, הערה 20.

הרב ממשיך להציב רשימה משולשת להסבר מטרות המיניות: בריאות הגוף, קיום הזרע כאקט סוציאלי־דתי, והמשכת שלשלת הקבלה ההיסטורית־רוחנית. אך יש להודות שהניסיון רחוק מלהיות משכנע והציטוטים סלקטיביים וגובלים במגמתיות. מבחינה זו, הפער קיים.

ניתן כמובן להשיב שהפער שציינתי לגבי הרמב"ם איננו צפון ביחסו למיניות כשלעצמה. יש לבחון אותה בהקשר הרחב של סגפנות ובריחה מן העולם הזה. בהקשר הזה קיימים מחנות שונים שאוחזים בכיוונים שונים ובדגשים שונים הן בתוך עולם התורה והן במחשבה הדתית הכללית (שהרי הנושא שלנו הוא נושא אוניברסלי). אימוץ פרשנות זו של הקושי היה יכול להרחיב את המאגר של הוגים ובעלי מחשבה שעליהם היינו יכולים לסמוך את עמדתנו אנו.

קביעה זו נכונה בלא ספק, אך אין היא בהכרח נותנת מזור. במבט מסוים היא מחמירה את הקשיים שלנו ולא פותרת אותם, שהרי היא מעמידה אותנו – ישירות, בחדות ולאורך כל החזית – אל מול שאלת היחס לעולם החולין ואל הקינה של וורדסוורת': "העולם מדי אתנו, מאוחר ומוקדם". השאלה אם תיאור זה נכון, במיוחד עבור מי שמאמץ את המודרניות, היא שאלה שעלינו לשאול, שהרי יש לברר אם בנוכחותנו בעולם מבחינה פרגמטית ואידיאולוגית כאחד, איננו (כדברי וורדסורת' בהמשך) "מכלים את כוחותינו".

חשבון נפש בנושא כללי זה הוא חובה דתית לפרט ולכלל. אך בנושא המסוים שנדון כאן אנו נאמנים לאינטואיציות הרוחניות שלנו. כמו השל"ה, איננו יכולים לאמץ עמדה שאומרת שחלק מרכזי כל כך של המציאות הגופנית והנפשית איננו אלא מלכודת. כמו מחבר 'אגרת הקודש', איננו יכולים לנקוט גישה שלפיה פן בולט של טבע האדם איננו חלק מן ה"טוב מאוד" של הבריאה הראשונה. על כן, בהיותנו משוכנעים בידי התחושות הרוחניות שלנו ומלאי אמונה שקיבלנו מרבותינו, אנו בוחרים בהיטהרות ולא בהימנעות. בשטח רגיש זה אנו שואפים לחיים מלאי חיוניות ולא מנוטרלים – חיים נאצלים ומאצילים ולא רק כאלה שעברו תהליך חיטוי וניקיון. אנו נקראים לקדש – על ידי שילוב המיניות בתוך חיים שלמים של קדושה, המאופיינים בחוויות רצוא ושוב של הגשמה והימנעות על פי הצו הא־לוהי, ועל ידי מזיגת תוכן אנושי ורוחני לתוך מערכת היחסים. אין זו הדרך הקלה, אך יהי רצון שיהיו בנו חוכמה ומחויבות כדי שהיא תהיה הדרך הטובה.

המשפחה בהלכה

דיון בנושא 'המשפחה בהלכה' יכול להתמקד באחד משני תחומים. הוא יכול לעסוק ביחס של ההלכה למשפחה: לקבוע באיזו מידה ומאילו טעמים חייבה ההלכה את המסגרת המשפחתית, בניגוד לחיים של רווקות או הפקרות מצד אחד וקולקטיביות נרחבת מצד שני; להבהיר כיצד ולמה היא ראתה בה לא רק רשת ביולוגית־פיזית, הקיימת באורח טבעי, אלא מכלול משפטי־רוחני שהאדם חייב בו כאמצעי לקיום חיי קדושה ולהקמת דור המשך; ולברר איזה מקום תופסת המשפחה בסולם הערכים ההלכתי. לחלופין, הבא לעסוק בהלכות משפחה יכול למיין וללבן את החיובים החלים עליה ולגביה, ואת הזכויות המוענקות לה; ולנתח דינים שנקבעו על היחידה כולה – בצורתה הגרעינית המצומצמת – או על חבר אחד ביחס לאחרים. מתוך הנחה שלפחות קווי המתאר של הנקודה הראשונה די ידועים, אני מעדיף להתרכז בבחינה השנייה של הנושא.

כאחד ממרכיבי היסוד בחיי האדם אף המשפחה תופסת כמובן מקום בהלכה. בהיותה נר לרגלי היהודי, משתרעת ההלכה על פני כל אורחות חייו ומעשיו. מן הנמנע אפוא שתופעה מרכזית כל כך – הן מבחינה משפטית והן מבחינה ערכית – תישאר מחוץ לתחומה. ואכן, בבואנו לסקור את הסוגיה, אנו מוצאים כמה גופי הלכות שנויים בה.

הדינים הרלוונטיים מתחלקים לכמה קבוצות. ראש לכל, ישנם דינים הקובעים חיובים כלפי בני משפחה. כך, דרך משל, יש מעמד מיוחד לצדקה ולגמילות חסדים כלפי קרובים. "עני שהוא קרובו", קובע הרמב"ם, "קודם לכל אדם".[1] דין זה כשלעצמו

1. הלכות מתנות עניים פ"ז הי"ג; והשוו פ"י הט"ז.

הוא בעל כפל פנים. מצד אחד, הוא מלמד על קדימה הניתנת לקרוב, העומד בראש סולם שכולל אף רחוקים. מקורו של פן זה הוא בפסוק: "פתֹח תפתח את ידך לאחיך לעניך ולאבינך בארצך" (דברים ט"ו, יא). המונח 'לאחיך' מתפרש כאן, כדברי אבן עזרא, "הקרוב אליך בתחילה".[2] הוא מקביל לקדימויות אחרות שנקבעו לגבי צדקה, וכהמשך דברי הרמב"ם שם: "עניי עירו קודמין לעניי עיר אחרת, שנאמר 'לאחיך לעניך ולאבינך בארצך'".[3] ברם, מצד שני יש במתן צדקה וגמילות חסדים לקרובים אף קיום כשלעצמו, הנוגע אך ורק אליהם. קיום זה, המכונה בלשון חז"ל "המקרב את קרוביו" (סנהדרין עו ע"ב), מקורו בדברי קבלה על הפסוק "ומבשרך לא תתעלם" (ישעיהו נ"ח, ז). אך ברור שיש לו אף שורש מדאורייתא, והוא דין גאולת קרובים. הלכה זו מפורשת בתורה פעמיים. ראשית, בעניין שדה אחוזה: "כי ימוך אחיך ומכר מאחזתו ובא גאלו הקרב אליו וגאל את ממכר אחיו" (ויקרא כ"ה, כה); ושוב, ביתר פירוט, בקשר לעבד עברי הנמכר לעכו"ם: "אחרי נמכר גְאֻלה תהיה לו אחד מאחיו יגאלנו. או דֹדו או בן דֹדו יגאלנו או משאר בשרו ממשפחתו יגאלנו או השיגה ידו ונגאל" (שם, מח-מט). בעניין שדה אחוזה נחלקו התנאים:

> "וגאל את ממכר אחיו" – רשות. אתה אומר רשות, או אינו אלא חובה? ת"ל "ואיש כי לא יהיה לו גואל", וכי יש אדם בישראל שאין לו גואלים? אלא זה שיש לו ואינו רוצה ליקח, שהרשות בידו, דברי רבי יהושע. ר"א אומר: "וגאל את ממכר אחיו" ובה אתה אומר חובה, או אינו אלא רשות? ת"ל "בכל גאולה תתנו", הכתוב קבעו חובה. (קידושין כא ע"א)

2. במקומות רבים המונח 'אח' כולל כמובן כל יהודי, או לפחות כל המתנהג כ'אחיך במצוות'. אך כאן, לפי שהוא מופיע יחד עם 'לעניך ולאבינך', וכנראה בא להוסיף עליהם, ניתן לצמצמו לאח ממש. ועיינו גם בספרי דברים פסקא קטז; אף שם נתפרש המונח 'אחיך' כאח ממש.

3. והשוו גם קידושין לב ע"א, ובראשונים על אתר, שכמה מהם פירשו שאף לדעת הסובר כי הוצאות לקיום כיבוד אב באות משל אב, מכל מקום אם אין לאב ממון חייב הבן לזונו משלו, לא מדין כיבוד אב אלא מדין צדקה, שאביו קודם לכל אדם; עיינו שם **ברי"ף** (יג ע"א באלפס), **בתוספות** ד"ה אורו, ו**בשו"ת הרשב"א**, חלק ד, סימן נו. יש להוסיף שבנוסח הרמב"ם שלפנינו כתוב "לענייך" עם שני יו"דין, כאילו פירש את הפסוק בלשון רבים. וכן משמע מלשון אבן עזרא "ולעניך – לעניי משפחתך", אך רש"י על אתר הדגיש שמדובר בעני אחד.

אך באשר לשני, אין ספק:

"או דודו או בן דודו יגאלנו" – ההוא לקובעו חובה ואפילו לרבי יהושע. (שם ע"ב)

ואף אופי החיוב ברור. כפעולת סיוע לזולת ודאי שגאולה זו כלולה במצוות גמילות חסדים הכללית, ויש בה משום קיום "והלכת בדרכיו" ו"ואהבת לרעך כמוך". אך גם אין ספק שיש לה זיקה מיוחדת לקרובים, שהרי לדעתם של רבי עקיבא ורבי יוסי הגלילי יעדו של העבד הנגאל – אם לשחרור אם לשעבוד – שונה בהיותו נגאל על ידי קרובים מאשר כשהדבר נעשה על ידי אחרים.[4]

ואם כי להלכה נפסק כדעת החכמים שהכל לשחרור, אין בכך משום שלילת יסוד האופי המיוחד של גאולת קרובים. ייתכן בהחלט שאף הם מודים בו, אלא שמשום מה לא ראו את יעד הנגאל כהשלכה הנובעת הימנו. ולא עוד, אלא ניתן להוכיח עיקרון זה אף מפסקו של הרמב"ם:

ובית דין כופין את קרוביו לפדותו שלא יטמע בעכו"ם. לא פדאוהו קרוביו או שאין ידם משגת, מצווה על כל אדם מישראל לפדותו. (הלכות עבדים פ"ב ה"ז)[5]

מדבריו מוכח בעליל כי מצוות הפדיון חלה אף על רחוקים והיא נובעת לכאורה מדין גמילות חסד הכללי, אך אין כופים אלא את הקרובים. ואין זאת אלא משום שלהם יש חיוב וקיום מצד עצמם – ואם כך, מצווה זו משמשת, במישור המצומצם שלה, דגם לחובה הכללית של "ומבשרך לא תתעלם".

המושג 'גאולה' קשור במצווה אחרת שאף לה רקע משפחתי, והיא מצוות ייבום. מרחק הדורות, וכן מסגרות חברתיות גמישות ונזילות יותר והשתרשות תפיסה אינדיבידואליסטית ורומנטית יותר בקשר לנישואין, הקימו כאילו מחיצה של ברזל בינינו ובין תפיסת המצווה הזאת. אך על משמעותה הברורה ניתן לעמוד למרות הפער

4. עיינו קידושין טו ע"ב.
5. רבנו בחיי על אתר פירש: "כי הדבר מסור לכל אחד מישראל, והוא שאמר 'אחד מאחיו יגאלנו', או הקרובים שהם קודמים, וזהו 'או דדו או בן דדו יגאלנו'". וכן בפירוש הרמב"ן: "והיא מצוות עשה לכל ישראל שיגאול אותו ואחר כך ציווה בקרובים שהם קודמים". לדעתם ייתכן שאין כאן מצוות משפחה מובהקת, אלא רק דין קדימה בקרובים. אך בדעת הרמב"ם הבין הכסף משנה שמקור חיוב רחוקים הוא בסוגיה בגיטין מו ע"ב, שעוסקת במצוות פדיון שבויים.

הרעיוני, ואין ספק כי דווקא הנימה המוסרית והאישית ולא הריטואלית והפורמלית היא הבולטת בפרשה הזאת. המייבם נקרא לשקם אגף במשפחה שהתמוטט ושעומד לפני סכנה של חורבן. בפעולתו יש משום מילוי אחריות – החלה במקרה הראשון על הבכור – כלפי המשפחה כולה. להלכה, היקפה של מצווה זו, כחובה ממש, אמנם מצומצם, שכן היא אינה נוהגת אלא באחים מן האב. אך מפורסמים דברי הרמב״ן שקבע לה, בתורת מנהג, אופק רחב יותר:

> וחכמי ישראל הקדמונים, מדעתם העניין הנכבד הזה, הנהיגו לפנים בישראל לעשות המעשה הזה בכל יורשי הנחלה, באותם שלא יהיה בהם איסור השאר, וקראו אותו גאולה. וזהו עניין בועז וטעם נעמי והשכנות. (רמב״ן לבראשית ל״ח, ח)

יש אפוא לראות במצוות ייבום מצוות משפחה מובהקת.

שורה שנייה של חיובים כלפי בני משפחה שזורה אף היא במרקם של גמילות חסדים; ודווקא בנימה מיוחדת שבה, נימת ׳חסד של אמת׳. למערכת החיובים הנובעים ממיתת קרוב מרכיבים אחדים. ראש לכל, כמובן, הקבורה. חובה זו, על מצוות העשה שלה ״כי קבור תקברנו״ (דברים כ״א, כג), ומצוות הלא תעשה שלה ״לא תלין״ (שם), אמנם אינה מוזכרת בתורה ביחס לקרובים ואינה מפורטת אלא לגבי הרוגי בית דין. אך כבר קבעה המשנה בסנהדרין כי האיסור כולל כל מת; ״ולא זו בלבד אלא כל המלין את מתו עובר בלא תעשה״ (סנהדרין פ״ו מ״ה);[6] ומן המונח ׳מתו׳ ניתן להבין כי מדובר באדם בעל זיקה מיוחדת למת, הווה אומר, קרובו. במקביל, מצוות עשה שבקבורה, הבאה באותו פסוק, אף היא חלה על אדם ביחס ל׳מתו׳. וכבר העיר על כך הרמב״ן ״וכמו שנלמוד לא תעשה לשאר המתים כן נלמוד העשה״, ואף קבע חובת קרוב בתחום זה:

> שבמקום קרובים ודאי עליהם מוטלת, אבל אם אין שם קרובים יהיה מת מצווה שמצוות עשה שלו דוחה פסח ומילה וכהן גדול ונזיר, והחמירו בה יותר משאר המצוות. (השגות הרמב״ן על **ספר המצוות** לרמב״ם, שורש ראשון)[7]

6. השוו לברכות פ״ג מ״א (״מי שמתו מוטל לפניו״), שבה מדובר על קרובים אוננים.
7. עיינו **בלב שמח** ו**בקנאת סופרים** על ספר המצוות על אתר, שכתבו שקבורת קרובים אף לדעת הרמב״ם היא מדאורייתא וכלולה בדבריו **בספר המצוות** (עשה רלא) ובהלכות סנהדרין פט״ו

בעקבות הקבורה – אבלות. אופי מצווה זו אכן שימש נושא לדיון אצל הפוסקים. במקביל לספק של הגמרא בדבר מגמת מצוות הספד: "הספדא יקרא דחיי הווי או יקרא דשכבי הווי" [= הספד כבוד החיים הוא או כבוד המתים הוא?] (סנהדרין מו ע"ב), התלבטו כמה אחרונים אף לגבי אבלות: האם יש בה משום כבוד המתים או כבוד החיים? ברם, דומני כי המסקנה הנדרשת ברורה לחלוטין, ואין מנוס מלקבוע, כלשון בעל **שו"ת שבות יעקב**, "דוודאי כל אבלות ז' ול' הוא יקרא דשכבי" (ח"ב, סימן קב).[8] אם יש כאן מקום לספק, הוא איננו אלא, לכאורה, בעניין מה שאחרים עושים בעבור האבלים וכלפיהם. אשר לאבלות עצמה, ודאי שעניינה העיקרי והמרכזי הוא כבוד המת וזכרו. עליו הם מתאבלים ואת מותו הם מבכים. ואם כי ברור שתקופת האבלות חייבת להיות מלווה בנימת תשובה, בחינת "והחי יתן אל לִבו", או, בלשון חז"ל, "אחד מן האחין שמת ידאגו כל האחיו כולן, אחד מבני חבורה שמת תדאג כל החבורה כולה" (שבת קה ע"ב – קו ע"א),[9] ברור כי שורש המצווה הוא ביסודו הזיקה למת וצער על אבדתו. אם כך, ניתן לצרף אף את מצוות האבלות לרשימות החיובים המשפחתיים.

ה"ח; וקבורת כל אדם מצווה דרבנן הכלולה ב"ואהבת לרעך כמוך", וכדברי הרמב"ם, הלכות אבל פי"ד ה"א. אך הרדב"ז בתשובותיו (חלק א, שיא) כתב שאין עשה אלא לגבי הרוגי בית דין; ולגבי כל אדם, ואפילו קרובים, אין אלא לאו של "לא תלין" (ובפירושו על הרמב"ם, הלכות אבל פ"ד ה"ח, הרחיק לכת עוד יותר וכתב שאף 'בל תלין' נאמר מדאורייתא רק ביחס להרוגי בית דין); וכן הבין אף בעל **מנחת חינוך בקומץ מנחה** (השמטות למנחת חינוך), סימן תקלז בדעת הרמב"ם, אם כי הוא לא נטה להקל כדעה זו להלכה. ועיינו בדברי ר' ירוחם פישל פערלא **בספר המצוות לרב סעדיה גאון**, עשה יט (חלק א, קמד ע"ב – קמז ע"ב במהדורת ורשה), שהאריך להוכיח שלפחות קבורת קרובים היא מצווה מדאורייתא.

8. עיינו **חידושי ר' עקיבא איגר**, יורה דעה סימן שדמ, שכתב:

> דבר זה מחלוקת רבותינו הוא, דבדין מאבד עצמו לדעת דאיתא בברייתא דאבל רבתא (רפ"ב) דכל שהוא כבוד לחיים מתעסקין בו, וכל שאינו כבוד לחיים אין מתעסקין בו, ובזה דעת הרמב"ם (פ"א מהל' אבל) דאין מתאבלין עליו, וע' בכ"מ שם דס"ל להרמב"ם דאבלות כבוד המתים הוא... אך דעת הרמב"ן **בתורת האדם** דמתאבלין עליו דכבוד החיים הוא. הרי דהוא ספקא דרבוותא.

אך בברייתא שם (שמחות פ"ב ה"א) נאמר רק: "כל שאינו לכבוד החיים, אין הרבים מתעסקין בו"; וכך ציטט הרמב"ן **בתורת האדם** (**בכתבי הרמב"ן**, מהדורת הרב ח"ד שעוועל, חלק ב, עמ' פג). ובכן נראה שמה שחייב הרמב"ן קרובי מאבד עצמו לדעת להתאבל עליו, אין זה מפני שאבלות היא כבוד החיים, אלא מפני שרק התעסקות הרבים באבל מאבד עצמו לדעת תלויה בנקודה זו, ואילו חובת האבלות עצמה חלה אף אם יסודה בכבוד המתים, ומעין מה שכתב הרמב"ן שם ביחס לקריעה: "ונראה לי דאין קורעין לכבוד קאמר, אבל קרובים הראויים להתאבל קורעים, דקריעה חיובא הוא".

9. עיינו רמב"ם, הלכות אבל פי"ג הי"ב; ובעיקר בהקדמת הרמב"ן **לתורת האדם** (שם, עמ' יב–יג).

ומחיובים למישורים אחרים. פרט למצוות המתחייבות על ידה, המשפחה היא גורם הקובע זכויות, פסולים ואיסורים. הזכות הבולטת ביותר היא, כמובן, הירושה – אם רכישת ממון ואם תפיסת מעמד חברתי – כולל כל המשתמע הימנה: חלק בנחלת הארץ, דין גואל הדם,[10] או ירושת המשרה של האב.[11] אך ישנן גם זכויות שוליות, דרך משל, תביעת כבוד המשפחה:

> המוכר קברו ודרך קברו מקום מעמדו ובית הספדו, באים בני משפחה וקוברים אותו בעל כורחו, משום פגם משפחה. (בכורות נב ע"ב)

או זכות למחות נגד נזירות שהעמיס אב על בנו, וכן לבטלה:

> גילח או שגילחוהו קרוביו, מיחה או שמיחו קרוביו, הייתה לו בהמה מופרשת – החטאת תמות והעולה תקרב עולה ושלמים יקרבו שלמים. (נזיר כח ע"ב)

וכמובן, גאולת שדה אחוזה, שהיא לדעת רבי אליעזר חובה לגבי הקרוב שירד מנכסיו, אך לכל הדעות זכות ביחס ללוקח שקנה את השדה הימנו. "'וגאל את ממכר אחיו' – ואין הלוקח יכול לעכב" (רש"י לויקרא כ"ה, כה). והאיסורים והפסולים העיקריים הלוא הם מפורסמים למדי – עריות מכאן, ועדות (ודיינות) מכאן.

אם באנו למיין את הלכות קרובים לא לפי ההשלכות – חיובים, פסולים וכל כיוצא באלה – אלא לפי אמת המידה הקובעת, ניתן לסווגן באורח כללי לשתי קבוצות: התלויים במשפחה והנובעים משאר בשר. שני המושגים שונים ביסודם. המושג 'משפחה' מתייחס, במובנו המדויק והמצומצם, לתחום החברתי. יש בו משום זיהוי, משום קביעת האגף האנושי – העם, השבט, בית האב – שממנו צמח היחיד ואליו הוא משתייך. הוא מצהיר על מסגרתו ועדתו של אדם, מייחסו ומייחדו. קיצורם של דברים: המשפחה היא כתובת חברתית. המושג 'שאר בשר', לעומת זאת, הוא אישי־פרסונלי בהחלט. בתחום הזה אין אנו מעוניינים באדם כיצור חברתי וכחלק מחטיבה כוללת, אלא כיצור ביולוגי ופסיכולוגי בעל זיקה נפשית ופיזית לאדם אחר.

10. עיינו רמב"ם, הלכות רוצח ושמירת נפש פ"א ה"ב.
11. בתנאי, כמובן, שהוא ראוי לתפקיד מכל הבחינות. עיינו רמב"ם, הלכות מלכים פ"א ה"ז.

לא המסגרת הכוללת קובעת, אלא הקשרים הישירים וההדדיים; הקרבה כשלעצמה, בניגוד לנוכחות בתוך מסגרות מקיפות ותחת דגל משותף.

השוני בין שני המושגים משתקף ביחסם להלכה הקובעת כי "משפחת אב קרויה משפחה, משפחת אם אינה קרויה משפחה" (בבא בתרא קט ע"ב). תוכן דין זה שנוי במחלוקת. יש שסברו שהוא שולל לחלוטין את תוקף משפחת האם, ואילו דעה אחרת הניחה שלא נאמרו הדברים אלא במקום משפחת אב, אך כשאין משפחת אב – כגון בנולד מאב נכרי ואם מישראל – משפחת אם מייחסת; ולא עוד, אלא שייתכן שאף כששניהם קיימים, אין כאן אלא דין קדימה המעניק עדיפות למטה האב, בלי שיהא מטה האם נטול כל תוקף.[12] אך באשר להיקפו, ברור שאין לו זיקה אלא להלכות הכרוכות במשפחה ממש. אם באנו לרשום אדם, אנו נתקלים בסתירה שבין כתובת זו לאחרת; ולפני שתוגדר זהותו, יש צורך לבחור בין שתיהן. בנסיבות אלה מוענקת עדיפות למשפחת האב: "ויתילדו על משפחתם לבית אבתם" (במדבר א', יח). ברם, ביחס לשאר בשר אין אנו נדרשים לברור ולהקדים. זיקה אחת אינה מפקיעה מידי חברתה. אין פלא שמעולם לא נקבעה אפליה זו, דרך משל, בתחום כמו עריות. כלום לא ייתכנו קשרים אמיצים עם שני קרובים?

בעיית משפחת אם – וממילא הגדרת הקריטריון הקובע, משפחה או שאר, המשתקפת על ידה – עומדת על הפרק ביחס לכל סעיף בהלכות קרובים. יש שהתשובה ברורה. יוחסין, ירושה, ייבום, טומאת כהנים, אבלות[13] דאורייתא[14] – כולם

12. עיינו **תוספות**, בבא בתרא קיד ע"ב ד"ה אף, ובדברי **תוספות הרא"ש** שהובאו **בשיטה מקובצת** שם, וב**חידושי רבנו חיים הלוי על הרמב"ם**, הלכות איסורי ביאה פט"ו ה"ט. ועיינו **בסמ"ג**, מצוות עשה פג, שכתב שאף שאין גר נקנה בעבד עברי, שהרי לא ניתן לקיים בו "ושב אל משפחתו" (עיינו בבא מציעא עא ע"א), "גר הבא על בת ישראל, שמשפחת אם היא לו משפחה" נקנה בעבד עברי.

13. עיינו לגבי יוחסין – קידושין סו ע"ב, וברמב"ם, הלכות איסורי ביאה פי"ט הט"ו; לגבי ירושה – בבא בתרא קט ע"ב; לגבי ייבום – יבמות יז ע"ב; לגבי טומאת כהנים – ספרא בתחילת פרשת אמור; לגבי אבלות – מועד קטן כ ע"ב. בעניין ירושה, טומאת כהנים ואבלות מדובר כמובן בקרובים מן האם, שכן הזיקה לאם עצמה, וההשלכות הנובעות הימנה, אינן עומדות כאן בסימן שאלה. יש לציין שבסוגיה ביבמות הובאו שני מקורות לצורך באחין מן האב לגבי ייבום: א. השוואה לירושה; ב. ילפותא, "אחוה אחוה מבני יעקב". ללשון השני, ייתכן שאין דין זה קשור בדין משפחת אב הכללי. אך הרמב"ם (הלכות ייבום וחליצה פ"א ה"ז) הכריע כלשון הראשון; וכמובן, אין נקודה זו מוכרחת אף ללשון השני.

14. כלומר, לדעת הסוברים שאבלות מדאורייתא. לחולקים עליהם, חובת אבלות על אח ואחות מאב היא שלב קדום של תקנה דרבנן אשר אחר כך הוסיפו עליה, כדברי הברייתא במועד קטן כ ע"ב, אח ואחות מאם. יש להוסיף כי לפי מה שהוסבר לעיל, מצד ההיגיון הצרוף היה בהחלט

תלויים במשפחת אב. אין קרובי האם בכלל, ואין קרובים מן האם בכלל, ולו היו אפילו אחים. לעומת זאת, באשר לעריות הרי מקראות צווחים ואוסרים אף קרבת אם. כמו כן מסתבר כי חיוב "ומבשרך לא תתעלם" חל לגבי שני סוגי הקרובים.[15] ויש שהפרטים הופכים נושא למחלוקת. באשר לגאולת עבד הנמכר לגוי, ששם נאמר בפסוק, "או משאר בשרו ממשפחתו יגאלנו" (ויקרא כ"ה, מט), סובר רש"י שאף קרובי האם בכלל, אלא שקרובי האב קודמים;[16] וכן מפורש בעצם בברייתא בספרא: "מניין שאחיו מאביו קודם לאחיו מאמו? ת"ל 'אחד מאחיו יגאלנו'".[17] ואילו המאירי כתב "שקרובי האם אינם בכלל מצוות גאולה" (יבמות נד ע"ב),[18] ואינם חייבים לפדות אלא מדין המצווה הכללית הרובצת על כל ישראל, אשר אין כופים עליה.

הוא הדין ביחס לעדות. רוב הראשונים סוברים שאין מקום להפלות בין קרובי האם לקרובי האב, ואלה כמו אלה פסולים מדאורייתא. וכך אכן מורה פשטות הסוגיה בסנהדרין כח ע"א:

> אשכחן קרובי האב, קרובי האם מנלן? אמר קרא "אבות" "אבות" תרי זימני, אם אינו עניין לקרובי האב, תנהו עניין לקרובי האם.

מקום לשייך אבלות לדינים התלויים בשאר. ובכן, יש להסתפק: האם הצמצום לקרובים מצד האב מעורה בצורך במשפחה, ואז יש לראות בתוספת מדרבנן ממד חדש באבלות, המתחייב מן האבידה האישית הטהורה, פרט לפרצה במערכת המשפחתית; או שמא הוא נעוץ בגזרת הכתוב של ילפותא מטומאת כהנים (אם כי אולי אף שם יש מקום להרהורי ספק), שכן – לפחות לדעת הרמב"ם **בספר המצוות**, עשה לז – כל מצוות אבלות נלמדת מפרשת טומאת כהנים; ואז ייתכן שמבחינה רעיונית אף מדאורייתא אין אבלות תלויה במושג המשפחה, ואין בתקנה מדרבנן אלא הרחבת רשימת האישים אשר מותם מחייב אבלות.

15. לגבי קדימה במסגרת מצוות צדקה, הדבר כמעט מפורש בספרי: "'אחיך' – זה אחיך מאמך, כשהוא אומר 'מאחד' – זה אחיך מאביך, מלמד שאחיך מאביך קודם לאחיך מאמך" (ספרי דברים פסקא קטז; כנוסח הגר"א); וכן נפסק להלכה (יורה דעה סימן רנא). אך אין בזה חידוש, שהרי ודאי שאין קדימה מצד משפחת אם גרועה מקדימת שכנות ובן עיר, שמתחשבים בה לגבי צדקה.
16. יבמות נד ע"ב ד"ה מה להלן. עיינו **בהעמק דבר**, ויקרא כ"ה, מט, ששיער שרש"י למד דין זה מן המונח "משאר בשרו".
17. ספרא, פרשת בהר פרק ח. הילפותא היא מפירוש אחד = המיוחד.
18. עיינו גם **מראה איש** לר' אהרן ישעיה בלוי (ירושלים, תשל"ד), סימן יז.

ואילו הרמב"ם פסק:

> אין פסולין מדין תורה אלא קרובים ממשפחת אב בלבד... אבל שאר הקרובים מן האם או מדרך האישות, כולן פסולין מדבריהם. (הלכות עדות פי"ג ה"א)[19]

הווה אומר, יש לדון אם מדאורייתא פסול קרובים לעדות תלוי בשאר או במשפחה. אך החילוק העקרוני כשלעצמו ברור למדי.

ציינו אפוא מערכת שלמה של הלכות הנובעות מקרבת משפחה. הדינים משתרעים על פני כמה תחומים ומעלים דרישות וזכויות למיניהן, אך כתום האיסוף והסיווג – ואף אם נמצא עוד כמה פרטים – עובדה אחת בולטת: הקציר דליל בהחלט. ראשית, הכמות זעומה; ושנית, חלק ניכר מן הדינים שלוקטו נוגע לתופעות שוליות ואפילו חריגות. גאולת שדה אחוזה או נזירות קטנים, כל כמה שלא יתפסו מקום בהלכה העיונית, אינם, סוף סוף, מן הדברים המרכזיים והשכיחים ביותר. ולא עוד, אלא שכמה מן ההלכות שסקרנו אינן נוגעות למשפחה הגרעינית, יחידת הקיום והפעולה הבסיסית בחברה המודרנית, אלא למשפחה במשמעה הרווח יותר בתנ"ך ובחז"ל – רשת מורחבת וגמישה של קרובים למיניהם, בעלי זיקה הדדית העשויה להיות די קלושה. ובכן, אם באנו להתמקד במרכז דיוננו, נמצא שמספר ההלכות הרלוונטיות מצומצם עוד יותר. אם כך, הרי בוקעת ועולה השאלה: האם ובאיזו מידה קיימת המשפחה הגרעינית כנתון הלכתי בעל משקל?

דומני שהתשובה מתפצלת. אם מדובר במשפחה כיחידת פעולה, חוששני – אולי קצת לתימהוננו ואפילו לדאבוננו – כי התשובה שלילית. בהווי דהאידנא, מושג זה אמנם די פופולרי. המשפחה סועדת יחד, לומדת, משחקת, מטיילת, מצטלמת, הכל בחטיבה אחת. צאו וראו מה הייתה סיסמת הפרסומת של בתי תפילה בארצות הברית: "The family that prays together stays together". אך כלום תופס מוטיב זה מקום נכבד בהלכה? כלום ניתן לצטט שפע של מצוות, חיובים או איסורים, הנוגעים לפעולתה המשותפת של המשפחה הגרעינית כמשפחה?

19. אני מקבל את פירוש **המגיד משנה** (הלכות אישות פ"ד ה"ו), שמשמעות המונח 'מדבריהם' כאן היא דרבנן ממש. אך עיינו **בש"ך** (חושן משפט סימן לג ס"ק א), שהאריך לטעון שאף לדעת הרמב"ם קרובי האם פסולים לעדות מדאורייתא, אלא שאין פסולם מפורש כפסול קרובי האב. שאלה זו כרוכה במשמעות המונח 'דברי סופרים' – אשר הש"ך נוטה להשוותו ל'מדבריהם', אם כי דומני שיש לחלק ביניהם. בנושא זה כבר דשו רבים – ועיינו המקורות המצוטטים אצל י"י נויבואר, **הרמב"ם על דברי סופרים** (ירושלים, תשי"ז) – אך אכמ"ל.

ברור שבין הגורמים השונים, המרכיבים את המשפחה המקובלת, קיימים יחסים הדוקים, לא רק אישיים אלא אף הלכתיים. לבעל זכויות וחובות כלפי אשתו, ולהפך.[20] הורים חייבים לספק את צרכי ילדיהם ולחנכם, והילדים מצדם חייבים בכיבוד ובמורא. אך הלכות אלה חלות על אישים מסוימים במסגרת המשפחה, וכמובן, בשל קרבתם. הם אינם חלים על המשפחה כולה, אינם תובעים או מעצבים פעולה משותפת, אינם קובעים רמה או מגמה משפחתית; בקיצור, אינם דנים בבית כבית, כמכלול אישים ויחסים.

לא אכחד שאמנם ישנן הלכות מסוג זה. במרכז הקרבת הפסח עומד מושג "שה לבית אבות".[21] במסגרת רחבה יותר, שמחת הרגלים כולם מתמקדת בחוג המשפחה: "וחייב אדם להיות בהן שמח וטוב לב" – כך לשון הרמב"ם על יסוד הפסוקים – "הוא ובניו ואשתו ובני ביתו וכל הנלוים עליו, שנאמר 'ושמחת בחגך' וגו' (דברים ט"ז, יד)" (הלכות יום טוב פ"ו הי"ז). ומעין זה הרי אף באכילת קדשים קלים ומעשר שני נאמר, "ושמחתם בכל משלח ידכם אתם ובתיכם" (דברים י"ב, ז).[22] במצוות דרבנן ישנה כמובן חנוכה, אשר מצוותה הוגדרה כ"נר איש וביתו" (שבת כא ע"ב).[23] במקביל,

20. עיינו **מצוות הבית** לרב יוסף דוד עפשטיין (ניו יורק, תשכ"ו), שאסף, ערך וסיכם את מרבית ההלכות השייכות לתחומים אלה.

21. ברם, יש לציין כי ההלכה שאדם יכול לשחוט פסח בעבור בני ביתו ולמנותם עליו בלי שהם יימנו נאמרה רק ביחס לילדיו הקטנים, ואילו אשתו ובניו ובנותיו הגדולים חייבים להימנות ככל אדם זר. ולא עוד, אלא שאף בעניין קטנים קיימת שאלה אם דין זה הוא מדאורייתא או מדרבנן; ועיינו נדרים לו ע"א; פסחים פח ע"א; וכן **בתוספות** בשני המקומות **ובחידושי רבנו חיים הלוי על הרמב"ם**, הלכות קרבן פסח פ"ה ה"ז. עם זאת, ברור שמן הסתם הקרבת הפסח ואכילתו מתבססות על מבנה המשפחה.

22. השוו דברים י"ב, יז-יח; י"ד, כו.

23. מה שמבליט את האופי המשפחתי הוא העובדה שכל אחד מבני הבית (שהוא, מן הסתם, בן משפחה ולא סתם דייר) יכול לפטור את הבית כולו. וכבר כתב **הראבי"ה** (הלכות חנוכה, סימן תתמג) שאף לדעת הבה"ג שאין נשים מוציאות אנשים בקריאת המגילה, מכל מקום לגבי נר חנוכה "אשה ודאי מדליקה ומפקא נמי לגברא", וכן משתמע לכאורה מסוגיית אכסנאי (שבת כג ע"א), אם כי **הראבי"ה** עצמו בהלכות מגילה (סימן תקסט) נסתפק אם יש להשוות נר חנוכה למקרא מגילה לדעת הבה"ג. מעין זה, אף מצאנו שהמחבר פסק להלכה שאין קטן מוציא גדול במגילה (אורח חיים סימן תרפט סעיף ב); ומסתימת דבריו ברור כי מדובר אף בקטן שהגיע לחינוך, ושלא כדעת רבי יהודה (מגילה יט ע"ב) **ובספר העיטור** (עשרת הדברות, הלכות מגילה, עמ' 226 במהדורת ר' מאיר יונה) הפוסק כמותו. עם זאת, בעניין נר חנוכה הביא שתי דעות לגבי הדלקת קטן שהגיע לחינוך בעבור הבית כולו, ולא הכריע בדבר (אורח חיים סימן תרעה סעיף ג). וכבר נתקשה **המגן אברהם** (סימן תרפט ס"ק ה) בזה, אך לכאורה הדבר פשוט שלגבי מגילה כל אחד חייב אישית אלא שהשני מוציאו מדין שומע כעונה, ואילו חיוב נר חנוכה רובץ על הבית כיחידה,

אנו מוצאים בירושלמי מקור לקריאת המגילה במתכונת איש וביתו: "רבי יהושע בן לוי עבד כן, מכנש בנוי ובני בייתיה וקרי לה קומיהון" (מגילה פ"ב ה"ה). ואמנם לדעת הרמב"ן, שראה את קריאת המגילה כמעוגנת בזכירת עמלק, ייתכן שיש לדבר שורש מן התורה, שהרי בין היתר הוא מגדיר את חובת הזכירה ש"נספר זה לבנינו ולדורותינו לומר להם כך עשה לנו הרשע" (רמב"ן לדברים כ"ה, יז). וכאן שוב יש הקבלה ל"והגדת לבנך", העומד במרכז מצוות סיפור יציאת מצרים והמשמש תשתית הלכתית לסדר המשפחתי, שטופח באומה.

ומ"והגדת לבנך" ל"ושננתם לבניך". כאן אנו עומדים לפני פעולה יסודית ומרכזית למדי – מן המרכזיות ביותר בעולמו של היהודי. חשיבותה כפולה. מצד אחד, היא כרוכה במצוות תלמוד תורה. העשרת ידיעת התורה, הרחבת הבנתה, העמקת אהבתה – בקיצור, הקנאת התורה לבן, על כל מ"ח הדרכים שבהן התורה נקנית – כל זה מתקיים במסגרת ללמוד וללמד, כשהחובה היא לגדל את הבן כבן תורה. מגמה זו כשלעצמה, כפעולה המכוונת אליו כיחיד, היא בעלת ערך עצום במחשבת היהדות. אך ל"ושננתם לבניך" יש גם פן שני. זה צומת הדרכים בתהליך המסורה, שכן שאיפתו של היהודי וחובתו הבסיסית הן למסור לדורות הבאים את שקיבל מקודמיו. שאיפה זו אמנם מתגשמת באמצעות תלמוד תורה, אך היא גם משימה כשלעצמה. מבחינה מעשית אף היא נוגעת לפרט, אך היקפה כלל-ישראלי והיא מחייבת את העם היהודי כולו. אין ספק, למשל, שאף האישה, הפטורה ממצוות תלמוד תורה במובנה המצומצם, חייבת במסורה ומצווה ללמוד וללמד, להדריך ולחנך, ככל שהדבר חיוני להענקת מורשת לדורות הבאים.[24]

וכל שיצר אחד מבניו חפצא של נר חנוכה – אשר, לדעת המחבר, אולי יכול להיווצר אף על ידי קטן – יצא הבית כולו ידי חובה. ובמידה שמבחינה מציאותית ניתן מן הסתם להשוות כאן בין בית למשפחה – אם כי, כמובן, מנקודה עיונית צרופה לא נשנתה כאן הלכה לגבי משפחה ממש – הרי נר חנוכה שייך למערכת דינים הכרוכים במשפחה.

24. הדבר הלוא עולה בבירור מדברי הרמב"ן, שמנה את שכחת מעמד הר סיני – הווה אומר, המסורה – כלא תעשה מיוחד:

> שנמנענו שלא נשכח מעמד הר סיני, ולא נסיר אותו מדעתנו, אבל יהיה עינינו ולבנו שם כל הימים... והוא יסוד גדול בתורה, והיא המניעה הבאה לנו בפסוק "פן תשכח את הדברים אשר ראו עיניך" (דברים ד', ט). והזהיר פן יסורו מן הלב מהודיעם לבנים ולבני בנים לדורות עולם. ואל תטעה בזה מפני דרשם בפירקא קמא של קידושין (ל ע"א) "לבניך ולבני בניך" – בלימוד התורה לבני בנים, כי לימוד אמונת התורה הוא הלימוד בתורה. (הוספות **לספר המצוות** לרמב"ם, לא תעשה ב; וכן בפירושו על התורה, דברים ו', ט)

ודאי שהלאו הזה, ככל לאווין שבתורה, חל אף על נשים; וכמוהו חיוב "הלימוד בתורה... ושיעתיקו זה מדור לדור לעולם" הנובע הימנו. דברי ריש לקיש (נזיר כט ע"א) שרק אב חייב לחנך בנו

משמעותו הכפולה של מעשה "ושננתם לבניך" מקנה לו ערך עליון בהשקפת היהדות; והעובדה שבשנים כתקנן הוא מתרכז בבית היהודי, מעניקה לכאורה ממילא למשפחה מעמד ותפקיד מרכזיים. מסקנה זו אין בידי, ואף אינני רוצה, להכחיש. אדרבה, יש להדגיש את הקשר של הורה-מורה ועד כמה רצוי ששני יחסי המרות היסודיים שביהדות (פרט, כמובן, לקבלת עול מלכות שמים) יתמזגו במסגרת אחת: זיקת אב-רב לבן-תלמיד. אך במקביל יש לקבוע שאף שנקודה זו בוודאי מגבילה את העמדה שגובשה לעיל, אין היא מערערת אותה.

וכאן מבקש אני לציין שלוש הערות. ראשית, מצוות "ושננתם לבניך" אף כי היא נוגעת במקרה הראשון לאב ובנו, אינה מוגדרת על פי ההלכה כמצווה משפחתית ממש:

> ולא בנו ובן בנו בלבד, אלא מצווה על כל חכם וחכם מישראל ללמד את כל התלמידים אף על פי שאינן בניו, שנאמר "ושננתם לבניך", מפי השמועה למדו – בניך אלו תלמידיך, שהתלמידים קרויין בנים, שנאמר "ויצאו בני הנביאים" (מלכים ב׳ ב׳, ג). אם כן למה נצטווה על בנו ועל בן בנו? להקדים בנו לבן בנו, ובן בנו לבן חברו. (רמב"ם, הלכות תלמוד תורה פ"א ה"ב)

שנית, המצווה אינה חלה על המשפחה כולה, אלא רובצת על האב, או, ביחס לחובת מסורה הכללית, על האם, כלפי הילד. במידה שהיא מוגדרת פעולה מיוחדת כמו ההוראה, אין היא מקיפה את הבית כולו; ובמידה שהבית אכן משתתף כיחידה, על ידי יצירה וקיום של מסגרת ואקלים, קשה לכנות את תרומתו זאת כפעולה. ברור שחינוך ילד בביתו אינו מוגבל לספסל הלימודים שלו, אלא כולל פיתוח מושגים, ערכים ורגשות; הילד יונק אותם מקרקע ביתו ומתבשם מאווירתו. אך תהליך זה אינו מצטיין בביטויים מובהקים. הוא עולה מעצם החיים, מרקמת יחסי המשפחה, ואין לראות בו צד של פעילות משפחתית, אלא תוצאה הנובעת מעצם קיומה ומן החיים בקרבה.

שלישית, אף אם נביא בחשבון תלמוד תורה – והרי ברור שזה עניין שמשקלו עצום – אין לנו, בסופו של דבר, אוסף מרשים ומקיף של 'מצוות משפחה'. ההכללה הקודמת בעינה עומדת: כיחידת פעולה, אין המשפחה תופסת מקום מרכזי בהלכה.

במצוות, ואילו אם ובת אינן בכלל, לא נאמרו אלא בקשר לחובה ספציפית של חינוך בקיום מצוות כהלכתן; ואף על כך משמע מלשון הגמרא שר׳ יוחנן חולק; ועיינו **באורח מישור** שם שהאריך בזה. אך במידה שחינוך בלימוד תורה ושמירת המצוות נחוץ כדי להגיע לכלל אמונה שורשית וקבלת עול מלכות שמים, ודאי שאף נשים בכלל מדין חיוב מסורה.

אם ברצוננו לראות במשפחה תופעת יסוד בתפיסת ההלכה, יש לעבור מתחום הפעולה למישור הקיום, ממעשיה למה שהִנה. במישור האקזיסטנציאלי, גם בלי שתעמיד בפניה תביעה כלשהי, ההלכה מכירה במשפחה כחלק מן הנוף האנושי הבסיסי. הכרה זו משתקפת בהבלטה בשני דינים. האחד, וידוי כהן גדול ביום הכיפורים. בווידויו הראשון (ובסך הכל שלושה וידויים הם) מתוודה הכהן הגדול על עצמו ועל ביתו: "וכך היה אומר: אנא השם! עויתי, פשעתי, חטאתי לפניך, אני וביתי" (יומא לה ע"ב). חז"ל אמנם הדגישו כי "ביתו זו אשתו" (שם ב ע"א), ומתוך כך פסלו לעבודת יום הכיפורים כהן שאין לו אישה. ברם, לכאורה המונח מכוון למשפחה הגרעינית כולה, לילדיו ולאשתו. ואם ישנה כפרה מיוחדת למשפחת הכהן הגדול – ותהא אפילו, כפי שהסבירו **התוספות**, "כפרה מקופיא" (שם נ ע"ב ד"ה או), עקיפה ואגבית ובלתי ישירה – הרי עצם העובדה הזאת משקפת מצב יסודי. ביתו הוא חטיבה אחת, שונה מן הכהן הגדול כשלעצמו מצד אחד, ומאחיו הכהנים מצד שני.

מצב זה הוא אף תשתיתה של הלכה שנייה, מצוות אבלות. החייבים באבלות מדאורייתא הם, פחות או יותר, בני המשפחה הגרעינית: ילדים, הורים, אחים ואחיות, ובני זוג. יש להבין שכאן דווקא המסגרת המצומצמת היא הקובעת, מפני שאין מדובר בסיווגו של אדם או באיתורו החברתי. כאן עוסקים במערכת, במכלול אקזיסטנציאלי שהתפורר. ממבנה שלם נשמטה קורָה, והאבל מבכה את העובדה שעצם מעצמיו, חלק מן המסגרת שאיחדה אותו עם הנפטר, התמוטט. במישור הזה, אולי עוד יותר ממה שההלכה מחדשת תביעות היא מכירה בעובדות קיימות וקיומיות, וקובעת עמדה על פיהן.

ההלכה מכירה הכרה מלֵאה במשפחה כיחידת קיום טבעית וחברתית מרכזית; ובנדון זה אינני סבור כי מספר הדרישות המיוחדות המשתמעות הימנה מחלישות או מגבירות את תוקפה. עם זאת, אין להתעלם מן המסקנה שהגענו אליה לעיל. אין ההלכה מדגישה את המשפחה – ודאי לא את המשפחה הגרעינית – כיחידה של פעילות מרבית או כיחידה הנוקטת יוזמות נרחבות. עובדה זו עלולה לא רק להפתיע אלא אף להרתיע אותנו. אנחנו, כיהודים מסורתיים, נוטים קמעא, ואפילו שואפים, לראות במשפחה כוח חברתי חיובי, שיש להבליט את חשיבותו ואת מרכזיותו; ודווקא למשפחה הגרעינית אנו רגילים להעניק מעמד נכבד זה. אם בתקופות קדומות – כאשר במסגרת החקלאית תנודה ותזוזה היו מועטות, נכדים השתלבו בבית ההורים עם הזקנים, ומשפחות נאחזו במקום אחד במשך דורי דורות – בלטה המשפחה המורחבת והמקיפה, הרי מאז המהפכה התעשייתית צועדת המשפחה הגרעינית בראש. גידול הניידות, גיוון התעסוקה, פיזור בני הבית לכל קצווי ארץ

בפנותם אחר הגשמת שאיפות אישיות וקריירסיטיות שונות, כולם יצרו מצב שבו לא פעם אין דודנים מכירים זה את זה, ואדם יודע בקושי את שם אבי סבו. בנסיבות אלה, נשאר רק הבית הגרעיני כמבצר של מוסד המשפחה. אין לתמוה אפוא על החשש שהמעטת חשיבותו ההלכתית של הבית הגרעיני עלולה למוטט את מושג המשפחה בכללותו.

הסכנה אמנם קיימת; ברם, המסקנה אינה זזה ממקומה. ויש להוסיף שהשלכותיה לגבי מעמד המשפחה כיום אינן אך ורק שליליות. אם באנו להעריך את מקומה כיום בחברה הכללית ולהשוותו למצב ששרר במאה האחרונה – אולי אפילו בדור האחרון – אין ספק שחלה ירידה ניכרת בכוח המשפחה ובהשפעתה על בניה. בארצות שעברו מהפכה ממש, הדבר כמובן בולט ביותר. כך, דרך משל, אירע בסין בעקבות המעבר מאורח חיים שמרני, אשר לאור תורת קונפוציוס העניק למשפחה (אפילו למורחבת) סמכות מרכזית – לחברה קומוניסטית, שבה מעוגן האדם בזיקתו למסגרת המדינה הכללית, והקשרים לעברו הקרוב והרחוק הם יחסית רופפים למדי. אך גם באזורים אשר ידעו המשכיות רבה יותר, חל שינוי מרחיק לכת. כלום ניתן להשוות את המשפחה הממוצעת בפרוסיה של ביסמרק למשפחה דהאידנא? כמובן, לא בכל מקום היה מעמד ראש המשפחה תקיף כל כך כמו בגרמניה. אך גם בארצות 'ליברליות' כאנגליה וכצרפת השינוי די מורגש. ובבחינת 'ווי עס קריסלט זיך אזוי אידלט זיך' (בתרגום חופשי: כפי שהדבר מתפתח אצל הנוצרים, כך הוא אצל היהודים), ברור שתופעה זו לא פסחה אף על עולמנו היהודי.

אין ספק וקרוב הדבר, שיהודי מסורתי יגיב בצער על התופעה. ובמושכל ראשון, דומה שהוא אף חייב להצטער. חז"ל הלוא הפליגו כל כך בחשיבות של כיבוד אב ואם ומוראם. הם השוו אותם לכבוד המקום ולמוראו, הדגישו מתן שכרם בזה ובבא, והעמידו דרישות הלכתיות חמורות כל כך עד שרב יוחנן, באחת ההתבטאויות המזעזעות ביותר בדברי חז"ל, הצהיר, "אשרי מי שלא חמאן" (קידושין לא ע"ב).[25] עם זאת, הריני אנוס להדגיש כי בירידת ה'משפחתיות' יש גם מן החיוב, שכן לתהליך זה שני מרכיבים. בחלקו הוא משקף – בעולם המערבי לפחות – התפוררות משמעת כללית, כשהנכונות להתרסן ולבטל רצון עצמי מפני רצון אחרים מידרדרת והולכת. שלא כאפלטון, שמתח בשעתו ביקורת על מוסד המשפחה מפני שמסגרתה אינה ממושמעת דייה, הצעיר המודרני נוטה לראות בה מסגרת שמפריזה בתביעות ובהגבלות – ובזה איננו מעוניין. על האספקט הזה, הנעוץ במידה רבה בפשיון

25. עיינו שם בכל הסוגיה, ל ע"ב – לא ע"ב.

החילוניות ובניתוק המוסד ממערכת טרנסצנדנטלית, אמנם אפשר להצטער. אך ירידת ה'משפחתיות' בזמננו באה גם בתגובה על הפרזה בערכה בתקופה הקודמת; ועל זה יש בהחלט לברך.

הדגשת המשפחה במאה התשע עשרה גבלה כמעט בהאלהה. סביבה התלכד מיתוס מפותח ופולחן ענף (קוראי 'חנוך ארדן' של טניסון יזכרו אותו היטב). מצד אחד, תמונה אידילית של המשפחה האידיאלית, שזיו של חיוך מלאכי פרוס על פני כל אחד מחבריה. מצד שני, פעילות מסועפת בצוותא, מתפילה ב'ספסל המשפחתי' ועד להקראת הרומנים הוויקטוריאניים המגוונים שנועדו לענות על דרישות איש ואיש: פוליטיקה לאב, רומנטיקה לאם ולבת, ונימת הרפתקה לחך הבן. הכל טוב ויפה – אך בסך הכל, דחיקת רגלי השכינה. אין כאן נקודה שאפשר למתוח עליה ביקורת – אך חוסר הפרספקטיבה הכללית הריהו עיוות חמור. ועיוות זה הוא בעל משמעות דתית מובהקת. "כיוון דאביק בה טובא" – אמרו חז"ל, "כמינות דמיא" (עבודה זרה יז ע"א) – ואפילו בנוגע לערכים החיוביים ביותר. קשה לאדם בעל תודעה מסורתית להזדהות נפשית עם ההתקפה הנוקבת על המשפחה הוויקטוריאנית הבוקעת ועולה מדפי 'דרך כל בשר' של בטלר, אך אין ספק שהממסד שביקר היה טעון איזון. כפרפרזה על דברי רבי חנינא[26] ניתן לומר: 'אין עוד מלבדו – ואפילו המשפחה'.

ובכן, אף כשאנו עומדים נדהמים נוכח הידרדרות המשפחה בימינו, עלינו להגיב על כך באיזון ובתבונה. אין לשאוף אך ורק לשיבה עיוורת למבנה הבית של המאה התשע עשרה – לא רק משום שאין הדבר בהישג יד אלא גם מפני שהתנאים, עד כמה שאנו אולי מעדיפים אותם על אלו ששוררים כיום, היו רחוקים מלהיות אידיאליים. מצד אחד, רווחה כאמור סכנה דתית. תמונת "אשתך כגפן פֹּריה בירכתי ביתך, בניך כשתילי זיתים סביב לשלחנך" (תהילים קכ"ח, ג) הפכה לא מעט לצלם בהיכל. ומצד שני, הייתה סכנה מוסרית ואנושית, שכן הפרזה בדרישות המשפחה הביאה לא רק לריסון הפקרות כמבוקש, אלא גם לקיפוח ההתפתחות של בניה. כל מאמץ 'להחזיר עטרה ליושנה' חייב לחתור לשיפור שיהיה מודע לסיכונים אלה וישתדל להתגבר עליהם.

בעיקר עלינו להיות כנים עם עצמנו ועם ילדינו. אם באנו להעמיס עליהם פעילות ומשמעות משפחתית נרחבת, נברר אם הן אמנם מעורות בתוכן ההלכה וברוחה, או שמא מדברת מתוך גרוננו שאיפה לרודנות, הפוקדת הורים דתיים

26. עיינו סנהדרין סז ע"ב.

כעמיתיהם החילוניים. אפילו נניח כי מצוות כיבוד אב ואם מחייבת משמעת אף בתחומים שאינם נוגעים ישירות למילוי האינטרסים של ההורים – ובנקודה זו נחלקו הראשונים[27] – עדיין יש לבדוק בכל מקרה אם הטלת מרות מצד ההורים רצויה מבחינה פסיכולוגית ואם היא מוצדקת מבחינה מוסרית. ציבור חייב לציית למלך; אך מלך המטיל אימה על הציבור שלא לשם שמים אין לו חלק לעולם הבא.

משפחתיות כשלעצמה יכולה להיות כוח חיובי מאוד, ואני חייב להודות כי לי אישית יש נטיות חזקות מאוד לכיוון הזה, אך בתנאי שנשמור על הפרספקטיבה הנכונה. הכרה בעובדה שההלכה אמנם לא הרבתה בדרישות בתחום הזה, משאירה פתח לגמישות חיונית במישור עדין ורגיש. אי לכך, היא תובעת מאתנו ליצור, כל אחד ואחת בביתם, אווירה שבה נוכל להשתית פעילות משפחתית על יסודות של רצון ובחירה, במקום להישען על אדני כפייה משמעתית. גישה זו תובעת מאמץ נמרץ יותר; אך למי שמוכן להתמודד עם האתגר, היא גם מבשרת תוצאות טובות יותר.

אקווה, לבסוף, שלא חלה אי־הבנה בדבריי או ברוח שבה הם נאמרו. אם נטיתי למעט את מקום המשפחה בהלכה, אין בכך משום זלזול בערכה העילאי כיחידה החברתית הבסיסית. משפחה סדירה היא המסגרת האופטימלית לחיי מין בקדושה; היא תורמת תרומה נשגבה לחינוך הדור הצעיר; היא יוצרת תנאים המדרבנים את קידום החברה כולה; היא לא רק מרסנת הפקרות אלא אף מעמיקה השתרשות אורגנית – את כל אלה אני רואה כאקסיומה. אני משוכנע כי מבחינה מוסרית כללית – גם אם נתעלם מן הצד ההלכתי הטהור – היא עולה על כל תחליף; והריני מזדהה לחלוטין עם דברי כריסטופר דוסון:

> המשפחה אינה פרי התרבות. הנֵה, כפי שמלינובסקי מוכיח, "נקודת המוצא לכל התארגנות אנושית" ו"עריסת התרבות בצמיחתה"... המשפחה הפטריארכלית... הופכת להיות היסוד הדינמי שבחברה, ומקור כל המשכיות חברתית.[28]

לא פחות מכל אדם אחר אני עומד מזועזע לנוכח ההידרדרות העצומה שחלה בשנים האחרונות במעמד המשפחה בארצות 'נאורות', ואני נחרד מהסכנה הנשקפת בהן לעצם

27. עיינו בדברי ר' ירוחם פישל פערלא **בספר המצוות לרב סעדיה גאון**, עשה ט (חלק א, עמ' ק-קג במהדורת ורשה), שליקט וסיכם את דברי הראשונים בנדון.

28. Christopher Dawson, *The Dynamics of World History,* ed. John J. Mulloy (New York, 1962), pp. 160-161 (בתרגומי).

המשך קיומה כבריח התיכון של החברה האנושית. קל וחומר שהנקודה היהודית הספציפית מטרידה אותי. העלייה התלולה במקרי גירושין בקרב יהודים המתחתנים בזמן האחרון מדאיגה כל אחד מאתנו, וזאת מתוך רגישות לסכנה הלאומית ולטרגדיה האישית גם יחד. פה ושם אף צצה השאיפה לעריכת כל מיני ניסויים חדישים גם ישנים בתוך מחננו – אני מכיר רבנים שמגיעות אליהם שאלות בהלכות נידה מזוגות המתגוררים יחד ללא חופה וקידושין – ואף זה טורד את מנוחתי. עם זאת, הדגשתי פן אחר של הנושא שלפנינו, מתוך הנחה שלפחות בשביל הציבור העשוי לקרוא טורים אלה כל אלה הם בגדר מוסכמות יסוד; ציבור שאין צורך להסביר לו כי ההלכה אכן תובעת שיהודים יחיו במסגרת של משפחות – במובן המשפטי ולא רק הביולוגי – ומניחה שהם נוהגים כך.

נקווה שלפחות בעולם היהודי מקום המשפחה הגרעינית בטוח, כעמוד התווך שלו; ואם כי התפתחויות שונות – התנועה הקיבוצית, לדוגמה – עלולות להיות להן השלכות רבות על היקף השפעתה, נקווה שמקום המוסד עצמו כמסגרת אנושית ומוסרית לחיי הורים וילדים אינו עומד בסימן שאלה. מכאן שאני מתיר לעצמי לעמוד דווקא על המעטה יחסית במרכזיות המשפחה ובפעולה המשותפת המתחייבת הימנה לאור ההלכה. במישור הזה, כמו בנושאים אחרים, תגובתנו לתופעות המערערות את השקפת עולמנו ואת מבנהו חייבת להיות נבונה ומאוזנת; נטולת סילוף ובהלה, ומושתתת על הבהרת עקרונות התורה ומוסרה, ללא בריחה אוטומטית לקיצוניות ההפוכה. רק מי שמכיר כי מקום המשפחה בהלכה איתן, יכול לעורר בשקט ספֵקות באשר להיקף השלכותיו. אין לנו ערובה טובה לקיום טיב חיינו יותר מאוהלי יעקב ומשכנות ישראל. אך אל נא נעניק להם בשם ההלכה מעמד וסמכות הלכתית שאינם מעוגנים ומעורים בה; ואל נשכח, שוב, שאף עליהם נקבע: אין עוד מלבדו – ואפילו המשפחה.

הפלות מלאכותיות: היבטי הלכה

בעיית ההפלות המלאכותיות כשאלה הלכתית היא מסובכת למדי. היא מסתעפת לכמה כיוונים והנקודות הכרוכות בה משתרעות על פני כמה תחומים. לא בכל תחום קל לדבר על גישת ההלכה, בה"א הידיעה, היות שכמה נקודות יסוד שנויות במחלוקת. עם זאת, ניתן להצביע על השיטות שנראות נאמנות ביותר למקורות הבסיסיים, כאלה שמקובלות על דעת רוב מניין ורוב בניין של גדולי הפוסקים. מטרת דיון זה היא לשרטט בקצרה את קווי הבעיות העיקריות, לסכם כמה מדעות הפוסקים ולחוות פה ושם גם דעה אישית. אין זה המקום להיכנס לפרטי פרטים, לישא וליתן מתוך ניתוח עדין של הראיות או לנהל שקלא וטריא מקיפים. המטרה היא להעביר תמונה כללית וממילא חלקית, אך בהירה ככל האפשר. יש לקוות שדווקא הצמצום יאפשר לסיכום זה להרים תרומה לקידום דיון בעניין.

מסתבר שאיסור הפלה מדאורייתא

אין ספק בקיומו של איסור הפלת עובר, שכן המשנה המפורסמת באהלות קובעת:

> האשה שהיא מקשה לילד – מחתכין את הילד במעיה ומוציאין אותו אברים אברים, מפני שחייה קודמין לחייו. יצא רובו – אין נוגעין בו, שאין דוחין נפש מפני נפש. (פ"ז מ"ו)

נכתב כחוות דעת לוועדה ציבורית שדנה בנושא זה.

עולה שבמקרה הראשון הותרה הריגת עובר רק מפני הסכנה הנשקפת לחיי האם. אך מתעוררות כמה בעיות בקשר לפרטים – בעיקר בנוגע ליסוד האיסור מכאן והיקפו מכאן – ויש להם כמובן השלכות מעשיות חשובות.

השאלה הבסיסית ביותר היא שאלת מקור האיסור ויסודו; הן מבחינה היסטורית – אם הוא מדאורייתא או מדרבנן, והן מבחינה אנליטית – כיצד יש להגדיר את אופיו ותחת איזו קטגוריה ניתן לסווגו.

ביחס לאספקט הראשון, אמנם קיימת דעה שאיסור הפלת עובר כל כולו רק מדרבנן, ושמן התורה מותר להרוג כל עובר,[1] אם לא נתחשב בנורמות מוסריות ודתיות כוללות כ"ועשית הישר והטוב" (דברים ו', יח), "קדֹשים תהיו" (ויקרא י"ט, ב) או "והלכת בדרכיו" (דברים כ"ח, ט). ברם, לדעתי אין להעניק לדעה זו מעמד של שיטה רצינית שניתן להתחשב בה ביותר, לא רק מפני שהיא מרתיעה מבחינה מוסרית, אלא גם מפני שהיא נוגדת לכאורה הלכה מפורשת. הגמרא בסנהדרין (נז ע"ב) הלוא מביאה את דברי ר' ישמעאל שבן נח שהרג עובר דינו כרוצח. כך גם פסק הרמב"ם (הלכות מלכים פ"ט ה"ד), ועד כמה שידוע לי, אף שהגמרא שם מצטטת דעה אחרת – אין להלכה זו חולק. אם כך, הרי לא ייתכן שהדבר יהא מותר לישראל היות שכלל גדול בידינו: "מי איכא מידי דלישראל שרי ולבן נח אסיר?" (חולין לג ע"א). אין דבר האסור לבן נח, המצווה ברמה מוסרית חמורה פחות, ומותר לישראל.

ובכן, על כורחנו, לפחות בנסיבות מסוימות, הריגת עובר אסורה מן התורה, וכך הסיקו רוב הפוסקים. אך נשאלת השאלה – מהו האיסור?

ארבע אפשרויות בהגדרת יסוד האיסור

מנקודת ראות אפריורית מתעוררות אפשרויות אחדות:

רציחה ממש: אף שישראל שהורג עובר אינו נענש בבית דין כרוצח, מכל מקום על איסור רציחה הוא עובֵר, והרי זה דומה להורג את הטריפה, שאינו נהרג עליו בבית דין אך עובר ב'לא תרצח', ואף מתחייב מיתה בידי שמים.

סניף לרציחה: מעין מוציא זרע לבטלה, שעליו נאמר בגמרא "כאילו שופך

1. [הערת מערכת תחומין: **אחיעזר** (ח"ג סה, יד) בדעת **הר"ן** (חולין נח ע"א ד"ה ולענין) **וציץ אליעזר** (ח"ח סי' לו) בדעת הרמב"ם. ועי' עוד ד"ר אברהם שטיינברג, **אנציקלופדיה הלכתית רפואית**, ח"ב עמ' 75 הע' 146.]

דמים" (נידה יג ע"א), וכן נפסק ברמב"ם: "לא די להם שאיסור גדול הוא אלא שהעושה זה בנידוי הוא יושב, ועליו נאמר: 'ידיכם דמים מלאו' וכאילו הרג הנפש" (הלכות איסורי ביאה פכ"א הי"ח). לדעה זו אין בהפלה משום מעשה רציחה ממש, ברם, יש לראות בה חלק ממכלול איסור שמעשה רציחה בפועל עומד בטבורו אך מסתעף מעל ומעבר לזה, והרי זה דומה למושג 'אביזרייהו' של עבירה מסוימת המופיע בהלכה בתחומים אחרים.[2]

חבלה: אף אם איננו רואים בעובר אדם העלול להיות מושא לרציחה, יש לאסור הפלתו מפאת היותו מציאות אורגנית המעורה באישיות האם, וממילא אסור לחבול בו.

חובת הצלת נפש ואיסור התרשלות בדבר: אם מטעם "לא תעמֹד על דם רעך", אם מחובת השבת אבידה, אם על סמך "וחי בהם". ואף אם נניח שאין איסור רציחה אלא ביחס ליילוד, עדיין ייתכן שחובת הצלה נוגעת אף לעובר על סמך הפוטנציאל שבו. ובמקום שפיקוח נפש חובה, ברור שקיפוחה אסור.

לדעתי נראה שיש להכריע בהחלט כאפשרות הראשונה על סמך הראיה מבן נח. במכילתא הלוא הובאו דברי איסי בן עקיבא, שכל שבן נח מוזהר עליו משום רציחה אף ישראל מוזהר עליו:

> קודם מתן תורה היינו מוזהרים על שפיכות דמים, לאחר מתן תורה תחת שהוחמרו הוקלו? באמת אמרו, פטור מדיני בשר ודם, ודינו מסור לשמים. (מכילתא דרבי ישמעאל, משפטים, מסכתא דנזיקין, פרשה ד)

כלומר ייתכן להקל על ישראל לעומת בן נח לגבי עונש בגין רציחה, אך לא לגבי האיסור. אם כן, נראה ברור שכל עובר שבן נח עוֹבֵר עליו משום רציחה, אף ישראל נחשב לרוצח ממש לגביו.

הפלה בשלבי היריון שונים

אלא שפה אנו עוברים לתחום הבעיה העיקרית השנייה: היקף האיסור. האם איסור הפלה נאמר ביחס לכל עובר, או רק ביחס לעוברים מסוימים? ואם יש להגביל – כיצד?

2. לדעת כמה ראשונים למשל נאמר 'ייהרג ואל יעבור' לא רק ביחס לעבודה זרה, גילוי עריות ושפיכות דמים ממש, אלא אף ביחס לאביזריהם. [הערת מערכת תחומין: ר"ן פסחים ריש פ"ב; **נימוקי יוסף** סנהדרין סוף פ"ח.]

שאלה זו ניתן כמובן לשאול בנוגע לכל האפשרויות שהועלו לעיל. הרי ברור שאינן סותרות זו את זו ואינן מוציאות אחת את השנייה. ייתכן שישנם עוברים שכל האיסורים חלים עליהם, ויש שרק חלק מהם, ואולי יש גם כאלה שבכלל הפלתם מותרת. אך במה שנוגע לאיסור רציחה ממש, והראיה מחיוב בן נח, דומני שאין בן נח חייב אלא על עוברים שהתפתחו כל כך שלוּ יצאו לאוויר העולם היו יכולים לחיות. בנסיבות אלה, מה שישראל אינו נענש בבית דין על הריגת עובר הוא רק מפאת היותו עובר, כלומר, מפני שטרם יצא לאוויר העולם; ופטור זה לא נאמר לגבי בן נח. ומכאן, שגם ישראל עובֵר על איסור רציחה, ואף יתחייב מיתה בידי שמים.

אך בשלבי ההיריון הראשונים, שבהם הליקוי אינו היעדר מעשה הלידה אלא חוסר התפתחות, והעובדה שבמצבו הנוכחי אין העובר בר קיימא, מסתבר שלא תוגדר הפלתו כמעשה רציחה ממש. רציחה לכאורה מוגדרת כניתוק חיים עכשוויים, לא כסיכול השתלשלות אפשרית. ובכן נראה שאיסור רציחה ממש יהא מצומצם לסוף ההיריון, ולמעשה, פחות או יותר לשליש האחרון.

אשר לאיסורים האחרים, המצב אמנם שונה, ופוסקים העלו כמה אפשרויות לחלק את תקופת ההיריון לשלבים שונים, וביחס לכל אחד ניתן לדון כמה מן האיסורים הנ"ל, אם בכלל, שייכים בו.

ארבעה שלבי היריון

השלבים שהוצעו הם: 1. תחילת ההיריון; 2. לאחר ארבעים יום; 3. לאחר שלושה חודשים; 4. לאחר התחלת תנועה.

מבין גבולות הביניים, היחיד שמוזכר בגמרא כקובע הוא שיעור ארבעים יום (שיעור שלושה חודשים מופיע כשיעור בהכרת העובר ולא בקביעת קיומו). הגמרא אומרת כי קודם ארבעים יום נחשב ה"עובר" "מיא בעלמא", ולכן אף שילד שנולד אחר נפל אינו נחשב בכור לגבי פדיון הבן, אם ההפלה חלה בתוך ארבעים יום – הבא אחר הנפל נחשב פטר רחם.[3] מתוך כך, יש להעניק לו משקל כבד יותר מאשר לאחרים. נקודה זו תשתקף בפרטי הדברים להלן.

והנה אם באנו לעיין בשלושת האיסורים האחרונים שהוזכרו לעיל, ולדון בכל אחד ביחס לשלבים האלה, יש להסיק כדלהלן.

סרך רציחה: אם מדובר באיסור השחתת זרע ממש – כלומר, שאיסור הפלה הוא פשוט מקרה אחד של השחתת זרע, ולא רק דומה או מקביל לו – אזי ברור שהוא חל

3. עיינו בכורות מז ע"ב.

ממש מן השעה הראשונה. אם נניח שהאיסור הספציפי של השחתת זרע אינו שייך לכאן – אם לדוגמה נקבל את דעת החזון איש שהוא נאמר רק על מוציא הזרע, ואולי רק בשעת הוצאתו – אלא מדובר באיסור אחר שאף הוא אביזרייהו דרציחה, אזי ייתכן לפצל את תקופת ההיריון, והתחום המתקבל ביותר הוא, כאמור, ארבעים יום.

חבלה: אפשרות זו כשלעצמה ניתן לחלקה לשתיים:

א. אסור לחבול בעובר מצד עצמו, היות שהוא גוש אנושי חי. ואף שאין עדיין איסור רציחה ממש, הרי זה מפני שלעניין רציחה דרושה "נפש", כלומר גוף הראוי לקיום עצמאי, אך לעניין חבלה ייתכן שהאיסור חל אף על יחידה אנושית המעורה ותלויה במסגרת אחרת.

ב. אסור להפיל את העובר מפני חבלת האם, שהרי אינו גרוע מאחד מאיבריה שאסור לחותכו ללא צורך.

אם נקבל את האפשרות הראשונה, התחום ההגיוני נראה ארבעים יום. לפני כן ודאי שאין איסור חבלה, והשיעורים המאוחרים יותר די רופפים. אם נקבל את האפשרות השנייה, היות שאנו מתעלמים במסגרת זו מגורל העובר כשלעצמו ומתייחסים אליו כאל חלק האם, ייתכן שתחום ארבעים יום אינו רלוונטי ויש בהחלט לחשוב על שיעורים מאוחרים יותר (אם כי גם כאן ניתן לומר שכל זמן שהעובר נחשב "מיא בעלמא" אין בסילוקו משום חבלת האם, אבל לאחר ארבעים יום הפך העובר לנתון בעל משקל הלכתי ולכן יש לראות בהפלתו חבלת האם – אך אין זה מוכרח). אם אמנם מתקבל שיעור אחר, הרי המסתבר לדעתי הוא שלושה חודשים, מכיוון ששיעור זה מופיע בהלכה כקובע "היכר עוברה" והענקת סטטוס "מעוברת" לאם.[4]

חובת הצלה: בעניין דין פיקוח נפש לגבי עובר, כלומר היתר חילול שבת וכדומה כדי למנוע הפלה, נחלקו הראשונים.[5] יש שהתירו מפאת היותו בכלל "נפש", אך אלה צמצמו את ההיתר לעובר לאחר ארבעים יום. יש שהתירו אף קודם לכן, היות שאף אז ניתן לומר "אמרה תורה חלל עליו שבת אחת כדי שישמור שבתות הרבה" (יומא פה ע"ב). ויש שאסרו, היות שלדעתם אין עובר בכלל "נפש".

והנה לדעה הראשונה, לאחר ארבעים יום נראה שוודאי אסור להפיל. ואשר לקודם לכן, ניתן עדיין לדון, שהרי הסוברים כדעה הראשונה רק קבעו שאין הצלת

4. עיינו נידה ח ע"ב.
5. ראו **תורת האדם** לרמב"ן, שער המיחוש.

עובר כזה דוחה איסורים, אך הם לא הציעו שאין כלל חובה להצילו במקום שאין מאמץ זה מתנגש באיסורים. לדעה השנייה, מסתבר שאף קודם ארבעים יום אסור להפיל, ואף שטרם חל שם "נפש" על העובר, מכל מקום אם ההלכה התירה חילול שבת כדי להציל עובר, קשה להניח שמצד שני היא התירה את הפלתו השרירותית. לדעה השלישית, יש מקום לדון לכאן ולכאן, אף לאחר ארבעים יום, ואולי עד השליש האחרון (בדומה להתייחסות הדעה הראשונה לתקופה שלפני ארבעים יום).

נסיבות ההפלה

עד כה נדון היקף איסור ההפלה בזיקה לשלבים שונים של ההירין. עתה יש לדון בנושא זה מאספקט אחר: נסיבות ההפלה וסיבותיה, ואפשרות הֶיתרה לאור גורמים מסוימים. ברור שאף פה היקף האיסור – או, אם נרצה, היקף ההיתרים האפשריים – תלוי במקור האיסור וביסודו, ואף כאן יש לדון בו נקודה־נקודה.

רציחה ממש: איסור זה נדחה, כמובן, אך ורק מפני פיקוח נפש ממש. פיקוח נפש מוגדר, כללית, כסכנת אובדן חיים כל זמן שהסכנה ממשית, גם אם סיכוייה קלושים. יש פוסקים שכללו בפיקוח נפש אף סכנה רוחנית, כגון שמד או אובדן דעת. אך יש להדגיש שאף לדעה זו, מדובר בהשטאה (insanity) ממש, לא בתסכול, תסביך, עצבנות או איזו נוירוזה או פסיכוזה כלשהי. ובכן, במקום שאיסור זה חל – ולדעתי, בשליש האחרון – אין להתיר הפלה, אלא אם כן חיי האם (או כמובן מישהו אחר, אלא שאין הדבר שכיח) בסכנה, או לדעת מקצת הפוסקים – אם שפיותם של ההורים בסכנה. ברם, הרחבת הגדרת פיקוח נפש הנובעת מדברי הפוסקים האלה נאמרה לכתחילה ביחס לאיסורים כשבת ומאכלות אסורות, כשאין הצלת העומד בסכנת השטאה באה על חשבון חיי אחר. אך בנדון שלנו, הצלת ההורים באה על חשבון העובר, וייתכן מאוד שבנסיבות אלה אף הפוסקים הללו יסתייגו מהיתר זה. ובכן, יש להצטמצם בהיתר הזה ולהפעילו, אם בכלל, רק במקרים חמורים למדי.

כמו כן, ייתכן שהכלל המפורסם "לא הלכו בפיקוח נפש אחרי הרוב" (יומא פד ע"ב), המתיר איסורים מטעם פיקוח נפש אף כששיעור הסכנה נמוך יחסית, לא נאמר במקום שהאיסור הניתר הוא רציחה. ובכן, אף במקרי סכנה פיזית יש לשקול היטב את חומרת המצב.

סרך רציחה: כאן ברור שהמתיר היחיד אינו פיקוח נפש. הרי תשמיש במוך הותר למינקת כדי שלא תתעבר, אף שיש בכך משום הוצאת זרע לבטלה – ולא גזרו עליה שלא תשמש כלל. ואם איסור זה הותר לשם קיום חיי מין משפחתיים סדירים, שכן

לשם מטרה זו אין לראות בהוצאה השחתה, מסתבר שאף גורמים הומניים ומוסריים אחרים באים בחשבון.[6] דומני שיש להתחשב בגורמים ככבוד הבריות, שלום בית וצער, שכולם בעלי משקל הלכתי במסגרות שונות. אך קשה לקבוע מסמרות בדבר, בפרט אם נניח שאין מדובר כאן בדוגמת איסור השחתת זרע ממש אלא איסור מקביל שהוא מעין שלב ביניים בין השחתת זרע לרציחה. אין בידי כרגע הוכחות או סברות ברורות שיוכלו לשמש יסוד מוצק ומוכרח להגדרת הגורמים המתירים.

חבלה: אף כאן נראה ברור שניתן להתחשב בגורמים אחרים. אם נראה את האיסור כחבלת האם, לכאורה פשוט שכל זמן שההפלה מתבצעת לטובתה אין לחוש לאיסור זה, שאין זה אלא מעין ניתוח. ובכן, אם בריאות האם, ואף כשאינה בסכנה ממש, דורשת הפלה; או אם מצב רוחה עלול להיפגע קשות אם תשלים את ההיריון והילד יהיה בעל מום רציני; ואולי אפילו (אם כי פה דומני שההיתר קלוש הרבה יותר) גם במקום שיש לחוש לקלון חברתי ומשפחתי או לאפשרות תסבוכת יוחסין מפאת איסור זה (וכרגע מדובר אך ורק בו) – יש מקום להקל. אם באנו לחוש לחבלת העובר מצד עצמו – יש לפקפק בדבר.

חובת הצלה: גורם זה הוא אולי הרווח ביותר מפאת אפשרות השתרעו על פני כל תקופת ההיריון, ומפאת היותו בלתי תלוי, לכאורה, בנסיבות מסוימות. ואולם מצד שני, ייתכן שדווקא כאן יש מקום להקל יותר, ולא להציל, במקרים ידועים. ראשית, מפני שמדובר במצווה ולא באיסור, וכלל גדול בידינו שניתן לבטל קיום מצוות עשה ביתר קלות מאשר להתיר עבירה על מצוות לא תעשה. שנית, מפני שהמחייב הוא חובת הטבה לעובר ולא איסור הרעתו, ולכן לפעמים יש לשקול אם אמנם מיטיבים לו.

בקשר לנקודה הראשונה יש לציין כי הגדרת המחיר, בכל המובנים, שאדם חייב לשלם כדי להיטיב לזולת, או אפילו להצילו, טרם (לפי מיטב ידיעתי) הוביררה. ובכן ייתכן שאם המשך ההיריון יגרום להורים צער נפשי או פיזי עמוק, שאין חובה זו רובצת. ברם, יש להעיר שאין דברים אלו אמורים אלא אם נראה את חובת ההצלה כמבוססת על מצוות השבת אבידה (הכוללת, מקל וחומר, השבת גופו) או על "וחי בהם". אך אם נשתית חובה זו על אדני איסור "לא תעמֹד על דם רעך", אין מקום לשיקול זה.[7] אך האפשרות שאין עובר בכלל "רעך" ולכן יש לדון כאן רק מפאת

6. אם נניח שמתיר התשמיש אינו חיי משפחה כשלעצמם אלא מצוות עונה, השוואה זו כמובן חסרת תוקף. אך דומני שאין בהיתר זה משום דחיית האיסור אלא הפקעתו, וזאת מפני שאין האיסור כולל כל מעשה הוצאת זרע לבטלה אלא השחתתו ולמטרות מסוימות אין כאן השחתה כל עיקר. אם כך ההשוואה די משמעותית.

7. עיינו **שולחן ערוך**, אורח חיים סימן תרנו, שם נפסק שאין אדם חייב להוציא יותר מחומש רכושו

"וחי בהם", היא בלי ספק מובנת למדי. עם זאת, יש להדגיש שייתכן מאוד שחובת הצלה אינה מוגבלת, ואפילו לגבי עובר, ואם כך, אין מקום להתיר כאן.

אשר לנקודה השנייה, היות שמדובר פה בטובת התינוק, אזי אם ישנם סיכויים של ממש (או לפחות רוב) שעלול להיוולד תינוק שיהיה פגום כל כך שחייו יהיו סבל – ייתכן שאין חובה להצילו. אמנם גם כשחיי אדם רוויי סבל, אין בכך היתר להריגתו או אפילו לאיבוד עצמו לדעת; אך הרמ"א הכריע שמותר שלא למנוע מיתת גוסס אם היא מתקרבת מאליה.[8] ולא עוד אלא שהר"ן (נדרים מ) קבע שמותר להתפלל עבור מיתת חולה הסובל רבות ומצפה למותו. אך גם כאן יש לנהוג בזהירות, ורבו דעות הפוסקים לאיסור ולהיתר.

השיקולים למאן דאמר שהאיסור רק מדרבנן

היש להקל אם האיסור מדרבנן?

כל הדיון עד כה נסב על אפשרויות איסורים מדאורייתא. לדעת הסוברים שהאיסור הוא רק מדרבנן – אפשרות שלדעתי כאמור היא מופרכת לחלוטין בנוגע לשליש ההיריון האחרון אך כזו שניתן אולי לשוקלה לגבי השלבים המוקדמים – יש כמובן להציע את אותן אפשרויות אלא בדרגה אחרת: איסור רציחה מדרבנן, חובת הצלה מדרבנן וכדומה. אלא שאם מדובר בדינים דרבנן, ייתכן להרחיב מעט את מצע הגורמים העשויים להתירו שכן יש לסנף נתונים כצער או שלום בית, המשמשים יסוד להקל באיסורים דרבנן אך לא, לדעת רוב הפוסקים, באיסורים דאורייתא.

ואמנם יש משיבים שהקלו במקום "צורך גדול", ככל הנראה מתוך הנחה שהאיסור כאן הוא רק דרבנן. אך יש לציין כמה נקודות: 1. דעתם היא בהחלט דעת מעטים ואפילו בודדים; 2. המושג "צורך גדול" גמיש כל כך וחסר תוכן ברור שקשה להפעילו; 3. אף המשיבים האלה ראו עצמם כעוסקים במקרים חריגים ביותר, ולא כפותחים פתח למדיניות כללית.

אין להקל מטעמים פסיכו־סוציאליים

ובכן, דומני שלפחות לאחר ארבעים יום – היינו כשחלים, אם מדאורייתא ואם מדרבנן, הגורמים הנראים קריטיים לדעתי, כלומר סרך רציחה וחובת הצלה – אין למצוא

כדי לקיים מצווה, "ודוקא מצות עשה אבל לא תעשה יתן כל ממונו קודם שיעבור".

8. עיינו **רמ"א**, יורה דעה סימן שלט סעיף א.

בסיס נרחב להקל בהפלות מטעמים פסיכו־סוציאליים. אינני קובע זאת, חס ושלום, מתוך חוסר רגישות לסובלים במצבים כאלה או מתוך התעלמות ממצוקתם הנפשית, הכלכלית והחברתית. אך בהתחשב בנורמות ההלכה, שכנראה ראתה בחומרה מרבית את הריגת העובר, קשה למצוא מקום להיתר רווח, מכמה טעמים: 1. קיימת אפשרות רצינית (ויותר מכך) שנוגעים כאן במצוות ובאיסורים דאורייתא; 2. אף אם האיסור או חובת ההצלה הם מדרבנן, אין לזלזל בהם. אם באנו לדון בטובת העובר, מי יעז לנבא שחייו העתידים מיועדים לרעתו? ואשר לאם – ברוב רובם של המקרים אין נשקפת סכנה ממשית של מחלת נפש או הידרדרות פיזית, ובהיעדר גורמים אלה קשה לראות על מה ניתן להסתמך כדי להקל דרך כלל; 3. ולא עוד, אלא שכלל גדול בידינו שאין דוחים איסור מחמת מצווה במקום שאפשר לקיים את שניהם. במקרים רבים כאלה אפשר להתמודד עם הבעיות על ידי אמצעים אחרים: הדרכה, סיוע כספי וכדומה. ובכן, אף שבמקרים מסוימים אין פתרונות אלו והמשאבים הדרושים להם מצויים, אם באנו לדון בגישה כללית ובמדיניות רווחת, ברור שיש לחתור לכיוון של סיוע ולא להרחבת המצע של היתר הפלות.

דברי סיום

לסיום ברצוני להוסיף שתי הערות. ראשית, קורא השורות דלעיל ודאי הבחין שבכמה מקומות נמנעתי מלקבוע מסמרות, אלא הסתפקתי בציון קווים כלליים ובהצעת נטיות ואפשרויות. גישה זו אינה נובעת אך ורק מענווה או מהיסוס להכריע בין הרים גדולים. היא נעוצה בתפיסת אופי של פסק הלכתי בכלל, ובנדון זה בפרט. בתחומים כאלה – כשמצד אחד פרטי ההלכות אינם מעובדים בפירוש בגמרא ובראשונים, ומצד שני התנאים האישיים הם לא פעם מסובכים ומתסכלים למדי – יש מקום, ולדעתי יש גם חיוב, לאמץ מידה של גמישות.

פוסק רגיש מודע לחומר מצבים אישיים ולחומר גורמים הלכתיים כאחד. במקרה פלוני הוא עלול להטות ספקות לצד אחד, ואילו במקרה אלמוני לצד אחר; להגיע למאזנים שונים בהערכת דעות קודמיו; לתת משקל ניכר לשיטות מרחיקות לכת כאן ולהתעלם מהן שם; למתוח את החבל לקולא במקום שנשקפת טרגדיה משפחתית חמורה, ולמצות את חומר הדין, כפי ראות עיניו, כשהלחצים להקל נובעים מקלות ראש ונעוצים ברמה מוסרית ירודה. אין בכך לא משום התחמקות ולא משום איפה ואיפה. הגמישות נובעת מהכרה שפסקי הלכה אינם, ואינם צריכים להיות, פרי מחשב, אלא פרי מחשבה. יש ליישמם במצבים קונקרטיים, מתוך מאמץ נועז למצוא את

האיזון המוסרי וההלכתי האופטימלי בין כל הגורמים הרלוונטיים. ממילא, יש שפסקי הלכה הם – מתוך מגבלות מוצקות, כמובן, ובמקום שהפוסק עצמו אינו משוכנע לחלוטין באשר לנקודה מסוימת – יותר הנחיות מאשר הכרעות. אך כאמור יישום זה מוכרח לבוא מתוך שיקול דעת – במובנה הרחב ביותר של המילה – של אנשי תורה שמצד אחד רגישים לפן האנושי ולפן ההלכתי גם יחד, ומצד שני הם בעלי די שיעור קומה כדי להתמודד עם הבעיות ההלכתיות.

חרף ההדגשה הזאת, אני משער שבעיני כמה ייראו הדברים בכלליותם חריפים ונוקשים למדי. ומכאן להערתי השנייה. אין ספק שלפי אמת המידה השליטה ברוב העולם כיום – לפחות בעולם המערבי – הגישה ההלכתית שהוצעה לעיל נראית די מחמירה. עובדה זו אינה טעונה אפולוגטיקה, אך כדאי להבהירה. ויש להדגיש – ובעיקר לאדם המחפש גישה הומנית, ועלול מתוך כך להיגרר אחר ליברליות מופרזת בתחום הזה – שמנקודת ראות העובר והדואג לו, הליברליות פה באה דווקא על חשבון ההומניות, בהיות זהירות ההלכה כרוכה בזיקתה לחסד ולרחמים. לא רק הפן שבגישה ההלכתית התובע כבוד האב, הפן המחייב זהירות באיסורים וציות למצוות הקדוש ברוך הוא, ויהא המחיר אשר יהא, אלא אף הפן התובע כבוד הבן, הפן האנושי והמוסרי העומד בתוקף על כבוד הבריות ודואג לטובתם – שניהם מתקוממים נגד שטף הפלות. ואם גישתה מעיקה ומציקה לעתים למשפחות מסוימות או לעוסקים בעניינן – ואין להתעלם מן העובדה או להכחישה – יש לזכור, ברוח אִמרת ביירון המפורסמת,[9] שהיא לא אהבה את ההורים פחות אלא את הילד יותר.

9. *Childe Harold's Pilgrimage* (1812).

מחוץ לתחום? מחשבות על יחסים עם יהודים לא־אורתודוקסים בימינו

נושא הפורום 'היחס של יהודים אורתודוקסים ליהודים מאמינים בעלי אידיאולוגיה דתית שונה וליהודים לא־מאמינים' ודאי יעורר תחושת דז'ה וו אצל קוראים המכירים את סדרת הפרסומים של הפורום. הם ודאי זוכרים, במידה כזו או אחרת, שאחד מן הכרכים הקודמים של הפורום הוקדש לנושא 'המסורת היהודית והיהודי הלא־מסורתי'.[1] נכון שעברו מאז כמעט שני עשורים, אך גם אם נניח שלאור שינויים חברתיים ופילוסופיים מואצים, כל הקשר היסטורי מקרין על השיח את נקודת המבט המיוחדת שלו, עדיין יש לשאול: האומנם שאלות השקפתיות בסיסיות מחייבות בחינה מחודשת כל חמש עשרה שנים? האם ניתן כיום ללמוד פחות מתקדימים מימי הביניים שנדונו בכרך הקודם, כמו הזנחה של מצוות בסיסיות כתפילין או מזוזה או תפוצתה של פריצות מינית? האין זה עדיין נכון שהפולמוס על ה"יציאה" מתוך הקהילה היהודית המאורגנת – זה שפילג את האורתודוקסיה הגרמנית במאה התשע עשרה[2] – מטרים דילמות עכשוויות הן בתש"ן והן בתש"ע? אם נניח לתיאור ההיסטורי, כלום לא נכון

תרגם מאנגלית: קלמן נוימן

1. ראו: Jacob J. Schacter, ed., *Jewish Tradition and the Nontraditional Jew* (Northvale, NJ, 1992).
2. פרק זה בתולדות יהודי גרמניה נחקר רבות והוא נושא לספרות ענפה. לצרכינו יועיל עיון בספר המשלב תשומת לב לפרטי הנושא עם ניתוח הקשרו הרחב יותר. ראו: Adam S. Ferziger, *Exclusion and Hierarchy Orthodoxy, Nonobservance, and the Emergence of Modern Jewish Identity* (Philadelphia, 2005). ניתן להפיק תועלת מן המחקר הזה גם אם אין מקבלים את כל עמדותיו, ובהן התזה המרכזית שבעידן המודרני הקהילה האורתודוקסית לא הסתפקה בתיוג חריגים אלא עיצבה זהות חדשה והרכיבה קטגוריות חדשות.

לומר שנושאי הליבה כגון מצוות התוכחה או המתח הדיאלקטי בין אהבת ישראל ובין היפוכה נותרו על עומדם? אם כן, עלינו לשאול את שאלתו של רבי יהושע, "מה חידוש היה בבית המדרש היום?" (חגיגה ג ע"א).

על דרך תשובה הייתי יכול להציע שאולי גם בתקופה קצרה עשויות תמורות הזמן לשנות במידה משמעותית את החשיבה. במקרה שלנו ניתן להצביע על תפוצת הפוסט־מודרניזם מחד גיסא ועל השאיפה הגוברת לרוחניות מאידך גיסא. אך ייתכן גם שניתן להצביע על כך שנושא שני הכרכים איננו זהה לכתחילה. כפי שמורה כותרתו, הפרסום הקודם התרכז ביחיד הסוטה מדרך ההלכה, ואכן רוב הספר (למעט מאמר אחד) שומר על דגש זה.

אולם יש הבחנה נוספת בעלת חשיבות מכרעת, החורגת הרחק אל מעבר למה שעשוי להיראות כניסיון קטנוני לפנות מקום לסחורה חדשה: הגדרת הנושא שלפנינו מפנה זרקור אל האמונה גופא, בניגוד להדגשת שמירת מצוות.[3] על כן הדיון יעסוק ביחס לכופר ולא ביחס כלפי מי שמורד בהלכה.

גם נושא האמונה כשלעצמו נחלק לשניים. במישור אחד מדובר בהכחשת עקרונות תאולוגיים מקובלים, בין שהם התפתחו מתוך הסכמה גורפת ובין שהתעצבו בכור ההיתוך של פולמוסים תוססים, ולא פעם חריפים, בין הוגים בעלי מעמד סמכותי. גם אם נודה שאי אפשר לזהות מקבילות יהודיות המשתוות לוועידות הכנסייתיות הרשמיות של ניקאה או טרנטו, הרי בזעיר אנפין ניתן להבחין בבירורים כאלה שהתקיימו גם בעולם ההגותי שלנו.

במישור שני, יש מי שאינם מסתפקים בדו־קרב עם הרמב"ם בקשר למעמד המחייב של אמונה מסוימת, אלא מפקפקים בעצם הרעיון של דוגמה יהודית – יש שטוענים שדוגמה כזאת איננה קיימת כלל בהיסטוריה ויש שסבורים שהיא נעדרת מעמד הלכתי מחייב. בדרך כלל מזהים עמדה זו עם מנדלסון, שתמך בה ללא סייג.[4] אולם גם בשלביה הראשונים של התנועה הרפורמית היו רבים בקרב האורתודוקסיה אשר מסיבות ברורות (כל זמן שהם טענו שהם נאמנים למסורת ההלכתית) העדיפו

3. קולרידג' עמד בצדק על כך שיש להבחין לחלוטין בין faith ובין belief (כלומר האמיתות המשותפות למאמיני הדת לעומת הצורה שבה משתקפות אמיתות אלו בחוויה האישית). כאן התעלמתי מהבחנה זו משום שאין לה משמעות מיוחדת לענייננו.

4. מסתבר שעמדתו של מנדלסון הייתה קשורה לרקע היהודי שלו ולסדר היום שעמד לפניו. ואולם מעבר לכך היא כנראה משקפת את האופי החיוור של תנועת הנאורות. בעמדה זו תומך בנמרצות מרק שפירו [הערת המתרגם: ראו ספרו: *The Limits of Orthodox Theology* (Oxford, 2004)], אך קשה לראות בה סניף של אורתודוקסיה מוכרת.

להרחיק את סכנת הפלגנות הכרוכה בעיסוק באמונות ודעות ולכן הדגישו את היישום המעשי בתחומי הפולחן והמוסר. עמדה זו אף זכתה לתמיכה מסוימת בקרב הטוענים לדבקות במסורת, אשר בשם ערך האחדות העדיפו שיתייחסו אליהם כאל "אורתופרקסים" (בעלי המעשים הנכונים) ולא כ"אורתודוקסים" (בעלי האמונות הנכונות).

האמת היא שעמדה זו מעוותת הן את העבר והן את מה שהיה יכול להיות. אכן, עיקרי אמונה תופסים מקום בולט פחות ביהדות מאשר בנצרות – במיוחד אם הבסיס להשוואה הוא תפיסתו של לותר על אודות "הישועה באמצעות האמונה בלבד". נכון יהיה גם לומר שאיננו מוצאים בדברי חז"ל עיסוק שיטתי בתאולוגיה, וזו פרחה רק לאחר פועלם של רס"ג ושל הרמב"ם. אך נתקשה גם למצוא בחז"ל עיסוק שיטתי במוסר, וברור שה'אתיקה' של שפינוזה הייתה זרה לרוחם לא פחות מ'תשעים וחמש התזות' של לותר. האם מישהו יהין להסיק מכאן שהממד המוסרי איננו מרכיב אותנטי ואינטגרלי ביהדות?

אפשר כמובן לטעון שהערתו המדרשית של רבי יצחק, שרש"י מצטט בפתיחת פירושו לתורה:

> לא היה צריך להתחיל את התורה אלא מ"החדש הזה לכם" (שמות י"ב, ב) שהיא מצוה ראשונה שנצטוו בה ישראל, ומה טעם פתח בבראשית? (פירוש לבראשית א', א ד"ה בראשית)

וכן התשובה שספר בראשית הוכנס לתורה כנשק משפטי כנגד הגויים התוקפים את בעלותנו על ארץ ישראל, משמען שהתורה היא חיבור משפטי בלבד, נעדר מרכיבים של השקפה ועיקרי אמונה.

אלא שמכמה סיבות יש לדחות את העמדה הזאת. הדיון שם היפותטי ועוסק במה שהיה יכול להיות ולא במה שישנו; הוא עוסק בעיקר בשאלה של קוסמולוגיה וסיפור היסטורי ולא בשאלות תאולוגיות; יש להניח שרבי יצחק היה מסתמך על מקורות אחרים בכתב או בעל פה כדי להפיק עיקרי אמונה מרכזיים. מכל מקום, הניסיון לבסס עמדה רדיקלית כל כך על אגדה בודדת, שאף זכתה לביקורת מצד כמה מרבותינו הראשונים,[5] בעייתי למדי. אדרבה, יש בדברי חז"ל מספר ניכר של

5. ראו למשל רמב"ן ורבנו בחיי על אתר.

ניסוחים דוגמטיים אשר תוקפם הנורמטיבי משתקף בקביעה שלמי שנמנע מלקבל אותם לא יהיה חלק לעולם הבא.[6]

יתר על כן, אי אפשר לתאר יהדות אחרת. וייטהד קבע שאחד מן המרכיבים ההכרחיים של כל דת הוא תפיסה לגבי טבע העולם ותולדותיו ולגבי מה שקיים מעבר לו.[7] הדברים בוודאי נכונים באשר ליהדות, שהיא דת היסטורית לא רק משום שהיא מבוססת על התגלות המתרחשת בתוך ההיסטוריה אלא גם בשל העובדה שחלק מרכזי של החיים היהודיים כרוך בהעלאת זכרם של אירועים היסטוריים מסוימים. לפיכך תוכנהּ של האמונה ומקומה בחוויה הדתית האישית הם נושאים מרכזיים עבורנו, שלומי אמוני ישראל.

אמת, מעמדה ההלכתי של האמונה נתון במחלוקת. הרמב״ם מנה שלוש מצוות נפרדות שנוגעות לעיקר האמונה החשוב ביותר – עצם קיומו של ריבונו של עולם.[8] בעקבותיו הלך במידה רבה בעל ספר החינוך.[9] מן העבר השני, ׳ספר הלכות גדולות׳, שנתחבר בתקופת הגאונים, השמיט מצוות אלה וכך עשה גם רבי אליעזר ממיץ (מבעלי התוספות במאה השתים עשרה) בחיבורו ׳ספר יראים׳. אולם נראה שאין מדובר בשלילת חובת האמונה כשלעצמה. יש לייחס השמטה זו לטיעון שהעלה הרמב״ן, שהוא עצמו היה אמביוולנטי בנושא, שלא ייתכן שהחובה להכיר במציאות הסמכות העליונה תבוא מתוך ציווי של אותה סמכות:

> והנראה מדעתו של בעל ההלכות שאין מנין תרי״ג מצות אלא גזירותיו יתעלה שגזר עלינו לעשות או מנענו שלא נעשה אבל האמונה במציאותו יתעלה שהודיע אותה אלינו באותות ובמופתים ובגילוי השכינה לעינינו הוא העיקר והשורש שממנו נולדו המצות לא ימנה בחשבונן. (השגות הרמב״ן על **ספר המצוות** לרמב״ם, עשה א)

6. ראו סנהדרין צ ע״א.
7. ראו: Alfred North Whitehead, *Religion in the Making* (New York, 1927).
8. ראו **ספר המצוות**, עשה א–ב; שם, לא תעשה א; **משנה תורה**, הלכות יסודי התורה פ״א ה״א-ה״ז. ראוי לציין שכפי הנראה הרמב״ם דוחה אגנוסטיות כשם שהוא דוחה אתאיזם.
9. ראו **ספר החינוך**, מצוות כה-כו, תיז. לעומת זאת, בעל ספר החינוך חולק על הרמב״ם בעניין כמה מן הפרטים של תוכן האמונה. כך למשל, לעומת הרמב״ם, המדגיש את האמונה בצדדים מופשטים מטפיזיים של קיומו של הא־ל והשגחתו, ספר החינוך כולל גם אמונה באירועים היסטוריים קונקרטיים: ״להאמין שיש לעולם א־לוה אחד... וכי הוא הוציאנו מארץ מצרים ונתן לנו את התורה״ (מצווה כה).

את מלוא תוקפה של גישת הרמב"ם אפשר לראות בקטע שעניינו לא רק האמונה בקיומו של הקב"ה אלא המכלול השלם המתואר בשלושה עשר העיקרים. בסיומה של רשימת העיקרים הוא קובע:

> וכאשר יהיו קיימים לאדם כל היסודות הללו ואמונתו בהם אמתית, הרי הוא נכנס בכלל ישראל, וחובה לאהבו ולחמול עליו וכל מה שצוה ה' אותנו זה על זה מן האהבה והאחוה, ואפילו עשה מה שיכול להיות מן העבירות מחמת תאותו והתגברות יצרו הרע, הרי הוא נענש לפי גודל מריו ויש לו חלק, והוא מפושעי ישראל. וכאשר יפקפק אדם ביסוד מאלו היסודות הרי זה יצא מן הכלל וכפר בעיקר ונקרא מין ואפיקורוס וקוצץ בנטיעות. (**פירוש המשניות**, מהדורת הרב קאפח, סנהדרין פ"י מ"א ד"ה וכאשר; עמ' קמד-קמה)

במאות השנים שחלפו מאז חלה הגמשה מסוימת בקביעות הללו; נטענו טענות הן כנגד הצגת האמונה כדבר החשוב ביותר והן בנוגע לכמה מפרטי העיקרים שקבע הרמב"ם.[10] ברם, מקומה של האמונה כמרכיב עיקרי של המסורת שלנו נשאר איתן. טניסון[11] כתב על "ספק כן" שיש בו אמונה גדולה – רעיון המושך רבים, באשר הוא פותח פתח להגדרה עצמית רוחנית. אולם התורה מדברת בקול אחר:

> וידעת היום והשבֹת אל לבבך כי ה' הוא הא־להים בשמים ממעל ועל הארץ מתחת אין עוד. (דברים ד', לט)

> תמים תהיה עם ה' א־להיך (שם י"ח, יג).[12]

להכרה בחשיבות האמונה יש השלכות ברורות על הנושא העומד לדיון כאן. כמעט מעצם הגדרתה, ההתמקדות בה טעונה יותר מאשר שרטוט הגבולות של שמירת מצוות. מדובר בתוכן של האמונה עצמה ולא בעוצמת המחויבות של הפרט או הכלל כלפיה.

10. הידועה מבין הביקורות היא זו של רבי יוסף אלבו **בספר העיקרים**, אך היא איננה היחידה.
11. הערת המתרגם: "In Memoriam" (stanza 96).
12. רבותינו הראשונים נחלקו בעניין התוכן של התמימות המדוברת. **הרמב"ן** (בפירושו לדברים י"ח, יג) העניק לה ממד דתי, באשר נצטווינו לוותר על ידע הנובע מישויות אחרות, גם אם החשיפה אליו הייתה מאפשרת לנו להימנע מאסונות עתידיים. לעומת זאת, **הרמב"ם** (בהלכות עבודת כוכבים פי"א הט"ז) הגדיר את המצווה במונחים הכרתיים, בתור תביעה לראות בכל צורות הכישוף והאמונות הטפלות הבל גמור.

מבחינת הנושאים העומדים לפנינו ההתמסרות לאמונה היא חרב פיפיות. מצד אחד, נקל להבין כיצד חשיבות האמונה מחריפה את החשש מפני רידוד ההשקפה התורנית עקב מגע עם לא־מאמינים, או את החשש מפני מצב שקבוצות או רעיונות כפרניים או כפרניים למחצה עלולים לקבל אפילו קורטוב של הכרה ולגיטימציה. עבור רבים שיקול זה מכריע לטובת הפרדה חדה. מצד שני, דווקא בגלל חומרת הנושא גוברת תחושת האחריות להגן על התורה מפני פרשנות המזייפת אותה ולקדם במידת האפשר את הפצת התורה לאמיתה. על כן, ניתן לטעון שאם נוכל להבטיח, במידה מסוימת של סבירות, את שמירת המחנה שלנו פנימה – ודבר זה הוא תנאי הכרחי – אזי מגע ושיח עם אחרים יוכלו להצמיח תועלת לעמדתנו. תועלת זו תבוא לא רק כפועל יוצא של מודעות עצמית הבוקעת ועולה מתוך הכרת הניגודים וההבדלים, בבחינת "כשושנה בין החוחים כן רעיתי בין הבנות, כתפוח בעצי היער כן דודי בין הבנים" (שיר השירים ב׳, ב–ג), אלא גם עקב העשרה של התובנות וההבנות שלנו, אם היא נעשית באקלים הנכון.

עד כה הסברתי למה לדעתי איננו מעלים גרה בלבד ועושים יותר מאשר לשדר בשידור חוזר דיון חצי נשכח שכבר מעלה אבק. אך זו איננה משימתי העיקרית. נדרשתי לעסוק בשאלות העומדות כיום על הפרק, לציין מה המציאות כעת ומה יכולה וצריכה היא להיות אם נפעיל את הכוחות, וכן את היכולת, ובייחוד את הרצון, להביא אותם לידי מימוש. כעת אני פונה למימוש המנדט הזה.

אפתח בסיפור. בקיץ תרצ"ה ביקר הרב סולוביצ'יק ז"ל בקבוצת כינרת. מארחו רצה לכבד אותו בפירות, ומסיבות ברורות דחה הרב בנימוס את המוצע לו. המארח חש שהסיבה לסירוב קשורה לדיני מאכלות אסורות והסביר לאורח המופתע שהמטבח של הקיבוץ החילוני מתנהל על טהרת דיני הכשרות. כשנשאל על הסיבה ל"אנומליה" הוא סיפר על ביקורו של הרב קוק בזמנו בקיבוץ: הרב קוק הביא עמו אוכל והסב עם החברים בסעודות השבת ואף בקומזיץ שנערך במוצאי שבת. כשנפרד ממארחיו הוא הודה להם ואיחל שבפעם הבאה יוכלו לסעוד יחדיו. בעקבות זאת החליטו החברים שחדר האוכל המשותף יהיה כשר.

כמובן, אינני אופטימיסט חסר תקנה כל כך עד שאדמיין שתסריט כזה יכול לחזור על עצמו דרך שגרה. דמויות כשל הרב קוק נדירות וגם תגובה מן הסוג הזה לעוצמתה של אישיות איננה מצויה. כמו כן, אינני מעמיד פנים כאילו הייתי הולך בדרכו או שהייתי מסוגל להיות כמוהו ולגרום לבקשת האחווה לנצח את החשש מאיסורי טבל ועורלה. אף אינני זוכר אם בעקבות המידע נעתר הרב סולוביציק ז"ל לקבל את הכיבוד שהוגש לו.

אני מעלה שאלה על רצף אחר לגמרי. נניח שבעקבות הרוחות הנושבות כעת במחננו, וגם בקרבם של בעלי הפלוגתא שלנו, אני וחבריי היינו נמנעים מלאכול. איזו תחושה הייתה נלווית לכך? כמה מאתנו היו מבטאים את הכאב כפי שהביע אותו הרב קוק? ובאיזה עומק? האם באמת היינו עורגים ל"פעם הבאה" ומצטערים באמת שמציאות כזו כפי הנראה מתרחקת והולכת? גם אם נחוש שבנסיבות הנוכחיות אין ברירה אלא להסתגר מאחורי חומות שבנינו לעצמנו, האם לפחות נפנים לחלוטין את תגובתה של ברוריה לְרֶשע שחדר לעולמם של רבי מאיר, שלה ושל הקהילה, ושמא אף הקיף אותו?

הנהו בריוני דהוו בשבבותיה דר"מ והוו קא מצערו ליה טובא. הוה קא בעי ר' מאיר רחמי עלויהו כי היכי דלימותו. אמרה ליה ברוריא דביתהו: מאי דעתך, משום דכתיב "יתמו חטאים" (תהלים ק"ה, לה); מי כתיב 'חוטאים'? 'חטאים' כתיב. ועוד, שפיל לסיפיה דקרא: "ורשעים עוד אינם" (שם), כיון דיתמו חטאים, ורשעים עוד אינם? אלא בעי רחמי עלויהו דלהדרו בתשובה, ורשעים עוד אינם. בעא רחמי עלויהו והדרו בתשובה. (ברכות י ע"א)[13]

[תרגום: אותם בריונים שהיו בשכונתו של רבי מאיר והיו מצערים אותו הרבה, התפלל עליהם רבי מאיר שימותו. אמרה לו ברוריה אשתו: למה, משום שנאמר "יתמו חטאים"; והרי כתוב 'חֲטָאִים' ולא 'חוֹטאים'. ועוד, ראה את המשך הפסוק: "ורשעים עוד אינם", האם משום שייתמו החטאים, לא יהיו עוד רשעים? אלא יש להתפלל עליהם שיחזרו בתשובה – ואז רשעים עוד אינם. ביקש עליהם רחמים וחזרו בתשובה.]

הגמרא אכן מסיימת באמירה שרבי מאיר אימץ את ההצעה של אשתו, והיא הוכחה כמועילה. לצערנו, לעתים קרובות איננו זוכים לחזות בהצלחה כזאת, אך האם אנו שואפים לכך ומבכים את המגבלות שלנו?

לפני שנבחר דרך פעולה עלינו לחולל שינוי בדפוס המחשבה ובהרגשת הלב. לכל הפחות עלינו להנמיך את הדמוניזציה ההדדית. ככל שיביטו יותר על מנהיגי

13. מבחינה דקדוקית אין בפסוק כל דבר תמוה. המילה חטאים בטי"ת דגושה היא צורת הרבים של חַטָּא שפירושו 'חוטא'. אך כמקובל בטקסטים מדרשיים, די בחריג לשוני זעיר כדי לבסס עליו דרשה.

הציבור כמהרסים תאבי שררה או כבורים חשוכים כך נשלם כולנו מחיר יקר יותר. יש לפתח יכולת לכבוד הדדי ולהכיר בכך שבעלי רמה בינונית ואף שרלטנים מצויים בכל המחנות, ועם זאת להימנע מהשמצה ללא הבחנה. אם זה לא יקרה, ועד שזה יקרה, ייגרם נזק לצרכים של כלל ישראל וליושרה של "ר' ישראל" הפרטי.

ללא ספק, כאשר יסודות אמונתנו וקיומנו נתונים על כף המאזניים ומאותגרים מצד קבוצות החורגות מאמונת אומן, מביא הדבר לסערת רגשות טבעית ומוצדקת. הדברים נכונים לגבי כלל זיקתנו לתורה וכן לגבי רכיביה החיוניים: אמונות ודעות, אופייה של ההלכה, משמעותו של התנ"ך וגבולות מחויבותנו כעובדי ה'.

ההיסטוריה מספקת די הוכחות שחילוקי דעות תוך־דתיים הם המרים ביותר, והנאבקים בהם רואים עצמם כבני האור הנלחמים בבני החושך. אך אנו יהודים המחויבים לכל התורה, ואל לנו להשליט את המשטמה הארסית כרגש היחיד, או אף המרכזי, הפועל אצלנו בצורה שגרתית וקבועה. הבה נקבל על עצמנו לפקח על הדברים המניעים אותנו. בכך נבטיח שגם אם נגזר עלינו להתגייס למלחמת אחים, ממשית או מטפורית, נעשה זאת מכוח מסירות ואחריות, אך הננו מלאי תקווה וציפייה לפיוס ולאחדות.[14]

הדימוי הצבאי שהוזכר והאסוציאציות שנלוות אליו נושאים עמם מסר בקשר ליחס הראוי להיבטים משמעותיים בחיינו הפרטיים והציבוריים. אולם אלה אינם נוגעים ישירות לנושא כנס זה. לא התבקשנו כאן לבחון אם וכיצד להיאבק בקבוצות יריבות, אלא אם וכיצד לשתף עמן פעולה מתוך עין טובה, וליצור שותפות שתתעלה מעל שביתת נשק מתוחה המצמיחה אחדות רק בשעת משבר לאומי.

דווקא בצומת זה עלינו להכריע בשאלת הדפוס המחשבתי. רבים מבעלי המחויבות הרבה ביותר בעולם האורתודוקסי בארץ הקודש, וגם מעבר לים, מחזיקים בחוסר אמון עמוק כלפי מחנות היריבים ומנהיגיהם (בדרך כלל הדבר נכון כלפי התנועה הרפורמית והתנועה הקונסרבטיבית אפילו יותר מאשר כלפי חילונים גמורים). יתר על כן, לאור התחדשות האורתודוקסיה, אף שאך לפני חמישים שנה ניבאו מגידי העתידות הסוציולוגיים את קריסתנו הקרבה, מניחים חוגים אורתודוקסיים אלה שמגמה זו תימשך (לצד דעיכת יריבינו) ומברכים את עצמם על ניצחונם בתרועות רמות. גם אני שותף לתחושת הסיפוק מהתגברות לימוד התורה בתקופתנו ברחבי העולם האורתודוקסי על כל גווניו. אולם כפי שניסח הרב יחיאל מיכל פיינשטיין זצ"ל, תקופה זו גם מאופיינת

14. בהחלט ייתכן שדרך זו מחויבת ממצוות אהבת ישראל. אך בלי שום קשר לכך, התועלת הרוחנית המוסרית והחברתית שלה ברורה, גם מנקודת השקפה אוניברסלית.

בכך שמחצית מ"כלל ישראל" איננו מכיר את "שמע ישראל". האם בעידן כזה מותר לנו לנוח על זרי הדפנה? האם סבור מישהו שגם אם בתי התפילה הלא־אורתודוקסיים ייסגרו מיד, יציפו כל חבריהם למחרת את בתי הכנסת והשטיבלאך הסמוכים? אם אמנם יש ירידה בנוכחות בבתי תפילה אלה ובהשתייכות להם, ובהנחה שהפורשים אינם בהישג ידם של המסרים שלנו, האין בכך (מלבד עצם התחרותיות) סיבה לעצב לא פחות מאשר סיפוק? אם אנו מודאגים, כפי שראוי שנהיה, נוכח גורלם הרוחני העתידי של אחינו ואחיותינו, ואם אנו משוכנעים שטיפוח האחווה במידה מסוימת ובתחומים מסוימים עשוי לשפר אותו, האם אין לשקול אופציה זו ברצינות?

כדי למנוע הסקת מסקנות נמהרות ומוטעות מן הדברים, אבהיר את עמדתי. אינני תומך בשיתוף פעולה ללא תנאי, ובוודאי לא בשילוב, איחוד או מיזוג. אינני מציע הקמת ארגונים רבניים משותפים, או יוזמות דומות שמשכו או הפחידו באובססיביות רבים בקרב יהדות ארצות הברית במשך עשורים. בהיותנו שומרי הדת ומחזיקי הדת, יש לנו חובה מקודשת לשמור ולגונן על הטהרה ועל השלמות של התורה כפי שקיבלנו אותה מרבותינו וכפי שאנו מחויבים למסור אותה לבאים אחרינו. מעבר לנקודה מסוימת, שום הישג כמותי איננו יכול להצדיק רידוד או עיוות של התורה, וסכנה כזו אורבת למבנה ארגוני משותף. בעבר התנגדו גדולי ישראל ליוזמות המבטאות שוויון נפש כלפי ההבדלים בין הקבוצות. יש להניח שהם ימשיכו לעשות זאת בעתיד.

אולם קביעה זו אינה מכחישה את קודמתה אלא משלימה אותה. כפי שאמרתי, ההתמקדות שאני מבקש לחדד כאן היא בכיוון היחס הנפשי: כיצד אנו, כפרטים וכקהל, מבינים את יחסנו כלפי מי שנראים יריבים, וכיצד אנו רואים את עצמנו?

האם יש לנו מחויבות כפולה – לא חס ושלום לשתי תורות, אלא לפנים מרובות של התורה האחת אשר דרכן כנסת ישראל מממשת את ייעודה כ"ממלכת כהנים וגוי קדוש"? או שמא מדובר במחויבות חדגונית וחד־ממדית, וכל מאמצינו צריכים להיות מכוונים באופן תיאורטי ובאופן מעשי להגשמת מטרה אחת עליונה וכוללת?

ברור שבמובן מסוים התורה כולה, והחיים הדתיים כולם, מכוונים ליצירת עולם אידיאלי. בעולם כזה, כפי ש"אין עוד מלבדו" במישור הטרנסצנדנטי, כך יהיה גם עלי ארץ. ברור שעלינו לשאוף לממש את עצת המשנה "וכל מעשיך יהיו לשם שמים" (אבות פ"ב מי"ב), אולם הפעולה "לשם שמים" היא עצמה מגוונת; ובמובן אחר, כפי שהבין ר' חיים מוולוז'ין, אכן "יש עוד מלבדו" כמציאות מוחשית שיש להכירה ולהתמודד אתה.[15] למישור זה אנו צריכים להידרש.

15. ראו **נפש החיים**, שער ג פרק יב.

ניקח דוגמה אחת להמחשה. פסוקים רבים כוללים את המסר של "לה' הארץ ומלואה" אך בו בזמן קובעים ש"והארץ ניתנה לבני אדם", הזכאים ליהנות ממנה ומופקדים על טיפוחה ופיתוחה. יתר על כן, במילוי דרישה זו האדם מצווה לתרום מחלקו בשפע הארצי לאוצר הא־לוהי מצד אחד, ולסובלים ממחסור ומקיפוח מצד שני. וכל זאת רק במגזר אחד, וחלקי מאוד, מכלל החיים האנושיים.

כיצד, מתוך התייחסות מגוונת כזאת, עלינו לטפל בשאלה שלפנינו? כשאנו פוגשים את הסיום הכפול של תהילים קכ"ב: "למען אחי ורעי אדברה נא שלום בך. למען בית ה' א־להינו אבקשה טוב לך" (ח–ט), האם עלינו לחוש אחריות בלעדית ליעד השני, ולפעול למען הראשון רק כשהוא אינו מתחרה בו, או אולי רק אם שתי המטרות מחזקות זו את זו? שמא עלינו להכיר במחויבות כפולה, שמחייבת אותנו לקדם את שני מרכיביה יחד כאשר הדבר מתאפשר ושואפת לתאם בין מאמצים נפרדים במקרים אחרים כאשר אין הדבר מתאפשר, ושמכירה בכנות כי ייתכנו ניגודי אינטרסים בין השניים במקרים של הטיית תשומת לב ומשאבים מן האחד אל השני? באיזו מידה נוכל לומר בכנות שהאינטרסים החומריים והרוחניים של "אחי ורעי" מייצגים ערך אמיתי ומשמעותי עבורנו? האין זה נכון שבמצבים של ניגוד אנו חותכים את הקשר הגורדי בטענה שמי שמייחס חשיבות מועטה, אם בכלל, ל"בית ה' א־להינו" איננו נחשב "אח" או "רע", ועל כן דאגותיו אינן חשובות בעינינו?[16]

מטרותינו הסופיות ברורות ושאפתניות. הן נוגעות לא רק ל"יהודים המאמינים באידיאולוגיות דתיות אחרות ויהודים שאינם מאמינים כלל" אלא לכלל האנושות. במישור האסכטולוגי אנו שואפים למציאות שבה העולם כולו – האנושות, ובמובן מסוים גם הקוסמוס – יהיה ספוג באמונה, בתודעה ובחוויה כאחת, ומחויב להכרה בגילוי מלכות שמים. איננו מנסים להסתיר את החזון הזה, הגם שהוא איננו דמוקרטי. אדרבה, אנו מכריזים עליו בחוצות, בתרועה מרוגשת. הוא תופס מקום מרכזי בברכת מלכויות בראש השנה:

> מלוך על כל העולם כולו בכבודך והנשא על כל הארץ ביקרך והופע בהדר

16. דוגמה לכך בספר **בינה ודעת: הלכות מחללי שבת בזמננו** (ירושלים, תשס"ח) מאת הרב מנחם אדלר. הספר מבוסס על הנחות מחמירות וגדוש במסקנות העולות מהן. ואולם מעניין שהמחבר כנראה מכיר בכך שבהקשר המודרני, מסקנותיו ועצותיו לעתים קרובות אינן ניתנות ליישום. על כן במקרים רבים הוא מציע להתייעץ עם מורה הוראה, שיוכל לדון במצב הקונקרטי כפי שהוא מתעורר, וניתן להניח שימצא פתח להקל.

גאון עוזך על כל יושבי תבל ארצך וידע כל פעול כי אתה פעלתו ויבין כל יצור כי אתה יצרתו ויאמר כל אשר נשמה באפו ה׳ א־להי ישראל מלך ומלכותו בכל משלה.

והוא אינו שמור לתפילות חגיגיות נדירות, שכן מקומו בתפילת "נשמת כל חי" השבועית בולט אף הוא:

כי כל פה לך יודה וכל לשון לך תשבע וכל ברך לך תכרע וכל קומה לפניך תשתחווה וכל לבבות יִראוך וכל קרב וכליות יזמרו לשמך.

ואולי יש משמעות אף יותר גדולה לכך שהוא מופיע שלוש פעמים ביום בהקשר צנוע יותר, תפילת "עלינו לשבח":

לתקן עולם במלכות ש־די וכל בני בשר יקראו בשמך, להפנות אליך כל רשעי ארץ. יכירו וידעו כל יושבי תבל כי לך תכרע כל ברך, תשבע כל לשון. לפניך ה׳ א־להינו יכרעו ויפלו, ולכבוד שמך יקר יתנו, ויקבלו כלם את עֹל מלכותך, ותמלך עליהם מהרה לעולם ועד.

יהודי מכל סוג יכול להזדהות עם חזון אחרית הימים הרחב והכללי, המתואר בנבואת מיכה וישעיהו:

והלכו עמים רבים ואמרו לכו ונעלה אל הר ה׳ אל בית א־להי יעקב ויורנו מדרכיו ונלכה בארחותיו כי מציון תצא תורה ודבר ה׳ מירושלים. (ישעיהו ב׳, ג; ומעין זה בשינויים קלים במיכה ד׳, ב)

היהודי האורתודוקסי – וכאן מונחת השאפתנות – כמעט תמיד יחשוב באופן בלעדי על דרכים ואורחות מסוימים, אלו של אמונתנו התאולוגית ושל מסורתנו ההלכתית. המטרה בכך ברורה ומרוממת, וגם בעלת משמעות ברורה מבחינת הנושא העומד לפנינו. אם תפקידנו הוא לרומם את הרוח של כלל האנושות במישור של בין אדם לחברו, ובו בזמן להמליך את מלכו של עולם, על אחת כמה וכמה שיש לנו מחויבות מיוחדת כלפי כנסת ישראל, מתוך קרבה אישית וציבורית ומתוך ייחודנו כעם נבחר.

ממילא, מחויבות זו תהיה מרכיב משמעותי בדיון על יחסנו כלפי ה'אחר' הרוחני. האם אכן מחויבות זו תופסת את מקומה הראוי? הרושם הבולט אצל הדיוטות והיסטוריונים מומחים כאחד הוא שהשיח התרכז בהשלכות של יחסים כאלה כלפי פנים, על שמירת הקיום והחיוניות של הציבור האורתודוקסי, על טיפוח מקוריות המסורת וערכיה בשלמות, על הגבלת עוצמתם של כוחות עוינים והשפעתם בהווה ובעתיד. לאור הדחיפות והעוצמה של הסיכונים והלחצים ניתן בהחלט להבין את סדר היום הזה, הפותח בהישרדות, עובר בהמשכיות, ושואף לשגשוג המחנה פנימה. אולם האם מדיניות זו מספיקה? האם היא מאוזנת דייה?

החתירה לתיקון ברורה ומרתקת. אולם חוששני שההשלכה לנושא שלפנינו מרתקת פחות, שהרי היא מגדירה את העידן שבין ימינו לימות המשיח כתקופה של תשובה. אין בכך כדי לזלזל בתקופתנו. הכוח היוצר והמטהר של תשובה יחד עם בקשת החסד וההתחדשות מעמידים אותה כהתפתחות מאתגרת ודרמטית עבור היחיד, קל וחומר בתחום הציבורי. אלא שהגדרת תקופה ממושכת של מעבר כמאופיינת על ידי תשובה מסבכת את המצב. לעתים הגדרה זו יכולה לפגוע בעצם תהליך התשובה.

שאלה זו נוגעת ישירות לנושא שלפנינו, היחס לאחינו שאינם אורתודוקסים. מצד אחד, נפש הליברלי המודרני מסתייגת לרוב מהתייחסותנו ליריבים, על תוכנה והאווירה האופפת אותה. היא דוחה לא רק את התפיסה שאנו מוצאים לעתים קרובות בחוגים מסוימים, שהכופר הוא בפנימיותו אדם דתי המוקף קליפה חילונית, אלא אף את הגישה הרואה באחר טרף הממתין להילכד ברשת של החזרתו למוטב. יתר על כן, שומרי המסורת עלולים למצוא את עצמם בדילמה. מצד אחד הם רוצים להטביע חותם על כלל העולם היהודי. מצד שני הם מכירים בכך שתהליך התשובה הוא בהגדרתו תופעה רוחנית, ועל כן השימוש באמצעים לא־רוחניים עשוי להביא לתגובות נגד, העלולות להקהות או לסכל את התהליך. השימוש בלחץ מוגזם, הניסיון להפגין הילה של עליונות יודעת כל, הניסיונות לנצל מוטיבציה לא־רוחנית – כל אלה עלולים להשחית את התוכן ולעורר התנגדות. הקשיים בדרך זו אמיתיים, וכפי הנראה הדרך ארוכה ומפותלת, ועל אף הכל, המחויבות שלנו לחזון ושאיפתנו לתרום למימושו צריכות להיות חלק מהווייתנו ומגמתנו הרוחניות.

כשאני מתבונן בשורות האחרונות, אני מוטרד מתחושת הרטוריקה היומרנית, המעוררת חשש לנמלצות נבובה. ובכל זאת אני משוכנע שהטיפול בנושאים שלנו איננו יכול להצטמצם לדיון בשאלות ה'כאן ועכשיו', ובוודאי לא להסתפק בעימותים

בין ה־RCA, ה־RA, וה־CCAR [הערת המתרגם: ארגוני המנהיגות האורתודוקסית, הקונסרבטיבית והרפורמית].

אין מנוס לדעתי מהדרישה המינימלית – העלאת שאלות בסיסיות, הכרת הבעיות הראשוניות בפריסתן הרחבה, ובחינת פתרונות אפשריים, כל זאת מתוך התעלות מעל הנושאים החמים שעל הפרק הדורשים פתרון מיידי.

משימה זו עצמה מסתבכת עקב מספר ניכר של משתנים. בין הבולטים שבהם יש להזכיר: א. אופי הסטייה המדוברת, עוצמתה, תוכנה והמוטיבציה המניעה אותה; ב. התוכן החברתי־היסטורי – אם מדובר בתופעה אישית או קולקטיבית, ואם היא מתרחשת תחת משטר יהודי או לא־יהודי (ובמיוחד אם מדובר במשטר הלכתי בעל נטייה תיאוקרטית); ג. מהו מערך הכוחות שעל המגרש – איזה מחנה הוא הדומיננטי; ד. מהי התוצאה הצפויה של יוזמות שונות, ואילו תגובות הן עשויות לגרור בין בתוך הקהילה האורתודוקסית ובין מחוצה לה; ה. מעבר למשמעות הדתית או התאולוגית, מה עשויות להיות ההשלכות החברתיות או הלאומיות; ו. בנסיבות העומדות לדיון, מהי האווירה הדומיננטית בנוגע למחויבות לתורה מבחינה מושגית ומבחינה מעשית; ז. אם אנו מוסמכים כלל להציע פשרות, גם אם תצמח מהן תועלת מבחינה ערכית ורוחנית; ואם כן, אימתי הן רצויות.[17]

התייחסתי לשאלות אלו כמשתנים. בכך רמזתי שלדעתי יש להן, לכולן יחד ולכל אחת לחוד, מקום בתהליך ההכרעה וההכוונה. דבר זה נראה לי מובן מאליו. לצערי, אני מכיר בכך שיש בני תורה שיתנגדו לגמישות כזו ויציגו גישה עקבית ומנוסחת בדייקנות, מתוך הנחיות מוגדרות בחדות (והדעת נותנת שגם מחמירות יותר). אינני מפקפק לרגע בכנות של עמדות אחרות משלי או ביכולת לממש אותן. אך אין לדיין אלא מה שעיניו רואות. אוכל להתייחס לשאלות המרכזיות שלנו רק כפי הבנתי. לאחר שהבעתי את עמדתי, מתוך עין פקוחה על המשתנים שמניתי ומתוך הנסיבות שעל פיהן נאמוד את המשקל שיש לייחס להם, אמשיך בשרטוט האתגרים העיקריים והכיוונים האפשריים לפעולה.

ניתן להבחין לדעתי בשני תחומים, ואף שהם חופפים במידה מסוימת ובעלי זיקה הדדית, בכל זאת הם מייצגים מרכיבים נפרדים ביחסנו ל'אחרים'. הראשון קשור להתייחסות ולהערכה. לא מדובר רק בתפיסה הפרטית שלנו, אלא בשאלה כיצד אנו

17. ייתכן שבהקשר הזה ניתן לצטט אמירה שיוחסה לרבי מליובביץ' ז"ל שהבעיה עם הקונסרבטיבים איננה הפשרה, אלא ראייתה כעיקרון.

מבינים את היחס כלפיהם "בשמים", על פי המקורות והמסורת. התחום השני נוגע לשאלה של יחסים הדדיים, אם בכלל, עם אלו שאינם אורתודוקסים – מהו ההיקף והאופי הראויים?

כשמדובר בשאלה הראשונה, אנו פונים מתוך נטייה טבעית לביטויים מקראיים של כעס או רצון א־לוהי. אם נאמץ את עמדת הרמב"ם, אלו לא יעזרו לשפוך אור על הדילמה שלנו, שהרי פרשנותו מנטרלת את המשמעות המילולית שלהם עקב אופיים האנתרופומורפי.[18] פרשנות זו לא הכתה שורש בזרם המרכזי ביהדות, הן בקהילה הפילוסופית והן בציבור הרחב. אך גם אם נתייחס לשאלה על פי פרשנות מקובלת יותר, נגלה לצערנו שהמקרא מספק סיוע מועט יחסית לפתרון הדילמה, וזאת משום שדברי הנביאים סותרים זה את זה לעתים קרובות לאור הנסיבות המשתנות. רק הערכת המצב בתקופה מסוימת יכולה לחשוף את היחס הראוי כלפיו. פרקי תהילים, שרוויים שנאה תהומית וכוללים קריאות כלפי שמיא להשמדת האויבים, מן הסתם נוגעים יותר לעניין. אך עלינו לזכור שהם בדרך כלל תגובת מגננה לסכנת נפשות אישית ולא לפרק בהתנהלות ציבורית.[19] יתר על כן, פרקים אלו יכולים לספק רק הדרכה מועטה עבור רובנו. מבחינה רוחנית ופסיכולוגית איננו מגיעים לדרגת הטהרה המאפשרת להכיל רמה כזאת של רגשות שליליים.

סביר להניח שנמצא הדרכה ברורה יותר בכתבי חז"ל. נראה לכאורה כי רבי מאיר ורבי יהודה נחלקו בדיוק בנושא העומד לפנינו; כל אחד מהם חמוש במקור מקראי:

> "בנים אתם לה' א־להיכם" (דברים י"ד, א), בזמן שאתם נוהגים מנהג בנים אתם קרוים בנים, אין אתם נוהגים מנהג בנים אין אתם קרוים בנים, דברי ר' יהודה. רבי מאיר אומר: בין כך ובין כך אתם קרוים בנים, שנאמר "בנים סכלים המה" (ירמיהו ד', כב), ואומר "בנים לא אמון בם" (דברים ל"ב, כ), ואומר "זרע מרעים בנים משחיתים" (ישעיהו א', ד), ואומר "והיה במקום אשר יאמר להם לא עמי אתם יאמר להם בני אל חי" (הושע ב', א). (קידושין לו ע"א)

18. ראו **מורה הנבוכים**, חלק א, פרק ס ואילך.
19. השוו: C.S. Lewis, *Reflections on the Psalms* (London, 1958), ch. 3, "The Cursings". אף שהפרק נכתב מתוך השקפה נוצרית מובהקת ועל כן איננו מתאים לגמרי לקורא היהודי, יש בו כמה תובנות בעלות ערך.

במקום אחר מסופר על ויכוח דומה בין צדוקי לרב חנינא, אשר תמך כפי הנראה בעמדת רבי מאיר:

> אמר ליה ההוא צדוקי לרבי חנינא: השתא ברי טמאים אתון [= עכשיו ודאי טמאים אתם], דכתיב "טמאתה בשוליה" (איכה א', ט). אמר ליה: תא חזי מה כתיב בהו [= בוא וראה מה נאמר בהם] "השכן אתם בתוך טמאתם" (ויקרא ט"ז, טז), אפילו בזמן שהן טמאין שכינה שרויה ביניהן. (יומא נו ע"ב – נז ע"א)

טקסטים אלה עוסקים בקשר שבין הקב"ה ובין כלל ישראל. קשר קולקטיבי זה הוא ייחודי ובמידה מסוימת הדדי, והוא נגזר מיחסי הברית ביניהם. אולם יש תופעה דומה גם במישור הפרט. רבי מאיר עצמו עומד על כך בקשר לחסד וסליחה, בעקבות מעשה העגל ומחילת החטא:

> "וחנתי את אשר אחן" – אף על פי שאינו הגון, "ורחמתי את אשר ארחם" – אף על פי שאינו הגון. (ברכות ז ע"א)

במקום אחר ובנימה המעוררת השתאות יתר, אותו ההקשר מתואר כבסיס לדו־שיח בין משה רבנו לריבונו של עולם בעניין הרשעים והיחס כלפיהם:

> כשעלה משה למרום מצאו להקדוש ברוך הוא שיושב וכותב ארך אפים. אמר לפניו: רבונו של עולם, ארך אפים לצדיקים? אמר לו: אף לרשעים. אמר ליה: רשעים יאבדו. אמר ליה: השתא חזית מאי דמבעי לך [= עכשיו ראה מה אתה רוצה]. כשחטאו ישראל אמר לו: לא כך אמרת לי, ארך אפים לצדיקים? אמר לפניו רבונו של עולם: ולא כך אמרת לי אף לרשעים? והיינו דכתיב "ועתה יגדל נא כח ה' כאשר דברת לאמר" (במדבר י"ד, יז). (סנהדרין קיא ע"א-ע"ב)[20]

הנושא עולה גם בהקשר הלכתי, הקשר מוכר גם אם שולי. כזכור, תפילת 'כל נדרי' פותחת ברשות להתפלל עם העבריינים. המקור למנהג זה בדברי המרדכי במסכת

20. חילופי הדברים שתוארו כאן יכולים להסביר את העובדה שהשם המפורש נכפל לאחר הסליחה בפרשת כי תשא לעומת אזכורו רק פעם אחת בפרשת שלח.

יומא, המתבסס על דברי הגמרא במסכת כריתות הרואה בשיתוף הרשעים חלק מהותי מהמבנה ההלכתי של תענית:

> א״ר חנא בר בזנא א״ר שמעון חסידא: כל תענית שאין בה מפושעי ישראל אינה תענית, שהרי חלבנה ריחה רע ומנאה הכתוב עם סממני קטרת. (כריתות ו ע״ב)[21]

כמו בוויכוחים השקפתיים רבים אין פסק הלכה המכריע בין העמדות השונות, אך אוכל לתאר את החוויה האישית שלי. אוכל להעיד שלקראת תפילת ׳כל נדרי׳, כשכל הקהל אומר את הפסוק ״ונסלח לכל עדת בני ישראל ולגר הגר בתוכם כי לכל העם בשגגה״ (במדבר ט״ו, כו), עולה בי מחשבה מודעת שה״לכל״ צריך לכלול גם אנשי ציבור ידועים המגדפים את הדת ואת הציבור הדתי. ייתכן שיהיו כאלה שיראו בכך כפייה של עמדה סובייקטיבית על טקסט קדוש ברגע נשגב במיוחד. אולם אינני מסכים לכך. בתחומים שאין בהם הכרעה ברורה, יש לנו זכות מוסרית והלכתית – ואולי אף חובה מוסרית והלכתית – לנקוט עמדה. במקרים כאלה מותר לנו לכלול את נטיית הלב כמרכיב בעמדה. על אחת וכמה כשניתן לגייס את תמיכתם של רוב מאמרי חז״ל הנוגעים לעניין.

אין פירוש הדבר שלא נמצא בחז״ל ביטויים חריפים מאוד כלפי נוטשים אידיאולוגיים. יתר על כן, כפי שמשתמע בדברי הרמב״ם שכבר הבאנו, הפגם באמונתם של הלא־אורתודוקסים חמור אף יותר מאי שמירת המצוות שלהם. הדירוג של העונשים בגמרא בראש השנה[22] משקף את המעמד הזה. דוגמה לכך נמצאת בברייתא העוסקת בדיני אבלות על מומר:

> כל הפורש מדרכי ציבור אין מתעסקין עמו לכל דבר. אחיהם וקרוביהם לובשים לבנים ומתעטפין לבנים ואוכלין ושותין ושמחין שאבדו שונאיו של מקום, שנאמר ״הלוא משנאיך ה׳ אשנא ובתקוממיך אתקוטט. תכלית שנאה שנאתים לאויבים היו לי״ (תהילים קל״ט, כא-כב). (שמחות פ״ב ה״י)

אולם נציין שהנחיה זו, דווקא משום שהיא משקפת חומרה יתרה, נועדה במיוחד ל״משנאיך״, אלו שלא זו בלבד שאינם שומרי מצוות אלא הם מקרינים ומעצימים

21. ראו מרדכי, יומא, סימן תשכה.
22. ראו שם יז ע״א – יח ע״א.

עוינות כלפי ריבונו של עולם, אלו אשר ניתקו עצמם כליל מחיים יהודיים. גבולות הקטגוריה נתונים להערכה גמישה, ועל כן לא סביר שנוכל להחיל אותה על קבוצה או יחיד מסוימים. יתר על כן, החובה לדון לכף זכות – בהנחה שמדובר בהדרכה כללית ביחסי אנוש ולא רק במסגרת המערכת המשפטית[23] – דורשת מאתנו להכיר ולהתמקד בצדדים החיוביים בחייהם של לא־מאמינים, וכן להעריך אותם בנדיבות.

אנו חוזרים אפוא, במובן אחר במקצת, לשאלת הדפוס המחשבתי הבסיסי. לא נוכל להעניק ליריבינו האידיאולוגיים את הדבר שאותו הם היו רוצים ביותר: במקרה אחד, קבלת המוסר הדתי והמוסר החילוני כשווי ערך, ובמקרה שני, ההכרה ביהדות הרפורמית והקונסרבטיבית כגרסאות שלמות של התורה בבחינת "אלו ואלו", בעלות מעמד שווה לדרך המקובלת על פי המסורה. לגיטימציה כזאת הייתה מסרסת את הלוז המרכזי של האורתודוקסיה. אולם אין מחסום עקרוני בפני גישה הוגנת ונדיבה יותר כלפי מנהיגי התנועות האלה ותומכיהן. נוכל לקבוע – אני מקווה שאין בכך התנשאות – שיש ערך חיובי בתכונות הטובות של 'אחרים'; שרבים מאחינו הרפורמים והקונסרבטיבים הם בכנות דורשי ה', ושלדרישה זו יש ערך.

עניין היחס הנפשי חשוב כשלעצמו אך הוא גם מקרין על יחסי הגומלין בפועל, שאליהם נפנה את מבטנו כעת. נדון בעיקר בשלושה מרכיבים.

הראשון נוגע לאפשרות של פעולה משותפת למען מטרות יהודיות משותפות – חברתיות, פוליטיות ורוחניות. פעולה כזו מטרתה לקדם יעד משותף או למנוע נזק לכולם, ואינה נוגעת ישירות ליחסים בינינו לבין הקבוצות האחרות. אך באשר לאותם היחסים עצמם, האפשרויות נחלקות לשתיים: תמיכה מחזקת או התעמתות עוינת.

לכאורה המרכיב הראשון איננו אמור לעורר בעיה. הוא מתחייב מאחריות לאומית משותפת והיגיון פשוט, והוא נתמך בתקדימים רבים; נזכיר את המאבק למען יהדות ברית המועצות, גיוס תמיכה במדינת ישראל, התנגדות לחקיקה נגד שחיטה,

23. **רש"י** (ויקרא י"ט, טו) מצטט מן הספרא שני פירושים החלוקים בשאלה אל מי מופנה המצווה של "בצדק תשפט עמיתך". בנוגע להגדרת הפורש מדרכי ציבור ראו **רש"י**, סנהדרין מז ע"א ד"ה מדרכי צבור, בהקשר מקביל של הגבלת ההיתר לכהן להיטמא כדי לקבור את אביו, המפרש "כגון מומר". אולם **הרמב"ם** מגדיר את הפורש מדברי ציבור כמי ש"אף על פי שלא עבר עבירות אלא נבדל מעדת ישראל ואינו עושה מצות בכללן ולא נכנס בצרתן" (הלכות תשובה פ"ג הי"א). דעת הרמב"ם אומצה, אך גם הורחבה על ידי רבי יוסף קארו; ראו **שולחן ערוך**, יורה דעה סימן שמה סעיף ה. ראו גם ראש השנה יז ע"א, שם רש"י אומר שהביטוי מקיף מגוון של בעלי דעות כפרניות.

וכן פעולות משותפות למען העלאת הרגישות במסגרת חסד של אמת במקרים של מוות ואבלות. יתר על כן, שיתופי פעולה אלו זכו לתמיכתו של הרב סולוביצ׳יק ז״ל, שתמך בעקביות בעמדה מאוחדת ׳כלפי חוץ׳ כאשר כל הקבוצות הדתיות תורמות את חלקן בתור שגרירים כלפי העולם הלא־יהודי, וגם מול בני קהילתנו שלנו, כאשר המטרה היא לקדם את היעדים המשותפים לכולם. מצד שני, שאלות ׳כלפי פנים׳, לאור הפערים האידיאולוגיים המהותיים, אינן ניתנות להכרעה משותפת או אף לגיבוש פשרות.[24]

למרות זאת, אני מופתע לעתים לגלות התנגדות אף ליוזמות שהן חיוביות בעליל. זו מתרחשת כתוצאה מהרמת ראש של שנאה שהיא לפעמים ארסית, ומפחד שמא הקבוצות המתחרות בנו עלולות לרשום לעצמן נקודות זכות. מצב זה מאפיל על תחושות אנושיות ויהודיות בסיסיות ומבטל אותן. אני זוכר שיחת טלפון עם תלמיד לשעבר שהגיש מועמדות לתפקיד רבני במדינת ניו יורק. הריאיון היה אמור להיערך למחרת והוא היה עסוק בסימולציה של שאלות צפויות והמענה להן. נאמר לו ששאלת היחס לזרמים האחרים תתפוס מקום גבוה ברשימת השאלות והוא התקשר להיוועץ עמי. בהקשר הזה, התברר שהשאלה שעוררה בעבר פולמוס מסוים בקהילה הייתה אם לקיים טקס משותף או נפרד ביום השואה. השאלה הכתה אותי בהלם. השבתי שככל הידוע לי הנאצים לא הפלו בין יהודים. לתדהמתי, נוכחתי שיש כאן בעיה חינוכית המחייבת התמודדות.

תחום היחסים ההדדיים, על שתי בחינותיו שהוזכרו, מחייב ללא ספק זהירות רבה יותר, אך גם כאן כדאי שנבחן מחדש את תגובותינו השגרתיות, וייתכן שלעתים

24. לפני כמה שנים כתב פרופ׳ מיכאל רוזנק על עמדת הרב בנושא והתמקד בהבחנה הזו. בדבריו הוא דן בפסקה בספר ׳חמש דרשות׳ (עמ׳ 29–32) שחידדה את ההבדל בין שני התחומים ובמידה מסוימת זלזלה בממד הרוחני של העולם הלא־אורתודוקסי. רוזנק ראה בזאת את עמדתו הבסיסית של הרב. בזמנו כתבתי לו שהפסקה, שהייתה חלק מנאום מפלגתי בוועידת תנועת המזרחי, לא הייתה אופיינית במיוחד. כל מי שהכיר את דרכו של הרב, ובכללה יחסיו הישירים עם חוגים לא־אורתודוקסיים, שהיו בדרך כלל מכבדים, יוכל להעיד כל כך. על כן, היה זה לא מדויק וגם לא הוגן להתעלם ממפעל בן שנות דור על בסיס קטע קצר יחיד. ציינתי גם שהוא מבסס את דבריו על תרגום אנגלי פגום של תרגום עברי פגום של הדברים שנאמרו ביידיש. אף על פי כן, הוא עמד על דעתו. נכון הוא שהרב היה מודאג מתופעה שהוא הבחין בה בצדק: התוכן המגמתי והמוטה של כמה תשובות הלכתיות שכתבו רבנים קונסרבטיבים. אוסיף על כך שאני עצמי נתקלתי במשהו מתופעה זו כשעסקתי בתשובה כזאת שנועדה להתיר ״סתם יינם״. ההצעה הופנתה אל הרב על ידי אחד מן המתנגדים בתוך התנועה הקונסרבטיבית, והוא העביר אותה אליי. אך גם זה רחוק מאוד מביקורתו של רוזנק.

יהיה צורך לשנותן. השאלה היא אם יש להמליץ על הענקת עזרה – חומרית, מוסרית או רוחנית, או בתחום כוח אדם – לתנועות לא־אורתודוקסיות. מצד אחד יהיה בכך כדי להרים את קרנן ולחזק את מעמדן בעולם היהודי, אך מצד שני סיוע כזה עשוי להפוך את המחויבות שלהן לעבודת ה' לאינטנסיבית יותר.

השאלה נראית פשוטה, אך פתרונה מורכב. יש בתוכנו מי שסבורים שבשום פנים ואופן לא רצוי (או מותר) לקדם את מטרותיהם של מי שסטו מדרך התורה. אלה אינם מהססים להביע בקולניות את טיעוניהם, שנראים להם משכנעים ופשוטים. אולם לדעתי עמדה זו לחלוטין אינה מוצדקת, וזאת על בסיס טיעונים מוסריים, לאומיים ולעתים קרובות אף הלכתיים.

כפי שהדגשתי בהזדמנויות מספר, התנועות הלא־אורתודוקסיות מספקות מידה כלשהי של הדרכה דתית, של נגישות לידע יהודי וערכים יהודיים ושל הכוונה ותוכן רוחני. יתר על כן, הן מספקות זאת עבור רבים שאינם נמצאים במרחק נגיעה מאתנו. במצבים כאלה, תרומתם לחיים יהודיים ממשית ומשמעותית. האם מישהו בתוכנו סבור (כפי שמבקרינו טוענים שאנו סבורים) שלא משנה אם אדם הוא אתאיסט או יהודי רפורמי? גרוע מכך, יש המייחסים לנו את העדפת הראשון.[25] אולם, האם יהודי אורתודוקסי כלשהו, הדואג באמת ובצורה אחראית לקיום האומה וחוסנה הרוחני, יכול לאשר את האישום הזה? האם יעלה על הדעת שאילו עמדה ברירה כזאת בפניו לגבי בנו או בתו, הוא היה תומך באתאיזם? אמנם נכון הוא שבמקרים מסוימים, כשיש מאבק על כוח וסמכות במרחב הציבורי, וכאשר יש אלטרנטיבה אורתודוקסית נגישה, ייתכן שנוכל להפיק רווח כלשהו מהחלשת מתחרינו. אך זהו בדיוק הדבר המסבך את המענה לשאלה הפשוטה. הצורך להעריך את המשקל היחסי של מרכיבים שונים של המשטר הרוחני האישי שלנו, וכן את העימות האפשרי בין צרכי יחידים לבין סדרי עדיפות ציבוריים, לעולם אינו קל. הקושי גדול במיוחד כשעל הפרק עומדים דברים העומדים ברומו של עולם. אנו צריכים להגיב לדרישה הכפולה להאזין לצרכים הדתיים של "ר' ישראל" הפרטי ושל כלל ישראל. ברור שיש מצבים רבים שבהם הדאגה ליהדות, והניסיון (שהוא חובתנו ורצוננו) לקרב את בואו של "ביום ההוא",

25. ראו למשל: Nathan Rotenstreich, "Secularism and Religion in Israel", *Judaism*, 15:3 (1966), pp. 273-283. ותגובתי: "Religion and State: The Case for Interaction", *Judaism* 15:4 (1966), pp. 410-411 [המאמר חזר ונדפס בספר: *Leaves of Faith: The World of Jewish Living* (Jersey City, 2004), pp. 28-29; תרגומו ראה אור בספר **מוסר אביב: על מוסר, אמונה וחברה** (ירושלים, תשע"ו), עמ' 245-244].

דורשים מאתנו לעזור לתנועות שעמן יש לנו חילוקי דעות. קוצר ראות עלול רק להרחיק את אותו "יום" נכסף.

אדגים את הדילמה באמצעות תופעה שבשנים האחרונות הולכת ומתפשטת בחלק מעולם האורתודוקסיה המודרנית, ודומה שדווקא עובדה זו הציפה את הבעיה שבדבר. מדובר במסגרות לימוד משותף של מקורות טקסטואליים יהודיים – בדרך כלל מסורתיים – או בדיון בבעיות, כאשר המסגרת היא משותפת או מחולקת לפי זרמים – אם במושבי הלימוד אם כסדרה של אירועים. היתרונות של פעילות כזו ברורים. בדרך כלל, רוב הציבור יזכה בתוספת ידע תורני ובתובנה רוחנית ללא קשר לזהות הדובר. יתר על כן, הפעילות עשויה להגביר את הסולידריות והאחווה בקרב משתתפיה. זאת ועוד, בקהילות רבות סירוב להשתתף לא ייראה כרצון לשמור על טהרה גרעינית או כביטוי כן לחוסר התאמה רדיקלי. ההימנעות תיתפס כנובעת מתערובת של פחד, חוסר ביטחון עצמי ושחצנות מתנשאת. היא תובן כביטוי לדמוניזציה, והרושם הכללי רק יפגע בדימוי שלנו. נוסף לכל, הדרת רגלינו משם תשאיר את המגרש כולו בידי אלו שסטו מן הדרך, ואז מה הרווחנו?[26]

הרווחנו שני דברים. מנענו, או לפחות דחינו, את הדחליל של הענקת מעמד שווה, והבהרנו ללא כל ספק שאנו רואים בנו עצמנו את האלטרנטיבה האותנטית היחידה בסביבה. נוסף על כך, מנענו מצב שבו חלק מאנשינו ייחשפו לרעיונות זרים ולמפיציהם.

אין לזלזל בהישגים אלה, אך ייתכן שהמחיר שנשלם עבורם מופקע. זאת בדיוק הסיבה לדילמה שבה אנו נמצאים. מסתבר שיש לדון בכל מקרה לגופו של עניין. גישותיהם של הדוברים, האווירה האידיאולוגית השלטת, ההקשר החברתי, המידה שבה משודר מעמד סימטרי בין זרמים, המקורות שיידונו, הבגרות הדתית והאינטלקטואלית של הקהל – כולם צריכים לבוא בחשבון בהערכת התוצאה המסתברת ויחסי הסיכון-תועלת הכרוכים בכך.

כמובן, אנו נתקלים גם בשאלה שהיא עקרונית, הלכתית והשקפתית כאחת: כיצד יש לשקול את הרווח וההפסד הכרוכים בחלופות השונות? כיצד, למשל, נעריך שיקולים כמותיים כנגד שיקולים איכותיים? כיצד נדע מי עלול להיות מושפע

26. השווו **שו"ת אגרות משה**, יורה דעה חלק א סימן קלט, וחלק ב סימנים קו-קז. ראו גם הערה בעניין, לגבי הוראה ב'תלמוד תורה' קונסרבטיבי: Marc B. Shapiro, *Saul Lieberman and the Orthodox* (Scranton, Pa., 2006), pp. 21-22. יש לציין שההיתר של הרב פיינשטיין נוגע לתחומו הפרטי של המורה ואילו הדיון שלנו עוסק בצורה שיטתית במרחב הציבורי.

ובאיזו מידה? מעל לכל, עלינו לתת את הדעת על הנושאים המתאימים ללימוד ודיון במסגרת כזו. באופן כללי ניתן לומר ששאלות של דת ומדע למשל, מתאימות יותר מאשר ויכוחים על אודות ביקורת המקרא או ניתוח פסיכואנליטי של חכמי המסורה. במסגרת זו אין מטרתי להעניק ציונים אלא להציע שבתחומים מסוימים הגישה הרצויה צריכה להתבסס על כושר הבחנה. על כן היא תדרוש תשומת לב מתחשבת ורגישה, ולא שלילה גורפת. אמנם, "נקיי הדעת שבירושלים לא היו חותמין על השטר ולא היו יושבין בדין ולא היו נכנסין בסעודה אלא אם כן יודעין מי מסב עמהן",[27] אך בהשוואה לימיהם, מימוש דרך זו בעולם שלנו קשה בהרבה.

יש להעדיף – ובמובן מסוים לחייב – גישה מורכבת זו מכמה נקודות מבט, הן ציבוריות והן פרטיות. מבחינת המבט של הכלל, אפשר לדבר על שני ערכים מרכזיים. אחד הוא המצווה של קידוש השם, אשר פן אחד שלה נוגע להחדרת הקדושה למרחב הציבורי והלאומי מתוך מודעות עמוקה להווייתנו הקדושה, במובן הרחב של "ונקדשתי בתוך בני ישראל" (ויקרא כ"ב, לב).[28]

בד בבד, החובה לקרב אנשים לתורה מתבססת על התקדים של אברהם אבינו מצד אחד, ונובעת ממצוות אהבת השם מצד שני.

> ד"א "ואהבת את ה' א־להיך", אהבהו על הבריות כאברהם אביך כענין שנאמר "ואת הנפש אשר עשו בחרן", והלא אם מתכנסים כל באי העולם לבראות יתוש אחד ולהכניס בו נשמה אינם יכולים! אלא מלמד שהיה אברהם אבינו מגיירם ומכניסם תחת כנפי השכינה. (ספרי דברים פסקא לב)[29]

כשאנו מחויבים באחריות כפולה, אישית וקולקטיבית, אנו נדרשים להיזקק למושג הערבות, מושג שהוא משפטי למחצה ואתי ודתי לחלוטין. הערבות היא רבת פנים בצדדיה התיאורטיים והמעשיים. היא כורכת אחריות לחטאי אחרים עם תביעה לטיפוח

27. ראו סנהדרין כג ע"א. נאמר בשם אחד מאדמו"רי גור (אולי בבדיחות הדעת) שהם היו יושבים עם יריבים אך דרשו לדעת מי הם. השאלה עולה גם לגבי פרסומים משותפים בבמה מודפסת אך זאת כמובן במידה קטנה יותר.

28. במובן המצומצם, הרמב"ם מציין שלושה פנים של מצוות קידוש השם; ראו הלכות יסודי התורה פרק ה. אולם מעל ומעבר לכך, יש לה משמעות רחבה יותר המתאימה לפשוטו של מקרא, שהיא הגברת האופי הקדוש של שמו (או שמותיו) יתברך. ראו **ספורנו**, ויקרא כ"ב, לב.

29. כמובן, דמותו של אברהם כמגייר גדול מוכרת ממדרשים אחרים, אך הקשר כאן לאהבה חושף ממד נוסף.

רווחתם הרוחנית. מוטלת עלינו הדאגה למצבו הדתי של הציבור ושל הפרטים בתוכו: "'וכשלו איש באחיו' – איש בעוון אחיו, מלמד שכל ישראל ערבים זה בזה" (שבועות לט ע"א). נוסף על כך, לא יצאנו ידי חובתנו ההלכתית לקיים מצווה מסוימת כל זמן שלא שאפנו לאפשר את קיומה על ידי אחרים. דין זה נובע הן מהחובה שלנו כלפי אותה מצווה והן כמרכיב של מצוות גמילות חסדים.[30] סוף סוף, אם אנו מחויבים להחזיר אבידה לבעליה, היעלה על הדעת שנוכל להישאר אדישים באשר לרווחתו הרוחנית של האדם? "אבידת גופו מנין? תלמוד לומר 'והשבתו לו'" (סנהדרין עג ע"א); ניתן להוסיף על כך "על אחת כמה וכמה".

יש להודות שייתכן שאחריות זו מצטמצמת במידה מסוימת אם האדם שבמצוקה אינו מעוניין בסיוע.[31] כפי שהרמב"ם סבור שהמוצא פטור ממצוות השבת האבידה אם המאבד גרם לאובדן החפץ והוא אדיש לגבי החזרתו, אפשר להניח שכך הוא הדין גם לגבי החובה להעניק הדרכה רוחנית.

אולם אין בכך ודאות משום שייתכן שהאנלוגיה איננה תקפה. ראשית, מבחינה דתית השליטה של הבעלים בחפץ שונה ממעמדו לגבי ה'אני' הרוחני שלו (וייתכן שאף זה הגופני).[32] נוסף על כך, ברור שהחובה להציל אדם מסכנה היא רחבה בהיקפה ואינטנסיבית באיכותה יותר מן החובה להציל את רכושו. על כן ייתכן שלעולם איננו נפטרים מחובתנו כלפי הזולת הנמצא בסכנה, ללא קשר לגישתו של המאוים עצמו.

יש מי שאומר שפטור כזה מהצלה מוצדק כאשר מדובר במרידה רוחנית שהאדם מביא על עצמו. רבן שמעון בן גמליאל מסביר מדוע אין חובה לסמן מאכלות אסורות כדי שגנב אפשרי לא ייכשל: "הלעיטהו לרשע וימות" – הווה אומר, יש להעניק את הדבר האסור לעבריין ועליו לשאת בתוצאות.[33] ניסוח זה, המתאר לכאורה גישה שהיא אדישה לחלוטין, עורר את פליאתו של בעל 'חוות יאיר', מגדולי פוסקי המאה

30. ראו סוטה לז ע"א; **רש"י**, ראש השנה כט ע"א ד"ה קמ"ל.
31. ראו את הדיון לגבי אבידה מדעת בבבא מציעא לא ע"א. **הטור** בחושן משפט סימן רס סבור שבמקרה כזה החפץ הופך להיות הפקר והבעלות עליו בטלה. לעומתו **הרמב"ם** בהלכות גזלה ואבידה פי"א הי"א סבור שהבעלות בעינה עומדת, ורק מצוות השבת אבידה איננה חלה.
32. הרעיון שהאדם איננו אדון על עצם קיומו, אף שהוא לא יעלה על הדעת במחשבתם של מודרניסטים חילונים, הוא כמובן ציר מרכזי של המחשבה הדתית הקלסית. נעשה בו שימוש כדי לשלול את זכותו המשפטית של אדם למכור את עצמו, ואצל הוגים מאפלטון ועד אדמונד ספנסר הוא שימש בסיס לטיעון נגד ההתאבדות (שלא כדעתו של קאמי).
33. ראו בבא קמא סט ע"א. למרות הביטוי המילולי "הלעיטהו לרשע וימות", אני מניח שאם באמת אכילת הסחורה הגנובה הייתה מסכנת ממש את חייו של הגנב, הייתה מוטלת חובה להציל אותו. על כן ניסחתי את הדברים בצורה כללית. ב"מיתה" הכוונה לגמול הראוי לחטא.

השבע עשרה.[34] מאז הוגבל וצומצם הכלל ההלכתי, ואף יש פוסקים הדוחים אותו מן ההלכה כדעת מיעוט. נראה שעמדתם מתחזקת נוכח העובדה הראויה לציון, שהכלל האמור מופיע רק במקרה אחד בתלמוד כולו. מכל מקום, המחויבות שלנו להעניק הדרכה רוחנית ולמנוע ביצוע זדוני של עבירות במקומה עומדת.

גם לאחר הבהרת עמדה זו, יש צד אחר ביחסינו ליהודים לא־אורתודוקסים. יש משקל משמעותי להתנגדות עקרונית לכל התפשרות עם אלו הנוטים מדרך התורה. עבור חלקנו התנגדות זו מתמקדת בתחומים מסוימים, ועבור אחרים היא נוכחת בכל יחסינו עם אלו שסטו מן הדרך ומגדירה את אופיים של היחסים עצמם. מצב זה בלתי נמנע לגבי נושאים כמו שאלות של אמונות ודעות, מצוות מעשיות ומקור הסמכות, בין שהוא פורמלי ובין שהוא נובע מהסכמה ציבורית. אלו הן בסופו של דבר שאלות המהות המגדירות אותנו ובשום פנים אינני תומך בהתערטלות ממחויבותנו או דילול זהותנו. רבים מן הנושאים שבמחלוקת אינם ניתנים למשא ומתן, ויש להכיר בעובדה זו בטווח הנראה לעין, בין שנקבל זאת בצער ובין מתוך הכרעה מודעת. בשנות החמישים של המאה העשרים התקיים משא ומתן בין ה־RCA האורתודוקסי למנהיגות הקונסרבטיבית לגבי האפשרות להשתמש בכתובה מתוקנת או להכיר יחד בבית דין מוסכם לעניין נישואין וגירושין. אף שהשיחות התנהלו מתוך יחסי אמון וללא התנצחות, כל מה שיצא מהן היה הפרי החמוץ־מתוק של הזדמנות שחמקה לבלי שוב.

עם זאת, ישנם תחומים גמישים יותר, שבהם ניתן אולי להגיע למדיניות ולביצוע שיאפשרו מרחב משמעותי. לגביהם ייתכן שתיאור מדויק וניתוח יאפשרו לנסח את גישתנו ולהבהיר אותה לאחרים. אין לי אשליות שהדבר כשלעצמו יביא לפיוס ויבשר את ימות המשיח. אך אם הוא רק יסייע לשפר את האווירה הנוכחית ובכך לסלול את הדרך לעתיד טוב יותר, דיינו.

הנושא המרכזי העומד בפנינו – המעשי ביותר וגם בעל העוצמה החווייתית הרבה ביותר – הוא השימוש בכוח במסגרת פולמוס דתי. בדרך כלל צד אחד רואה עצמו כשומר החומות, המגן על ערכים מקודשים ומקדם אותם, ואילו הצד השני רואה עצמו כקרבן של קיפוח ואפליה. ייתכן ששניהם צודקים. למעשה, רוב הנושאים נוגעים ופוגעים ביחידים, אך שורשי הבעיה הם בקולקטיב. על כן אנסה להתמקד בקיצור בשאלה הציבורית; לדון בתיאוריה ובפרקטיקה הראויה של הקהילה היהודית

34. ראו **חוות יאיר**, סימן קמב. לסקירה של הכלל ותנאיו ראו: R. J. David Bleich, "The Case of the Poisoned Sandwich", *Tradition*, 41:3 (Fall 2008), pp. 58-86.

ההיסטורית, במצב הנוכחי בישראל ובתפוצות, וקל וחומר בקהילה תיאוקרטית אפשרית עתידית.

כנקודת מוצא, עלינו לעמוד על הבחנה בסיסית. ללא ספק, יש כמה מסלולים שבהם קהילה אידיאולוגית יכולה לכפות את רצונה על חבריה על ידי שליטתה במבנה הכוח שבבסיסה. מטרת כפייה זו היא לשמור את מה שנתפס כאופי הישות הקבוצתית, בהתאם ליעדים פוליטיים או רוחניים. לשם כך היא יכולה לעשות שימוש באמצעים שונים. ניתן להטיל סנקציות כלכליות או גופניות ישירות, הנעות בין כליאה להוצאה להורג. בתחום הכלכלי קיימת אפשרות השימוש במענקים או בהטבות מס לטובת התומכים, מתוך פגיעה במתנגדים או הזנחתם. בתחום המשפט ניתן להגביל את הגישה למערכת או את היכולת לפעול בתוכה, ולשלול מכמה את הרישוי להשתתף בתהליכים משפטיים מסוימים.

בעיקרו של דבר יוזמות כאלה הן מפלות מטבען. ניתן להבין אפוא את ההתנגדות לכך מצדה של התפיסה הליברלית. אולם לא נכחד שבמשך ההיסטוריה רבות מהן אומצו על ידי הקהילה היהודית המסורתית (כמו על ידי קהילות אחרות) וחלק מהן מצויות במארג היסודי של ההלכה (כמו שהדבר נכון גם לגבי רבות מן החברות המודרניות שיש להניח שהן דמוקרטיות).

סנקציות אלה מתבססות לעתים קרובות על הדרה, ולעתים אף גירוש, מן הקהילה ההלכתית, ובתוך כך תיוג האדם בקטגוריה אחת ממערך שלילי שלם, כגון מומר, רשע או "אינו עושה מעשה עמך".[35] לחלופין, הן יתבססו על היעדר התכונות הדרושות להגדירו כרֵעַ, אח או בן ברית. באופן כללי, מדובר בתיעדוף רווחתו או שמירת שלמותו של "בית ה'" – במובנו הרחב או הצר של המושג – על פני טובתו ורצונו של היחיד. בכך גישה זו איננה עולה בקנה אחד עם רוח העולם המודרני, המשלים עם עונשים שמטילה המדינה על התנהגות סוטה אך רק כשמדובר במרד נגד שלטון בשר ודם ולא כלפי עמדות של מרידה מצפונית נגד מלך מלכי המלכים.[36]

35. מונחים אלה, שיש מקום לחלק כל אחד מהם חלוקת משנה, קשורים כולם להתנהגות לא-הלכתית או אנטי-הלכתית. הדירוג של המונחים כאן הוא מן הכבד אל הקל. מומר משמעו מי שיצא מכלל הדת, רשע משמעו מי שעובר בקביעות על איסורים מסוימים, ו"אינו עושה מעשה עמך" הוא מי שאיננו שומר באופן קבוע על משטר הלכתי, כשזה מוגדר בצורה שונה בהקשרים שונים. מונח זה שולי יותר מן האחרים והגדרתו תלויה בתחום יישומו. מעשה עבירה יחיד כשלעצמו איננו מוציא את החוטא מחוץ לתחום. ראו **תוספות**, בבא מציעא מח ע"ב ד"ה בעושה, והשוו לסוגיה שם סב ע"ב.

36. רבים הציעו כי שאלת השימוש בכוח הכפייה היא הקו המפריד בין הקהילה הטרום-מודרנית

אין מטרתי כאן להגן על הפרקטיקה הזאת או "להצדיק עבור האדם את דרכי הא־ל"[37] על רקע התיאוריה והפרקסיס המודרניים של הדמוקרטיה. בכמה מן השאלות המרכזיות טיפלתי במסות מוקדמות.[38] אינני רואה צורך בעדכון או בשינוי הניסוחים הבסיסיים שלי, למרות כמה ניסיונות מוזרים ליצור הכלאה בין היהדות לפוסט־מודרניזם. משימתי כאן נוגעת לשאלה שנתבקשתי לעסוק בה. מטרתי לבחון אם ובאיזו מידה ההנחות שתיארתי בקצרה מחייבות תגובה מסוימת לאותה שאלה.

אני רוצה להדגיש הבחנה לגבי האופי וההיקף של הסטנדרטים שאמורים לכפות. חלק מעמדות הציבור האורתודוקסי ומנהיגיו, המעוררות טינה בקרב מתנגדיהם, אינן בעצם "שלהם". מדובר בהחלת נורמות הלכתיות על מצבים נתונים. אין ספק שפסילת פרשיות תפילין שנכתבו בידי סופר סת"ם רפורמי היא קביעה מפלה. אך היא איננה חידוש של רבנים הונגרים הנלחמים בסכנת הנאולוגים ולא של ממשיכיהם היום בישראל או באמריקה. הפסילה איננה אלא יישום דברי הרמב"ם (שהם עצמם מבוססים על התלמוד) ש"כל המוזהר על הקשירה ומאמין בה הוא שכותב" (הלכות תפילין פ"א הי"ג). גם אם פוסקי הלכה היו מעדיפים להקל, דברי הרמב"ם אינם משאירים מקום רב לגמישות, אם בכלל. בדומה לכך, ההכרעה בשאלה מי מוסמך לעסוק בסידור קידושין או גיטין צריכה להביא בחשבון את אזהרת הגמרא "כל שאינו יודע בטיב גיטין וקידושין לא יהא לו עסק עמהם" (קידושין ו ע"א).

מדובר ברמה גבוהה של שליטה בדינים אלה, כפי שהיא משתקפת בדוגמה שבגמרא:

> אמר ליה רב יימר לרב אשי... אפילו לא שמיע ליה הא דרב הונא אמר שמואל?

הווה אומר: האם המועמד לסידור קידושין וגיטין צריך לדעת שאנו פוסקים כדעתו של רבי יוסי, שאם הנוסח "הרי את מקודשת לי כדת משה וישראל" איננו נאמר במפורש אלא רק מוסק מן ההקשר, גם אז הקידושין תופסים? והתגובה הסופית היא:

> אמר ליה אין הכי נמי.

למה שבא בעקבותיה. ראו למשל פרזיגר (לעיל הערה 2), פרק 3. טיעון זה מעורר שאלה אם ההתפתחות היא שינוי בעמדה או נובעת מאיבוד יכולת פוליטית.

37. הערת המתרגם: מפתיחת 'גן העדן האבוד' של מילטון.

38. ראו: "Religion and State: The Case for Interaction", pp. 387-411 (לעיל הערה 25), וההמשך: *Judaism*, 16:2 (Summer 1967), pp. 226-227.

אכן, אם הוא איננו מכיר דין זה, הוא פסול מלשמש בתפקיד.

יש מי שרצו לסייג את המגבלות על ידי שימוש במושגים הלכתיים המצמצמים את האחריות של הנפסל, מתוך העברת האשמה לכתובת אחרת. ניתן לטעון שיש לראות אותו או אותה כקרבן של חינוך לקוי[39] או של יצרים,[40] או כמי שנספח בתור פרט להמרת הדת הכללית.[41] ייתכן מאוד שמושגים אלה תקפים והם בוודאי מתאימים לתיאוריות עכשוויות של תורת המוסר. אולם יש להם רלוונטיות מוגבלת בלבד לנושא הנדון כאן. המושגים המדוברים יכולים להיות משמעותיים בצמצום האשמה האישית אך אין להם השלכות מעשיות כשמדובר בשאלות של כישורים אובייקטיביים או של מחויבות.[42] האם היינו מפקידים את בנייתה או תחזוקתה של תחנת כוח משוכללת בידי טכנאי בעל כוונות טובות אך הכשרה מועטת?

מצד שני, במצבים מסוימים תוכל ההלכה הטהורה לאפשר גמישות מסוימת. במקרים כאלה ייתכן מאוד שדרך הפעולה שלנו תוכרע בידי מרכיבים של מדיניות ציבורית או שיקולים של התכלית הראויה. למשל, השאלה בעניין מידת הריכוזיות של מערך הכשרות או המקוואות איננה ניתנת להכרעה הלכתית חד־משמעית. יתר על כן, ברור שההלכה כולה מכירה בקיומן של סיטואציות המוגדרות "דבר הרשות" ובלגיטימיות של שיקולי פסיקה חיצוניים יחסית אך בעלי השלכות רוחניות. זאת ועוד, איננו מנותקים כל כך מן המציאות שנדחה לחלוטין כל עסקה הכוללת במובהק שיקולים פרגמטיים או, אם תרצו, פוליטיים. אולם במקרים כאלה יהיה משקל רב יותר למרכיב הסובייקטיבי, בכל הקשור לניסוח או להסברה של המדיניות.

39. ראו שבת סח ע"ב; רמב"ם, הלכות ממרים פ"ג ה"א-ה"ג.

40. ראו סנהדרין כו ע"ב **ותוספות** שם ד"ה החשוד.

41. ראו **רמב"ן** לבמדבר ט"ו, כב-ל. אני נוטה לחשוב שקריאה מדויקת ברמב"ן אינה מובילה בהכרח להבחנה רדיקלית בין מומרות קולקטיבית לפרטית, מבחינת החומרה ואפשרות הכפרה. אך גם אם נייחס הבחנה כזאת לדבריו, ההיקף שלה מוגבל, כפי שציינתי.

42. ניתן לראות אנלוגיה בין ניסוח זה ובין השאלה – שנחלקו בה בין היתר קנט והתועלתנים – אם המידה הטובה המוסרית או הדתית נמדדת על פי תשומה סובייקטיבית וכוונה או על ידי תפוקה אובייקטיבית ותוצאה. יש אכן לראות קשר בין השאלות שהרי זמן רב לפני קנט העניין כבר נדון בהרחבה בעולמה של ההלכה. ניתן לתת דוגמה אנקדוטלית לדברינו. במפגש שהתקיים לפני שנים מספר בין צוות של ישיבה ישראלית ובין קבוצת מנהיגים קונסרבטיבים, הציע נשיא הסמינר התאולוגי היהודי ד"ר שורש בחירת פוסק על בסיס רצון טוב וכוונה טובה ולא על בסיס היקף הידע, ובהקשר הזה ציטט את המשנה במנחות (פי"ג מי"א): "אחד המרבה ואחד הממעיט ובלבד שיכוין אדם את דעתו לשמים". בעקבות זאת שאל אחד הנוכחים אם הוא עושה שימוש במבחן דומה בבחירת רופא.

מן הסתם יהיה נאיבי מדי לצפות שהבחנה זו תשכנע את מתנגדינו הלא־אורתודוקסים או תפיס את דעתם. גם אם הם יעריכו אותה, יש להניח שעדיין ייוותר עלבון – במיוחד בקרב קונסרבטיבים – עקב מה שנתפס אצלם כאפליה הדוחקת אותם לשוליים ושוללת את מעמדם בצורה בלתי הוגנת. בכל זאת, ניתן לקוות שהעוינות תירגע והכעס הנובע מהטלת אשמה יקטן. גם אם לא נצפה להסכמה ללא תנאי עם עמדותינו, נוכל לקוות שהמחנות האחרים יבינו אותנו טוב יותר. אם יראו בנו אנשים שמונעים משיקולים רוחניים ולא אוטוקרטים תאבי כוח, ממילא יכבדו אותנו יותר. הדבר יכול לשפר במידה ניכרת את האקלים של השיח ואת האיכות של הדיון האזרחי והדתי כאחד. הדבר נוגע הן "למען אחי ורעי" והן "למען בית ה' א־לוהינו" במובנם הרחב.[43]

לא פחות חשוב מכך הוא הערך המופק מכאן עבורנו וטמון במודעות שלנו להבחנה האמורה. יש בכוחה של ההכרה בשוני בין המקרים להביא להערכה הוגנת יותר בעניין השאלה כיצד ולמה אנו מעצבים את תהליך ההכרעה הקולקטיבי; וזאת בלי שנוותר בהכרח על עמדה מעמדותינו בשני התחומים. באווירה השלטת היום, שבה שורת הערכה גוברת לשקיפות, הכרה זו יכולה לשפר את מעמדנו. בהמשך לכך היא אולי תשדרג את איכות ההכרעות עצמן, והדקויות שבהן יזכו להערכה חיובית ונדיבה יותר. הכרה זו עשויה לעזור להבהיר לעצמנו מתי ניתן לרצות את האחרים ומתי אסור לוותר. מצב זה ישנה גם את פנייתנו לטענת "המדרון החלקלק" – שיקול שהוא ודאי מושרש בדברי חז"ל,[44] אך מצריך זהירות רבה בהתאמתו להקשר המודרני.

אני חוזר ומדגיש – השאלות המפרידות בינינו ובין לא־אורתודוקסים הן ללא ספק מהותיות ובעלות משקל, ואינני משלה את עצמי שהסכסוכים בינינו ייפתרו בהקדם או בקלות. חלק גדול מן התכנים המאומצים והמופצים מחוץ לתחום האמונה האורתודוקסית כאילו הם אמת מוחלטת, מטענות עובדתיות היסטוריות ועד חזון מטא־היסטורי, הן בענייני חולין והן בדברים שבקדושה, הרי הם בחזקת כפירה גמורה

43. מאידך גיסא יש להדגיש שמקרים רבים בתולדות המאבקים הדתיים סביב אמונות ודעות ממחישים עד כמה המתח ולעתים הרדיפה עזים ביותר דווקא כאשר הנושאים שבמחלוקת הם כאלה שנראים כלפי חוץ כזוטות. עצם הקרבה בין העמדות מחדדת את תחושת האיום ההדדי; "דמינה מחריב בה, דלא מינה לא מחריב בה" (זבחים ג ע"א).

44. רבות מן ההלכות שחוקקו חז"ל, המסווגות כגזרות, מבוססות על החשש שמעשה A, שאין בו נזק, עלול לגרור בעקבותיו את B, שהוא בלתי רצוי. אולם חז"ל גם קבעו עיקרון כללי של "גזרה לגזרה לא עבדינן". כלומר, אין לאסור את C הניטרלי מחשש שיביא ל־A הניטרלי שעלול לגרום אחר כך ל־B. ראו ביצה ג ע"א.

מבחינתנו כמאמינים בני מאמינים. חלק גדול ממה שמתואר כנובע מן המקרא או מוחדר לתוכו, מלא וגדוש אפיקורסות. מעל לכל, הרכב התמונה של ריבונו של עולם המוצג על ידי המחקר הביקורתי כתפיסת הא-לוהות של המקרא או של היהדות, הוא עבורנו חירוף וגידוף כלפי שמים. לכל זאת אנו מודעים היטב, לצערנו הרב, והדבר מחייב אותנו לעמוד על המשמר. ובכל זאת, אני טוען שאם אנו רציניים בדאגתנו ל"אחי ורעי" וכנים לגבי מקומה של "ירושלים הבנויה כעיר שחוברה לה יחדיו", עלינו להכיר בערכן של הצהרות אלו ולהפנימן. מכך יכולה לצמוח רווחה רוחנית ולאומית. האם לא היה שילוב שאיפות זה חלק עיקרי מחזון סיני הנשגב? האם הוא לא היה מה שעל פי הבנתה של רות, בעומדה בפני הכרעת גורלה האישי, כאשר הייתה "חולת געגועים לביתה, עומדת בדמעות בין התבואה הנכרייה",[45] הוא חיוני לעיצובה וביצורה של מחויבות יהודית העומדת במבחן הזמן?

הרב ליכטנשטיין הוסיף לנוסח המודפס של ההרצאה שנישאה בפורום האורתודוקסי 'סוף דבר' שהבהיר במקצת את גלגולי כתיבתו ואת התחומים שהמאמר איננו עוסק בהם בצורה ממצה.

גרסה זו של המאמר הסתמכה במידה מסוימת על הגדרת המנדט של הפורום האורתודוקסי, שתיאר את מטרתו כהתמודדות עם השאלה כיצד הקהילה האורתודוקסית מתייחסת לקהילות הקונסרבטיבית והרפורמית ועם השאלה הנוספת כיצד יש לפנות לקהילה היהודית החילונית הגדלה. נושא זה משקף גם מרכיבים של התופעה הישראלית וגם מכיל יסודות אמריקאיים ייחודיים. אולם, כפי שכל קורא יוכל לראות, התרומה שלי לדיון איננה עומדת בהיקף המטרה הנדרשת. השמטתי במידה רבה טיפול ביהודיות חילונית. חלק מן הסיבה לכך הוא חוסר מקום והמגבלות האישיות שלי; כמו כן, גם אם ניתן כמובן לדבר על ציבור היהודים החילונים וגם על אודות הכיוון הרוחני של יהודים שאינם שומרי מצוות ואינם מאמינים, הרי "יהדות חילונית" בתור שכזאת מכילה בתוכה סתירה פנימית מעצם הגדרתה, בדומה למונח אנגליקניות חילונית. המאמר הזה מתרכז בשאלות ההווה, כשהן נדונות על רקע ניסיון העבר. הוא שואב מקטגוריות הלכתיות ויישומן, אך ברור שהוא איננו מאמר תורני ממצה. הוא מתמקד בתיאור תמציתי של כיוון שלדעתי יש ללכת בו, אם התנאים יאפשרו זאת. למרות

45. כתיאורו של קיטס (Keats) בשיר "Ode to a Nightingale".

מגורים במשך ארבעה עשורים בארץ הקודש, הענקתי תשומת לב מצומצמת יחסית למציאות הישראלית, אשר לבדה הייתה מחייבת טיפול מורכב.

השמטה זו מצערת, אך ברצוני להבטיח לקורא שהיא איננה התעלמות. הרגשתי היא שאף שחלק גדול מן הדיון מתאים למרחב ההקשרים המוזכרים בהקדמה (ובה התייחסות לחילונים ולמצב בארץ), חלק אחר איננו כזה, משום שההבדלים בין העימותים השונים הם משמעותיים. אי אפשר להשוות את התנועה הרפורמית, הדוחה במפורש כל נאמנות פורמלית להלכה, לזו הקונסרבטיבית, שממשיכה לטפח דימוי עצמי של מחויבות הלכתית אף שלאחרונה התרחשו בה כמה תזוזות שמאלה, שיש לגנותן ביותר. כמו כן, למרות המחלוקת העמוקה בינינו ובין "יהודים מאמינים מאידיאולוגיות דתיות שונות" לא יהיה נכון לסווג אותם כחילונים. בדומה לכך, המצב הישראלי, במיוחד כשצופים בו מתוך ישיבת הסדר, שונה מאוד מזה שבגולה. בישראל, המציאות של הסכנה המשותפת מחדדת במידה משמעותית את תחושת ברית הגורל. כשדתי וחילוני משרתים ביחד בטנק, ושלומם המשותף והעתיד של כל אחד שזורים זה בזה, היחס ביניהם נתפס, באופן קיומי ובאופן אינטואיטיבי, לאור מצבם המיוחד.

על כן, במקום להדביק שאלות שונות תחת מטרייה אחת, התמקדתי בטווח צר יותר, ואני משאיר לקורא להציע השוואה או להדגיש הבדלים. לגבי הנושאים החסרים, אני מבקש התחשבות.

הפילנתרופיה היהודית – לאן?

אילו קיבלתי על עצמי לתאר כדבעי את ההקשר והרקע של מושג הצדקה על היקפו ואופיו – מסתבר שהייתי כולל בדיון כמה עניינים יסודיים. למצער היה צורך בהגדרת המונח מבחינה מילולית ומושגית על פי הופעתו במקורות ראשוניים; תיאור כלשהו של המקום שהוא תופס בתוך המערך הקהילתי והאישי של חיי המוסר והרוח על פי תפיסתה של ההלכה; וכן דיון בהיקפם ובאופיים של יחסי הגומלין השוררים בין מובנים שונים של המילה "צדקה" – זכות, מעלה טובה, נאמנות, או התנהגות לפנים משורת הדין. אלא שהוטל עליי להתמקד בנושא מוגדר, ובמסגרתו אתייחס לצדקה במובנה הנפוץ ביותר – פילנתרופיה.

חוששני שהתדרוך שקיבלתי מטיל עליי משימה כמעט בלתי אפשרית. נושאים שהוגדרו כ"ניתוח הלכתי של דיני צדקה", הכוללים דיון בשאלות דחופות, כגון היחס בין מותרות לנתינה, ובין צרכים מקומיים בארצות הברית לנזקקים בישראל, או, בנימה שונה, השפעת הגלובליזציה על התיאוריה והפרקטיקה של צדקה – יידונו בכנס מפי אחרים. עליי הוטל האתגר לדון בנושא הנראה רחב יותר, ועם זאת אולי מרגש פחות: "האם על הציבור היהודי בכלל והאורתודוקסי בפרט להתכנס פנימה ולהתרכז בשימור עצמי, או להפנות את מבטו כלפי חוץ מתוך שאיפה להשפיע על העולם הרחב דרך פעילות פילנתרופית?" יש בכך רמז ברור שדווקא הנושא שלי ראוי לטיפול ללא הידרשות לספרות ההלכתית, אך בהינתן ההכשרה והגישה שלי, הסיכויים שכך יהיה קלושים בהחלט. הייתכן שנדון בנושא הצדקה כאילו הוא מחוץ למרחב ההלכה? הרי הצדקה היא מצווה וערך, ועל בסיסה, בראש ובראשונה, בחר הקב"ה באברהם אבינו:

תרגם מאנגלית: קלמן נוימן

> כי ידעתיו למען אשר יצוה את בניו ואת ביתו אחריו ושמרו דרך ה׳ לעשות צדקה ומשפט... (בראשית י״ח, יט)[1]

ובעקבות פסוק זה, בין היתר, העניק לה הרמב״ם מעמד נורמטיבי מיוחד:

> חייבין אנו להיזהר במצות צדקה יותר מכל מצות עשה. (הלכות מתנות עניים פ״י ה״א)

מעמד זה של הצדקה משתקף גם בכך שההלכה מאפשרת, כפי הנראה, להשתמש באמצעי כפייה כדי לחייב את קיומה, בניגוד לכללים הלכתיים הנוגעים לכפייה.[2]

פילנתרופיה במקרא ובהלכה

השאלה מניחה שיש ערך לשתי החלופות: ׳התכנסות פנימה׳ או ׳פנייה החוצה׳. לכל אחת מהן תוכן מוסרי ודתי, כל אחת מהן היא תגובה לצרכים אמיתיים, וכל אחת מהן מיטיבה את החיים האנושיים לאור רצון הבורא. אולם אם נתייחס לבחירה באחת מהן מתוך הגדרה מצומצמת של מונחים הלכתיים פורמליים, הרי יש שוני ניכר ביניהן מבחינת משקלן הסגולי. לחלופה הראשונה יש מעמד ברור כמצווה – בעצם כמה מצוות, ואפילו מרכזיות ביותר. ראינו כיצד הרמב״ם משרטט את מעמדה המיוחד של הצדקה, ויש לכך תקדימים כבר בדברי חז״ל שתיארו אותה כעשייה שמחישה את הגאולה – ״גדולה צדקה שמקרבת את הגאולה״ (בבא בתרא י ע״א) – ומסוגלת להדוף את כעסו של הקב״ה:

> אמר רבי אלעזר: גדול העושה צדקה בסתר יותר ממשה רבינו, דאילו במשה רבינו כתיב ״כי יגורתי מפני האף והחמה״ (דברים ט׳, יט), ואילו בעושה צדקה כתיב ״מתן בסתר יכפה אף״ (משלי כ״א, יד). (שם ט ע״ב)

1. וראו דיונו החיוני של הרמב״ן על אתר באשר למקומה של הצדקה בבחירתו של אברהם.
2. ראו בבא בתרא ח ע״ב; כתובות מח ע״א; שם נ ע״א. רבים מרבותינו הראשונים סברו (בעקבות הגמרא בחולין קי ע״ב) שאין כופים לקיים מצוות עשה שמתן שכרה בצדה, ולדעת רבים מצוות הצדקה שייכת לקטגוריה זו. חלק מהראשונים הסיקו שאין כופים על הצדקה ואילו אחרים מצאו סיבות להוצאתה מן הכלל. ראו **תוספות**, בבא בתרא ח ע״ב ד״ה אכפיה; **חידושי הריטב״א**, ראש השנה ו ע״א ד״ה ועשית; רמב״ם, הלכות מתנות עניים פ״ז ה״י והלכות נחלות פי״א ה״י-הי״א **וכסף משנה** שם; וכן **קצות החושן**, סימן רצ ס״ק ג.

לעומת זאת, אי־היענות לאתגר הצדקה שקולה לחמורה שבעבירות: "כל המעלים עיניו מן הצדקה כאילו עובד עבודת כוכבים" (שם ט ע"ב – י ע"א).

בניגוד לכך, החלופה השנייה שהוצגה, 'פנייה החוצה', אינה בעלת מעמד כזה, וברור שיש להביא עובדה זו בחשבון. ואולם עלולים אנו לטעות טעות חמורה אם נסיק בחיפזון שדי בנקודה זו כדי להכריע את הדיון באופן החלטי, ושעל בסיסה בלבד ניתן להציב קווים מנחים שיכתיבו את סעיפי התקציב להקצאת כספי תרומות.

אפשר להדגים זאת בעזרת המושג 'שֶׁבֶת', המוכר ללומדי הלכה. מדובר בחובה להגביר את נוכחותה (ובמידה, את שליטתה) של האנושות בעולם על ידי ריבוי טבעי. פרנסיס בייקון כינה זאת "הרחבת הגבולות של הממלכה האנושית". אף שמדובר במושג הדומה למצוות 'פרו ורבו',[3] הוא שונה בכך שחז"ל פירשו את 'פרו ורבו' כחובת הפרט ואילו 'שֶׁבֶת' היא דרישה כללית המופנית לאנושות כקבוצה.[4] מקור המונח הוא הפסוק שֶׁבֶת בישעיהו "לא תהו בראהּ לָשֶׁבֶת יצרהּ" (מ"ה, יח). והנה, אף שהפסוק איננו מנוסח כקביעה נורמטיבית, הרי בהקשרים מסוימים הגמרא (לדעת התוספות)[5] מייחדת אותו כמשמעותי במיוחד. הוא כלול למשל בשלוש המצוות היחידות שלמען קיומן מותר למכור ספר תורה או לצאת מארץ ישראל.

דוגמה מקבילה מסוג אחר ניתן להביא מפירושו של הגר"א מווילנה לסיומה של מגילת אסתר. הגר"א מתמקד באופיו ובמעמדו השונה של "טוב" לעומת "שלום":

"דרש טוב" – הוא מעשים טובים ומדות טובות. והמדות טובות הן יותר מכולן כמו שכתבתי שלא נכתבו המדות טובות בתורה כי הם כוללין כל התורה כמו

3. ראו יבמות סה ע"ב ו**תוספות** שם ד"ה ולא. יש מי שהעלה את האפשרות שהפסוק יתפרש כברכה ולא כציווי. ראו **מהרש"א** סנהדרין נט ע"ב ד"ה והרי פריה ורביה. אך דעה זו לא נתקבלה להלכה.

4. הבחנה זו משתקפת לדעתי בעמדת כמה מרבותינו הראשונים שגם אנשים הפטורים ממצוות 'פרו ורבו' עדיין כלולים במצוות ההולדה, בתוך גדרי 'שֶׁבֶת'. מתבקש להסביר באופן הזה את ההסתמכות של המדרש על 'שבת' (ולא על 'פרו ורבו') כדי לחייב אדם לשחרר את עבדו אם עקב מצבו המשפטי הוא איננו יכול להקים משפחה (ראו גיטין מא ע"א). הסיבה היא שאי אפשר לחייב את האדון לאפשר לעבדו למלא את חובתו, אך ניתן לכפות זאת מתוך האחריות שלו עצמו לדרישה הכללית. בנימה שונה לגמרי, במאה השש עשרה הבין בעל 'שני לוחות הברית' את הפסוק כאזהרה מפני סגפנות וכאישור חוויית העולם הזה: עיינו **שני לוחות הברית**, מסכת סוכה, עמוד השלום, כח.

5. ראו מגילה כז ע"א; עבודה זרה יג ע"א; יבמות סב ע"א-ע"ב; גיטין מא ע"א-ע"ב. ראו גם **תוספות**, עבודה זרה יג ע"א ד"ה ללמוד, המצטט ולאחר מכן דוחה עמדה הפוכה הטוענת שהמצוות הללו הן בעלות חשיבות פחותה, וכוונת הגמרא לחדש שלמרות זאת הן מספיקות כדי להתיר את המכירה או השחרור.

שנאמר "כל הכועס כאלו עובד עבודה זרה" (שבת קה ע"ב) ו"כל המספר לשון הרע ככופר בעיקר" (ערכין טו ע"ב) וכן כולם. ו"שלום" הוא כלל הכלי לכל המדות והוא הלבוש של כל המדות... והמדות הם כלל כל המצוות ובירך אותן בשלום שיהיו יכולים לקבל את התורה. (פירוש הגר"א לאסתר י', ג)[6]

הניסיון להסביר את ההתעלמות היחסית של התורה מפירוט ערכים מוסריים מעניין כשלעצמו. אך הקביעה שיש לייחס את ההשמטה לכך שהם, ובמיוחד מידת הטוב והשאיפה לשלום, בסיסיים וכלליים כל כך – גובלת בהפתעה של ממש. על כן היא מדגימה את הטענה שלנו. מכאן שהמסקנה כי ממד המצווה של צדקה המכוונת 'פנימה' מועדף תמיד על פני שיקולים אחרים של מדיניות ציבורית, אכן עלולה להיות נמהרת.

לצערי, יש סיבה נוספת שמצריכה להדגיש את המשקל הפוטנציאלי של החלופה של 'פנייה החוצה'. למרות הלקח המוסרי של נביאי ישראל והדוגמאות מדמויות שהן תשתית לעצם קיומנו, רבים בעולם התורה ממשיכים להתעלם מן הפן האוניברסלי של חסד. כבר הבעתי את צערי על כך במאמר קודם, ואולם יש לחזור תכופות על הדברים: הנטייה שקיימת בחלקים גדולים של עולם התורה, בישראל כמו בתפוצות, להתעלמות כמעט טוטלית מסבלם של לא־יהודים, היא חרפה הראויה לגינוי.[7] האדישות נובעת בחלקה מכישלון, המושרש לעתים בתערובת של בורות ודעות קדומות, להעריך נכונה את היקפה וערכה של עבודת ה' ורוחניות אצל לא־יהודים.

ללא ספק, מערכת הדרישות והאפשרויות, מתנת הא־לוהים לעם ישראל, היא ייחודית: "רצה הקב"ה לזכות את ישראל לפיכך הרבה להם תורה ומצוות" (מכות פ"ג מט"ז). אולם ברור שעובדה זו אינה אמורה לגרור או להצדיק את אותו הזלזול שרבים חשים ומבטאים כלפי חיים דתיים נורמטיביים של לא־יהודים, כפי שההלכה מגדירה אותם. למשל, כמה מאחינו מכירים בכך שנוסף על הליבה המינימלית של שבע מצוות בני נח, סבורים הרמב"ן והרמ"א שלא־יהודים מחויבים בקיום חלק גדול מן החוק האזרחי המנוסח בחלק 'חושן משפט' של שולחן ערוך?[8] האם הם מודעים לדברי הרמב"ם שקיום מצווה כלשהי מצדו של גוי תזכה אותו בשכר: "לפי שכל מצוה

6. ראו שבת קה ע"ב. השוו גם רמב"ם, הלכות דעות פ"ב ה"ג, הקובע ששיטתו שמעדיפה את דרך האמצע איננה חלה על מידת הכעס, שממנה יש להתרחק במידה מרבית. ראו גם רמב"ם, הלכות תשובה פ"ז ה"ג, ששם הוא כולל את הכעס במידות הרעות המחייבות חזרה בתשובה.

7. ראו מאמרי 'חובות הלבבות והתגובה לסבל', לעיל עמ' 151.

8. ראו **רמב"ן** לבראשית ל"ד, יג ו**שו"ת הרמ"א**, סימן י.

שהגוי עושה נותנים לו עליה שכר אבל אינו כמי שהוא מצווה ועושה"? (**תשובות הרמב"ם**, מהדורת בלאו, סימן קמח).[9] נוסף על כך, ברור שהמרכיבים הבסיסיים ביותר של החוויה הדתית – אהבה, יראה, דבקות, תפילה, קרבנות, תשובה – כמו הדרישה לאמת ולרגישות, חלים על מי שאינו יהודי כפי שהם חלים עלינו. כמו כן, גם למצווה המרכזית של תלמוד תורה יש פן אוניברסלי. הוא משתקף בבהירות בחזון של הרמב"ם על אודות ימות המשיח אשר בהם "לא יהיה עסק כל העולם אלא לדעת את ה' בלבד" (הלכות מלכים פי"ב ה"ה). הדבר בא לידי ביטוי בצורה מפורשת יותר בדברי רבי מאיר שלימוד תורה של גוי שווה ערך לזה של יהודי:

> היה רבי מאיר אומר: מניין שאפילו נכרי ועוסק בתורה שהוא ככהן גדול? שנאמר "אשר יעשה אתם האדם וחי בהם" (ויקרא י"ח, ה), כהנים לויים וישראלים לא נאמה, אלא האדם. הא למדת שאפילו נכרי ועוסק בתורה הרי הוא ככהן גדול. (סנהדרין נט ע"א)[10]

יהיה אשר יהיה הסברנו לקשר הסיבתי לכך, בכל זאת אנו מתקשים להאמין: האם אין שום השלכה מעשית למדרשים שינקנו מילדות, המספרים על מידת גמילות החסדים[11] של אברהם – ובכללם הדרשה המוכרת שהכנסת האורחים שלו עדיפה על של לוט משום שהוא חשב שהוא מארח נוודים מאובקים ואילו לוט ידע שהם היו מלאכים? האם מעשהו של עבד אברהם, שבחן את רגישותה של רבקה, היה חסר תוחלת משום שיהודים לא היו מעורבים בו? האם עלינו לראות בהגנתו של משה רבנו על נערות מדיין רק מעשה אבירי של רועה מתחיל? האם תוכחת הקב"ה ליונה הנביא צריכה להישמע רק ביום הכיפורים ואילו למחרת יש להתעלם מן המסר שבה?

כמובן, יש תירוצים מן המוכן כדי להצדיק את המצב. אפשר למשל לטעון שאירועים שקדמו למתן תורה אינם נחשבים, משום שמתן תורה בסיני ארגן מחדש את סדרי הקדימויות. אולם האם איש או אישה המתהדרים באמונה וברגישות מוסרית

9. ראו גם **פירוש המשניות**, תרומות פ"ג מ"ט.
10. בהמשך הסוגיה מגבילה הגמרא את טווח החומר התורני המאושר לעיסוקו של הנכרי, אך מסיבות משניות. אין זה נוגע לעצם ההשקפה העקרונית בנוגע ללימוד תורה כשלעצמו.
11. במסגרת מאמר זה לא הבחנתי בין צדקה לגמילות חסדים אף שברור שהבחנה כזאת קיימת בגמרא. צדקה ממוקדת בעזרה כספית לעניים, ואילו גמילות חסדים מקיפה סוגים שונים של תמיכה ועזרה, גם כאלה המוגשות לעשיר; ראו סוכה מט ע"ב. לתחושתי, בעניין זה ההבחנה איננה נוגעת במיוחד למהלך דבריי, ועל כן החלפתי בין שני המונחים באופן חופשי.

יכולים להסתפק בהצדקות עצמיות מעין אלו? עבור יהודים שומרי מצוות ובעלי מחויבות – ועל אחת כמה וכמה עבור כל בן תורה – התכחשות לחסד אוניברסלי כביטוי של עבודת ה' איננה יכולה להיחשב אופציה אמיתית. אנו, לעומת זאת, מכוונים את מעשינו ותפיסותינו לאור דברי הרמב"ם, הרואה את הנהגת הקב"ה כנורמה, ברוח "והלכת בדרכיו": "הרי נאמר 'טוב ה' לכל ורחמיו על כל מעשיו', ונאמר 'דרכיה דרכי נועם וכל נתיבותיה שלום'" (הלכות מלכים פ"י הי"ב).[12]

'חסד ה' לכל' והיחס הסימביוטי בין התורה לשלום ולהרמוניה הם יותר מדגמי פעולה, הם מציבים דרישה. לכן ההכרה העקרונית בחובתנו הפילנתרופית רבת הפנים עומדת בלב הנושא שלפנינו. מצד אחד, היא משמשת נקודת מוצא לדיון, ומצד שני, היא עשויה להיות גם מסקנתו הסופית. וכל זאת משום שהיא היא לוז הבנתנו העקרונית בעניין היקף המחויבות לגמילות חסדים.

ניתן להשקיף על בסיסה של המחויבות הרחבה הזאת משתי נקודות מבט. אפשר להניח שהיא נובעת בלעדית מזהותנו היהודית הפרטיקולרית, חלק חיוני ממורשת האבות של כנסת ישראל בכלל ומדרכה המוסרית בפרט. במיוחד מדובר בדמותו של אברהם, אשר זרעו ותלמידיו נצטוו "לשמור דרך ה' לעשות צדקה ומשפט" (בראשית י"ח, יט). ואולם אין מניעה לראות זאת בצורה אחרת, כביטוי של זהותו הכפולה של היהודי; זהות המורכבת ממרכיבים אוניברסליים ולאומיים כאחד. בהקשר הזה נוכל להתבונן במשמעותו של קטע מן המכילתא הנוגע לענייננו:

> אסי בן עקיבא אומר: קודם מתן תורה היינו מוזהרים על שפיכות דמים, לאחר מתן תורה תחת שהוחמרו הוקלו? באמת אמרו, פטור מדיני בשר ודם, ודינו מסור לשמים. (מכילתא דרבי ישמעאל, משפטים, מסכתא דנזיקין, פרשה ד)

12. דברי הרמב"ם מוסבים על נתינת צדקה לגויים. השוו רמב"ם, הלכות דעות פ"א ה"ה-ה"ו והלכות חנוכה פ"ד הי"ד. בהקשר זה יש לציין ספר שהתחבר לאחרונה המקיף את מצוות הצדקה (ובמידה פחותה, גמילות חסדים), מעקרונותיה הכלליים ועד דקדוקיה המפורטים. **יסודי הצדקה** מאת הרב מנחם כשדן (ירושלים, תשס"ט) מציג סקירה ממצה, מלומדת ומעמיקה, הכוללת כמעט את כל ההיבטים החשובים של הנושא ויש בה משום תרומה רבת ערך להבנתו וניתוחו מבחינה הלכתית והשקפתית כאחת. נוסף על כך, החלק הסיפורי של הספר מביא הדגמות מעשיות לקיום מיטבי של צדקה, ואלו מניחות בבירור שתמיכה בלא־יהודים כלולה בגדרים הרחבים של המצווה והאידיאל (ראו למשל עמ' 587). ואולם, מבט חטוף במפתח מגלה שנושא זה כמעט נעדר מחלקו העיקרי של הספר.

רבי יוסף קארו, בפירושו למשנה תורה לרמב"ם, רואה בדברי המכילתא את המקור לדברי הרמב"ם שהרוצח גוי חייב מיתה בידי שמים.[13] יתר על כן, ההשלכות של הדברים חורגות הרחק אל מעבר לגדרי הדין המסוים הזה. הדבר משתקף למשל, כפי הנראה, בתמיהה של הגמרא על האפשרות שיהיה מותר ליהודי לאכול בשר בהמה שעברה שחיטה הלכתית אך היא עדיין מפרכסת, ואילו לגוי אכילה כזו תהיה אסורה (מדין אבר מן החי), שהרי מבחינה ביולוגית היא עדיין בחיים. כך שואל רב פפא רטורית: "מי איכא מידי דלישראל שרי ולעובד כוכבים אסור?" [תרגום: היש דבר שלישראל מותר ולעובד כוכבים אסור?] (חולין לג ע"א).

כפי הנראה, עיקרון זה מבוסס על ההנחה שמתן תורה ובחירת ישראל נועדו להעניק רמה גבוהה יותר של מחויבות המושרשת בזהות חדשה, אך לא למחוק מחויבות קודמת המבוססת על זהות אוניברסלית ראשונית.[14]

לפי הבנה זו, ההשלכות כלפי מימוש אידיאל החסד מובנות מאליהן. רבותינו הראשונים נחלקו אם מבחינה הלכתית יש חובה על גוי לתת צדקה, חובה שאינה נמנית עם שבע מצוות בני נח. המקורות הנוגעים לעניין זה בגמרא דלים ואינם מאפשרים הכרעה. אולם המסר נמצא ככל הנראה בדברי תוכחתו של יחזקאל לאנשי ירושלים, תוכחה חריפה ומאירת עיניים כאחת. הנביא קובע שתושבי בירת הממלכה קלקלו דרכיהם יותר מאנשי סדום, העיר שהיא הרוע בהתגלמותו. ובמה התבטאה שחיתותה של סדום באופן המובהק ביותר? בחוסר דאגתם של אנשי העיר לעני:

> הנה זה היה עון סדם אחותך גאון שבעת לחם ושלות השקט היה לה ולבנותיה ויד עני ואביון לא החזיקה. (יחזקאל ט"ז, מט)[15]

כפי שכותב הר"ן,[16] הפסוק מלמד שחובתם של אנשי סדום הייתה לתמוך בעניים, וההימנעות מכך המיטה עליהם את חורבנם.

13. ראו רמב"ם, הלכות רוצח ושמירת נפש פ"ב הי"א, **וכסף משנה** שם.
14. מו"ר הרב יצחק הוטנר בספרו **פחד יצחק** לפסח, סימן נא עמ' קמה, מאמץ עמדה זו בדרך כלל, אך סבור ששבת וימים טובים חריגים.
15. בפסוקים הקודמים ירושלים מוקעת, בלשון קשה, כגרועה מסדום.
16. ראו **חידושי הר"ן**, סנהדרין נו ע"ב ד"ה ויצו. במהדורת מוסד הרב קוק מציין המהדיר שייתכן שהרמב"ם סבור אחרת, משום שהוא רואה בנתינת צדקה על ידי גוי מעשה ראוי אך לא חובה; ראו רמב"ם, הלכות מלכים פ"י ה"י **ובספר המפתח** (במהדורת שבתי פרנקל) על אתר.

בהמשך להנחתנו הקודמת, ניתן להפיק תובנה מביקורתו המאלפת והנוקבת של יחזקאל גם לגבי העולם היהודי, שהוא מושא התוכחה. הרי ה"עני ואביון" אשר ננטשו בידי הבורגנות הסדומית השבעה והמרוצה מעצמה הם כמובן גויים. אם ניישם את העיקרון של איסי בן עקיבא בתחום הפילנתרופיה, הרי אותו ציבור שהיינו מחויבים לתמוך בו לפני מתן תורה נותר חלק מן האחריות המוסרית שלנו, לאור המרכיב האוניברסלי העומד על תלו.

נקודה זו מתחזקת אם נתבונן במלוא המרחב של המחויבות לרדיפת צדקה וחסד. המחויבות הזאת היא בעלת שורש כפול. ברור שהיא נועדה לסייע למי שסובל ממחסור. סיוע זה הוא הרעיון המרכזי של שתי הפרשיות בתורה שעוסקות בחובת הצדקה: "וכי ימוך אחיך ומטה ידו עמך והחזקת בו גר ותושב וחי עמך" (ויקרא כ"ה, לה) או "כי לא יחדל אביון מקרב הארץ על כן אנכי מצוך לאמר פתח תפתח את ידך לאחיך לעניך ולאבינך בארצך" (דברים ט"ו, יא).

אולם בו בזמן, הצדקה נועדה לחנך את הנדבן בעל האמצעים. דבר זה מתקיים בראש ובראשונה על ידי ההידמות לקב"ה, על ידי חיקוי (בשינויים המתחייבים) התכונות המוסריות אשר אנו מייחסים לו יתברך מכוח הנבואה ומכוח האינטואיציה האישית. תכונות אלו של אדון עולם ופועלו בהיסטוריה הן בעלות כפל פנים, כפי שמשתקף בסידור התפילה. הפרקים המסיימים את ספר תהילים, הנאמרים יום יום כשדרה המרכזית של פסוקי דזמרה, עוברים בין ההדגשים האוניברסליים של "אשרי" לבין המיקוד הלאומי של "כי טוב זמרה" או של "שירו לה' שיר חדש". ההיתוך של האוניברסלי והפרטיקולרי ב'מלכויות', 'זיכרונות' ו'שופרות', הנאמרים במוסף של ראש השנה, הוליד את ההערה המיוחסת לחפץ חיים שאם הגויים היו יודעים כמה אנו מתפללים לטובתם, הם היו רצים להדפיס בעבורנו מחזורים. הדוגמה הבולטת והמוכרת לכך היא זוג האמירות שבהן פותחת קריאת שמע וביטוי נועז ביותר לכך מופיע בצירוף שני היגדים הנראים סותרים בפי ישעיהו הנביא:

> כי בֹעֲליך עֹשַׂיִךְ ה' צבאות שמו וגאלך קדוש ישראל א-להי כל הארץ יקרא.
> (ישעיהו נ"ה, ה)

כאן היחס העמוק והאינטימי ביותר לקב"ה עומד עם השלטון והריבונות המוחלטים שמיוחסים לו.

צירוף זה אינו אמור לגרור הזנחה נינוחה של התמונה הרחבה יותר. נכון הוא ש"בני בכורי ישראל" (שמות ד', כב); יחסי הגומלין של "את ה' האמרת היום" ושל

"וה' האמירך היום" (דברים כ"ו, יז-יח), המשתקפים ב"מי כעמך ישראל גוי אחד בארץ", הנאמר בתפילת מנחה של שבת, מרכזיים בתפיסתנו לגבי יחסו של הקב"ה אלינו ושל יחסנו אליו יתברך. אך נוסף על הבכור יש ילדים אחרים הזקוקים אף הם לתזונה. כאשר אנו מתבוננים בשפע שהקב"ה מוריד לנו, אנו מבטאים את האמונה שגם עבורם נשמר מקום מסביב לשולחן האוכל:

> אֹהֵב צדקה ומשפט חסד ה' מלאה הארץ. (תהילים ל"ג, ה)
> הזן את העולם כולו בטובו בחן ובחסד וברחמים. (ברכת המזון)
> פותח את ידיך ומשביע לכל חי רצון (תהילים קמ"ה, טז)[17]

אם זו הפרדיגמה שלנו, האם נוכל להגביל את הדאגה שלנו לאחינו בלבד?

ככל שמדובר בשאלת הדאגה, התשובה המהדהדת לכך חייבת להיות שלילית. אין דרך להצדיק אדישות לסבל, ללא קשר למיקומו. אם המערכת ההלכתית הביאה בחשבון את צערם של בעלי חיים (ולדעת רוב רבותינו הראשונים זהו עיקרון מדאורייתא[18]), על אחת כמה וכמה שהיא תבקש להחדיר תודעת אמפתיה כלפי צערו של כל אדם. היסק זה ברור מתוך דברי הגמרא. הסוגיה מביאה מקור לכך שהחובה לפרוק משא בהמה של "שונאך" אמורה כלפי שונא יהודי בלבד, בניגוד לעובד כוכבים. על כך שואלת הגמרא, אם השיקול הוא צערה של הבהמה, מה הטעם בהבחנה הזאת?

> אי אמרת צער בעלי חיים דאורייתא – מה לי שונא ישראל ומה לי שונא נכרי? (שם ל"ב, ב)[19]

משתמע בבירור מן הקטע שייתכן ששיקולים שונים (לדוגמה, רתיעה מעבודה זרה) יגברו על חובת הרגישות. אך חובה כזו כשלעצמה אכן קיימת.

17. ניתן גם לציין את היעדרה של כל התייחסות לקבוצה מסוימת באמירה המדרשית שהקב"ה קם (כביכול ממצב של חוסר פעילות) כשהוא רואה עניים נשדדים ואביונים נאנקים. ראו בראשית רבה ע"ה, א; שמות רבה י"ז, ד.
18. ראו בבא מציעא לב ע"א-ע"ב.
19. ההבחנה בין עובדי עבודה זרה ובין לא־יהודים המאמינים בא־ל אחד היא נקודה מכרעת בחשיבה ההלכתית על אודות יחסי יהודים וגויים, והיא מחייבת בירור מסוג אחר הנמצא מחוץ לתחום הדיון כאן.

בעיית סדרי העדיפויות

ברם, כשאנו מגיעים לביצוע, תרגום הדאגה לתרומה כספית איננו אוטומטי ואף איננו ודאי, משום שבמצבים אלו אין אפשרות לשמור על החפיפה בין המישור הא־לוהי למישור האנושי. במוקד החיים המוסריים בכלל ושל נתינה לאחרים בפרט עומדת בעיית הקדימות, ובה נפגשים הטרגדיה והאתגר, ההדר והאיום הניצבים מולנו כאשר אנו מגששים את דרכנו ונאבקים בהכרח לבחור. הפייטן מבכה ומתחנן, "מרובים צרכי עמך ודעתם קצרה", אך לא רק מאגרי הדעת האנושית מוגבלים. כאלה הם גם תוחלת החיים, כוחותיו של אדם, כישרונותיו, ואף המשאבים העומדים לרשותו. לא כך הדבר לגבי ריבונו של עולם, היכול להציף את העולם כולו ביוזמתו, אם לטוב אם למוטב. בהיותנו נעדרי כוח השפע הבלתי מוגבל, על כל איש ואישה לקבל הכרעה. ההכרעה היא מפתח לעולמה של ההלכה. כל רגע המוקדש לפעילות כלשהי דוחק הצדה פעילות אחרת; המידה הקטנה ביותר של אנרגיה המושקעת לטובת ערך אחד באה, באותו רגע, על חשבון כל החלופות האחרות; כל פרוטה של מלגה המוענקת למועמד שאפתני, נמנעת מכל מתחריו. על כן, בהקצבת הפעילות האישית שלנו או בהקצאת משאבים לאחרים אנו מוכרחים לדרג, גם אם לעתים הצורך לדרג אינו לרוחנו והיינו מעדיפים לוותר עליו, כשאיננו נלהבים מן ההתנשאות הכרוכה בהערכת אחרים. יתר על כן, אנו נדרשים לדרג לא רק אנשים אלא גם את המרחבים הסובבים אותם – עם מי הם קשורים, אילו אידיאלים הם מאמצים ואולי מייצגים, ומכאן – מה יהיו השלכות התיעדוף שלנו.

מעשה הבחירה ותוצאותיו יכולים לרומם, אך יש בהם גם אכזריות. כפי שידוע בתחום ה'טריאז'', או המיון הראשוני, בטיפול רפואי – הבחירה מצילה חיים אך מפקירה חיי אחרים, ומיטיבה עם מגזר אחד על חשבון האחר. במקרים קיצוניים שבהם ההכרעה בלתי אפשרית, עלולה לעלות אפשרות של בחירה אבסורדית, המעדיפה ויתור על הכל כדי להימנע מבחירה שרירותית באחד. על כן, כשמדובר בתרומה פילנתרופית, הכרה בנכונותה וערכה של יוזמה מסוימת איננה פוטרת אותנו מהצורך בהכוונה עקרונית והדרכה מעשית. נתכנסנו כאן בחיפוש אחר הכוונה כזאת, כדי להתוות אסטרטגיה לאור המציאות בהווה ולקבוע בסיס לקדימות עקרונית.

המטלה שלי הוגבלה לשאלה יחידה שנוגעת לבחירה שבין היתרונות המעשיים והרוחניים של פילנתרופיה פנים־קהילתית או אוניברסלית. אדגיש בראשונה שאין כאן שאלה יהודית ייחודית, אולם יש לה מרכיבים יהודיים שהם משמעותיים יחסית. השאלה הבסיסית נוגעת למיזוג בין אלטרואיזם קולקטיבי לבין אגואיזם. ההתלבטות הזאת, באופן עקרוני או במינון עדין, היא שאלה ותיקה של תורת המוסר הכללית

והדתית כאחת. עם זאת, יש לה גם קלסתר יהודי ייחודי משתי סיבות. ראשית, האמונה בבחירת עם ישראל וייחודו מייצרת תשתית רעיונית ונטייה נפשית המעצימה את תחושת הייחודיות. נטייה כזאת מקבלת חיזוק מנתונים סוציו־היסטוריים – אלפי שנות רדיפות מתוך מאבקי הישרדות, והמציאות של חיי תפוצה היוצרת קשרים מעבר לימים ולגבולות, והקובעת הגדרות של 'אנו' ו'אחר' השונות מאלה של תושביה ואזרחיה של ישות גאופוליטית בעלת גבולות.

ניגש אפוא להתבונן בשאלה הכללית ובהשלכותיה לגבי פילנתרופיה יהודית בכלל ואורתודוקסית בפרט. לאחר מכן ננסה לגעת בשאלות פרקטיות של הגדרת קדימויות בין היתר באמצעות שימוש בפרדיגמות של ההלכות הרלוונטיות כפי שעולה מן המקורות. לא ננסה למצות את הלכות צדקה וחסד אך נקווה שגם סקירה קצרה תעזור להבהיר את השאלות העקרוניות העומדות כאן לדיון.

השאלה הכללית

השאלה הראשונה שהוצגה לפניי היא כשלעצמה בעלת כפל פנים. משמעותה העיקרית נוגעת ליעד הראוי של הפילנתרופיה היהודית וזהות הקהילה שתיהנה ממנה. אך כפי שנוסחה היא נוגעת גם לשיקול אחר: המטרה של כל אחת מן החלופות. השואל קובע שנתינה תוך־יהודית נועדה ל'שימור עצמי' ואילו הפניית המשאבים חוצה תכליתה "להשפיע על העולם הרחב". כפי הנראה, הונח ששתי השאלות קשורות קשר מהותי ועמוק. אולם אינני בטוח שכך הוא הדבר, גם אם ניתן להעלות על הדעת קשר היסטורי או סוציולוגי כלשהו. בהחלט ייתכן שנדבנים לצרכים בהיקף אוניברסלי עשויים להיות מונעים יותר בידי מצע אידיאולוגי מאשר אלו הדוגלים בצמצום הנתינה 'פנימה'. ובכל זאת, השאלות "את מי משרתים" ו"לאיזו מטרה" הן נפרדות מבחינה לוגית. מצד אחד, שימור עצמי יכול להקיף מרכיבים פיזיים ורוחניים כאחד. מצד שני, פנייה אל העולם הרחב עשויה לכלול – ואולי אף כנטייה ראשית – מתן מענה לצרכים הפיזיים, הכלכליים והתרבותיים של הנצרך, המקופח ונטול הזכויות, ולאו דווקא להשפיע על סביבתו המקיפה. יתר על כן, עלינו להיזהר מפני הנטיות הקשורות ברצון להשפיע. אין ספק שרצון זה עשוי לנבוע מיראת שמים טהורה, כדוגמת קריאתו של אברהם אבינו "ויקרא שם בשם ה' א־ל עולם" (בראשית כ"א, לג). אך יכולים להיות מעורבים בו גם דחפים אנוכיים, עם קורטוב ממה שסטיבן שוורצשילד כינה "אימפריאליזם של הנפש". במקרה הגרוע הוא עלול להביא לניצול מתנשא ופטרנליסטי של מצוקה לטובת קידום סדר יום נאור, לכאורה.

על אף ההסתייגויות הללו, ניסוח השאלה נוגע אל נכון בנקודה אמיתית שאף עומדת על בסיס הלכתי איתן. הצדקה נועדה לשתי מטרות, נפרדות גם אם אולי שזורות זו בזו. במישור אחד, היא שואפת לצמצם סבל ולאפשר רמת מחיה סבירה בצורה הוגנת יותר. מצד שני, היא מכוונת להעשיר את איכות החיים על ידי טיפוח ערכים תרבותיים, אינטלקטואליים, מוסריים ורוחניים, הן ברמה האישית והן ברמה המוסדית.

שתי המטרות מוצאות ביטוי הלכתי בחלקים שונים של התורה, כפי שפורשו בידי חז״ל וסוכמו להלכה בידי המפרשים והפוסקים הקלסיים. הפן הראשון של העזרה לעני מופיע בשתי פרשיות, זו הפותחת במילים ״וכי ימוך אחיך״ (ויקרא כ״ה, לה), והתיאור הרחב יותר הממוקד בארץ ישראל וצופה ״כי יהיה בך אביון מאחד אחיך באחד שעריך״ (דברים ט״ו, ז). אך ישנו שיח משלים הקודם לפרשיות הללו, בעל אופי סיפורי והלכתי כאחד, על אודות הנדבות לצורך הקמת המשכן וכליו. לכאורה נושא זה איננו קשור כלל לצדקה והוא חוסה תחת קטגוריה הלכתית אחרת. אולם חז״ל סברו אחרת, שהרי בדיון בפרטי הלכה מסוימים הגמרא מקשרת בין מימון בית כנסת ובין עזרה לעני.[20] יתר על כן, הרמב״ם, בתשומת לב אופיינית למיון ולסיווג, כלל את שניהם בהלכות מתנות עניים.[21] על כן, עיצוב אתיקה של פילנתרופיה יהודית ראויה חייב להציב מדיניות בעניין ההסתעפויות הערכיות והחברתיות־כלכליות כאחת.

כאן עומדת לפנינו שאלת ההתבדלות, בשני אופנים: יש לבדוק אותה במישור ההיסטורי על ידי סקירת העבר; וכן את האתגר שהיא מציבה בפנינו כפי שאנו דנים בו כיום. אשר למישור הראשון, אין ספק שכבר מראשית ימינו נתפס קיומנו הנפרד כאחד מסימני הזהות המובהקים שלנו; יש שרואים בו מקור וביטוי לעוצמה, ואילו בעיני אחרים הוא מעיד על פגם מוסרי. העדויות למקומו הבולט של הדחף לבדלנות הן רבות – השקפתם של חז״ל על אודות אברהם אבינו: ״רבי יהודה אומר כל העולם כולו מעבר אחד והוא מעבר אחד״ (בראשית רבה מ״ב, ח);[22] דבריהם על קנאותם של ישראל בשמירת ייחודם הלאומי בעת שעבוד מצרים; אולי גם התיאור של בלעם

20. ראו ערכין ו ע״א-ע״ב.
21. ראו רמב״ם, הלכות מתנות עניים פרקים ז-ח, ובמיוחד המעבר המובלע בין נושאי הדיון מהלכה ה להלכה ו (בפרק ח). הרב ברוידא [הערת המתרגם: המשתתף בכנס] טוען שהרמב״ם מצמצם את מצוות הצדקה לעניים בלבד. אינני משוכנע שכך הם פני הדברים, ומכל מקום זו אינה עמדת מסורת ההלכה הכללית.
22. המדרש מביא גם הסברים נוספים למונח ״העברי״, הקשורים לייחוסו של אברהם לעֵבר או למוצאו בעבר הנהר.

(שקשה לזהות בוודאות את המניע שלו): "הן עם לבדד ישכון ובגוים לא יתחשב" (במדבר כ"ג, ט);[23] העם המתבדל המסרב להיטמע בכור ההיתוך המלכותי, כפי שתיאר המן בזעמו; וכן מערך התקנות והגזרות שנועדו להקשות קיום קשר חברתי של ממש עם העולם הכללי. כמובן, מאז פאולוס שימשה ההתבדלות היהודית סלע מחלוקת מרכזי בפולמוס היהודי־נוצרי. אנו מודים בתכונה זו שלנו ואיננו מרגישים צורך להתנצל על כך.

אולם יש נקודה משיקה לכך שראוי לדון בה. הביקורת המוטחת בנו איננה רק על בדלנות כשלעצמה. אנו מואשמים לא רק בשבטיות אלא גם בפגם המוסרי של אנוכיות. נטען שאנו דואגים לאינטרסים הצרים שלנו באופן אובססיבי, עד כדי התנהגות בלתי מוסרית, הכוללת רמאות ושימוש בסטנדרטים כפולים.

כאן אני מוצא את עצמי מודה בחלק מן העובדות המיוחסות לנו, אך לא בכתב האישום הנובע מהן. אכן, אם נשפוט על פי הכללים המוצהרים של המוסר הנוצרי, איננו עומדים בדרישות. איננו תומכים במסירת מעילנו היחיד או בהושטת הלחי השנייה. אך הדבר איננו נובע מרפיון מוסרי אלא מגישה עקרונית. ברור שאנו מפארים את המרכזיות של גמילות חסדים ושואפים להגשים אותה כמרכיב בולט בפיתוח האישיות ובבניין חברה מלוכדת. אנו מלאי הערכה ליחידים ולקהילות המגלים נדיבות ומתחלקים בשפע שלהם (ואף יותר מכך) עם אלו שלא שפר עליהם גורלם. ברם, השורשים והמסורת שלנו, שאינם כפופים למערכות ערכים זרות, דוגלים באיזון החסד עם האנוכיות. איננו מאמצים או מטפחים את רעיון העוני הפרנציסקני, והדבר איננו מעיק על מצפוננו. עד לנקודה מכריעה מסוימת, אנו מכירים בקדימות של האינטרס הפרטי – לא רק במישור הלאומי (ברוח ספרו של ניבוהר 'האדם המוסרי והחברה הלא מוסרית') אלא גם במישור של היחיד, וכפי ששנינו:

> שנים שהיו מהלכין בדרך וביד אחד מהן קיתון של מים, אם שותין שניהם מתים, ואם שותה אחד מהן מגיע לישוב. דרש בן פטורא: מוטב שישתו שניהם וימותו ואל יראה אחד מהם במיתתו של חבירו. עד שבא רבי עקיבא ולימד: "וחי אחיך עמך" – חייך קודמים לחיי חבירך. (בבא מציעא סב ע"א)[24]

23. לא ברור באיזה שלב הפכה ההתערבות הא־לוהית את משמעות דברי בלעם, מן הרצון המקורי לגנות ל"נמצא מברך".

24. הדיון נסב על המבוכה שמתמודד עמה מי שהוא עצמו צד בעניין. מתוך הבחנה זו יש שהתחבטו כיצד להורות במקרה שהקיתון נמצא בידי אדם שלישי שאין לו נגיעה אישית לעניין.

זאת ועוד, העיקרון האמור איננו מוגבל למקרים של חיים ומוות, כדוגמת הזוג העומד בפני התייבשות ובידו מים המספיקים לאחד בלבד. הכלל תקף גם לגבי עניינים כספיים, כמו מצוות השבת אבידה:

> אבדתו ואבדת אביו – אבדתו קודמת, אבדתו ואבדת רבו – שלו קודם. מנא הני מילי? אמר רב יהודה אמר רב: אמר קרא "אפס כי לא יהיה בך אביון" (דברים ט"ו, ד) – שלך קודם לשל כל אדם. (שם לג ע"א)[25]

הרמב"ן הוא שניסח כלל זה בצורה הבהירה ביותר:

> וטעם "ואהבת לרעך כמוך" הפלגה, כי לא יקבל לב האדם שיאהוב את חבירו כאהבתו את נפשו, ועוד שכבר בא רבי עקיבא ולמד חייך קודמין לחיי חבירך. אלא מצות התורה שיאהב חבירו בכל ענין כאשר יאהב את נפשו בכל הטוב. (רמב"ן לויקרא י"ט, יז)[26]

הרמב"ן מתאר כהפרזה את מה שרבי עקיבא קבע כ"כלל גדול בתורה" ודווקא משום כך מעידים דבריו על ריאליזם מוסרי עמוק, המכיר בזכות האדם לדאוג לצרכיו יותר מלצרכיו של הזולת; זאת למרות העובדה שהדאגה לאחר היא מצווה ומסתבר שדאגה עצמית איננה בעלת מעמד כזה.

הכלל של "חייך קודמים" מקבל משנה חשיבות ותוקף מיוחד לענייננו עקב הכללתו בשולחן ערוך. הרמ"א מעמיד את ה"תורם" הפוטנציאלי עצמו בראש הפירמידה של הראויים לתמיכה:

> פרנסת עצמו קודמת לכל אדם, ואינו חייב לתת צדקה עד שיהיה לו פרנסתו. (**שולחן ערוך**, יורה דעה סימן רנא סעיף ג)[27]

גם אם הפטור איננו גורף יש לו השלכות משמעותיות, ועליהן נעמוד בהמשך.

25. והשוו שם ל ע"א, באשר למצב שונה ובהתבסס על אסמכתא מקראית אחרת.
26. הרב ח"ד שעוועל מעיר כי ייתכן שהרמב"ן מתכוון לחלוק על עמדתו האידיאליסטית יותר של הרמב"ם, כפי שזו נוסחה **בספר המצוות**, עשה רו; וראו גם רמב"ם, הלכות דעות פ"ו ה"ג.
27. למרבה ההפתעה, המקרה המסוים שבו דן רבי עקיבא לא הובא הלכה למעשה, לא ברמב"ם וגם לא בשולחן ערוך.

השלכות מעשיות

השלכות הדיון הזה על הבעיה שלנו ברורות מאליהן. כבר הדגשתי שיש לעודד נתינה הפונה החוצה, נתינה הרגישה למחסור מחוץ לגבולות הקהילה שלנו והשואפת להשתתף בהקלתו, במסגרת מחויבותנו לערך החסד. כמו כן עלינו להפנים את מלוא המשמעות של קביעת חז"ל שלא־יהודים כלולים ב"מצווה להחיותו"[28] ושהאידיאל הנורמטיבי המבוסס על מצוות "והלכת בדרכיו" מחייב אותנו לנסות לחקות בחיינו את חסדי הקב"ה. אני נשאר מחויב לחלוטין לעמדות אלו. אולם בפועל, ההתנגשות בין דרישות אלו לבין סיפוק מגוון צרכי הקהילה שלנו בלתי נמנעת. ואלה האחרונים ראויים בדרך כלל לקדימות, מכמה סיבות.

ראשית כל, משום שהם שלנו. יש כאן תערובת של דאגה עצמית ודאגה לזולת. דאגה עצמית – מפני שהנותן והמקבל הם חלק מישות אורגנית אחת; ודאגה לזולת – מפני שבמישור האישי הנותן והמקבל הם נפרדים. נוסף על כך, אנו נוקטים את העיקרון של "אפשר לעשותה על ידי אחרים".[29] הווה אומר, הצפי שמחסור מסוים יכול להיענות על ידי אחרים, ושניתן לקוות שכך יהיה, מדלל את חובתי שלי ומשחרר אנרגיה ומשאבים למטרות אחרות, ונמצא משפיע על איזון ההתמקדות פנימה כנגד ההסתכלות החוצה. כמעט ניתן לומר שמטרות אוניברסליות רבות זוכות מעצם הגדרתן לתמיכה רחבה ולקשת רחבה של תורמים פוטנציאליים. לעומתן, מוסדות יהודיים נפרדים – ובמיוחד אלה המיוחדים ל'דברים שבקדושה' – נאלצים להסתמך על בסיס צר הרבה יותר. כמו כן, לתמיכה באחינו יש ערך מוסף בקיום מצוות "פתח תפתח את ידך לאחיך לעניך ולאבינך בארצך" (דברים ט"ו, יא), והיא מקדמת גם צדקה מסוגו של ה"משכן" על ידי הענקת חיים ועוצמה לקהילת המאמינים הדבקים בו. על כן, ייתכן באמת שסדרי העדיפויות הראויים יטו את הכף למיקוד המאמצים פנימה.

28. ראו פסחים כא ע"ב, ובמניין המצוות שהשמיט הרמב"ם לדעת הרמב"ן, מצוות עשה טז. יש להדגיש שבהקשר זה "להחיותו" איננו מוגבל להצלת נפשות ממש אלא לדאגה לקיום של האדם בכלל.

29. ראו קידושין לב ע"א לגבי התנגשות בין כיבוד אב ואם למצוות אחרות. בעניין מתח כללי בין תלמוד למעשי מצוות ראו מועד קטן ט ע"ב. מובן שיישום המרכיב הזה תלוי במידה מרובה בשאלה כיצד להגדיר "אפשרות", וכן במידת היכולת והנכונות של "אחרים" לקבל על עצמם את המשימה המדוברת.

ובכל זאת, יש הבדל ברור בין הדרך שבה אני תומך כאן ובין זו שדחיתי קודם. מצד אחד, הוא נוגע ליחס נפשי – דבר שאולי אינו מעניין גזברים וחשבים, אך הוא בעל חשיבות רבה לאנשי רוח ומחנכים. אמנם, בין שאדם נמנע מלהגיש סיוע בגלל חוסר אמצעים ובין שהוא עושה זאת מתוך חוסר מחויבות, אחת היא מצוקתו של האביון. אך המצבים השונים הם בעלי משמעות אדירה ככל שמדובר במעמדו הפילוסופי והמוסרי של זה שנמנע מלתת. דבר אחד הוא להשתתף בצער הנובע מהצורך הכללי, לייחל ליכולת לתרום למיתונו, מתוך ביטחון שמצוות צדקה הייתה מתקיימת על ידי סיוע כספי לו היה אפשרי, גם אם נאלצים לדחות ולהשתהות. דבר אחר לחלוטין הוא לחשוב שהצער איננו צריך להטריד אותנו ושהקלתו היא נטולת משמעות מבחינת מצוות צדקה.

נוסף על הבחנות אלה בתחום היחס הנפשי, יש גם השלכות פרגמטיות מסוימות. אם את העדפת המיקוד פנימה מכתיב ההכרח לקבוע סדרי עדיפויות, היא אמורה להיות כפופה לכללים המגבילים את ההעדפה. השיקולים הקובעים סדרי קדימות בצדקה – ויש להניח שהדבר אמור גם לגבי גמילות חסדים – מגוונים ומרובים בפרטיהם. באופן כללי ניתן לומר שהם נדונים תחת חמש קטגוריות:

א. זהות המקבל ומעלתו, יהיה אופן קביעתה אשר יהיה;[30] וכאן, דרגת תלמיד חכם, המקיפה למדנות תורנית ומעלות המידות, היא בראש הפסגה.
ב. מידת הזיקה – אם היא מבוססת על קשר משפחתי או על מחויבות (כמו יחסי תלמיד ורב או מגורים משותפים) בין הנותן למקבל.
ג. אופי המחסור, הנבחן לפי גדרים אובייקטיביים או סובייקטיביים כדי להעריך את הסוג והחומרה שלו, ומכאן את התועלת ואת הערך שבסיוע.
ד. מלבד דירוג המצב במסגרת דיני צדקה על פי השיקולים שנזכרו, הוספת נורמות אפשריות אחרות – כמו כיבוד אב ואם – המתקיימות במצב נתון של חסד.
ה. המשקל שאולי ניתן להעניק לשיקולים מקריים יחסית, כמו הכלל של "אין מעבירין על המצוות",[31] שמשמעותו המעשית היא ש"הקודם זכה".

30. ראו הוריות יג ע"א. מצד אחד, הסוגיה מציגה את המעמד הפורמלי של האדם על פי דירוג של יוחסין כשיקול טכני לקביעת סדר הקדימה. מצד שני, ערך עליון מיוחס לתכונות אישיות, ואלו קובעות בסופו של דבר. כיום השיקול של יוחסין כאמת מידה לבחירה הוזנח יחסית, אם משום שהוא איננו ישים במציאות מודרנית (כפי שסבר הרב משה פיינשטיין ז"ל), או משום שהוא כבר איננו חד־משמעי, או מסיבה אחרת.

31. ראו יומא לג ע"א; מגילה ו ע"ב; מנחות סד ע"ב. הקדימות מתייחסת כפי הנראה גם להעדפת

כל השיקולים הללו תקפים בעולם החסד וכולם צריכים להישקל בהכרעות המתאימות שם. אך יש להביא בחשבון סייג חשוב. התלמוד במסכת עירובין קובע ש"כל הנותן מתנותיו לכהן אחד מביא רעב לעולם" (סג ע"א), ורבותינו הראשונים ראו בכך מקור לאיסור נתינת כל הצדקה האישית לעני אחד. יש להניח שאיסור זה חל גם אם העני היה קרוב משפחה מועדף. כך נכתב בשולחן ערוך בפסקנות: "לא יתן אדם כל צדקותיו לעני אחד בלבד" (יורה דעה סימן רנז סעיף ט).[32]

אם כן, יש חשיבות להבחנה ברורה. הקריטריונים המוכרים בהלכה קובעים יחד כיצד לנהוג במצב מסוים, אם מיישמים אותם בצורה נכונה ורגישה. אולם קביעת מדיניות כללית, אם אישית אם ציבורית, זקוקה למבט רחב יותר. למשל, אם התוצאה של יישום חוזר ונשנה של אותם קריטריונים פורמליים תהיה התמקדות בלעדית במגזר אחד ו"ייבושם" של מגזרים אחרים, יש להעריך מחדש את השיקולים. כיצד יש לעשות זאת – אם למשל להישען על מערכת קדימות אובייקטיבית אחרת, או לסמוך על אינטואיציה סובייקטיבית – זו היא שאלה הטעונה שיקול דעת, כמו עניינים רבים הקשורים לקביעת סדרי עדיפויות. מה שאני רוצה להדגיש בהקשר של השאלה שלנו הוא שהמיקוד פנימה אינו צריך לשלול הכנסת צרכים כלליים וקהל יעד רחב יותר לתוך היישום של אסטרטגיה פילנתרופית מקיפה. אני משוכנע לחלוטין שהמיקוד פנימה צריך לאפיין את המדיניות הפילנתרופית שלנו בעתיד הנראה לעין, ואני מחויב לכך אם אין מדובר בנסיבות חריגות. אולם בו בזמן אני טוען שהציבור שלנו צריך לגלות מידת נכונות גבוהה יותר להכיר בצרכים של אחרים ואף להגיב כלפיהם בנדיבות יותר מכפי שהם עושים היום. הדברים נכונים כפליים בתקופה של רווחה יחסית, אך יש לנהוג כך גם בזמנים אחרים.

ההשלכות המעשיות להכרה בצרכיהם של אחרים מתחזקות אם נביא בחשבון מגבלה מסוימת לדין "חייך קודמים". בגמרא, ובעקבותיה בשולחן ערוך, אין דיון במקרה שבו יש פער ברמת הנצרכות בין האדם עצמו לאחרים. במקרה הקלסי של צימאון במדבר אין הבדל כזה. אך במקרה של השבת אבידה עשוי להיות פער ניכר – ייתכן שאני איבדתי שעון ואילו חברי איבד יהלום יקר. אך ככלל, אין שיקול זה זוכה לתשומת לב.[33] אמנם המשנה קובעת שבמקרה "אבדתו ואבדת חברו" יכול המוצא לסכם עם

אחד על חשבון חברו, וגם לקביעת הסדר ב"תור".

32. וראו ש"ך, שם ס"ק יט.

33. ראו בבא קמא קטו ע"א-ע"ב. הגמרא בבבא מציעא ל ע"א אכן מדברת על פטור אפשרי מהשבת אבידה אם "היה שלו מרובה משל חבירו", ומשתמע מכך שאם הסכומים שווים, יש לתת קדימות להשבה. זה סותר לכאורה את דברי הגמרא שם לג ע"א. רבותינו הראשונים העלו את הנושא

חברו שיוותר על אבידת עצמו תמורת פיצוי על הפסדו. אין עליו חובה הלכתית ליזום הסכם כזה, ולפי מחבר השולחן ערוך רצוי שהמוצא יגלה התחשבות:

> יש לו לאדם ליכנס לפנים משורת הדין ולא לדקדק ולומר: שלי קודם, אם לא בהפסד מוכח. ואם תמיד מדקדק, פורק ממנו עול גמילות חסדים וסוף שיצטרך לבריות. (חושן משפט סימן רסד סעיף א)

אך זו עצה הניתנת בבחינת 'לפנים משורת הדין'.

לעומת זאת, בעל התניא ראה בהתנהגות דומה במתן צדקה משום פגיעה ממשית במוסר – וזאת גם במישור של עצם הדין. הוא דן בקהילה שסבלה משבר כלכלי, שבעקבותיו צמצמו חבריה האמידים את מתן הצדקה אך שמרו על רמת החיים שלהם עצמם. הוא מוכיח אותם על ההתנהגות הזאת ודוחה את ההצדקה ההלכתית האפשרית לכך:

> ועם כל זה לא טוב הם עושים לנפשם לפי הנשמע אשר קפצו ידם הפתוחה מעודם עד היום הזה, ליתן ביד מלאה ועין יפה לכל הצטרכות ההכרחיים לדי מחסורי האביונים נקיים אשר עיניהם נשואות אלינו. ואם אנו לא נרחם עליהם ח"ו מי ירחם עליהם, "וחי אחיך עמך" כתיב. ולא אמרו "חייך קודמין" אלא כשביד אחד קיתון של מים וכו' שהוא דבר השוה לשניהם בשוה לשתות להשיב נפשם בצמא. אבל אם העני צריך לחם לפי הטף ועצים וכסות בקרה וכהאי גוונא כל דברים אלו קודמין לכל מלבושי כבוד וזבח משפחה בשר ודגים וכל מטעמים של האדם וכל בני ביתו ולא שייך בזה חייך קודמין מאחר שאינן חיי נפש ממש כמו של העני שוה בשוה ממש כדאיתא בנדרים דף פ'. והנה זהו עפ"י שורת הדין גמור. (**לקוטי אמרים**, חלק ה, אגרת טז)[34]

ברור שקבלת מגבלה זו תגדיל את הפער בין העמדות השונות שהצבענו עליהן לפני כן.

על כן, אני מסכים עקרונית שפילנתרופיה יהודית, ובכללה האורתודוקסית,

והציעו יישובים שונים. ראו בדף ל ע"א ב**חידושי הרמב"ן**, **חידושי הרשב"א**, **חידושי הריטב"א** ו**המאירי**.

34. טיעון זהה, אך בלי הלהט המוסרי של בעל התניא, השמיע **רבנו אברהם מן ההר** – פרשן פרובנסלי שכתב בסגנון המתון האופייני לימי הביניים – על נדרים פ ע"ב.

צריכה לחוש מידת אחריות כלפי יעדים אוניברסליים ולפעול על פי תחושה זו. אולם, אם נעיין עתה בטיעונים שהועלו בשאלה שהופנתה אליי לטובת הפניית המיקוד כלפי חוץ, אני מגלה שהזדהותי עמם די מוגבלת. לבטח, עלינו להשתתף ב"מימון מטרות של שמירת הסביבה, פיתוח מקורות אנרגיה חלופיים או מחקר רפואי", משתי סיבות – האחת אנוכית וזולתה אלטרואיסטית.

הסיבה הראשונה קשורה לכך שאנו עצמנו נהנים מיוזמות אלו, וההגינות מחייבת שנתרום את חלקנו. יתר על כן, גם אם אנו עצמנו לא היינו נרתעים מהתנהגות פרזיטית, ייתכן שהעולם לא יאפשר לנו את הפינוק הזה. נמסר שאחד ממרכזי ההשתלות הגדולים בארצות הברית כבר התריע שאם יהודים אורתודוקסים לא יתרמו איברים, הם לא יוכלו לקבל אותם בעת הצורך. ייתכן שמגבלות דומות יוטלו גם בתחומים אחרים. על כן, ייתכן מאוד שהימנעות מתרומה למטרות אוניברסליות תפגע לא רק בשמנו הטוב אלא גם ברווחתנו ממש.

הסיבה השנייה היא אלטרואיסטית והיא טבועה, כפי שכבר נאמר, במודעות לחובה המוסרית, כביטוי של חסד, לסייע בשמירת איכות חייהם של יושבי תבל ואף שיפורם. בכך אנו תורמים ל"הרחבת הגבולות של הממלכה האנושית" שיש בה משום 'יישובו של עולם', אחד משני היעדים אשר הרמב"ם סבר שרק הם ראויים להיות מטרה קבועה לשאיפה אנושית: "שאין ראוי לאדם שיעסוק כל ימיו אלא בדברי חכמה ובישובו של עולם" (הלכות גזילה ואבידה פ"ו הי"א).[35] אני מודע לכך שיש הטוענים שבתור "ממלכת כהנים וגוי קדוש" ראוי שבדומה לכהנים נקבל את מתנותיהם של אחרים בלי לתת משלנו. אך ישנם תחומים ראויים יותר – רוחניים, מוסריים ודתיים – לביטוי מעמדנו המקודש.

הטענה השנייה נוגעת גם ליכולת לעשות שימוש בפנייה הפילנתרופית החוצה כדי "להחדיר ערכים יהודיים למפעלים החברתיים". כאן מצאתי עצמי בתסבוכת מסוימת (ואני מודה שההצעה הקודמת כבר השרתה עליי מבוכת מה). בתחילה חשבתי בתמימותי ש'פנייה החוצה' לא עסקה דווקא בתחומי מחקר ופיתוח אלא בסיוע שיאפשר ליחידים הסובלים ממחסור להתמודד עם גורלם. סברתי שהיא דומה להזמנה שהפנתה המשוררת אמה לזרוס אל ההמונים הנוהרים אל העולם החדש, ליהנות מהשפע שהוא משפיע ולקחת חלק במימוש "החלום האמריקאי". העליתי בדעתי שהיא כרוכה בהושטת מימון לחולים ולרעבים אי שם בכפר נידח באפריקה.

35. הניסוח איננו מאפשר להכריע אם הרמב"ם מתכוון רק למטרת־על לכל החיים או לעיסוק מוגבל יותר.

ואולם בעקבות ניסוח השאלה התאמתי את עצמי לחשוב על חוקרים בחלוקים לבנים, העובדים במתקנים חדישים ומרחיבים את ההישגים המדעיים והטכנולוגיים. אך באשר לטיעון השני, עודני נבוך.

מהו ההיקף וסדר הגודל של המפעלים החברתיים שבהם מדובר? אם באמת מדובר בניסיון לפנות החוצה ולהשפיע על העולם הרחב, הם אמורים להיות נרחבים מאוד. אם כן, האם הרעיון של החדרת ערכים יהודיים הוא מעשי, אף אם הוא רצוי? פרויקט כזה מצריך סכומי עתק, החורגים אף מיכולתו של פטרון נדיב מן השורה. אם נניח שאיננו עוסקים בשועי עולם, הרי ההתמקדות ברמה כזאת עלולה להביא לדלדול החיוניות של מפעלים יהודיים קיימים, ובקושי לגרום לתזוזה כלשהי בערכים ובכיוון הרוחני של העולם הרחב. לדעתי, העסקה אינה כדאית.

לעומת זאת, אם מדובר בתוכניות מצומצמות הרבה יותר – למשל אלו הנוגעות לציבור יהודי חילוני ומערכותיו – ניתן לתאר השפעה חיובית משמעותית יותר. אך גם כאן התגובה הראשונית שלי היא סקפטית. סביר מאוד שכל הסטת מימון בקנה מידה גדול תגרור הפסדים ערכיים גדולים בהשוואה לתועלת שהיא תביא. אולם מכיוון שבתחום זה אני בקושי טירון, אעדיף לקבל הכוונה מבעלי ניסיון לפני שאציג הערכה מהוססת פחות.

סיום

הרשו לי להוסיף תגובה לשאלה שהופנתה אליי, משום שיש להתייחס אליה במבט כפול.

כפי שהיא נוסחה, יש לה צליל עדכני ברור. כך משתקף ברוחה הכללית, וכך עולה מעצם החשיבה על שינוי מפליג בכיוונה ובמהותה של "פילנתרופיה יהודית". אין ספק, שום הצעה כזאת לא הייתה נדונה אצל אבותינו בעידן הקדם־מודרני. סביר להניח שהחלופה שהועלתה כאן לא הייתה עולה על קצה דעתן של הקהילות הסגורות בתוך עצמן בפולין או במרוקו. מצד אחד, לקהילות חסרו אמצעים להרחיב את פועלן הפילנתרופי, ולנוכח המגע המצומצם שלהן עם העולם החיצוני, נעדר מהן גם הדחף לעשות כן. מצד שני, החובה של המשפחה ושל הקהילה היהודית המקומית לדאוג לחבריה הייתה אז דחופה יותר, מכיוון שמדינת הרווחה טרם קיבלה עליה לתמוך ביהודים ובמוסדותיהם, כפי שאירע לאחר האמנציפציה. פעם יכול היה הרמב"ם להעיד שגם אם לא לכל קהילה יש בית תמחוי לעניים לצורך כלכלה יומית, "מעולם לא ראינו ולא שמענו בקהל מישראל שאין להן קופה של צדקה" (הלכות

מתנות עניים פ״ט ה״ג).[36] כיום, הפלא ופלא, לא קשה למצוא קהילות שמסתדרות בלי קופה המחלקת עזרה קבועה לענייהן.

על כן השאלה ניצבת לפתחנו, ואנו מתכנסים מתוך תקווה שגם אם לא נגיע להכרעה חד־משמעית, הרי נוכל לנסח כיוון לפעולה. לשם כך עלינו להתנער מהתנשאות וממליצות נבובות, ומאידך גיסא להתאזר במחויבות חיונית, באחריות מחודדת, בתפיסה ברורה של חובתנו כלפי ריבונו של עולם וכלפי עמנו. עלינו גם לשאת תפילה שנזכה לסייעתא דשמיא שאנו כה זקוקים לה.

על הרקע הזה, ובמיוחד משום שהכרעת סדרי עדיפות היא נושא שמעסיק אותנו כל כך, יש לחזור ולהדגיש כמה חיוני לשמור על מבט כפול. מצד אחד, העקרונות המשוקעים בספרי הלכה, ונתמכים בידי תקדימים היסטוריים לרוב, משמשים עבורנו קריאת כיוון. הם קובעים את החשיבות היחסית של היעדים וכך מדריכים אותנו במימוש ערך הצדקה. אולם יש להיזהר ממימוש שהוא מכני מדי. מעצם טבעם, העקרונות המדוברים אינם חרוטים בסלע, והתמונה הכללית מורכבת ממשתנים רבים. למשל, שאלת ההכרעה בין נתינה למשכן או הענקה לעניים, משתקפת לכאורה בהחלטת המהרי״ק (רבי יוסף קולון, מחכמי איטליה במאה החמש עשרה)[37] להרשות הסטת כספים שנועדו לעניים לשיקום בית כנסת שנהרס בדליקה. ניתן להסיק מן הדברים אמירה מופשטת בניסוח מדיניות כללית. אך האם ניתן לטעון ברצינות שתשובה זהה תתאים בכל המצבים? כשאנו קוראים את תשובתו ההלכתית של המהרי״ק אנו מתרשמים שהעובדה שבית הכנסת המדובר היה בלבה של העיר ירושלים הייתה לשיקול מרכזי בדיון. שיקול זה מובן ביותר מבחינה רוחנית ופסיכולוגית, אך נטול מעמד או מקור הלכתי בדברי חז״ל. בבואנו ליישם את הכלל היום, האם נוכל להתעלם מהשפעת הכרעתנו על הציבור ולראות בכך פרט לא משמעותי? ומה לגבי התורם? האם עלינו להניח שהמשקל היחסי של ההתרוממות הרוחנית שלו דרך העיסוק בחסד, והטיפול המעשי במחסור משווע, ישמרו תמיד על איזון ביניהם? כיצד ניתן לחשב את המשקל היחסי של סיוע הרואי למקרים הדחופים או ליחידים הסובלים ביותר, לעומת צרכים שגרתיים של המונים? לסיום, האם אפשר להתעלם לחלוטין מנזקקות עמוקה, רוחנית או חומרית, של מקום מסוים? כלום הרמה של סכנת ההתבוללות או המוות ברעב היא חסרת משמעות?

36. וראו בבא בתרא ח ע״ב – ט ע״א.
37. ראו **שו״ת מהרי״ק**, סימן ה לגבי המקרה המסוים שאליו אני מכוון. הניסוח הידוע יותר נמצא בסימן קכח.

התשובה לשאלות הרטוריות האלו היא ברורה. בתחום זה במיוחד, המשתנים הם רבים ומשמעותיים מכדי לאפשר התעלמות. כשהם מצטרפים יחד הם מרכיבים מציאות גמישה הדורשת התחשבות ומאפשרת אותה. אין ספק שייעשה שימוש בכללים ההלכתיים כדי לקבוע את המדיניות ואת המעשה הפילנתרופי. ואולם היישום שלהם מחייב רגישות והבנת ההקשר, מתוך מבט על כלל השיקולים שאסור להתעלם מהם – שיקולים רוחניים וחומריים, אישיים וקהילתיים כאחד. במשך הדורות, פוסקי הלכה מן השורה הראשונה התמודדו במקוריות ובאחריות עם שאלות עדינות ומעוררות מחלוקת בתחום הצדקה. נקווה שנוכל לראות בדרכם דגם לחיקוי.

הגישה שתיארתי הכרחית עוד יותר אם נביא בחשבון את ההשפעה האפשרית של גורם נוסף, שאמנם איננו נוגע ישירות לצדקה אך משמש שיקול חיוני כמעט בכל תחום של חיינו הדתיים. אני מתכוון לאפשרות של קידוש השם – או לצערנו, סכנת התוצאה ההפוכה – בהקשר הרחב של המושג: השפעתו על היחס של אחרים לתורה ולעבודת ה'. דווקא משום שהוא עומד במפגש שבין השיקול האישי לשיקול הציבורי, המימוש של צדק חלוקתי על ידי הציבור המחויב לתורה והנהגתו יכול להשפיע על הדימוי של המסורה ושל נושאיה.

ייתכן שאין להפריז בהפעלת שיקול זה. אולי מן הראוי שהכרעתנו תהיה מבוססת על שיקולים מהותיים ולא על יחסי ציבור. יתר על כן, למרות התחושה הרווחת, עוצמת ההשלכות של מעשינו על קידוש שם שמים עשויה להיות תלויה במידת ההתאמה שבין עצם הפעולה לבין השראת השכינה, יותר מאשר במידת השפעתה על דעת הקהל. אך מכל מקום עלינו לזכור שחז"ל, מתוך הסתמכות על מקראות רבים, ייחסו חשיבות רבה למעמדם הציבורי של שמותיו של הקב"ה. הדבר משתקף ביחס לשבועות, הכרוכות על פי רוב בשימוש בשם שמים.[38] לכן למשל, הרמב"ם מציין שבועה ראויה כתהליך מקדש:

> שהשבועה בשמו הגדול והקדוש מדרכי העבודה היא והדור וקדוש גדול הוא להשבע בשמו. (הלכות שבועות פי"א ה"א)

לעומת זאת, שימוש לרעה הוא פגיעה בשם ה' ונחשב שייך לתחום העבירות החמורות:

> עון זה מן החמורות הוא כמו שבארנו בהלכות תשובה, אף על פי שאין בו לא

38. ראו רמב"ם, הלכות שבועות פ"ב ה"א-ה"ד; **חידושי הר"ן**, נדרים ב ע"א.

כרת ולא מיתת בית דין יש בו חלול השם המקודש שהוא גדול מכל העונות. (שם פי"ב ה"ב)

על כן, מן ההכרח להתחשב בעניין זה ברגישות הראויה; וכך נכון גם בנוגע לנדון שלפנינו.

לקראת חתימת המאמר מכה בי ההבנה שהוא לא עמד באמת במשימתו. נראה לי שאמונתי באשר לכיוון הרצוי של פילנתרופיה יהודית בימינו הובהרה די הצורך: שחייבת לפעום בה, בין השאר, הכרה עקרונית באחריות אוניברסלית לצדקה ולגמילות חסדים, אחריות שצריכה במידה כלשהי גם להשתקף במאמצים בפועל, ויחד עמה יש להתמקד למעשה בעיקר במילוי הצרכים של הציבור היהודי. אך באשר להדגשת החשיבות של הערכת הנסיבות והקשרן לאור גורמים המשתנים ממצב למצב, לא הצלחתי לנסח במדויק את האיזון הראוי בצורה חד־משמעית. נשאלתי שאלה פשוטה שניתן לתת עליה תשובה ברורה, אך לצערי סיפקתי תשובה מוגבלת; אך למצער דומה שהכיוון הכללי של עמדתי ושל העדפותיי ברור דיו. בעניין זה של הגמישות אצטט שני מקורות מקבילים, והם תקדים לענייננו:

תניא, הלל הזקן אומר: בשעת המכניסין [= בשעה שהחכמים אינם מלמדים תורה לציבור הרחב] – פזר, בשעת המפזרים – כנס. ואם ראית דור שהתורה חביבה עליו – פזר, שנאמר "יש מפזר ונוסף עוד" (משלי י"א, כד), ואם ראית דור שאין התורה חביבה עליו – כנס, שנאמר "עת לעשות לה' הפרו תורתך" (תהילים קי"ט, קכו). (ברכות סג ע"א)[39]

ההתניה לגבי חובה ראשונית ובולטת כל כך כהרבצת תורה, מעלה על נס את הצורך בהערכה נכונה ובהבנה מושכלת של המצב שהאדם עומד בפניו.

לבסוף, נציין את הרמב"ן בספרו 'תורת האדם', הדן בהפסקת תלמוד תורה כדי לכבד מסע לוויה, ומצטט מקור מהירושלמי:

ובירושלמי בפרק אחרון דכלאים תני אין מדקדקין במת ולא בכלאים בבית המדרש [= אין לאדם להטריד עצמו בעניין מת או כלאיים כשהוא נמצא בבית

39. לכשנתבונן בהסתמכותה של הברייתא על המקרא המצוטט, ניווכח בבירור שהוראתה מעוררת שאלות חשובות. אך אין כאן המקום לדון באלה במלואן.

המדרש], ר׳ יוסא הוה יתיב מתני והוה תמן מיתא. מאן דנפיק ליה לא אמר ליה כלום, מאן דיתיב ליה לא אמר ליה כלום [= ר׳ יוסא היה יושב ומלמד וראה לוויה עוברת. לאלו שיצאו לא אמר כלום, ולאלו שנשארו בבית המדרש לא אמר כלום]. (**כתבי הרמב״ן**, מהדורת הרב ח״ד שעוועל, חלק ב, שער הסוף – ענין ההוצאה, עמ׳ קד)[40]

במצבים מסוימים, יש לראות דווקא באותה הרתיעה מהכרעה קשיחה, כשהיא מכוונת ואיננה נובעת מקלות ראש, את ההכרעה האחראית בהתגלמותה.

40. ציטטתי את המקור כאן בהנחה שהשאלה בנדון סובבת סביב עזיבה באמצע שיעור. ואולם לצד הבנה זו מציע הרמב״ן שם בתור חלופה, שהבעיה הייתה הישארות כהנים למרות כניסתו של מת המטמא באוהל. על פני הדברים נראה שהישארות במצב כזה אינה אפשרית, כיוון שהאיסור על כהנים הוא ברור, ותוקפו, בכפוף לכמה משתנים, הוא מן הסתם מדאורייתא, ועל כן יש להניח שאינו נדחה כדי לשמוע שיעור תורה. מכל מקום, ברור שהכרעת השאלה הראשונה באמצעות העדפה אישית היא אפשרות שבוודאי עלתה על דעתם של כמה ראשונים. ראו בדברי הרמב״ן המצוטטים, וכן בסוגיה בכתובות יז ע״א ובראשונים שם.

ערכים יהודיים בעולם משתנה:
תפקיד השירות הקהילתי היהודי

אם באנו להגדיר את תפקיד השירות הקהילתי היהודי (Jewish Communal Service) לאור ערכי היהדות, ראוי שנפתח בהצגת הערכים וניתוחם.[1] לשם כך נידרש להתמודד עם אחד הקשיים הראשיים העומדים בפני הקהילה היהודית בעידן המודרני – חוסר ההסכמה בנוגע לאופיו ומהותו של הקיום היהודי בימינו. הצעת פתיחה מעין זו עלולה לעורר התנגדות עוד לפני שהמסר יועבר בשלמותו. יש יהודים ששערותיהם סומרות רק מאזכור עמדה הלכתית. ובכל זאת, אעדיף לפתוח באמירה אידיאולוגית. אני עושה זאת לא רק מכוח צו ההיגיון והמתודולוגיה (כל שכן הגינות פשוטה), אלא מתוך שכנוע עמוק שבסופו של דבר התורה היא מרכיב מאחד בחיים היהודיים, וייתכן שאף המרכיב המאחד הבלעדי. עמדה זו היא חלק מאמונתנו המסורה מדור לדור, אף שישנן ראיות למכביר מן העבר ומן ההווה שבטווח הקצר התורה יכולה להיעשות גם גורם מפלג. על כן, אני מקווה שגם אלו שאינם שותפים להשקפת העולם המונחת בבסיס המאמר יעיינו בו ויגלו שיש בו כדי לעורר את מחשבתם ואולי אף להעניק מידה של הכוונה.

תרגם מאנגלית: קלמן נוימן

1. הערת העורכים: השירות הקהילתי היהודי הוא מושג המיושם בקרב קהילות יהודיות בארצות הברית, אבל העקרונות והאיזונים המפורטים במאמר זה רלוונטיים במידה מסוימת לכל קהילה יהודית, כולל קהילות בארץ. מדובר בארגונים ובמוסדות המספקים שירותי תרבות, חינוך, זהות, פנאי ולעתים דת לציבור היהודי הכללי, ולא בהכרח (ואף לא בעיקר) לציבור האורתודוקסי. מרכיב מרכזי בפעילות זו הוא מרכזי קהילה יהודיים (Jewish Community Centers, JCC) – מעין מתנ"סים מורחבים – המצויים בערים רבות בארצות הברית. המאמר פונה לעובדי השירות הקהילתי היהודי, אשר רובם אינם אורתודוקסים.

ערכים יהודיים קיימים בשני רבדים. במובן אחד, היהדות דורשת קיום מושלם של ערכים אוניברסליים – מוסריים ודתיים כאחד. במובן אחר, היא מגדירה קטגוריות חדשות, המציבות דרישות נוספות שעיקרן פרטיקולריות. מתן תורה בסיני מייצג הן את שיאו של התהליך ההיסטורי שקדם לו והן התחלה חדשה לחלוטין. מצד אחד, כשהרמב"ם בא לתאר את התפשטותן ההדרגתית של המצוות, הוא מסיים בביטוי "עד שבא משה רבינו ונשלמה תורה על ידו" (הלכות מלכים פ"ט ה"א). ניסוח זה הוא רמז ברור לכך שהתורה נבנתה על גבי יסודות היסטוריים קיימים המבטאים, כך יש להניח, גם יסודות ערכיים. מצד שני, חז"ל מתארים את ברית סיני כמעשה גיור,[2] שיש להבינו על פי המימרה ההלכתית "גר שנתגייר כתינוק שנולד דמי" (יבמות כב ע"א). מבחינה מעשית, ההלכה מחייבת באותה המידה בין שנגדיר אותה כדרך המיטבית להשגת מטרות אנושיות כלליות, ובין שנגדירה כדרך לממש יעדים יהודיים ייחודיים. אולם מבחינה פילוסופית, השוני בין שתי נקודות המבט, וממילא היחס הדיאלקטי ביניהן, הוא משמעותי בהחלט.

הערכים האוניברסליים כוללים כאמור ערכים מוסריים ודתיים. על בסיס שני אלה מתנשא המושג הראשוני והיסודי "צלם א־לוהים" – האמונה בכבוד האדם ובקדושתו במונחים מוסריים ומטפיזיים כאחד, ומתוך כך אמונה בערכם ובמשמעותם של החיים. אמונה זו מוצאת את ביטויה המחייב בציווי של הקב"ה לאדם הראשון, שהונח בגן עדן "לעבדה ולשמרה" (בראשית ב', טו). האדם מצווה לשפר ולשמר את העולם שבו הוא חי. התרגום המעשי של הקריאה הכפולה לפעילות יצירתית ולאחריות חברתית־היסטורית הוא מחויבות לעבודה. ואכן העבודה, בצורה זו או אחרת, היא ערך יהודי מרכזי.

ואולם היהדות במובנה המדויק ראשיתה באברהם ולא באדם הראשון. המסר האוניברסלי של אברהם הוגדר בבירור בנבואת ישעיהו:

> שמעו אלי רדפי צדק מבקשי ה' הביטו אל צור חֻצבתם ואל מקבת בור נֻקרתם.
> הביטו אל אברהם אביכם ואל שרה תחוללכם... (ישעיהו נ"א, א–ב)

יש כאן "תשוקה לצדק" (בתפיסתו הקולעת של מת'יו ארנולד את ה'עבריות')[3] ותשוקה לא־לוהים; צדק חברתי – הכולל לא רק מה שמגיע על פי הדין אלא הושטת יד לנצרך

2. ראו כריתות ט ע"א.
3. בפרק "Hebraism and Hellenism" בספרו *Culture and Anarchy* (1869).

ולחלש ברוח החסד,[4] חותמו של אברהם, יחד עם מונותאיזם רדיקלי. זהו המסר של אברהם אבינו לאנושות, המיושם בצורה אידיאלית בחיים על פי התורה.

גם הפרטיקולריות שלנו נובעת מאברהם. הוא היה, ככלות הכל, גר, ולאחר שנתגייר החל בבניית עם.[5] אולם רק בסיני הגענו לבשלות לאומית בוגרת. שם נכנסו לתמונה שני מרכיבים הקשורים זה בזה, שמאז היו הם עצמם לערכים יהודיים מרכזיים. הראשון הוא התורה, התוכן של ההתגלות, שלימודה וקיומה הנצחי הפכו למטלה מרכזית של היהדות. השני הוא עם ישראל, קהילת הברית המעוצבת בידי מחויבות ערכית לא פחות מגורל היסטורי. שימורו אף הוא קיבל חשיבות ראשונית.

בסיני הושלם עיקר המבנה של הערכים היהודיים הבסיסיים. הכניסה לארץ ישראל הוסיפה יסוד נוסף, בחלקו בעל ערך אינסטרומנטלי ובחלקו בעל ערך עצמי. ארץ ישראל נתפסת כמוקד הנוכחות הא־לוהית, כתבנית הקיום הלאומי, כמקום המימוש ההיסטורי והאסכטולוגי, וכישות ייחודית מבחינה חברתית, ואולי אפילו מטפיזית. מאז ולעולם יעמוד העולם היהודי, של הציבור ושל היחיד, על יסודות די קבועים: קדושת האדם וקדושת החיים; האחריות לשמר ולשפר את הסביבה האנושית; דרישת א־לוהים והדרישה המוסרית לחברה של צדק וחמלה; מחויבות ללימוד התורה ולשמירתה; טיפוחה הפיזי והרוחני של עדת ישראל כקהילת ברית וכישות לאומית.

אף שערכי היסוד שמרו על קביעות יחסית במרכז המסורת היהודית, לא כן היה הדבר לגבי יישומם ולעתים פרשנותם. זרם ההיסטוריה, על הגאות והשפל שבו, השפיע על סגנונות, דגשים וסדרי עדיפויות. גם בתוך משטר הלכתי שהוא לכאורה קשוח, יש הרבה יותר גמישות משנראה לעין, ובמיוחד למתבונן מבחוץ.[6] בכמה מן השאלות המכריעות ביותר בחייו של אדם אין נורמות הלכתיות ברורות. כך הוא, למשל, לגבי בחירת בן או בת זוג או החלטה על קריירה. או, כדוגמה אחרת, אף שחלק מן החובות בתוך המשפחה מנוסחות בצורה ברורה וחתוכה, המבנה והאופי של היחסים המשפחתיים הם במידה רבה שאלה של בחירה אישית. דבר אינו מכתיב

4. לא בנקל מיתרגם המונח 'חסד' [הערת המתרגם: לאנגלית]. הוא כולל גם שפע וגם מעשים טובים הנובעים מאהבה. בדרך כלל נעשה בו שימוש לתיאור מעשי צדקה, הבאים בעקבות מחיקה, או לפחות צמצום, של מחסומים בין אנשים. הוא בא לידי ביטוי בהושטת עזרה לזולת, לאו דווקא בתחום הכלכלי, לחולה ולנצרך (על פי סוכה מט ע"ב).

5. תיאור מילת אברהם כמעשה גיור (המסומן על ידי שינוי שמו, המשקף זהות חדשה) מיד לפני לידתו של יצחק, וכפי הנראה כתנאי לכך, בוודאי איננו מקרי. ראו בראשית רבה מ"ו, ב.

6. כוונתי לא לשינויים בממשות הנורמטיבית של ההלכה אלא לשינויים הנובעים מדרכי היישום של השיקולים המיטביים.

את תפקידו של האב, אם כ'ראש המשפחה' בסגנון פרוסי, ואם כמדריך ידידותי.[7] כך גם לגבי שאלות קהילתיות. בהקשר אחד, החינוך יכול להדגיש מסירת ידע; בהקשר אחר, הפנמת מחויבות. בדור אחד יש צורך להדגיש את ההישרדות הפיזית, ואילו צמיחה רוחנית היא שחשובה בתקופה אחרת. לכל שעה דרישה משלה, ותמורות ההיסטוריה מצריכות גמישות הן ברמת האסטרטגיה והן ברמת הטקטיקה.

אם רצוננו להתוות את התנהגות הפרט או את מדיניות הציבור בצורה נבונה, עלינו לתפוס באופן מדויק את תהליכי השינוי. עם זאת, חשוב להעריך נכוחה את אופיו והיקפו של השינוי, ולמתן את הנטייה להגזים בהערכתו. כל השקפת עולם המכוונת למסורת הדורות נוטה, כמעט מעצם הגדרתה, לקבל את העמדה הקלסית שטבע האדם והחברה האנושית הוא בכל מקרה כללי ואוניברסלי והיהדות איננה יוצאת דופן בכך. היא מכירה במשמעותם של שינויים אך קובעת שבדרך כלל המרכיב הקבוע של הדברים מאפיל עליהם. היא דורשת שנבחין בין שינוי משמעותי ועמוק ובין הבדל שטחי וחסר משמעות.[8]

ובכל זאת, קיימת תחושה מתמדת שבזמננו אנו נסחפים בזרמים של שינוי אמיתי ומואץ. כמי שחיים בתוך התהליך קשה לנו להעריך אותו נכוחה. ללא ספק, יש בתחושה הזו ביטוי למורשת התודעה ההיסטורית של המאה התשע עשרה. לא מעט אישים בעבר סברו שהם חיים בעידן מעבר או אף התפוררות, ואילו היום אותן תקופות נראות לנו יציבות בהחלט. אך גם אם נתחשב בכך, חוויית השינוי נותרת בעינה, ואני נוטה לקבל אותה.

לדפוסי השינוי בימינו פנים רבות, והן בעלות היקף ומשך משתנים. במישור ראשון, עוד חובטים בנו כוחות תרבות שהביאו בהדרגה, זה שלוש מאות שנה, לחילון העולם המערבי בחלקו הגדול. בקהילה היהודית הלכו וגרמו כוחות אלו להחלשת המחויבות. רבים מבניה, בראשונה באירופה אך אחר כך גם בקרב יהדות המזרח, עברו את המסלול מחילון דרך היטמעות ועד לנישואי תערובת. במישור שני, אירועי המאה העשרים ממשיכים להטביע בנו את חותמם, בראש ובראשונה השואה והולדת המדינה היהודית המתחדשת. במישור שלישי, אנו עומדים בפני תהליכים פנימיים וחיצוניים, שטרם התבררו כל צרכם, המשפיעים על ההווי העכשווי. לפחות בצפון

7. הערת העורכים: ראו 'המשפחה בהלכה', לעיל עמ' 215-231.
8. תפיסה זו עצמה עשויה להשתנות. סביר להניח שתחושת השינוי הייתה חדה יותר בתקופת המקרא מאשר לאחר מכן. מכל מקום, הדברים ניתנים להיאמר כהכללה.

אמריקה, אחד מהחשובים שבשינויים הפנימיים הוא הירידה בכוחם הפוליטי, ואולי אף הכלכלי, של היהודים.

באופן יחסי, לקהילה היהודית בארה"ב יש פחות השפעה משהייתה לה לפני עשור או שניים, ההזדמנויות העומדות בפני חבריה מוגבלות יותר, וברור שייתכנו לכך השלכות שליליות. מבין התהליכים הכלליים המשפיעים עלינו ניתן לדבר על התסיסה בקשר למעמד האישה, הירידה בשיעורי הילודה, העלייה במקרי הגירושין, ריבוי המשפחות הכוללות צאצאים מכמה מערכות נישואין והזדקנותה של האוכלוסייה. כל אלה הן תופעות כלליות אך יש להן השלכות מיוחדות על העולם היהודי.

מבין ההתפתחויות הייחודיות לקהילה היהודית אולי החשובה ביותר היא התגברות הקיטוב. הדבר נובע הן מצמצום כלל הקהילה היהודית עקב שחיקה וטמיעה, והן מהתכווצות האופקים בחזיתות רבות. לכל אלו נוספים כמובן משתנים חברתיים־כלכליים כלליים יותר, כגון המהפכה הטכנולוגית ושינויים מרחיקי לכת בדפוסי התקשורת. סיכומו של דבר – התחושה שאנו חיים בעולם של שינוי מהיר ומהותי היא אכן מבוססת.

במציאות כזו, כיצד ראוי לתפוס את תפקיד שירותי הקהילה היהודית, ואיזה כיוון יש להציע לחבריה? אני נוטה לפתוח בעצה שאודה ואתוודה שהיא שמרנית: אל תאבדו את הראש. כשחיים בתחושה של שינויים מהירים, קל מדי לאבד את שיווי המשקל ואת חוש הכיוון, להיסחף אחרי "הברקות" של תיאוריות חברתיות ומינוחים כאילו־אקדמיים. אך דווקא בגלל היקף השינוי הנוכחי הדבר האחרון הרצוי לעולם היהודי הוא החלפת תוכן ממשי בחיצוניות נוצצת, או רדיפת החדשנות על חשבון ערכים בסיסיים. ערכים אלו נותרו כפי שהיו לאורך ההיסטוריה. בהקשר שלנו, ניתן לתמצת אותם בשתי מטרות: לעבוד את ה׳ ולשרת את העם היהודי. ניסוח זה מבוסס כמובן על תפיסה דתית, והחילוני השורשי יתקשה לעכל את המרכיב הראשון. אך יש להניח שגם הוא מכיר בכך שהיהודיות, בכל צורה שהוא יגדיר אותה, היא קטגוריה אידיאולוגית ולא רק חברתית. גם עבורו היא משמשת מקור היסטורי ופילוסופי של רבים מערכיו ההומניסטיים היקרים ביותר. על כן, גם הוא עומד בפני האתגר הכפול, הכולל הטמעת מערכת ערכים שיטתית לצד פעולה לעזרת אחים.

יתר על כן, קיימת זיקה מסוימת בין שתי המטרות. הסיוע המוענק ליהודי נועד לא רק לקיים אותו כפרט אלא לחזק את קיומה של הקהילה היהודית ככלל. רבים כבר הגיעו למסקנה, גם אם לעתים היה קשה להם לקבל זאת, שיש קשר ישיר בין הישרדות הציבור היהודי, גם במובנה הסוציולוגי הטהור, ובין מחויבות רוחנית. בחתירה ליעדים האלה, כושר ההסתגלות היצירתית לשינויים, מתוך ניצול הזדמנויות,

הוא חיוני, ובתנאי שהתהליך לא ידלדל את זיקתנו לערכים עצמם. שוב עלינו להיזהר מהיגררות קלילה להגזמה בהערכת ייחוד העידן שלנו, מעבר לייחוד האופייני לכל תקופה היסטורית. אדרבה, עלינו לזכור תמיד שדווקא החיבור בין המחויבות לתושייה הוכח כמתכון מנצח מבחינת כלל ישראל לדורותיו.

ובכן, שתי מטרותינו העיקריות, החברתית והאידיאולוגית, מקיימות קשר קרוב והדדי. אנו מסייעים לקיומו של עמנו על ידי חיזוק אונו הרוחני, וחלק מהכוח הזה הוא ההיחלצות הנחרצת להגשת עזרה. לפיכך, כיום לא פחות מבעבר, בראש המטרות של השירות הקהילתי היהודי עומד הרצון לחזק את תחושת הקהילה; זאת לעומת האינדיבידואליזם, וכן בניגוד לתחושת האוניברסליזם. הדבר מחייב בראש ובראשונה חזרה לערכי יסוד: עבודה ואחריות. כאשר אלה נתפסים לא רק ככלים להגשמה עצמית אלא כאמצעים לתמיכה בזולת, אזי יסודם בדחף האלטרואיסטי, ודחף זה שב ומתחזק בזכותם. בכך הם ניצבים בניגוד לנהנתנות המחלחלת בתרבות המערבית בעשורים האחרונים, ודרכה אף בחברה היהודית.

בעולמנו המשתנה נתפס מוסר העבודה כדבר שאבד עליו הכלח. יהודים רבים נוטים לראות בו שריד של פוריטניות. אך בהקשר הזה, הדימוי העצמי של הפוריטניות כ"ישראל החדשה" דווקא קולע למטרה. מדובר בעבודה, לא בהנגדה ללימוד (שיש בו משום סוג מסוים ונעלה יותר של עבודה)[9] או לניצול פנאי למען העשרה עצמית (שהיוונים כינו scholc), אלא כערך המנוגד לרדיפת הנאה. עבודה כזאת היא ערך יהודי מרכזי ויש לעודד אותו כדרך להעמקת התחושה של נתינה והקרבה. בד בבד עלינו לפעול בגישתנו העקרונית ובעזרת דוגמה אישית לצמצום תרבות ההנאה והשפע. הנהנתנות המשתקפת במסעות התענוגות הכשרים למהדרין, שהפכו זה מכבר חלק מסגנון חייהם של רבים היכולים להרשות זאת לעצמם, ולמושא שאיפתם של אלו שמסעות אלו הם מעבר ליכולתם הכלכלית, עומדת בניגוד גמור למסורת היהדות ולהווי שלה. עלינו להכיר בכך ולפעול בהתאם. עלינו גם להכיר באמת היהודית העמוקה שבסופו של דבר ההגשמה העצמית מושגת במידה רבה על ידי חסד וחוויית "ביחד". כפי שציין המבקר הידוע ליונל טרילינג, זוהי כוונת מאמרו של הלל "אם אין אני לי מי לי וכשאני לעצמי מה אני" (אבות פ"א מי"ד) במשמעותו הברורה ביותר.[10]

ביטוי נוסף לאלטרואיזם נמצא בתחום האישי. בעידן שבו קמו עוררין על עצם

9. ראו סנהדרין צט ע"ב.

10. הערת המתרגם: הכוונה למאמרו של טריילינג: "Wordsworth and the Rabbis".

מוסד המשפחה, עלינו לעודד יהודים לא רק לגדל משפחות, אלא לגדל משפחות גדולות. לא נוחות אישית ואף לא טענות בדבר אינטרס אוניברסלי יכולות להצדיק את ההסתפקות במצב הקיים. אמנם יש יתרונות גלובליים כאלה ואחרים להפסקת הגידול באוכלוסייה, זאת דרישה בלתי נסבלת מבחינת העם היהודי לאחר השואה. איננו יכולים למחוק את הזוועה של אושוויץ, אך כאומה אנו יכולים לפחות למצוא "תחליף" (מונח לא־אנושי להחריד, אך מחויב המציאות) לקרבנותיה. הקמת משפחה גדולה היא צורך השעה במציאות החיים היהודיים בימינו, ללא קשר להשלכותיה על הקריירה ולאופן חלוקת הנטל בין ההורים. גם כאן עלינו לפעול כפי יכולתנו לקידום ההורות לא רק כאחריות אלא גם כמקור לאושר של מימוש עצמי. מקור יהודי קדום מלמד על כך: בתגובה להבטחה הא־לוהית "אל תירא אברם אנכי מגן לך שכרך הרבה מאוד", שואל אברהם "מה תתן לי ואנכי הולך ערירי" (בראשית ט"ו, א–ב).[11]

כפי שציינתי, שימת דגש על קהילה עומדת בניגוד לא רק לאינדיבידואליזם אלא גם לאוניברסליזם. מבחינה מושגית, אין בכך ויתור על תפיסת החסד כקטגוריה כללית. כשם שדחיית האינדיבידואליזם כאידיאולוגיה איננה מבטלת את ערך המימוש העצמי, אלא מציגה דרך אחרת להשגתו, כך דחיית תורות אוניברסליות איננה מחייבת אדישות חסרת רגש לכלל האנושות אלא מציגה דרך אחרת להתייחס אליה. אולם אין להכחיש שלמעשה, ניתוב הכוחות לכיוון המרכז עלול לצמצם, ואף לאפס, את הדאגה ל'אחר', ומכאן שהוא עלול לפגוע בחסד כאידיאל.

ובכל זאת, בהינתן מצבנו העכשווי, אינני רואה אלטרנטיבה להתכנסות פנימה. השפעה מצטברת של התבוללות גוברת וכוח קהילתי מידלדל מחייבים התמקדות מוגברת בצרכים יהודיים ייחודיים – בתחומי הרוח, הרגש והקיום הפיזי. למרות כוונות הומניטריות ראויות איננו יכולים להשתחרר מהצורך לקבוע סדרי עדיפות. דברי הפייטן "מרובים צרכי עמך ודעתם קצרה" מתארים היטב את המצב הנוכחי. מקרים מלפני שנות דור שבהם נתנה הקהילה ביטוי לדחף הנדיבות הכללי עשויים להיות נושא לוויכוח, אך אין ספק שכיום איננו יכולים להרשות לעצמנו לנקוט צעדים כאלה. בה בעת עלינו להקדיש מאמץ חינוכי לצמצום נזקי ההסתגרות הזוחלת. אין להשלים עם הרעיון הנפוץ למדי בחוגים מסוימים (אם כי לא אצל אלו שעשויים לקרוא את המאמר הזה) שהצרכים ואף הסבל של "סתם גויים" אינם נוגעים לנו. אברהם אבינו ומשה רבנו סברו אחרת.

11. אני נוטה להעדיף את פירושו של הרמב"ן על אתר שהדברים נוגעים למצב נוכחי של בדידות – "יחידי כערער בערבה" – ולא לפחד ממוות ללא צאצאים.

כמובן, שאלת סדרי העדיפויות עולה גם בקשר לצרכים הפנימיים שלנו. אנו מתמודדים עתה בשני תחומים: בחירת ערכים ובחירת אוכלוסיית יעד. כמובן, במציאות אידיאלית מוסדות יהודיים צריכים לטפח את מלוא מגוון ערכי היסוד של היהדות, ובמיוחד לאור השלמות האורגנית המתהווה על ידם. אולם למעשה יש צורך להעדיף חלק מהם על פני אחרים. כדי לעשות זאת יש צורך להתחשב באופי המסגרת. שום מוסד איננו יכול להקדיש עצמו לכל המטרות בצורה שוויונית, אף שעליו להיות מודע לתמונה הרחבה כשהוא מגדיר את התמקדותו העצמית. על כן, מבחינת המערכת כולה יש לקבל הכרעות בשני מישורים. ראשית, באיזו מידה יש לפתח מוסדות בעלי מטרה אחת מוגדרת, גם על חשבון מוסדות בעלי פנים רבות, ובאילו מטרות יש לבחור. שנית, כשמדובר במוסדות רבגוניים (אני מתכוון בעיקר למרכזים קהילתיים), מהי מטרתם הראשית ואילו מטרות הן משניות יחסית.

אינני מציע תשובות פשטניות לשאלות כאלה, אך כן הייתי דוחף בנחרצות לגישה עקרונית ומעשית, הבנויה על חזון המגדיר סדר קדימות לאומי מתוך התחשבות במשתנים מקומיים. התחשבות כזאת היא מחויבת המציאות: אי אפשר להשוות את שכונת לורנס שבפרוורי ניו יורק, שבה שוכנת אוכלוסייה בעלת מחויבות יהודית גדולה, לעיר לורנס שבמדינת קנזס, שהיא עיר פריפריאלית מבחינה יהודית, ובה מוסד יהודי אחד. אך אם לדבר בהכללה על מקומו של השירות הקהילתי כיום, הייתי מעניק עדיפות עליונה להעמקת הזהות והמחויבות היהודית. הלוואי שהמצב היה אחר, ומוסדות קהילתיים היו יכולים להעניק שירותים חיוניים ליהודים בעלי מחויבות עמוקה. לצערנו, ברוב המקומות ובעתיד הנראה לעין, זהו שם המשחק. אם הברירה היא בין עזרה ליהודי בהתמודדות עם בעיותיו ובסיפוק רצונותיו ובין השארתו בחיק היהדות, ההכרעה ברורה. הכרעה זו נראית כהעדפה של צרכים ציבוריים על פני צרכים אישיים, ובמידה מסוימת אכן כך הם פני הדברים. עם זאת, יש להביא בחשבון שמבחינת הגישה המסורתית, הזהות היהודית כשלעצמה היא נכס יקר ביותר גם עבור היחיד.

אין פירוש הדבר שעל כל המרכזים היהודיים להיות עסוקים בעיקר בהחדרת מחויבות בגלוי. עדיף להפקיד עניין זה בידי בתי ספר ובתי כנסת. אולם מרכזים קהילתיים צריכים לשאוף ליצור אקלים המעודד מחויבות, הרואה בה יעד להגשמה. לכל הפחות, עליהם להשריש תחושת השתייכות. תחושה כזאת קשה יותר להשגה בימינו מאשר לפני שנות דור. אין די בעצם הנוכחות במסגרת יהודית כשלעצמה. במיוחד לגבי צעירים, הכרחי שיפעלו כיהודים. עברו הימים שבהם קבוצת כדורסל וחוג אמנות היו מחסום אפקטיבי בפני התבוללות. רק חוויה יהודית משמעותית

יכולה להתמודד עם הסכנה הנובעת מן החופש הנינוח שהתרבות הכללית מעניקה לבני העשרה. לכך יש צורך בתכנים חיוביים. תכנים אלו אינם צריכים להיות בהכרח "דתיים" במובן הצר, אך עליהם לכלול קריאה ברורה ומודעת לפעול ולהתקיים כחלק מכנסת ישראל, על תחושת האתגר המוסרי והרוחני הטמון בקיום הזה. גם כאן, יש לפתח ולנצל את הנכונות לתת. השירות הקהילתי היהודי מספק את צרכי הנזקקים. לאלה שאינם נזקקים השירות יכול להעניק חוויית נתינה והשתייכות, המגשימה ערך יהודי עמוק ומחדירה תחושת אחווה כלל־יהודית.

הצורך לקבוע סדרי עדיפויות נוגע לא רק לבחירת ערכים אלא גם לקביעת אוכלוסיית היעד. לאיזו קבוצת גיל, שכבה סוציו־אקונומית או דרגה דתית צריך השירות הקהילתי היהודי להפנות את עיקר מאמציו? מן הסתם אין להזניח לחלוטין שום קבוצה, אך הדגשים עשויים להשתנות. גם כאן יש לשקול כמה גורמים, שעל פיהם אציע כמה נקודות מנחות למדיניות, מתוך מבט על צרכי היחיד והכלל.

בעבר, השירות הקהילתי היהודי, לפחות בצפון אמריקה, פנה (כמו התרבות האמריקאית הכללית) לצעירים. יש מקום לפקפוק רציני בהמשך מגמה זו, לאור תהליכים דמוגרפיים נוכחיים וצפויים. ללא ספק, הגידול בחלקם של הקשישים באוכלוסייה, ועמו צרכיהם החברתיים והכלכליים, העשויים להיות גדולים משל נכדיהם, מחייבים הבניה מחודשת. אולם יש להיזהר ולא להרחיק לכת. בקביעת סדרי עדיפויות יש להחשיב לא רק את הגורם החברתי־כלכלי במסגרת הדאגה לפרט, אלא גם את השאלה היהודית, שיש בה מן הצורך האישי והקהילתי כאחד. לטיפול באדם מבוגר יש חשיבות עצומה, הנובעת מחובת החסד. לעומת זאת, השפעתו על איכות מחויבותו היהודית די מזערית. לעומת זאת, לפעולות המכוונות לצעירים, במידה שהן עשויות לעצב את זהותם היהודית, יש ממד אחר לחלוטין. מרכז קהילתי הפועל בקרב צעירים משרת לא רק את "ר' ישראל" היחיד אלא את כלל ישראל, ועלינו לייחס לנתון זה משקל של ממש בבואנו להקצות אנרגיות ומשאבים.

בו בזמן, יש להיזהר שמא ניגרר להערצת הנעורים האופיינית כל כך לתרבות המערבית העכשווית והזרה כל כך ליהדות. הכבוד למבוגר מושרש עמוק בתרבותנו, והרגישות לאופיו של הגיל היא ערך מוסרי ודתי שיש להחדיר למודעות הציבור. אי אפשר לצפות שכל אדם מבוגר יאמר יחד עם "רבי בן עזרא" בשירו של בראונינג: "איתי להזדקן בוא / הטוב ביותר עוד יבוא", אולם ניתן לשאוף להעניק כבוד ומשמעות לתקופת הדמדומים של החיים ולהחדיר את הצורך בדאגה ויחס מכובד כלפיה. מוסדות קהילתיים המשמשים את שני הקצוות של החיים ויכולים לפתח גישה משולבת לצרכיהם עשויים למלא תפקיד משמעותי במאמץ החינוכי הזה. עלינו

לשאוף להתייחס לשתי הקבוצות בו־זמנית באמצעות יוזמות מקוריות המגייסות את הצעירים עצמם לסייע לזקנים, ובכך נוכל לא רק לגשר על פער הדורות אלא גם לדאוג לנזקקים ולחנך לחיים של חסד. יתר על כן, נוכל להעמיק בכך את תחושת ההשתייכות הקהילתית ולאפשר לצעירים להכיר שלצד העזרה שלהם למבוגרים, הם יכולים גם לקבל מהם הרבה.

הגישה שהצעתי לגבי קבוצות גיל קבעה קדימויות לא רק על פי צרכים ארציים, הן פיזיים והן רגשיים, אלא גם מתוך הפניית מבט לצרכים הרוחניים של הפרט ושל הכלל. על פי שיקולים דומים יש לבחור בין אוכלוסיות יעד המחויבות יותר או פחות ליהדותן. השירות הקהילתי היהודי צריך להיות מכוון בעיקר לצרכים הרוחניים הגדולים ביותר. עליו לפנות אל אלו החיים בפריפריה של העולם היהודי, אשר מגעיהם עם מוסדות דת וחינוך יהודיים הם שטחיים במקרה הטוב. מדובר בהמוני יהודי השוליים אשר עבורם מרכז קהילתי יכול להיות מחסום אחרון בפני התבוללות. שירותים קהילתיים הנענים לצרכים מוגדרים, כגון עזרה בבחירת מקצוע או במציאת עבודה, ייעוץ משפחתי וכדומה, צריכים להיות נגישים ומתאימים לכולם. אולם מוסדות כמו מרכזים קהילתיים היוזמים פעילות ומעניקים כלים למטרות כלל־קהילתיות צריכים לכוון את מרב המאמץ לתחומים שבהם השגת תוצאות חיונית ביותר.

ברור שיש להקדיש מחשבה לסיכויי ההצלחה. יהיו מקרים שבהם מתן דגש על שירותים לאלו שהשתייכותם היהודית היא שולית איננו מוצדק, מחשש לבזבוז משאבים ואנרגיות שיהיו יעילים יותר אם יושקעו במטרות אחרות. נוסף על כך, עלינו להיזהר מפני פיזור מאמצים ודילול כוחות. אולם ברמת העיקרון, צרכיהם קודמים לאלו של אחרים הרחוקים יותר מסכנה והמסוגלים יותר לדאוג לעצמם.

דברים אלו נראים אולי מוזרים כשהם באים מפיו של רב אורתודוקסי. אך היש עמדה אחראית אחרת? אכן, אנו משקיעים משאבים מרובים במוסדות ללימודי יהדות ברמה גבוהה, אף שאנו מודעים היטב לכך שהמשאבים והאנרגיות המוקדשים לשגשוגם ולקידומם היו יכולים להציל יהודי מרוחק כלשהו מאסון רוחני. ואולם מוסדות אלו מבטיחים ומרוממים את הקיום היהודי ברמה שהיא מעבר ליכולותיהם של מרכזים קהילתיים. הם מוסיפים ממד תרבותי, מפתחים מנהיגות ומציבים רף של מצוינות. על כן, אם ברצוננו לטפח את איכות חיינו הרוחניים, לא נוכל לתת לשיקולים כמותיים לגרום לנו להזניח אותם. אולם כאמור תפקיד שונה מאוד נקבע לשירות הקהילתי. על כן, כשאנו באים להגדיר את היקפו של השירות הזה, יש בהחלט להקדים את הטיפול ביהודים העשויים להפיק ממנו תועלת מרבית, דווקא משום שהם אינם צפויים לתרום לאיכות חיי הרוח של הכלל.

במובן מסוים, השירות הקהילתי היהודי מתמקד בחלקים מסוימים של הציבור, אך במובן אחר הוא מתייחס לכלל העולם היהודי. יש לו תפקיד מאחד. כיוון שהוא נשען על בסיס ציבורי רחב ואיננו מזוהה עם מגזר מסוים, יש שני אופנים שבהם מוסדותיו עשויים לשמש משקל נגד לפלגנות האופיינית לחברה היהודית. ראשית, הם יכולים לספק צרכים ייחודיים של קבוצות שונות, כל אחת בנפרד. הדבר יכול להתבטא בהענקת שירותים ממוקדים, כגון שיעורים בכיוון אידיאולוגי מסוים, או בהקצאת מתקנים כלליים (כמו בתחומי הספורט והמוסיקה) לקבוצות מוגדרות. האחדות שנוצרת מכך היא די מוגבלת, אך במצבנו הנוכחי אין לזלזל גם בפעילות הגומלין הצומחת משימוש משותף במתקנים אלו או אחרים.

יתרה מזו, מוסדות קהילתיים יכולים לשמש מוקד ומסגרת לפעילות שהיא באמת משותפת ולעתים אף להיעשות נקודת מפגש שתאפשר לברר מחלוקות באופן מועיל. בהקשר הזה, היחס לישראל – הארץ, המדינה ותושביה – יכול למלא תפקיד משמעותי. דרך הקשר הזה ניתן להתעלות מעל לאינטרסים צרים ולהתייחס לעם ישראל כולו, לרוחב ולעומק. למרות הירידה המצערת במחויבות ציונית בעשור האחרון, ישראל היא עדיין מושא של קונצנזוס רחב יותר מכל נושא אחר בחיים היהודיים. יתר על כן, בזיקה לישראל יש כוח מאחד מסביב לערך חיובי, לא ביטוי לסוג "אחדות" תפלה וחסרת חיות, החסרה כל משמעות.

היחס לכלל ישראל, כמושג מופשט וכמציאות ממשית, מחזיר אותנו לשאלת הזהות והמחויבות היהודית, ולתפקידו החינוכי של המרכז הקהילתי. ברור שהחינוך במובנו הצר איננו התפקיד המרכזי של מוסד כזה. אולם עליו לעסוק במה שהיוונים כינו פאידיאה (pideia): טיפוח כישרונות, העשרת האישיות והכוונה ערכית. נוסף על כך, הוא יכול גם לתרום ללימוד. לימוד תורה הוא ערך מרכזי במסורת היהודית וגם במקום שלימוד כזה במובנו הצר איננו אפשרי, יש בכל זאת משמעות רבה להשגת ידע יהודי והפנמתו במובן הרחב. המרכז הקהילתי יכול לקדם את ההשכלה היהודית בשני מובנים: ראשית, על ידי הצעת שיעורים בתחומים שונים לקבוצות גיל שונות, בדגש על חינוך מבוגרים, במיוחד עבור אנשים חסרי זיקה לבית ספר או לבית כנסת (מרצון או מאונס). העניין הגדל בחינוך בלתי פורמלי והתחזיות על התרבות שעות הפנאי הם עצמם הזדמנות ואתגר. אבל מעבר לכך, מן הראוי שהמרכז הקהילתי יטפח פתיחות ללימוד, וייצור אקלים שבו הלימוד מוכר כערך הזוכה לכבוד ולהוקרה.

לסיום, בעולם משתנה שומה על השירות הקהילתי היהודי לפתח את היכולת להתמודד עם שינוי. קודם כל – על ידי הקניית ידע ויכולת לטפל בתמורות ספציפיות. הצורך בכך הולך וגובר נוכח תהליכים חברתיים העוברים עלינו. למשל,

התפתחות טכנולוגית מואצת החמירה את בעיית ההתיישנות המקצועית והגבירה את שכיחותם של שינויי קריירה באמצע החיים. דוגמה נוספת, ככל שחוברים גורמים שונים המעצימים את הלחץ על מבנה המשפחה, רבים הם המחפשים פתרון בדמות גירושין, גם לאחר חיי נישואין ארוכי טווח. וכמובן, הארכת תוחלת החיים, שהיא בעיקרה חדשות טובות, מרחיבה את הצורך בייעוץ הן בנוגע לברכות הגיל השלישי והן לגבי הזעזועים הכרוכים בו.

נוסף על הקניית אמצעים מעשיים להתמודדות עם השינוי, יכול המוסד הקהילתי גם ליצור פרספקטיבה ראויה על עצם התופעה. המטרה כאן איננה ללמד איך לטפס על הרים, אלא לאפשר לאנשים להעריך את ההרים כלא יותר מגבעות. זהות יהודית ומחויבות יהודית יכולות להיות בעלות משמעות רבה בהקשר הזה. חוץ מתחושת הביטחון שהיא נחלתם של בעלי אמונה דתית, התמורות המתרחשות מסביב מפחידות פחות בעיני מי שמזדהה עם מסורת היסטורית ומושרשת, הממקמת את החולף בהקשר של הקבוע ובכך מספקת עוגן פסיכולוגי מוצק. היא מקנה את ההכרה ביציבות בסיסית ובכך מעניקה את העוצמה הפנימית לעמוד בפני שינויים בלי להיסחף על ידם. הדבר נכון כפליים בנוגע להיסטוריה היהודית, שכן דרכה רצופת הייסורים מעידה באופן קולע ביותר על היכולת להחזיק מעמד למרות תהפוכות ושינויים.

בכך יש לקח לא רק ליחידים אלא גם למוסדות. גם גופים קהילתיים יהודיים אינם יכולים להתעלם משינוי. עליהם לחדד את הרגישות הדרושה להבחנה בהופעתו המתקרבת אף לפני שהוא מתרחש. עליהם לגלות את החוכמה והאומץ להתמודד אתו בגמישות ובמקוריות. בו בזמן עליהם להיזהר, כפי שהדגשתי, מאיבוד עשתונות – לא להיבהל ממוטציות, ולא להתפתות לכניעה לאופנות חולפות. אמנם יהודי בעל מחויבות לא יאמר "ככל שהדבר משתנה יותר כך הוא נותר אותו דבר יותר ויותר" ("Plus ça change, plus c'est la même chose"). אך הוא חש שיש לראות את השינוי אם לא לאור הנצח, לפחות בהקשר של היסטוריה ארוכה ומאתגרת. תחושה זו מעניקה לו את העוצמה להתמודד עם האתגרים האלה, מתוך ביטחון שאם נשמור על חזון בהיר וערכי יסוד איתנים סופנו להתגבר.

ממשל קהילתי אזרחי ורבני:
סקירה כללית

פתיחה

א. ההלכה – בין טוטליות לחירות

בעולם התורה האפשרות של הלכה מקפת־כל מעוררת יחס דו־ערכי.

מצד אחד הרעיון מושך, ומשתי בחינות. ראשית, אנו גאים מאוד בטווח הרחב של המערכת ההלכתית. היהדות, היה הרב סולובייצ׳יק חוזר ואומר, איננה מוגבלת לפרמטרים המקובלים של האדם הדתי (homo religiosus); היא נוגעת בחיים על העושר הרבגוני שלהם, מכיוון שהיא מחוקקת חוקים עבור כיכר השוק וחדר המיטות בה במידה שהיא מחוקקת חוקים עבור בית הכנסת ובית המדרש. היהדות חיה ותוססת במיזוג היוצר מערכת שבה הקודש והחול, חיי עולם וחיי שעה, נבדלים זה מזה אך אינם מופרדים זה מזה. שניהם מרכיבים, הן במישור האישי הן במישור הקולקטיבי, היבטים של שלמות אורגנית אחת.

זאת ועוד, דווקא אלו המגלים נטייה כזאת או אחרת כלפי מרכיבים של הרוח המודרנית הם המצדדים בתמה זו בכל מאודם. הרב סולובייצ׳יק והרב קוק, אשר לכל אחד מהם עמדה שונה כלפי העולם המודרני וזווית ראייה ייחודית בנושא שלפנינו, שותפים לאמונה ברוחב ההיקף של ההלכה. כשהם, בהתאמה, מתמקדים ביצירה הגואלת של הקדושה או בגילויה מפיץ האור, התוקף שהם מעניקים לחיוניות ולערך של החוויה האנושית במלוא רוחבה עומד בניגוד בולט למשקעי הנטייה כלפי העולם הבא, שנתקלים בהם לעתים קרובות בקרב בעלי מחשבה החשופים פחות למזג

המודרני ומכוונים פחות אליו. ואין זה פלא. הנטייה, המופרזת לעתים קרובות, לקבלת העולם הזה, היא אחרי ככלות הכל אחת התכונות המאפיינות את המודרנה.

שנית, עולם התורה, בלי קשר לתפיסתו את המודרנה, נמשך לרעיון ההלכה הטוטלית בשל תמיכתנו הגורפת בנורמטיבי. מושג ה'מצווה', עמידתנו פנים אל פנים מול ריבונו של עולם כיצורים מצווים, הן כבנים הן כעבדים, עומד במוקד קיומנו היהודי. אנו מהללים את הכניעה לציוויים הא־לוהיים, ולא זו בלבד אלא שאנו, בעקבות חז"ל ובניגוד למוסריות האינטואיטיבית הפשוטה, עולזים בקביעה שפעולה שנעשית בתגובה לציווי הלכתי נעלה יותר מאותה פעולה הנעשית מרצון – "גדול המצווה ועושה" (קידושין לא ע"א). הסיבה לכך כנראה איננה רק שהדבר מבטיח, כפי שסברו כמה מן הראשונים, יישום קפדני יותר,[1] אלא מפני שמלבד התוצאה המעשית, הציווי ההלכתי הופך את המעשה – הן מבחינה מהותית והן מבחינה איכותית – לנעלה יותר באשר הוא מכניס את האדם למפגש דיאלוגי עם קונו.[2]

מצד שני, אנו מגיבים בהסתייגות, שלא לומר ברתיעה, לאפשרות של הלכה מקפת־כל. המחשבה שהכל כבר תוכנת, וכל האפשרויות כבר נצפו מראש, ולפיכך אנו יכולים להיות בטוחים שאם רק נחפור די זמן ולעומק הדרוש נגלה את הפתרון הנכון המוחלט, היא מחשבה מהממת מן הצד האחד ומחניקה מן הצד האחר. היא מסרסת אותנו מבחינה אינטלקטואלית, ובמובנים מסוימים גם מבחינה דתית, מפני שבפועל היא מונעת כל בחירה רוחנית אמיתית ומכאן שהיא פוגעת פגיעה קשה באחריותנו. אנו מצומצמים לכדי פיענוח מסרים, שאפשר שהם מוצפנים, ולכדי יישום צווים מפורטים.

הן מבחינה יהודית והן מבחינה אנושית אנו כמהים ליותר. טיפחו בנו את המרכזיות של הבחירה החופשית בחיי התורה, ואנו נוטים לשער שהדחף היצירתי מוצא את ביטויו לא רק בביאור ובהבהרה של מושגים וטקסטים, אלא גם בתהליך הוצאתם מן הכוח אל הפועל. יהודי "מחויב" בוודאי אינו תובע אוטונומיה שלא כדין. הוא רואה בבחירה החופשית אפשרות לקבל או לדחות את ההלכה, אבל לא זכות לעשות כן. ואולם מכל מקום הוא מניח שנוסף על התביעה שהוא נתבע לנווט את ספינתו יש לו גם מרחב תמרון בשרטוט המסלול.

1. ראו **תוספות** שם ד"ה גדול.
2. ראו **תוספות הרא"ש**, שם ד"ה גדול; **חידושי הריטב"א**, שם ד"ה דאמר. וכן **דרשות הר"ן**, מהדורת פלדמן, דרשה ה (נוסח ב), עמ' פח–צ.

כמו כן, גם נטייתנו זו מתחזקת באמצעות הקשר למודרנה. חלק ניכר מן התרבות והתפיסה המודרניות מעוגן בדטרמיניזם, אולם החלק שאינו כזה, הנע בין אקזיסטנציאליזם להומניזם, חדור בתחושת הערך האנושי ובהכרה שערך זה כרוך במידה לא מבוטלת ביכולת היצירתית של האדם. במישור הדתי יכולת זו עשויה לשרת את ההתקדשות העצמית המתאפשרת דווקא מפני שהחיים הרוחניים בכללם אינם מתוחמים אך ורק על ידי מה שהוא נורמטיבי בבירור. "קדש עצמך במותר לך" (יבמות כ ע"א). אין צורך להזדהות עם דוסטויבסקי או עם ברדייב כדי להעריך את החשיבות של הצמיחה הרוחנית המתווספת בזכות ממד החירות. מנקודת מבטה של התורה אפשר בהחלט להגן על הטענה ששעבוד מוחלט תואם היטב קורטוב של בחירה. "עבדַי הם", ואף על פי כן 'חֵרות על הלוחות'.

ב. 'דבר הרשות'

שניות זו מספקת הקשר שבמסגרתו אנו יכולים להתמודד עם השאלה העיקרית המוצגת לנו: האם עולה מן המקורות ההלכתיים מודל אידיאלי של הנהגת הקהילה היהודית? עבור הדוגלים בהלכה רחבת היקף התשובה חיובית וברורה מאליה. מנקודת מבטם ההלכה עצמה עוסקת באופן מקיף בעניינים פחותים אף מזה, קל וחומר שגם בעניין כה חמור ומרכזי. אם החיפוש אינו מצליח לחשוף את הנוסחה הרצויה, יש לזקוף את הכישלון לחובת המחפש ואין לראותו כקשור לתוצאה המתבקשת שקיימת אפריורית.

תפיסתי שלי שונה למדי. יהיו אשר יהיו נטיותינו ומשאלותינו, עלינו להכיר בעובדה שלמעשה ההלכה הותירה נושאים רבים, אולי אף תחומים שלמים, פתוחים ברובם. יתרה מזו, השמטות אלה אינן בתחומים שוליים. הבה נתבונן למשל בתחום היחסים בתוך המשפחה. מצוות כיבוד האב והאם ומוראם הטילו על ילדים אחריות ברורה, ועם הזמן גם מפורטת. את האחריות הזאת מאזנת הקביעה שבניגוד למלך, להורה יש סמכות לפטור את ילדיו מחובתם זו, באופן כללי או במקרה פרטי.[3] ואולם למיטב ידיעתי, אין מקור שבו אנו עשויים למצוא פסיקה הלכתית ברורה באשר למידה הרצויה של ותרנות זו; באשר לשאלה אם על האב להיות, כביטויו של אוליבר וונדל הולמס, "השליט היחיד בשולחן ארוחת הבוקר", או שמא – אם הוא מעדיף – הוא יכול ואף צריך לאמץ את הגישה של ידיד נפש בוגר המשתעשע עם ילדיו אפילו בשעה שהם לועגים לו.

3. ראו קידושין לב ע"א.

והנה דוגמה אחרת: רבות דובר על יחסי הנישואין, על החובות ועל הזכויות ההדדיות. אולם היכן הנספח המתרגם למונחים מעשיים ונורמטיביים את התביעה מהאיש לאהוב את אשתו כגופו ולכבדה יותר מגופו;[4] המשרטט את שיעור האינטימיות הרצויה ואת הטווח שלה; את המידה שבה על בני זוג לנהל את חייהם במקביל או במאוחד; את שיעור זמן האיכות שיש לבלות יחד ואת האופן שבו עליהם לקבל החלטות חשובות.

כל כמה שהדבר קוסם, החיפוש אחר הלכה טוטלית הוא דמיוני. אכן, כפי שהדגיש רבנו בחיי, במובן מסוים ישנה משמעות רוחנית לכל טווח הפעילות האנושית, ולו רק בשל העובדה שכל מעשה עשוי להישקל כנגד חלופות אפשריות; כך היה הרמב"ם יכול לקבוע בביטחון שהפקעת יראת שמים מהגזרה הא־לוהית – "הכל בידי שמים חוץ מיראת שמים" – מקיפה את כל מעשי האדם. ואולם הדברים רחוקים מאוד מן ההנחה ש"לו רק היו לנו די מרחב וזמן" היינו יכולים לקבוע עמדה הלכתית ברורה בכל נושא.

המונח ההלכתי שחז"ל ציינו בו את התחום הלא־הלכתי לכאורה הוא 'דבר הרשות'. יש להדגיש כי זוהי קטגוריה רבת פנים. לעתים היא נוגעת לתופעות ניטרליות לחלוטין, משוללות תוכן דתי או ערכי. למשל בהתייחסה לשְבועות, המשנה קובעת כי הן יכולות לחול על דבר הרשות, כגון אכילת תפוח או הימנעות מאכילתו, אך לא על 'דבר מצווה'.[5] עם זאת המונח 'רשות' עשוי להתייחס לישויות, כגון תפילת ערבית (בזמן הגמרא), קרבן פסח לנשים או קרבן חגיגה הבא עם הפסח,[6] שבמהותן הן 'דבר מצווה', אולם אין חובה על האדם לקיימן.

בין שתי רמות אלו, דבר הרשות כולל גם יוזמות שהן אפשריות מן הבחינה ההלכתית, אך היות שהן אינן חסרות חשיבות מבחינה ערכית, מוסרית או דתית, עשויות להיות להן תוצאות רוחניות משמעותיות ביותר. כך מוכר לנו הביטוי 'מלחמת רשות'.[7] כמו כן, לפי דעה אחת גם הטלת מום בעצמו נכללת במונח 'רשות',[8] ואילו רבי עקיבא כולל בו שחרור של עבד כנעני, פתיחה בהליכים לבירור עניין סוטה וטומאת כהן לעניין קבורת אחד משבעת הקרובים.[9]

4. ראו סנהדרין עו ע"ב.
5. ראו שבועות כז ע"א.
6. ראו ברכות כז ע"ב; פסחים צא ע"ב; שם סט ע"ב.
7. ראו סוטה מד ע"ב.
8. ראו בבא קמא צא ע"א-ע"ב.
9. ראו סוטה ג ע"א.

כל הניואנסים הללו הם בוודאי בעלי חשיבות; אבל למטרותינו די אם נבסס באופן מוחלט הכרה הלכתית בקטגוריה.

מודל שלטוני על פי ההלכה

בהינתן בידינו פרספקטיבה זו אנו יכולים לגשת בלא דעות מוקדמות לשאלתנו. לאמיתו של דבר עלינו לקבוע אם הבחירה של קהילה בסמכות סוציו־פוליטית מסוימת נכללת בהגדרת 'רשות', ואם כן – מאיזה סוג. לנוכח מיעוט מקורות יסודיים העוסקים בתחום הקהילתי ייתכן שטוב נעשה אם נתחיל את הבדיקה שלנו במישור הלאומי ונמקד את מבטנו בשני נושאים עיקריים: א. האם ההלכה מכתיבה צורה מסוימת של ממשל ציבורי? ב. מה טיבו של היחס בין רשות דתית לרשות אזרחית?

א. מינוי מלך

השאלה הראשונה נתפסת בדרך כלל כנושא השנוי במחלוקת תנאים בתוספתא, כפי שמצטטת הגמרא בסנהדרין. רבי יהודה מונה שלוש מצוות שמתחייבים בהן עם הכניסה לארץ ישראל, ומינוי מלך הוא המצווה הראשונה. רבי נהוראי לעומת זאת משיב כנגדו וטוען שהפרשה הרלוונטית בחומש דברים אינה מחייבת, והיא נאמרה רק כדי להשיב תשובה אשר תקדים תלונה אפשרית העשויה לבוא מקרב עם המחפש לו מנהיג.[10]

כצפוי, הגמרא אינה מכריעה בין הדעות, ומתקופת הגאונים ואילך המחלוקת מתמידה ונמשכת.[11] דעות הגאונים בנושא, אם באמירה ואם בהימנעות ממנה, מעורפלות במידה מסוימת. אולם רבותינו הראשונים היו מפורשים יותר. ראש וראשון לטוענים כי ייסוד המלוכה הוא מצווה הוא הרמב"ם, הפותח את הלכות מלכים ומלחמותיהם בציטוט המימרה העוסקת בשלוש המצוות שנצטוו בהן בשעת כניסתם לארץ.[12] עם זאת, אחרים – אמנם בעלי שיעור קומה הלכתי זוטר ממנו – חלקו על דעתו. חלק מגדולי פרשני התורה נטו להמעיט בחשיבות מרכיב המצווה שבמינוי מלך. ייתכן שעשו זאת מחמת הרושם השלילי של תיאור בחירת שאול בספר שמואל ומשום כך נאלצו לבאר את המילה "ואמרת" – בפסוק "כי תבא אל הארץ... ואמרת

10. ראו סנהדרין כ ע"ב; ספרי דברים פסקא קנו.
11. לתמצית דעות הגאונים ראו יעקב בלידשטיין, **עקרונות מדיניים במשנת הרמב"ם** (רמת גן, תשמ"ג), עמ' 21–22; והשוו ביאורו של ר' ירוחם פישל פערלא ל**ספר המצוות לרב סעדיה גאון**, מניין ששים וחמש פרשיות, פרשה ז' (חלק ג, עמ' רכט-רלו במהדורת ורשה).
12. ראו רמב"ם, הלכות מלכים פ"א ה"א; וראו בלידשטיין, עמ' 19–31.

אשימה עלי מלך" (דברים י"ז, יד) – כתנאי ולא כציווי. וכך מציין אבן עזרא בקצרה: "שום תשים [עליך מלך] – רשות" (שם, טו). רבנו בחיי (בן אשר), מצדו, פותח את פירושו לפסוק בקביעה כי "על דרך הפשט זו מצוות עשה".[13] ואולם בהמשך דבריו, הוא חולק וטוען כי המצווה הזאת קשורה לרצון של ישראל ואינה משקפת את הרצון הא־לוהי, המעדיף שלא יהיה לנו ריבון אחר מלבד הקב"ה. לשם המחשת נקודה זו והרחבתה הוא מסכם את דבריו בפירוט הסבל והעוגמה שנגרמו בעטיים של מלכים שעל אודותיהם מסופר בתנ"ך.

ברם, בראש השוללים עומד פרשן מסוף תקופת הראשונים, רבי יצחק אברבנאל, אשר בהסתמך במקצת על התבוננות במזימותיהם של משטרי המלוכה בימי הרנסנס טוען בלהט כי בחירת מלך היא לכל היותר מותרת. הוא אף מרחיק לכת וטוען שאפשר לייחס דעה זו לרמב"ם. האברבנאל מנתח בפירוט רב את הצורך בישות שלטונית ואת המטרות שלשמן תוקם לכאורה ישות שכזאת, ובוחן, הן על בסיס דתי והן על בסיס פילוסופי, את היתרונות הגלומים באפשרויות השונות. על רקע סקירת ההתפתחות ההיסטורית של המלוכה בישראל הוא מסיק שאין מצוות עשה למנות מלך, ולא זו בלבד אלא שההיתר לעשות כן כמוהו כדין 'יפת תואר', כלומר מעין כניעה בעל כורחנו לנטיות שפלות. "לא צוותה התורה עליו גם לא צוותה על עזיבתו, לפי שדברה תורה בזה כנגד היצר הרע" (פירוש לדברים י"ז).[14]

הרמב"ן תומך בגרסה שונה משמעותית של עמדה זו. בפירושו לפסוק "ואמרת אשימה עלי מלך" הוא מציין כי על פי השקפת חז"ל יש למשפט זה תוכן מחייב: "כי מצוה שיבואו לפני הכהנים הלווים ואל השופט ויאמרו להם רצוננו שנשים עלינו מלך" (פירוש לדברים י"ז, יד). הדבר מצביע, במובן מסוים, על כיוון נורמטיבי – העם מצווה להציג את שאיפתו למלך. אולם במובן אחר מצוות מינוי מלך כשלעצמה מתעמעמת, משום שהיא נכנסת לתוקפה רק לאחר ש'קול ההמון' אמר את דברו.

בימינו העמיד תנאי כזה הרב משה סולוביצ'יק ז"ל (אם כי, למיטב ידיעתי, בלי להתייחס לדעת הרמב"ן), אשר ביקש להביא ראיה מעדות היסטורית. הוא ציין כי בימי בית שני חז"ל בוודאי לא עשו כל מאמץ שהוא לחידוש המלוכה; כל היוזמות לפעולה כזאת באו מכיוונים אחרים לגמרי. הוא שיער שאפשר לייחס הזנחה זו להיעדר דרישה

13. במובן מסוים, הדיון – שמהדהדים בו הדברים משמואל א ח', ו-ז; י', יט, כנגד בחירה של סמכות פוליטית אנושית – משפיע גם על טענה נגד בחירת ראש ממשלה. ואולם מאליו מובן שהדברים חדים הרבה יותר בבחירת מלך.

14. עמ' רעה בהוצאת 'חורב'. ראו גם את כל הדיון שם בעמ' רעא-רעט. ההפניה לסוגיית "לא דיברה תורה אלא כנגד יצר הרע" היא לסוגיה בקידושין כא ע"ב.

עממית הכרחית. בהיעדר דרישה כזאת מצוות מינוי מלך אינה שייכת.[15] יתרה מזו, הרב משה סולוביצ׳יק נטה להניח את קיומו של תנאי, אובייקטיבי, והוא שהמצווה חלה רק כאשר דורשים זאת צרכים דוחקים, כגון ביטחון המדינה או הַסדר החברתי. אפשר כמובן לטעון שגם כאשר לא נבחר מלך מסוים, כל גוף מושל מקבל מעמד וזכויות של מלך, כפי שסבר הרב קוק.[16] בדרך זו המצווה מתקיימת במובן מסוים. אולם זהו עצם העניין. המטרה היא המכרעת; האמצעים המסוימים הם בגדר אפשרות.

ב. בין סמכות דתית לאזרחית

סיכומו של דבר – התשובה לשאלה אם צורה מסוימת של שלטון לאומי היא חובה או אפילו צורה מועדפת מבחינה הלכתית עטויה אי־בהירות מסוימת. לעומת זאת, באשר לגוף הסמכותי המקביל, הרבנות, אין שאלה דומה. הן הציווי לייסד בית דין מרכזי, כאשר יבשילו התנאים לכך, הן מעמד סמכותו של בית דין זה, מעוגנים היטב בפרשה בדברים (י״ז, ח-יא), כפי שמבהירים חז״ל ומקורות מאוחרים יותר. את הנקודה הבהיר ביתר שאת הרמב״ם בפתיחה להלכות ממרים:

> בית דין הגדול שבירושלים הם עיקר תורה שבעל פה. והם עמודי ההוראה ומהם חק ומשפט יוצא לכל ישראל. ועליהן הבטיחה תורה שנאמר ״על פי התורה אשר יורוך״ – זו מצות עשה. וכל המאמין במשה רבינו ובתורתו חייב לסמוך מעשה הדת עליהן ולישען עליהן. (הלכות ממרים פ״א ה״א)

על כל פנים, אופיים של יחסי הגומלין בין הרשויות השונות נותר מעורפל. הנושא כמובן מהותי, ולא אחת הוא שימש מקור למתיחות ניכרת, כפי שמעידה ההיסטוריה האירופית. אלא שלצערנו הוא זכה להתייחסות מועטת מצד חז״ל וגם לא נדון בהרחבה בדורות מאוחרים יותר עד הקמת מדינת ישראל. התורה מצווה כי על המלך להיות מונחה בידי המנהיגות הרבנית וכי עליו לכתוב את ספר התורה ״מלפני הכהנים הלוים״ (דברים י״ח, יח-יט). אולם טבע היחסים אינו ברור. האם חכמי הסנהדרין מדריכים, מהווים השראה או מצווים, ובאילו תחומים? מן הסתם הם מפעילים ׳ביקורת שיפוטית׳ ופוסלים יוזמות הסותרות את ההלכה. אולם האם הם משתתפים בתהליך השלטון

15. דברים שבעל פה שציטט הרב יוסף דוב הלוי סולוביצ׳יק ז״ל בשם אביו בהרצאה שנשא בשנת תשכ״ט.
16. עיינו **משפט כהן**, סימן קמד, סעיף טו, עמ׳ שלו-שלח.

האזרחי מעבר לכך? המשנה מציינת שהכרזת המלך על מלחמת רשות דורשת את אישור הסנהדרין.[17] הנחיה זו מעידה בבירור על מידה של מעורבות, לכל הפחות ברמה של 'ייעוץ והסכמה'. אך בה במידה נרמז בבירור שבדרך כלל אין הם מעורבים בענייני המדינה, אשר שייכים, כראוי, למלך.

חלוקה כזאת מותירה פתוחה את האפשרות של תפקוד הסנהדרין בשני תחומים, באכיפת ההלכה ובחקיקה נוספת, כדי להרחיב ולחזק את קיום ההלכה. כך היא חושפת את האזרח ואת הקהילה לתביעה להיענות לסמכותן של רשויות שונות ואולי אף מתחרות ביניהן. כפי שידוע היטב, הרמב"ם ב'מורה הנבוכים' אכן חזה אפשרות זו, שהיא בעייתית לכאורה,[18] ואחד מחשובי הראשונים המאוחרים עסק בה בהרחבה רבה, אם כי לא בהקשר הלכתי. בדרשתו על צמד הפרשיות בפרשת שופטים העוסקות בייסוד גופי סמכות שלטוניים יוצר הר"ן מודל של מערכות חקיקה ושיפוט מקבילות, כל אחת מהן על חוקיה, עונשיה ודיני הראיות שלה.[19] הרב הרצוג,[20] באופן מובן, היה מודאג מן המחשבה על רשות שופטת אזרחית שאינה מביאה בחשבון סטנדרטים הלכתיים והתאמץ להוכיח שהר"ן לא התכוון לכך כלל. משמעותי יותר לענייננו הוא שעל פי מודל זה שאלת מידת החפיפה נותרת פתוחה, ואף הבעיה הסבוכה של דרך ההתמודדות הראויה במצב של עימות אפשרי נותרת בלא פתרון.

ג. סמכות קהילתית

עד כאן במישור הלאומי. אולם עלינו לשאול את עצמנו אם הדבר יכול לשמש אב טיפוס לדרגים נמוכים יותר של שלטון קהילתי, ובאיזו מידה. המענה לשאלה זו בנוי משני רכיבים: א. סגנון הסמכות הרבנית והאזרחית ואופן המינוי; ב. טיב הקשרים בין הסמכויות.

בטרם נתמקד בעיקר ענייננו – הקהילה המקומית, נבחן בקצרה את רמת הביניים – השבט. ייתכן שכבר ברמה השבטית ניתן להעלות אפשרות של סטייה מן המודל השלטוני-לאומי. ואמנם הרמב"ן, ששאב הן מלשון המילה "לשבטיך" במצוות מינוי שופטים והן ממקורות חז"ל, גורס שלכל שבט הייתה סנהדרין משלו

17. ראו סנהדרין ב ע"א; שם טז ע"א.
18. ראו **מורה הנבוכים**, חלק ג, פרק מ.
19. ראו **דרשות הר"ן**, דרשה יא.
20. ראו הרב יצחק א"ה הרצוג, **תחוקה לישראל על פי התורה** (ירושלים, תשמ"ט), כרך ב, עמ' עה-פג.

ששימשה גם גוף מחוקק וגם גוף שופט, מעין הנהוג במדינות ארצות הברית ששם לכל מדינה מוסדות חקיקה ושיפוט:

> ויתכן לפרש שחייב הכתוב למנות בית דין על כל השבט, והוא ישפוט את כולם... ואם הוצרכו לתקן ולגזור דבר על שבט שלהם הם גוזרין ומתקנין, והיא לשבט כגזירת סנהדרי גדולה על כל ישראל. (רמב״ן לדברים ט״ז, יח)

עם זאת, ספק רב אם קיימת מקבילה דומה גם בצד האזרחי. המונח ׳נשיא׳ מופיע כמובן בתנ״ך בהקשרים רבים ונוגע למי שמנהיג את השבט, אולם ייתכן שהוא אינו משרת את מטרתנו. ראשית, ההשלכות ההלכתיות של עובדה זו אינן ברורות. בנוגע לקרבן חטאת המיוחד שמביא נשיא, השונה מזה שמביא חוטא מן העם, המשנה מבהירה כי רק המלך, כלומר השליט העליון, כלול בהגדרה זו.[21] בדומה לכך, בנוגע לפסוק ״ונשיא בעמך לא תאֹר״ (שמות כ״ב, כז),[22] האוסר לקלל נשיא (נוסף על האיסור הכללי לקלל), הרמב״ם מצמצם את ההגדרה למלך ולראש הסנהדרין;[23] ה׳מנחת חינוך׳ סבור שעל האיסור לכלול גם את נשיא השבט,[24] ואילו בקרב רוב הראשונים לא נמצא בסיס לעמדה זו.

ועוד זאת, גם אם יהיה מי שיראה בנקודה זו נושא פתוח, אני סבור כי אין עוררין על העובדה שאין בנמצא מצווה למנות נשיא כזה מלכתחילה. יהיה הדין בעניין מלך אשר יהיה, תפקיד הנשיא, למיטב ידיעתי, הוא ככל הנראה בגדר אפשרות בלבד. צורת השלטון השבטי נותרת לשיקול דעתם של הנשלטים.

אם אלה פני הדברים באשר לשלטון השבטי, הכפוף לשלטון מרכזי במבנה פדרלי ועם זאת בעל סמכויות נרחבות, כל שכן, כך אני סבור, בזירה המקומית. גם כאן נוהגת המצווה של מינוי בית דין,[25] וההנחה היא שזוהי בראש ובראשונה הסמכות התורנית המקומית. וגם כאן אין נורמה הלכתית ברורה המציינת צורה מסוימת של ממשל אזרחי כללי שהיא בגדר חובה או אפילו הצורה המועדפת. אפשר כמובן להיעזר בהתבוננות לאחור לעבר המודל הלאומי הראשוני כדי למצוא בו הדרכה רוחנית אשר עשויה להצביע על הכיוון שבו ראוי לשלטון המקומי ללכת. אנו מקשיבים לקריאה העולה מן המדרש בדבר התקדים שצריך להנחותנו ביחס לפרטים שלא נכללו באופן

21. ראו הוריות י ע״ב.
22. ראו פירוש הרמב״ן על אתר.
23. ראו רמב״ם, הלכות סנהדרין פכ״ו ה״א.
24. ראו **מנחת חינוך**, מצווה עא, אות א.
25. ראו סנהדרין טז ע״ב; רמב״ם, הלכות סנהדרין פ״א ה״ג-ה״ד.

רשמי בגוף ההלכה. בהתייחסו לסמיכות הפרשיות נזיר וסוטה מסביר המדרש כי חוט משותף נשזר בהן. המדרש משער שמלכתחילה הייתה צריכה להיאסר על נזיר שתיית יין בלבד, והענבים היו ניטרליים במהותם, ואף על פי כן נאסר עליו לטעום "מכל אשר יצא מגפן היין" (שופטים י"ג, יד) כדי להרחיקו מעבירה אפשרית; וכאן טמונה הנחיה כללית שיש לה רלוונטיות ישירה לפרשת סוטה:

> אל תאמר: הואיל ואסור לי [רק] להשתמש באשה [נשואה] הריני תופשה ואין לי עוון, או שאני מגפפה ואין לי עוון, אני נושקה ואין לי עוון. אמר הקדוש ברוך הוא: כשם שאם נדר נזיר שלא לשתות יין אסור לאכול ענבים לחים ויבשים ומשרת ענבים וכל היוצא מגפן היין, אף אשה שאינה שלך אסור ליגע בה כל עיקר. (שמות רבה ט"ז, ב)

עיקרם של דברים (ומקורות דומים אינם חסרים כמובן) ברור, ולמסר העולה מהם יש אף נגיעה לענייננו.[26]

אם נמשיך בקו מחשבה זה הרי אפשר לטעון כי על הממשל הקהילתי ללכת בעקבות הממשל הלאומי, הן מבחינת מבנה הסמכות הרבנית והאזרחית והן מבחינת אופי האינטראקציה ביניהן. ואולם אם זו הטענה, יש מקום לבחון את דרגת הדמיון; ואני מעז להציע שאם תהיה בחינה כזאת, מיד יהיו ניכרים לעין הבדלים של ממש. איננו עוסקים – לא במקורות ההלכתיים הבסיסיים ולא בהקשר המודרני שלנו – באתונה הקלסית או בוונציה של הרנסנס. הקהילה שאנו דנים בה שונה ממדינה באופייה לא פחות מאשר בהיקף פעילותה. אין לה שיח ושיג עם מדיניות חוץ ולא עם ביטחון צבאי, ואם היא פועלת על בסיס התנדבותי היא גם אינה אוכפת גביית מסים. לעומת זאת היא כן מעורבת בתחום האנושי, בעיצוב וביישום דרך הפעולה של שירות לאזרח הפשוט ובהתמודדות עם צרכיו, הרבה יותר משלטון מרכזי מרוחק. משום כך, כשם שהאתגרים משתנים, כך משתנים גם הפתרונות.

26. הפסקה מניחה שהמושג 'סייג' אינו רק בחזקת עצה המופנית לחכמים במישור של דרבנן, שאליה הוא מקושר בדרך כלל, אלא שיש לו תוקף מדאורייתא. ישנן כמה וכמה מקבילות; דוגמה בולטת באבות דרבי נתן, מהד' שכטר, נו"ב, פרק ב. הרמב"ם, **בספר המצוות**, לא תעשה שנג **ובמשנה תורה**, הלכות איסורי ביאה פכ"א ה"א, מניח שהכתוב שם עוסק ב'דאורייתא', אולם ראשונים רבים סברו שהאיסור המצוטט הוא רק מדרבנן. אפשר לציין עוד שהמדרש מתייחס לצורות חמורות פחות של קרבה גופנית כאסורות, רק כאמצעי בטיחות למניעת התרחשותם של יחסי אישות מלאים, ולא כהרחבה של גדר האיסור (אמנם בדרגה חמורה פחות), הנובעת מאותה הסיבה.

בזמננו הבחנה זו ברורה יותר בגולה מאשר בארץ ישראל. היו כמובן תקופות שקהילות יהודיות נהנו ממידה רבה של אוטונומיה מקומית, ואולי אף מקורטוב של אוטונומיה לאומית שהגיעה לרמה מסוימת של הכרה הלכתית. "ראשי גלויות שבבבל", מדגיש הרמב"ם, "במקום מלך הן עומדים" (הלכות סנהדרין פ"ד הי"ג).[27] ואולם בתקופה המודרנית אין ולו ניסיון של קהילה כלשהי בגולה לנהל עיר. הדבר מסור לחלוטין לרשויות העירוניות הכלליות ומותיר לקהילה היהודית ולהנהגתה להתמודד עם עניינים פנימיים בלבד. אך אף שהדיכוטומיה הזאת חריפה יותר בגולה – נקודה שמבחינה הלכתית משתקפת אולי בעובדה שבגולה די בייסוד בתי משפט מחוזיים בכל פלך ופלך, ואילו בארץ ישראל יש צורך גם בבתי דין מקומיים בכל עיר ועיר[28] – בהקשר שלנו הדיכוטומיה תקפה ביסודה גם בארץ ישראל.

בקיצור – קהילה יהודית בת ימינו אינה עוסקת בשלטון כי אם בממשל פנימי; אין היא עוסקת בהפעלת כוח כדי לווסת את ענייני המדינה הלאומיים או המקומיים, אלא בארגון ובהכוונה של הרצוא ושוב בחייהם של אנשים ומוסדות המצויים בגבולותיה ובחסותה. גם בישראל כיום נמתח קו מובהק המבחין בין המועצה המקומית הכללית, המופקדת על האחזקה והפיתוח של האתר העירוני או הכפרי, ובין המועצה הדתית, המפקחת על תחומים צרים בחיי האדם ואינה פועלת על בסיס התנדבותי מלא אך גם איננה בעלת סמכויות מוחלטות. מכאן שגם אם נסיק, בניגוד לתפיסתי, שיש קווים מנחים הלכתיים ברורים המנהלים את צורת השלטון הפוליטי המקומי ותוחמים אותו, הדבר אינו בהכרח נכון בכל מה שנוגע למוסדות שתפקודם מוגבל לממשל קהילתי מצומצם.

המקורות ההלכתיים אומרים מעט יחסית על ממשל, לפחות בהיבטיו המשפטיים והפורמליים. ההלכה יכולה לחיות, ואף חייתה, עם בתי דין מקומיים, בין קבועים בין שנוצרו אד הוק; עם בתי ועד שסמכותם גבוהה יותר; עם רבני קהילות עצמאיים; עם מועצות רבניות לאומיות, ובין לבין עם רבני עיר; עם 'גדולים' מוכרים שאינם בעלי תפקיד רשמי, כמו גם עם חכמים בעלי סמכות רשמית. מן הצד האזרחי ההלכה יכולה לתפקד, ואף תפקדה, עם 'ראשי אבות' אריסטוקרטיים או עם אֲסֵפוֹת עירוניות

27. הניסוח הכוללני מעביר את התחושה שהסמכות מורחבת מעבר לגבולות בבל. מסקנה כזאת תהיה בעייתית מאוד; ראו **כסף משנה** על אתר.

28. ראו מכות ז, ע"א; רמב"ם, הלכות סנהדרין פ"א ה"ב (אולם יושם לב להבדלים בכתוב: 'אלא בכל פלך ופלך' בוודאי מובן יותר ויש לו גם בסיס בכתבי היד); **רמב"ן** לדברים ט"ז, יח.

עממיות; עם פרנסי ציבור נבחרים וטובי העיר או עם מיופי כוח ממונים; עם בעלי נכסים אוליגרכיים ועם תרכובת של חברים וועד מנהל, שהם כעת האופנה השלטת.

מודל הלכתי לסמכות קהילתית

הצורה והמבנה של הרשויות – הדתית והאזרחית – הם ביסודם דבר הרשות, והבה נזכיר לעצמנו שאין כוונת הדברים שמדובר כאן בשוויון נפש. יש בוודאי שיקולים ערכיים חשובים, בין מוסריים בין דתיים; ובכל מצב נתון ישנם בוודאי אופנים מסוימים של שלטון המתאימים יותר לרוח ההלכה ולמהותה מצורות אחרות. אולם עלינו לגשת לנושא הן על פי ההקשר הן מההיבט הטלאולוגי, כשמבטנו נתון לחיפוש תוצאות מרביות ולא לחוקים משוערים. אין ספק שישנם היבטים של התחום הפוליטי אשר ההלכה מטביעה בהם את חותמה. על כל פנים השאלה העיקרית המוצבת לפנינו – החיפוש אחר משטר מורכב אידיאלי – אינה נמצאת ביניהם.

אנו חופשיים אפוא לעסוק בנושא שלנו לא בלי מחשבות מוקדמות, כי אם בלי תנאים מוקדמים. בעשותנו כן אנו יכולים לגשת לנושא ברוחו של אפלטון ולעצב את המודל של משטר אידיאלי יש מאין, אך – בהתאם לביקורתו של ברק (Burke) על חוקות מופשטות – לא בלי להתחשב במהלך ההיסטורי של ממשל יהודי קהילתי, כפי שהתפתח בצורה אורגנית. אילו כתבנו או יצרנו את ה'רפובליקה' שלנו, היינו נוהגים בוודאי כאפלטון: מתמודדים עם עקרונות היסוד של הפילוסופיה הפוליטית והתיאוריה החברתית לאור הנחות יסוד מוסריות ודתיות. היינו מגדירים ומדרגים את מטרות ה'פוליס' ומבנה הממשל שלה, ואז היינו מבקשים לקבוע את האמצעים שבעזרתם אפשר להשיג מטרות אלו בצורה הטובה ביותר. לשם קביעת התכלית הסופית (telos) היינו שואבים בוודאי ממקורות תורניים ועוברים למסקנות יהודיות בבירור, אם כי אולי לא ייחודיות. אשר לצורה, לעומת זאת, ידינו לא יהיו כבולות – לא משום שהמחויבות שלנו איננה מספקת, אלא מפני שנורמות הלכתיות אשר היו עשויות לכבול אותנו פשוט אינן קיימות.

אני סבור כי אנו יכולים להתקדם צעד נוסף. הגמישות שאני חוזה אינה מוגבלת למישור היישום הטכני. היא חובקת בתוכה אלמנטים של התייחסות הנוגעים לכמה מנושאי הליבה של התיאוריה הפוליטית: חלוקת כוח והקצאתו; האיזון בין זכויות לחובות, בין זכאויות למחויבויות; הפרמטרים להתערבות שלטונית בחיי הפרט; המתח שבין הרצון האישי לטובת הכלל; המקור האנושי הראשוני של הסמכות; המתח בין חירות לשוויון; הבסיס לאחריות אזרחית. ההלכה אמנם

עשויה – על ים פרטיה והעקרונות ההלכתיים והערכיים האימננטיים שבה – להגדיר את הפרמטרים של השיח על מכלול עניינים סבוכים אלה, אך לא להכתיב מסקנה מוחלטת. בעיצוב תשובות לבעיות אלו, הנטיות ההשקפתיות, הרגישות המוסרית ואף ההערכות המעשיות עשויות למלא תפקיד לגיטימי בהחלטה על סדרי עדיפויות והעדפות.

אפשר להדגים את הנקודה הזאת בהתייחס לתחום שונה לגמרי: סגפנות דתית.

מערכת הלכתית הקובעת כי ביום הקדוש ביותר בשבוע על אדם לאכול לשובע ועוד להוסיף ארוחה לסדר היום הקבוע שלו, מערכת היוצאת מתוך הנחה שתשמיש המיטה מעונג שבת הוא, ולפיכך תלמידי חכמים משמשים "מלילי שבת ללילי שבת",[29] בוודאי מוציאה מן הכלל אימוץ של דעות סגפניות באורח קיצוני. אולם אין הדבר מבטיח אפריורית תמימות דעים בנושא; ואכן, היסטורית, תמימות דעים כזאת מעולם לא הושגה. אפשר להניח מראש כי כך הם פני הדברים גם בנוגע למכלול שאנו עוסקים בו.

הדבר נכון במיוחד בנושא הממשל הקהילתי ומידת הדמוקרטיזציה שלו. יש כמובן הלכות – בייחוד בנוגע למידת חירות הפרט – הסותרות את התיאוריה הדמוקרטית ואת יישומה. הלכות אלה משקפות את ההיבט התיאוקרטי של ההשקפה שלנו, במיוחד כאשר מופעלת סמכות בידי הממשל בצורה כפייתית ולא בתוך הקשר קהילתי התנדבותי. ואף על פי כן, ההנחות העיקריות הן בנות קיימא, ואם קהילה רוצה בכך אפשר גם להגשים אותן למעשה.

לתיאוריה הדמוקרטית שני יסודות: א. ההנחה העובדתית שבטווח הארוך הציבור יודע לקבל את ההחלטות הטובות ביותר עבורו; ב. הקביעה האתית שזכותו לקבל החלטה קיימת גם נוכח תוצאות גרועות יותר. ישות מדינית יהודית יכולה לקבל או לדחות יסודות אלה, וכן לקבל או לדחות את האמונה באיש הפשוט ובחשיבות המיוחסת לאינטרסים שלו ולהבטחתם. באותה מידה, היא יכולה לאמץ אותם בנקודה מסוימת ולהוקיעם בנקודה אחרת. הנושא שעל הפרק הוא למעשה דבר הרשות.

כמו כן, אל לנו להזדעזע אם אנו חשים באינטואיציה כי מבנה שלטוני נתון אומץ מפני שמקורו בהקשר תרבותי רחב יותר. אכן, ייתכן שמבחינה מוסרית ופוליטית

29. רמב"ם, הלכות שבת פ"ל הי"ד, על פי הגמרא בכתובות סב ע"ב. בהקשר הזה ההנחה של הרמב"ם מובילה למסקנה שיחסי אישות צריכים להיות חלק מחוויית השבת, ואולם אין בה משום הצעה כלשהי באשר לתדירותם בזמנים אחרים. מכל מקום, בגמרא היחס לשבת מופיע בקשר לגדרי המינימום של חובת תלמיד חכם כלפי אשתו, כפי שציטט הרמב"ם בהלכות אישות פי"ד ה"א. נקודה זו נוגעת בנושאים רחבים יותר שהם מעבר לתחום מאמר זה.

פורמט מסוים עדיף מפני שהוא מכוון ל'רוח הזמן' (Zeitgeist), ולכן מקובל יותר אצל הכפופים לו. הבה נזכור כי כאשר חזתה התורה את הרקע לבחירת המלך היא העריכה שבקרב העם תהיה שאיפה ברורה ל"מלך ככל הגוים אשר סביבֹתי" (דברים י"ז, יד). כל עוד משפט זה מתאר תופעה מוכרת ואינו מציין את החיקוי כסיבת היוזמה, לא נשקפת כל בעיה. האיסור "ובחקֹתיהם לא תלכו" (ויקרא י"ח, ג) עוסק בחיקוי לשמו, המלווה באובדן הזהות התרבותית הנבדלת; או כמו במקרה "מעשה ארץ מצרים" ו"מעשה ארץ כנען" הנזכרים בפסוק – בהתנהגות לא רצויה או לא מוסרית. אין לו השלכה על העדפת מוסדות אשר נחשבים בעלי ערך חברתי. המפתח הוא המוטיבציה מצד אחד והרמוניה עם סדרי העדיפויות ההלכתיים וההשקפתיים מצד אחר.[30] האופי היהודי הייחודי יכול להשתקף במבנה המורכב של המדיניות ויחסה למכלול ערכי התורה, ולא דווקא במקורו של המבנה הפורמלי של השלטון. אין לי המומחיות הסוציולוגית הנדרשת להעריך את ההשפעה של עליית הדמוקרטיה, למשל, על מודלים יהודיים של ממשל, וגם לא הדחף האימפרטיבי לקבוע מה צריכה להיות השפעה זו. מה שאני יכול לציין מנקודת המבט של בית המדרש הוא שהאפשרות לאמץ מבנה שלטוני הרווח בציבור הרחב קיימת אם כי במגבלות מסוימות; הלוואי שההחלטה על האימוץ האפשרי תיעשה בתבונה, ברגישות ומתוך מחויבות.

מרחב התמרון שהנחתי את קיומו במה שנוגע לצורות הממשל האזרחי נמצא באופן דומה בתחום הרבני. כאן הוא אולי מוגבל יותר מפני שהוא נתון להיקף רחב יותר של הלכות הנוגעות לכישורים האישיים של רב או של דיין, להרכב בית הדין או לקווי המתאר של תחומי הסמכות הרבניים. ואולם בעיקרון ההשוואה הבסיסית עדיין תקפה. נוסף על כך, לשאלת הבחירה במערך הבסיסי של המנהיגות הרוחנית – רב, מרביץ תורה, בית דין, מורה צדק, מגיד, או כל צירוף שלהם – יש גמישות רבה ברמת הפרטים. ראשונים רבים רואים כְּמובן מאליו שקהילה יכולה לוותר על דרישות פורמליות ולהעסיק רב שאינו ראוי לכך מבחינה טכנית. ולהפך – קהילה או מנהיגיה הרוחניים רשאים להחליט לכפות דרישות נוספות. רבנים באירופה, לדוגמה, סירבו בתקופה מסוימת להעניק לרווקים סמיכה לרבנות, והיו שהרחיקו לכת ודחו את הסמיכה עד שהמועמד היה נשוי במשך אחת עשרה שנים.[31]

30. ראו ויקרא י"ח, ג ורש"י שם; סנהדרין נב ע"א; עבודה זרה יא ע"א; רמב"ם, הלכות עבודת כוכבים פי"א ה"א **וכסף משנה** שם; **שולחן ערוך**, יורה דעה סימן קעח סעיף א **וביאור הגר"א**, ז. הניואנסים של מוטיבציה אכן קשים להגדרה, הן בתיאוריה הן במעשה, והנושא דורש הבהרה מעבר לתחום מאמר זה.

31. ראו הרב שמחה אסף, **באהלי יעקב: פרקים מחיי התרבות של היהודים בימי הביניים** (ירושלים,

בדומה לכך, בית דין פשוט מורכב משלושה חברים, אך המספר אינו מקודש. הרמב"ם מכריז כי "אף על פי שבית דין של שלושה בית דין שלם הוא, כל זמן שהן רבים הרי זה משובח" (הלכות סנהדרין פ"ב הי"ג). הרמב"ן (בפירושו לדברים א', יב) מרחיק לכת עוד יותר ומציע כי כאשר בעלי דין חלוקים בעניין בית הדין המתאים לבירור עניינם, בעל הדין המבקש פנייה לבית דין שמספר הדיינים בו גדול יותר – ידו על העליונה כיוון שהדבר שקול לדרישה לפנות לערכאה באיכות גבוהה יותר. נקודה זו עולה בקשר למריבה בין אנשים, אך קל וחומר שאפשר ליישם אותה גם במישור הקהילתי.

הראיה הברורה ביותר לגורם ה'רשות' בתחום זה מצויה על כל פנים במיעוט ההלכות העוסקות בו. ואכן, מבחינה היסטורית היה הגיוון רב. אנו רגילים מאוד למודל ה'רב' הנפוץ כיום, בין שהוא נבחר בין שהוא ממונה; קהילה מסוימת מעסיקה אותו בחוזה, הוא מוגדר מנהיגה הרוחני, ויש לו טווח נרחב של חובות הכולל פסיקת הלכה, לימוד, הטפה, הנהגת הקהילה, תוכחה והשראה, ביצוע טקסים השייכים למעגל החיים, ניהול שירותים דתיים נחוצים ופיקוח עליהם וייצוג הקהילה כלפי קבוצות אחרות, יהודיות או כלליות.

ואולם אב טיפוס זה לא תמיד היה הכלל. ראשית התהוותה של ההנהגה הרוחנית בארץ ישראל והאיזון שהתקיים בה בין חכם לנביא לוטים בערפל, וגם תמונת ההנהגה בתקופת חז"ל עכורה מעט. זיהוי מקום מסוים כתחום השיפוט של תנא או אמורא, ולכן הכרעותיו ההלכתיות מנחות את תושביו לקולא או לחומרא, מונח בגמרא בהקשרים רבים,[32] ומכאן שלמושג המוכר 'מרא דאתרא' יש בסיס קדום כלשהו. אולם מציאות זו רחוקה מאוד ממעמד הרבנות כפי שאנו מכירים אותו. נראה שמעמד זה לא התפתח באירופה עד אמצע או סוף ימי הביניים. ההערכות הן שהדבר אירע בין המאה השתים עשרה לסוף המאה הארבע עשרה למניינם, והסיבות המוצעות משתנות בהתאם – התפתחותן של קהילות עצמאיות והשגת מידה מסוימת של אוטונומיה או הידלדלותן של הקהילות בעקבות מגפות ורדיפות.[33] בשלב מאוחר יותר התמנו רבנים לאזורים נרחבים יותר, ובעקבות זאת, עם צמיחתן של מדינות הלאום, נוצר מוסד הרבנים הראשיים של מדינות. כמובן, בארץ ישראל הביאה התפתחות זו

תש"ג), עמ' 30.

32. ראו למשל שבת קל ע"א; חולין נג ע"ב; עירובין צד ע"א.

33. ראו ישראל יובל, **חכמים בדורם: המנהיגות הרוחנית של יהודי גרמניה בשלהי ימי הביניים** (ירושלים, תשמ"ט), פרק א.

להקמתה של הרבנות הראשית, והרב קוק, שהניעה אותו תערובת של להט משיחי ורצון עז "לעשות סדר" בבית הדתי, שאף להשיב על מכונה את המנהיגות הרוחנית וההלכתית המרכזית.

במבט לאחור גם סקירה קצרה כזאת של הרבנות המקצועית מזמינה בחינה של מערכת היחסים בין בית הדין, שהוא מוסד קהילתי בדרך כלל, ובין הרב המקומי. אף שראשית התהוותה של הרבנות כפי שאנו מכירים אותה שרויה בחוסר בהירות מסוים, אפשר לומר כי התפיסה הרווחת של מעבר מרכז הכובד מבתי דין ממסדיים לרבנים פרטיים אכן נכונה. מינוי בתי דין, גם בקהילה קטנה למדי, הוא חובה הלכתית, בייחוד בארץ ישראל אך גם בקנה מידה קטן יותר בגולה.[34] בגמרא לא מופיעה דרישה דומה בעניין בחירת רב, ונראה שבזמנם של חז"ל בחירתו לא הייתה הדבר המצוי. כיום, בניגוד לכך, כמעט לכל בית כנסת או קהילה יש רב, ואילו בתי הדין נדירים יותר, וכך הוא המצב זה זמן מה בחלק גדול מהעולם היהודי.

אף על פי כן אין להפריז בהדגשת הניגוד ואף אין להגזים בחשיבות המעבר, שיש המצדיעים לו ויש המצירים עליו (הועלתה סברה שהשינוי שאב את כוחות החיים של הקהילה האורגנית הכללית). אף שאין כל התייחסות למעמדו המקצועי הפורמלי של 'רב מקומי', הגמרא מזהה ערים מסוימות כאזור השיפוט של תנא או אמורא מסוים, ומכאן שהתושבים שם בוודאי היו נתונים לסמכותו ההלכתית והרוחנית. לעומת זאת גם בתקופה המודרנית הסמכות הדתית נחלקת לעתים קרובות בין הרב לבית הדין, ופעמים רבות האחד עומד בראש האחר. וגם כשלא זה המקרה, בדרך כלל יכול להתקיים איזון שנע בין שיתוף פעולה לעימות.

בהקשר זה יש לזכור את טווח הפעילות של בית הדין המקומי הקלסי. הראשונים חלוקים בדעותיהם באשר למניע הראשוני למינויו. בפירוש המצווה להקים "שופטים ושוטרים... בכל שעריך" (דברים ט"ז, יח) מציין הרמב"ן כי התורה אכן דיברה במקום אחר על יישוב מחלוקות בין אנשים בבית משפט ו"אם כן מצוה שיהיו לישראל" בתי משפט כאלה.[35] ניסוח זה מדגיש את ההיבט המשפטי הצר של אחריות בית דין

34. ראו תוספתא סנהדרין פ"ג ה"ה, המובאת גם במכות ז ע"א. הרמב"ם בהלכות סנהדרין פ"א ה"ב, לפי קריאה מסוימת של הטקסט, סבור שהמצווה אינה תקפה בגולה. זוהי הקריאה שהכיר הרמב"ן; לכן בהערה בהקדמה לפירושו לדברים ט"ז, יח הוא תוקף את דעת הרמב"ם וטוען שהיא מנוגדת לתוספתא. ואולם קריאה אחרת, כנראה מקורית יותר, משווה בין דעותיהם של הרמב"ם והרמב"ן על פי התוספתא והגמרא. ראו את חילופי הנוסח במהדורת פרנקל שם.

35. רמב"ן לדברים ט"ז, יח (הקדמה לפרשת שופטים).

ופעילותו בהכרעה בין בעלי הדין. ואולם דברי הרמב"ם[36] אמנם כוללים היבט זה, אך הוא ממקד את דבריו על מהות הקמת בתי הדין בתפקידם: עיצוב האופי של החברה היהודית ומערכת המוסר שלה – תפקיד חינוכי בחלקו וכפייני בחלקו.[37] לפי דעה זו בית דין אינו מעורב כל כך בשיפוט כשם שהוא מעורב בממשל רוחני, ומכאן שההבחנה המוסדית המסורתית בין קומפלקס של בתי דין ובין הרבנות המקצועית לא הייתה כה חדה כפי שעולה מן המצב כיום. יהיה נבון אפוא להכיר במעבר היסטורי בלי להגזים בחשיבותו.

אפשר להדגים את הנקודה באמצעות שני ציטוטים שונים אך מקבילים ממשנה תורה. הרמב"ם מתווה את המטרות של ייסוד מלוכה אזרחית – ולצורך העניין אף את מטרותיו של המלך עצמו – ומסכם:

> ובכל יהיו מעשיו לשם שמים ותהיה מגמתו ומחשבתו להרים דת האמת ולמלאות העולם צדק ולשבור זרוע הרשעים ולהלחם מלחמות ה'. (הלכות מלכים פ"ג ה"ט)

במקום אחר הוא מייעד פעולות דומות – מלבד, כמובן, אלה הצבאיות – לבית הדין. בתארה את סדר היום של תענית שנקבעה בשל צרת הציבור, צרה שכבר קיימת או עומדת להתרגש, קובעת הגמרא כי במשך חלקו המוקדם של היום בודקים את ענייני המקום: "מצהרא לפלגיה דיומא מעיינינן במילי דמתא" (מגילה ל ע"ב). הרמב"ם מצטט את ההלכה הזאת ומרחיב אותה הרחבה ניכרת:

> בית דין והזקנים יושבין בבית הכנסת ובודקים על מעשי אנשי העיר מאחר תפלת שחרית עד חצות היום ומסירין המכשולות של עבירות ומזהירין ושואלין וחוקרין על בעלי חמס ועבירות ומפרישין אותן ועל בעלי זרוע ומשפילין אותן וכיוצא בדברים אלו. (הלכות תעניות פ"א הי"ז)

אין מדובר בסקירה סתמית של ענייני עיר מעורפלים, כי אם בנקיטת צעדים של ממש שבית הדין והזקנים יוזמים במשותף; צעדים שנועדו לחקור, לנזוף, לאכוף, ומעל

36. ראו **ספר המצוות**, עשה קעו.
37. סביר להניח שהרמב"ן היה טוען שהיבט זה מצוי בתחום הטיפול של בית הדין, אך הוא לא ראה בכך את מוקד הדרישה הנורמטיבית להקמתו.

לכל – כמו המלך – להשפיל את עושי הרשע ולשבור את כוחם, כחלק מתהליך ההיטהרות הרוחני של הקהילה.

על כל פנים, יש להדגיש כי בעת שאנו דנים ברבנות "מקצועית" אנו נתקלים בדבר הרשות לא רק בקשר לבחירת האדם או האופן שבו תמומש הסמכות הרבנית, אלא גם ביחס לעצם כינון משרת 'מרא דאתרא'.

כדי שלא אובן שלא כהלכה, הבה אבהיר נקודה זו היטב. כמובן, קהילה זקוקה לרב בקרבה, ומוטב בראשה. האם יעלה בדעת חברי הקהילה להיוותר בלי רופא או מהנדס? חז"ל מציינים בית דין בעל סמכויות ענישה לצד רופא, מקיז דם וסופר כגורמים אשר בהיעדרם מוטב לו לתלמיד חכם שלא יתגורר באותה העיר.[38] ואולם אין בכך כדי להקנות מעמד מחייב למרכיבים הללו. המלצת המשנה "עשה לך רב" (אבות פ"א מ"ו), בדומה לרוב האמרות בפרקי אבות שהן בגדר עצה יותר משהן בחזקת צו, פונה ליחיד ולאו דווקא לציבור; ולפי רוב הדעות היא נוגעת לאימוץ של מורה־מנחה ולאו דווקא למחויבות לפוסק או ליצירת מעמד. אשר לרבנות ראשית – במאמר אחר הבעתי את הדעה שגם אם נניח שתושבי ישראל חייבים לקבל את פסיקת הרבנות הראשית,[39] הנחה המוטלת בספק כשלעצמה, ברור שאין כל חיוב ציבורי לייסד אותה מלכתחילה.

יחסי גומלין בין הרשויות

לבסוף, עלינו לעסוק ביחסי הגומלין בין הרשויות השונות ובאיזון ביניהן. במישור הלאומי ניתוח של נושא זה צריך להתחיל בסקירה של שיתוף הפעולה או העימות בין מלכים לנביאים בתקופת בית ראשון או בין חז"ל למושלים האזרחיים, בין השושלת החשמונאית ובין 'ריש גלותא' הבבלי לאחר מכן. עם זאת, לצורך מטרותינו, הממוקדות בזירה המקומית, נפלס נתיב צר יותר.

גם סקירה מוגבלת יותר צריכה, ככל הנראה, לכלול שני נושאים עיקריים. האחד נוגע לתהליך בחירת בעלי הסמכות בשני התחומים והשני למידת ההשפעה – אם יש כזאת – של כל מגזר על איוש המגזר האחר.

38. ראו סנהדרין יז ע"ב.

39. ראו מאמרי 'הרבנות הראשית לישראל: מבט הלכתי', להלן עמ' 349-350; לדעה שונה ראו הרב שאול ישראלי, **עמוד הימיני** (ירושלים, תשנ"ב), פרק ו; וראו מאמריהם של הרב אליהו בקשי דורון, איתמר ורהפטיג ואביעד הכהן בקובץ המאמרים **הרבנות הראשית לישראל**, ערכו א' ורהפטיג וש' כ"ץ (ירושלים, תשס"ב).

הנתונים ההלכתיים הנוגעים לתהליכים הללו אינם ברורים, והם מזמינים את ההתרשמות שאנו עומדים – פעם נוספת – לפני דבר הרשות. בדבר בחירת שלטון אזרחי הגמרא בברכות מניחה מראש כי "אין מעמידים פרנס על הציבור אלא אם כן נמלכים בציבור" (נה ע"א). ואולם ספק אם אנו יכולים להוציא מאִמרה זו ראיה הנוגעת לענייננו. במבט ראשון יש לעצה זו צליל דמוקרטי, המהדהד את הסכמת הציבור,[40] אך בה במידה נראה שהמינוי נקבע בידי מישהו אחר אשר אינו הציבור שאתו מתייעצים. על כל פנים, לא ברור מי הוא הממנה ואם יש בסיס הלכתי לזהותו.

המאירי[41] קובע, באופן חידתי משהו, כי דברי הגמרא מתריעים כנגד 'יחיד או יחידים' העשויים לכפות את המועמד שלהם על אוכלוסייה שאיננה מעוניינת בו, אולם גם הוא אינו רומז כלל על זהותם של הכופים. סביר לשער שהמנהיגים הרוחניים של הציבור היו מעורבים בכך במידה זו או אחרת, אך האפשרות הזאת נותרת בגדר השערה בלבד.

זאת ועוד, הרי"ף מצטט את דברי הגמרא; הרמב"ם והרא"ש, לעומת זאת, ובעקבותיהם הטור והשולחן ערוך, משמיטים אותם. נוסף על כך, תפקיד הפרנס עטוף באי־בהירות. שלא כמו טובי העיר, ייתכן בהחלט שהוא מאחד סמכות רוחנית ופוליטית. הגמרא[42] מגדירה את רמת הידע הנדרש מתלמיד חכם כדי שיהיה ראוי להתמנות לפרנס, והדרישות גבוהות למדי (במקום אחר[43] מצוין שמשה רבנו ודוד המלך הם פרנסים מיוחדים במינם). מכאן שתהליך בחירת מנהיגות אזרחית בזמנם של חז"ל – ולמיטב ידיעתי תהליך שלא נדון בשום מקום בהרחבה – נותר לא מוגדר, כמו התהליך המקביל של בחירת הכהן הגדול.[44] לאחר זמן נתמלא הפער ואומצו מנגנונים מגוונים, ובכללם בחירות דמוקרטיות למדי (אם כי יש לציין שקהל הבוחרים היה מצומצם). מכל מקום, בהיעדר צו מפורש מצד חז"ל, תהליכים אלו נותרו בגדר אפשרות, ואופן הבחירה ומידת המעורבות הרבנית היו מגוונים ונעשו לפי שיקול הדעת של הקהילה או בהתאם למנהג הרווח.[45]

40. ברור שאִמרה זו אינה מבוססת על חשש מטעות אפשרית, מפני שהתקדים המצוטט הוא המינוי הא־לוהי של בצלאל המקבל את האחריות לבניית המשכן.
41. ראו **בית הבחירה**, שם.
42. שבת קיד ע"א.
43. ראו יומא פו ע"ב.
44. ראו יומא יב ע"ב **ותוספות** שם ד"ה 'כהן'.
45. בהקשר הזה יש להתייחס לתהליך בחירת המלך: ראו רמב"ם, הלכות מלכים פ"א ה"ג, וכן **ספר המפתח** (במהדורת שבתי פרנקל) על אתר.

תהליך בחירת הרבנים, מעת שהתקבעה המשרה, היה ברור יחסית, בשונה מאי־הבהירות המתוארת קודם. כמועסק אפשרי של הקהילה נבחר הרב בדרך כלל בידי חבריה. הדבר עלול להישמע צורם באוזני אחדים, ואחרים אף עשויים לחשוב כי יש בכך השפלה, אולם זו עובדה קיימת זה זמן מה במרבית העולם היהודי בזמננו.

הגדרת הרמב"ם לסמיכה קלסית היא "מינוי הזקנים לדיינות" (הלכות סנהדרין פ"ד ה"ג), ויש בכך משום הוכחה שהמינוי נעשה בידי 'מסמיכים' ולאו דווקא בידי הקהילה. ואולם דבר זה אינו צריך לבלבל אותנו. על השאלה אם אדם מתאים לשמש דיין משיבים רבותיו בתורה, והם הם המסמיכים אותו. ברם, סמכות ההכרעה בשאלה מי ימלא איזו משרה נמצאת בוודאי בידי הקהילה שנושא המשרה ישרת. יש המצירים על התלות האימננטית שאי אפשר להימנע ממנה מלכתחילה ואף לא בדיעבד, אולם היתרונות הגלומים בקשר ובסימביוזה בין הקהילה ובין המורה הרוחני המיועד לרעות את צאנו, וכד בבד אף להציב דרישות נורמטיביות בפני ציבור לאו דווקא ממושמע, אף הם ברורים מאליהם. רבנים מובילים שואפים לעתים קרובות להשתמש בהשפעתם כדי לקדם את המועמד המועדף עליהם. אלא שהקהילה וחבריה הם בעלי זכות המילה האחרונה, ובצדק.

האומנם 'הפרדת רשויות'?

סיכומו של דבר – נותר לנו לבחון את יישום הסמכות הרבנית והאזרחית ולדון בחלוקת הסמכויות ובמידת שיתוף הפעולה. בהקשר זה הוצגו בפניי שתי שאלות: מדוע לתת סמכות בידי 'בעלי בתים', כלומר, אנשים שאינם רבנים; מדוע להעניק לרבנים סמכות בשאלות של מנהל קהילתי ומדיניות קהילתית. השאלות נובעות מהנחות סותרות, והן נעות לאורך קווים מנוגדים לחלוטין. נקודת המוצא של השאלה הראשונה היא ההנחה המוקדמת שבקהילה יהודית לא צריכה להיות כל סמכות בידי אנשים שאינם רבנים. אם בכל זאת ניתנת להם סמכות כלשהי, יש צורך בטעם אשר יצדיק יוזמה זו. השאלה השנייה, בניגוד לכך, מניחה בבירור כי לכל הפחות בנוגע לתחום של 'מנהל קהילתי ומדיניות קהילתית', תהא הגדרתם אשר תהא, יש להוציא מכלל אפשרות הפעלת סמכות מצדם של הרבנים, משום שההנחה המוקדמת היא שזהו תחומו של כלל הציבור וכי סמכות רבנית בתחום הזה היא שדורשת הסבר.

עליי להודות כי לדידי שתי ההנחות הללו בעייתיות. הראשונה מקרינה התנשאות ופטרנליזם בוטים. היא ככל הנראה מניחה שבלי קשר לנושא המדובר,

אנשי הדת הרשמיים תמיד צודקים, הן ביחס למטרות הן ביחס לאמצעים, וכיוון שכך, כוח ההחלטה צריך להיות מרוכז בידיהם, ובידיהם בלבד.

ייתכן שאני מגזים, אולם זוהי ההשלכה הברורה של השאלה; ואין צורך להיות ג׳פרסון או וולטר כדי למצוא שאי אפשר להחזיק בה. גם אם נניח שאוליגרכים רוחניים אכן יודעים טוב יותר, אין הדבר מוביל בהכרח למסקנה שכפיית רצונם היא תמיד הדבר הרצוי. גם בענייני הציבור תוצאות טובות פחות הנובעות מבחירה עשויות להיות עדיפות משורה תחתונה חזקה יותר המוכתבת מלמעלה. אין זו אך שאלה של ליטוף האגו. ישנו ערך מוסרי ודתי למתן כבוד ואחריות לאזרחים או לחברי הקהילה, וייתכן רווח קהילתי, מעשי ורוחני מהתעסקותם וממעורבותם של ׳בעלי בתים׳ בתהליכי קבלת ההחלטה. כמובן, יש לוודא שהבחירות יהיו מקובלות מבחינה הלכתית והשקפתית. זהו בוודאי תחומה של המנהיגות הרבנית, בייחוד בתחום המורכב והעדין של יוזמות שאינן מפירות את ההלכה בבירור, אך בכל זאת אינן תואמות לגמרי את רוח ההלכה ואת דרכה. מכל מקום, הדבר רחוק מרחק רב מהוצאת אפשרות הממשל האזרחי מן הכלל.

אני מוצא את ההנחה השנייה קשה אף היא לעיכול, אם כי מסיבות שונות לגמרי. היא בוודאי רומזת, כנקודת מוצא, על תפקידו המוגבל של הרב ועל תפיסה מצומצמת של דמותו. אף שאין הנחה זו מערערת על תחומים מסוימים של סמכות רבנית (בהנחה שהם תחומים הלכתיים), היא איננה יכולה להתחמק מראיית הרב כמומחה משפטי בלבד. דבריו יישמעו כל עוד הוא פונה אל אנשי קהילתו מן הדוכן של השולחן הערוך, כפוסק ההלכה. אך מלבד זאת הוא אינו נושא משקל שונה משל מישהו מהם. זהו בדיוק דבר הרשות – אפשרי לגמרי בכל המובנים.

לדעתי, העמדה הזאת בלתי מתקבלת על הדעת לחלוטין. היא פוגעת בהלכה ובמייצגיה הרבנים. הרעיון הגורס שכל מה שלא נאסר באופן ספציפי הוא למעשה מותר, ומכאן שאינו נתון לשיקול דעת רבני, מעורר שאט נפש מבחינה מוסרית ודתית. הוא מוחק את הצורך ברגישות לתחום של ׳לפנים משורת הדין׳, על התגלמויותיו רבות הפנים;[46] הוא מכלה את שיקולי הדעת המטא־הלכתיים, ויש לו הכוח לעקור את המרכיבים המוסריים והערכיים מתוך חיי התורה הרוחניים. הוא נותן מקום לא רק להאשמותיהם של פאולוס ובובר בדבר דבקות נוקשה בחוק היבש, כי אם גם לדברי חז״ל החריפים ״לא חרבה ירושלים אלא על שדנו בה דין תורה״ (בבא מציעא

46. דבר זה נוגע בייחוד להיבטים הנורמטיביים למחצה של הרעיון, אך לא רק להם.

ל ע"ב). הוא ממעט בתדמית ובמהות של שיעור הקומה של הרב ומסרס את מעמדו כמנהיג וכרועה הרוחני של קהילתו.

מעורבות רבנית בתחומים של מדיניות וממשל קהילתי והכרתם של חברי הקהילה לא רק בלגיטימיות של מעורבות זו אלא גם בהיותה רצויה, הן הכרחיות לקיומה ולחיוניותה האופטימליים של קהילה. ראוי שהדבר יהיה מובן מאליו כאשר צצים ועולים נושאים בעלי משקל מוסרי, של צדק חברתי או של ניצול כלכלי. אך הוא רלוונטי ומתאים אף בתחומים שהם לכאורה משוללי שיקולים כאלו. האומנם תכנוני תקציב וקביעת סדרי העדיפויות הנובעת מהם נמצאים מחוץ לתחומו של הרב? האם הארכיטקטורה של בית הכנסת נמצאת מעבר להבנתו?

מובן מאליו שבנושאים קהילתיים בעלי חשיבות הלכתית מובהקת השיפוט של הרב מוחלט, ושאפשר להבחין בין נושאים אלו ובין שאלות רוחניות שהשלכותיהן רחבות יותר.

יש מקום לדון בשאלה אם פסק הלכה של רב מקומי הוא המילה האחרונה הקובעת בחייו הפרטיים של כל חבר בקהילתו או לחלופין אם חבר בקהילה רשאי לנצל את ההזדמנות ולפנות לפוסקים אחרים, אולי גדולים מהרב המקומי, כפי שקורה כיום יותר ויותר. ואולם בשאלות הנוגעות לכלל קהילתו פסיקת הרב מוחלטת. אם אמנם יש לפנות לפוסקים גדולים יותר, היוזמה צריכה להיות של הרב ולנבוע מבחירה חופשית שלו, ואינה יכולה להיות תוצאת גלישה של אנשי הקהילה באינטרנט. אם החובבן מתריס ומתעקש לעמוד על מקורותיו שלו, על הרב להתנגד לכך ואם יש צורך – להתפטר.

אולם כוחו של רב כפוסק – המקביל לכוח השיפוטי של הסנהדרין במישור הלאומי – אינו ממצה את תפקידו כסמכות רוחנית. לתפקיד זה שלושה חלקים. ההיבט הראשון, שציינו זה עתה, מחייב את ביצוע התפקיד ההלכתי הרשמי של מתן פסקי הלכה על בסיס מקורות הלכתיים. היבט קרוב אך שונה הוא הפעלת הסמכות האישית, שעשויה להיות מחייבת, אך לא בהכרח באמצעות החלת פסקי הלכה על יוזמות מוצעות.

היבט זה משתקף במוסד שהיום הוא מוזנח יחסית (אם כי יש מי שראו בו מוסד רלוונטי להווי הישראלי העכשווי), אף שבתקופה הטרום־מודרנית היה לו תפקיד חשוב ביותר בחיים היהודיים: מוסד 'תקנת הקהל'. שורשיו של מוסד זה והסמכות האצורה בו נמצאים כבר במקורות קדומים ונראה שהוא הופעל בתקופת חז"ל. ואולם למיטב ידיעתי קשה להצביע על מידע היסטורי מוצק בנושא. סביר להניח שהיקף התקנות שיזמה הקהילה היה מוגבל, מפני שבבבל ובשכנותיה נחשב תחום התקנת

התקנות למוגבל בעיקר להנהגה הרוחנית. רק בתקופת ימי הביניים המוקדמים הייתה למוסד פריחה של ממש.

על כל פנים, הגרעין היסודי נמצא אצל חז"ל, אך הורחב מאוד בידי פוסקים מאוחרים יותר. הגמרא בבבא בתרא קובעת כי "רשאין בני העיר להתנות על המדות ועל השערים ועל שכר פועלים ולהסיע על קיצתן" (ח ע"ב).[47] ראשונים אחדים העלו מתוך כך השערות והכלילו הכללות בדבר מידת הסמכות המקומית בהקשר הסוציו־אקונומי. כך מניח הרשב"א באחת מן התשובות המרובות בעניין:

> כל מה שהסכימו בציבור בענייני ממון, רשאין הם [להתקין תקנות]. והכי הוא מוסכם ומקובל, כאילו הוא דין גמור. שהסכמתם בזה חזרה להיות דין. ובלבד שיעשה מרצון הציבור. (**שו"ת הרשב"א** המיוחסות לרמב"ן, סימן סה)

כפי שידוע היטב, ההיסטוריה מראה שהמכשיר של תקנת הקהל, שהיה עשוי לעקוף נורמות הלכתיות ואף לסטות מהן בתחום הפעילות החברתית ובייחוד בפעילות הכלכלית, הוא אמצעי רב עוצמה המאפשר את אכיפת השיפוט המקומי מתוך מידה של גמישות.

סמכות זו הייתה מצויה בידי הרשות האזרחית אשר פועלת באופן ישיר או באמצעות נציגים נבחרים, כגון 'שבעת טובי העיר'.[48] אולם ייתכן שהייתה עליה מגבלה ממשית. הגמרא מוסיפה ומתארת כיצד גילדה של קצבים כפתה בתחומה חוקים מסוימים בתוספת רשימת עונשים, אולם רבא ביטל את תוקף תקנותיה. הרציונל, כפי שמסביר רב פפא, הוא שתקנות כאלה יכולות להיות תקפות רק בהיעדר 'אדם חשוב', אשר ככל הנראה נושא בתפקיד כזה או אחר של הנהגה; "אבל היכא דאיכא אדם חשוב לא כל כמינייהו דמתנו" (בבא בתרא ט ע"א). לא ניתן כל סימן

47. ראו גם תוספתא בבא מציעא פי"א הי"ב; בבא קמא קטז ע"ב. לפי כמה דעות הסמכות לאכוף סנקציות מיושמת רק על סרבנים שהסכימו לתקנות, אבל אינם נוהגים לפיהן כעת. אולם אין בסיס למצב שקבוצה כופה את רצונה על היחיד מלכתחילה. כמובן, למצב כזה יש השלכה אנרכיסטית למחצה המעוררת דאגה, אך הנושא נמצא מעבר לגבולות מאמר זה.

48. לתיאור תמציתי ובהיר של מוסד זה, מקורותיו ומאפייניו ראו הרב א' קרלין, "שבעת טובי העיר: תפקידם ומעמדם המשפטי", בתוך: הרב שאול ישראלי (עורך), **התורה והמדינה**, כרך א (תל אביב, תש"ט), עמ' 58–66. לדיון נרחב יותר ראו עבודתו המקיפה של הרב יוסף גולדברג, **טובי העיר: הלכות נבחרי ציבור, הלכות יחיד וציבור** (ירושלים, תש"ס), המוערת היטב ושופעת הפניות ביבליוגרפיות רחבות היקף.

הנוגע לזהותו של אותו אדם חשוב. ברם, במקרה המסוים המתועד היה זה ככל הנראה רבא עצמו; ומכל מקום, ראשונים מספר הניחו ש'אדם חשוב' הוא דמות הלכתית. אם כן, אומר הרשב"א, "ואם יש תלמיד חכם ממונה על הציבור שיהא הוא נסכם עמהם ועושים מדעתו ומרשותו" (שם), ואילו רבנו מאיר הלוי מדבר באופן כללי יותר על "ברשות חכמיהם וגדוליהם" (שו"ת הרמ"ה, שב). מכאן שאף שמצד אחד הסוגיה מאששת את תוקפה של סמכות אזרחית בתחומים מרכזיים של החיים האזרחיים (והבה נזכור כי בהיעדר מנהיגות רוחנית מפקחת, האוכלוסייה יכולה להמשיך בכך בעצמה), מצד שני אפשר שסמכותה מוגבלת במידה ניכרת בידי כוח הווטו אשר ניתן למנהיג הרוחני והרבני; 'אפשר' מפני שלפי כמה דעות, ההסתייגות עצמה מוגבלת מאוד.

ראשית, ההסתייגות מוגבלת מפני שהרשב"א[49] פסק כי אין צורך לקבל אישור רבני כאשר יוזמה מסוימת זוכה להסכמה כללית של הקהילה. יתרה מזו, כמה ראשונים לא זיהו 'אדם חשוב' עם גדלות תורנית בלבד. כך מצוטט הסברו של הר"י מיגש, "אדם חשוב – תלמיד חכם הממונה פרנס על הציבור";[50] והיד רמה כותב במפורש כי אם רק אחד משני התנאים האלו (פרנס ותלמיד חכם) מתקיים, אפשר להתעלם מרצונו של האדם החשוב שמדובר בו.[51] כמו כן, הרמב"ם, ההולך ככל הנראה אחר רבו, מדבר על "חכם חשוב לתקן מעשה המדינה ולהצליח דרכי יושביה" (הלכות מכירה פי"ד הי"א).

נוסף על כך, אפשר בהחלט להבין כי הווטו מיושם רק כאשר קהילה מפעילה את זכותה להנפיק הנחיות כלכליות אשר שורתן התחתונה נוגדת את זו שההלכה תגיע אליה. ייתכן שזכות הווטו של האדם החשוב תהיה לא רלוונטית בנוגע לתקנות בתחום החברתי או הכלכלי אשר אינן נוגדות את ההלכה. ולבסוף, ואולי חשוב ביותר, הריב"ש[52] סבור שההסכמה נדרשה רק לתקנות שנקבעו בידי קבוצה מסוימת, כגון גילדה, והוא מציין שרק בהקשר הזה דיבר הרמב"ם על 'אדם חשוב'. במצב אחר, כאשר רשויות מקומיות כלליות מבקשות לקבוע תקנות, אין צורך בהסכמה נוספת.[53]

49. ראו **שו"ת הרשב"א** המיוחסות לרמב"ן, סימן סה.
50. מצוטט ב**שיטה מקובצת**, בבא בתרא ט ע"א, וב**שו"ת הרשב"א**, חלק ה, סימן קכה.
51. **יד רמה**, בבא בתרא ט ע"ב.
52. **שו"ת הריב"ש**, סימן שצט. ראו **ש"ך**, חושן משפט סימן רלא ס"ק ד, המצטט דעות מנוגדות רבות.
53. ואולי יש לציין משתנה אפשרי נוסף בהקשר זה. בתשובה שנזכרה בהערה הקודמת, הריב"ש מאשר שזכותה של קהילה לחוקק תקנות ולכפות סנקציות על הפרתן תקפה גם בגולה ומציין שהתקרית הנוגעת לאגודת הטבחים אירעה בבבל. נראה שהצורך לאשר את זכות הקהילה לחוקק תקנות מרמז על עמדה אפשרית מנוגדת. הדבר יכול להיות מבוסס על ההלכה שאין דנים דיני ענישה מסוימים, כגון 'דיני קנסות', בהיעדר 'דיינים סמוכין', שאינם מצויים בדרך כלל מחוץ לארץ ישראל. ואולם טענה זו נראית מפוקפקת מפני שככל הנראה אנשי העיר הנדונים ממילא

בזמננו חשיבותן של תקנות הקהל אינה מתקרבת למה שהייתה בעבר; ובכל זאת תיאור של היחס הרבני כלפיהן יכול להיות רלוונטי כאשר אנו שואפים לצייר מודלים של סמכות מעורבת – רבנית ואזרחית. המודל מסמיך את הרשויות האזרחיות ליזום חקיקה בסיסית המסדירה חלק גדול מן התחום הכלול ב׳חושן משפט׳ ותחומים ניטרליים, ובו בזמן – לפי דעות מסוימות ובהתאם לנסיבות – מעניק מודל זה לרב את הזכות, ומכאן גם את האחריות, לאשר או לדחות את הצעותיהן. ההשלכות על ניסוח תקנות לבתי כנסת, למשל, ברורות.

ברם, בהחלט ייתכן שבמקרה כזה הסכמתו של ׳אדם חשוב׳ אינה הכרחית. יש לזכור שהריב״ש סבר שההסכמה דרושה רק עבור תקנות של קבוצה מצומצמת, אבל לא עבור תקנות שרוב הציבור קובע. נראה שאפשר לבסס הבחנה זו על אחד משני גורמים. בפשטות אפשר להעמיד אותה על הבדלי הסמכות בין הרשויות השונות, בין שמדובר בשלטון מקומי ובין שמדובר בהתאגדות. ואולם הריב״ש עצמו משייך אותה להערת הרמב״ן,[54] שרבא ביטל את תקנות הגילדה מפני שהן עשויות להיות מופעלות כדי לקדם את האינטרסים המיוחדים של חבריה על חשבון הציבור הרחב. מתברר אפוא שבמקרה של תקנות בית הכנסת, מלבד המגבלות שנוגעות לצורך בהסכמת ׳אדם חשוב׳ אשר הצגנו קודם, אנו יכולים להציע שעל פי הפירוש הראשון הסכמה רבנית תהיה חיונית, ולעומת זאת על פי ההסבר השני הסכמה כזאת תהיה מיותרת.

אינם כוללים בתוכם ׳דיינים׳ כאלו, ואם כן מדוע צריכה להיות משמעות למיקום? לחלופין, ייתכן שהדברים מתבססים על העובדה שהמונח ׳קהל׳ נשמר לתושבי ארץ ישראל למטרות הלכתיות מסוימות, וכי אופי הקהילה האורגנית מתממש במלואו רק בארץ ישראל; ראו הוריות ג, ע״א. הריב״ש אמנם דוחה את ההבחנה הזאת אבל ייתכן שאף על פי כן היא רלוונטית במונחים מוגבלים יותר. הריב״ש מסביר את עמדתו וטוען ״שבדבר שהסכימו עליו בני העיר הרי הוא כאלו קבלוהו כל אחד על עצמו ונתחייבו בו״. ניתן להבין מניסוח זה שכוחה של תקנת קהל נובע מהתחייבות אישית, מעין אמנה חברתית, ולא מ׳קול המון׳ קולקטיבי. הדבר עשוי להיות מתורגם, אם כי לא בהכרח, לדעה המיוחסת לרבנו תם שמחויבות אישית של ממש נחוצה כדי לחייב את האדם בעונשים שנכללו בתקנה. תולדתו של קו מחשבה זה עשויה להיות שדעתו של רבנו תם יכולה להתקבל בהקשר של הגולה אך לא של ארץ ישראל, ששם ניתן לרתום את מעמד הקהל האורגני, שניתן לו מלוא המשקל. להרחבה בדבר הצורך ב׳אדם חשוב׳ ראו הרב גולדברג, **טובי העיר**, עמ׳ 324–328, ובייחוד נספח 4, עמ׳ 495–496.

54. ראו **חידושי הרמב״ן**, בבא בתרא ט ע״א ד״ה הא.

על כל פנים, תפקידו של 'אדם חשוב', גם אם הוא מוגבל, הוא היבט שני של מעורבות רבנית בעניינים קהילתיים כלליים. יש לחזור ולהדגיש כי הרב אמנם עשוי לבסס את החלטתו על שיקולים שאינם הלכתיים, אך תפקידו כשלעצמו מעוגן היטב בהלכה.

אנו עשויים לציין גם היבט שלישי: מעורבות רבנית בתחומי ממשל ומדיניות קהילתיים אשר אינה שואבת את סמכותה מן ההלכה במובן הצר של המושג. אנו משלימים את המעגל ושבים לתגובתי האינסטינקטיבית על השאלה מדוע לתת סמכות לרבנים בשאלות של ממשל ומדיניות קהילתית, ולהכחשה המשתמעת ממנה בדבר האפשרות של תפקוד רבני בתחום זה.

'דעת תורה'

יש לציין שאנו נתקלים פה, בשינויים המתחייבים, בגרסה קהילתית של שאלת 'דעת תורה', אשר עוררה בשנים האחרונות עניין רב ומידה של מחלוקת. באחד מגלגוליו נסב הדיון על מעמדן של דעות שהביעו פוסקים בשאלות כלליות המבוססות על שיקולים של מדיניות ציבורית יותר משהן מבוססות על שיקולי הלכה בהגדרתה הצרה. על כל פנים, בצורתו הנפוצה ביותר הדיון נסב על כוחן של הכרזות מסוימות של 'גדולים' בדבר שאלות חברתיות ופוליטיות, בייחוד במקרים שבהם המענה לשאלות אלה היה תלוי בהערכה של העובדות יותר מאשר בניתוח עניינים תיאורטיים.

הדיון מוכר בוודאי, ואפשר לסכם בקצרה את הטיעונים לכל צד. הוויכוח נסב, בחלקו, על גורמים היסטוריים. המתנגדים טוענים כי המושג 'דעת תורה' הומצא לאחרונה וכי לא נמצא לו בסיס תיאורטי במקורות או בנוהג המעשי. הם תולים את חידוש המושג בהסברים היסטוריציסטיים וסוציולוגיים. במסורת היהודית, הם טוענים, הקו המבדיל בין 'מילי דשמיא' ל'מילי דארעא' היה מקובל, כפי שמיוצג בדבריו של בעל התניא:

> ההיה כזאת מימות עולם ואיה זה אפוא מצאתם מנהג זה באחד מכל ספרי חכמי ישראל הראשונים והאחרונים להיות מנהג ותיקון לשאול בעצה גשמיות כדת מה לעשות בענייני העולם הגשמי אף לגדולי חכמי ישראל הראשונים כתנאים ואמוראים אשר כל רז לא אנס להו ונהירין להון שבילין דרקיע כי אם לנביאים ממש. (אגרת הקודש, כב)

מנגד, התומכים ב'דעת תורה' מודים כי המושג חדש אך התופעה ותיקה. בכל זמן מן הזמנים הנהיגו 'גדולים' את הציבור בכל שבילי החיים הקהילתיים; "אותם פוסקי שאלות ביורה דעה", כפי שאמר הרב סולוביצ'יק בתקופה מוקדמת, "פסקו שאלות חמורות ומסובכות של אורח חיים פוליטי".[55] ואנו יכולים בקלות להצביע על אחד מני רבים, כגון רב סעדיה גאון או החת"ם סופר, שישמשו ראיה.

ואולם הדיון בעיקרו סובב סביב עצם הנושא כשלעצמו. יש הטוענים כי הגדולים ספוגים בראש ובראשונה ברגישות יתרה לקדושה, ולכן בבואם להעריך מצבים שונים הם מעניקים עדיפות לנקודת מבט רוחנית יותר. עוד טוענים המצדדים כי מלבד דאגתם לשיקולים רוחניים יש להם לגדולים ראייה מעמיקה יותר – בין שנתברכו ב"סוד ה' ליראיו", במישור המיסטי למחצה, ובין שבמונחים רציונליים יותר המאור שבתורה ממלא את כל ישותם – ועל כן חוכמתם נחוצה, יותר ממידע בלבד. טענה שלישית היא שאפשר לראות בחיפוש הכנוע אחר 'דעת תורה' הגשמת הציווי "ובו תדבק", ציווי שחז"ל קישרו לתלמידי חכמים:

> מצות עשה להדבק בחכמים ותלמידיהם כדי ללמוד ממעשיהם כענין שנאמר "ובו תדבק". וכי אפשר לאדם להדבק בשכינה? אלא כך אמרו חכמים בפירוש מצוה זו – הידבק בחכמים ותלמידיהם. (רמב"ם, הלכות דעות פ"ו ה"ב)[56]

לסיום נטען כי בלי קשר לערכה של החלטה מסוימת, יש להעניק חשיבות גדולה לשימור הסמכות ההירכית בזכות עצמה, כמו בהורות. מכאן, קבלת 'דעת תורה' היא כנראה בגדר חובה מבחינה הלכתית, או לפחות מומלצת מבחינה מעשית.

המתנגדים נוקטים הכחשה כפולה. הם קוראים תיגר על כמה מן ההנחות העובדתיות הרלוונטיות, ומצביעים, באופן אמפירי, על מה שהם רואים כרקורד המפוקפק של 'דעת תורה'. אולם בראש ובראשונה הם טוענים שאפילו אם אפשר

55. מתוך הספדו על הרב חיים עוזר גרודז'נסקי זצ"ל; ראו "נושאי הציץ והחושן" בספר **דברי הגות והערכה** (ירושלים, תשמ"ב). לימים שינה הרב את גישתו לנושא.

56. על פי כתובות קיג ע"ב. הדגש הדידקטי בתפיסה זו של הרמב"ם נעדר מדברי הגמרא ואפשר לראותו כבעייתי. לו הייתה הדבקות בה' אפשרית ברמה כלשהי, ערכה היה בוודאי פנימי־מהותי, כחוויה מטהרת הממלאת באושר, בלי קשר ללקחים היכולים להילמד ממנה. כך לכאורה צריך הדבר להיות גם ביחס למפגש עם תלמידי חכמים, כל עוד מתייחסים לדבקות בהם כאל תחליף לדבקות בה'.

להכיר בתקפותן של הטענות העובדתיות, המסקנה אינה תקפה בשל גורמים אחרים משמעותיים יותר.

תובנה כללית היא אמנם חשובה ביותר, אולם אי אפשר להפריד אותה מידיעה מובהקת. כמו כן, תפיסה אינטואיטיבית אינה יכולה לשמש תחליף להבנה שמקורה בהיכרות קרובה. במקרה של דליפה נתקשר לשרברב ולא לאדריכל וכאשר המכונית מתקלקלת נעדיף מכונאי רכב על פני פיזיקאי. באשר לשמירה על קיום סמכות התורה, הם טוענים, סמכות זו לא תישחק אם לא יהיו לה מלכתחילה תביעות מוגזמות. ילד אינטליגנטי שהולך לטיפול אצל רופא שיניים אינו מתחיל בשל כך לזלזל באביו. מכל מקום, בנושאים קריטיים טעות אפשרית היא מחיר גבוה מדי לשלם עבור יראת הכבוד מוגברת כלפי רבנים, ויש להעצים את יראת הכבוד באמצעים אחרים.

אני שותף לאמונתם של התומכים באופייה המאיר של התורה ולנטייתם להעדיף את נקודת המבט הרוחנית. ועם זאת, אני מודה, אני מוצא קושי ביישומה בתנאים של היום. אף על פי שאני מעריץ את המיזוג של הקדושה והלמדנות הניכר אצל חלק מן ה'גדולים', הרי מבחינת האתגרים של הכרעה ממשלתית הוא מתאים פחות היום משהיה עד כה.

למצב זה אחראים שני גורמים עיקריים. ראשית, הנושאים שעל הפרק הפכו במהירות למורכבים הרבה יותר, והם דורשים מומחיות גדולה יותר או לפחות גישה לנושא. נוסף על כך, יחסם של 'גדולים' רבים להקשר החברתי־פוליטי האופף אותם, לעולם שבעניינו הם אמורים להחליט, השתנה שינוי קיצוני. בתקופה הטרום־מודרנית 'גדול בתורה' עמד בדרך כלל בקודקוד הפירמידה. הוא צמח מתוך חברה ותרבות שהוא הבין והובן על ידן; הוא דיבר את שפתה של החברה וזכה לכבוד ממנה; הוא הכיר את אורח החיים ואת הרגישויות של החברה, הבין ואף חווה לעתים קרובות את הבעיות שהעסיקו אותה. כיום, בניגוד לכך, 'גדולים' רבים מרוחקים מן הקהילה – ודבר זה איננו מקרי כי אם מתוכנן. 'תלמידי חכמים' מן המעלה הראשונה חיים מיום היוולדם ועד יום פטירתם חיים מוגנים מאוד. הם מקבלים חינוך סגור, מבודד מן החברה הכללית, ולפעמים אף מנותק ממנה. חינוך זה ראוי לשבחים רבים ויש לו היכולת להציע יתרונות רוחניים ואינטלקטואליים בעלי חשיבות, אך במקרים רבים אין הוא מעניק הכנה מספקת להבנה מעמיקה של התרבות הסובבת ושל הנושאים העומדים לפניה. התוצאה המצערת עשויה להיות כישלון בהערכת הדינמיקה החברתית ארוכת הטווח, בתגובות המתאימות לה במישור הלאומי ובהבנת התוצאות של יוזמות העולות על הפרק במישור הגאופוליטי.

בנסיבות אלו הסתייגויות מפני כפיפות גורפת לדעת תורה מובנות, אולם

ברמה המקומית המצב שונה לחלוטין. מצד אחד, הנושאים שעל הפרק מורכבים פחות והתוצאות הפוטנציאליות חמורות פחות. מצד אחר, כימיה עם הקהילה ומידת האמפתיה לענייניה אינן אמורות להיות בעייתיות. ההנחה היא שקהילה בוחרת רב שיש לו קו מחשבה דומה לשלה מבחינה תרבותית ואידיאולוגית. יש לקוות שמגורים בקרב הקהילה יקדמו את ההבנה ההדדית של שני הצדדים.

לכן, זכותו של הרב, וזוהי גם אחריותו, להפעיל סמכות מוסרית ודתית בנושאי מדיניות וממשל קהילתי. ייתכן שבשאלות רבות הקהילה לא תהיה מחויבת לקבל את דעתו מבחינה הלכתית, אך מוטל עליה לשקול אותה ברצינות, ומכאן שהוא רשאי ואף מחויב לתת פומבי לדעותיו באופן ברור – ברגישות, באחריות ומתוך שיקול דעת.

השפעה רוחנית

ישנם כאלה שיסברו שההקשבה לעצה רוחנית אינה בגדר הענקת סמכות, ומשום כך אינה נוגעת לענייננו. אני סבור כי היא בהחלט נוגעת לו, ואולם אין לי עניין לעורר ויכוח סביב המינוח כל עוד התוכן ברור. וברור שאם רב אכן ראוי לשכרו, עצה היא דרך יעילה ביותר להשפיע על עניינים קהילתיים – והדבר נכון בלי קשר למידת הסכמתנו לקביעתו של הרב יעקבוביץ', רבה הראשי של בריטניה, בעניין היחס ההפוך שבין כוח להשפעה.

צורה זו של יחסי גומלין בין הרב לקהילה אינה עומדת בציפיות של אכיפת סמכות מלאה, ובכל זאת היא בעלת חשיבות רוחנית וקהילתית. וכך אנו מסיימים כשם שהתחלנו – בתפיסה דואלית. מצד אחד המודעות להיקף המושג 'דבר הרשות' ומשמעותו, כפי שהוא מיושם לענייננו, חוזרת על עצמה שוב ושוב. מצד אחר אנו מחדדים את ההכרה שהעובדה שתחום 'דבר הרשות' רחב כל כך אינה פוטרת את הרבנים ואת הקהילה מאחריות משותפת, אלא אולי דווקא מגבירה את האחריות. לעתים קרובות מחשבה והדרכה חיוניות ביותר דווקא בנוגע לדברים שהם בגדר האפשר אך אינם ניטרליים. יש לשים לב שהפרשיות בתורה העוסקות בשבועות ביטוי ובנדרים, שהם הארכיטיפ של 'דבר הרשות', מנותבות לכלל הציבור באמצעות 'ראשי המטות', זקני השבט, אשר חוכמתם והדרכתם חשובות במיוחד בהקשר הקריטי הזה. איננו מכירים כיום את המוסד של זקני השבט, אולם האלמנט של מנהיגות רוחנית שהם מייצגים לפי דעת חז"ל[57] הוא היבט נצחי של עולם התורה שלנו, ואופן שילובו בקהילה היהודית הוא אתגר תמידי.

57. ראו נדרים עח ע"א.

הרבנות הראשית לישראל:
מבט הלכתי

הנושא שבו נתבקשתי לדון הוא "ערכה ומקומה של סמכות רבנית מרכזית במדינה יהודית מודרנית: האם יש משמעות הלכתית לסמכות רבנית מרכזית במדינה דמוקרטית?" מנסח כותרת זו ודאי הניח ששאלת מעמדה של הרבנות הראשית קשורה לקיומה במסגרת מדינה מודרנית, דמוקרטית וריבונית. אני מודה שאפשר להעלות על הדעת כי לגורם זה חשיבות רבה. מכל מקום, ניתן להתחשב בו רק לאחר ששוקלים תחילה שאלה אחרת, הקודמת הן מבחינה לוגית והן מבחינה היסטורית, והיא תפקידה של סמכות רבנית מרכזית כשלעצמה. מהי, אנו שואלים את עצמנו, החשיבות ההלכתית, אם בכלל יש כזו, של רבנות ראשית בכל הקשר שהוא?

נושא זה כשלעצמו צריך להיבחן בשני מישורים: המחויב והרצוי. תחילה עלינו לשאול את עצמנו אם ייסודו של גוף רבני מרכזי – וממילא, הכרה בסמכותו – אכן מוטלים עלינו כחובה מבחינה נורמטיבית. אפילו אם נגיע למסקנה שאין הדבר כך, עדיין אפשר לטעון שקיומו של מוסד מעין זה אכן רצוי כמכשיר להגשמת משאת נפש הלכתית, ולא רק חברתית או אפילו מוסרית.

בהתייחס למישור הראשון, עלינו כמובן להבדיל היטב בין עצם הציווי האפשרי לכונן רבנות ראשית ובין החובה לציית להוראותיה לאחר שהוקמה, בלי קשר לאמצעי הקמתה ולסיבות הקמתה. תמיכה באפשרות הראשונה מבוססת ככל הנראה על התקדים של הסנהדרין – שהרמב"ם רואה בהקמתה את השלב הראשון במצוות כינונה של מערכת שיפוטית, ולא את שיאה:

תרגם מאנגלית: אביעד הכהן

> כמה בתי דינין קבועין יהיו בישראל, וכמה יהיה מניינן? קובעין בתחילה בית דין הגדול במקדש והוא הנקרא סנהדרי גדולה... (הלכות סנהדרין פ"א ה"ג)

שלא במפתיע, הרב קוק הסתמך במרומז על השוואה זו. במאמר קצר שכתב סמוך לכנס הייסוד של הרבנות הראשית לישראל, הוא פורס את תפיסתו באשר לתפקידה של הרבנות ודמותה. בצטטו פסוק שהביא הרמב"ם[1] כהוכחה שניתן להשיב את הסמיכה הקלסית על כנה, קורא הרב קוק:

> תחיית הרבנות, זאת אומרת: החזרת כבוד הרבנות – הלא זהו הד קול הנבואה המובטחת: "ואשיבה שֹפטיך כבראשֹנה ויֹעציך כבתחִלה".[2]

מכל מקום, מנקודת מבט הלכתית מדוקדקת, מדובר בלא יותר מאנלוגיה. זהו מודל מעורר מחשבה שניתן לראות שהוא מכיל כמה מרכיבים – וממילא מייצג ערכים מסוימים – ועם זאת אין לו תוקף נורמטיבי ישיר. הסנהדרין[3] הייתה גוף פורמלי ממוסד שתפקד מבחינה אידיאלית כמנהיגות רוחנית כללית ובד בבד הוענקו לה סמכויות חקיקה ומשפט רחבות היקף, הן ביחס לגולה והן ביחס לארץ ישראל. ובלשונו התמציתית של הרמב"ם:

> בית דין הגדול שבירושלים הם עיקר תורה שבעל פה. והם עמודי ההוראה ומהם חק ומשפט יוצא לכל ישראל. ועליהן הבטיחה תורה שנאמר "על פי התורה אשר יורוך" (דברים י"ז, יא) – זו מצוות עשה. וכל המאמין במשה רבינו ובתורתו חייב לסמוך מעשה הדת עליהן ולישען עליהן. (הלכות ממרים פ"א ה"א)

ברור שבימינו אין לכך מקבילה מודרנית – ובתנאים הנוכחיים גם לא ייתכן שתהיה קיימת כזו. החברות בסנהדרין הייתה מוגבלת לאותם 'סמוכים' שנסמכו כחוליה בשרשרת ארוכה ורצופה של 'סמיכה' שהחלה במשה רבנו המכתיר בה את יהושע. הרמב"ם סובר שניתן לחדש את מוסד הסמיכה, אפילו לפני ימות המשיח, אך רק

1. **פירוש המשניות**, סנהדרין פ"א מ"ג.
2. **התור**, י"ד באדר א' תרפ"א; שב ונדפס בקובץ **הרבנות הראשית לישראל בעבר ובהווה** (ירושלים, תשל"ג), עמ' 7, ו**במאמרי הראי"ה** (ירושלים, תשד"ם), עמ' 52.
3. מונח זה משמש שם כולל הן למוסד המרכזי שמנה שבעים ואחד דיינים הן להרכבים הקטנים יותר של בתי דין שמנו עשרים ושלושה דיינים. במאמר זה המונח יכוון למשמעות הראשונה.

בתנאים מסוימים שאינם קיימים כיום ואף לא נראים באופק, דוגמת קונצנזוס בעניין זה של "כל החכמים שבארץ ישראל".[4] מכאן שמתן גושפנקה הלכתית לרשות רבנית לאומית בת ימינו אינו יכול להתבסס על המוסד הקלסי של הסנהדרין.

מאחר שלא ניתן להסתמך על תקדים זה, הרי אין בנמצא בסיס מוצק לחובת כינונו של גוף מעין הרבנות הראשית. לא רק שההלכה אינה מורה על כך במישור הלאומי, אלא שלמיטב ידיעתי אין היא דורשת זאת אפילו במישור המקומי. אנו מורגלים במושג 'מרא דאתרא', דמות רבנית או קבוצה שקהילה מסוימת נתנה בידה את ההגמוניה הרוחנית. לאמיתו של דבר, מודל כזה היה רווח ברוב קהילות ישראל בגולה ומבחינה היסטורית שירת נאמנה את כנסת ישראל. מכל מקום, מבחינה הלכתית מעמדו של ה'מרא דאתרא' נגזר מכוח מעמדו ובעקבות בחירתו. מעולם לא נדרשה יצירת התפקיד מלכתחילה.

אמנם הרמב"ן, בעקבות הפסוק "שֹפטים ושטרים תתן לך בכל שעריך אשר ה' א-להיך נתן לך לשבטיך" (דברים ט"ז, יח), סבור שכל שבט ושבט צריך למנות לעצמו בית דין מרכזי. עם זאת, כפי שהוא מבהיר, בית דין זה הוא למעשה סנהדרין בזעיר אנפין: "כדרך שסנהדרי גדולה ממונה על כל בתי דינין של כל ישראל, כך יהא בית דין אחד ממונה על כל שבט ושבט" (פירוש לדברים ט"ז, יח) – ומכאן שאין להלכה זו שייכות נורמטיבית ישירה לענייננו.

חלקו הראשון של פסוק זה מצווה, כמובן, על מינוי בית דין בכל מקום ומקום, אך אין בו כל אזכור לצורך ברשות ציבורית הניצבת מעל, בין שהיא משמשת סמכות בלעדית ובין שהיא עומדת בפסגת ההירככיה הרוחנית או השיפוטית.

להפך, מן הגמרא עולה בבירור שכמה בתי דין יכולים להתקיים בו־זמנית בעיר אחת. הגמרא מדברת למשל על זכות בעלי הדין לבחור בין בית דינו של רב הונא לזה של רב חסדא, כאשר שניהם נמצאים, כפי שמסביר רש"י, בעיר אחת.[5] יתר על כן, בבואם לשרטט את גבולותיו של האיסור "לא תתגֹדדו" – שחז"ל ראו בו, בין השאר, איסור על יצירת קבוצות נבדלות זו מזו: "לא תיעשו אגודות אגודות" (יבמות יג ע"ב) – אביי ורבא דנים בפרמטרים של האיסור בנוגע לפסקים סותרים שניתנו בשני בתי דין מקומיים, והם מקבלים, כמובן מאליו, כי כמה בתי דין כאלה

4. **פירוש המשניות**, סנהדרין פ"א מ"ג; **משנה תורה**, הלכות סנהדרין פ"ד הי"א.

5. עיינו סנהדרין כג ע"א. הנחתי כאן, בעקבות רש"י, ששני בתי הדין היו בעיר אחת. בעלי התוספות (ד"ה כגון) מפרשים ששני בתי הדין שכנו באותו אזור, אך במרחק של שלוש פרסאות זה מזה לפחות. ברם, אין זה מפני שהם תומכים בתפיסה של סמכות שיפוטית אחת, אלא מפאת התחשבותם בגורם של כבוד הרב, שהרי רב הונא היה רבו של רב חסדא.

אכן יכולים לפעול במסגרת של קהילה אחת, ואף אחד מהם אינו מתפקד כרשות עליונה.[6] מלכתחילה אפוא אין כל צורך ברשות רבנית לאומית עליונה אחת. אמנם בהחלט ייתכן שהחלטות רשות כזו, אם היא נבחרה, יהיו מחייבות מבחינה הלכתית, אך עצם מעשה כינונה הראשוני נתון לבחירה.

ברם, הדברים שלעיל אינם מובילים למסקנה שהנושא ניטרלי מבחינה דתית. שום אדם בעל רגישות רוחנית, כל שכן בן תורה, אינו יכול להעלות על דעתו שיש משמעות וחשיבות אך ורק לחובה גמורה. בוודאי, תהום הלכתית פעורה בין 'דבר מצווה' ל'דבר הרשות', אבל גם האחרון, 'דבר הרשות', יכול להיחשב גורם רוחני משמעותי. אפשר שנעריך אותו יותר לפי הקשרו מאשר לפי מידת הנורמטיביות שבו, אבל גם שיפוט זה – לאורן של קטגוריות הלכתיות – הוא בעל משקל. ברמה הזאת אנו יכולים אפוא לשקול את מידת השפעתה של סמכות רבנית מרכזית על טובת ההלכה, המתקשרת לעתים קרובות לשאלות מעשיות אך אינה בהכרח זהה עמן; וכל זאת מתוך שימת לב הן להיבטיו הקבועים של הנושא והן לביטוייו המיוחדים בהקשר הישראלי בן זמננו.

תפקידי הרבנות הם רבים וניתן לסווגם בכמה דרכים. למטרותינו כאן, הטוב ביותר הוא לחלקם לשתי קטגוריות רחבות – היחס לציבור והיחס לפרט. כלפי הציבור: הפעלת שירותי דת ופיקוח עליהם; פיתוח מוסדות דת; הרבצת תורה ברבים; ייצוגו של המגזר הדתי בפני מגזרים אחרים בתוך היהדות פנימה, או ייצוגה של הקהילה היהודית כולה בפני החברה הנכרית הסובבת; דאגה לדמותה היהודית של רשות הרבים – כל אלה יוצרים אשכול תפקידים אחד.

תפקידים אחרים מכוונים, באופן מובהק, כלפי היחיד: השתתפות במאורעות וטקסים מרכזיים במעגל החיים; רתימת אנשים לשמירת מצוות; הדרכה והנחיה ומתן עצה ותמיכה. משימות רבניות אחרות עשויות לחבוק את שני התחומים גם יחד. פסק הלכה יכול שיהא מכוון כלפי היחיד או כלפי הציבור, הכל בהתאם למהות השאלה, ערוץ הפנייה וזירת מתן התשובה. השראה והשפעה רוחנית משפיעות באופן כפול: הן מעמיקות את הרגישות של היחיד ושל הרבים כאחד. לבסוף, יוזמה מוסרית קשורה בוודאי לשני התחומים. במישור אחד, יישום הצו הנבואי "אמת ומשפט שלום שפטו בשעריכם" (זכריה ח', טז) מעניק מזור וסעד ליחיד, ובה בעת מרבה שלום בקהילה

6. שם יד ע"א. ראו גם **ש"ך**, יורה דעה סימן רמב ס"ק י. **ערוך השלחן** (יורה דעה סימן רמב ס"ק נז) קובע כי מאחר שכיום בחירת רב מקומי היא נוהג רגיל, אסור לאחרים לפסוק במקומו. עם זאת, אין הוא קובע שעצם בחירתו היא חובה.

כולה, הן בנוגע למשמעות הכתוב במובנו הרחב והכולל והן בנוגע למשמעות המסוימת שלו, כפי שלמדו חז"ל,[7] כקריאה ספציפית ליישוב סכסוכים משפטיים בדרך של פשרה. במישור אחר, המחויבות לעשיית חסד – שר' חיים מבריסק זצ"ל רואה בה את חיובו המרכזי של הרב[8] – מחדדת את המצפון החברתי ולצד זה משפרת את איכותם של חיי הפרט.

כאשר אנו סוקרים את המגוון הזה בקשר לנושא שלפנינו, אנו חשים, אינסטינקטיבית, בקיומה של זיקה בין המרכיב הציבורי ובין כדאיותו של הקמת גוף מרכזי. לרוב, אינסטינקט זה אכן מבוסס, אך לא תמיד. הוא בוודאי מסתבר יותר כשמדובר במערכת פיקוח על כשרות מאשר בנוגע להרבצת תורה. ואכן, בקרב רבים נחיצות זו מוטלת בספק אפילו לגבי תחומים אדמיניסטרטיביים (מעין הטיעונים הידועים הנשמעים בעד ונגד פיקוח קהילתי מקומי לעומת ממשל מרוחק "חסר פנים", רואה ואינו נראה).

בתחום הזה, הטיעון בעד קיומה של רשות מרכזית אחת, בעלת משקל מכריע והיקף ראייה רחב, חזק למדי – במיוחד בהקשר הסוציו־אקונומי המודרני, שבו הבעיות חורגות אל מעבר לתחום גאוגרפי צר ואינן ניתנות לפיקוח על נקלה באמצעות הממסד המקומי. עדיין, יש להודות, אין הדבר מחייב את קבלת הסמכות המרכזית כפתרון היחיד. מידה מסוימת של שיתוף פעולה או התאגדות רופפת בין רבנים שונים או בין חבורות של תלמידי חכמים עשויה לשמש תחליף ראוי. עם זאת, באשר למישור הציבורי היתרונות שבקיום רשות מרכזית אחת גלויים לעין.

תחום האישות יכול לשמש דוגמה טובה. חז"ל קבעו ש"כל שאינו יודע בטיב גיטין וקידושין לא יהא לו עסק עמהם" (קידושין ו ע"א; לפי פירושו של רש"י) והציבו רף גבוה למדי למידת הידע הדרושה בתחום זה. הגם שכיוונו דבריהם כלפי

7. עיינו סנהדרין ו ע"ב.

8. כאשר בנו, הגאון ר' משה סולוביצ'יק זצ"ל, עמד להתמנות לכהונתו הראשונה ברבנות, אמר לו ר' חיים שתפקידו המרכזי של הרב הוא "צו טאן חסד", לעשות חסד. למרות העניין והחשיבות שבדברים אלה, ברור מאליו שהתבטאות זו צריכה להיבחן בהקשר הספציפי שבו נאמרה, ואין לבלבלה עם עמדות שמביעים פילוסופים דתיים ליברליים בני ימינו, הנראות במבט ראשון דומות להפליא. בעוד שהדגשת הצדק החברתי משותפת לשתי הגישות, זווית הראייה הכללית אינה כזו; ר' חיים ראה במחויבות ההלכתית הקפדנית עניין מובן מאליו, ומחויבות זו שימשה בסיס למוסר החברתי. בוודאי לא היו לו שום ספקות בנוגע לחשיבות חובתו של הרב לטפח מחויבות זו. ללא ספק, הערתו הושפעה מתחושה שפעפעה בו ולפיה הרבנות הליטאית המתגוננת של ימי טרום מלחמת העולם הראשונה איבדה מעט משיווי משקלה הראוי ונטתה לכיוון אחד. הוא היה מגיב בביקורת דומה גם על הטיית שיווי המשקל בכיוון ההפוך.

היחיד, ודאי שקיים צורך ציבורי להבטיח שמי שחסר את הידע המינימלי הנדרש בתחום רגיש זה – לא יהא מעורב בו, בין שירצה להיות מעורב מתוך חוסר אחריות ובין שיחפוץ בכך מתוך אי-הכרה במגבלותיו. במובן זה, קיומה של רשות מרכזית יכול להועיל במידה רבה.

אכן, ייתכן שאמצעי הגנה אלו יושגו, כפי שקורה בתחום הרפואי והמשפטי, באמצעות לשכות מקצועיות הפועלות בהתנדבות. יש להודות שקהילה עשויה לספק את צרכיה בכוחות עצמה, כפי שקורה בהרבה מקהילות הפזורה היהודית בימינו, גם בהיעדרה של רשות רבנית מרכזית. עם זאת, התרומה הפוטנציאלית של רשות מרכזית מובנת מאליה, ובכללה סיוע רב ערך בתחום המִנהלי הצרוף, דוגמת החזקת מאגר נתונים הולם ואמין בעידן של מוביליות.

ואולם כאשר עוברים לתחומים אחרים, שיווי המשקל שבין טיעוני ה'בעד' וה'נגד' משתנה במידה ניכרת. לא לחינם מצווה התורה שבארץ ישראל יוצבו השופטים "בשעריך" – בכל כפר קטן.[9] יש לשער שדרישה זו לא נועדה רק לאפשר נגישות קלה לרשות השופטת, אלא גם להבטיח את קיומה של מנהיגות רוחנית שתהיה חלק אורגני מהחברה הסובבת אותה, מודעת לבעיותיה ורגישה לצרכיה; מנהיגות שיכולה לתקשר ביעילות עם קהלה מתוך ידע בלתי אמצעי על המרחב הקיומי שלה; מנהיגות שמסוגלת בחוכמתה להציב סדרי עדיפויות ולהעמיד דרישות בד בבד עם מודעות למגבלותיה; מנהיגות שיכולה לשמש מורה דרך רוחני מעורר השראה, עם היותה – בדומה לאישה השונמית – "בתוך עמי אנכי יושבת".

הציווי של "בשעריך" נוגע גם למינוי וגם למילוי התפקיד של מנהיגות רוחנית. ישנם יתרונות מובהקים בעצמאות רבנית הן ביחס לעצם המינוי והן ביחס להישארות בתפקיד. עם זאת, במקרים רבים מי שאינו נותן דין וחשבון לקהילה אף לא יהא קשוב אליה. מובן מאליו שלעתים עמדה של עמידה על עקרונות (אם כי לא אדישות) היא רצויה. מכל מקום, לאורך זמן החוכמה והסבלנות הדרושות למנהיג רוחני כדי שיוכל לעורר ולהמריץ את התפתחותה הרוחנית של קהילתו, יכולתו לדבר אל קהילתו

9. המשנה בסנהדרין (פ"א מ"ו) קובעת שכל קהילה חייבת למנות לפחות מאה ועשרים אנשים כדי להיות ראויה לסנהדרין קטנה, אך אין היא מציבה את כינונה של סנהדרין זו כחובה. יתר על כן, מהפירוש שמוצע בגמרא בסנהדרין (יז ע"ב) למספר זה עולה כי בקהילה חייבים להיות כמעט מאה אנשים שיכולים לכהן כדיינים. על כל פנים, דרישה זו אינה נוגעת לבית דין פשוט של שלושה, שבארץ ישראל חייבים להקימו אפילו ביישובים קטנים. בחוץ לארץ, מכל מקום, יש להקים בתי דין רק בכל מדינה ומדינה. ראו מכות ז ע"א.

ונכונותה לשמוע אל דברו – את כל אלו מיטיבה עצם הידיעה שהוא נבחר בידי הקהילה ללא לחצים חיצוניים וללא בקרת שלט רחוק המונעת משיקולים פוליטיים.

ועדיין, אין באמור לעיל כדי להניח שיש לראות בבחירת 'מרא דאתרא' עניין סוציו־פוליטי גרידא, בלתי תלוי בסטנדרטים מוחלטים. לפי הדעה הרווחת, ההלכה מציבה את הסמיכה – שהרמב"ם הגדיר אותה כ"מינוי הזקנים לדיינות" (הלכות סנהדרין פ"ד ה"ג) – כדרישה מקדימה לשמש בבית דין, גוף שבתקופת חז"ל ולאחריה היה המוקד המרכזי של הסמכות הרבנית המקומית ובית הגידול למנהיגות רוחנית קהילתית. ואולם כל זה שימש רק לשם הכשרת אדם לכהן במשרה זו, ואִפשר לו לשבת בהרכב מזדמן או להיות מיועד לתפקיד קבוע יותר שהסמיכה כשלעצמה לא העניקה לו. מיהו אפוא שקובע איזה 'סמוך' ישמש בתפקיד מסוים? למיטב ידיעתי, שאלה זו לא נדונה בגמרא. אך בהסתמך על שיקול דעת אינטואיטיבי ועל הנוהג ההיסטורי, הרי ניתן לומר כי התשובה הסבירה ביותר היא שעניין זה נקבע בידי הקהילה שבה היה אמור אותו סמוך לכהן.

ועדיין, אין בהדגשת חשיבותו של המרכיב הקהילתי כדי לבטל את תפקידה האפשרי של רשות מרכזית אחת במינוי רבנים. התהליך יכול להיות גם כללי וגם מקומי – דרג אחד יוסמך להעניק הרשאה לעסוק ברבנות על פי מדדים אובייקטיביים, והדרג השני יבחר בפועל את הרב. למען הסר ספק, יודגש כי מבחינת ההלכה הסמיכה אינה צריכה להיעשות בידי גוף מרכזי כלשהו. כל קבוצה של שלושה חכמים סמוכים – או לשיטת הרמב"ם, אפילו סמוך אחד שנלווים אליו שני חכמים שאינם סמוכים[10] – רשאית להסמיך אחרים.

יתר על כן, לדעת הריב"ש,[11] מינוי נדרש רק בהתייחס לסמיכה הקלסית. משבאה זו לקִצה, כל תלמיד חכם המוכשר לכך יכול לשמש 'מורה הוראה'. אף על פי כן ניתן לאמץ מודל ביניים שידרוש מינוי כפול, ובנסיבות הנוכחיות ייתכן – ברמה גבוהה של סבירות – שהוא אף מוצדק ביותר. הצורך בקביעת תקן ובהבטחת רמה סבירה של מיומנות ומומחיות בתחומים מרכזיים מובנים הוא מוחשי ומובן כיום הרבה יותר

10. ראו שם. באופן כללי, רשימת התפקידים שדורשים קיומה של סמיכה מוגבלת לבית דין שמורכב כולו מסמוכים. במקרה זה, כמובן, התפקיד כשלעצמו אינו דורש סמוכים, והצורך בסמוך, אפילו אחד, נובע מתוכנו הספציפי של מעשה הסמיכה כמעשה של העברת סמכות. ראו **חידושי מרן ריי"ז הלוי** על אתר.

11. ראו **שו"ת הריב"ש**, סימן רעא. ראו גם **רמ"א**, יורה דעה סימן רמב ס"ק יד. הריב"ש מסכים שבאופן כללי דרושה הרשאה מסוימת, אבל מסיבות צדדיות: מתוך יחס של כבוד לרב, או כדי להבטיח שאדם יביע עצמו בצורה ברורה.

משהיה מובן בספרד של ימי הביניים או במאה השש עשרה של הרמ"א, המצטט את דברי הריב"ש כנראה מתוך הסכמה. דומה שתפקיד זה יש להעניק יותר מכל לרשות מרכזית אחת, שתהיה – כך יש לקוות – חסרת פניות בעניין זה. דאגה לקביעת סטנדרטים היא מאפיין מובהק, ובצדק, של המקצועות הכלליים, ואין להתעלם ממנו כשמדובר בעולם התורה – "ולא תהא כוהנת כפונדקית?"; לצורך עניין זה גוף מרכזי עשוי להיות יעיל ביותר.

לו רק תהא מידה מסוימת של רצון טוב ומוכנות להעדיף את טובת הכלל – שתי תכונות, יש להודות, נדירות בנוף כאשר אידיאולוגיה ושררה עומדות על הפרק – יהיה אפשר אולי להשיג שיתוף פעולה דומה גם בתחומי פעולה אחרים. מכל מקום, בתחום אחד לא ניתן הדבר להיעשות, ועלינו לדון בו בפני עצמו.

ברמה הבסיסית, ההלכה היא פלורליסטית במוצהר. בגבולות מסוימים, היא לא רק מאפשרת, אלא גם מעודדת, קיומן של דעות שונות ודרכים חלוקות, וכלל יסוד בעולמו של השיח ההלכתי הוא "אלו ואלו דברי א-לוהים חיים". לעומת זאת, ברמה שנייה, השיח ההלכתי מכוון כלפי הכרעה, מוסמכת ומוחלטת. אותה רבגוניות שמתייחסים אליה בבית המדרש בהערצה, הופכת בבית הדין נושא לסלידה. המחלוקת, שממנה קרוצים גופי תורה, מיתרגמת בהקשר של פסק ההלכה לפלגנות. במקומה מוצעת כאידיאל הרצוי ההכרעה ההלכתית האחת, חתוכה וברורה, המיוצגת בצורתה המיטבית בסנהדרין.

ההשלכות מכאן על סוגיית ריכוז הסמכות ברורות. מבחינה טכנית דיון זה עשוי להיראות חסר משמעות במציאות ימינו, שכן הסנהדרין עברה מן העולם. עם זאת, אותה סלידה ערכית מפלגנות עשויה בהחלט להיות במקום. ברמה אחת, עלינו לתת את הדעת למעמדו של 'זקן ממרא', שעליו אומרת הגמרא שאפילו אם הסנהדרין – שאת החלטתה הוא הפר – מבקשת למחול לו, אסור לעשות כן "כדי שלא ירבו מחלוקת בישראל" (סנהדרין פח ע"ב). ואכן, יש מקום לטעון שבהינתן סמכות מרכזית קיימת, המריה היא בת ענישה בשל מרכיב ההמרדה שבה. קיומן של הכרעות מנוגדות – אולי אפילו שיטות שלמות הסותרות זו את זו – אינו שלילי כשהוא לעצמו. אולם עמדה זו, שמכל מקום יש לפקפק בה, בוודאי אינה עולה בקנה אחד עם קינתה של הגמרא על כך ש"משרבו תלמידי שמאי והלל שלא שימשו כל צרכן רבו מחלוקות בישראל ונעשית תורה כשתי תורות" (סנהדרין שם).[12] ברור שהדאגה כאן אינה מחשש "העלבת השלטון", אלא מפני יצירת שסע בעולם ההלכה.

12. הציטוט מתוספתא חגיגה פ"ב ה"ד וסנהדרין פ"ז ה"א.

אם נסיק מעמדה זו את המסקנה ההגיונית המתבקשת, הרי נידרש לרשות הלכתית אוניברסלית אחת – כינון סנהדרין או מוסד מקביל לו. היו שראו בחזון זה את שאיפתו המיסטית למחצה של הרב קוק עם כינונה של הרבנות הראשית בירושלים, כפי שהוא מתבטא במאמרו שצוטט לעיל.[13] גם אם לא נשיג מטרה זו, עדיין קיימת האפשרות לצפות ולקוות לאחידות מקסימלית במרחב גאוגרפי רחב ככל האפשר – לפחות לשם ליכודם של המשתייכים למסורת פסיקה זהה.

אינדיבידואליסטים יתקוממו נגד אפשרות זו. החשש מהצרת צעדיהם במישור הפרטי ומהתנוונות ציבורית חורה להם. בעיניהם ריכוז הסמכות הוא איום פוטנציאלי, ועוד יותר כך כשיש לדעתם סיבה להתייחס בזהירות או אפילו בחשד כלפי הגורם שהיא עלולה להיות מופקדת בידיו. הם רואים בסנהדרין מוסד ייחודי המשתייך לעבר הרחוק האידיאלי, או מציירים אותה כחלק מחזון עתידי אוטופי, שמשמעותה בהווה, ואפילו כדגם, זעומה ביותר. טיפוסית לגישה זו היא התנגדותו של ר' חיים זצ"ל בראשית המאה להצטרף, וממילא להיות כפוף, ל"מועצת גדולי התורה" המתגבשת. בריסק חוברה באותה העת לרשת החשמל. ר' חיים העיר שאף שהייתה בכך לכאורה התקדמות של ממש – אף על פי כן אליה וקוץ בה: בעבר, כשמנורת נפט כבתה במקום אחד, שום מקום אחר לא היה מושפע מכך לרעה; מכאן ואילך, תקלה בתחנת הכוח תאפיל את העיר בריסק כולה.

עם זאת, יתרונותיה של פסיקה הלכתית אחידה מגוונים המה ובעלי משקל. הניסיונות החוזרים ונשנים להשיגה, אם באמצעות שיח או הכרעה הלכתית, או – כמו במקרה של השולחן ערוך – באמצעות קונצנזוס, ממחישים זאת היטב. יתר על כן, ייתכן שרצון זה יהיה מוצדק דווקא בארץ ישראל, ולאו דווקא לאורה של אידיאולוגיה ציונית, אלא מסיבות הלכתיות מוצקות. במישור ה'פסק', למקום הגאוגרפי יש משקל משמעותי. כך, לדוגמה, בנוגע לאיסור "לא תתגודדו": לדעת אביי האיסור חל רק על "עשיית אגודות אגודות" בעיר אחת, אך אינו חל על הוראות סותרות שניתנות או נהוגות בערים שונות.[14] זאת ועוד, הגמרא קובעת שאם חכם מחזיק בדעת מיעוט, אפילו להיתרא – אף שלדעת הרוב יש בה איסור דאורייתא – בני קהילתו רשאים לסמוך על הוראתו.[15] למרות השימוש במונח הגאוגרפי "בעירו", בהחלט ייתכן

13. ראו מנחם פרידמן, **חברה ודת** (ירושלים, תשל"ח), עמ' 110–111.
14. ראו יבמות יד ע"א.
15. עיינו שם. כמובן עמדה זו יכולה להתקבל רק אם נושא הדיון טרם נדון והוכרע חד־משמעית בידי הסנהדרין.

שתוכנו מבטא גם גבולות חברתיים ולא רק גאוגרפיים. האומנם חסיד חב״ד היושב במלבורן אינו רשאי לסמוך על הוראתו של הרבי מליובביץ׳ הגם שרחוק הוא מרחק אלפי מילין ממשכנו של האדמו״ר בקראון הייטס?

אם כן, במסגרת דיוננו אפשר לטעון שכל ארץ ישראל היא ״מקום״ אחד; וזאת על בסיס הגמרא המפורסמת במסכת הוריות שמניחה – בהקשר של הגדרת קהילה שרוב בניה שגגו וחייבים להביא פר העלם דבר של ציבור על שגגתם – שרק יושבי ארץ ישראל כלולים בקטגוריה של ״קהל״:[16]

> אמר רב אסי: ובהוראה (מוטעית, של בית דין) הלך אחר רוב יושבי ארץ ישראל... הני הוא דאיקרי קהל, אבל הנך לא איקרי קהל. [תרגום: אלו הם שנקראים קהל, אבל אחרים אינם נקראים קהל.] (הוריות ג ע״א)

הניסוח שלילי בעיקרו, ומכוון להוציא את יהודי הגולה. אולם הוא נושא עמו גם צד חיובי, ומבטא את הקביעה, מבחינה הלכתית ופילוסופית כאחד, שלפיה יושבי ארץ ישראל נחשבים קהל מיוחד במינו, שאינו מצוי בשום מקום אחר. מכאן שהאזהרה ממחלוקת והחתירה לכינונה של סמכות מרכזית אחת וחד־משמעית הן בעלות משמעות כפולה ומכופלת כאשר מדובר בארץ הקודש.[17]

מבחינה תיאורטית מסקנה זו מסתברת. ומכל מקום, כאשר אנו מבקשים לבחון הלכה למעשה את מצבה הנוכחי של הרבנות הראשית בישראל, ניתן לתהות עד כמה כל האמור לעיל אכן רלוונטי כלפיה. תרומתה של הרבנות הראשית לכינון סדרי מִנהל ופיקוח בתחומים הלכתיים ורבי משמעות שונים ברורה מאליה. אכן, באותה מידה ברור שמבחינה עובדתית, כסמכות רבנית מובהקת – בין במובן הרחב כמנהיגות רוחנית בין בתחום המצומצם והספציפי יותר של פסיקת הלכה – משקלה מוגבל יחסית.

חילונים וחרדים מתעלמים ממנה בדרך כלל, והזרמים הלא־אורתודוקסיים

16. הגם שהגמרא דנה בהלכה ספציפית, ברור שיש לכך השלכות גם בתחום המחשבתי, וניתן ליישם גישה זו ביחס לתחומי הלכה נוספים. ראו למשל רמב״ם, **פירוש המשניות**, בכורות פ״ד מ״ג; **אבני נזר**, אורח חיים סימן שיד.
17. הדגשת טבעה האורגני יותר של הישות היהודית בארץ ישראל כגורם המקרין מאורו על החיים הרוחניים שזור כחוט השני בדבריו של הרב קוק בפני כנס היסוד של הרבנות הראשית. ראו למשל אריה מורגנשטרן, **הרבנות הראשית לארץ ישראל: ייסודה וארגונה** (ירושלים, תשל״ג), עמ׳ 179–180.

נלחמים בה. מעמדה בחברה הדתית־לאומית בטוח יותר, אך אפילו שם רבים אינם משלמים לה יותר מאשר מס שפתיים ופונים אליה רק כשהדבר נוח להם. זאת ועוד, ככל שהרבנות הפכה יותר ויותר ל"נחלת אבות" של פלג דומיננטי אחד, בסיס התמיכה בה נעשה צר יותר ויותר, ומספר האנשים המצפים באמת ובתמים להנחיותיה הלך ונידלדל. אפילו בתוך עולם ישיבות ההסדר אין רבים שבעומדם לנוכח פסקים סותרים של הרבנות הראשית ושל פוסק אחר, דוגמת הגאון הרב שלמה זלמן אוירבך [ז"ל], יעדיפו, כדבר שבשגרה, את פסקיה של הרבנות הראשית.[18]

גם אין כל בסיס הלכתי לחייבם לעשות כן. בדרשה שנשא לפני אנשי המזרחי באמצע שנות החמישים, תמך הרב ז"ל בתקיפות בסמכותה של הרבנות הראשית, מתוך מניית דוגמאות מן העבר כדי להוכיח שמבחינה היסטורית, גם כאשר תלמידי חכמים שנחשבו גדולים מן ה'מרא דאתרא' ישבו בשכנותו, פסקיו היו המכריעים. בלי לדון בשאלה אם הדברים היו תקפים בשעתם, יקשה עלינו מאוד ליישם עיקרון זה כיום, מכיוון שעצם מעמדו של הרב הראשי בתור 'מרא דאתרא' הוא הוא העומד לדיון. גם התומכים בכל עוז בקיום סמכות רבנית מרכזית מוטל עליהם עדיין להתמודד עם שאלת היסוד של "מי בראש" – מי מוגדר בעל הסמכות, על ידי מי וכיצד. כאשר יהיה קונצנזוס סביר בשאלת דרך המינוי הראויה, יוכל נושא משרה זו להיחשב לבעל משקל הלכתי. בהיעדרו, נותר התואר הרשמי ריק מתוכן.

כפי שצוין לעיל, בהחלט ייתכן שגם אם הבחירה ברשות מרכזית אחת אינה הכרחית, הרי אם בחרה קהילה מסוימת לכונן רשות כזו, החלטותיה מחייבות את הכל. ברם, גישה זו תהא תקפה רק אם מוסד מרכזי זה – והפועלים מכוחו – אכן

18. בחוגים של בני עדות המזרח, הדתיים או המסורתיים, מעמדה של הרבנות הראשית גבוה יותר יחסית, אך זאת – כך אני מאמין – בעיקר בזכות הקו המחבר בין הרבנות הראשית למשרת ה'ראשון לציון' המקיימת מסורת בת מאות שנים. ניתן לאשש זאת לאור העובדה שהרב עובדיה יוסף [ז"ל], הממשיך להופיע בתואר ה'ראשון לציון' גם אחרי שפסק מלכהן כרב הראשי הספרדי, זוכה לאהדה כללית רבה לאין ערוך מזו של יורשו.

אני מקווה כי לא הרחקתי לכת מדי בתיאור מעמדה של הרבנות. בחוגי הציונות הדתית, הרבנות הראשית נהנית ללא ספק ממעמד מכובד, והרב הראשי מקרין הילה של ממש. הופעתו בכל מוסד תורני של הציונות הדתית תיחשב אירוע ראוי לציון בקרב תלמידיו ומוריו, ואני בתוכם. לעתים, כפי שהיה במעמד הסמלי של 'הקהל' שנערך באחרונה – גילתה הרבנות הראשית יכולת להניע חלקים גדולים בציבור. ומכל מקום, כל אלה רחוקים כרחוק מזרח ממערב מסמכות כללית של ממש, או ממנהיגות מקובלת דרך קבע. נקודה זו תובהר היטב לנוכח הכישלון בביסוס מעמדו של יום ירושלים כחג לאומי ממשי, או בקביעת עשרה בטבת ליום זיכרון לאומי לזכר קרבנות השואה.

יוכרו ככאלה. סמכותו החוקית־משפטית (de jure) של המלך נשענת על המציאות החברתית בפועל (de facto). כל כך הדבר משמעותי, עד שבירושלמי נאמר כי בכל אותם שישה חודשים שבהם שהה דוד בחברון, לא היה לו מעמד מלא של "מלך".[19] ישנו מקום לספק באיזו מידה חל עיקרון זה, אם בכלל, גם על המנהיגות הרוחנית של סנהדרין שנבחרה כדת וכדין. מכל מקום, סביר להניח שהוא אכן יחול על מנהיג רוחני החסר סמכות פורמלית כשל הסנהדרין, ובוודאי כאשר (בניגוד למקרה של דוד) איבד בפועל את השליטה עוד קודם למינויו.

כמעט אין ספק שהרבנות הראשית הנוכחית אינה ריבונית בתחום שהיא רואה בו את ממלכתה הבלעדית. בעיני תומכיה היא מצטיירת כמבשרת ימות המשיח. אבל בעבור רבים אחרים הרבנות הראשית היא או מוסד אנכרוניסטי או מוסד שהקדים את זמנו. יכול אדם לשמוח או להתאבל על תמונת המצב הזאת, אך איני רואה כיצד ניתן לערער עליה.

האם עלינו אפוא להסיק מכך שיש לפרק רבנות ראשית זו בהקדם האפשרי? בשום פנים ואופן לא. להפך, אלמלא מוסד זה קיים היו צריכים להמציא אותו, אם כי אולי בצורה שונה. ברור שבחברה ומדינה יהודית מורכבת כשלנו, יש ערך עצום לקיומה של מערכת שתוכל לנהל היבטים הלכתיים שונים הנוגעים למגזר הציבורי ולפקח עליהם, והיא אשר תיתן הרשאה למופקדים על התחומים האלה. מערכת זו צריכה להיות מאוישת ומונחית בידי אנשים בעלי יכולת ובעלי מחויבות, שסמכותם חורגת אל מעבר לגבולות צרים. יתר על כן, בנושאים ציבוריים מסוימים המדינה – בהיותה שליח הכלל – נדרשת לפנות לפוסק מכריע אחד.

ושוב, כשם שהבעיות חורגות מן המקומי, כך גם הפוסק המתמודד אתן זקוק לסמכות רחבה. חשוב הרבה פחות מיהו העומד בראש הפירמידה כמעין אפיפיור. ניתן אפילו לטעון לקיומה של "רבנות ראשית" ללא רבנים ראשיים. בנימה זו, היו מי שהציעו שמערכת בתי הדין תישאר על כנה כמערכת שיפוטית, אך הרבנות הראשית – כמוסד רוחני עליון – תתבטל. למרות זאת, גם מרכיב זה משרת מטרות חיוביות, אם בתור סמל אנושי חי לזיקתה של המדינה למסורת היהודית, ואם – מעבר להוד ולהדר – בהיותה פה ודובר לאותה מסורת.

ברור מעל לכל ספק שיש צורך להפחית את הפוליטיקה, את הבירוקרטיה ומעל לכל – את האשליה. כל אלה, בוודאי, אינם ייחודיים לממסד הרבני בארץ, אך הם מטרידים במיוחד כאשר פוגשים בהם בעולם התורה. ההקשר הפוליטי הוא כפול.

19. עיינו ירושלמי הוריות פ"ג ה"ב.

יש מאבקים פנימיים, לעתים הרסניים, בין קבוצות שונות על עמדות כוח והשפעה, והם מתרחבים למעורבות בהליכי מינויים ברמה המקומית. ככלל, תופעות אלה אינן רצויות, אם כי מובנות. בחלקן הן בלתי נמנעות, ולעתים הדברים נעשים לשם שמים. עם זאת, דומה שקיימת מעורבות יתרה בהליכים פוליטיים מובהקים ורחבים בהרבה. ללא ספק, האיסור הרשמי הקיים כיום – שלעתים קרובות מתעלמים ממנו הלכה למעשה – שמונע מדיין להביע דעתו בנושאים חברתיים ופוליטיים, גם כשיש להם משקל מוסרי, וכל זאת כדי לשמור על חוסר משוא הפנים של הרשות השופטת – איסור זה עומד בסתירה מוחלטת למסורת היהודית ולתפיסתה את תפקיד המנהיגות הקהילתית. אבל כאשר רב ראשי מסובך עד צווארו במשא ומתן על הרכבת רשימה לכנסת, הוא מטיל כתם הן על המפלגה והן על מעמדו שלו.[20]

זאת ועוד, אפילו כאשר נושאים מצפוניים עומדים על סדר היום, קיימת ציפייה למידה גדולה יותר של ברדנות מזו הקיימת בדרך כלל. אכן, איש אינו מציע שהרבנות הראשית תתנזר לחלוטין מהבעת עמדות שנויות במחלוקת רק לשם טיפוח תדמיתה כמוסד "ממלכתי" של ממש. עם זאת, בבחירת הנושאים שיש להידרש אליהם ולהדגיש אותם, קורטוב של מתינות ושיקול דעת בדבר סדרי העדיפויות הראויים הם בהחלט במקומם. יהיו דעותינו אשר יהיו, ניתן להבין ולכבד את הדחף לראות ברבנות הראשית חלק מן האופוזיציה הרדיקלית להחזרת שטחים. אם נגדיר זאת בעדינות, תמיכה בעיקרון "אף שעל" יוצרת לרבנות תדמית מפלגתית – אך הכל מודים שמדובר בנושא מרכזי, וייתכן שההתערבות בו שווה את הנזק. ברם, התערבות הרבנות בפרשת נקאש – כאשר הרבנות, על בסיס טיעונים מפוקפקים, שימשה מכשיר מרכזי במסגרת הניסיון למנוע את הסגרתו של יהודי שהורשע ברצח של ערבי צרפתי – היא עניין שונה לחלוטין. אני משוכנע כי אפילו אלו שהתגייסו למסע ההתנגדות באותו הזמן, במבט לאחור מכירים בכך שהיה מקום לצנן קמעא את להט התשוקה ליושר שהמריצה אותם, באמצעות אימוץ מידה רבה יותר של מתינות ורגישות. בהיעדרה נפגע מעמדה של הרבנות הראשית במידה ניכרת.

דומה שאין להכביר מילים בעניין הבירוקרטיה, והלוא היא היא עקב האכילס של כל ריכוזיות. עם זאת, יש ליתן את הדעת לכך שבענייננו קיימים שני גורמים המסבכים את המצב: ראשית, רבים מאלה העובדים במערכת הרבנית חסרים, בשל חינוכם, את ההכשרה ואת הנטייה לפעול לייעול המערכת. שנית, רבים מאלו

20. *יש מפלגות שבהן עניינים כאלה מוכרעים כדבר שבשגרה בידי 'גדולים'. עם זאת, בעשותם כן הם פועלים כאדוניו של תחום שליטה מגזרי מקומי ולא כמי שנתעטרו באדרת ממלכתיות לאומית.*

המשתייכים לאוכלוסייה הנפגשת בעל כורחה עם המערכת, אינם שותפים לעקרונות היסוד המנחים אותה, וכך המחיר הרוחני הציבורי שמשולם בגין כשלים אלה גדול בהרבה.

ולעניין האשליה: אין לי כל כוונה, ולו הקלה ביותר, לפקפק ביושרתם של האנשים המזוהים עם הרבנות הראשית כיום. איני סבור שלהם או לקודמיהם הייתה כוונה כלשהי להטעות את הציבור. עם זאת, מתקיימת בה מידה מסוימת של אשליה עצמית המוזנת בחלקה מהתלהבות מעין משיחית.

המשאלה לעתיד מייצרת את המחשבה בהווה. הרבנות הראשית שמחה לדמיין את עצמה כמגלמת את האידיאל שהיא אמורה להגשים – היותה מכשיר מרכזי למימוש החזון הנבואי "כי מציון תצא תורה ודבר ה' מירושלים" (ישעיהו ב', ג). אך ודאי שאין היא מגשימה אותו כעת (ודומה שאף לא תעשה כן בעתיד הנראה לעין). הרבנות הראשית לכל היותר משתוקקת להגשמת חזון זה, ומוטב להכיר בכך. רבנות ראשית בעלת תדמית עצמית צנועה יותר, ובעלת טון דיבור גרנדיוזי פחות, תהיה גם בריאה יותר.

משמגיע מאמר זה לנקודת הסיום שלו, הקורא בוודאי מבחין שיחסית נאמר בו מעט מאוד על "מדינה דמוקרטית" או אפילו על "מדינה יהודית מודרנית". אין זה מקרה. לדעתי, הזיקה שבין ריכוזיות לדמוקרטיה, הגם שהיא קיימת, מוגבלת למדי בהקשר שלנו.

מצד אחד, אותן שאלות יסוד, המלוות בדרך הטבע את המתח המושגי המובנה בין מוקד מרכזי ובין ביזור של "בשעריך", עולות אפילו במשטר תיאוקרטי. כיצד יש לחלק את הסמכות, אם השלטון יהיה בעל מבנה הירכי, מי הוא הרשאי למנות את בעלי התפקידים, אילו פסקי הלכה מחייבים – שאלות אלה ודומותיהן קיימות בכל מערכת שלטונית כללית. בכל מבנה פוליטי נתון עדיין יכולה הקהילה הדתית לבחור באחד מכמה דגמים: שלטון־זקנים פרסביטריאני, שלטון עצמי של כל עדה ועדה, או דרך אמצע כלשהי.

מצד שני, ביטול הרבנות הראשית יותיר אותנו להתמודד עם בעיות הנובעות מהמפגש שבין המסורת ההלכתית ובין מדינה וחברה בעלות אופי פלורליסטי. ענייני גירושין וגרות עדיין יזדקקו בדרך כלשהי להכרה או אי־הכרה, מקומית אם לא מרכזית, אף כי אולי החלטית פחות. הבעיה של היחס למי שאינו אורתודוקסי תיוותר בעינה.

היחסים הרעועים שבין הממסד הרבני ובין רוב האוכלוסייה ימשיכו להציק לנו, לפחות לזמן מה. המתחים הנובעים מן ההכלאה שבין דת למדינה לא ייעלמו,

וחקיקה דתית לא תתקבל ביתר אהדה. אם עלינו להתמודד עם הבעיות האלה נצטרך לשקול אמצעים חריפים בהרבה, על אף המחיר הנלווה לכך, שהוא אולי מופרז. התזה הגורסת כי בחברה פלורליסטית הכוח בא על חשבון ההשפעה – לפחות במישור הרוחני – וכן להפך, בצירוף הטענה כי במאבק הנוכחי במדינת ישראל, יותר מדי יכולת השפעה מוקרבת על מזבח הכוח, נוגעת במישרין לרבנות הראשית. ואולם הטוענים כך מתכוונים לחברה הדתית כולה.

אני מוכן להודות שייחוס שאלת קיומו של גוף מרכזי אחד להקשרו הספציפי בהווה, אכן משפיע על ניתוח של הנושא. ההשפעה מתבטאת לשני כיוונים. מצד אחד, החיכוך שמלווה את המגע בין מה שנתפס כידו המכבידה והארוכה של ממסד דתי מרכזי הוא חריף יותר כשהוא מתקיים בהקשר ליברלי וחילוני. גם הבלעדיות של רבנות מרכזית נראית מוצדקת פחות כאשר מדובר בחברה פלורליסטית.

בהקשר כזה, ישנו קושי מובנה ביצירת בסיס תמיכה רחב לרבנות הראשית והחזקתו לאורך ימים, במיוחד לנוכח הקיטוב הגובר והולך בחברה הישראלית. חלומו של הרב קוק נגע להיבט הלאומי המיוחד של הרבנות הראשית – לממד ה"ממלכתיות" המועלה על נס בידי הציונות הדתית. אולם ממד זה תלוי בזיקה לספקטרום חברתי רחב ויכולת לדבר בשם מגזרים שונים ומגוונים וליצור עמם שיח, מבחינה תרבותית ואידיאולוגית. באווירה הטעונה של חיי הדת במדינת ישראל, הוכח שיכולת זו קשה להשגה במידה מרובה, ומסיבות מובנות. מסיבות סוציו־פוליטיות, רק מתי מעט מסוגלים להיוותר מעוגנים בעולם התורה והישיבות – שאליו, במידה מסוימת, נושאת הרבנות את עיניה כדי לזכות בהכרה ולגיטימציה – ובה בעת לפתח יחסים אמיתיים עם הציבור החילוני הכללי. המעמד הנשגב של הרב קוק והרקע המיוחד שממנו צמח אפשרו לו להתקרב לכך, אך איש מיורשיו לא הצליח בכך בצורה עקבית.

במישור המעשי, הבעיה מומחשת היטב בהליך הבחירה. הרבנים הראשיים נבחרים למעשה בידי אסיפה המורכבת מרבים הרוצים לראות ברבנים מנווטי דרך, ומאחרים – מדיינים שאך בקושי מכירים בקיומה של המדינה ועד חילונים אדוקים שהיו שמחים לראות את הרבנים מנוטרלים מכל השפעה ממשית. יתר על כן, לאחרונה הולך קושי זה וגובר לנוכח הקיטוב והניכור המתפשטים בקרב ישראלים צעירים רבים, שאינם מכירים ברלוונטיות של היהדות התורנית.

מצד שני, מנקודת מבט הלכתית ניתן לטעון שרבנות ראשית חזקה נחוצה דווקא במדינה דמוקרטית, בשל היותה גורם מאזן ובעל משקל המסייע בשמירת צביונה היהודי של המדינה. יתר על כן, לפחות במישור אחד המחשבה המודרנית פתוחה יותר לקבלת הירכיה הלכתית מרכזית מאשר קודמותיה. בשלבי היריונה של הרבנות

הראשית בארץ ישראל, דווקא החילונים היו אלו שתבעו את הקמתו של בית דין לערעורים – מוסד שבעיני שומרי המצוות נתפס כמעורער במידה מסוימת מבחינה הלכתית, אבל היה מקובל בעיני בעלי הרגישות המערבית.

הנה כי כן, ההקשר העכשווי של הנושא בוודאי רלוונטי להערכה נכונה בדבר מקומה של רבנות ריכוזית. בעוד הלך הרוח בחברה הישראלית בת ימינו מעכב את פיתוחה במובן מסוים, הוא ממריץ ומעודד את קיומה במובן אחר. כל מה שאני מציע כאן הוא שנימנע מהגזמה בהערכת משקלו של מרכיב זה. אם, אגב כך, צמצמתי ומיעטתי משהו ממשמעותו של מאמר זה, הרי זהו קרבן קטן בשירות האמת.

המקומות שבהם הופיעו המאמרים לראשונה

הצדקת המודרניות: מקורות קלסיים וסמכות של בני דורנו
נכתב עבור כנס הפורום האורתודוקסי בשנת 1993.

"Legitimization of Modernity: Classical and Contemporary," in *Engaging Modernity: Rabbinic Leaders and the Challenge of the Twentieth Century*, ed. Moshe Z. Sokol (Northvale, NJ, 1997), pp. 3–33; reprinted in R. Aharon Lichtenstein, *Leaves of Faith: The World of Jewish Living* (Jersey City, NJ, 2004), pp. 279–308.

על גבולות הסובלנות
נכתב עבור כנס הפורום האורתודוקסי בשנת 1997.

"The Parameters of Tolerance," in *Tolerance, Dissent and Democracy: Philosophical, Historical and Halakhic Perspectives*, ed. Moshe Z. Sokol (Northvale, NJ, 2002), pp. 137–174; reprinted in R. Aharon Lichtenstein, *Leaves of Faith: The World of Jewish Living* (Jersey City, NJ, 2004), pp. 85–116.

ניסוח תגובה בעידן של שוויוניות: מבט־על
נכתב עבור כנס הפורום האורתודוקסי בשנת 2001.

"Formulating Responses in an Egalitarian Age: An Overview," in *Formulating Responses in an Egalitarian Age*, ed. Marc D. Stern (Lanham, MD, 2005), pp. 33–51; reprinted in R. Aharon Lichtenstein, *Varieties of Jewish Experience* (Jersey City, NJ, 2011), pp. 229–255.

חסמים בפני יראת שמים בימינו
נכתב עבור כנס הפורום האורתודוקסי בשנת 2006.

"Contemporary Impediments to *Yirat Shamayim*," in *Yirat Shamayim: The Awe, Reverence, and Fear of God*, ed. Marc D. Stern (Jersey City, NJ, 2008), pp. 231–264; reprinted in R. Aharon Lichtenstein, *Varieties of Jewish Experience* (Jersey City, NJ, 2011), pp. 195–227.

הלכה ורוחניות: הבהרת המושגים
נכתב עבור כנס הפורום האורתודוקסי בשנת 2000.

"Law and Spirituality: Defining the Terms," in *Jewish Spirituality and Divine Law*, eds. Adam Mintz and Lawrence Schiffman (New York, 2005), pp. 3–33; reprinted in R. Aharon Lichtenstein, *Varieties of Jewish Experience* (Jersey City, NJ, 2011), pp. 167–194.

חובות הלבבות והתגובה לסבל
נכתב עבור כנס הפורום האורתודוקסי בשנת 1995.

"The Duties of the Heart and Response to Suffering," in *Jewish Perspectives on the Experience of Suffering*, ed. Shalom Carmy (New York, 1999), pp. 21–61; reprinted in R. Aharon Lichtenstein, *Leaves of Faith: The World of Jewish Living* (Jersey City, NJ, 2004), pp. 117–151.

שיברון לב ותימהון לבב: הרהורים על עבודת ה' במודרנה
בהיותו קרוב: אסופת מאמרים לימים הנוראים, לזכרו של יחיאל שי פינפטר הי"ד, ערך אהרן בק (מרכז שפירא, תש"ס), עמ' 98-107; **עלון שבות – בוגרים**, גיליון יד (תשס"א), עמ' 19-32.

כבול לעסקים כפולים: על חייהם המפוצלים של עובדי ה'

"To Double Business Bound: Reflections on the Divided Life of *Ovdei Hashem*," in R. Aharon Lichtenstein, *Varieties of Jewish Experience* (Jersey City, NJ, 2011), pp. 269–290 ; reprinted in *How I Love Your Torah: Essays in Honor of Yeshivat Har Etzion on the Forty-Fifth Anniversary of Its Founding*, ed. Reuven Ziegler (Alon Shevut, 2014), pp. 9–32.

נישואין: על מערכת היחסים ועל יחסי האישות
נכתב עבור כנס הפורום האורתודוקסי בשנת 2005.

"Of Marriage: Relationship and Relations," *Tradition* 39:2 (Summer 2005), pp. 7–35; reprinted in *Gender Relationships in Marriage and Out,* ed. Rivkah Blau (New York, 2007), pp. 1–34; reprinted with corrections in R. Aharon Lichtenstein, *Varieties of Jewish Experience* (Jersey City, NJ, 2011), pp. 1–37.

"נישואין: על מערכת היחסים ועל יחסי האישות", **מעשה חשב: אמונה, הגות ומחשבה, כרך א: דעת א־לוהים** (ירושלים, תשע"ו), עמ' 182-163.

המשפחה בהלכה
משפחות בית ישראל: המשפחה בתפיסת היהדות, הכנס השנתי למחשבת היהדות, שנה י"ח (ירושלים, תשל"ו), עמ' 30-13.

הפלות מלאכותיות: היבטי הלכה
"חוות דעת הלכתית", נספח ד בתוך חלק ה: ההפלה המלאכותית בישראל, **בריאות הציבור**, שנה שבע עשרה, מספר 4 (1974), עמ' 501-495; "הפלות מלאכותיות – היבטי הלכה", **תחומין**, גיליון כא (תשס"א), עמ' 99-93; "הפלות מלאכותיות, היבטי הלכה", **יישום ההלכה בחיים המודרניים** (תל אביב, תשס"ה), עמ' 109-101.

מחוץ לתחום? מחשבות על יחסים עם יהודים לא־אורתודוקסים בימינו
נכתב עבור כנס הפורום האורתודוקסי בשנת 2009.

"Beyond the Pale? Reflections Regarding Contemporary Relations with Non-Orthodox Jews," in *The Relationship of Orthodox Jews with Believing Jews of Other Religious Ideologies and Non-Believing Jews,* ed. Adam Mintz (New York, 2010), pp. 187–224; reprinted in R. Aharon Lichtenstein, *Varieties of Jewish Experience* (Jersey City, NJ, 2011), pp. 129–165.

הפילנתרופיה היהודית – לאן?
נכתב עבור כנס הפורום האורתודוקסי בשנת 2008.

"Jewish Philanthropy — Whither?" *Tradition* 42:4 (Winter 2009), pp. 7–32; reprinted in *Toward a Renewed Ethic of Jewish Philanthropy,* ed. Yossi Prager (Jersey City, NJ, 2010), pp. 193–220, and R. Aharon Lichtenstein, *Varieties of Jewish Experience* (Jersey City, NJ, 2011), pp. 97–128.

ערכים יהודיים בעולם משתנה: תפקיד השירות הקהילתי היהודי

"Jewish Values in a World of Change: The Role of Jewish Communal Service," *Journal of Jewish Communal Service* 61:1 (Fall 1984), pp. 17–26; reprinted in R. Aharon Lichtenstein, *Leaves of Faith: The World of Jewish Living* (Jersey City, NJ, 2004), pp. 225–239.

ממשל קהילתי אזרחי ורבני: סקירה כללית
נכתב עבור כנס הפורום האורתודוקסי בשנת 2003.

"Communal Governance, Lay and Rabbinic: An Overview," in *Rabbinic and Lay Communal Authority*, ed. Suzanne Last Stone (New York, 2006), pp. 19–52; reprinted in R. Aharon Lichtenstein, *Varieties of Jewish Experience* (Jersey City, NJ, 2011), pp. 63–95.

רבנות: האתגר, ערכו ידידיה שטרן ושוקי פרידמן (ירושלים, תשע"א), כרך א, עמ' 202-171.

הרבנות הראשית לישראל: מבט הלכתי
נכתב עבור כנס הפורום האורתודוקסי בשנת 1990.

"The Israeli Chief Rabbinate: A Current Halakhic Perspective," *Tradition* 26:4 (Summer 1992), pp. 26–38; reprinted in *Israel as a Religious Reality*, ed. Chaim Waxman (New York, 1994), pp. 119–137, and R. Aharon Lichtenstein, *Leaves of Faith: The World of Jewish Living* (Jersey City, NJ, 2004), pp. 261–277.

עלון שבות – בוגרים, גיליון יג (תשנ"ט), עמ' 124-107; **הרבנות הראשית לישראל: שבעים שנה לייסודה**, ערכו איתמר ורהפטיג ושמואל כ"ץ (ירושלים, תשס"ב), כרך א, עמ' 83-67.

מפתח מקורות

תנ"ך ומפרשים

במדבר

דברים

מדרשים ומקורות תנאיים

תלמוד בבלי ומפרשיו

תלמוד ירושלמי

כתבי הרמב"ם

משנה תורה

חלק ג

ספר המצוות

אגרות ותשובות

גאונים וראשונים

טור ושו"ע

אחרונים ובני דורנו

מפתח אישים

מפתח אישים